U0681589

【国学精粹珍藏版】

◎尽览中国古典文化的博大精深　◎读传世典籍，赢智慧人生——受益终生的传世经典

史记

李志敏⊙编著

卷一

民主与建设出版社
·北京·

© 民主与建设出版社，2022

图书在版编目 (CIP) 数据

史记/李志敏编著

—北京：民主与建设出版社，2015.8（2022.8重印）

ISBN 978 -7 - 5139 -0712-5

I.①史... II.①李... III.①中国历史–古代史–纪传体

IV.①K204.2

中国版本图书馆CIP数据核字(2015) 第189096号

史记

SHI JI

编　　著	李志敏
责任编辑	王颂
装帧设计	王洪文
出版发行	民主与建设出版社有限责任公司
电　　话	（010)59417747　59419778
社　　址	北京市海淀区西三环中路 10 号望海楼 E 座 7 层
邮　　编	100142
印　　刷	永清县晔盛亚胶印有限公司
版　　次	2016年1月第1版
印　　次	2022年8月第4次印刷
开　　本	710 毫米 ×1000 毫米 1/16
印　　张	32
字　　数	460千字
书　　号	ISBN 978 -7 - 5139 -0712-5
定　　价	278.00元(全四册)

注：如有印、装质量问题，请与出版社联系。

前　言

在浩如烟海的中华古典名著中,历史著作无疑是最璀璨的明珠之一。在中华文明的传统中,重视历史,重视史书的编著是一个重要的特征。民间自发的治史活动层出不穷,留下一些官史无法写、不敢写、写不到的史实和精辟篇章,这一点自不必言,历代统治者对史书的修撰更是异常重视,每一朝代的兴替,君临天下者的第一件事就是修撰前朝史书,以为本朝镜鉴。自有历史记载起,历朝历代都设有专职史官,虽则名称不同,其记帝、后之一言一行,载天灾人异的职责是一致的。因此,自司马迁修《史记》始,官修历史的延续性(或得到官方支持)再也没有中断过,这在世界范围内也是绝无仅有的。

正是这种重视和延续性,给我们留下了中华民族几千年生息、发展的清晰脉络,也留下了一部部浸透着古人心血和智慧的历史典籍。《史记》就是其中一部最优秀、最具代表性的经典史籍。

《史记》是中国史籍中成就最高的著作之一,被列为"二十四史"的开篇之作。我们将之单独成书,正是因为其特殊的历史地位和卓越的史学、艺术价值,同时也因为它是一部广大读者认为不可不读,不可不通读的中华名著。

中国历代史学家都有如实记事的优良传统,因此丢官、丢命者并不少见,这就基本保证了这些史书最大限度地接近历史真相。尽管随着封建专制制度的加强,形成了噤若寒蝉的政治环境和治史环境,一定程度地限制了史官对事实的忠诚记录,为尊者讳的记史风尚也使之遗漏了若干重大的历史事件,但总的来说,这些史学著作所记述的史实还是真实的、可信的。

《史记》具有深厚的文化沉淀,不仅可作历史著作来读,亦可作为文学名篇或政治著作来读。

如果本书的出版,能使广大读者更好地享受中国历史的丰硕成果,则读者幸甚,编者幸甚。

编　者

目录 ⊙选译

卷一

本纪

表·书

卷二

世家

卷 三

列传

卷 四

本纪

五帝本纪

【原文】

黄帝者,少典之子,姓公孙,名曰轩辕。生而神灵,弱而能言,幼而徇齐,长而敦敏,成而聪明。

轩辕之时,神农氏世衰。于是轩辕乃习用干戈,以征不享,诸侯咸来宾从。而蚩尤最为暴,莫能伐。炎帝欲侵陵诸侯,诸侯咸归轩辕。轩辕乃修德振兵,治五气,艺五种,抚万民,度四方,以与炎帝战于阪泉之野。三战,然后得其志。蚩尤作乱,不用帝命。于是黄帝乃征师诸侯,与蚩尤战于涿鹿之野,遂禽杀蚩尤。而诸侯咸尊轩辕为天子,代神农氏,是为黄帝。天下有不顺者,黄帝从而征之,平者去之。

东至于海,登丸山,及岱宗。西至于空桐,登鸡头。南至于江,登熊、湘。北逐荤粥,合符釜山,而邑于涿鹿之阿。迁徙往来无常处,以师兵为营卫。官名皆以云命,为云师。置左右大监,监于万国。万国和,而鬼神山川封禅与为多焉。获宝鼎,迎日推策。顺天地之纪,幽明之占,死生之说,存亡之难。时播百谷草木,淳化鸟兽虫蛾,旁罗日月星辰,水波土石金玉,劳勤心力耳目,节用水火材物。有土德之瑞,故号黄帝。

黄帝居轩辕之丘,而娶于西陵之女,是为嫘祖。嫘祖为黄帝正妃,生二子,其后皆有天下:其一曰玄嚣,是为青阳;其二曰昌意,降居若水。昌意娶蜀山氏女,曰昌仆,生高阳,高阳有圣德焉。黄帝崩,葬桥山。其孙昌意之子高阳立,是为帝颛顼也。

帝颛顼高阳者,黄帝之孙而昌意之子也。静渊以有谋,疏通而知事;养材以任地,载时以象天,依鬼神以制义,治气以教化,絜诚以祭祀。动静之物,大小之神,日月所照,莫不砥属。

颛顼崩,而玄嚣之孙高辛立,是为帝喾。

帝喾高辛者,黄帝之曾孙也。高辛父曰蟜极,蟜极父曰玄嚣,玄嚣父曰黄帝。高辛即帝位。高辛于颛顼为族子。

高辛生而神灵,自言其名。普施利物,不于其身。聪以知远,明以察微。顺天之义,知民之急。取地之财而节用之,抚教万民而利诲之,历日月而迎送之,明鬼神而敬事之。其色郁郁,其德嶷嶷。其动也时,其服也士。帝喾溉执中而遍天下,日月所照,风雨所至,莫不从服。

帝喾娶陈锋氏女,生放勋。娶娵訾氏女,生挚。帝喾崩,而挚代立。帝挚立,不善,而弟放勋立,是为帝尧。

帝尧者,放勋。其仁如天,其知如神。就之如日,望之如云。富而不骄,贵而不舒。能明驯德,以亲九族。九族既睦,便章百姓。百姓昭明,合和万国。

乃命羲、和,敬顺昊天,数法日月星辰,敬授民时。分命羲仲,居郁夷,曰旸谷。敬道日出,便程东作。日中,星鸟,以殷中春。其民析,鸟兽字微。申命羲叔,居南交。便程南为,敬致。日永,星火,以正中夏。其民因,鸟兽希革。申命和仲,居西土,曰昧谷。敬道日入,便程西成。夜中,星虚,以正中秋。其民夷易,鸟兽毛毨。申命和叔,居北方,曰幽都。便在伏物。日短,星昴,以正中冬。其民燠,鸟兽氄毛。岁三百六十六日,以闰月正四时。

尧曰:"谁可顺此事?"尧又曰:"嗟,四岳,汤汤洪水滔天,浩浩怀山襄陵,下民其忧,有能使治者?"皆曰鲧可。尧曰:"鲧负命毁族,不可。"岳曰:"异哉,试不可用而已。"尧于是听岳用鲧。九岁,功用不成。

尧曰:"嗟!四岳:朕在位七十载,汝能庸命,践朕位?"尧曰:"悉举贵戚及疏远隐匿者。"众皆言于尧曰:"有矜在民间,曰虞舜。"尧曰:"然,朕闻之。其何如?"岳曰:"盲者子。父顽,母嚚,弟傲,能和以孝,烝烝治,不至奸。"尧曰:"吾其试哉。"于是尧妻之二女,观其德于二女。舜饬下二女于妫汭,如妇礼。尧善之,乃使舜慎和五典,五典能从。乃遍入百官,百官时序。尧以为圣,召舜曰:"女谋事至而言可绩,三年矣。女登帝位。"舜让于德不怿。正月上日,舜受终于文祖。文祖者,尧大祖也。

于是帝尧老,命舜摄行天子之政,以观天命。舜乃在璇玑玉衡,以齐七政。遂类于上帝,禋于六宗,望于山川,辩于群神。岁二月,东巡狩,至于岱宗,祡望秩于山川。遂见东方君长,合时月正日,同律度量衡,修五礼五玉三帛二生一死为挚,如五器,卒乃复。五月,南巡狩;八月,西巡狩;十一月,北巡狩:皆如初。归,至于祖祢庙,用特牛礼。五岁一巡狩,群后四朝。遍告以言,明试以功,车服以庸。肇十有二州,决川。象以典刑,流宥五刑,鞭作官刑,扑作教刑,金作赎刑。眚灾过赦;怙终贼刑。

讙兜进言共工,尧曰不可而试之工师,共工果淫辟。四岳举鲧治鸿水。尧以为不可,岳强请试之。试之而无功,故百姓不便。三苗在江淮、荆州数为乱。于是舜归而言于帝,请流共工于幽陵,以变北狄;放讙兜于崇山,以变南蛮;迁三苗于三危,以变西戎;殛鲧于羽山,以变东夷:四罪而天下咸服。

尧令舜摄行天子之政,荐之于天。尧辟位凡二十八年而崩。尧知子丹朱之不肖,不足授天下,于是乃权授舜。授舜,则天下得其利而丹朱病;授丹朱,则天下病而丹朱得其利。尧曰:"终不以天下之病而利一人。"而卒授舜以天下。三年之丧毕,舜让辟丹朱于南河之南。诸侯朝觐者不之丹朱而之舜,狱讼者不之丹朱而之舜,讴歌者不讴歌丹朱而讴歌舜。舜曰:"天也。"夫而后之中国践天子位焉,是为帝舜。

虞舜者,名曰重华。

舜父瞽叟盲,而舜母死,瞽叟更娶妻而生象,象傲。瞽叟爱后妻子,常欲杀舜,舜避逃;顺事父及后母与弟,日以笃谨,匪有解。

舜,冀州之人也。舜耕历山,渔雷泽,陶河滨,作什器于寿丘,就时于负夏。舜父瞽叟顽,母嚚,弟象傲,皆欲杀舜。舜顺适不失子道,兄弟孝慈。欲杀,不可得;即求,尝在侧。

舜年二十以孝闻。三十而帝尧问可用者,四岳咸荐虞舜,曰可。于是尧乃以二女妻舜以观其内,使九男与处以观其外。尧二女不敢以贵骄事舜亲戚,甚有妇道。尧九男皆益笃。一年而所居成聚,二年成邑,三年成都。尧乃赐舜絺衣,与琴,为筑仓廪,予牛羊。瞽叟尚复欲杀之,瞽叟又使舜穿井,舜穿井为匿空旁出。

舜既入深,瞽叟与象共下土实井,舜从匿空出,去。瞽叟、象喜,以舜为已死。象曰:"本谋者象。"象与其父母分,于是曰:"舜妻尧二女,与琴,象取之。牛羊仓廪予父母。"舜往见之。象鄂不怿,曰:"我思舜正郁陶!"舜曰:"然,尔其庶矣!"舜复事瞽叟爱弟弥谨。于是尧乃试舜五典百官,皆治。

昔高阳氏有才子八人,世得其利,谓之"八恺"。高辛氏有才子八人,世谓之

"八元"。此十六族者,世济其美,不陨其名。舜举八恺,使主后土,以揆百事,莫不时序。举八元,使布五教于四方,父义,母慈,兄友,弟恭,子孝,内平外成。

昔帝鸿氏有不才子,天下谓之浑沌。少皥氏有不才子,天下谓之穷奇。颛顼氏有不才子,天下谓之梼杌。此三族世忧之。至于尧,尧未能去。缙云氏有不才子,天下谓之饕餮。天下恶之,比之三凶。舜宾于四门,乃流四凶族,迁于四裔,于是四门辟,言毋凶人也。

舜入于大麓,烈风雷雨不迷,尧乃知舜之足授天下。尧老,使舜摄行天子政,巡狩。舜得举用事二十年,而尧使摄政。摄政八年而尧

崩。天下归舜。而禹、皋陶、契、后稷、伯夷、夔、龙、倕、益、彭祖自尧时而皆举用，未有分职。于是舜乃至于文祖，谋于四岳，命十二牧论帝德，行厚德，远佞人，则蛮夷率服。舜谓四岳曰："有能奋庸美尧之事者，使居官相事?"皆曰："伯禹为司空，可美帝功。"舜曰："嗟，然! 禹，汝平水土，维是勉哉。"禹拜稽首，让于稷、契与皋陶。舜曰："然，往矣。"舜曰："弃，黎民始饥，汝后稷播时百谷。"舜曰："契，百姓不亲，五品不驯，汝为司徒，而敬敷五教，在宽。"舜曰："皋陶，蛮夷猾夏，寇贼奸轨，汝作士，五刑有服，五服三就;五流有度，五度三居，维明能信。"舜曰："谁能驯予工?"皆曰垂可。于是以垂为共工。舜曰："谁能驯予上下草木鸟兽?"皆曰益可。于是以益为朕虞。益拜稽首，让于诸臣朱虎、熊罴。舜曰："往矣，汝谐。"遂以朱虎、熊罴为佐。舜曰："嗟! 四岳，有能典朕三礼?"皆曰伯夷可。舜曰："嗟! 伯夷，以汝为秩宗。"伯夷让夔、龙。舜曰："然。以夔为典乐，教稚子，直而温，宽而栗，刚而毋虐，简而毋傲;诗言意，歌长言，声依永，律和声，八音能谐。"夔曰："於! 予击石拊石，百兽率舞。"舜曰："龙，朕畏忌谗说殄伪，振惊朕众，命汝为纳言，夙夜出入朕命，惟信。"舜曰："嗟! 女二十有二人，敬哉，惟时相天事。"三岁一考功，三考绌陟，远近众功咸兴。分北三苗。

此二十二人咸成厥功。四海之内咸戴帝舜之功。于是禹乃兴《九招》之乐，致异物，凤凰来翔。天下明德皆自虞帝始。

舜年二十以孝闻，年三十尧举之，年五十摄行天子事，年五十八尧崩，年六十一代尧践帝位。践帝位三十九年，南巡狩，崩于苍梧之野。葬于江南九疑，是为零陵。舜之践帝位，载天子旗，往朝父瞽叟，夔夔唯谨，如子道。封弟象为诸侯。舜子商均亦不肖，舜乃豫荐禹于天。十七年而崩。三年丧毕，禹亦乃让舜子，如舜让尧子。诸侯归之，然后禹践天子位。

自黄帝至舜、禹，皆同姓而异其国号，以章明德。故黄帝为有熊，帝颛顼为高阳，帝喾为高辛，帝尧为陶唐，帝舜为有虞。帝禹为夏后而别氏。

太史公曰:学者多称五帝，尚矣。然《尚书》独载尧以来;而百家言黄帝，其文不雅驯，荐绅先生难言之。孔子所传《宰予问五帝德》及《帝系姓》，儒者或不传。总之不离古文者近是。予观《春秋》《国语》，其发明《五帝德》《帝系姓》章矣，顾弟弗深考，其所表见皆不虚。《书》缺有间矣，其轶乃时时见于他说。非好学深思，心知其意，固难为浅见寡闻道也。余并论次，择其言尤雅者，故著为本纪书首。

【译文】

黄帝是少典氏的后代，姓公孙，名轩辕。他生下来就神奇灵异，在襁褓中就会言语，幼小时就很伶俐懂礼，稍大即纯朴敏慧，成年后睿智而练达。

轩辕的时候,神农氏的势力已经衰微。于是轩辕便操练士卒,用来征讨那些不来朝贡的诸侯,四方诸侯全都前来俯首称臣。蚩尤最为残暴,没有谁能征服他。炎帝想要欺凌诸侯,诸侯便都归顺轩辕。轩辕于是便实行德政,整治军队,研究气候,种植五谷,安抚百姓,率领他们同炎帝在阪泉的野外交战。经过三次交战,终于取得了胜利。蚩尤作乱,不听从黄帝的命令。于是黄帝便征集各地诸侯的军队,与蚩尤在涿鹿的野外交战,活捉了蚩尤,并把他杀死。各地诸侯便都尊奉轩辕为天子,取代了神农氏,这就是黄帝。天下若有不顺从的,黄帝便去征讨他,直至平服后才离去。

他向东到达大海,登上丸山和泰山,西边到达空桐,登上鸡头山,南边到达长江,登上熊山、湘山,北边驱逐荤粥,在釜山与诸侯核验符契,在涿鹿山下宽广平坦的地方建设城邑。迁徙往来,没有固定的居处,用兵营围绕来防卫。百官都用云来命名,军队也称云师。设立左右大监,监察各方诸国。各方诸国和顺,在祭祀天地神灵的封禅大典中,参加黄帝主持盛典的非常多。黄帝获得了宝鼎,推算日辰历数。顺应天地的法则,阴阳的变化,奉行养生送死的制度,研究国家存亡的道理。按时种植百谷草木,驯化鸟兽昆虫,广泛研究日月星辰的行踪变化以及水流、土石、金玉的状况,勤思考,勤实践,多倾听,多观察,节用水火材物。因为享有土德的祥瑞,所以号为黄帝。

黄帝住在轩辕之丘,娶了西陵氏的女子为妻,这就是嫘祖。嫘祖是黄帝的正妃,生了两个儿子,他们的后代都曾据有天下:其中一个叫玄嚣,就是青阳;第二个叫昌意,昌意居住在若水。昌意娶了蜀山氏的女子,名叫昌仆,生了高阳,高阳有高尚的道德。黄帝死后,葬在桥山。他的孙子,也就是昌意的儿子高阳,继承帝位,这就是帝颛顼。

帝颛顼高阳,是黄帝的孙子、昌意的儿子。他文静渊深而有智谋,明白通达而知事理;杂植各种作物,以尽地力,按时行事,顺应自然,尊奉鬼神,制定礼仪,调理五行之气,教化民众,洁净虔诚地进行祭祀。无论有生命的和没有生命的,无论是大山大河还是小山小河之神,凡是日月所能照临的地方,没有不服从他、归附他的。

颛顼死后,玄嚣的孙子高辛继承帝位,这就是帝喾。

帝喾高辛是黄帝的曾孙。高辛的父亲叫蟜极,蟜极的父亲叫玄嚣,玄嚣的父亲叫黄帝。高辛继帝位。高辛对于颛顼来说是同族兄弟之子。

高辛刚生下来就神灵,自己说出了自己的名字。他广施恩泽,利及万物,却毫不为己。他明辨是非,能洞察远方;察事细微,能烛照隐幽。他顺应天帝的旨意,了解百姓的疾苦。他获取大地材物而节制使用,抚育教导百姓,让他们知道利益之所在,用历法来掌握日月节气变化的规律,尊显鬼神,恭敬地奉事。他面容谦恭,品德高尚,举止适时,穿着朴素。帝喾恩德不偏不倚,宛如水灌溉土地一样,遍及天下,凡日月所临、风雨所及的地方,没有不来归顺的。

帝喾娶陈锋氏的女子,生放勋;娶娵訾氏的女子,生挚。帝喾去世后,由挚继承帝位。帝挚在位,治理得不好,他的弟弟放勋继位,这就是帝尧。

帝尧就是放勋。他的仁德像天(那样浩大无边),他的智慧像神(那样渊深莫测)。人们追随他如同追随太阳那样,人们期待他如同渴望祥云那样。他富有而不骄纵,显贵而不傲慢。他能发扬光大高尚的德操,把各部族团结得亲密无间。各部族已经亲密无间,再明确百官的职责,表彰百官中政绩卓著的。百官的政绩卓著,天下万国无不融洽和睦。

于是命令羲氏、和氏,恭敬地顺应上天。依据日月星辰的行迹制定历法,把时令谨慎地传授给各地百姓。发布命令派遣羲仲住在叫旸谷的郁夷之地,恭敬地迎接朝阳的升起,审慎地预报春季耕种的时日。白天同夜晚的时间一样长、黄昏鸟星在正南方上空出现时,根据这种景象来确定春分的日子。这时,人们分散到田野里破土耕种,鸟兽交尾生育。又命令羲叔住在南交,审慎地预报夏季耕耘的时日。恭敬地迎接夏至的到来。一年中白天时间最长、黄昏火星在正南方上空出现时,根据这种景象来确定夏至的日子。这时,人们忙着在田里除草,鸟兽的羽毛变得稀疏了。又命令和仲住在叫昧谷的西方,恭敬地送别太阳离去,审慎地预报收获的日子。夜晚同白天的时间一样长、黄昏虚星在正南方上空出现时,根据这种景象来确定秋分的日子。这时,人们都忙着收割庄稼,鸟兽更换了羽毛。又命令和叔住在叫幽都的北方,审慎地预报储藏谷物的时日。一年中白天时间最短、黄昏昴星在正南方上空出现时,根据这种景象来确定冬至的日子。这时,人们留在屋里取暖,鸟兽的羽毛变得又厚又密。一年有三百六十六天,用置闰月来把四季调整准确。

尧说:"哪一位能理顺国家大事?"尧又说:"唉!各位首领,滚滚洪水漫天而来,浩浩荡荡,包围了群山,淹没了丘陵,百姓忧心忡忡,有谁能受命去治理呢?"(首领们)都说鲧可以受命。尧说:"鲧常违反命令,危害同族,不可任用。"首领们说:"恐怕不至于这样吧!试用不行,再罢免他。"于是尧听从首领们的意见,任用鲧来治水。鲧治水九年,毫无成效。

尧说:"唉!各位首领,我在位已七十年了,你们哪一位能按天命行事,接替我的职位?"尧说:"(只要是真正贤能的人)无论是达官贵人,至亲至友,还是被疏远和隐居的人,全都要向我举荐。"大家异口同声地对尧说:"在百姓中有位尚未娶妻的人,名叫虞舜。"尧说:"是的,我听说过这个人,他究竟怎样?"首领们说:"他是个盲人的儿子,父亲心地险恶,母亲愚悍奸诈,弟弟骄纵不法,舜能用孝行与他们和睦相亲,使他们的心向善免于邪恶。"尧说:"那么我还是试试看吧!"于是尧把两个女儿嫁给舜,通过他对待妻子的态度来观察他的品德。舜把二妻子安置在妫水入河处,让她们遵守作媳妇的礼节。尧对此十分满意,便让舜负责推行五教,(使百姓)能按五教行事。又让他按五教整饬百官,使百官都能遵章守法。尧认为舜是伟大的。召见舜说:"你谋虑周全,说了之后,便可以建立功业,已经过了三年,你登上帝位吧!"舜一再推让,认为自己的德行不足以胜任帝位,心中十分不安。正月初一,舜在文祖庙前受命登位。文祖就是尧的太祖。

这时,帝尧已经年迈,让舜代行天子之政,以便观察天帝的意愿。舜就观察璇玑玉衡,调整对日月五星的测算。然后又举行禷礼祭祀上天,举行禋礼遥祭上下四方,举行望礼遥祭名山大川,遍祭群神。这年的二月,舜到东方巡察,到达泰山,烧柴祭天,又举行望礼遥祭名山大川。然后又接见东方各诸侯国的君长(校正历法)同他们核对季节、月份和时日,统一音律和度、量、衡,制定了五种礼仪,以及五种玉制礼器、三种彩缯、二种活牲、一种死禽分别作为诸侯、卿大夫、士相见的礼品。朝觐礼毕,五种玉器全都归还各方诸侯。五月,舜到南方巡察;八月,到西方巡察;十一月,到北方巡察。每到一方都像到东方那样,(接见当地的诸侯君长,统一行政制度)回来后,到了祖庙父庙,举行最隆重的牺牲之礼(祭祀列祖列宗)舜每五年巡察天下一次,各地诸侯则每四年朝见一次。向天下宣告自己的政令,察明各地的政绩,根据功绩的大小赏赐车马服饰。舜开始设立十二州,疏导各地的河流。他用图画的方式公布刑法,用流放的办法来减免五刑,用鞭子作为官府的刑罚,学校用戒尺作为处罚,罪犯可以用金钱来赎刑。对因偶然过失犯罪的予以赦免,对怙恶不悛的施以重刑。

讙兜推荐共工,尧说:"不行。"便试用他为工师,共工果然放纵作恶。四方诸侯首领举荐鲧来治理洪水,尧认为不行,首领们一再恳请试用鲧,经过试用以后,不见成效,百姓依然深受其苦。三苗部族在长江、淮河、荆州一带一再作乱。这时,舜巡视回来,便向帝尧报告,请求把共工放逐到幽陵,变为北狄;把讙兜放逐到崇山,变为南蛮;把三苗迁徙到三危,变为西戎,把鲧放逐到羽山,变为东夷。惩办了这四个罪犯,天下人都心悦诚服。

尧让舜代行天子的职务,向上天举荐舜。尧让位二十八年后就去世了。尧知道儿子丹朱不贤,不能授予他治理天下的责任,于是便破例把帝位传授给了舜。把帝位传授给舜,天下将得到好处,而丹朱一人忧愁;把帝位传授给丹朱,天下都将受苦,而丹朱一人得利。尧说:"总不能让天下人受苦,而仅让一人得利。"尧终于把帝位传授给了舜。三年的丧期结束后,舜把帝位让给丹朱,自己躲避到南河的南岸。朝见天子的诸侯不到丹朱那里,而去朝拜舜。争讼告状的不到丹朱那里,而却去找舜。赞美人的不讴歌丹朱,而是歌颂舜。舜说:"这是天意吧。"从这以后,舜才来到国中,登上天子之位,这就是帝舜。

虞舜,名叫重华。

舜的父亲瞽叟是个盲人,舜的母亲死后,瞽叟就另外娶妻生了象。象骄纵不法。瞽叟溺爱后妻的儿子,时常盘算杀害舜。舜都设法逃避了。舜恭顺地事奉父亲、后母和弟弟,天天真诚如一,谨小慎微,没有一时一刻松懈怠慢。

舜是冀州人,曾经在历山种过田,在雷泽捕过鱼,在黄河边上烧制过陶器,在寿丘制作过各种生产工具和生活用具,在负夏做过生意。舜的父亲瞽叟心地险恶,母亲愚悍奸诈,弟弟象骄纵不法,都想杀害舜。舜仍然恭顺,不失为子之道,待弟弟亲爱友善。父母兄弟想杀他,却总也无法实现。如果有事找他,却常常在身边。

舜二十岁时,因为孝顺闻名于世。三十岁时,帝尧询问可以重用的人,四方诸侯首领全都推荐虞舜,说他可用。于是帝尧便把两个女儿嫁给他,观察他怎样治家。又让九个儿子与他相处,观察他在外怎样待人接物。尧的两个女儿也不敢因为出身高贵,而以傲慢的态度对待舜的亲戚,非常懂得作媳妇的规矩。尧的九个儿子更加纯朴厚道。他住过一年的地方,便形成了村落,住过二年的地方,便形成了城镇,住过三年的地方,便形成了都市。于是尧便赏赐舜细葛布做的衣服,赠给琴,为他建筑容纳粮食的仓廪,送给他牛羊。瞽叟又想杀死舜。瞽叟又指使舜去挖井。

舜挖井时,在井壁挖了一个通向外面的隐蔽通道,舜下到井的深处,瞽叟同象一起往井下填土,把井填实。舜从隐蔽的通道出来,逃走了。瞽叟和象非常高兴,以为舜已经死去,象说:"这主意原是我出的。"象同父母一起瓜分舜的遗产,这时他说:"舜的两个妻子,也就是尧的女儿,与那把瑶琴,我收取了。牛羊和仓廪给父母。"舜去见象。象愕然不快,说:"我思念你,正难过伤心呢!"舜说:"是这样,(对于兄弟友悌情谊)你还真差不多呢!"舜事奉瞽叟,爱护弟弟,更加勤谨。于是尧便试着让舜掌管五种礼教,担任各种官职,舜都做得很出色。

从前,高阳氏有八个很有才干的儿子,天下人都受到他们的恩惠,称他们为"八恺"。高辛氏也有八个很有才干的儿子,世人称他们为"八元"。这十六支宗族,世世代代都能增益他们的美德,从未毁损过他们先人的声誉。舜任用了"八恺"的后人,指派他们负责管理农业生产,总揽各项事务,所有事情都处理得非常及时,井然有序。还任用了"八元"的后人,指派他们到四方传布五教,于是,父亲威严、母亲慈爱、哥哥友善、弟弟恭敬、儿子孝顺,国内太平,域外向化。

从前,帝鸿氏有不成器的儿子,天下人称他为"浑沌"。少暤氏也有不成器的儿子,天下人称他为"穷奇"。颛顼氏也有不成器的儿子,天下人称他为"梼杌"。这三个部族,使世人感到忧虑。到尧时,也没有除掉他们。缙云氏有不成器的儿子,天下人称他为"饕餮"。世人没有不憎恶他的,把他与浑沌、穷奇、梼杌这三个凶恶的人并列。舜在国都四门接待宾客时,流放了这四个凶恶的家族,把他们迁徙到四方最偏远的地方,于是国都四门大开,都说没有凶恶的人了。

　　舜进入高山下的深林,遇到暴风雷雨而不迷失方向,尧由此知道舜是足以托付天下的。尧告老时,让舜代理天子的政事,巡视天下。舜被举用做了二十年的工作,尧便让他代理政事。代理政事八年而尧去世。天下人都归向舜。禹、皋陶、契、后稷、伯夷、夔、龙、倕、益、彭祖这些人,尧在世时就都得到了任用,只是没有封邑和任命适当的官职。于是舜来到文祖庙,同四方诸侯首领们商议,命令十二个地域长官评议天子的品德,(他们认为)广施恩德,疏远谄佞之人,那么,偏远的部族都会前来归顺。舜对四方诸侯首领说:"哪一位能奋力做出成绩,发扬光大帝尧的功业,我将任命他官职,辅佐我治理天下?"首领们都说:"伯禹出任司空,可以发扬光大帝尧的功业。"舜对禹说:"嗯,对! 禹,你来平定水土,你可要努力做好这件事啊!"禹跪拜叩头,要推让给稷、契和皋陶。舜说:"虽说如此,还是你去吧!"舜说:"弃! 百姓开始闹饥荒了,你掌管农事,负责种植各种谷物。"舜说:"契! 老百姓之间不相亲睦,君臣、父子、夫妇、长幼、朋友五者相处,应有的道德得不到信守,你来担任司徒,细心地推行五教,宽厚待人。"舜说:"皋陶,野蛮的边民经常到中原进行骚扰,内外贼寇猖獗,现在任命你担任士,触犯了五刑的要执法,五刑分别在市、朝、野三处执行。五种流放之刑各有居处,五种流放地分别在三个范围之外,只有刑法严明才能取信于民。"舜说:"谁能管理好我的各种工匠?"大家都说:"倕可以胜任。"于是任命倕为共工。舜又说道:"谁能管理好各地的山林原野、草木鸟兽?"大家都说:"益可以胜任。"于是任命益为(主管山林原野)的虞官。益跪拜叩头,想推让给大臣朱虎、熊罴。舜说:"还是你去吧,你很适合。"便派朱虎、熊罴为辅佐。舜说道:"喂,诸侯首领们,谁适合为我主持三大祭典?"大家都说:"伯夷可以。"舜说:"喂,伯夷,任命你担任秩宗,伯夷要推

让给夔、龙。舜说:"好吧,任命夔掌管音乐,教育少年。要正直而温和,宽宏而谨慎,刚强而不暴虐,办事干练而不傲慢失礼。诗是表达思想的,歌能加长诗的音节,声调要依据歌咏,音律要使声调和谐。八种乐器的声音都能和谐。"夔说:"啊!我敲打起石制的乐器,各种兽类都随着我的节拍载歌载舞。"舜说:"龙,我最憎恶谗言和暴行,惊扰我的人民,任命你担任纳言,不论早晚负责颁发我的政令,坚守信用。"舜说:"啊!你们二十二人,要恭谨啊,每时都要辅佐上天交给我的事业。"舜每三年考核一次大家的政绩,考核三次以后,决定升迁或罢免。因此,无论远近,各项事业都兴盛起来。把三苗部族分别隔离开来。

这二十二人都成功地完成了他们的工作。四海之内,无不感戴帝舜的功德。于是,禹创作了《九招》乐曲,招来珍奇异物,凤凰飞翔。天下的文明德政都始自虞帝时代。

舜二十岁时即以孝顺闻名,三十岁时尧举用了他,五十岁代理天子政务,五十八岁时尧去世,六十一岁时继承尧登上帝位。登上帝位三十九年,到南方巡视,死在苍梧的乡间。安葬在长江南面的九嶷山,这就是零陵。舜登上帝位,车子上竖立着天子的旗帜,去朝见父亲瞽叟,态度和悦恭谨,保持着做儿子的规矩。封弟弟象为诸侯。舜的儿子商均也是个不成器的人,舜在自己死前就把禹推荐给天帝。过了十七年,舜去世了。服丧三年后,禹也把帝位让给舜的儿子,就像舜让尧的儿子继承帝位一样。然而诸侯全都归顺禹,后来禹才登上帝位。

从黄帝到舜、禹,都是同姓,只是国号不同,以此来显示各人的美德。所以黄帝号有熊,帝颛顼号高阳,帝喾号高辛,帝尧号陶唐,帝舜号有虞。帝禹称夏后,用不同的氏来区别。

太史公说:学者很多人都讨论五帝。但他们距离我们太遥远了。《尚书》只记载尧以来的事迹,各家述说黄帝事迹的文字都不典雅,有学问的人也难以说明白。孔子所传授的《宰予问五帝德》和《帝系姓》,有的儒生也不传习。总而言之,以不悖于古文记载的那些说法较为可信。我读《春秋》《国语》,觉得能阐明《五帝德》《帝系姓》的地方还是很清楚的,只是没有进行深入考证研究,其实,它们的看法都不虚妄。《尚书》残缺脱落已有很长时间了,散佚的部分,时常在别的著作中见到。不是好学深思,心领神会,是很难就此与浅见寡闻的人讨论的。我综合了各家的著述,进行研究编排,选择文辞最为典雅可信的,写成这篇本纪,做为本书的第一篇。

夏本纪

【原文】

夏禹，名曰文命。禹之父曰鲧，鲧之父曰帝颛顼，颛顼之父曰昌意，昌意之父曰黄帝。禹者，黄帝之玄孙而帝颛顼之孙也。

当帝尧之时，鸿水滔天，浩浩怀山襄陵，下民其忧。尧求能治水者，群臣、四岳皆曰鲧可。于是尧听四岳，用鲧治水。九年而水不息，功用不成。舜登用，摄行天子之政，巡狩。行视鲧之治水无状，乃殛鲧于羽山以死。天下皆以舜之诛为是。于是舜举鲧子禹，而使续鲧之业。

命禹："女平水土，维是勉之。"禹拜稽首，让于契、后稷、皋陶。舜曰："女其往视尔事矣。"

禹为人敏给克勤；其德不违，其仁可亲，其言可信；声为律，身为度，称以出；亹亹穆穆，为纲为纪。

禹乃遂与益、后稷奉帝命，命诸侯百姓兴人徒以傅土，行山表木，定高山大川。禹伤先人父鲧功之不成受诛，乃劳身焦思，居外十三年，过家门不敢入。卑宫室，致费于沟淢。陆行乘车，水行乘船，泥行乘橇，山行乘檋。左准绳，右规矩，载四时，以开九州，通九道，陂九泽，度九山。令益予众庶稻，可种卑湿。禹乃行相地宜所有以贡，及山川之便利。

禹行自冀州始。冀州：既载壶口，治梁及岐。既修太原，至于岳阳。覃怀致功，至于衡漳。常、卫既从，大陆既为。鸟夷皮服。夹右碣石，入于海。

济、河维沇州：九河既道，雷夏既泽，雍、沮会同，桑土既蚕，于是民得下丘居土。其贡漆丝，其篚织文。浮于济、漯，通于河。

海岱维青州：堣夷既略，潍、淄其道。厥贡盐、絺，海物维错，岱畎丝、枲、铅、松、怪石，莱夷为牧，其篚酓丝。浮于汶，通于济。

海岱及淮维徐州：淮、沂其治，蒙、羽其艺。大野既都，东原厎平。贡维土五色，羽畎夏狄，峄阳孤桐，泗滨浮磬，淮夷蠙珠臮鱼，其篚玄纤、缟。浮于淮、泗，通于菏。

淮海维扬州：彭蠡既都，阳鸟所居。三江既入，震泽致定。竹箭既布。其草惟夭，其木惟乔。贡金三品，瑶、琨、竹箭，齿、革、羽、旄，岛夷卉服，其篚织贝，其包橘、柚锡贡。均江、海，通淮、泗。

荆及衡阳维荆州：江、汉朝宗于海。九江甚中，沱、涔已道，云梦土为治。贡：

羽、旄、齿、革，金三品，杶、干、栝、柏，砺、砥、砮、丹，维箘簬、楛，三国致贡，其名包汇菁茅，其篚玄纁玑组，九江入赐大龟。浮于江、沱、涔、汉，逾于雒，至于南河。

荆河惟豫州：伊、雒、瀍、涧既入于河，荥播既都，道荷泽，被明都。贡：漆、丝、絺、纻，其篚纤絮，锡贡磬错。浮于雒，达于河。

华阳黑水惟梁州：汶、嶓既艺，沱、涔既道，蔡、蒙旅平，和夷厎绩。贡璆、铁、银、镂、砮、磬，熊、罴、狐、狸织皮。西倾因桓是来。浮于潜，逾于沔，入于渭，乱于河。

黑水西河惟雍州：弱水既西，泾属渭汭。漆、沮既从，沣水所同。荆、岐已旅，终南、敦物至于鸟鼠。原隰厎绩，至于都野。三危既度，三苗大序。贡璆、琳、琅玕。浮于积石，至于龙门西河，会于渭汭。织皮，昆仑、析支、渠搜，西戎即序。

道九山。

道九川。

于是九州攸同，四奥既居，九山刊旅，九川涤原，九泽既陂，四海会同。六府甚修，众土交正，致慎财赋，咸则三壤，成赋中国。赐土姓："祗台德先，不距朕行。"

令天子之国以外五百里甸服：百里赋纳总，二百里纳铚，三百里纳秸服，四百里粟，五百里米。甸服外五百里侯服：百里采，二百里任国，三百里诸侯。侯服外五百里绥服：三百里揆文教，二百里奋武卫。绥服外五百里要服：三百里夷，二百里蔡。要服外五百里荒服：三百里蛮，二百里流。

东渐于海，西被于流沙，朔、南暨：声教讫于四海。于是帝锡禹玄圭，以告成功于天下。天下于是太平治。

皋陶作士以理民。帝舜朝，禹、伯夷、皋陶相与语帝前。皋陶述其谋曰："信道其德，谋明辅和。"禹曰："然，如何？"皋陶曰："於！慎其身修，思长，敦序九族，众明高翼，近可远在已。"禹拜美言，曰："然。"皋陶曰："於！在知人，在安民。"禹曰："吁！皆若是，惟帝其难之。知人则智，能官人；能安民则惠，黎民怀之。能知能惠，何忧乎驩兜，何迁乎有苗，何畏乎巧言善色佞人？"皋陶曰："然，於！亦行有九德，亦言其有德。"乃言曰："始事事，宽而栗，柔而立，愿而共，治而敬，扰而毅，直而温，简而廉，刚而实，强而义，章其有常，吉哉。日宣三德，蚤夜翊明有家。日严振敬六德，亮采有国。翕受普施，九德咸事，俊乂在官，百吏肃谨。毋教邪淫奇谋。非其人居其官，是谓乱天事。天讨有辠，五刑五用哉。吾言厎可行乎？"禹曰："女言致可绩行。"皋陶曰："余未有知，思赞道哉。"

帝舜谓禹曰："女亦昌言。"禹拜曰："於，予何言！予思日孳孳。"皋陶难禹曰："何谓孳孳？"禹曰："鸿水滔天，浩浩怀山襄陵，下民皆服于水。以决九川致四海，浚畎浍致之川。与稷予众庶难得之食。食少，调有余补不足，徙居。众民乃定,万国为治。"皋陶曰:"然,此而美也。"

禹曰:"於,帝!慎乃在位,安尔止。辅德,天下大应。清意以昭待上帝命,天其重命用休。"帝曰:"臣作朕股肱耳目。予欲左右有民,女辅之。余欲观古人之象,日月星辰,作文绣服色,女明之。予欲闻六律五声八音,(来始滑)〔七始咏〕,以出入五言,女听。予即辟,女匡拂予。女无面谀,退而谤予。敬四辅臣。诸众谗嬖臣,君德诚施皆清矣。"禹曰:"然。帝即不时,布同善恶则毋功。"

禹曰:"予娶涂山,辛壬癸甲,生启予不子,以故能成水土功。辅成五服,至于五千里,州十二师,外薄四海,咸建五长,各道有功。苗顽不即功,帝其念哉。"帝曰:"道吾德,乃女功序之也。"

皋陶于是敬禹之德,令民皆则禹。不如言,刑从之。舜德大明。

于是夔行乐,《箫韶》九成,凤皇来仪,百兽率舞,百官信谐。帝用此作歌,曰:"陟天之命,维时维幾。"乃歌曰:"股肱喜哉,元首起哉,百工熙哉!"皋陶拜手稽首扬言曰:"念哉,率为兴事,慎乃宪,敬哉!"乃更为歌曰:"元首明哉,股肱良哉,万事康哉!"又歌曰:"元首丛脞哉,股肱惰哉,万事堕哉!"帝拜曰:"然,往钦哉!"于是天下皆宗禹之明度数声乐,为山川神主。

帝舜荐禹于天,为嗣。天下诸侯皆去商均而朝禹。禹于是遂即天子位,南面朝天下,国号曰夏后,姓姒氏。

而后举益,任之政。

十年,帝禹东巡狩,至于会稽而崩。以天下授益。三年之丧毕,益让帝禹之子启。禹子启贤,天下属意焉。及禹崩,虽授益,益之佐禹日浅,天下未洽。故诸侯皆去益而朝启,曰"吾君帝禹之子也"。于是启遂即天子之位,是为夏后帝启。

有扈氏不服,启伐之,大战于甘。将战,作《甘誓》。乃召六卿申之。启曰:"嗟!六事之人,予誓告女:有扈氏威侮五行,怠弃三正,天用剿绝其命。今予维共行天之罚。左不攻于左,右不攻于右,女不共命。御非其马之政,女不共命。用命,赏于祖;不用命,僇于社,予则帑僇女。"遂灭有扈氏。天下咸朝。

夏后帝启崩,子帝太康立。帝太康失国。

太康崩,弟中康立,是为帝中康。帝中康时,羲和湎淫,废时乱日。胤往征之,作《胤征》。

中康崩,子帝相立。帝相崩,子帝少康立。帝少康崩,子帝予立。帝予崩,子帝槐立。帝槐崩,子帝芒立。帝芒崩,子帝泄立。帝泄崩,子帝不降立。帝不降崩,弟帝扃立。帝扃崩,子帝廑立。帝廑崩,立帝不降之子孔甲,是为帝孔甲。

帝孔甲立,好方鬼神,事淫乱,夏后氏德衰,诸侯畔之。

孔甲崩,子帝皋立。帝皋崩,子帝发立。帝发崩,子帝履癸立,是为桀。

帝桀之时,自孔甲以来而诸侯多畔夏,桀不务德而武伤百姓,百姓弗堪。乃召汤而囚之夏台,已而释之。汤修德,诸侯皆归汤,汤遂率兵以伐夏桀。桀走鸣条,遂放而死。桀谓人曰:"吾悔不遂杀汤于夏台,使至此。"汤乃践天子位,代夏朝天下。汤封夏之后,至周封于杞也。

太史公曰:禹为姒姓,其后分封,用国为姓,故有夏后氏、有扈氏、有男氏、斟寻氏、彤城氏、襃氏、费氏、杞氏、缯氏、辛氏、冥氏、斟戈氏。孔子正夏时,学者多传《夏小正》云。自虞、夏时,贡赋备矣。或言禹会诸侯江南,计功而崩,因葬焉,名曰会稽。会稽者,会计也。

【译文】

夏禹,名叫文命。他的父亲叫鲧,鲧的父亲叫帝颛顼,颛顼的父亲叫昌意,昌意的父亲叫黄帝。禹就是黄帝的玄孙和颛顼的孙子。

当帝尧的时候,滔滔的洪水,浩浩荡荡地包围了山岳,漫没了丘陵,老百姓陷在愁苦中。尧急着要找到能治水的人,群臣、四岳都说鲧可以。于是尧采纳了四岳的意见,用鲧治水。费了九年功夫,洪水之患没有平息,治水无功。舜被提拔重用,代理执行天子的职务,按时巡行视察各地诸侯所守的疆土。于巡行中发现鲧治水太不像话,就在羽山海边诛杀了鲧。天下的人都认为舜处理得当。这时舜选拔了鲧的儿子禹,任命他继续从事鲧的治水事业。

任命禹说:"你去平定水土,要好好地干啊!"禹下拜叩头,推让给契、后稷、皋陶等人。舜说:"还是你去担负起你这一任务吧!"

禹的为人,办事敏捷而又勤奋,他的品德不违正道,他仁爱之怀人人可亲,他讲的话诚实可信,发出来的声音自然地如同音律,动作举止自然地可为法度,乃至重要规范准则都可从他身上得出。他勤勉肃敬,可作为人所共遵的纲纪。

禹就和伯益、后稷一起奉帝舜之命,命令诸侯百官征集民夫,展开平治水土工作。随着山势树立标识,确定那些高山大川。禹伤痛父亲鲧治水无功被杀,因此劳身苦思,在外十三年,经过自己家门也不敢进。自己居住的房屋很简陋,但不惜耗巨资于修渠挖沟等水利工程。他赶旱路坐车,走水路坐船,走泥泞的路坐橇,走山路用屐底有齿的屩。经常随身离不开的东西,就是测定平直的水准和绳墨,划定图式的圆规和方矩,四时都带着他们,用以从事于开划九州,辟通九州道路,修筑九州湖

泽堤障,计度九州山岳脉络。同时叫伯益发放稻种,教群众在卑湿地方种植。禹又巡视各地所特有的物产以定其贡赋,还视察了各地山川的便利情况。

禹督导治水的行程从冀州开始。冀州:已治理了壶口,接着治理梁山和岐山。已修整了太原之后,接着修整到岳阳地区。覃怀地区也完工了,就到了衡漳水一带。常水(恒水)、卫水也都随河道流畅了,大陆泽周围土地都可耕作了。东北的鸟夷族贡纳供贵族服用的珍奇异兽皮毛。他们遵海路入贡,在沿海岸(辽东湾西岸)向南航行的航道上,看到右拐角处的碣石便据以转而向西航驶,直驶入黄河航道。

济水和黄河之间是兖州。黄河下游的九条河道已畅通了,雷夏洼地已汇聚成湖泽了,雍水、沮水也都会同流到了雷夏泽中,能种桑的土地上已经在养蚕,于是人民得以从躲避洪水迁居的高地下到平地居住。这一州的贡物是漆和丝,还有装在筐子里进贡的文彩美丽的丝织品。它的进贡道路是由船运经济水、漯水,直达黄河。

地跨东边的海,直至西边的泰山,这一地域是青州。已经给居住在东北的堣夷族划定疆界,使获安居;又疏通潍水、淄水,使这一地区也获得治理。这一州的贡物是盐、精细的葛布、海产品以及磨玉的砺石,并有泰山山谷里出的丝、麻、铅、松、似玉之石和莱夷族所献的畜产,还有装在筐子里进贡的山桑蚕丝。它的进贡道路是由汶水船运直达济水(再由济入河)。

东边沿海,北边至泰山,南边至淮水之间的地域是徐州。淮水和沂水都已经治理,蒙山、羽山地方也都可耕种,大野泽也已汇积成湖,东原地区的水涝已去,地已平复。这一州的贡物是五色土,羽山谷中所出的五色雉羽,峄山之阳特产的制琴良材名桐,泗水滨的浮磬石,和淮夷族所献的珍珠贝及鱼产,还有装在筐子里进贡的赤黑色细缯和白色绸帛。它进贡道路由淮水船运入泗,再通于菏水(再由菏入济以通河)。

北起淮河,东南到海之地是扬州。彭蠡之域已汇集众水成湖,作为每年雁阵南飞息冬之地。彭蠡以东诸江水已入于海,太湖水域也就安定了。于是遍地长满丛生的竹林,到处尽见美盛的芳草、葱翠的乔木。这一州的贡物是三种成色的铜,以及瑶琨美玉、竹材、象牙、异兽之革、珍禽之羽、旄牛之尾,和岛夷族所献的一种称为“卉服”的细葛布,还有装在筐子里进贡的绚丽的贝锦,和妥加包装进贡的橘子、柚子。它的进贡道路是沿着江路入海,再沿海通于淮水和泗水(然后再沿徐州贡道入于河)。

由荆山一线直到衡山以南的广阔地域是荆州。江水、汉水至此会合奔流入海,至九江地区得地势之中。两水的支津沱、涔诸水都已疏浚通畅,云梦泽水域也已获得治理。这一州的贡物是珍禽之羽、旄牛之尾、象牙、异兽皮革,三种成色的铜，枏木、干（柘）木、栝（桧）木、柏木，精、粗两种磨刀石、砮镞石、朱砂，和云梦泽边三国所献的制箭良材箘竹、汜竹、楛木，以及有名的捆扎起来专供宗庙缩酒之用的菁茅。还有装在筐子里进贡的赤黑色与黄赤色的丝织物和用以佩玉的饰有玑珠称为"玑组"的绶带，更有九江贡纳的大龟。它的进贡道路是用船运经由江水及各支津沱、涔等通于汉水，然后经过陆路运至雒水，再进入南河（冀州以南的黄河）。

荆山和黄河之间是豫州。伊水、雒水、瀍水、涧水都已疏浚入于黄河，荣播地域横溢之水也已汇积成湖，当水盛时，疏导菏泽之水向南泄入明都泽。这一州的贡物是漆、丝、精细葛布、纻麻，还有装在筐子里进贡的细丝绵，并进贡磨磬的砺石。它的进贡道路是由雒水船运至黄河。

华山之南和黑水之间是梁州。汶山和嶓冢山已可种植了，江汉两水的支津沱涔等水都已疏浚了，蔡山和蒙山的山道也都已平治了，瀍水以南的和夷族等西南夷民的安定也已获致成功了。西倾山一带的西北羌民也沿着桓水来相交往了（此句原错简在"贡物"下，今译文移正）。这一州的贡物是黄金、铁、银、镂钢、砮镞石、磬石，和熊、罴、狐、狸，以及诸兽之毛织的罽布与用以制裘的兽皮。它的进贡道路是先用船运经由支津潜水入于沔水，再起岸由陆路运至渭水，再由渭水横渡黄河送达冀州。

黑水和西河之间是雍州。弱水已经西流了，泾水也流入渭水隈湾里，漆水和沮水合为漆沮水也入于渭水，沣水同样地入了渭水。渭水之北，东起荆山西迄岐山的迤逦山道已经平治；渭水之南，东自终南山，西越惇物山，更西北直抵渭源鸟鼠同穴之山，这美丽的千里沃野，不论膴膴平原，还是浅浅湿地，都已平治竣功，直达都野泽这一肥沃的湖沼地区。三危山已成人民安居乐业之所，被逐迁居至此的三苗人民生活也大为安定了。西边的昆仑、析支、渠搜三个西戎族的人民也归于和顺了。这一州的贡物是称为璆（球）的美玉、带青碧色的琳玉和称为琅玕的玉质美石，以及兽毛制成的罽布和用来制裘的兽皮。它的进贡道路是，从积石山下的黄河水上，航行千里，直达龙门山下的黄河，南与渭水航道会于渭水入河处。其中有昆仑、析支、渠搜贡来的毛呢，西戎也归服了。

然后循行九州各山。

又巡视九州各水。

到这时九州都已同样美好，四方境内都可安居了，九州的山都经刊木表识可成通途了，九州的水已疏通其源流了，九州低洼沼泽之地都已修筑堤防潴成湖泊了，四海之内会同一致了。掌收贡赋的官府可以很好地完成其职责了，所有的领土上都可征收赋税了，但必须谨慎地征取税收，一定要依土地肥瘠为准则来定税额，就在中国九州之内完成征收赋税的任务。上帝赏赐了禹以天下的土地，并赐给了他的姓氏。"把敬修我的德业放在最先,不要违背我的一贯行为作风。"

规定在天子国都以外五百里的地域称为甸服,其中离国都一百里内的要缴纳连着秸穗的整捆的禾,二百里内的要缴纳禾穗,三百里内的要缴纳去掉了秸芒的穗,四百里内的要缴纳谷粒,五百里内的要缴纳米粒。甸服以外五百里内的地域称为侯服,其中近百里以内为采地,二百里以内为男爵地,其余三百里地封诸侯。侯服以外五百里内的地域称为绥服,其中内三百里地区度势发扬文教,外二百里地区奋力兴办国防。绥服以外五百里地域称为要服,其中内三百里地区住夷族,外二百里地区则安置判处蔡刑的罪犯。要服以外五百里地域称荒服,其中内三百里地区住蛮族,外二百里地区则安置判处流放刑的罪犯。

我们的大地东边浸在大海中,西边覆盖在辽远的沙漠下,北方和南方以能到达的地境为地境,华夏的声威教化达到了四海的尽头。于是上帝赏赐给禹一个玄圭,用以向普天之下宣布大功告成。天下从此太平同治了。

于是任命皋陶为审理刑狱的长官以治理人民。有一天,帝舜在朝廷召见大臣,禹和伯夷、皋陶就在舜的面前展开讨论。皋陶阐述他的主张说:"要真诚地引导德教,提出明智的谋议,共同团结一致地辅佐天子。"禹说:"说得对!但怎样实现你所说的呢?"皋陶说:"啊!要谨慎地修养自身的品德,多从长远考虑,仁厚地团结各氏族,推举众多贤明的人才作辅翼之臣,使清明的政治逐步地由近以及远。"禹非常佩服这样的好议论,说:"对呀!"皋陶又说:"啊!这全在于善于知人,全在于安定老百姓。"禹说:"唉!要都能做到这样,连陛下也将感到是一件不容易的事。知人要有知人的明智,才能识拔真正的贤才任职;安民要使人民得到实惠,才能使人民怀恩感德。能够知人善任,又能够施惠于人民,还怕什么驩兜的作乱?还需要什么放逐三苗?还畏惧什么花言巧语善于作伪的坏人呢?"皋陶说:"是呀,啊!人们本应有九种德行,有必要谈谈这九种德行。"于是就列举说:"说人有德,要从他的所有行事来看。宽仁而又严肃,柔和而又坚定自立,谨厚而又有干办之才,治事有为而又谦敬,和顺而又果毅,正直而又温良,简率而又有廉隅操守,刚劲而又踏实,强直无所屈挠而又合于义行,这些品德能昭彰为人所共见而又能经常保持这样做,那就好了。对于这九种德行,如果每天能做到其中三种,从早到晚都能敬勉遵行,就能保有你的家;如果每天能进而抓紧做到其中六种,用以诚信地治理政事,就能保有你的国。应该总承这九德而普加施行,使备有九德的人都获在位,贤俊之才都能任职,所有官吏都肃敬谨饬,不让邪淫和施阴谋诡计的人得逞。如果不合职位的人占着职位,就叫做乱天事,上天是要讨伐有罪的人的,那就按五刑去分别执行惩罚。我这些话可以成功地贯彻实行吗?"禹说:"你的话完全可以成功地实行的。"皋陶说:"我并没有智能,不过是想赞助治国之道罢了。"

帝舜对禹说:"你也说说你的好意见。"禹拜手说:"啊!我说什么呢!我只想到每天我要孳孳不懈地为陛下工作。"皋陶于是诘问禹说:"什么叫孳孳啊!"禹说:"滔天的洪水,浩浩荡荡地包围了山岳,漫没了丘陵,老百姓都有没溺之患。我把九州的河流疏通使入海中,把沟渠修通使入河流中。又和稷一道使老百姓在难于得到食物时能得到食物。缺粮少食的地方,调有余地方的粮食来补其不足,广大群众才获得安定下来,万国之地都长治久安了。"皋陶插话说:"对啊!你这话真太好了!"

禹对舜说:"啊!您在帝位上要特别谨慎小心呀!应该安于您所能做到的,不要轻率行动。要辅之以德,使天下都顺应您的教化。要具有清新的意志,昭明以待上帝的宠命。上天就会重新赐给您以美好的命运。"帝舜说:"臣子成为我的手足耳目。我要佑助人民,你们应辅助我完成这样的大业;我要观察古人昭分上下等级的章服彩象,那些日、月、星、辰等等服饰上的文绣图案,你们要把它考订明确;我要谛听六律、五声、八音、七始咏等各种乐律,用以结合于维系伦理五常之言,你们要为我详审听清。我有违失之处,你们要匡正辅弼我。你们不要当面颂扬讨好我,下去就在背地里诽谤我。我敬重前后左右近臣,而那些进谗言邀宠幸的邪恶坏人,只要我真正地履行了为君的规范正道,自然都会被清除的。"禹说:"太对了!陛下倘使不是这样,而使贤愚善恶的人同时在位,那么治国就不会成功的。"

禹说:"我娶涂山氏的女儿做妻子,是在辛日,到了甲日就离开了家去治水,以后生了我的儿子启,我不曾在家尽过抚育儿子的责任,所以能全力完成平治水土之功。终于辅助陛下完成划天下为五服的大业,使疆域每方达到五千里,每州内又制定十二师的地方行政区划,外则疆域远至四海,五方诸侯各给建立君长,他们都能各按正途建成事功。最后只有苗民顽梗不就事功,陛下要加以注意。"帝舜说:"你宣导了我的德教于天下,这些全是你的功劳所获致的!"

皋陶于是感到禹的德业特别可敬,便命令全民都要以禹作榜样好好学习他。敢有不听话的,就以刑罚加以惩治。这样一来,舜的德业日益昌明了。

到这时,乐官夔举行音乐演奏,到演遍《箫韶》大乐章共九章的时候,神鸟凤凰也仪态万方地前来飞翔,地下的百兽也相率舞蹈,百官们也都真能配合和谐一致。帝舜因此高兴地作起歌来,序曲说:"勤劳上天的大命,只是在顺时,只是在慎微。"接着唱正曲道:"大臣们欣喜啊,元首奋起啊,百官们和乐于治理啊!"皋陶拜手叩头大声说道:"注意呀!要带头兴起事功,必须慎重您的法令,可千万要诚敬啊!"接着歌唱道:"元首是圣王呀,大臣都是贤良呀,万事就能纲举目张呀。"又唱道:"元首治事琐碎丛脞啊,大臣们就会怠惰啊,万事都会堕落啊!"帝舜拜手说:"对啊!去吧,大家好好地敬谨努力吧!"到这时,天下都崇仰禹能昌明度、数和声音乐律,尊奉他为山脉河流百神之主。

帝舜就向上天推荐禹可继任天子。天下诸侯都离开商均而去朝拜禹,禹于是就即了天子之位,南面以朝见天下,国号叫做夏后,姓姒氏。

禹被立为天子后,拔用皋陶的儿子益,任命他当政。

在位第十年,帝禹到东边巡视诸侯守地,到会稽崩逝,把天下交给了益。三年的丧事完毕,益让给帝禹的儿子启。禹的儿子启很贤俊,天下都希望他当天子。禹崩逝时虽把天下授给了益,但益辅佐禹的时间不长,还没取得天下的信服,所以诸侯都离开益而去朝拜启,说:"这是我君王帝禹的儿子啊!"于是启即了天子之位,就是夏后帝启。

一个东方的部族有扈氏抗命不服,启挥师讨伐他,大战于甘。临战之前作了誓师词《甘誓》,召集左右六大臣申明这一誓言。启说:"嗟!六军用事大臣们,我以誓词告诫你们:有扈氏上不敬五行天象,下不重三正大臣,上天因此要斩绝它的国命。现在我奉行上天的这种惩罚。所有战车左边的战士,如果不好好完成战车左边的战斗任务,战车右边的战士,如果不好好完成战车右边的战斗任务,就是你们不奉行命令;驾驭战车的战士,如果不胜任而贻误了御车的任务,也是你们不奉行命令。努力奉行命令的,就在祖庙里给以奖赏;不努力奉行命令的,就在社坛里杀掉,还要连家属也杀的杀、做奴隶的做奴隶。"就这样灭掉了有扈氏,天下都来朝贺。

夏后帝启崩逝,儿子帝太康继位。帝太康因荒于游乐失国。

太康崩逝后,弟弟仲康继位,这就是帝仲康。帝仲康时,掌天文历法的官员羲和因沉湎于酒,玩忽职守,历日时序都错乱,造成对一次日食未能准时测报,于是命大臣胤前往征讨他,写了一篇记载此次战事的《胤征》。

仲康崩逝,儿子帝相继位。帝相崩逝,儿子帝少康继位。帝少康崩逝,儿子帝予继位。帝予崩逝,儿子帝槐继位。帝槐崩逝,儿子帝芒继位。帝芒崩逝,儿子帝泄继位。帝泄崩逝,儿子帝不降继位。帝不降崩逝,弟弟帝扃继位。帝扃崩逝,儿子帝厪继位。帝厪崩逝,立了帝不降的儿子孔甲,这就是帝孔甲。

帝孔甲立,专喜向往鬼神迷信之事,又好色淫乱,使夏后氏王朝的统治衰败,诸侯叛离他。

孔甲崩逝,儿子帝皋继位。帝皋崩逝,儿子帝发继位。帝发崩逝,儿子帝履癸继位,这就是桀。

帝桀的时候,由于从孔甲以来诸侯多已背叛夏王朝,桀不知道用政治手腕去挽救颓势,却一味用武力去镇压诸侯百族,百族不能容忍。这时桀就把诸侯中最有影响力的汤召来囚禁在夏台狱中,但过后不久又把汤放了。汤能勤修德业,天下诸侯都归服汤,汤就率兵征伐夏桀,桀败逃到鸣条,终于流离逃亡以死。败逃时桀对人说:"我真懊悔没有在夏台把汤杀掉,以致有现在这个下场。"汤于是登上天子之位,取得了夏王朝的天下。但汤封了夏代后裔,传至周代时封在杞国。

太史公说:禹姓姒,他的后代分封,就以所分封的国为姓,所以得氏姓的很多,计有:夏后氏、有扈氏、有男氏、斟寻氏、彤城氏、褒氏、费氏、杞氏、缯氏、辛氏、冥氏、斟戈氏。孔子主张实行夏代的历法,所以学者们多半传习《夏小正》一书。从虞夏时代开始,贡纳赋税制度完备地订立起来了。有一种说法是禹以曾经召集诸侯到江南以综合核计诸侯功绩等第,就死在那儿,因而就葬在那儿,于是就把当地名叫会稽。会稽的意义本来就是会计,即综合核计之意。

殷本纪

【原文】

殷契,母曰简狄,有娀氏之女,为帝喾次妃。三人行浴,见玄鸟堕其卵,简狄取吞之,因孕生契。契长而佐禹治水有功。封于商,赐姓子氏。契兴于唐、虞、大禹之际,功业著于百姓,百姓以平。

契卒,子昭明立。昭明卒,子相土立。相土卒,子昌若立。昌若卒,子曹圉立。曹圉卒,子冥立。冥卒,子振立。振卒,子微立。微卒,子报丁立。报丁卒,子报乙立。报乙卒,子报丙立。报丙卒,子主壬立。主壬卒,子主癸立。主癸卒,子天乙立,是为成汤。

成汤,自契至汤八迁。汤始居亳,从先王居,作《帝诰》。

汤征诸侯。葛伯不祀,汤始伐之。汤曰:"予有言:人视水见形,视民知治不。"伊尹曰:"明哉!言能听,道乃进。君国子民,为善者皆在王官。勉哉,勉哉!"汤曰:"汝不能敬命,予大罚殛之,无有攸赦。"作《汤征》。

伊尹名阿衡。伊尹处士,汤使人聘迎之,五反然后肯往从汤,言素王及九主之事。汤举任以国政。伊尹去汤适夏。既丑有夏,复归于亳。入自北门,遇女鸠、女房,作《女鸠女房》。

汤出,见野张网四面,祝曰:"自天下四方皆入吾网。"汤曰:"嘻,尽之矣!"乃去其三面,祝曰:"欲左,左。欲右,右。不用命,乃入吾网。"诸侯闻之,曰:"汤德至矣,及禽兽。"

当是时,夏桀为虐政淫荒,而诸侯昆吾氏为乱。汤乃兴师率诸侯,伊尹从汤,汤自把钺以伐昆吾,遂伐桀。汤曰:"格女众庶,来,女悉听朕言。匪台小子敢行举乱,有夏多罪,予维闻女众言,夏氏有罪。予畏上帝,不敢不正。今夏多罪,天

命殛之。今女有众，女曰：'我君不恤我众，舍我穑事而割政。'女其曰：'有罪，其奈何？'夏王率止众力，率夺夏国。有众率怠不和，曰：'是日何时丧？予与女皆亡！'夏德若兹，今朕必往。尔尚及予一人致天之罚，予其大理女。女毋不信，朕不食言。女不从誓言，予则帑僇女，无有攸赦。"以告令师，作《汤誓》。于是汤曰"吾甚武"，号曰武王。

夏师败绩。汤遂伐三㚇，俘厥宝玉，义伯、仲伯作《典宝》。汤既胜夏，欲迁其社，不可，作《夏社》。伊尹报。于是诸侯毕服，汤乃践天子位，平定海内。

汤归至于泰卷陶，中垒作诰。既绌夏命，还亳，作《汤诰》："维三月，王自至于东郊。告诸侯群后：'毋不有功于民，勤力乃事。予乃大罚殛女，毋予怨。'曰：'古禹、皋陶久劳于外，其有功乎民，民乃有安。东为江，北为济，西为河，南为淮，四渎已修，万民乃有居。后稷降播，农殖百谷。三公咸有功于民，故后有立。昔蚩尤与其大夫作乱百姓，帝乃弗予，有状。先王言不可不勉。'曰：'不道，毋之在国，女毋我怨。'"以令诸侯。伊尹作《咸有一德》，咎单作《明居》。

汤乃改正朔，易服色，上白，朝会以昼。

汤崩，太子太丁未立而卒，于是乃立太丁之弟外丙，是为帝外丙。帝外丙即位三年，崩，立外丙之弟中壬，是为帝中壬。帝中壬即位四年，崩，伊尹乃立太丁之子太甲。太甲，成汤適长孙也，是为帝太甲。帝太甲元年，伊尹作《伊训》，作

《肆命》，作《徂后》。

帝太甲既立三年，不明，暴虐，不遵汤法，乱德，于是伊尹放之于桐宫，三年。伊尹摄行政当国，以朝诸侯。

帝太甲居桐宫三年，悔过自责，反善，于是伊尹乃迎帝太甲而授之政。帝太甲修德，诸侯咸归殷，百姓以宁。伊尹嘉之，乃作《太甲训》三篇，褒帝太甲，称太宗。

太宗崩，子沃丁立。帝沃丁之时，伊尹卒。既葬伊尹于亳，咎单遂训伊尹事，作《沃丁》。

沃丁崩，弟太庚立，是为帝太庚。帝太庚崩，子帝小甲。帝小甲崩，弟雍己立，是为帝雍己。殷道衰，诸侯或不至。

帝雍己崩，弟太戊立，是为帝太戊。帝太戊立伊陟为相。亳有祥桑、穀共生于朝，一暮大拱。帝太戊惧，问伊陟。伊陟曰："臣闻妖不胜德，帝之政其有阙与？帝其修德。"太戊从之，而祥桑枯死而去。伊陟赞言于巫咸，巫咸治王家有成，作《咸艾》，作《太戊》。帝太戊赞伊陟于庙，言弗臣，伊陟让，作《原命》。殷复兴，诸侯归之，故称中宗。

中宗崩，子帝中丁立。帝中丁迁于隞。河亶甲居相。祖乙迁于邢。帝中丁崩，弟外壬立，是为帝外壬。《仲丁》书阙不具。帝外壬崩，弟河亶甲立，是为帝河亶甲。河亶甲时，殷复衰。

河亶甲崩，子帝祖乙立。帝祖乙立，殷复兴。巫贤任职。

祖乙崩，子帝祖辛立。帝祖辛崩，弟沃甲立，是为帝沃甲。帝沃甲崩，立沃甲兄祖辛之子祖丁，是为帝祖丁。帝祖丁崩，立弟沃甲之子南庚，是为帝南庚。帝南庚崩，立帝祖丁之子阳甲，是为帝阳甲。帝阳甲之时，殷衰。

自中丁以来，废适而更立诸弟、子，弟、子或争相代立，比九世乱，于是诸侯莫朝。

帝阳甲崩，弟盘庚立，是为帝盘庚。帝盘庚之时，殷已都河北，盘庚渡河南，复居成汤之故居。乃五迁无定处。殷民咨胥皆怨，不欲徙。盘庚乃告谕诸侯、大臣曰："昔高后成汤与尔之先祖俱定天下，法则可修。舍而弗勉，何以成德！"乃遂涉河南，治亳，行汤之政，然后百姓由宁，殷道复兴，诸侯来朝，以其遵成汤之德也。

帝盘庚崩，弟小辛立，是为帝小辛。帝小辛立，殷复衰。百姓思盘庚，乃作《盘庚》三篇。帝小辛崩，弟小乙立，是为帝小乙。

帝小乙崩，子帝武丁立。帝武丁即位，思复兴殷，而未得其佐。三年不言，政事决定于冢宰，以观国风。武丁夜梦得圣人，名曰说。以梦所见视群臣百吏，皆非也。于是乃使百工营求之野，得说于傅险中。是时说为胥靡，筑于傅险。见于武丁,武丁曰是也。得而与之语,果圣人,举以为相,殷国大治。故遂以傅险姓之,号曰傅说。

帝武丁祭成汤,明日,有飞雉登鼎耳而呴,武丁惧。祖己曰:"王勿忧,先修政事。"祖己乃训王曰:"唯天监下,典厥义,降年有永有不永,非天夭民,中绝其命。民有不若德,不听罪,天既附命正厥德,乃曰其奈何。呜呼!王嗣敬民,罔非天继,常祀毋礼于弃道。"武丁修政行德,天下咸欢,殷道复兴。

帝武丁崩,子帝祖庚立。祖己嘉武丁之以祥雉为德,立其庙为高宗,遂作《高宗肜日》及《训》。

帝祖庚崩,弟祖甲立,是为帝甲。帝甲淫乱,殷复衰。

帝甲崩,子帝廪辛立。帝廪辛崩,弟庚丁立,是为帝庚丁。帝庚丁崩,子帝武乙立。殷复去亳,徙河北。

帝武乙无道,为偶人,谓之天神。与之博,令人为行。天神不胜,乃僇辱之。为革囊,盛血,卬而射之,命曰"射天"。武乙猎于河、渭之间,暴雷,武乙震死。子帝太丁立。帝太丁崩,子帝乙立。帝乙立,殷益衰。

帝乙长子曰微子启,启母贱,不得嗣。少子辛,辛母正后,辛为嗣。帝乙崩,子辛立,是为帝辛,天下谓之纣。

帝纣资辨捷疾,闻见甚敏;材力过人,手格猛兽;好酒淫乐,嬖于妇人。爱妲己,妲己之言是从。于是使师涓作新淫声,北里之舞,靡靡之乐。厚赋税以实鹿台之钱,而盈巨桥之粟。益收狗马奇物,充仞宫室。益广沙丘苑台,多取野兽蜚鸟置其中。慢于鬼神。大冣乐戏于沙丘,以酒为池,县肉为林,使男女倮相逐其间,为长夜之饮。

百姓怨望而诸侯有畔者,于是纣乃重刑辟,有炮格之法。以西伯昌、九侯、鄂侯为三公。九侯有好女,入之纣。九侯女不憙淫,纣怒,杀之,而醢九侯。鄂侯争之强,辨之疾,并脯鄂侯。西伯昌闻之,窃叹。崇侯虎知之,以告纣,纣囚西伯羑里。西伯之臣闳夭之徒,求美女奇物善马以献纣,纣乃赦西伯。西伯出而献洛西之地,以请除炮格之刑。纣乃许之,赐弓矢斧钺,使得征伐,为西伯。而用费中为政。费中善谀,好利,殷人弗亲。纣又用恶来。恶来善毁谗,诸侯以此益疏。

西伯归,乃阴修德行善,诸侯多叛纣而往归西伯。西伯滋大,纣由是稍失权重。王子比干谏,弗听。商容贤者,百姓爱之,纣废之。及西伯伐饥国,灭之,纣之臣祖伊闻之而咎周,恐,奔告纣曰:"天既讫我殷命,假人、元龟,无敢知吉。非先王不相我后人,维王淫虐用自绝,故天弃我,不有安食,不虞知天性,不迪率典。今我民罔不欲丧,曰:'天曷不降威,大命胡不至?'今王其奈何?"纣曰:"我生不有命在天乎!"祖伊反,曰:"纣不可谏矣。"西伯既卒,周武王之东伐,至盟津,诸侯叛殷会周者八百。诸侯皆曰:"纣可伐矣。"武王曰:"尔未知天命。"乃复归。

纣愈淫乱不止,微子数谏不听,乃与大师、少师谋,遂去。比干曰:"为人臣者,不得不以死争。"乃强谏纣。纣怒曰:"吾闻圣人心有七窍。"剖比干,观其心。殷之大师、少师乃持其祭乐器奔周。周武王于是遂率诸侯伐纣。纣亦发兵距之牧野。甲子日,纣兵败。纣走,入登鹿台,衣其宝玉衣,赴火而死。周武王遂斩纣头,县之〔大〕白旗。杀妲己。释箕子之囚,封比干之墓,表商容之闾。封纣子武庚禄父,以续殷祀,令修行盘庚之政。殷民大说。于是周武王为天子。其后世贬帝号,号为王。而封殷后为诸侯,属周。

周武王崩,武庚与管叔、蔡叔作乱,成王命周公诛之,而立微子于宋,以续殷后焉。

太史公曰:余以《颂》次契之事,自成汤以来,采于《书》《诗》。契为子姓,其后分封,以国为姓,有殷氏、来氏、宋氏、空桐氏、稚氏、北殷氏、目夷氏。孔子曰,殷路车为善,而色尚白。

【译文】

殷族始祖契的母亲叫简狄,是有娀氏的女子,帝喾的居次位的妃子。她跟另两个女子一起到水边洗澡,看见一个燕子掉下了它的蛋,简狄把蛋拿来吞吃了,因此怀孕生下了契。契长大后帮助禹治水有功,帝舜任命契当司徒,并把他封在商这个地方,赐他这一族姓子。契兴起于唐、虞、大禹的时代,给百姓做了很多好事,百姓因此得到了安定。

契死后,儿子昭明继立。昭明死后,儿子相土继立。相土死后,儿子昌若继立。昌若死后,儿子曹圉继立。曹圉死后,儿子冥继立。冥死后,儿子振继立。振死后,儿子微继立。微死后,儿子报丁继立。报丁死后,儿子报乙继立。报乙死后,儿子报丙继立。报丙死后,儿子主壬继立。主壬死后,儿子主癸继立。主癸死后,儿子天乙继立,这就是成汤。

从契到汤,居地迁了八次。汤方始在亳居住下来,这是帝喾住过的地方,《尚书》中的《帝诰篇》就是因为迁居于亳而作的。

汤征伐诸侯。葛伯不奉祭祀,汤首先征伐他。汤说:"我有一句话:人从水能看到自己的形象,观察人民就能知道治理得好不好。"伊尹说:"真明智啊!能听别人的话,治国的道理才有人向你说。君临国家,视民如子,为善的人就都来任职了。努力啊,努力啊!"汤对众人说:"你们如果不能遵从我的命令,我就重重地惩罚你们,决不宽赦。"《尚书》中的《汤征篇》就是这时作的。

伊尹名叫阿衡。伊尹本是个隐士,汤派人聘请他,请了五次他才肯去,跟汤讲无为而治的素王之道以及九种君主的优劣。汤就用他来治理国家。伊尹曾离开汤到夏国去。他看到了夏的丑恶,又回到了亳。他从亳的北门入城,遇到了汤的臣下女鸠、女房,《尚书》中的《女鸠女房篇》就是记伊尹跟他们所说的话的。

商汤外出,看到野外打猎的人四面张网,祷告说:"从天下四方都到我的网里来。"汤说:"嘿!那样就一网打尽了!"就去掉了三面的网,祷告说:"要向左的向左,要向右的向右,不听命的就到我的网里来。"诸侯们听到这件事,都说:"汤的德行好得无以复加了,连禽兽都受到恩惠。"

正当这个时候,夏王桀对人民很暴虐,荒淫无道,诸侯里的昆吾氏也常干坏事。汤就发兵率领诸侯去讨伐,伊尹跟着汤,汤亲自拿着大钺去打昆吾,接着就去打夏桀。汤说:"你们大家都来听我讲话。并非我这个小子敢起来作乱。夏的罪恶多端,我听到你们都说夏有罪。我畏惧上帝,不敢不去惩治。现在夏的罪恶多端,是上天要诛灭他。现在你们大家却说:'我们的君王不怜恤我们,废弃我们的农事去征伐谁呢?'你们还会说:'夏有罪,又拿他怎么样呢?'夏王破坏人民的生产力,在整个夏国进行掠夺。民众都懈怠不听从他,还诅咒他说:'这个太阳什么时候才灭亡?我们愿跟你同归于尽!'夏的德行坏到这个地步,现在我一定得去征伐他。你们要帮助我奉行上天的惩罚,我将重重赏赐你们。你们不要不相信,我是不会说话不算数的。你们如果不服从誓言,我就要严惩你们以及你们的妻子儿女,决不宽赦。"当时把这些话当作命令告谕全军,史官记下来就成了《尚书》中的《汤誓篇》。于是汤说"我非常勇武",就把武王当作称号。

夏军溃败。汤接着就打三朡,取得了那里的宝玉,义伯、仲伯因此作了《典宝》。汤胜了夏,想改置社神而不能,因此作了《夏社》。伊尹向汤报告了各地的情况。这时候诸侯都归服于汤,汤就即了天子之位,平定了四海之内。

汤在伐三朡后的归途里走到泰卷这个地方的时候,大臣仲虺作了一篇诰,〔这就是《尚书》中的《仲虺之诰》。〕汤既已推翻了夏朝,回到了亳,作《汤诰》:"在三月里,王亲自到东郊,告谕诸侯们说:'不要无功于民,努力干你们的事。(不然,)我就要重重惩罚你们,你们不要怨我。'又说:'古代禹和皋陶长年在外辛劳受苦,才能有功于人民,人民才能安定下来。他们东治江,北治济,西治河,南治淮,这四条大川治理好以后,民众才有地方居住。后稷教民播种,努力繁殖百谷。这三位都有功于民,所以他们的后代才能立国。过去蚩尤跟他的臣下危害百姓,上帝就不保佑他。这些都是有事实可见的。大家应该努力按照先代圣王的话去做。'又说:'如果无道,就不让他统治国家。你们可不要怨我。'"这些话作为命令遍告诸侯。这时还有伊尹作了《咸有一德》,咎单作了《明居》。

汤于是改定建丑之月为正月,把车马等物的颜色改为以白色为上,群臣朝见天子用白昼的时间。

汤死后,由于太子太丁尚未即位就已死去,就立太丁的弟弟外丙为君,这就是帝外丙。帝外丙在位三年死去,又立外丙的弟弟仲壬为君,这就是帝仲壬。

帝仲壬在位四年死去。伊尹于是立太丁的儿子太甲为君。太甲是成汤的嫡长孙，这就是帝太甲。帝太甲元年，伊尹为了训诫太甲作了《伊训》《肆命》和《徂后》。

帝太甲为君三年，不明事理，又很暴虐，不遵守汤的法度，德行败坏。因此伊尹把他放逐到桐宫去。时达三年。伊尹自行代理国政，接受诸侯的朝见。

帝太甲在桐宫住了三年，悔过向善，于是伊尹就把他迎了回来，把政权交给他。帝太甲的德行不断好起来，诸侯都归服殷朝，百姓由此得到了安宁。伊尹很赞赏，就作了《太甲训》三篇来表扬太甲，尊称他为太宗。

太宗死后，儿子沃丁继立。帝沃丁的时候，伊尹死去。安葬伊尹于亳的事办完后，咎单就讲说伊尹的行事，作了《沃丁》。

沃丁死后，弟弟太庚继立，这就是帝太庚。帝太庚死后，儿子帝小甲继立。帝小甲死后，弟弟雍己继立，这就是帝雍己。这时殷朝衰落，有些诸侯就不来朝了。

帝雍己死后，弟弟太戊继立，这就是帝太戊。帝太戊任命伊陟当了宰相。在亳都朝廷上忽然有桑树和楮树合在一起生出来，一晚上就长得要用两手围握那么粗。帝太戊很害怕，就去问伊陟。伊陟说：“我听说怪异的事物敌不过好的德行，难道是您治理国家有什么缺点吗？您应该使自己的德行好起来。”太戊听从了他，怪树就枯死而消失了。伊陟向巫咸赞美讲述了这件事，巫咸治理王家也很有成绩，于是作了《咸艾》和《太戊》。帝太戊在宗庙里称赞伊陟，并说为了尊重他不把他当臣下对待，伊陟谦让不敢当，因此作了《原命》。这时殷朝复兴，诸侯归服，所以太戊尊称为中宗。

中宗死后，儿子帝仲丁继立。帝仲丁把都城迁到隞，河亶甲迁到相，祖丁又迁到邢。帝仲丁死后，弟弟外壬继立，这就是帝外壬。《尚书》中的《仲丁篇》已经亡佚不可见。帝外壬死后，弟弟河亶甲继立，这就是帝河亶甲。河亶甲的时候，殷朝又衰落了。

河亶甲死后，儿子帝祖乙继立。帝祖乙即位后，殷朝又兴盛起来，巫贤受到任用。

祖乙死后，儿子帝祖辛继立。帝祖辛死后，弟弟沃甲继立，这就是帝沃甲。帝沃甲死后，立沃甲的哥哥祖辛的儿子祖丁为君，这就是帝祖丁。帝祖丁死后，立沃甲的儿子南庚为君,这就是帝南庚。帝南庚死后,立帝祖丁的儿子阳甲为君,这就是帝阳甲。帝阳甲的时候,殷朝又衰落了。

从仲丁以来,常常撇开嫡子而由王弟和王子们轮流继位,有时王弟和王子还互相争位,接连九世情况都很混乱,于是诸侯就都不来朝见了。

帝阳甲死后,弟弟盘庚继立,这就是帝盘庚。帝盘庚即位的时候,殷都已经迁到了大河之北。盘庚渡河南向,迁回成汤的故居。(到盘庚迁都的时候)殷朝已经迁了五次都,总是定不下来。殷人都愁叹怨恨,不愿再迁徙。盘庚就告谕诸侯和大臣们说:"过去先王成汤跟你们的先祖一起定天下,他的法则是可以遵循的。舍弃他的法则而不作努力,怎么能弄得好呢!"于是就渡河南迁,定都于亳,遵行汤的治国方法。这样做了以后,百姓由此安宁,殷朝国势重新兴盛,诸侯都来朝见,这就是由于盘庚能像成汤那样行事的缘故。

帝盘庚死后,弟弟小辛继立,这就是帝小辛。帝小辛即位后,殷朝重又衰落。百姓思念盘庚,就作了《盘庚》三篇。帝小辛死后,弟弟小乙继立,这就是帝小乙。

帝小乙死后,儿子帝武丁继立。帝武丁即位后,想复兴殷朝,但没有找到合适的助手。因此三年不说话,政事都由太宰决定,暗中观察国情。武丁夜里做梦得到了一个圣人,名叫说。他察看众多的官吏,没有一个跟梦中所见的人相合。于是就派很多画工等类的人在民间到处寻求,终于在傅险这个地方找到了说。当时说作为刑徒正在傅险服建筑方面的劳役。说被送到了武丁那里,武丁一见就说"找对了"。跟他一交谈,果然是个圣人,就任他为宰相,他把国家治理得非常好。于是就根据傅险这个地名来给他定姓氏,称他为傅说。

帝武丁祭祀成汤的第二天,有野鸡飞来站在鼎耳上叫,武丁很害怕。祖己说:"王不要忧愁,先搞好政事要紧。"祖己于是告诫王说:"上天观察下民,主要看他们的行为是否合乎道理,天赐给人的寿命有长有短,(寿命短是由于人的行为不合道理,)并不是天要使人夭折,使人的生命中断。有的人不顺道理,又不服罪,等到上天已经按照他的表现给了他相应的命运,才说怎么办呢(这就已经迟了)。唉!王应该慎重对待民事,大家都是天的后代,举行经常的祭祀的时候,礼仪不要不合乎道理。"武丁改善政治,布施恩惠,天下的人都很欢欣,殷朝国势又重新兴盛了起来。

帝武丁死后,儿子帝祖庚继立。祖己赞美武丁能由于怪异的野鸡而修德行善,为他立了庙,尊称为高宗,于是作了《高宗肜日》和《高宗之训》。

帝祖庚死后,弟弟祖甲继立,这就是帝甲。帝甲荒淫败德,殷朝又衰落了。

帝甲死后,儿子帝廪辛继立。帝廪辛死后,弟弟康丁继立,这就是帝康丁。帝康丁死后,儿子帝武乙继立,殷都又由亳迁到了大河之北。

帝武乙无道，做了假人，把他叫做天神，跟他玩博戏，命令人代他走博棋，天神输了，就侮辱他。还用皮革做袋子，盛了血，(高高挂起)仰面射他，称为"射天"。武乙在大河和渭水之间田猎，天忽然打雷，武乙被雷震死。儿子帝文丁继立。帝文丁死后，儿子帝乙继立。帝乙即位后，殷朝更加衰弱了。

帝乙的长子叫微子启。启的母亲地位低下，因此启不能继承王位。小儿子是辛，辛的母亲是正后，所以辛成为王位继承人。帝乙死后，儿子辛继立，这就是帝辛，天下人称他为纣。

帝纣天生明察敏捷，耳朵、眼睛都很灵，勇力过人，能徒手跟猛兽搏斗；他喜欢喝酒，享乐过度，亲近妇女；尤其宠爱妲己，就听妲己的话。他让乐师涓创作了新的放荡的曲调，还有北里之舞和轻柔颓废的音乐。为了装满鹿台的钱库和巨桥的粮仓，大大加重了各种税收。又大量搜取狗、马和各种珍奇的东西，塞满了官室。还扩大沙丘的大园子，增建亭台楼阁，取了很多野兽飞鸟放在园子里。他怠慢鬼神。他在沙丘大搞舞乐杂技等表演，用大池子盛酒，把大量的肉挂起来就像个树林，让男男女女光着身子在其中相互追逐，通宵饮酒取乐。

百姓怨恨纣，诸侯也有背叛的，于是纣就加重刑法，还造出了残酷的炮格之刑。纣任命周君西伯昌、九侯和鄂侯为三公。九侯有个漂亮女儿，他把她献给了纣。九侯的女儿不喜欢淫乱，纣大为恼怒，就杀死了她，还把九侯剁成肉酱。鄂侯为这件事跟纣争辩得很激烈，纣把鄂侯也处死，把他的肉做成肉干。西伯昌听到后，私下叹息，被崇侯虎知道，他就向纣告了密，纣把西伯囚禁在羑里。西伯的臣下闳夭等人，搜求美女、珍奇的东西和好马献给纣，纣就赦免了西伯。西伯出狱后献出洛水西面的一块土地，请求纣废除炮格之刑。纣答应了他，还赐给他弓箭斧钺，使他有权征伐不听令者，让他当西方诸侯的首领。纣任用费仲主持政务。费仲善于拍马，又很贪财，殷人都不喜欢他。纣又任用恶来。恶来善于说人坏话，诸侯因此越发跟纣疏远了。

西伯回到自己的国家，暗地修德行善，有许多诸侯背叛纣而投到西伯那里去。西伯不断强大，纣的权威因此逐渐丧失。王子比干劝谏纣，纣不听。商容是一个贤人，百姓喜欢他，纣却废而不用。等到西伯伐灭了饥国，纣的臣下祖伊知道后，认识到周是殷的大害，非常恐慌，跑去告诉纣说："上天已经终止了我们殷朝的国运，知道天意的人不敢再说我们有好命运，大卜龟也不再显示吉兆，并不是先王不帮助我们后人，是王荒淫暴虐，自绝于天。所以上天抛弃我们，使我们不能安稳生活。大家都不求知道天性，都不按照常法。现在我们的人民没有不希望我们殷朝灭亡的，他们说：'上天为什么不降下惩罚，天命为什么还不到来？'现在王准备怎么办呢？"纣说："我生下来不是有命在天的吗？"祖伊回去后说："纣已经无法劝谏了。"西伯死后，周武王东征，到了盟津，诸侯背叛殷朝来跟周人会合的有八百个。诸侯都说:"可以讨伐纣了。"武王却说:"你们还没有知道天命。"于是就回去了。

纣的胡作非为愈来愈厉害。微子屡次劝谏,纣都不听,于是微子就跟太师、少师商量,下决心离纣而去。比干说:"当臣子的,就是要丢命也得据理力争。"就在纣面前极力谏争。纣发怒说:"我听说圣人的心有七个窍。"就剖开比干的胸来看他的心。殷朝的太师和少师看到这种情况,就带着祭祀时用的乐器逃往周国了。于是周武王就率领诸侯去讨伐纣王,纣也发兵在别都妹邑郊外的牧野抗御周军。甲子那一天,纣军大败。纣逃回妹邑,登上鹿台,穿上他的宝玉衣,投火而死。周武王砍下纣的头,把它挂在叫做"大白"的旗上;并杀死了妲己。(另一方面,)给比干的墓加了封土,在商容所居里巷的大门上加了表扬他的标志;又封纣的儿子武庚禄父为君,继续奉祀殷的先人,并要他遵行盘庚的治国方法。殷人十分高兴。于是周武王就当了天子。周朝后来取消帝号,降级称王。殷王的后人封为诸侯,从属于周。

周武王死后,武庚跟周武王的弟弟管叔、蔡叔一起作乱,成王任命周公讨伐,杀了武庚,把微子立为宋君,使殷的先人仍有后代继续奉祀他们。

太史公说:我根据《商颂》来叙述契的事迹。从成汤以下,根据《尚书》和《诗经》。契的姓是子,后代分封,以国名为姓,有殷氏、来氏、宋氏、空桐氏、稚氏、北殷氏、目夷氏。孔子说,殷的路车很好,颜色崇尚白色。

秦始皇本纪

【原文】

秦始皇帝者,秦庄襄王子也。庄襄王为秦质子于赵,见吕不韦姬,悦而取之,生始皇。以秦昭王四十八年正月生于邯郸。及生,名为政,姓赵氏。年十三岁,庄襄王死,政代立为秦王。吕不韦为相,封十万户,号曰文信侯。招致宾客游士,欲以并天下。李斯为舍人。蒙骜、王齮、麃公等为将军。王年少,初即位,委国事大臣。

晋阳反,元年,将军蒙骜击定之。

四年,秦质子归自赵,赵太子出归国。

六年,韩、魏、赵、卫、楚共击秦,取寿陵。秦出兵,五国兵罢。拔卫,迫东郡,其君角率其支属徙居野王,阻其山以保魏之河内。

八年,王弟长安君成蟜将圻军击赵,反,死屯留,军吏皆斩死,迁其民于临洮。

长信侯毐作乱而觉,矫王御玺及太后玺以发县卒及卫卒、官骑、戎翟君公、舍人,将欲攻蕲年宫为乱。王知之,令相国昌平君、昌文君发卒攻毐。战咸阳,斩首数百,皆拜爵,及宦者皆在战中,亦拜爵一级。毐等败走。即令国中:有生得毐,赐钱百万;杀之,五十万。尽得毐等。卫尉竭、内史肆、佐弋竭、中大夫令齐等二十人皆枭首。车裂以徇,灭其宗。及其舍人,轻者为鬼薪。

十年,相国吕不韦坐嫪毐免。桓齮为将军。齐、赵来,置酒。齐人茅焦说秦王曰:"秦方以天下为事,而大王有迁母太后之名,恐诸侯闻之,由此倍秦也。"秦王乃迎太后于雍而入咸阳,复居甘泉宫。

大索,逐客。李斯上书说,乃止逐客令。李斯因说秦王,请先取韩以恐他国,于是使斯下韩。韩王患之,与韩非谋弱秦。大梁人尉缭来,说秦王曰:"以秦之强,诸侯譬如郡县之君,臣但恐诸侯合从,翕而出不意,此乃智伯、夫差、湣王之所以亡也。愿大王毋爱财物,赂其豪臣,以乱其谋,不过亡三十万金,则诸侯可尽。"秦王从其计,见尉缭亢礼,衣服食饮与缭同。缭曰:"秦王为人,蜂准,长目,挚鸟膺,豺声,少恩而虎狼心,居约易出人下,得志亦轻食人。我布衣,然见我常身自下我。诚使秦王得志于天下,天下皆为虏矣。不可与久游。"乃亡去。秦王觉,固止,以为秦国尉,卒用其计策。而李斯用事。

十三年,桓齮攻赵平阳,杀赵将扈辄,斩首十万。王之河南。正月,彗星见东方。十月,桓齮攻赵。

十四年,攻赵军于平阳,取宜安,破之,杀其将军。桓齮定平阳、武城。韩非使秦,秦用李斯谋,留非,非死云阳。韩王请为臣。

十六年九月,发卒受地韩南阳,假守腾。初令男子书年。魏献地于秦。秦置丽邑。

十七年,内史腾攻韩,得韩王安,尽纳其地,以其地为郡,命曰颍川。

十八年,大兴兵攻赵,王翦将上地,下井陉。端和将河内,羌瘣伐赵,端和围邯郸城。

十九年,王翦、羌瘣尽定取赵地东阳,得赵王。引兵欲攻燕,屯中山。秦王之邯郸,诸尝与王生赵时母家有仇怨,皆阬之。秦王还,从太原、上郡归。赵公子嘉率其宗数百人之代,自立为代王,东与燕合兵,军上谷。

二十年,燕太子丹患秦兵至国,恐,使荆轲刺秦王。秦王觉之,体解轲以徇,而使王翦、辛胜攻燕。燕、代发兵击秦军,秦军破燕易水之西。二十一年,王贲攻荆。乃益发卒诣王翦军,遂破燕太子军,取燕蓟城,得太子丹之首。燕王东收辽东而王之。

二十二年,王贲攻魏,引河沟灌大梁,大梁城坏,其王请降,尽取其地。

二十三年,秦王复召王翦,强起之,使将击荆。取陈以南至平舆,虏荆王。秦王游至郢陈。荆将项燕立昌平君为荆王,反秦于淮南。二十四年,王翦、蒙武攻荆,破荆军,昌平君死,项燕遂自杀。

二十五年,大兴兵,使王贲将,攻燕辽东,得燕王喜。还攻代,虏代王嘉。王翦遂定荆江南地;降越君,置会稽郡。

二十六年,齐王建与其相后胜发兵守其西界,不通秦。秦使将军王贲从燕南攻齐,得齐王建。

秦初并天下,令丞相、御史曰:"异日韩王纳地效玺,请为藩臣,已而信约,与赵、魏合从畔秦,故兴兵诛之,虏其王。寡人以为善,庶几息兵革。赵王使其相李牧来约盟,故归其质子。已而倍盟,反我太原,故兴兵诛之,得其王。赵公子嘉乃自立为代王,故举兵击灭之。魏王始约服入秦,已而与韩、赵谋袭秦,秦兵吏诛,遂破之。荆王献青阳以西,已而畔约,击我南郡,故发兵诛,得其王,遂定其荆地。燕王昏乱,其太子丹乃阴令荆轲为贼,兵吏诛,灭其国。齐王用后胜计,绝秦使,欲为乱,兵吏诛,虏其王,平齐地。寡人以眇眇之身,兴兵诛暴乱,赖宗庙之灵,六王咸伏其辜,天下大定。"

丞相绾等言:"诸侯初破,燕、齐、荆地远,不为置王,毋以填之。请立诸子,唯上幸许。"始皇下其议于群臣,群臣皆以为便。廷尉李斯议曰:"周文武所封子弟同姓甚众,然后属疏远,相攻击如仇雠,诸侯更相诛伐,周天子弗能禁止。今海内赖陛下神灵一统,皆为郡县,诸子功臣以公赋税重赏赐之,甚足易制。天下无异意,则安宁之术也。置诸侯不便。"始皇曰:"天下共苦战斗不休,以有侯王。赖宗庙,天下初定,又复立国,是树兵也,而求其宁息,岂不难哉!廷尉议是。"

分天下以为三十六郡,郡置守、尉、监。更名民曰"黔首"。大酺。收天下兵,聚之咸阳,销以为钟鐻,金人十二,重各千石,置廷宫中。一法度衡石丈尺。车同轨。书同文字。地东至海暨朝鲜,西至临洮、羌中,南至北向户,北据河为塞,并阴山至辽东。

二十七年,始皇巡陇西、北地,出鸡头山,过回中。焉作信宫渭南,已更命信宫为极庙,象天极。自极庙道通郦山,作甘泉前殿。筑甬道,自咸阳属之。治驰道。

二十八年,始皇东行郡县,上邹峄山。立石,与鲁诸儒生议,刻石颂秦德,议封禅望祭山川之事。乃遂上泰山,立石,封,祠祀。下,风雨暴至,休于树下,因封其树为五大夫。禅梁父。于是乃并勃海以东,过黄、腄,穷成山,登之罘,立石颂秦德焉而去。

维秦王兼有天下,立名为皇帝,乃抚东土,至于琅邪。列侯武城侯王离、列侯通武侯王贲、伦侯建成侯赵亥、伦侯昌武侯成、伦侯武信侯冯毋择、丞相隗林、丞相王绾、卿李斯、卿王戊、五大夫赵婴、五大夫杨樛从,与议于海上。曰:"古之帝者,地不过千里,诸侯各守其封域,或朝或否,相侵暴乱,残伐不止,犹刻金石,以自为纪。古之五帝三王,知教不同,法度不明,假威鬼神,以欺远方,实不称名,故不久长。其身未殁,诸侯倍叛,法令不行。今皇帝并一海内,以为郡县,天下和平。昭明宗庙,体道行德,尊号大成。群臣相与诵皇帝功德,刻于金石,以为表经。"既已,齐人徐市等上书,言海中有三神山,名曰蓬莱、方丈、瀛洲,仙人居之。请得斋戒,与童男女求之。于是遣徐市发童男女数千人,入海求仙人。

始皇还,过彭城,斋戒祷祠,欲出周鼎泗水。使千人没水求之,弗得。乃西南渡淮水,之衡山、南郡。浮江,至湘山祠。逢大风,几不得渡。上问博士曰:"湘君何神?"博士对曰:"闻之,尧女,舜之妻,而葬此。"于是始皇大怒,使刑徒三千人皆伐湘山树,赭其山。上自南郡由武关归。

二十九年,始皇东游。至阳武博狼沙中,为盗所惊。求弗得,乃令天下大索十日。

三十一年十二月,更名腊曰"嘉平"。赐黔首里六石米,二羊。始皇为微行咸阳,与武士四人俱,夜出逢盗兰池,见窘,武士击杀盗,关中大索二十日。米石千六百。

三十二年,始皇之碣石,使燕人卢生求羡门、高誓。刻碣石门。坏城郭,决通堤防。

因使韩终、侯公、石生求仙人不死之药。始皇巡北边,从上郡入。燕人卢生使入海还,以鬼神事,因奏录图书,曰"亡秦者胡也"。始皇乃使将军蒙恬发兵三十万人北击胡,略取河南地。

三十三年,发诸尝逋亡人、赘婿、贾人略取陆梁地,为桂林、象郡、南海,以適遣戍。西北斥逐匈奴。自榆中并河以东,属之阴山,以为三十四县,城河上为塞。又使蒙恬渡河取高阙、阳山、北假中,筑亭障以逐戎人。徙谪,实之初县。禁不得祠。明星出西方。

三十四年,適治狱吏不直者,筑长城及南越地。

始皇置酒咸阳宫,博士七十人前为寿。仆射周青臣进颂曰:"他时秦地不过千里,赖陛下神灵明圣,平定海内,放逐蛮夷,日月所照,莫不宾服。以诸侯为郡县,人人自安乐,无战争之患,传之万世。自上古不及陛下威德。"始皇悦。博士齐人淳于越进曰:"臣闻殷周之王千余岁,封子弟功臣,自为枝辅。今陛下有海内,而子弟为匹夫,卒有田常、六卿之臣,无辅拂,何以相救哉?事不师古而能长久者,非所闻也。今青臣又面谀以重陛下之过,非忠臣。"始皇下其议。丞相李斯曰:"五帝不相复,三代不相袭,各以治,非其相反,时变异也。今陛下创大业,建万世之功,固非愚儒所知。且越言乃三代之事,何足法也?异时诸侯并争,厚招游学。今天下已定,法令出一,百姓当家则力农工,士则学习法令辟禁。今诸生不师今而学古，以非当世，惑乱黔首。丞相臣斯昧死言：古者天下散乱，莫之能一，是以诸侯并作，语皆道古以害今，饰虚言以乱实，人善其所私学，以非上之所建立。今皇帝并有天下，别黑白而定一尊。私学而相与非法教，人闻令下，则各以其学议之，入则心非，出则巷议，夸主以为名，异取以为高，率群下以造谤。如此弗禁，则主势降乎上，党与成乎下。禁之便。臣请史官非秦记皆烧之。非博士官所职，天下敢有藏《诗》《书》、百家语者，悉诣守、尉杂烧之。有敢偶语《诗》《书》者弃市。以古非今者族。吏见知不举者与同罪。令下三十日不烧，黥为城旦。所不去者，医药卜筮种树之书。若欲有学法令，以吏为师。"制曰："可。"

三十五年，除道，道九原抵云阳，堑山堙谷，直通之。于是始皇以为咸阳人多，先王之宫廷小，吾闻周文王都丰，武王都镐，丰镐之间，帝王之都也。乃营作朝宫渭南上林苑中。先作前殿阿房，东西五百步，南北五十丈，上可以坐万人，下可以建五丈旗。周驰为阁道，自殿下直抵南山。表南山之颠以为阙。为复道，自阿房渡渭，属之咸阳，以象天极阁道绝汉抵营室也。阿房宫未成；成，欲更择令名名之。作宫阿房，故天下谓之阿房宫。隐宫徒刑者七十余万人，乃分作阿房宫，或作丽山。发北山石椁，乃写蜀、荆地材皆至。关中计宫三百，关外四百余。于是立石东海上朐界中，以为秦东门。因徙三万家丽邑，五万家云阳，皆复不事十岁。

卢生说始皇曰："臣等求芝奇药仙者常弗遇，类物有害之者。方中，人主时为微行以辟恶鬼，恶鬼辟，真人至。人主所居而人臣知之，则害于神。真人者，入水不濡，入火不爇，陵云气，与天地久长。今上治天下，未能恬倓。愿上所居宫毋令人知，然后不死之药殆可得也。"于是始皇曰："吾慕真人，自谓'真人'，不称'朕'。"乃令咸阳之旁二百里内宫观二百七十复道甬道相连，帷帐钟鼓美人充之，各案署不移徙。行所幸，有言其处者，罪死。始皇帝幸梁山宫，从山上见丞相车骑众，弗善也。中人或告丞相，丞相后损车骑。始皇怒曰："此中人泄吾语。"案问莫服。当是时，诏捕诸时在旁者，皆杀之。自是后莫知行之所在。听事，群臣受决事，悉于咸阳宫。

侯生、卢生相与谋曰："始皇为人，天性刚戾自用，起诸侯，并天下，意得欲从，以为自古莫及己。专任狱吏，狱吏得亲幸。博士虽七十人，特备员弗用。丞相诸大臣皆受成事，倚辨于上。上乐以刑杀为威，天下畏罪持禄，莫敢尽忠。上不闻过而日骄，下慑伏谩欺以取容。秦法，不得兼方，不验，辄死。然候星气者至三百人，皆良士，畏忌讳谀，不敢端言其过。天下之事无小大皆决于上，上至以衡石量书，日夜有呈，不中呈不得休息。贪于权势至如此，未可为求仙药。"于是乃亡去。始皇闻亡，乃大怒曰："吾前收天下书不中用者尽去之。悉召文学方术士甚众，欲以兴太平，方士欲练以求奇药。今闻韩众去不报，徐市等费以巨万计，终不得药，徒奸利相告日闻。卢生等吾尊赐之甚厚，今乃诽谤我，以重吾不德也。诸生在咸阳者，吾使人廉问，或为訞言以乱黔首。"于是使御史悉案问诸生，诸生传相告引，乃自除。犯禁者四百六十余人，皆阬之咸阳，使天下知之，以惩后。益发谪徙边。始皇长子扶苏谏曰："天下初定，远方黔首未集，诸生皆诵法孔子，今上皆重法绳之，臣恐天下不安。唯上察之。"始皇怒，使扶苏北监蒙恬于上郡。

三十六年，秋，使者从关东夜过华阴平舒道，有人持璧遮使者曰："为吾遗滈池君。"因言曰："今年祖龙死。"使者问其故，因忽不见，置其璧去。使者奉璧具以闻。始皇默然良久，曰："山鬼固不过知一岁事也。"退言曰："祖龙者，人之先也。"使御府视璧，乃二十八年行渡江所沉璧也。于是始皇卜之，卦得游徙吉。迁北河、榆中三万家。

三十七年十月癸丑，始皇出游。左丞相斯从，右丞相去疾守。少子胡亥爱慕请从，上许之。十一月，行至云梦，望祀虞舜于九疑山。浮江下，观籍柯，渡海渚。过丹阳，至钱唐。临浙江，水波恶，乃西百二十里从狭中渡。上会稽，祭大禹，望于南海，而立石刻颂秦德。

还过吴，从江乘渡。并海上，北至琅邪。方士徐市等入海求神药，数岁不得，费多，恐谴，乃诈曰："蓬莱药可得，然常为大鲛鱼所苦，故不得至，愿请善射与俱，见则以连弩射之。"始皇梦与海神战，如人状。问占梦，博士曰："水神不可见，以大鱼蛟龙为候。今上祷祠备谨，而有此恶神，当除去，而善神可致。"乃令入海者赍捕巨鱼具，而自以连弩候大鱼出射之。自琅邪北至荣成山，弗见。至之罘，见巨鱼，射杀一鱼。遂并海西。

至平原津而病。始皇恶言死，群臣莫敢言死事。上病益甚，乃为玺书赐公子扶苏曰："与丧会咸阳而葬。"书已封，在中车府令赵高行符玺事所，未授使者。七月丙寅，始皇崩于沙丘平台。丞相斯为上崩在外，恐诸公子及天下有变，乃秘之，不发丧。棺载辒凉车中，故幸宦者参乘，所至上食。百官奏事如故，宦者辄从辒凉车中可其奏事。独子胡亥、赵高及所幸宦者五六人知上死。赵高故尝教胡亥书及狱律令法事，胡亥私幸之。高乃与公子胡亥、丞相斯阴谋破去始皇所封书赐公子扶苏者，而更诈为丞相斯受始皇遗诏沙丘，立子胡亥为太子。更为书赐公子扶苏、蒙恬，数以罪，其赐死。语具在《李斯传》中。行，遂从井陉抵九原。会暑，上辒车臭，乃诏从官令车载一石鲍鱼，以乱其臭。

行从直道至咸阳，发丧。太子胡亥袭位，为二世皇帝。九月，葬始皇郦山。二世皇帝元年，年二十一。赵高为郎中令，任用事。二世下诏，增始皇寝庙牺牲及山川百祀之礼。令群臣议尊始皇庙。群臣皆顿首言曰："古者天子七庙，诸侯五，大夫三，虽万世世不轶毁。今始皇为极庙，四海之内皆献贡职，增牺牲，礼咸备，毋以加。先王庙或在西雍，或在咸阳。天子仪当独奉酌祠始皇庙。自襄公已下轶毁。所置凡七庙。群臣以礼进祠,以尊始皇庙为帝者祖庙。皇帝复自称'朕'。"

二世与赵高谋曰:"朕年少,初即位,黔首未集附。先帝巡行郡县,以示强,威服海内。今晏然不巡行,即见弱,毋以臣畜天下。"春,二世东行郡县,李斯从。到碣石,并海,南至会稽,而尽刻始皇所立刻石,石旁著大臣从者名,以章先帝成功盛德焉。

于是二世乃遵用赵高,申法令。乃阴与赵高谋曰:"大臣不服,官吏尚强,及诸公子必与我争,为之奈何?"高曰:"臣固愿言而未敢也。先帝之大臣,皆天下累世名贵人也,积功劳世以相传久矣。今高素小贱,陛下幸称举,令在上位,管中事。大臣鞅鞅,特以貌从臣,其心实不服。今上出,不因此时案郡县守尉有罪者诛之,上以振威天下,下以除去上生平所不可者。今时不师文而决于武力,愿陛下遂从时毋疑,即群臣不及谋。明主收举余民,贱者贵之,贫者富之,远者近之,则上下集而国安矣。"二世曰:"善。"乃行诛大臣及诸公子,以罪过连逮少近官三郎,无得立者,而六公子戮死于杜。公子将闾昆弟三人囚于内宫,议其罪独后。二世使使令将闾曰:"公子不臣,罪当死,吏致法焉。"将闾曰:"阙廷之礼,吾未尝敢不从宾赞也;廊庙之位,吾未尝敢失节也;受命应对,吾未尝敢失辞也。何谓不臣?愿闻罪而死。"使者曰:"臣不得与谋,奉书从事。"将闾乃仰天大呼天者三,曰:"天乎!吾无罪!"昆弟三人皆流涕拔剑自杀。宗室振恐。群臣谏者以为诽谤,大吏持禄取容,黔首振恐。

四月,二世还至咸阳,曰:"先帝为咸阳朝廷小,故营阿房宫。为室堂未就,会上崩,罢其作者,复土郦山。郦山事大毕,今释阿房宫弗就,则是章先帝举事过也。"复作阿房宫。外抚四夷,如始皇计。尽征其材士五万人为屯卫咸阳,令教射。狗马禽兽当食者多,度不足,下调郡县转输菽粟刍藁,皆令自赍粮食,咸阳三百里内不得食其谷。用法益刻深。

七月,戍卒陈胜等反故荆地,为张楚。胜自立为楚王,居陈,遣诸将徇地。山东郡县少年苦秦吏,皆杀其守尉令丞反,以应陈涉,相立为侯王,合从西乡,名为伐秦,不可胜数也。谒者使东方来,以反者闻二世。二世怒,下吏。后使者至,上问,对曰:"群盗,郡守尉方逐捕,今尽得,不足忧。"上悦。武臣自立为赵王,魏咎为魏王,田儋为齐王。沛公起沛。项梁举兵会稽郡。

二年冬,陈涉所遣周章等将西至戏,兵数十万。

二世大惊,与群臣谋曰:"奈何?"少府章邯曰:"盗已至,众强,今发近县不及矣。郦山徒多,请赦之,授兵以击之。"二世乃大赦天下,使章邯将,击破周章军而走,遂杀章曹阳。二世益遣长史司马欣、董翳佐章邯击盗,杀陈胜城父,破项梁定陶,灭魏咎临济。楚地盗名将已死,章邯乃北渡河,击赵王歇等于巨鹿。

赵高说二世曰:"先帝临制天下久,故群臣不敢为非,进邪说。今陛下富于春秋,初即位,奈何与公卿廷决事? 事即有误,示群臣短也。天子称朕,固不闻声。"于是二世常居禁中,与高决诸事。其后公卿希得朝见,盗贼益多,而关中卒发东击盗者毋已。右丞相去疾、左丞相斯、将军冯劫进谏曰:"关东群盗并起,秦发兵诛击,所杀亡甚众,然犹不止。盗多,皆以戍漕转作事苦,赋税大也。请且止阿房宫作者,减省四边戍转。"二世曰:"吾闻之韩子曰:'尧舜采椽不刮,茅茨不翦,饭土塯,啜土形,虽监门之养,不觳于此。禹凿龙门,通大夏,决河亭水,放之海,身自持筑臿,胫毋毛,臣虏之劳不烈于此矣。'凡所为贵有天下者,得肆意极欲,主重明法,下不敢为非,以制御海内矣。夫虞、夏之主,贵为天子,亲处穷苦之实,以徇百姓,尚何于法? 朕尊万乘,毋其实,吾欲造千乘之驾,万乘之属,充吾号名。且先帝起诸侯,兼天下,天下已定,外攘四夷以安边竟,作宫室以章得意,而君观先帝功业有绪。今朕即位二年之间,群盗并起,君不能禁,又欲罢先帝之所为,是上毋以报先帝,次不为朕尽忠力,何以在位?"下去疾、斯、劫吏,案责他罪。去疾、劫曰:"将相不辱。"自杀。斯卒囚,就五刑。

三年,章邯等将其卒围巨鹿,楚上将军项羽将楚卒往救巨鹿。冬,赵高为丞相,竟案李斯杀之。夏,章邯等战数却,二世使人让邯,邯恐,使长史欣请事。赵高弗见,又弗信。欣恐,亡去,高使人捕追不及。欣见邯曰:"赵高用事于中,将军有功亦诛,无功亦诛。"项羽急击秦军,虏王离,邯等遂以兵降诸侯。八月己亥,赵高欲为乱,恐群臣不听,乃先设验,持鹿献于二世,曰:"马也。"二世笑曰:"丞相误邪? 谓鹿为马。"问左右,左右或默,或言马以阿顺赵高。或言鹿者,高因阴中诸言鹿者以法。后群臣皆畏高。

高前数言"关东盗毋能为也",及项羽虏秦将王离等巨鹿下而前,章邯等军数却,上书请益助,燕、赵、齐、楚、韩、魏皆立为王,自关以东,大氐尽畔秦吏应诸侯,诸侯咸率其众西乡。沛公将数万人已屠武关,使人私于高,高恐二世怒,诛及其身,乃谢病不朝见。二世梦白虎齧其左骖马,杀之,心不乐,怪问占梦。卜曰:"泾水为祟。"二世乃斋于望夷宫,欲祠泾沈四白马。使使责让高以盗贼事。高惧,乃阴与其婿咸阳令阎乐、其弟赵成谋曰:"上不听谏,今事急,欲归祸于吾宗。吾欲易置上,更立公子婴。子婴仁俭,百姓皆载其言。"使郎中令为内应,诈为有大贼,令乐召吏发卒,追劫乐母置高舍。遣乐将吏卒千余人至望夷宫殿门,缚卫令仆射,曰:"贼入此,何不止?"卫令曰:"周庐设卒甚谨,安得贼敢入宫?"乐遂斩卫令,直将吏入,行射,郎宦者大惊,或走或格,格者辄死,死者数十人。郎中令与乐俱入,射上幄坐帏。二世怒,召左右,左右皆惶扰不斗。旁有宦者一人,侍不敢去。二世入内,谓曰:"公何不蚤告我? 乃至于此!"宦者曰:"臣不敢言,故得全。使臣蚤言,皆已诛,安得至今?"阎乐前即二世数曰:"足下骄恣,诛杀无道,天下共畔足下,足下其自为计。"二世曰:"丞相可得见否?"乐曰:"不可。"二世曰:"吾愿得一郡为王。"弗许。又曰:"愿为万户侯。"弗许。曰:"愿与妻子为黔首,比诸公子。"阎乐曰:"臣受命于丞相,为天下诛足下,足下虽多言,臣不敢报。"麾其兵进。二世自杀。阎乐归报赵高,赵高乃悉召诸大臣公子,告以诛二世之状。曰:"秦故王国,始皇君天下,故称帝。今六国复自立,秦地益小,乃以空名为帝,不可。宜为王如故,便。"立二世之兄子公子婴为秦王。以黔首葬二世杜南宜春苑中。令子婴斋,当庙见,受王玺。斋五日,子婴与其子二人谋曰:"丞相高杀二世望夷宫,恐群臣诛之,乃详以义立我。我闻赵高乃与楚约,灭秦宗室而王关中。今使我斋见庙,此欲因庙中杀我。我称病不行,丞相必自来,来则杀之。"高使人请子婴数辈,子婴不行,高果自往,曰:"宗庙重事,王奈何不行?"子婴遂刺杀高于斋宫,三族高家以徇咸阳。子婴为秦王四十六日,楚将沛公破秦军入武关,遂至霸上,使人约降子婴。子婴即系颈以组,白马素车,奉天子玺符,降轵道旁。沛公遂入咸阳,封宫室府库,还军霸上。居月余,诸侯兵至,项籍为从长,杀子婴及秦诸公子宗族。遂屠咸阳,烧其宫室,虏其子女,收其珍宝货财,诸侯共分之。灭秦之后,各分其地为三,名曰雍王、塞王、翟王,号曰三秦。项羽为西楚霸王,主命分天下王诸侯,秦竟灭矣。后五年,天下定于汉。

太史公曰:秦之先伯翳,尝有勋于唐虞之际,受土赐姓。及殷夏之间微散。至周之衰,秦兴,邑于西垂。自缪公以来,稍蚕食诸侯,竟成始皇。始皇自以为功过五帝,地广三王,而羞与之侔。善哉乎贾生推言之也!曰:

秦并兼诸侯,山东三十余郡,缮津关,据险塞,修甲兵而守之。然陈涉以戍卒散乱之众数百,奋臂大呼,不用弓戟之兵,鉏櫌白梃,望屋而食,横行天下。秦人阻险不守,关梁不阖,长戟不刺,强弩不射。楚师深入,战于鸿门,曾无藩篱之艰。于是山东大扰,诸侯并起,豪俊相立。秦使章邯将而东征,章邯因以三军之众要市于外,以谋其上。群臣之不信,可见于此矣。子婴立,遂不寤。借使子婴有庸主之材,仅得中佐,山东虽乱,秦之地可全而有,宗庙之祀未当绝也。

秦地被山带河以为固,四塞之国也。自缪公以来,至于秦王,二十余君,常为诸侯雄。岂世世贤哉?其势居然也。且天下尝同心并力而攻秦矣。当此之世,贤智并列,良将行其师,贤相通其谋,然困于阻险而不能进。秦乃延入战而为之开关,百万之徒逃北而遂坏。岂勇力智慧不足哉? 形不利,势不便也。秦小邑并大城,守险塞而军,高垒毋战,闭关据阨,荷戟而守之。诸侯起于匹夫,以利合,非有素王之行也。其交未亲,其下未附,名为亡秦,其实利之也。彼见秦阻之难犯也,必退师。安土息民,以待其敝,收弱扶罢,以令大国之君,不患不得意于海内。贵为天子,富有天下,而身为禽者,其救败非也。

秦王足己不问,遂过而不变。二世受之,因而不改,暴虐以重祸。子婴孤立无亲,危弱无辅。三主惑而终身不悟,亡,不亦宜乎? 当此时也,世非无深虑知化之士也,然所以不敢尽忠拂过者,秦俗多忌讳之禁,忠言未卒于口而身为戮没矣。故使天下之士,倾耳而听,重足而立,拑口而不言。

是以三主失道,忠臣不敢谏,智士不敢谋,天下已乱,奸不上闻,岂不哀哉! 先王知雍蔽之伤国也,故置公卿大夫士,以饰法设刑,而天下治。其强也,禁暴诛乱而天下服。其弱也,五伯征而诸侯从。其削也,内守外附而社稷存。故秦之盛也,繁法严刑而天下振;及其衰也,百姓怨望而海内畔矣。故周五序得其道,而千余岁不绝。秦本末并失,故不长久。由此观之,安危之统相去远矣。野谚曰"前事之不忘,后事之师也"。是以君子为国,观之上古,验之当世,参以人事,察盛衰之理,审权势之宜,去就有序,变化有时,故旷日长久而社稷安矣。

秦孝公据殽函之固,拥雍州之地,君臣固守而窥周室,有席卷天下,包举宇内,囊括四海之意,并吞八荒之心。当是时,商君佐之,内立法度,务耕织,修守战之备,外连衡而斗诸侯,于是秦人拱手而取西河之外。

及至秦王,续六世之余烈,振长策而御宇内,吞二周而亡诸侯,履至尊而制六合,执棰拊以鞭笞天下,威振四海。南取百越之地,以为桂林、象郡,百越之君俛首系颈,委命下吏。乃使蒙恬北筑长城而守藩篱,却匈奴七百余里,胡人不敢南下而牧马,士不敢弯弓而报怨。于是废先王之道,焚百家之言,以愚黔首。堕名城,杀豪俊,收天下之兵聚之咸阳,销锋铸鐻,以为金人十二,以弱黔首之民。然后斩华为城,因河为津,据亿丈之城,临不测之溪以为固。良将劲弩守要害之处,信臣精卒陈利兵而谁何,天下以定。秦王之心,自以为关中之固,金城千里,子孙帝王万世之业也。

秦王既没,余威振于殊俗。陈涉,甕牖绳枢之子,甿隶之人,而迁徙之徒,才能不及中人,非有仲尼、墨翟之贤,陶朱、猗顿之富,蹑足行伍之间,而倔起什伯之中,率罢散之卒,将数百之众,而转攻秦。斩木为兵,揭竿为旗,天下云集响应,赢粮而景从,山东豪俊遂并起而亡秦族矣。

且夫天下非小弱也,雍州之地,殽函之固自若也。陈涉之位,非尊于齐、楚、燕、赵、韩、魏、宋、卫、中山之君;鉏櫌棘矜,非铦于句戟长铩也;適戍之众,非抗于九国之师;深谋远虑,行军用兵之道,非及乡时之士也。然而成败异变,功业相反也。试使山东之国与陈涉度长絜大，比权量力，则不可同年而语矣。然秦以区区之地，千乘之权，招八州而朝同列，百有余年矣。然后以六合为家，殽函为宫，一夫作难而七庙堕，身死人手，为天下笑者，何也？仁义不施而攻守之势异也。

秦王怀贪鄙之心，行自奋之智，不信功臣，不亲士民，废王道，立私权，禁文书而酷刑法，先诈力而后仁义，以暴虐为天下始。夫并兼者高诈力，安定者贵顺权，此言取与守不同术也。秦离战国而王天下，其道不易，其政不改，是其所以取之守之者无异也。孤独而有之，故其亡可立而待。借使秦王计上世之事，并殷周之迹，以制御其政，后虽有淫骄之主而未有倾危之患也。故三王之建天下，名号显美，功业长久。

今秦二世立，天下莫不引领而观其政。夫寒者利裋褐而饥者甘糟糠，天下之嗷嗷，新主之资也。此言劳民之易为仁也。乡使二世有庸主之行，而任忠贤，臣主一心而忧海内之患，缟素而正先帝之过，裂地分民以封功臣之后，建国立君以礼天下，虚囹圄而免刑戮，除去收帑污秽之罪，使各反其乡里，发仓廪，散财币，以振孤独穷困之士，轻赋少事，以佐百姓之急，约法省刑以持其后，使天下之人皆得自新，更节修行，各慎其身，塞万民之望，而以威德与天下，天下集矣。即四海之内，皆欢然各自安乐其处，唯恐有变，虽有狡猾之民，无离上之心，则不轨之臣无以饰其智，而暴乱之奸止矣。二世不行此术，而重之以无道，坏宗庙与民，更始作阿房宫，繁刑严诛，吏治刻深，赏罚不当，赋敛无度，天下多事，吏弗能纪，百姓困穷而主弗收恤。然后奸伪并起，而上下相遁，蒙罪者众，刑戮相望于道，而天下苦之。自君卿以下至于众庶，人怀自危之心，亲处穷苦之实，咸不安其位，故易动也。是以陈涉不用汤武之贤，不借公侯之尊，奋臂于大泽而天下响应者，其民危也。故先王见始终之变，知存亡之机，是以牧民之道，务在安之而已。天下虽有逆行之臣，必无响应之助矣。故曰"安民可与行义，而危民易与为非"，此之谓也。贵为天子，富有天下，身不免于戮杀者，正倾非也。是二世之过也。

孝明皇帝十七年十月十五日乙丑，曰：

周历已移，仁不代母。秦直其位，吕政残虐。然以诸侯十三，并兼天下，极情纵欲，养育宗亲。三十七年，兵无所不加，制作政令，施于后王。盖得圣人之威，河神授图，据狼、狐，蹈参、伐，佐政驱除，距之称始皇。

始皇既殁，胡亥极愚，郦山未毕，复作阿房，以遂前策。云"凡所为贵有天下者，肆意极欲，大臣至欲罢先君所为"。诛斯、去疾，任用赵高。痛哉言乎！人头畜鸣。不威不伐恶，不笃不虚亡，距之不得留，残虐以促期，虽居形便之国，犹不得存。

子婴度次得嗣，冠玉冠，佩华绂，车黄屋，从百司，谒七庙。小人乘非位，莫不悦忽失守，偷安日日，独能长念却虑，父子作权，近取于户牖之间，竟诛猾臣，为君讨贼。高死之后，宾婚未得尽相劳，餐未及下咽，酒未及濡唇，楚兵已屠关中，真人翔霸上，素车婴组，奉其符玺，以归帝者。郑伯茅旌鸾刀，严王退舍。河决不可复壅，鱼烂不可复全。贾谊、司马迁曰："向使婴有庸主之才，仅得中佐，山东虽乱，秦之地可全而有，宗庙之祀未当绝也。"秦之积衰，天下土崩瓦解，虽有周旦之材，无所复陈其巧，而以责一日之孤，误哉！俗传秦始皇起罪恶，胡亥极，得其理矣。复责小子，云秦地可全，所谓不通时变者也。纪季以酅，《春秋》不名。吾读《秦纪》，至于子婴车裂赵高，未尝不健其决，怜其志。婴死生之义备矣。

【译文】

秦始皇帝是秦庄襄王的儿子。庄襄王在赵国作秦国人质时，看见吕不韦的姬妾，很喜欢，就把她娶了过来，生了始皇。始皇在秦昭王四十八年正月生于邯郸。等到出生时，取名为政，姓赵氏。十三岁，庄襄王死了，政继位为秦王。吕不韦做丞相，封邑十万户，号为文信侯。招揽宾客游士，打算吞并天下。李斯为舍人，蒙骜、王齮、麃公等为将军。秦王年幼，即位初期，国家政事交由大臣处理。

晋阳反叛，秦王政元年（公元前246），将军蒙骜平定了叛乱。

四年，秦国的人质从赵国返回，赵国太子离开秦国回到赵国。

六年，韩国、魏国、赵国、卫国、楚国一起进攻秦国，夺取了寿陵。秦国出兵，五国的军队撤了回来。秦国攻克卫国，进逼东郡，卫君角率领他的支属迁居野王，凭借山险保卫魏国境内的河内地区。

八年，秦王的弟弟长安君成蟜率领军队攻打赵国，举兵反叛，死在屯留，他的军吏都被斩首处死，把屯留民众迁徙到临洮。

长信侯嫪毐作乱阴谋被发觉了，就诈用秦王印信和太后印信调动县邑的军队和警卫士卒、国家骑兵、戎翟首领、舍人，打算进攻蕲年宫，发动叛乱。秦王知道了这个消息，派相国昌平君、昌文君调遣士卒，进攻嫪毐。在咸阳交战，杀死了几百人，（斩首有功的人）都得到了爵位，宦者参加战斗的，也得到一级爵位。嫪毐等人战败逃跑了。秦王就在全国下令：有活捉嫪毐的，赏钱一百万；杀死嫪毐的，赏钱五十万。全部抓获了嫪毐等人。卫尉竭、内史肆、佐弋竭、中大夫令齐等二十人都被斩首悬挂。又把他们五马分尸，巡行示众，夷灭了他们的宗族。嫪毐的舍人，罪轻的服刑三年。十年，相国吕不韦由于嫪毐的牵连获罪，免去了相国职务。桓齮为将军。齐国、赵国的使者来了，摆酒设筵。齐国人茅焦劝告秦王说："秦国正在以经营天下为己任，而大王有迁徙母太后的名声，恐怕各国诸侯听到这件事，由此引起背叛秦国。"秦王就去雍地迎接太后，回到咸阳，又重新居住在甘泉宫。

秦王大规模地进行搜索，驱逐从诸侯国来的宾客。李斯上书劝阻，秦王就废除了驱逐宾客的命令。他乘机建议秦王,首先攻取韩国,使其他诸侯国感到恐惧。于是秦王派李斯攻打韩国。韩王很忧虑,和韩非商量削弱秦国的力量。大梁人尉缭来到秦国,劝告秦王说:"以秦国的强大力量,(与诸侯相比)诸侯就像一个郡县的君主。但是我担心诸侯联合起来,不露声色,出其不意地攻打秦国,这就是智伯、夫差、湣王所以灭亡的原因。希望大王不要吝惜财物,贿赂他们有权势的大臣,破坏他们的计划,失去的不过三十万斤黄金,而诸侯则可以全部消灭。"秦王听从了他的建议,每次接见尉缭时都以平等的礼节相待,衣服、饮食也与尉缭一样。尉缭说:"秦王这个人,高鼻梁,细长的眼睛,鸷鸟一样的胸膛,豺狼一样的声音,刻薄寡恩,心如虎狼,处于穷困时容易谦卑下人,得志时也容易吞噬人。我是一个平民百姓,然而接见我时,常常甘居我下。如果秦王得志于天下,天下人都要成为他的俘虏了。不能和他长期相处。"尉缭就逃走了。秦王发觉了,坚决地挽留他,让他做秦国国尉,终于采用了他的计策。而这时李斯主持朝政。

十三年,桓齮攻打赵国的平阳,杀死了赵国将领扈辄,斩首十万。赵王逃往河南。正月,彗星出现在东方。十月,桓齮攻打赵国。

十四年,在平阳进攻赵国军队,夺取了宜安,打垮了赵国军队,杀死了它的将军。桓齮平定了平阳、武城。韩非出使秦国,秦国采纳李斯的计策,把韩非羁留在秦国,韩非死在云阳。韩王请求作为秦国的臣属。

十六年九月,派兵接收韩国南阳地区,腾暂时代理郡守。开始下令男子登记年龄。魏国向秦国献纳土地。秦国设置丽邑。

十七年,内史腾攻打韩国,抓获了韩王安,兼并了全部韩国领土,把它的领土设置了一个郡,命名为颍川。

十八年,大举出兵进攻赵国,王翦统率上地士卒,攻下井陉。杨端和统率河内士卒,羌瘣也率军攻打赵国,杨端和围攻邯郸城。

十九年,王翦、羌瘣全部攻占和平定了赵国的东阳地区,抓获了赵王。率兵准备进攻燕国,军队驻扎在中山。秦王来到邯郸,凡是他生在赵国时曾与母亲家里有仇怨的,全部坑杀。秦王返回秦国,是从太原、上郡回来的。赵国公子嘉带领他的宗族几百人前往代地,自立为代王,向东与燕国的军队联合起来,驻扎在上谷。

二十年,燕国太子丹担忧秦国的军队来到燕国,心里慌恐不安,派遣荆轲刺杀秦王。秦王察觉了,肢解了荆轲的尸体巡行示众,派王翦、辛胜进攻燕国。燕国、代国出兵攻击秦国军队,秦国军队在易水西边打败了燕国军队。

二十一年,王贲进攻荆地。调遣更多的士卒前往王翦军队,于是打垮了燕太子的军队,攻下了燕国的蓟城,得到了太子丹的脑袋。燕王东去聚集辽东兵力,在那里称王。

二十二年,王贲进攻魏国,挖沟引河水淹灌大梁,大梁城墙毁坏,魏王请求投降,秦国占领了全部魏国领土。

二十三年,秦王又征召王翦,坚持要起用他,派他率军攻打荆国。攻下陈地以南至平舆一带,俘虏了荆王。秦王巡游到达郢陈。荆将项燕立昌平君为荆王,在淮水南边起兵反秦。二十四年,王翦、蒙武进攻荆地,打败了荆军,昌平君战死,项燕也就自杀了。

二十五年,大举出兵,派王贲为将,率军进攻燕国辽东地区,抓获了燕王喜。回军进攻代国,俘虏了代王嘉。王翦平定了荆国江南地区;降服了越君,设置会稽郡。

二十六年,齐王建和齐相后胜调遣军队防守西部边界,不与秦国来往。秦国派将军王贲从燕国南下进攻齐国,俘虏了齐王建。

秦国刚刚兼并天下,下令丞相、御史说:“前些时候韩王交出土地,奉献国王的印章,请求成为藩臣。不久背弃了约定,与赵国、魏国联合起来背叛秦国,所以我兴兵讨伐,俘虏了韩国的国王。我以为这是件好事,大概可以偃兵息革了。赵王派他的丞相李牧来签订盟约,所以送回了他的作人质的儿子。不久赵国背叛了盟约,在我国太原起兵反抗,所以我兴兵讨伐,抓获了它的国王。赵国公子嘉自立为代王,所以我又发兵消灭了他。魏王最初说定臣服秦国,不久与韩国、赵国阴谋袭击秦国,秦国吏卒前往讨伐,摧毁了魏国。荆王献纳青阳以西的土地,不久违背约定,进攻我国南郡,所以我发兵讨伐,抓到了荆国国王,平定了荆地。燕王头昏脑乱,他的太子丹暗中指使荆轲做贼,秦国吏卒前去讨伐,灭亡了他的国家。齐王采用后胜的计策,不让秦国使者进入齐国,打算兴兵作乱,我派吏卒去讨伐,俘虏了齐国国王,平定了齐地。我这微不足道的人,发兵诛暴讨乱,靠着祖先宗庙的威灵,六国国王都已各服其罪,天下完全平定了。”

丞相王绾等建议说:“各国诸侯刚被消灭,燕、齐、荆地辽远,不在那里立王,就没有人来安定燕、齐、荆。请把皇帝的几个儿子立为王,希望得到皇帝的赞成。”始皇把王绾等人的建议交给群臣讨论,群臣都认为很适宜。廷尉李斯建议说:“周文王、周武王所封立的同姓子弟很多,然而后来的族属疏远,互相攻击,如同仇敌,诸侯交相讨伐,周天子不能禁止。现在依靠陛下的神灵统一了天下,都划分成为郡县,皇帝的子弟和功臣,都用国家的赋税重加赏赐,(这种局面)很容易治理。天下没有二心,这就是国家安定的方法。封立诸侯是不适宜的。”始皇说:“天下苦于无休止的战争,是因为有诸侯王的缘故,依靠宗庙之灵,刚刚平定了天下,再去建立诸侯国,这是自我树敌,而要求得安宁,岂不是很困难吗!廷尉的建议是正确的。”

把全国划分为三十六郡,郡设守、尉、监。百姓改称"黔首"。天下欢聚宴饮。收集天下兵器,集中在咸阳,熔铸成钟镰,又铸造了十二个铜人,每一个重一千石,安置在宫廷中。统一法律制度和度量标准。规定车子两轮距离相同。书写采用统一的文字。全国地域东至大海和朝鲜,西至临洮、羌中,南至门朝北开的地区,北据黄河为屏障,顺着阴山直至辽东。

二十七年,始皇巡行陇西、北地,来到鸡头山,(返回时)路过回中。于是在渭水南面建造信官,不久把信宫改名为极庙,象征天极星。从极庙修路通往郦山,又建造了甘泉宫前殿,修筑甬道,从咸阳和它相连。修建驰道。

二十八年,始皇向东巡行郡县,登上邹峄山。树立石碑,和鲁地的一些儒生商议,刻写石碑颂扬秦朝的功德,又讨论封禅和望祭山川的事情。于是就登上泰山,树立石碑,积土成坛,祭祀上天。下山时,忽然来了风雨,始皇停留在树下(躲避风雨),因此封这棵树为五大夫。又到梁父辟地为基,祭祀了大地,于是沿着渤海东行,经过黄县、腄县,攀上成山的最高点,登上之罘的顶峰,树立石碑,颂扬秦朝的德业,然后离去。

秦王兼并了全国,确定了皇帝这一称号,于是抚循东部地区,到达琅邪。列侯武城侯王离、列侯通武侯王贲、伦侯建成侯赵亥、伦侯昌武侯成、伦侯武信侯冯毋择、丞相隗林、丞相王绾、卿李斯、卿王戊、五大夫赵婴、五大夫杨樛随从,他们和始皇在海边议论秦朝的功德说:"古代称帝的人,领土不过纵横千里,诸侯各自固守自己的疆域,有的朝贡,有的不朝贡,互相侵伐,为暴作乱,残杀无已,然而还是刻金勒石,记载自己的功业。古代五帝、三王,实行的知识教育不一样,法律制度没有明确,借助鬼神的威力,来欺骗远方的百姓,实际情况和称号不相符,所以国家命运不长久。人还没有死去,诸侯就背叛了,法令不能推行。如今皇帝统一了四海之内,把全国分为郡县,天下安宁而和谐。发扬光大宗庙的威灵,服膺真理,广布恩德,名副其实地得到了皇帝这一尊号。群臣一起颂扬皇帝的功德,

镌刻在金石上,作为后世的楷模。"立石刻辞已经结束,齐人徐市等上书,说海中有三座神山,名叫蓬莱、方丈、瀛洲,仙人居住在那里。希望斋戒沐浴,和童男童女寻求三座神山。于是派遣徐市挑选童男童女数千人,到海中寻找仙人。

始皇返回的时候,路过彭城,斋戒祈祷,想要从泗水打捞周鼎。让成千人潜入水中寻找,没有找

到。于是就向西南走去,渡过淮水,前往衡山、南郡。泛舟江上,来到湘山祭拜。遇上大风,几乎不能渡水上山。始皇问博士说:"湘君是什么神?"博士回答说:"听说是尧的女儿,舜的妻子,死后埋葬在这里。"于是始皇非常生气,让刑徒三千人把湘山上的树木砍光了,全山露出红色的土壤。始皇从南郡取道武关回到咸阳。

二十九年,始皇向东巡游。到了阳武博狼沙,被强盗惊吓了一场。追捕强盗,没有抓获,就命令全国大肆搜查十天。

三十一年十二月,把腊祭改名叫"嘉平"。赏赐百姓每里六石米,两只羊。始皇易服出行咸阳,有四个武士随从。夜间出来时,在兰池遇上盗贼,被盗贼所困逼。武士杀死了盗贼,在关中大肆搜查了二十天。粮价一石达到一千六百钱。

三十二年,始皇前往碣石,派燕地人卢生访求羡门、高誓。在碣石城门上刻辞。摧毁城郭,挖通堤防。

派韩终、侯公、石生寻访仙人求取长生不死的灵药。始皇巡行北方边境,从上郡回到咸阳。燕地人卢生被派入海中寻找仙人回来了,因为向始皇报告鬼神之事,就借机献上抄录的图书,上面说"灭亡秦朝的是胡"。始皇就派将军蒙恬发兵三十万人,向北攻胡人,略取河南地带。

三十三年,征发曾经逃亡的罪犯、入赘别人家的男子、商人攻取陆梁地区,设置桂林郡、象郡、南海郡,把有罪应当流徙的人派去戍守。在西北方驱逐匈奴。从榆中沿着黄河往东,直至阴山,(在这一地区)设置三十四个县,在黄河附近修筑要塞。又派蒙恬渡过黄河攻占高阙、阳山、北假地带,修筑亭障来驱逐戎人。迁徙罪犯,安排到刚刚建立的县邑中。禁止民间祭祀。彗星出现在西方。

三十四年,贬斥那些听讼断狱不公平的官吏,让他们去修筑长城和戍守南越地区。

始皇在咸阳宫摆酒设宴,七十个博士上前敬酒祝寿。仆射周青臣颂扬说:"从前秦国的地域不超过一千里,依靠陛下神灵圣明,平定了天下,驱逐了蛮夷,太阳和月亮所能照到的地方,没有不降服的。把各国诸侯的领土置为郡县,人人安居乐业,没有战争之忧,这功业可以流传万世,从远古以来没有人能赶得上陛下的威德。"始皇很高兴。博士齐人淳于越进谏说:"我听说殷周称王天下一千多年,分封子弟和功臣,作为自己的辅助势力。现在陛下拥有天下,而子弟却是平民百姓,偶然出现田常、六卿一样的臣属,无人辅佐,靠什么来挽救呢?事情不效法古代而能长久不败的,我没有听到过。如今青臣当面阿谀,来加深陛下的过错,实在不是忠臣。"始皇把他们的建议交下去讨论。丞相李斯说:"五帝的制度不互相重复,三代的制度不互相因袭,各自都得到治理,不是后代一定要与前代相反,这是时代变化的缘故。如今陛下开创了伟大的事业,建立了万世不朽的功勋,本来不是愚蠢的读书人所能理解的。况且淳于越说的又是三代的事情,有什么可效法的?从前诸侯竞争,用优厚的待遇招揽游学之士。现在天下已经平定,颁布统一的法令,百姓在家则努力从事农业生产和家庭手工业,士人则学习法律禁令。如今这些读书人不向现实学习,而去模仿古代,来指责现行的社会制度,惑乱百姓。我丞相李斯冒着死罪说:古代天下分散混乱,不能统一,所以诸侯同时兴起,人们的言论都称道古代,损害现行的政策,文饰虚言空语,搅乱事物的本来面貌,每人都以为自己的学说是最完善的,非议君主所建立的制度。现在皇帝兼并了天下,分辨是非,确立了至高无上的地位。(而人们仍在)私自传授学问,一起批评国家的法令教化,听到法令下达,就各用自己的学说去议论,回家时在心里非难,出来时街谈巷议,在君主面前自我吹嘘,以此来沽名钓誉,标新立异,认为超人一等,带着下面的一群信徒编造诽言谤语。这种情况不加以禁止,上则君主的权威下降,下则形成党徒互相勾结。禁止出现这种情况才是合适的。我希望史官把不是秦国的典籍全部烧掉。不是博士官所主管的,国内敢有收藏《诗》《书》、诸子百家著作的,都要送到郡守、郡尉那里焚毁。有敢相互私语《诗》《书》的,在闹市处死示众。以古非今的要杀死全族。官吏知情而不检举的,和他同罪。命令下达三十天不烧掉书籍,就在脸部刺上字,成为刑徒城旦。所不烧毁的,有医药、卜筮、农林方面的书籍。如果想要学法令,可以到官吏那里学习。"始皇下达命令说:"可以照此办理。"

三十五年,开辟道路,通过九原,直达云阳,挖山填谷,修建一条笔直的大道连接起来。始皇认为咸阳人口众多,先王的宫廷狭小,听说周文王建都丰,武王建都镐,丰镐之间,是帝王的都城所在。于是就在渭水南岸的上林苑中兴建朝宫。首先建造前殿阿房宫,东西五百步,南北五十丈,殿堂上可以坐一万人,殿堂顶下可以竖立五丈高的旗帜。周围环绕着架起阁道,从殿下直达南山。在南山的山顶上修建标志,作为门阙。在空中架设道路,从阿房宫渡过渭水,与咸阳相连接,以此象征天下阁道越过天河直至营室。阿房宫尚未完工;完工后,想另外选择一个好的名字称呼它。在阿房建造宫殿,所以天下称它阿房宫。隐官刑徒七十多万人,分成几批营造阿房宫,或修建丽山工程。挖运北山的石头,输送蜀地、荆地的木材,都集中到这里。关中共计宫殿三百座,关外四百多座。于是在东海附近朐县境内树立石碑,作为秦国的东门。迁徙三万户居住丽邑,五万户居住云阳,都免除十年的徭役。

卢生劝始皇说:"我和其他人寻找灵芝奇药以及仙人,常常遇不上,好像有东西伤害它们。仙方中要求,君主时时隐蔽行迹,来躲避恶鬼,躲避了恶鬼,真人就来到了。君主居住的地方,臣属知道了,就会妨碍神仙。真人没入水中不会被水浸湿,进入火中不感到热,凌云驾雾,与天地一样长寿。现在您治理天下,不能恬静无欲。希望您居住的宫殿不要让人知道,然后长生不死的仙药大概可以找到。"于是始皇说:"我羡慕真人,自称'真人',不称'朕'。"就命令咸阳附近二百里内的二百七十座宫殿,用空中架设的道路和地面上的甬道连接起来,把帷帐、钟鼓、美人安置在里面,各种布置不得移动。所临幸之处,如果有人把地点说出去,罪当处死。始皇帝临幸梁山宫,从山上看见丞相随从车骑众多,很不以为然。宫中侍从把这件事告诉了丞相,后来丞相减少了随从的车骑。始皇非常生气地说:"这是宫内的人泄漏了我的话。"审问后没有人认罪。这时,下令逮捕当时在他身边的人,全部杀掉。从此以后没有人知道他的行迹在什么地方了。听理国政,群臣受命决断事情,都在咸阳宫。

侯生、卢生一起商量说:"始皇为人天生的刚愎暴戾,自以为是,从诸侯中兴起,吞并了天下,万事称心如意,为所欲为,认为自古以来没有人能赶上自己。专门任用治狱的官吏,治狱的官吏受到宠幸。虽然有博士七十人,只是充数人员,并不信用。丞相和大臣都是接受已经决断的公事,一切依赖皇帝处理。皇帝喜欢采用刑罚杀戮来确立自己的威严,天下人害怕获罪,只想保持禄位,没有人敢竭尽忠诚。皇帝不能听到自己的过失,日益骄横,臣下恐惧而屈服,用欺骗来取得皇帝的欢心。根据秦朝的法律,一人不能兼有两种方伎,方伎不灵验,就处以死刑。然而观察星象云气预测吉凶的人多至三百人,全都学问优秀,(但对皇帝)畏忌阿谀,不敢正面指出他的过错。天下之事不论大小都取决于皇帝,皇帝甚至用秤来称量文书,一天有一定的额数,不达到额数不能休息。贪恋权势至于这种地步,不能给他寻找仙药。"于是就逃走了。始皇听说侯生、卢生逃走的消息,就非常气愤地说:"我以前收取天下书籍,不合时用的全部烧毁。招集了很多文学方术之士,想要使国家太平,这些方士打算炼丹得到奇药。现在听说韩众离去后一直不来复命,徐市等人耗费巨万,最后还是没有得到仙药,只是每天传来一些为奸谋利的事情。我对卢生等人很尊敬,赏赐丰厚,如今诽谤我,来加重我的不仁。在咸阳的一些儒生,我派人查问,有的制造怪诞邪说来惑乱百姓。"于是派御史审问儒生,儒生辗转告发,就能免除自己的罪过。触犯法禁的四百六十多人,全部在咸阳活埋,使全国都知道这件事,借以警戒后人。更多地调发徒隶去戍守边境。始皇长子扶苏劝告说:"天下平定不久,远方百姓尚未安辑,儒生都学习和效法孔子,现在您用严厉的刑罚绳治他们,我担心天下动乱。希望您明察此事。"始皇很生气,派扶苏到北方的上郡监视蒙恬。

三十六年,秋天,使者从关东来,夜里经过华阴平舒地方,有人拿着璧玉拦住使者说:"替我送给滈池君。"又趁机说:"今年祖龙死去。"使者问他什么原因,这个人忽然不见,留下他的璧玉走开了。使者向始皇献上璧玉,讲述了事情的全部经过。始皇很长时间沉默无语,后来说:"山野的鬼怪只不过知道一年之内的事情。"退朝后又说："祖龙是人们的首领。（'今年祖龙死'，说的难道是我吗?)"让御府看这块璧玉，竟然是二十八年出行渡江时沉入水中的那块璧玉。于是始皇使人占卜吉凶，卦象是巡游迁徙就会吉利。迁徙到北河、榆中三万家。

三十七年十月癸丑，始皇出外巡游。左丞相李斯随从，右丞相冯去疾留守。始皇的小儿子胡亥很羡慕，要求跟着去，始皇答应了他。十一月，走到云梦，朝九疑山方向望祭虞舜。浮江而下，观览籍柯，渡过江渚。途经丹阳，到达钱唐。在浙江岸边，看见波涛凶险，就向西走了一百二十里，从江面狭窄的地方渡了过去。登上会稽山，祭祀大禹，又望祭南海，树立石碑，刻辞颂扬秦朝的功德。

返回时经过吴县，从江乘渡江。沿着海边北上，到达琅邪。方士徐市等人到海中寻找神药，几年都没有找到，耗费了很多钱财，害怕受到谴责，就欺骗始皇说："蓬莱的神药是可以得到的，然而常常苦于鲨鱼的袭击，所以不能到达蓬莱，希望派一些擅长射箭的人和我们一起去，鲨鱼出现就用连弩射死它。"始皇梦中与海神交战，海神像人一样的形状。询问占梦的博士，博士说："水神是看不到的，（它的到来）是以大鱼和蛟龙为征候的。现在陛下祷告和祭祀周到而又恭谨，却出现了这个凶恶的海神，应当把它铲除，然后善良的神物就能到来。"于是让到海中去的人携带捕获大鱼的用具，而自己使用连弩，等待大鱼出现时射死它。从琅邪往北到达荣成山，没有见到大鱼。到了之罘，看见了大鱼，射死了一条。于是沿海西行。

到了平原津就病了。始皇厌恶说死，群臣没有人敢提到死的事情。始皇的病日益加重，于是就写了一封盖有皇帝玺印的诏书送给公子扶苏，说："回来参加我的丧礼，一起在咸阳埋葬我。"诏书已经加封，放在中车府令赵高代替符玺郎掌管印玺符节事务的地方，还没有送给负责传递的使者。七月丙寅，始皇死于沙丘平台。因为始皇死在外面，丞相李斯怕始皇那些儿子以及国内百姓有人造反，就封锁了消息，不举办丧事。把棺材装在辒凉车中，原来亲近的宦官陪乘，所到之地，照旧送上饭食。百官和过去一样上奏国事，宦官就从辒凉车中批准他们所奏之事。只有始皇的儿子胡亥、赵高和五六个亲近的宦官知道始皇已经死去。赵高过去曾经教胡亥学习文字和刑狱法律，胡亥私下对他很亲近。赵高就同公子胡亥、丞相李斯搞阴谋诡计，毁掉了始皇封好送给公子扶苏的诏书，而另外诈称丞相李斯在沙丘接受始皇遗诏，立儿子胡亥为太子。又另写了诏书送给公子扶苏、蒙恬，列举他们的罪状，命令他们自杀。这些事情都记载在《李斯传》中。胡亥等人继续前进，于是从井陉到了九原。正赶上暑天，始皇的辒凉车散发出臭味，就命令随从官员每车装载一石鲍鱼，用来混淆始皇尸体的臭味。

胡亥等人从直道回到咸阳，宣布了始皇死亡的消息。太子胡亥继位，为二世皇帝。九月，把始皇埋葬在郦山。

二世皇帝元年(公元前209),二世二十一岁。赵高为郎中令,掌握处理国家事务的权力。二世发布诏令,增加始皇陵庙的祭牲,以及对山川等各种祭祀的礼数。让群臣讨论怎样尊崇始皇庙。君臣都跪在地上磕着头说:"古代天子七庙,诸侯五庙,大夫三庙,(太祖庙)即使是万世之后也不废除。现在始皇为极庙,四海之内都献上本地的产品,增多祭牲的数量,祭礼都很完备,没有什么可增加的了。先王庙有的在西雍,有的在咸阳。按天子的礼仪来说,应当亲自手持酒爵祭拜始皇庙。自襄公以下各庙都废除。所设祖庙共有七座。群臣按照礼仪进行祭祀,尊崇始皇庙为秦国皇帝的祖庙。皇帝还是自称'朕'。"

二世和赵高商量说:"我年龄小,即位不久,百姓还没有归附之心。先帝巡行郡县,来显示力量的强大,用武威压服天下。现在安然不动,不去巡游,就显得软弱无力,这样是没有办法统治天下的。"春天,二世向东巡行郡县,李斯随从。到达碣石,沿海而行,向南来到会稽,又在始皇所立刻石上全部刻写了文字,石碑旁刻上随从大臣的名字,用来显示先帝取得的功绩和隆盛的德业。

这时二世采纳赵高的建议,申明法令。私下和赵高商量说:"大臣不顺服,官吏也还势力强大,那些公子们一定和我争夺权力,该怎么办呢?"赵高说:"我本来就想说,但没有敢说。先帝的大臣,都是出自几代负有名望的权贵之家,累世功勋,代代相传,为时已久。我赵高一向卑微低贱,如今陛下亲近抬举我,使我的官品居上,掌管宫中事务。大臣们快快不乐,只是表面上顺从我,实际上他们心里并不服气。现在您外出巡行,何不趁这个时机,查究郡县守尉有罪的就处死他,上则威震天下,下则铲除您平生所不满的人。当今这个时代,不能师法文治,而是武力决定一切,希望陛下顺时从势,不要犹豫不决,而群臣还来不及策划造反。您这英明的君主可以收揽起用遗民,低贱的使他高贵,贫穷的使他富有,疏远的亲近他,那就会上下辑睦,国家安定。"二世说:"很好。"于是杀戮大臣和那些公子们,假借罪名互相株连,来逮捕地位较低的近侍之臣和三署郎官,没有一个人能够保住他的官位,把六个公子处死在杜县。公子将间兄弟三人被囚禁在宫中,最后审议他们的罪行。二世派使者对将间下令说:"你不像大臣的样子,按所犯罪行应当处死,法官将给予法律制裁。"将间说:"宫廷的礼仪,我未尝敢不服从司仪人的指挥;朝廷上的位次,我未尝敢违背礼节;承命回答问题,我未尝敢辞语差错。为什么

说我不像大臣的样子呢？希望知道我的罪行之后再死去。"使者说："我不能参预谋划，只是奉诏办事。"于是将闾仰面连声大呼苍天，喊着说："天啊！我没有罪！"兄弟三人都涕泪俱下，拔剑自杀。宗室为之震动，恐惧不安。群臣进谏的都认为是诽谤朝廷，大臣拿着俸禄，谄媚讨好，百姓惊恐。

四月，二世回到咸阳，他说："先帝因为咸阳宫廷狭小，所以兴建阿房宫。殿堂还没有建成，碰上先帝逝世，停止了工程，去郦山覆土筑陵。郦山的工程大体已经结束，如今放弃阿房宫不去完成，就是表明先帝所做的事情是错误的。"又开始修建阿房宫。对外安抚四方夷狄，和始皇的策略一样。把健武的士卒五万人全部调来驻守咸阳，让人教习射御。这些人加上蓄养的狗马禽兽，要吃粮食的很多，估计储存的粮食不够吃的，就向下面的郡县调用，把粮食草料运送到咸阳，运送的人都自带粮食，咸阳三百里以内的百姓不能食用这批粮谷（拿去解决咸阳的缺粮问题），执法更加严厉苛刻。

七月，屯戍的士卒陈胜等人在过去的荆地起兵造反，建立了张楚。陈胜自封为楚王，住在陈县，派遣将领攻城略地。山东郡县的青年人苦于秦朝官吏的统治，都杀死了他们的守尉令丞起来造反，响应陈涉，相互推立为诸侯王，联合起来向西进军，以讨伐秦朝为名，造反的人多得无法计算。谒者出使东方回来，把叛乱的事情报告了二世。二世非常气愤，把谒者交给了狱吏治罪。后面的使者回来了，二世问他情况，使者回答说："是一群盗贼，郡守郡尉正在追捕，现在全部抓获了，不值得担忧。"二世很高兴。武臣自封为赵王，魏咎为魏王，田儋为齐王。沛公在沛县起义。项梁起兵于会稽郡。

二年冬天，陈涉所派遣的周章等将领西进，到达戏水，有几十万军队。二世大为震惊，和群臣商量说："怎么办呢？"少府章邯说："盗贼已经来到这里，兵众势强，现在调发近处县城的军队为时已晚。郦山刑徒很多，希望赦免他们，发给兵器，让他们出击盗贼。"于是二世大赦天下，派章邯为将领，打垮了周章的军队，周章逃走，章邯在曹阳杀死了周章。二世又增派长史司马欣、董翳协助章邯进攻盗贼，在城父杀死了陈胜，在定陶打垮了项梁，在临济消灭了魏咎。楚地盗贼的有名将领都已经死了，章邯就向北渡过黄河，在巨鹿进攻赵王歇。

赵高劝告二世说："先帝统治天下的时间很长，所以群臣不敢为非作歹，向先帝提出邪说。现在陛下正是年轻的时候，刚刚即位，怎么能和公卿大臣在朝廷上决议事情呢？如果事情有了差错，就把自己的短处暴露给群臣了。天子自称朕，本来群臣就不应该听到天子的声音。"于是二世常常住在宫中，和赵高决断各种政务。从此以后公卿大臣很少有朝见的机会，盗贼越来越多，关中士卒被调发向东去攻打盗贼的一批接一批。右丞相冯去疾、左丞相李斯、将军冯劫进谏说："关东成群的盗贼一块儿起来造反，秦政府出兵讨伐，杀死了很多，然而盗贼还是没有被平息。盗贼这样多，都是因为屯戍边地、水路运载、陆路转输和土木兴作等各种杂泛差役使百姓太劳苦，赋税也过于沉重。希望停止阿房宫的兴建，减少四方边境的屯戍和运输任务。"二世说："我从韩子那里听说：'尧、舜的椽木屋橼不加整治，茅草屋不加修葺，吃饭用土碗，喝水用瓦盆，即使是供给看守城门的吃食和用品，也不俭薄到这种程度。禹开凿龙门，使大夏畅通，修治河道，疏导积水，引入大海，亲自拿着筑墙的杵和挖土的锹，（两条腿整天泡在泥水里）小腿上的毛都掉光了，奴仆的劳苦程度也不比这更厉害。'凡是尊贵而掌握了天下的人，应该随心所欲，为所欲为，主要着重宣明法治，下面的臣民不敢胡作非为，以此来统治天下。像那虞、夏的君主，贵为天子，亲自处于穷苦的状况，来顺从百姓，这还有什么法治可言？我尊为万乘之君，却没有万乘之实，我要制造一千乘车驾，设置一万乘的随从徒众，来符合我的万乘之君这一名号。而且先帝起于诸侯，兼并天下，天下已经安定，对外抗御四方夷狄，使边境安宁，兴修宫殿，以显示自己的得意之情，你们看到了先帝功业的开端和发展。如今在我即位的两年之间，成群的盗贼同时并起，你们不能加以禁绝，又想废除先帝所做的事情，这是对上无以报答先帝，其次也是不给我尽忠竭力，凭什么处在现在的职位上？"把冯去疾、李斯、冯劫交给狱吏囚禁，审查追究他们的其他各种罪行。冯去疾、冯劫说："将相不能身受侮辱。"自杀而死。李斯最后被监禁狱中，遭受了各种刑罚。

三年，章邯等人率领他们的军队包围巨鹿，楚国上将军项羽带领楚国士卒前往援救巨鹿。冬天，赵高做了丞相，彻底审查李斯，杀死了他。夏天，章邯等人在战争上屡次退却，二世派人斥责章邯，章邯心里恐惧，派长史司马欣请示事情。赵高不肯接见，又不信任他。司马欣很害怕，就逃走了。赵高派人追捕，没有追上。司马欣见到章邯说："赵高在朝廷中操纵大权，将军有功也要被杀，无功也要被杀。"项羽迅速地攻打秦军，俘虏了王离，章邯等人就率军投降了各路诸侯。八月己亥，赵高想要作乱，害怕群臣不肯服从，就预先做了一个试验，拿一只鹿献给二世，说："这是一匹马。"二世笑着说："丞相错了吧？把鹿说成是马。"赵高问左右大臣，左右大臣有的缄默不语，有的说是马，来阿谀迎合赵高。有的说是鹿，赵高就假借法律暗中陷害那些说是鹿的人。后来大臣们都很惧怕赵高。

赵高以前多次说"关东的盗贼不会有什么作为"，等到项羽在巨鹿俘虏了秦军将领王离等人，继续向前推进，章邯等人的军队屡次退却，上书请求增加兵员，燕、赵、齐、楚、韩、魏都自立为王，从函谷关以东，差不多都背叛了秦朝官吏，响应各路诸侯，诸侯们率领自己的军队向西推进。沛公率领几万人屠毁了武关，派人私通赵高，赵高害怕二世发怒，遭到杀身之祸，就推说有病，不去朝见。二世梦见白色的老虎咬他驾车的左边的那匹马，最后马被咬死了，二世心里闷闷不乐，感到奇怪，就去问占梦的人。占梦的人占卜说："泾水的水神在作祟。"于是二世在望夷宫斋戒，打算祭祀泾水的水神，沉入水中四匹白马。派使者以有关盗贼的事情去指责赵高。赵高很恐慌，就暗中和他的女婿咸阳令阎乐、他的弟弟赵成商量说："皇帝不听劝告，如今事已危急，想要嫁祸于我们的家族。我打算废掉二世，另立公子婴做皇帝。公子婴仁爱俭约，百姓都听信他的话。"赵高派郎中令作内应，欺骗说有一大群盗贼来了，命令阎乐叫来官吏发兵追击，又劫持阎乐的母亲，安置在赵高的家里，（逼迫阎乐不能三心二意。）赵高派阎乐带领吏卒一千多人来到望夷宫殿门，把卫令仆射捆绑起来，说："盗贼跑进这里，为什么不加阻止？"卫令说："四周墙垣内的庐舍设有士卒，防卫非常严谨，盗贼怎么敢闯入宫内？"阎乐就杀了卫令，带领吏卒直入宫内，一边走，一边射箭，郎官和宦者大为惊慌，有的逃窜，有的上前搏斗，搏斗的人都被杀死，死了几十人。郎中令和阎乐一起进入二世住处，用箭射向二世坐息的帷帐。二世大怒，叫来了左右侍从人员，左右侍从人员都惶恐纷扰，不上前搏斗。身边有一个宦官，陪侍着二世，不敢走掉。二世逃入室内，对陪侍的宦官说："你为什么不早告诉我？（现在）竟到了这种地步！"宦官说："我不敢说，所以能保住性命。假如我早说了，就已经被杀死，哪里会活到现在？"阎乐上前来到二世面前，列举他的罪状说："你骄横纵恣，屠杀吏民，无道已极，天下百姓一起背叛了你，你自己作打算吧。"二世说："我可以见见丞相吗？"阎乐说："不可以。"二世："我希望得到一个郡，去做一郡之王。"阎乐不答应。又说："我愿做万户侯。"阎乐仍不答应。二世说："希望和妻子儿女成为平民百姓，和那些公子们一样。"阎乐说："我受命于丞相，替天下百姓处死你，虽然你说了很多话，我不敢向丞相报告。"阎乐指挥他的士卒向前进击。二世自杀。

阎乐回来报告赵高，赵高就把所有大臣和公子都召集起来，告诉他们杀死二世的情况。赵高说："秦本来是诸侯王国，始皇君临天下，所以号称皇帝。现在六国又都各自建立了政权，秦国地域日益缩小，竟仍然称帝，空有其名，这是不可以的。应该像过去一样称王，这样比较适宜。"就立二世哥哥的儿子公子婴为秦王。用百姓的礼仪把二世埋葬在杜县南面的宜春苑中。赵高让子婴斋戒，到宗庙参拜祖先，接受秦王印玺。斋戒了五天，子婴和他的两个儿子商量说："丞相赵高在望夷宫杀死二世，害怕群臣诛伐他，就假装以大义为名，立我为王。我听说赵高和楚约定，由他消灭秦国宗室，在关中称王。现在让我斋戒，拜见祖庙，这是想要趁我在祖庙的时候杀死我。我就说有病不去，丞相一定亲自来我这里，来时就杀死他。"赵高好几次派人去请子婴，子婴不去，赵高果然亲自来了，说："国家大事，你怎么不去？"子婴就在斋戒的宫室里刺死了赵高，全部处死赵高家的三族，在咸阳示众。子婴做了四十六天秦王，楚将沛公打垮了秦军，进入武关，来到霸上，派人去让子婴签约投降。子婴就用丝带系着脖子，白马素车，捧着天子的印玺和符节,在轵道旁投降。于是沛公进入咸阳,封闭宫室府库,回军霸上,过了一个多月,各路诸侯的军队到了,项羽为诸侯联军的领袖,杀死了子婴和秦公子的宗族。屠毁咸阳,焚烧宫室,俘虏了秦国子弟和妇女,把珍宝财物搜刮在一起,诸侯们共同瓜分了。消灭了秦国以后,把它的土地分为三部分,(封立三个王)名叫雍王、塞王、翟王,号称三秦。项羽为西楚霸王,负责分封天下诸侯王,秦朝最后灭亡了。过了五年,汉朝统一了全国。

太史公说:秦国的祖先伯翳,曾在唐、虞之际建立了功勋,获得了土地,被赐予嬴姓。到了夏、殷之间,势力衰微分散。及至周朝没落,秦国兴起,在西垂建筑了城邑。从缪公以来,渐渐蚕食诸侯,统一事业最后由始皇完成了。始皇自认为功劳超过了五帝,疆域比三王还广阔,耻于和三王五帝相提并论。

贾生的论述非常好。他说:

秦兼并了各个诸侯国,山东三十多郡,缮治津渡和关口,占据险隘和要塞,训练军队,加以防守。然而陈涉率领几百个散乱的戍卒,振臂大呼。不用弓戟一类的兵器,只用锄、櫌、木棍,(军无存粮)走到哪里,吃到哪里,横行天下。秦人有险阻而不能固守,有关口桥梁而不能封锁,有长戟而不能刺杀,有强弩而不能发射。张楚的军队深入腹地,在鸿门作战,连越过篱笆一样的困难都没有。于是山东大乱,诸侯同时并起,豪杰俊士互相推立为王。秦派章邯率军东征,章邯在外利用自己统率的军队相要挟,猎取私利,图谋他的君王。群臣不讲信用,从这里就可以看出来了。子婴立为王,最终也没有醒悟。如果子婴具有一般君主的能力,只要得到中等才能的辅佐大臣,山东虽然叛乱,秦国故地还是可以保全的,宗庙祭祀不会断绝。

秦地被山带河,地势险固,是四面都有屏障和要塞的国家。从缪公以来,至于秦王,有二十多个君主,常常称雄于诸侯。难道秦国世世代代都是贤明的君主吗?那是它的地理形势所造成的。而且天下曾经同心协力进攻秦国。在这个时候,贤人智者会集,优秀的将领统率指挥军队,贤明的宰相互相交流彼此的谋略,然而被险峻的地形所困阻,不能前进。秦就给他们敞开关门,引诱敌人深入,进行交战,于是六国百万之众败逃,土崩瓦解。这难道是武力和智慧不足吗?是地形不利,形势不便的缘故。秦国把小聚邑合并成大城市,在险阻要塞驻军防守,高筑营垒,不去交战,封锁关口,占据险隘,持戟把守这些地方。诸侯都是从平民百姓中起来的,以利相合,没有素王那样的德操。他们的交谊并不亲密,他们的下属还没有诚心归服,表面以灭秦为名,实际上图谋私利。他们看到秦国地势险阻,难以侵犯,必然撤军。秦使百姓休养生息,等待诸侯的衰败,收养贫弱,扶持疲困,来向大国诸侯发号施令,不怕不得意于天下。贵为天子,富有天下,而自己被抓去成为俘虏,是因为他挽救败亡的策略不正确。

秦王骄傲自满,不虚心下问,因循错误而不进行变革。二世继承下来,沿袭不改,残暴凶虐,加重了祸患。子婴势孤力单,没有亲近的人,地位危险脆弱,无人辅助。这三个君主一生迷惑不悟,国家灭亡,不是应该的吗?在这个时候,世上不是没有深谋远虑、知权达变之士,然而所以不敢尽忠直谏,纠正错误,是因为秦国习俗有很多禁忌,忠诚的话还没有说完,而自己已被杀害。所以天下之士,侧耳听命,叠足而立,闭口不言。

这三个君主丧失了治国的原则,忠臣不敢直言规劝,智士不敢出谋划策,天下已经大乱,奸邪的事情没有人向君主报告,这难道不是太可悲了吗!先王知道上下壅塞蒙蔽会损害国家利益,所以设置公卿、大夫、士,以整饬法令,建立刑罚,而使天下太平。国势强盛时,能够禁止残暴,讨伐叛乱,天下归服。国势弱小时,有五霸代替天子征讨,诸侯顺从。国势衰削时,内有所守,外有所附,国家可以存而不亡。秦国强盛时,法令繁密,刑罚严酷,天下震恐。到了它衰落时,百姓怨恨,天下叛离。周朝天子依次得到了治国的规律,所以一千多年间,国运不绝。秦朝本末俱失,因此国祚短促。由此看来,国家安危的基础相差太远了。民间俗话说"前事不忘,后事之师"。因此有道德修养的人治理国家,观察远古的得失,考察当代的所作所为,参酌人的因素,了解盛衰的道理,明悉权力威势的恰当运用,弃取有一定的次序,变革有适当的时间,所以历时久远,而国家安定。

秦孝公据守崤山、函谷关这样坚固的地方,拥有雍州地域,君臣坚守自己的国土,窥视周朝的政权,有席卷全国、收取天下、囊括四海的意图,吞并八方的心愿。在这个时候,商君辅佐秦孝公,对内建立法治和各种制度,致力于耕织,整修攻守的武器,对外采取连衡的策略,使诸侯互相争斗,于是秦国人轻而易举地取得了西河以外的一片土地。等到秦王,继承六代先王遗留下来的功业,挥舞长鞭,驾御天下,兼并了西周、东周,消灭了各国诸侯,登上帝位,控制了天地四方,手执鞭杖来抽打天下,威震四海。向南取得了百越地区,设置了桂林、象郡,百越的君主低着头,用绳子系着脖子,把生命交给秦国的下级官吏。又派蒙恬到北方修筑长城,守卫边界,使匈奴退却七百多里,胡人不敢南下牧马,武士不敢挽弓复仇。于是废除古代帝王的原则,烧毁诸子百家的典籍,以此来愚弄百姓。毁坏坚固的名城,杀死豪杰俊士,没收全国的兵器,集中在咸阳,把这些兵器销毁,熔铸成钟鐻,又做了十二个铜人,以此来削弱百姓的反抗力量。然后劈开华山作为城垣,利用黄河作为渡口,据守高达亿丈的城池,下临深不可测的溪流,作为固守的凭借。优秀的将领、强劲的弓弩手把守要害的地方,忠实的大臣、精锐的士卒摆开锋利的武器,谁也无可奈何,天下得到安定。秦王的心里,自以为关中地方坚固,就像有千里铜墙铁壁,子孙可以世代做帝王,功业流传千秋万代。

秦王已经死了,余威还远震四夷。陈涉是用破瓮做窗户、用绳捆门轴的穷人家子弟,为人庸耕的农民,而又是流徙之徒,才能赶不上一个中等人,并不具有仲尼、墨翟那样的贤智,陶朱、猗顿那样的财富,插足士卒行列之间,崛起田野之中,率领疲惫散乱的士卒,带着几百个徒众,转身攻秦。砍断树木作为兵器,高举竹竿当作旗帜,天下百姓响应陈涉,云集在一起,携带着粮食,如影相随,山东豪杰俊士同时并起,消灭了秦国。

再说秦国并不弱小,雍州的领土,殽山、函谷关的险固,还是和从前一样。陈涉的地位,并不比齐、楚、燕、赵、韩、魏、宋、卫、中山的君主尊贵;锄櫌棘柄,并不比钩戟长矛锋利;被遣送远方戍守的一群人,并不能与九国的军队相抗衡;深谋远虑,行军用兵的方法,比不上过去的谋士。然而成败情况大不相同,所建立的功业大小截然相反。如果拿山东各诸侯国与陈涉比较长短大小,衡量权势和力量,则是不能相提并论的。秦凭借小小的一块领土,一千辆兵车的力量,招致八州诸侯国,使与自己地位同等的诸侯来秦朝见,(这种情况)已有一百多年。然后把天地四方当成自己的家私,用殽山、函谷关作为宫垣,(但是)一人发难,宗庙全部毁灭,生命死在别人手中,被天下人笑话,这是为什么呢?是因为不施行仁义,进退攻守的形势发生了变化的缘故。

秦王怀着贪婪卑鄙的心理,运用一己私智,不信任功臣,不亲近士民,废弃仁义治国的原则,树立个人的权威,禁止典籍流传,使刑法残酷,以权术暴力为先,以仁义为后,把暴虐作为统治天下的开端。兼并天下的人崇尚权术暴力,安定天下的人重视顺应民心,知权达变,这就是说攻取征战和持盈守成在方法上是不同的。秦摆脱了战国纷争的局面,称王天下,它的统治原则没有更替,它的政令没有改变,它用以创业和守业的方法没有什么差异。秦王(没有分封子弟功臣),孤单一人占有天下,所以他很快地灭亡了。假使秦王能够考虑一下上古的事情,以及殷、周兴衰的踪迹,来制订和实行他的政策,后世虽然有骄奢淫逸的君主,也不会出现危亡之患。所以三王建立国家,名号显扬而完美,功业传世长久。

如今秦二世即位，天下百姓无不伸长脖子来观察他的政令。挨冷受冻的人有件粗布短衣就很满意，饥火难忍的人觉得糟糠也是甜美的，天下百姓饥寒哀吟，正是新皇帝(治国安民)的资本。这就是说对于劳苦的民众容易实行仁政。如果过去二世具有一般君主的德行，而任用忠臣贤士，君臣同心，把天下百姓的苦难挂在心上，在穿着丧服的时候就纠正先帝的错误，割裂疆土，划分民户，分封给功臣的后裔，让他们创立诸侯王国，设置君主，用礼制治理天下，使监狱空无一人，百姓免遭刑戮，废除收捕罪人妻子儿子为徒隶和各种污秽的罪名，让罪犯回到他们的家乡，打开贮藏粮食的仓库，散发钱财，用来救济孤独穷困的人，轻徭薄赋，帮助百姓解决困急，减少刑罚，只有等到礼义教化无效时才运用刑罚，使天下百姓都能得到重新做人的机会，改变态度，修养品德，每人都谨慎地立身处世，满足千千万万民众的愿望，使用威震天下的仁德来治理全国，全国就会安定了。那么四海之内，都欢欢喜喜，各自安居乐业，唯恐发生变化，虽然有狡诈顽猾的人，天下百姓也没有背叛皇帝的想法，(这样)行为不轨的大臣就无法掩饰他的阴谋诡计，不再发生暴乱一类的邪恶事件。二世不实行这种治国方法，而是更加暴虐无道，损害国家和人民，又开始修筑阿房宫，刑罚繁细，严于诛杀，官吏处置事情刻薄残酷，赏罚不当，无限制地征收赋税，天下事情繁多，官吏都不能全部办理，百姓穷困，而君主不去安抚救济。于是奸诈邪伪的事情一起爆发，上下互相隐瞒，获罪的人很多，受刑被杀的人充塞道路，天下百姓痛苦不堪。从卿相以下至于庶民百姓，人人怀着自危的心情，亲身处在穷困苦难的境地，都不安心自己的地位，所以很容易动摇。陈涉不必利用商汤、周武王那样优秀的才能和德行，不必凭借公侯一样尊贵的地位，在大泽乡奋臂而起，天下响应，这是由于百姓心怀危惧的缘故。古代先王洞察事物从始至终的变化，知道国家存亡的契机，因此，统治人民的原则，在于尽力使人民安定而已。(这样，)天下虽然有倒行逆施的臣子，但一定不会得到人民的响应和帮助。所以常言说"生活安定的人民可以和他们一起奉公守法，而危惧不安的人民容易和他们一起为非作歹"，就是说的这个道理。贵为天子，拥有天下的财富，自身没有免遭杀害，是因为挽救危亡的方法不正确。这是二世的错误。

孝明皇帝十七年十月十五日乙丑，班固说：

周朝的历数已经过去了，按照仁德规范，处在子位的王朝不能代替母位的王朝的位置。(秦对周来说，应处在子位，)它却自居母位，(成为历史发展规律以外的一个多余的王朝，因此，)吕政为政残酷暴虐。然而却能以十三岁的一个诸侯，兼并了天下，放纵情欲，抚养宗族。三十七年之间，兵锋无所不至，制定政令，传给以后的帝王。他大概得到了圣人的神威，河神给了他图录，身据狼、狐，脚踏参、伐，上天帮助他驱除天下，最后终于(统一天下)，号称始皇。始皇死后，胡亥极端愚蠢,郦山工程还没有结束,又去继续修建阿房宫,来完成以前始皇遗留下来的计划。说什么"凡是尊贵而掌握了天下的人,应随心所欲,为所欲为,大臣们竟然想废除先君所做的事情"。他杀死了李斯、冯去疾,任用赵高。二世说的话,真是令人痛心啊!长着人头,说的话却像畜生叫唤。不凭借帝王威势就不能夸耀自己的邪恶,邪恶不积累很多就不会轻易灭亡,到了君位无法保持时,残酷暴虐使在位时间更加短促,虽然占据地形有利的国土,还是不能存身立国。

　　子婴按照次序嗣立为王,头戴玉冠,身佩华丽的系印丝带,车子使用黄缯作盖里,身后随从百官,拜谒列祖的灵庙。如果小人登上不符合自己身份的位子,都会恍恍惚惚,若有所失,天天苟且偷安,而子婴却能作长远打算,排除忧虑,父子使用计谋,就近在门户之内,竟然杀死了狡猾的奸臣,替已死的皇帝诛戮了这个贼子。赵高死后,宾亲姻娅还没有全部慰劳,饭还没有来得及咽下去,酒还没有来得及沾着嘴唇,楚国士卒已经屠戮关中,仙人翔至霸上,子婴素车白马,用丝带系着脖子,捧着他的符节和印玺,来归降真正的皇帝。真有点像当年郑伯左持茅旌,右执鸾刀,楚庄王后撤七里。黄河决口不能再堵塞,鱼腐烂了不能再使它完整。贾谊、司马迁说:"如果当时子婴具有一般君主的能力,只要得到中等才能的辅佐大臣,山东虽然叛乱,秦国故地还是可以保全的,宗庙祭祀不会断绝。"秦国的衰败局面是日久天长积聚而成,天下土崩瓦解,虽然有周旦这样的人才,也无法再施展他的聪明才智,去责备即位短暂的一个君主,那是错误的!民间流传一种说法,认为罪恶起源于秦始皇,胡亥时登峰造极,这一看法是有道理的。贾谊、司马迁又责备子婴,说是秦国故地可以保全,这就是所说的不懂得形势变化的人。(齐国将要吞灭纪国)纪季把酅邑送给齐国(成为齐国的附庸,使纪国的宗庙祭祀保存下来,)《春秋》赞美他,(记载这件事时)不直呼其名(纪季就是一个通权达变的人)。我读《秦纪》,读到子婴车裂赵高,未尝不认为他的决断果敢而雄武,对他的心意表示同情。子婴就死生大义而言,是很完备的。

项羽本纪

【原文】

　　项籍者,下相人也,字羽。初起时,年二十四。其季父项梁,梁父即楚将项燕,为秦将王翦所戮者也。项氏世世为楚将,封于项,故姓项氏。

　　项籍少时,学书不成,去学剑,又不成。项梁怒之。籍曰:"书足以记名姓而已。剑一人敌,不足学,学万人敌。"于是项梁乃教籍兵法,籍大喜,略知其意,又不肯竟学。秦始皇帝游会稽,渡浙江,梁与籍俱观。籍曰:"彼可取而代也。"梁掩其口,曰:"毋妄言,族矣!"梁以此奇籍。籍长八尺余,力能扛鼎,才气过人,虽吴中子弟皆已惮籍矣。

秦二世元年七月,陈涉等起大泽中。其九月,会稽守通谓梁曰:"江西皆反,此亦天亡秦之时也。吾闻先即制人,后则为人所制。吾欲发兵,使公及桓楚将。"是时桓楚亡在泽中。梁曰:"桓楚亡,人莫知其处,独籍知之耳。"梁乃出,诚籍持剑居外待。梁复入,与守坐,曰:"请召籍,使受命召桓楚。"守曰:"诺。"梁召籍入。须臾,梁眴籍曰:"可行矣!"于是籍遂拔剑斩守头。项梁持守头,佩其印绶。门下大惊,扰乱,籍所击杀数十百人。一府中皆慑伏,莫敢起。梁乃召故所知豪吏,谕以所为起大事,遂举吴中兵。使人收下县,得精兵八千人。梁部署吴中豪杰为校尉、候、司马。于是梁为会稽守,籍为裨将,徇下县。

广陵人召平于是为陈王徇广陵,未能下。闻陈王败走,秦兵又且至,乃渡江矫陈王命,拜梁为楚王上柱国。曰:"江东已定,急引兵西击秦。"项梁乃以八千人渡江而西。闻陈婴已下东阳,使使欲与连和俱西。陈婴者,故东阳令史,居县中,素信谨,称为长者。少年欲立婴便为王,异军苍头特起。陈婴母谓婴曰:"自我为汝家妇,未尝闻汝先古之有贵者。今暴得大名,不祥。不如有所属,事成犹得封侯,事败易以亡,非世所指名也。"婴乃不敢为王。谓其军吏:"项氏世世将家,有名于楚。今欲举大事,将非其人,不可。我倚名族,亡秦必矣。"于是众从其言,以兵属项梁。项梁渡淮,黥布、蒲将军亦以兵属焉。凡六七万人,军下邳。

当是时,秦嘉已立景驹为楚王,军彭城东,欲距项梁。项梁谓军吏曰:"陈王先首事,战不利,未闻所在。今秦嘉倍陈王而立景驹,逆无道。"乃进兵击秦嘉。秦嘉军败走,追之至胡陵。嘉还战一日,嘉死,军降。景驹走死梁地。项梁已并秦嘉军,军胡陵,将引军而西。项梁前使项羽别攻襄城,襄城坚守不下。已拔,皆阬之。还报项梁。项梁闻陈王定死,召诸别将会薛计事。此时沛公亦起沛,往焉。

居鄛人范增,年七十,素居家,好奇计,往说项梁曰:"陈胜败固当。夫秦灭六国,楚最无罪。自怀王入秦不反,楚人怜之至今,故楚南公曰'楚虽三户,亡秦必楚'也。今陈胜首事,不立楚后而自立,其势不长。今君起江东,楚蜂午之将皆争附君者,以君世世楚将,为能复立楚之后也。"于是项梁然其言,乃求楚怀王孙心民间,为人牧羊,立以为楚怀王,从民所望也。陈婴为楚上柱国,封五县,与怀王都盱台。项梁自号为武信君。

项梁已破东阿下军,遂追秦军。数使使趣齐兵,欲与俱西。田荣曰:"楚杀田假,赵杀田角、田间,乃发兵。"项梁曰:"田假为与国之王,穷来从我,不忍杀之。"赵亦不杀田角、田间以市于齐。齐遂不肯发兵助楚。项梁使沛公及项羽别攻城阳，屠之。西破秦军濮阳东，秦兵收入濮阳。沛公、项羽乃攻定陶。定陶未下，去，西略地至雍丘，大破秦军，斩李由。还攻外黄，外黄未下。

章邯已破项梁军，则以为楚地兵不足忧，乃渡河击赵，大破之。当此时，赵歇为王，陈余为将，张耳为相，皆走入巨鹿城。章邯令王离、涉间围巨鹿，章邯军其南，筑甬道而输之粟。陈余为将，将卒数万人而军巨鹿之北，此所谓河北之军也。

楚兵已破于定陶，怀王恐，从盱台之彭城，并项羽、吕臣军自将之。以吕臣为司徒，以其父吕青为令尹。以沛公为砀郡长，封为武安侯，将砀郡兵。

初，宋义所遇齐使者高陵君显在楚军，见楚王曰："宋义论武信君之军必败，居数日，军果败。兵未战而先见败征，此可谓知兵矣。"王召宋义与计事而大说之，因置以为上将军；项羽为鲁公，为次将，范增为末将，救赵。诸别将皆属宋义，号为卿子冠军。

行至安阳，留四十六日不进。项羽曰："吾闻秦军围赵王巨鹿，疾引兵渡河，楚击其外，赵应其内，破秦军必矣。"宋义曰："不然。夫搏牛之虻不可以破虮虱。今秦攻赵，战胜则兵罢，我承其敝；不胜，则我引兵鼓行而西，必举秦矣。故不如先斗秦赵。夫被坚执锐，义不如公；坐而运策，公不如义。"因下令军中曰："猛如虎，很如羊，贪如狼，强不可使者，皆斩之。"乃遣其子宋襄相齐，身送之至无盐，饮酒高会。天寒大雨，士卒冻饥。项羽曰："将戮力而攻秦，久留不行。今岁饥民贫，士卒食芋菽，军无见粮，乃饮酒高会，不引兵渡河因赵食，与赵并力攻秦，乃曰'承其敝'。夫以秦之强，攻新造之赵，其势必举赵。赵举而秦强，何敝之承！且国兵新破，王坐不安席，埽境内而专属于将军，国家安危，在此一举。今不恤士卒而徇其私，非社稷之臣。"项羽晨朝上将军宋义，即其帐中斩宋义头，出令军中曰："宋义与齐谋反楚，楚王阴令羽诛之。"当是时，诸将皆慑服，莫敢枝梧。皆曰："首立楚者，将军家也。今将军诛乱。"乃相与共立羽为假上将军。使人追宋义子，及之齐，杀之。使桓楚报命于怀王。怀王因使项羽为上将军，当阳君、蒲将军皆属项羽。

项羽已杀卿子冠军，威震楚国，名闻诸侯。乃遣当阳君、蒲将军将卒二万渡河，救巨鹿。战少利，陈余复请兵。项羽乃悉引兵渡河，皆沉船，破釜甑，烧庐舍，持三日粮，以示士卒必死，无一还心。于是至则围王离，与秦军遇，九战，绝其甬道，大破之，杀苏角，虏王离。涉间不降楚，自烧杀。当是时，楚兵冠诸侯。诸侯军救巨鹿下者十余壁，莫敢纵兵。及楚击秦，诸将皆从壁上观。楚战士无不一以当十，楚兵呼声动天，诸侯军无不人人惴恐。于是已破秦军，项羽召见诸侯将，入辕门，无不膝行而前，莫敢仰视。项羽由是始为诸侯上将军，诸侯皆属焉。

章邯军棘原，项羽军漳南，相持未战。秦军数却，二世使人让章邯。章邯恐，使长史欣请事。至咸阳，留司马门三日，赵高不见，有不信之心。章邯使人见项羽，欲约。项羽召军吏谋曰："粮少，欲听其约。"军吏皆曰："善。"项羽乃与期洹水南殷虚上。已盟，章邯见项羽而流涕，为言赵高。项羽乃立章邯为雍王，置楚军中。使长史欣为上将军，将秦军为前行。

于是楚军夜击阬秦卒二十余万人新安城南。

行略定秦地。函谷关有兵守关，不得入。又闻沛公已破咸阳，项羽大怒，使当阳君等击关。项羽遂入，至于戏西。沛公军霸上，未得与项羽相见。沛公左司马曹无伤使人言于项羽曰："沛公欲王关中，使子婴为相，珍宝尽有之。"项羽大怒，曰："旦日飨士卒，为击破沛公军！"当是时，项羽兵四十万，在新丰鸿门，沛公兵十万，在霸上。范增说项羽曰："沛公居山东时，贪于财货，好美姬。今入关，财物无所取，妇女无所幸，此其志不在小。吾令人望其气，皆为龙虎，成五采，此天子气也。急击勿失。"

楚左尹项伯者，项羽季父也，素善留侯张良。张良是时从沛公，项伯乃夜驰之沛公军，私见张良，具告以事，欲呼张良与俱去。曰："毋从俱死也。"张良曰："臣为韩王送沛公，沛公今事有急，亡去不义，不可不语。"良乃入，具告沛公。沛公大惊，曰："为之奈何？"张良曰："谁为大王为此计者？"曰："鲰生说我曰'距关，毋内诸侯，秦地可尽王也'。故听之。"良曰："料大王士卒足以当项王乎？"沛公默然，曰："固不如也，且为之奈何？"张良曰："请往谓项伯，言沛公不敢背项王也。"沛公曰："君安与项伯有故？"张良曰："秦时与臣游，项伯杀人，臣活之。今事有急，故幸来告良。"沛公曰："孰与君少长？"良曰："长于臣。"沛公曰："君为我呼入，吾得兄事之。"张良出，要项伯。项伯即入见沛公。沛公奉卮酒为寿，约为婚姻，曰："吾入关，秋豪不敢有所近，籍吏民，封府库，而待将军。所以遣将守关者，备他盗之出入与非常也。日夜望将军至，岂敢反乎！愿伯具言臣之不敢倍德也。"项伯许诺。谓沛公曰："旦日不可不蚤自来谢项王。"沛公曰："诺。"于是项伯复夜去，至军中，具以沛公言报项王。因言曰："沛公不先破关中，公岂敢入乎？今人有大功而击之，不义也，不如因善遇之。"项王许诺。

沛公旦日从百余骑来见项王，至鸿门，谢曰："臣与将军戮力而攻秦，将军战河北，臣战河南，然不自意能先入关破秦，得复见将军于此。今者有小人之言，令将军与臣有郤。"项王曰："此沛公左司马曹无伤言之；不然，籍何以至此。"项王即日因留沛公与饮。项王、项伯东向坐，亚父南向坐。亚父者，范增也。沛公北向坐，张良西向侍。范增数目项王，举所佩玉玦以示之者三，项王默然不应。范增起，出召项庄，谓曰："君王为人不忍，若入前为寿，寿毕，请以剑舞，因击沛公于坐，杀之。不者，若属皆且为所虏。"庄则入为寿。寿毕，曰："君王与沛公饮，军中无以为乐，请以剑舞。"项王曰："诺。"项庄拔剑起舞，项伯亦拔剑起舞，常以身翼蔽沛公,庄不得击。于是张良至军门,见樊哙。樊哙曰:"今日之事何如?"良曰:"甚急。今者项庄拔剑舞,其意常在沛公也。"哙曰:"此迫矣,臣请入,与之同命。"哙即带剑拥盾入军门。交戟之卫士欲止不内,樊哙侧其盾以撞,卫士仆地,哙遂入,披帷西向立,瞋目视项王,头发上指,目眦尽裂。项王按剑而跽曰:"客何为者?"张良曰:"沛公之参乘樊哙者也。"项王曰:"壮士!赐之卮酒。"则与斗卮酒。哙拜谢,起,立而饮之。项王曰:"赐之彘肩。"则与一生彘肩。樊哙覆其盾于地,加彘肩上,拔剑切而啖之。项王曰:"壮士!能复饮乎?"樊哙曰:"臣死且不避,卮酒安足辞!夫秦王有虎狼之心,杀人如不能举,刑人如恐不胜,天下皆叛之。怀王与诸将约曰'先破秦入咸阳者王之'。今沛公先破秦入咸阳,豪毛不敢有所近,封闭宫室,还军霸上,以待大王来。故遣将守关者,备他盗出入与非常也。劳苦而功高如此,未有封侯之赏,而听细说,欲诛有功之人。此亡秦之续耳,窃为大王不取也。"项王未有以应,曰:"坐。"樊哙从良坐。坐须臾,沛公起如厕,因招樊哙出。

沛公已出,项王使都尉陈平召沛公。沛公曰:"今者出,未辞也,为之奈何?"樊哙曰:"大行不顾细谨,大礼不辞小让。如今人方为刀俎,我为鱼肉,何辞为。"于是遂去。乃令张良留谢。良问曰:"大王来何操?"曰:"我持白璧一双,欲献项王,玉斗一双,欲与亚父,会其怒,不敢献。公为我献之。"张良曰:"谨诺。"当是时,项王军在鸿门下,沛公军在霸上,相去四十里。沛公则置车骑,脱身独骑,与樊哙、夏侯婴、靳彊、纪信等四人持剑盾步走,从郦山下,道芷阳间行。沛公谓张良曰:"从此道至吾军,不过二十里耳。度我至军中,公乃入。"沛公已去,间至军中,张良入谢,曰:"沛公不胜桮杓,不能辞。谨使臣良奉白璧一双,再拜献大王足下;玉斗一双,再拜奉大将军足下。"项王曰:"沛公安在?"良曰:"闻大王有意督过之,脱身独去,已至军矣。"项王则受璧,置之坐上。亚父受玉斗,置之地,拔剑撞而破之,曰:"唉!竖子不足与谋。夺项王天下者,必沛公也,吾属今为之虏矣。"沛公至军,立诛杀曹无伤。

居数日,项羽引兵西屠咸阳,杀秦降王子婴,烧秦宫室,火三月不灭;收其货宝妇女而东。人或说项王曰:"关中阻山河四塞,地肥饶,可都以霸。"项王见秦宫室皆以烧残破,又心怀思欲东归,曰:"富贵不归故乡,如衣绣夜行,谁知之者!"说者曰:"人言楚人沐猴而冠耳,果然。"项王闻之,烹说者。

项王使人致命怀王。怀王曰:"如约。"乃尊怀王为义帝。项王欲自王,先王诸将相。谓曰:"天下初发难时,假立诸侯后以伐秦。然身被坚执锐首事,暴露于野三年,灭秦定天下者,皆将相诸君与籍之力也。义帝虽无功,故当分其地而王之。"诸将皆曰:"善。"乃分天下,立诸将为侯王。

项王、范增疑沛公之有天下,业已讲解,又恶负约,恐诸侯叛之,乃阴谋曰:"巴、蜀道险,秦之迁人皆居蜀。"乃曰:"巴、蜀亦关中地也。"故立沛公为汉王,王巴、蜀、汉中,都南郑。而三分关中,王秦降将以距塞汉王。

汉之元年四月,诸侯罢戏下,各就国。项王出之国,使人徙义帝,曰:"古之帝者地方千里,必居上游。"乃使使徙义帝长沙郴县。趣义帝行,其群臣稍稍背叛之,乃阴令衡山、临江王击杀之江中。韩王成无军功,项王不使之国,与俱至彭城,废以为侯,已又杀之。臧荼之国,因逐韩广之辽东,广弗听,荼击杀广无终,并王其地。

田荣闻项羽徙齐王市胶东,而立齐将田都为齐王,乃大怒,不肯遣齐王之胶东,因以齐反,迎击田都。田都走楚。齐王市畏项王,乃亡之胶东就国。田荣怒,追击杀之即墨。荣因自立为齐王,而西击杀济北王田安,并王三齐。荣与彭越将军印,令反梁地。陈余阴使张同、夏说说齐王田荣曰:"项羽为天下宰,不平。今尽王故王于丑地,而王其群臣诸将善地。逐其故主,赵王乃北居代,余以为不可。闻大王起兵,且不听不义,愿大王资余兵,请以击常山,以复赵王,请以国为扞蔽。"齐王许之,因遣兵之赵。陈余悉发三县兵,与齐并力击常山,大破之。张耳走归汉。陈余迎故赵王歇于代,反之赵。赵王因立陈余为代王。

是时,汉还定三秦。项羽闻汉王皆已并关中,且东,齐、赵叛之,大怒。乃以故吴令郑昌为韩王,以距汉。令萧公角等击彭越。彭越败萧公角等。汉使张良徇韩,乃遗项王书曰:"汉王失职,欲得关中,如约即止,不敢东。"又以齐、梁反书遗项王曰:"齐欲与赵并灭楚。"楚以此故无西意,而北击齐。征兵九江王布。布称疾不往,使将将数千人行。项王由此怨布也。

汉之二年冬,项羽遂北至城阳,田荣亦将兵会战。田荣不胜,走至平原,平原民杀之。遂北烧夷齐城郭室屋,皆阬田荣降卒,系虏其老弱妇女。徇齐至北海,多所残灭。齐人相聚而叛之。于是田荣弟田横收齐亡卒得数万人,反城阳。项王因留,连战未能下。

春,汉王部五诸侯兵,凡五十六万人,东伐楚。项王闻之,即令诸将击齐,而自以精兵三万人南从鲁出胡陵。四月,汉皆已入彭城,收其货宝美人,日置酒高会。项王乃西从萧,晨击汉军而东,至彭城,日中,大破汉军。汉军皆走,相随入谷、泗水,杀汉卒十余万人。汉卒皆南走山,楚又追击至灵壁东睢水上。汉军却,为楚所挤,多杀,汉卒十余万人皆入睢水,睢水为之不流。围汉王三匝。于是遂得脱。求太公、吕后不相遇。审食其从太公、吕后间行，求汉王，反遇楚军。楚军遂与归，报项王，项王常置军中。

是时吕后兄周吕侯为汉将兵居下邑，汉王间往从之，稍稍收其士卒。至荥阳，诸败军皆会，萧何亦发关中老弱未傅悉诣荥阳，复大振。楚起于彭城，常乘胜逐北，与汉战荥阳南京、索间，汉败楚，楚以故不能过荥阳而西。

汉之三年，项王数侵夺汉甬道，汉王食乏，恐，请和，割荥阳以西为汉。项王欲听之。历阳侯范增曰："汉易与耳，今释弗取，后必悔之。"项王乃与范增急围荥阳。汉王患之，乃用陈平计间项王。项王使者来，为太牢具，举欲进之。见使者，详惊愕曰："吾以为亚父使者，乃反项王使者。"更持去，以恶食食项王使者。使者归报项王，项王乃疑范增与汉有私，稍夺之权。范增大怒，曰："天下事大定矣，君王自为之。愿赐骸骨归卒伍。"项王许之。行未至彭城，疽发背而死。

汉将纪信说汉王曰："事已急矣，请为王诳楚为王，王可以间出。"于是汉王夜出女子荥阳东门被甲二千人，楚兵四面击之。纪信乘黄屋车，傅左纛，曰："城中食尽，汉王降。"楚军皆呼万岁。汉王亦与数十骑从城西门出，走成皋。项王见纪信，问："汉王安在？"信曰："汉王已出矣。"项王烧杀纪信。

汉王使御史大夫周苛、枞公、魏豹守荥阳。周苛、枞公谋曰："反国之王，难与守城。"乃共杀魏豹。楚下荥阳城，生得周苛。项王谓周苛曰："为我将，我以公为上将军，封三万户。"周苛骂曰："若不趣降汉，汉今虏若，若非汉敌也。"项王怒，烹周苛，并杀枞公。

汉王之出荥阳，南走宛、叶，得九江王布，行收兵，复入保成皋。汉之四年，项王进兵围成皋。汉王逃，独与滕公出成皋北门，渡河走修武，从张耳、韩信军。诸将稍稍得出成皋，从汉王。楚遂拔成皋，欲西。汉使兵距之巩，令其不得西。

当此时，彭越数反梁地，绝楚粮食，项王患之。为高俎，置太公其上，告汉王曰："今不急下，吾烹太公。"汉王曰："吾与项羽俱北面受命怀王，曰'约为兄弟'，吾翁即若翁，必欲烹而翁，则幸分我一杯羹。"项王怒，欲杀之。项伯曰："天下事未可知，且为天下者不顾家，虽杀之无益，只益祸耳。"项王从之。

楚汉久相持未决，丁壮苦军旅，老弱罢转漕。项王谓汉王曰："天下匈匈数岁者，徒以吾两人耳，愿与汉王挑战决雌雄，毋徒苦天下之民父子为也。"汉王笑谢曰："吾宁斗智，不能斗力。"项王令壮士出挑战。汉有善骑射者楼烦，楚挑战三合，楼烦辄射杀之。项王大怒，乃自被甲持戟挑战。楼烦欲射之，项王瞋目叱之，楼烦目不敢视，手不敢发，遂走还入壁，不敢复出。汉王使人间问之，乃项王也。汉王大惊。于是项王乃即汉王相与临广武间而语。汉王数之，项王怒，欲一战。汉王不听，项王伏弩射中汉王。汉王伤，走入成皋。

项王闻淮阴侯已举河北，破齐、赵，且欲击楚，乃使龙且往击之。淮阴侯与战，骑将灌婴击之，大破楚军，杀龙且。韩信因自立为齐王。项王闻龙且军破，则恐，使盱台人武涉往说淮阴侯。淮阴侯弗听。是时，彭越复反，下梁地，绝楚粮。项王乃谓海春侯大司马曹咎等曰："谨守成皋，则汉欲挑战，慎勿与战，毋令得东而已。我十五日必诛彭越，定梁地，复从将军。"乃东，行击陈留、外黄。

外黄不下。数日，已降，项王怒，悉令男子年十五已上诣城东，欲阬之。外黄令舍人儿年十三，往说项王曰："彭越强劫外黄，外黄恐，故且降，待大王。大王至，又皆阬之，百姓岂有归心？从此以东，梁地十余城皆恐，莫肯下矣。"项王然其言，乃赦外黄当阬者。东至睢阳，闻之皆争下项王。

是时，汉兵盛食多，项王兵罢食绝。汉遣陆贾说项王，请太公，项王弗听。汉王复使侯公往说项王，项王乃与汉约，中分天下，割鸿沟以西者为汉，鸿沟而东者为楚。项王许之，即归汉王父母妻子。军皆呼万岁。汉王乃封侯公为平国君。匿弗肯复见。曰："此天下辩士，所居倾国，故号为平国君。"项王已约，乃引兵解而东归。

汉欲西归，张良、陈平说曰："汉有天下太半，而诸侯皆附之。楚兵罢食尽，此天亡楚之时也，不如因其机而遂取之。今释弗击，此所谓'养虎自遗患'也。"汉王听之。

汉五年，汉王乃追项王至阳夏南，止军，与淮阴侯韩信、建成侯彭越期会而击楚军。至固陵，而信、越之兵不会。楚击汉军，大破之。汉王复入壁，深堑而自守。谓张子房曰："诸侯不从约，为之奈何？"对曰："楚兵且破，信、越未有分地，其不至固宜。君王能与共分天下，今可立致也。即不能，事未可知也。君王能自陈以东傅海，尽与韩信，睢阳以北至谷城，以与彭越，使各自为战，则楚易败也。"汉王曰："善。"于是乃发使者告韩信、彭越曰："并力击楚。楚破，自陈以东傅海与齐王，睢阳以北至谷城与彭相国。"使者至。韩信、彭越皆报曰："请今进兵。"韩信乃从齐往，刘贾军从寿春并行，屠城父，至垓下。大司马周殷叛楚，以舒屠六，举九江兵，随刘贾、彭越皆会垓下，诣项王。

项王军壁垓下，兵少食尽，汉军及诸侯兵围之数重。夜闻汉军四面皆楚歌，项王乃大惊曰："汉皆已得楚乎？是何楚人之多也！"项王则夜起，饮帐中。有美人名虞，常幸从。骏马名骓，常骑之。于是项王乃悲歌慷慨，自为诗曰："力拔山兮气盖世，时不利兮骓不逝。骓不逝兮可奈何，虞兮虞兮奈若何！"歌数阕，美人和之。项王泣数行下，左右皆泣，莫能仰视。

于是项王乃上马骑，麾下壮士骑从者八百余人，直夜溃围南出，驰走。平明，汉军乃觉之，令骑将灌婴以五千骑追之。项王渡淮，骑能属者百余人耳。项王至阴陵，迷失道，问一田父，田父绐曰"左"。左，乃陷大泽中。以故汉追及之。项王乃复引兵而东，至东城，乃有二十八骑。汉骑追者数千人。项王自度不得脱，谓其骑曰:"吾起兵至今八岁矣,身七十余战,所当者破,所击者服,未尝败北,遂霸有天下。然今卒困于此,此天之亡我,非战之罪也。今日固决死,愿为诸君快战,必三胜之,为诸君溃围,斩将,刈旗,令诸君知天亡我,非战之罪也。"乃分其骑以为四队,四向。汉军围之数重。项王谓其骑曰:"吾为公取彼一将。"令四面骑驰下,期山东为三处。于是项王大呼驰下,汉军皆披靡,遂斩汉一将。是时,赤泉侯为骑将,追项王,项王瞋目而叱之,赤泉侯人马俱惊,辟易数里。与其骑会为三处。汉军不知项王所在,乃分军为三,复围之。项王乃驰,复斩汉一都尉,杀数十百人,复聚其骑,亡其两骑耳。乃谓其骑曰:"何如?"骑皆伏曰:"如大王言。"

于是项王乃欲东渡乌江。乌江亭长檥船待,谓项王曰:"江东虽小,地方千里,众数十万人,亦足王也。愿大王急渡。今独臣有船,汉军至,无以渡。"项王笑曰:"天之亡我,我何渡为!且籍与江东子弟八千人渡江而西,今无一人还,纵江东父兄怜而王我,我何面目见之?纵彼不言,籍独不愧于心乎?"乃谓亭长曰:"吾知公长者。吾骑此马五岁,所当无敌,尝一日行千里,不忍杀之,以赐公。"乃令骑皆下马步行,持短兵接战。独籍所杀汉军数百人。项王身亦被十余创。顾见汉骑司马吕马童,曰:"若非吾故人乎?"马童面之,指王翳曰:"此项王也。"项王乃曰:"吾闻汉购我头千金,邑万户,吾为若德。"乃自刎而死。项王已死,楚地皆降汉,独鲁不下。汉乃引天下兵欲屠之,为其守礼义,为主死节,乃持项王头视鲁,鲁父兄乃降。始,楚怀王初封项籍为鲁公,及其死,鲁最后下,故以鲁公礼葬项王谷城。汉王为发哀,泣之而去。

太史公曰:吾闻之周生曰"舜目盖重瞳子",又闻项羽亦重瞳子。羽岂其苗裔邪?何兴之暴也!夫秦失其政,陈涉首难,豪杰蜂起,相与并争,不可胜数。然羽非有尺寸,乘埶起陇亩之中,三年,遂将五诸侯灭秦,分裂天下,而封王侯,政由羽出,号为"霸王",位虽不终,近古以来未尝有也。及羽背关怀楚,放逐义帝而自立,怨王侯叛己,难矣。自矜功伐,奋其私智而不师古,谓霸王之业,欲以力征经营天下,五年卒亡其国,身死东城,尚不觉寤而不自责,过矣。乃引"天亡我,非用兵之罪也",岂不谬哉!

【译文】

项籍是下相人,字羽。开始起兵时二十四岁。他的叔父是项梁,项梁的父亲就是楚将项燕,被秦将王翦所杀的那个人。项氏世代为楚将,封于项,所以姓项氏。

项籍小时候,学习认字写字,没有学成。放弃了学字,改学击剑,又没有学成。项梁很生他的气。项籍说:"字只不过用来记记姓名而已。剑也只能抵敌一人,不值得学,要学能抵抗万人的。"于是项梁就教项籍兵法,项籍非常高兴,粗略地知道了兵法大意,但又不肯认真学完。秦始皇帝巡游会稽,渡过浙江,项梁和项籍一同去观看。项籍说:"那个皇帝,我可以取而代之。"项梁捂住他的嘴,说:"不许胡说八道,当心全族要杀头啊!"项梁因此觉得项籍不同于一般人。项籍身高八尺有余,力能举鼎,才气过人,吴中子弟已经敬畏他了。

秦二世元年(公元前209)七月,陈涉等人在大泽乡起义。这一年九月,会稽郡守殷通对项梁说:"江西都造反了,这也是上天灭亡秦朝的时候。我听说先发则能制人,后发则为人所制。我想发兵,派你和桓楚带领。"当时桓楚逃亡在湖泽之中。项梁说:"桓楚亡匿在外,人们不知道他的下落,只有项籍知道。"项梁走出来,吩咐项籍持剑在外面等候。项梁又走进去,与郡守一块儿坐着。项梁说:"请允许我叫项籍进来,让他接受命令召回桓楚。"郡守说:"好吧。"项梁招呼项籍进来。不一会儿,项梁使眼色给项籍说:"可以行动了!"于是项籍拔出剑来砍掉了郡守的脑袋。项梁拿着郡守的脑袋,身上系着郡守的官印。郡守的侍从护卫大为惊慌,一片混乱,项籍杀死了百十来人。全府中的人都慌惧畏服,没有人敢动手反抗。项梁就召集昔日所熟悉的有胆识的府吏,把所要做的起兵反秦这件事情向大家讲清楚,于是征集吴中士卒起义。派人搜罗下属各县丁壮,得到精兵八千人。项梁安排吴中豪杰为校尉、候、司马。项梁为会稽郡守,项籍为裨将。镇抚下属县邑。

广陵人召平这时为陈王略地广陵,没有降服。听说陈王战败逃走,秦兵又将要到达,就渡江假托陈王的命令,拜项梁为楚王的上柱国。召平说:"江东已经平定,赶快引兵西进攻打秦军。"项梁就以八千人渡江向西进发。他听说陈婴已经攻下东阳,便派遣使者,想要与陈婴联合西进。陈婴这个人,原来是东阳令史,在县里一向诚实谨慎,人们称之为忠厚长者。青年们打算推举陈婴就便称王,士兵为了同其他各路军队相区别,头上裹以青巾,表示异军突起。陈婴的母亲对陈婴说:"自从我做了你家的媳妇,未曾听说你的前辈有过高官贵爵。现在突然得到很大的名声,不是好兆头。不如有所归属,事情成功了,犹能得到封侯,事情失败了,也容易逃脱,因为不是社会上指名道姓的人。"因此陈婴不敢为王。对他的军吏说:"项家世代为将,有名于楚。现在想要干成大事,将帅不得其人不行。我们依附名门大族,一定能使秦朝灭亡。"于是大家听从他的话,把军队归属项梁。项梁渡过淮水,黥布、蒲将军也率军归附。项梁共有六七万人,驻扎在下邳。

这时,秦嘉已立景驹为楚王,驻扎彭城东面,想要抵挡项梁。项梁对军吏说:"陈王首先起事,作战不利,不知道下落。现在秦嘉背叛陈王而立景驹,大逆不道。"项梁就进兵攻打秦嘉。秦嘉的军队败逃,项梁追到胡陵。秦嘉回军打了一天,秦嘉阵亡,士卒投降。景驹逃走,死在梁地。项梁已经合并了秦嘉的军队,驻扎在胡陵,将要引军西进。派项羽另率一军攻打襄城,襄城坚守不降。攻克以后,全部坑杀了守城军民,回来报告项梁。项梁听说陈王确实死了,召集各路将领会合到薛县商讨大事。这时沛公也起兵于沛,前往薛县。

居鄛人范增,七十岁了,一向住在家里,喜欢奇策妙计。他去游说项梁说:"陈胜失败本来是应该的。秦灭六国,楚国最没有过错。自从楚怀王入秦不返,楚人至今还想念他。所以楚南公说'楚虽三户,亡秦必楚'。如今陈胜首先起事,没有立楚国的后裔而自立为王,他的局面不会长久。现在你起兵江东,楚地将领有如群蜂纵横,都争先恐后地归附你的缘故,是因为项家世代为楚将,能够再立楚国的后裔。"项梁认为他说得对,就在民间寻访到了楚怀王的孙子心,他在给人放羊,项梁立他为楚怀王,顺从人民的愿望。陈婴为楚上柱国,封地有五个县,和楚怀王一起,建都盱台。项梁自称为武信君。

项梁已经打垮了东阿方面的秦军,就(乘胜)追击。屡次派遣使者催促齐国军队,打算与它联兵西进。田荣说:"楚国杀了田假,赵国杀了田角、田间,我就出兵。"项梁说:"田假是楚国友好国家的国王,走投无路才来依附我,不忍心杀他。"赵国也不杀田角、田间作为与齐交换的条件。于是齐国不肯发兵帮助楚国。项梁派沛公和项羽另率一支军队攻打城阳,屠毁了县城。向西在濮阳东面击破了秦军,秦军收兵进入濮阳。沛公、项羽就攻打定陶。没有攻下定陶,率军离去,西进略地,到达雍丘,大破秦军,杀了李由。回军攻打外黄,没有攻下来。

章邯已经打垮了项梁的军队,以为楚地的敌人不用担心了,就渡过黄河攻打赵地,大破赵军。这个时候,赵歇为赵王,陈余为将,张耳为相,都跑进了巨鹿城。章邯命令王离、涉间围攻巨鹿,章邯驻扎在巨鹿南面,修筑甬道输送粮食。陈余作为将领,统率士卒数万人驻扎在巨鹿的北面,这就是所说的河北之军。

楚军在定陶打了败仗,楚怀王很恐惧,从盱台前往彭城,合并了项羽、吕臣的军队亲自统率。以吕臣为司徒,用他的父亲吕青为令尹。以沛公为砀郡长,封为武安侯,统率砀郡的军队。

以前宋义所遇到的齐国使者高陵君显还在楚国的军队里,他见到楚怀王说:"宋义断定武信君的军队一定失败,过了几天,他的军队果然失败了。军队没有开战而先看到了失败的征兆,这可说是懂得军事了。"楚怀王召见宋义,和他商量事情,大为高兴,因此委任为上将军,项羽为鲁公,担任次将,范增为末将,去援救赵国。各路别将都统属于宋义,宋义号为卿子冠军。

走到安阳,停留四十六天不前进。项羽说:"我听说秦军把赵王围在巨鹿,赶快带兵渡河,楚军从外面攻打,赵军在内响应,一定能打垮秦军。"宋义说:"不是的。咬牛的牛虻不能伤害虮子,现在秦军攻打赵军,打胜了则兵疲力尽,我们乘秦军疲惫(发动进攻);打不胜,我们就率领军队鸣鼓西进,一定打垮秦军。所以不如先让秦、赵相斗。身披甲胄,手执利器,冲锋陷阵,宋义不如你;坐下来运筹划策,你不如宋义。"因此向军中下令说:"凶猛如虎,狠戾如羊,贪婪如狼,倔强不听指挥的人,一律斩首。"宋义又派遣他的儿子宋襄去辅助齐国,亲自送他到无盐,摆酒设筵,大会宾客。(当时)天寒大雨,士卒冻饿交加。项羽说:"本来打算并力攻秦,却长期停留不进。现在年荒岁饥,人民贫困,士卒只吃半升豆子,(食不果腹)军中没有存粮,宋义却还设酒宴,会宾客,不率领军队渡河就地取用赵国的粮食,而说什么'等待秦军疲惫'。以秦那样强大的兵力,进攻新建立的赵国,形势发展的结果必定是秦军打垮赵国的军队。赵国的军队被打垮了,而秦军更加强大,还有什么疲惫的机会可乘!而且楚军最近被打败,国王坐不安席,把国内的所有兵力都集中起来统属于上将军,国家安危,在此一举。如今不体恤士卒,而徇情营私,不是与国家同休共戚之臣。"项羽早晨参见上将军宋义,就在他的帐幕中割下了宋义的脑袋,出来发令军中说:"宋义和齐国阴谋反楚,楚王秘密命令我杀死他。"这时,将领们都恐惧屈服,没有敢抗拒的。都说:"创建楚国的,是将军一家。现在又是将军处死了叛乱的人。"将领们就共同推立项羽为假上将军。派人去追宋义的儿子,在齐国赶上了,杀死了他。项羽派桓楚向楚怀王报告。楚怀王就让项羽做上将军,当阳君、蒲将军都归项羽节制。

项羽已经杀了卿子冠军,威震楚国,名闻诸侯,他便派遣当阳君、蒲将军带领两万士卒渡河,援救巨鹿。战事稍有胜利,陈余又向项羽请求救兵。项羽就率领全军渡河,凿沉船只,砸破炊具,烧毁营舍,携带三天口粮,用以表示士卒拼死决战,没有一个有活着回来的打算。军队一到就围困了王离,与秦军遭遇,打了九仗,截断了秦军的甬道,大破秦军。杀了苏角,俘虏了王离。涉间不向楚军投降,自焚而死。诸侯将领都在营垒上观战。楚军战士无不以一当十,楚兵喊声震天,诸侯军人人胆战心惊。已经打垮了秦军,项羽召见各诸侯将领,他们进入辕门,无不膝行而前,不敢抬头仰视。项羽从此成为诸侯军的上将军,各路诸侯隶属于他。

章邯驻扎在棘原,项羽驻扎在漳水南岸,两军相持,没有交战。秦军多次退却,二世派人责让章邯。章邯恐惧,派长史司马欣去请示。到了咸阳,留在司马门三天,赵高不接见,有不信任之意。章邯派人去见项羽,打算订立和约。项羽召集军吏商量说:"军中粮少,想允许他签订和约。"军吏都说:"好。"项羽就与章邯订期在洹水南岸殷墟相见。已经缔结了盟约，章邯见到项羽，涕泪交下，向项羽诉说赵高的种种行径。项羽就立章邯为雍王，安置在楚军营中。使长史司马欣为上将军，率领秦军为先行部队。

于是楚军夜间把秦军士卒二十多万人处死掩埋在新安城南。

项羽将要攻取秦关中地带。函谷关有兵把守，不能进去。又听说沛公已经攻破咸阳，项羽大怒，派当阳君等扣关。项羽便进入了函谷关，到达戏水西岸。沛公驻军霸上，没有能够和项羽相见。沛公左司马曹无伤派人对项羽说："沛公想称王关中，使子婴为相，占有了全部珍宝。"项羽怒气冲天地说："明天早晨饱餐士卒，将击溃沛公的军队！"这时，项羽有兵四十万，驻扎在新丰鸿门，沛公有兵十万，驻扎在霸上。范增劝告项羽说："沛公在山东时，贪财好货，喜爱美女。现在进了关，不收财物，不亲近妇女，由此看来，他的志向不小。我叫人观望他上空的云气，都呈龙虎形状，五颜六色，这是天子之气。赶快进击，不要失掉机会。"

楚国左尹项伯这个人，是项羽的叔父，一向和留侯张良相友好。张良这时跟随着沛公，项伯就夜间骑马跑到沛公军营，私下见到张良，讲述了事情的经过，打算叫张良和他一起离去。他说："不要跟他们一起死掉。"张良说："我为韩王护送沛公，现在沛公的事情发生了危急，逃走是不道义的，不能不说一声。"张良就走了进去，把情况全部告诉了沛公。沛公大吃一惊，说："怎么办呢？"张良说："谁给大王出的这个主意？"沛公说："一个小子劝我说'守住函谷关，不要让诸侯军进来，秦地可以全部占为己有，在这里称王'。我听信了他的话。"张良说："估计大王的军力足以抵挡项王吗？"沛公默然不语，（过了一会）说："军力当然不如项羽，又该怎么办呢？"张良说："请让我去告诉项伯，说沛公不敢背叛项王。"沛公说："你怎么与项伯有交情？"张良说："秦未灭六国时，项伯和我交游，他杀了人，我救了他。现在事有危急，幸亏他来告诉我。"沛公说："项伯与你相比，谁年纪大？谁年纪小？"张良说："他比我大。"沛公说："你替我叫他进来，我要对他兄长相待。"张良走出来，邀请项伯。项伯就进去见沛公。沛公向项伯举杯敬酒，约为儿女亲家。沛公说："我入了关，丝毫利益不敢有所接近，造册登记吏民，封存府库，等待将军。所以遣将守关，是为了防备别的盗贼出入和意外事件。我日日夜夜盼望将军到来，哪里敢反叛！请伯兄向将军详细说明我是不敢忘恩负义的。"项伯答应了。对沛公说："明天早晨不可不早来向项王道歉。"沛公说："是的。"于是项伯又当夜离去，回到军中，把沛公的话原原本本报告了项王。随即向项羽说："沛公不先攻破关中，你难道敢进来吗？如今人家立有大功而去攻打他，是不道义的，不如借他来请罪的机会好好对待他。"项王答应了。

次日早晨，沛公带着一百多名骑兵来见项王，到了鸿门，向项羽谢罪说："我和将军并力攻秦，将军在河北作战，我在河南作战，然而我自己也没有想到先入关攻破秦地,能在这里又见到将军。现在有小人之言,使将军和我有了隔阂。"项王说:"这是你沛公左司马曹无伤说的,不然,我何至于如此。"项王当天就留沛公一同饮酒。项王、项伯面朝东坐,亚父面朝南坐。亚父就是范增。沛公面朝北坐,张良面朝西陪坐。范增向项王多次使眼色,再三举起佩带的玉玦向项王示意,项王默然不应。范增起身出去找来项庄,对他说:"君王为人不狠,你进去上前祝酒,祝酒完了,请求舞剑,乘机在座上袭击沛公,杀死他。不然的话,你们这些人都将被他俘虏。"项庄便进去祝酒。祝酒完了说:"君王和沛公饮酒,军中没有什么可供娱乐的,请允许我舞剑助乐。"项王说:"好吧。"项庄拔剑起舞。项伯也拔剑起舞,常常用身体掩蔽沛公,项庄得不到刺杀机会。这时张良来到军门,看见了樊哙。樊哙说:"今天的事情怎么样了?"张良说:"极为危急。此刻项庄正在舞剑,他的用意时时在沛公身上。"樊哙说:"这可紧急了,请让我进去,与沛公同生共死。"樊哙立即带着剑,手拥盾牌,进入军门。交戟守门的卫士打算阻拦,不让他进去,樊哙侧过他的盾牌撞击,卫士倒在地上,樊哙就进入了大帐,揭开帷帐,向西而立,圆睁怒目,看着项王,头发上指,眼眶破裂。项王按剑长跪说:"来客是干什么的?"张良说:"这是沛公的参乘樊哙。"项王说:"壮士!赏赐他一杯酒。"左右就给他一大杯酒。樊哙拜谢后起来,站着一饮而尽。项王说:"赏给他猪腿。"左右就给一只生猪腿。樊哙覆盾于地,把猪腿放在盾上,拔出剑来切肉吃。项王说:"壮士!能再喝酒吗?"樊哙说:"我死都不怕,一杯酒哪里值得推辞!秦王有虎狼之心,杀人唯恐杀不尽,用刑唯恐刑不重,天下人都反叛他。楚怀王和将领们约定说'先攻破秦地进入咸阳的做关中王'。现在沛公先攻破了秦地进入咸阳,丝毫利益不敢有所接近,封闭宫室,回军霸上,等待大王到来。所以遣将守关,是为了防备别的盗贼和意外事件。如此劳苦功高,没有得到封侯的赏赐,而听信闲言细语,要杀有功的人。这是继承了已经灭亡的秦朝的道路,以我私见,大王这样做是不可取的。"项王无辞以对,只说:"坐。"樊哙在张良旁边坐下来。坐了不一会儿,沛公起来上厕所,乘机招呼樊哙出来。

沛公出去后,项王派都尉陈平去叫沛公回来。沛公(对樊哙)说:"我们现在出去,没有辞行,怎么办呢?"樊哙说:"做大事不顾忌细枝节,行大礼不讲究小谦让。如今人家为刀俎,我们为鱼肉,还辞别什么!"于是就不辞而去。(临走时)叫张良留下道谢。张良问:"大王来时带了什么?"沛公说:"我带来一双白璧,想献给项王,一双玉斗,想送给亚父,正碰上他们生气,不敢进献。你替我献给他们。"张良说:"遵命。"当时,项王的军队在鸿门,沛公的军队在霸上,相去四十里。沛公丢下车骑,一人骑马脱身而去,樊哙、夏侯婴、靳彊、纪信等四人握剑持盾步行,从郦山下取道芷阳,抄行小路。沛公对张良说:"从这条路到我们军营,不过二十里而已。估计我到了军中,你再进去。"沛公走后,张良估计抄小路已经到达军中，就进去道谢说："沛公经受不了杯盏，不能亲自来辞行。谨使张良奉上白璧一只，拜献大王；玉斗一只，拜送大将军。"项王说："沛公在哪里？"张良说："听说大王有意责备他，独自脱身而去，已经回到军中了。"项王接过玉璧，放在坐席上。亚父接过玉斗，放在地上，拔剑一击而碎，说："唉！这小子不足以共谋大事。夺取项王天下的，一定是沛公，我们这些人就要被他俘虏了。"沛公回到军中，立刻杀了曹无伤。

过了几天，项羽带兵西进，屠毁咸阳，杀死了秦朝已经投降的国王子婴，焚烧秦朝宫室，大火三个月不灭；搜罗了秦朝的财宝和妇女，率军东去。有人劝项王说："关中阻山带河，四面关塞，土地肥饶，可在这里建都，以定霸业。"项王看见秦朝宫室都已烧毁，残破不堪，又怀念故乡，心欲东归，就说："富贵了不回故乡，如同衣绣夜行，有谁能知道！"劝项王的人说："人们说楚国人是猕猴戴帽子，果然如此。"项王听到了这话，烹杀了劝说他的那个人。

项王派人向楚怀王报告请示。楚怀王说："按照约定办。"项羽就尊楚怀王为义帝。项王想自己称王，就先封诸侯将相为王。对他们说："天下最初发难的时候，暂时拥立诸侯后裔为王，以便讨伐秦朝。然而亲自身穿铠甲，手执兵器，率先起义，三年来风餐露宿，消灭秦朝，平定天下的，都是各位将相和我项籍的力量。只有义帝没有功劳，本来应该瓜分他的土地，封大家为王。"将领们都说："好。"项王就分割天下，封将领们为侯王。

项王、范增疑心沛公将来占有天下，(不想让他称王关中)但既已和解，又怕违背原约，诸侯反叛，他们就暗中商量说："巴、蜀道路险恶，秦朝被迁徙的罪人都居住蜀地。"于是就(扬言)说："巴、蜀也是关中地区。"所以封沛公为汉王，称王于巴、蜀、汉中，建都南郑。而把关中分为三部分，封给秦朝降将为王，阻挡汉王，(防止他将来向东方出兵。)

汉元年(公元前206)四月，在项王旌麾之下诸侯罢兵散归，各自回到封国。项王也出关回到封国，派人迁徙义帝，说："古代做帝王的拥有千里见方的土地，必须住在上游。"于是就派遣使者把义帝迁往长沙郴县。项王催促义帝快些动身，义帝群臣渐渐背叛了他，项王就暗中命令衡山王、临江王把义帝击杀在江中。韩王成没有军功，项王不让他就国，一起到了彭城，废去王号，改封为侯，不久又杀死了。臧荼到了封国，就驱逐韩广去辽东，韩广不服从，臧荼在无终击杀了韩广，兼并了他的封地。

田荣听说项羽把齐王市徙封胶东，而立齐将田都为齐王，十分气愤，不愿让齐王去胶东，就据齐反叛，迎击田都。田都逃往楚国。齐王市害怕项王，就潜往胶东就国。田荣大为生气，派兵追击，在即墨杀死了他。田荣便自立为齐王，向西进兵，击杀了济北王田安，兼并了三齐。田荣把将军印授予彭越，让他在梁地反楚。陈余秘密派遣张同、夏说劝告齐王田荣说："项羽为天下的主宰,(分封侯王)不公平。如今把原来的诸侯王都封在坏地方称王,而他的群臣诸将都封在好地方称王。(因为要)赶走原来的诸侯王,赵王就(只好)到北方居住代地,我以为这样是不能答应的。听说大王已经起兵,而且不接受不道义的命令,希望大王援助我一些兵马,允许我用以攻打常山,恢复赵王的地位,愿把赵国作为齐国的屏障。"齐王答应了,就遣兵赴赵。陈余调动了三县的全部士卒,与齐军并力攻打常山,打垮了常山的军队。张耳逃走归服了汉王。陈余去代地迎接原来的赵王歇返归赵地。赵王就立陈余为代王。

这时,汉王回军平定了三秦。项羽听说汉王已经兼并了关中,将要东进,齐、赵又反叛了他,非常愤怒。就以从前的吴令郑昌为韩王,来阻挡汉军。命令萧公角等人攻击彭越。彭越打败了萧公角等人。汉王派张良巡行招抚韩地,张良就给项王写信说:"汉王(没有如约称王关中),有失职守,打算取得关中,实现了原来的约定就停止进军,不敢继续东进。"张良又把齐、梁的反叛文告送给项王,说:"齐想和赵并力灭楚。"楚军因此无意西进,而向北攻打齐国。项王向九江王黥布征调兵力。黥布称病不往,派将领率兵几千人前去。项王从此怨恨黥布。

二年冬,项羽北上到达城阳,田荣也率军到此与项羽会战。田荣兵败,逃到平原,平原百姓杀死了他。楚军北进,烧毁齐国房屋,夷平齐国城郭,坑杀田荣降卒,掳掠老弱妇女。在齐攻城略地,直至北海,到处烧杀掠夺。齐国人联合起来反抗项羽。田荣的弟弟田横收集齐国逃散的士卒,得到几万人,反于城阳。项王因此留下来,连续攻打几次都没有攻下城阳。

春天,汉王统率五路诸侯的军队,共五十六万人,东进伐楚。项王听到这个消息,即令诸将攻打齐国,而自己带领精兵三万人南下,由鲁越过胡陵。四月,汉军都已进入彭城,搜掠财物珍宝和美女,天天设筵会饮。项王向西进发,到达萧县,早晨攻击汉军,向东进发,到达彭城,中午,把汉军打得大败。汉军溃退,相继逃入谷水、泗水,楚军杀死了十多万汉军士卒。汉军向南往山里逃跑,楚军又追击到灵璧东面的睢水上。汉军退却,为楚军所逼,拥挤在一起,多被杀伤,汉军十多万人落入睢水,睢水为之不流。楚军把汉王包围了三层。汉王终于脱身而出。他寻找太公、吕后,没有找到。审食其跟随太公、吕后从小路潜行,寻找汉王,反而碰上了楚军。楚军就带他们回到军营,报告了项王,项王把他们拘留在军营里。

这时吕后的哥哥周吕侯为汉率兵驻扎在下邑,汉王抄小路来到周吕侯那里,稍稍收集了一些逃散的士卒。到了荥阳,各路败军都会合在一起,萧何也征发关中没有著籍的老弱全部来到荥阳,声势又振作起来。楚军从彭城出发,常常乘胜追击败兵,与汉军在荥阳南面的京、索之间交战,汉军打败了楚军,楚军因此不能越过荥阳西进。

　　三年，项王屡次侵夺汉军的甬道，汉王粮食缺乏，恐慌起来，请求讲和，划分荥阳以西归汉。项王想要答应他。历阳侯范增说："汉军容易对付，现在放掉他们，不予以消灭，以后一定要懊悔。"项王就和范增加紧围攻荥阳。汉王深为忧虑，就采用陈平的计策离间项王和范增。项王的使者来了，给他准备了牛、羊、豕齐全的丰盛筵席，打算端上去。端饭菜的人一看使者，假装惊愕地说："我以为是亚父的使者，没想到反而是项王的使者。"把饭菜又端了下去，拿粗菜恶饭给项王的使者吃。使者回来报告了项王，项王就怀疑范增私通汉军，渐渐剥夺他的权力。范增大怒，说："天下的形势，大局已定，君王好自为之。请赐还我的躯体，让我成为一个普通的士卒。"项王答应了他。范增走了，还没有到彭城，因背上长毒疮死去了。

　　汉军将领纪信劝汉王说："形势已经很危急了，请让我假装成大王替你去蒙骗楚军，大王可以乘机逃出城去。"于是汉王夜间从荥阳东门放出两千名身穿铠甲的妇女，楚军四面围击。纪信乘坐黄屋车，左边的车衡上竖立着大纛旗，（卫士大声地）说："城中粮食吃光了，汉王投降。"楚军都高呼万岁。汉王和几十名骑兵从西门出城，奔向成皋。项王见到纪信，问他："汉王在哪里？"纪信说："汉王已经出城了。"项王烧死了纪信。

　　汉王派御史大夫周苛、枞公、魏豹守卫荥阳。周苛、枞公商量说："魏豹这个叛国之王，很难和他共守城池。"就一起杀死了魏豹。楚军攻下荥阳城，活捉了周苛。项王对周苛说："做我的将领，我以你为上将军，封三万户。"周苛骂着说："你不赶快投降汉军，汉军就要俘虏你，你不是汉军的对手。"项王大怒，烹死了周苛，并杀了枞公。

　　汉王逃出荥阳，南走宛、叶，收服了九江王黥布，一边走一边收集士卒，又进入成皋固守。汉四年，项王围攻成皋。汉王逃走了，单身一人与滕公出了成皋北门，渡河奔向修武，到了张耳、韩信军营。诸将陆续逃出成皋，追随汉王。楚军攻下成皋，想要向西进军。汉王派兵在巩县阻击，使楚军不能西进。

　　当时，彭越在梁地多次反击楚军，断绝楚军的粮食，项王很忧虑。他设置了一个高大的砧板，把太公放在上面，告诉汉王说："现在不快快投降，我就烹杀太公。"汉王说："我和你项羽都是北面称臣，受命于怀王，说是'结为兄弟'，我的老子就是你的老子，一定要烹杀你的老子，那么希望你分给我一杯肉羹。"项王十分气愤，打算杀死太公。项伯说："天下大事还不能预料，而且打天下的人不顾念家眷，虽然杀了太公也没有好处，只能增加祸患。"项王听从了项伯的话。

　　楚、汉长期相持，未决胜负，年青力壮的苦于行军作战，年老体弱的疲于水陆运输。项王对汉王说："几年来天下扰攘不安，只是由于我们两个人的缘故，愿意与你挑战，一决雌雄，不要使天下百姓空受痛苦。"汉王笑着拒绝说："我宁愿斗智，不愿斗力。"项王叫壮士出去挑战。汉军有个善长骑马射箭的人叫楼烦，楚军派壮士挑战三次，楼烦都把壮士射死了。项王大怒，就亲自披甲持戟出来挑战。楼烦想要射他，项王怒目呵叱，楼烦（被吓得）眼不敢正视，手不敢发箭，跑回营垒，不敢再出来。汉王派人暗中打听，才知道挑战的人原来是项王。汉王大为震惊。于是项王靠近汉王军营，和他隔着广武涧对话。汉王历数项王的罪状，项王非常气愤，要求决战。汉王没有答应，项王埋伏的弓弩射中了汉王。汉王受伤跑回成皋。

项王听说淮阴侯已经攻下河北，打垮了齐、赵军队，而且将要进攻楚军，就派龙且前往迎击。淮阴侯与龙且交战，骑兵将领灌婴也出击龙且，大破楚军，杀死了龙且。韩信就自立为齐王。项王听说龙且的军队垮了，大为恐慌，派遣盱台人武涉去游说淮阴侯。淮阴侯不肯听从。这时，彭越又起来反楚，攻下梁地，断绝楚军的粮道。项王就对海春侯大司马曹咎等人说："小心守卫成皋，即使汉军挑战，千万不要和它交战，不要让它东进就行了。我十五天一定杀掉彭越，平定梁地，再与将军会合。"于是项王率军东去，进军过程中攻打陈留、外黄。

外黄没有攻下。过了几天，外黄投降了，项王很生气，命令十五岁以上的男子全部到城东，准备坑杀他们。外黄令门客的儿子才十三岁，前去劝告项王说："彭越用武力逼迫外黄百姓，外黄百姓很害怕，所以暂时投降，等待大王到来。大王到了，又都坑杀他们，难道百姓还有归顺之心吗？从这儿往东，梁地十多个城邑都心怀恐惧，没有肯投降的了。"项王赞成他的话，就赦免了外黄应当坑杀的那些人。从外黄往东直至睢阳，听到这个消息，都争先恐后地向项王投降。

这时，汉军兵多粮足，项王兵疲粮绝。汉王派遣陆贾劝说项王，请求释放太公，项王没有答应。汉王又派遣侯公前去劝说项王，项王就和汉约定，平分天下，划鸿沟以西归汉，鸿沟以东归楚。项王答应了侯公的要求，就把汉王的父母妻子送了回来。汉军都高呼万岁。汉王封侯公为平国君。侯公隐匿起来，不肯再见汉王。汉王说："这个人是天下善辩之士，所到之处，可以使人国家覆灭，所以封号为平国君。"项王已经订立和约，就解除了军事对峙，率军东归。

汉王准备西归，张良、陈平劝汉王说："汉占领了大半个天下，而诸侯都归服了我们。楚军兵疲粮尽，这是上天让楚灭亡的时候，不如乘这个机会消灭它。现在放走项王不去攻他，这就是所谓'养虎自遗患'。"汉王同意了他们的建议。

五年，汉王追击项王到了阳夏南面，军队驻扎下来，与淮阴侯韩信、建成侯彭越约期会合进攻楚军。到达固陵，而韩信、彭越的军队不来会合。楚军攻击汉军，把汉军打得大败。汉王又进入营垒，挖深沟堑，自为固守。汉王对张子房说："诸侯不遵守约定，怎么办呢？"张子房回答说："楚军即将崩溃，韩信、彭越没有分到一块封地，他们不来会合是很自然的。君王能和他们共分天下，眼下可以使他们立刻前来。如果不能这样，局势的发展很难预料。君王能从陈县以东到海边的地区，全部划给韩信，睢阳以北到谷城，分给彭越，使他们各自为战，那么楚军是容易打败的。"汉王说："好。"于是就派遣使者告诉韩信、彭越说："合力攻打楚军。楚军崩溃后，从陈县以东到海边给予齐王，睢阳以北到谷城给予彭相国。"使者一到，韩信、彭越都回话说："请让我们立刻进兵。"韩信就从齐地出发，刘贾的军队从寿春出发并行，屠毁了城父，到达垓下。大司马周殷背叛了楚国，利用舒地的兵力屠毁了六县，调动全部九江士卒，随同刘贾、彭越都会集在垓下，来到项王阵前。

项王的军队筑垒垓下，兵少粮尽，汉军和各路诸侯军队把它重重包围起来。夜晚听到四面的汉军都是唱的楚地歌曲，项王大为震惊地说："汉军已经全部占领了楚国吗？为什么楚国人如此众多啊？"项王就夜间起来，在帐幕里饮酒。有一个名字叫虞的美人，得到项王的宠爱，常常带在身边。有一匹叫骓的骏马，项王经常骑着它。于是项王慷慨悲歌，自己作诗唱道："力拔山兮气盖世，时不利兮骓不逝。骓不逝兮可奈何，虞兮虞兮奈若何！"唱了好几遍，美人跟着他一起唱。项王悲泣，泪下数行，左右侍从也都俯首哭泣，（悲痛得）不能抬头仰视。

于是项王上马（突围），部下壮士骑马随从的有八百多人，当夜冲破包围，向南飞驰而去。天亮，汉军才发觉，派骑兵将领灌婴率五千骑兵追赶项王。项王渡过淮水，能够跟从的骑兵只有一百多人。项王到阴陵，迷失了道路，询问一个种田的人，种田的人欺骗地说"往左"。项王往左去，结果陷入了一大片沼泽中。因此，汉军追上了项王。项王就又带兵向东，到了东城，只有二十八个骑兵了。追赶的汉军骑兵有几千人。项王自己估计不能脱身了，对他的骑兵说："我起兵到现在八年了，亲身打过七十多次仗，谁抵挡我，我就打垮谁，我攻击谁，谁就降服，未曾打过败仗，因而霸有天下。然而现在终于被围困在这里，这是上天要灭亡我，不是我打仗的过错。今天固然要决心战死，愿意为各位痛痛快快地打一仗，一定要三次取胜，为各位突破重围，斩杀敌将，砍倒敌人军旗，让各位知道是上天灭亡我，不是我打仗的过错。"项王就把他的骑兵分为四队，面向四方。汉军把项王包围了好几层。项王对他的骑兵说："我为你们斩他一个将领。"项王命令骑兵四面疾驰而下，约定在山的东面会合为三处。于是项王大声呼喊着，飞奔直下，汉军惊惶溃乱，项王就斩了一个汉军将领。当时，赤泉侯做骑兵将领，追赶项王，项王怒目大吼，赤泉侯人马俱惊，倒退了几里。项王和他的骑兵会合为三处。汉军不知道项王在哪里，就把军队分为三部分，又把项王包围起来。项王骑马冲驰，又斩了汉军的一个都尉，杀死了百十来人，再把他的骑兵集合起来，只丧失了两个骑兵。项王就对他的骑兵说："怎么样？"骑兵都佩服地说："正像大王所说的那样。"

项王想要向东渡过乌江。乌江亭长把船靠在岸边等待着项王。他对项王说："江东虽小，地方也纵横上千里，民众数十万，也足以称王。希望大王赶快渡江。现在只有我有船只，汉军来到这，没有船只渡江。"项王笑着说："上天要灭亡我，我渡江干什么呢！况且我和江东子弟八千人渡江西进，现在没有一个人回来，即使江东父兄怜悯我，让我称王，我有什么脸面去见他们？即使他们不说什么，我项籍难道不于心有愧吗？"（最后）项王对亭长说："我知道你是个忠厚长者。我骑这匹马五年了，所向无敌，曾经一天奔驰一千里，不忍心杀了它，把它送给你吧。"就叫骑兵都下马步行，用短兵接战。单单项籍一人就杀死汉军几百人。项王身上也受了十多处伤。他回头看见汉军的骑司马吕马童，说："你不是我的老朋友吗？"吕马童背对项王，指给王翳说："这就是项王。"项王说："我听说汉军用一千斤黄金、一万户封邑来购买我的头，我给你做件好事吧。"就自刎而死。项王死后，楚国各地都投降了汉军，只有鲁城不肯投降。汉王就带领天下士卒打算屠毁鲁城，因为他们坚守礼义，为主人以死守节，就拿项王的头给鲁城人看，鲁城父兄才投降了。最初，楚怀王曾封项籍为鲁公，等到项籍死了，鲁城又最后投降，所以用鲁公的礼仪把项王理葬在谷城。汉王为项王举哀，哭了一场，然后离开了鲁城。

太史公说：我听周生说"舜的眼睛大概是两个瞳孔"，又听说项羽也是两个瞳孔。项羽难道是舜的后裔吗？为什么兴起得这么迅速啊！秦朝政治腐败，陈涉首先发难，豪杰蜂起，相互争夺，不可胜数。然而项羽毫无凭借，乘势起于民间，三年时间，就率领五路诸侯军消灭了秦朝，分割天下，封王建侯，政自己出，号为"霸王"，虽然没有始终保持他的地位，但近古以来，还未曾有过这样的事情。等到项羽放弃关中，怀恋楚地，放逐义帝而自立为王，抱怨王侯背叛自己，这时已经难以控制局势了。自我夸耀功勋，逞一己私智，不效法古人，以为创立霸王的事业，需要用武力来经营天下，终于五年时间覆灭了他自己的国家，身死东城，还没有觉悟，不自我谴责，这就不对了。竟然用"上天灭亡我，不是我用兵打仗的过错"为借口，难道不是太荒谬了吗！

高祖本纪

【原文】

高祖，沛丰邑中阳里人，姓刘氏，字季。父曰太公，母曰刘媪。其先刘媪尝息大泽之陂，梦与神遇。是时雷电晦冥，太公往视，则见蛟龙于其上。已而有身，遂产高祖。

高祖为人，隆准而龙颜，美须髯，左股有七十二黑子。仁而爱人，喜施，意豁如也。常有大度，不事家人生产作业。及壮，试为吏，为泗水亭长，廷中吏无所不狎侮。好酒及色。常从王媪、武负贳酒，醉卧，武负、王媪见其上常有龙，怪之。高祖每酤留饮，酒雠数倍。及见怪，岁竟，此两家常折券弃责。

高祖常繇咸阳，纵观，观秦皇帝，喟然太息曰："嗟乎，大丈夫当如此也！"

单父人吕公善沛令，避仇从之客，因家沛焉。沛中豪桀吏闻令有重客，皆往贺。萧何为主吏，主进，令诸大夫曰："进不满千钱，坐之堂下。"高祖为亭长，素易诸吏，乃绐为谒曰"贺钱万"，实不持一钱。谒入，吕公大惊，起，迎之门。吕公者，好相人，见高祖状貌，因重敬之，引入坐。萧何曰："刘季固多大言，少成事。"高祖因狎侮诸客，遂坐上坐，无所诎。酒阑，吕公因目固留高祖。高祖竟酒，后。吕公曰："臣少好相人，相人多矣，无如季相，愿季自爱。臣有息女，愿为季箕帚妾。"酒罢，吕媪怒吕公曰："公始常欲奇此女，与贵人。沛令善公，求之不与，何自妄许与刘季？"吕公曰："此非儿女子所知也。"卒与刘季。吕公女乃吕后也，生孝惠帝、鲁元公主。

高祖为亭长时，常告归之田。吕后与两子居田中耨，有一老父过请饮，吕后因餔之。老父相吕后曰："夫人天下贵人。"令相两子，见孝惠，曰："夫人所以贵者，乃此男也。"相鲁元，亦皆贵。老父已去，高祖适从旁舍来，吕后具言客有过，相我子母皆大贵。高祖问，曰："未远。"乃追及，问老父。老父曰："乡者夫人婴儿皆似君，君相贵不可言。"高祖乃谢曰："诚如父言，不敢忘德。"及高祖贵，遂不知老父处。

高祖以亭长为县送徒郦山，徒多道亡，自度比至皆亡之。到丰西泽中，止饮，夜乃解纵所送徒。曰："公等皆去，吾亦从此逝矣！"徒中壮士愿从者十余人。高祖被酒，夜径泽中，令一人行前。行前者还报曰："前有大蛇当径，愿还。"高祖醉，曰："壮士行，何畏！"乃前，拔剑击斩蛇。蛇遂分为两，径开。行数里，醉，因卧。后人来至蛇所，有一老姬夜哭。人问何哭，姬曰："人杀吾子，故哭之。"人曰："姬子何为见杀？"姬曰："吾子，白帝子也，化为蛇，当道，今为赤帝子斩之，故哭。"人乃以姬为不诚，欲告之。姬因忽不见。后人至，高祖觉。后人告高祖，高祖乃心独喜，自负。诸从者日益畏之。

秦二世元年秋，陈胜等起蕲，至陈而王，号为"张楚"。诸郡县皆多杀其长吏以应陈涉。沛令恐，欲以沛应涉。掾、主吏萧何、曹参乃曰："君为秦吏，今欲背之，率沛子弟，恐不听。愿君召诸亡在外者，可得数百人，因劫众，众不敢不听。"乃令樊哙召刘季。刘季之众已数十百人矣。

于是樊哙从刘季来。沛令后悔，恐其有变，乃闭城城守，欲诛萧、曹。萧、曹恐,踰城保刘季。刘季乃书帛射城上,谓沛父老曰:"天下苦秦久矣。今父老虽为沛令守,诸侯并起,今屠沛。沛今共诛令,择子弟可立者立之,以应诸侯,则家室完。不然,父子俱屠,无为也。"父老乃率子弟共杀沛令,开城门迎刘季,欲以为沛令。刘季曰:"天下方扰,诸侯并起,今置将不善,壹败涂地。吾非敢自爱,恐能薄,不能完父兄子弟。此大事,愿更相推择可者。"萧、曹等皆文吏,自爱,恐事不就,后秦种族其家,尽让刘季。诸父老皆曰:"平生所闻刘季诸珍怪,当贵,且卜筮之,莫如刘季最吉。"于是刘季数让。众莫敢为,乃立季为沛公。

秦泗川监平将兵围丰,二日,出与战,破之。命雍齿守丰,引兵之薛。泗川守壮败于薛,走至戚,沛公左司马得泗川守壮,杀之。沛公还军亢父,至方与,未战。陈王使魏人周市略地。周市使人谓雍齿曰:"丰,故梁徙也。今魏地已定者数十城。齿今下魏,魏以齿为侯守丰。不下,且屠丰。"雍齿雅不欲属沛公,及魏招之,即反为魏守丰。沛公引兵攻丰,不能取。沛公病,还之沛。沛公怨雍齿与丰子弟叛之,闻东阳宁君、秦嘉立景驹为假王,在留,乃往从之,欲请兵以攻丰。是时秦将章邯从陈,别将司马将兵北定楚地,屠相,至砀。东阳宁君、沛公引兵西,与战萧西,不利。还收兵聚留,引兵攻砀,三日乃取砀。因收砀兵,得五六千人。攻下邑,拔之。还军丰。闻项梁在薛,从骑百余往见之。项梁益沛公卒五千人,五大夫将十人。沛公还,引兵攻丰。

从项梁月余,项羽已拔襄城还。项梁尽召别将居薛。闻陈王定死,因立楚后怀王孙心为楚王,治盱台。项梁号武信君。居数月,北攻亢父,救东阿,破秦军。齐军归,楚独追北,使沛公、项羽别攻城阳,屠之。军濮阳之东,与秦军战,破之。

秦军复振,守濮阳,环水。楚军去而攻定陶,定陶未下。沛公与项羽西略地至雍丘之下,与秦军战,大破之,斩李由。还攻外黄,外黄未下。

章邯已破项梁军,则以为楚地兵不足忧,乃渡河,北击赵,大破之。当是之时,赵歇为王,秦将王离围之巨鹿城,此所谓河北之军也。

秦二世三年,楚怀王见项梁军破,恐,徙盱台,都彭城,并吕臣、项羽军自将之。以沛公为砀郡长,封为武安侯,将砀郡兵。封项羽为长安侯,号为鲁公。吕臣为司徒,其父吕青为令尹。

令沛公西略地入关。与诸将约,先入定关中者王之。沛公引兵西,遇彭越昌邑,因与俱攻秦军,战不利。还至栗,遇刚武侯,夺其军,可四千余人,并之。与魏将皇欣、魏申徒武蒲之军并攻昌邑,昌邑未拔。西过高阳。郦食其为监门,曰:"诸将过此者多,吾视沛公大人长者。"乃求见说沛公。沛公方踞床,使两女子洗足。郦生不拜,长揖,曰:"足下必欲诛无道秦,不宜踞见长者。"于是沛公起,摄衣谢之,延上坐。食其说沛公袭陈留,得秦积粟。乃以郦食其为广野君,郦商为将,将陈留兵,与偕攻开封,开封未拔。西与秦将杨熊战白马,又战曲遇东,大破之。杨熊走之荥阳,二世使使者斩以徇。南攻颍阳,屠之。因张良遂略韩地轘辕。

当是时,赵别将司马卬方欲渡河入关,沛公乃北攻平阴,绝河津,南,战雒阳东,军不利,还至阳城,收军中马骑,与南阳守齮战犨东,破之。略南阳郡,南阳守齮走,保城守宛。沛公引兵过而西。张良谏曰:"沛公虽欲急入关,秦兵尚众,距险。今不下宛,宛从后击,强秦在前,此危道也。"于是沛公乃夜引兵从他道还,更旗帜,黎明,围宛城三帀。南阳守欲自刭。其舍人陈恢曰:"死未晚也。"乃踰城见沛公,曰:"臣闻足下约,先入咸阳者王之。今足下留守宛。宛,大郡之都也,连城数十,人民众,积蓄多,吏人自以为降必死,故皆坚守乘城。今足下尽日止攻,士死伤者必多,引兵去宛,宛必随足下后,足下前则失咸阳之约,后又有强宛之患。为足下计,莫若约降,封其守,因使止守,引其甲卒与之西。诸城未下者,闻声争开门而待,足下通行无所累。"沛公曰:"善。"乃以宛守为殷侯,封陈恢千户,引兵西,无不下者。至丹水,高武侯鳃、襄侯王陵降西陵。还攻胡阳,遇番君别将梅鋗,与皆,降析、郦。遣魏人宁昌使秦,使者未来。是时章邯已以军降项羽于赵矣。

汉元年十月,沛公兵遂先诸侯至霸上。秦王子婴素车白马,系颈以组,封皇帝玺符节,降轵道旁。诸将或言诛秦王。沛公曰:"始怀王遣我,固以能宽容;且人已服降,又杀之,不祥。"乃以秦王属吏,遂西入咸阳。欲止宫休舍,樊哙、张良谏,乃封秦重宝财物府库,还军霸上,召诸县父老豪桀曰:"父老苦秦苛法久矣,诽谤者族,偶语者弃市。吾与诸侯约,先入关者王之,吾当王关中。与父老约,法三章耳:杀人者死,伤人及盗抵罪。余悉除去秦法。诸吏人皆案堵如故。凡吾所以来,为父老除害,非有所侵暴,无恐!且吾所以还军霸上,待诸侯至而定约束耳。"乃使人与秦吏行县乡邑,告谕之。秦人大喜,争持牛羊酒食献飨军士。沛公又让不受,曰:"仓粟多,非乏,不欲费人。"人又益喜,唯恐沛公不为秦王。

或说沛公曰:"秦富十倍天下,地形强。今闻章邯降项羽,项羽乃号为雍王,王关中。今则来,沛公恐不得有此。可急使兵守函谷关,无内诸侯军,稍征关中兵以自益,距之。"沛公然其计,从之。十一月中,项羽果率诸侯兵西,欲入关,关门闭。闻沛公已定关中,大怒,使黥布等攻破函谷关。十二月中,遂至戏。沛公左司马曹无伤闻项王怒,欲攻沛公,使人言项羽曰:"沛公欲王关中,令子婴为相,珍宝尽有之。"欲以求封。亚父劝项羽击沛公。方飨士,旦日合战。是时项羽兵四十万,号百万。沛公兵十万,号二十万,力不敌。会项伯欲活张良,夜往见良,因以文谕项羽,项羽乃止。沛公从百余骑,驱之鸿门,见谢项羽。项羽曰:"此沛公左司马曹无伤言之。不然,籍何以生此!"沛公以樊哙、张良故,得解归。归,立诛曹无伤。

项羽遂西，屠烧咸阳秦宫室，所过无不残破。秦人大失望，然恐，不敢不服耳。

正月，项羽自立为西楚霸王，王梁、楚地九郡，都彭城。负约，更立沛公为汉王，王巴、蜀、汉中，都南郑。三分关中，立秦三将：章邯为雍王，都废丘；司马欣为塞王，都栎阳；董翳为翟王，都高奴。楚将瑕丘申阳为河南王，都洛阳。赵将司马卬为殷王，都朝歌。赵王歇徙王代。赵相张耳为常山王，都襄国。当阳君黥布为九江王，都六。怀王柱国共敖为临江王，都江陵。番君吴芮为衡山王，都邾。燕将臧荼为燕王，都蓟。故燕王韩广徙王辽东。广不听，臧荼攻杀之无终。封成安君陈余河间三县，居南皮。封梅鋗十万户。

四月，兵罢戏下，诸侯各就国。汉王之国，项王使卒三万人从，楚与诸侯之慕从者数万人，从杜南入蚀中。去辄烧绝栈道，以备诸侯盗兵袭之，亦示项羽无东意。至南郑，诸将及士卒多道亡归，士卒皆歌思东归。韩信说汉王曰："项羽王诸将之有功者，而王独居南郑，是迁也。军吏士卒皆山东之人也，日夜跂而望归，及其锋而用之，可以有大功。天下已定，人皆自宁，不可复用。不如决策东乡，争权天下。"

项羽出关，使人徙义帝。曰："古之帝者地方千里，必居上游。"乃使使徙义帝长沙郴县，趣义帝行，群臣稍倍叛之，乃阴令衡山王、临江王击之，杀义帝江南。项羽怨田荣，立齐将田都为齐王。田荣怒，因自立为齐王，杀田都而反楚；予彭越将军印，令反梁地。楚令萧公角击彭越，彭越大破之。陈余怨项羽之弗王己也，令夏说说田荣，请兵击张耳。齐予陈余兵，击破常山王张耳，张耳亡归汉。迎赵王歇于代，复立为赵王。赵王因立陈余为代王。项羽大怒，北击齐。

八月，汉王用韩信之计，从故道还，袭雍王章邯。邯迎击汉陈仓，雍兵败，还走；止战好畤，又复败，走废丘。汉王遂定雍地。东至咸阳，引兵围雍王废丘，而遣诸将略定陇西、北地、上郡。令将军薛欧、王吸出武关，因王陵兵南阳，以迎太公、吕后于沛。楚闻之，发兵距之阳夏，不得前。令故吴令郑昌为韩王，距汉兵。

二年，汉王东略地，塞王欣、翟王翳、河南王申阳皆降。韩王昌不听，使韩信击破之。于是置陇西、北地、上郡、渭南、河上、中地郡；关外置河南郡。更立韩太尉信为韩王。诸将以万人若以一郡降者，封万户。缮治河上塞。诸故秦苑囿园池，皆令人得田之。正月，虏雍王弟章平。大赦罪人。

汉王之出关至陕，抚关外父老，还，张耳来见，汉王厚遇之。

新城三老董公遮说汉王以义帝死故。汉王闻之，袒而大哭。遂为义帝发丧，临三日。发使者告诸侯曰："天下共立义帝，北面事之。今项羽放杀义帝于江南，大逆无道。寡人亲为发丧，诸侯皆缟素。悉发关内兵，收三河士，南浮江汉以下，愿从诸侯王击楚之杀义帝者。"

　　是时项王北击齐，田荣与战城阳。田荣败，走平原，平原民杀之。齐皆降楚。楚因焚烧其城郭，系虏其子女。齐人叛之。田荣弟横立荣子广为齐王，齐王反楚城阳。项羽虽闻汉东，既已连齐兵，欲遂破之而击汉。汉王以故得劫五诸侯兵，遂入彭城。项羽闻之，乃引兵去齐，从鲁出胡陵，至萧，与汉大战彭城灵壁东睢水上，大破汉军，多杀士卒，睢水为之不流。乃取汉王父母妻子于沛，置之军中以为质。当是时，诸侯见楚强汉败，还皆去汉复为楚。塞王欣亡入楚。

　　吕后兄周吕侯为汉将兵，居下邑。汉王从之，稍收士卒，军砀。汉王乃西过梁地，至虞。使谒者随何之九江王布所，曰："公能令布举兵叛楚，项羽必留击之。得留数月，吾取天下必矣。"随何往说九江王布，布果背楚。楚使龙且往击之。

　　汉王之败彭城而西，行使人求家室，家室亦亡，不相得。败后乃独得孝惠，六月，立为太子，大赦罪人。令太子守栎阳，诸侯子在关中者皆集栎阳为卫。引水灌废丘，废丘降，章邯自杀。更名废丘为槐里。于是令祠官祀天地四方上帝山川，以时祀之。兴关内卒乘塞。

　　是时九江王布与龙且战，不胜，与随何间行归汉。汉王稍收士卒，与诸将及关中卒益出，是以兵大振荥阳，破楚京、索间。

　　汉王军荥阳南，筑甬道属之河，以取敖仓。与项羽相距岁余。项羽数侵夺汉甬道，汉军乏食，遂围汉王。汉王请和，割荥阳以西者为汉。项王不听。汉王患之，乃用陈平之计，予陈平金四万斤，以间疏楚君臣。于是项羽乃疑亚父。亚父是时劝项羽遂下荥阳，及其见疑，乃怒，辞老，愿赐骸骨归卒伍，未至彭城而死。

　　汉军绝食，乃夜出女子东门二千余人，被甲，楚因四面击之。将军纪信乃乘王驾，诈为汉王，诳楚，楚皆呼万岁，之城东观，以故汉王得与数十骑出西门遁。令御史大夫周苛、魏豹、枞公守荥阳。诸将卒不能从者，尽在城中。周苛、枞公相谓曰："反国之王，难与守城。"因杀魏豹。

　　汉王之出荥阳入关，收兵欲复东。袁生说汉王曰："汉与楚相距荥阳数岁，汉常困。愿君王出武关，项羽必引兵南走，王深壁，令荥阳成皋间且得休。使韩信等辑河北赵地，连燕齐，君王乃复走荥阳，未晚也。如此，则楚所备者多，力分，汉得休，复与之战，破楚必矣。"汉王从其计，出军宛叶间，与黥布行收兵。

　　项羽闻汉王在宛，果引兵南。汉王坚壁不与战。是时彭越渡睢水，与项声、薛公战下邳，彭越大破楚军。项羽乃引兵东击彭越。汉王亦引兵北军成皋。项羽已破走彭越，闻汉王复军成皋，乃复引兵西，拔荥阳，诛周苛、枞公，而虏韩王信，遂围成皋。

　　汉王跳，独与滕公共车出成皋玉门，北渡河，驰宿修武。自称使者，晨驰入张耳、韩信壁，而夺之军。乃使张耳北益收兵赵地，使韩信东击齐。汉王得韩信军，则复振。引兵临河,南飨军小修武南,欲复战。郎中郑忠乃说止汉王,使高垒深堑,勿与战。汉王听其计,使卢绾、刘贾将卒二万人,骑数百,渡白马津,入楚地,与彭越复击破楚军燕郭西,遂复下梁地十余城。

四年,项羽乃谓海春侯大司马曹咎曰:"谨守成皋。若汉挑战,慎勿与战,无令得东而已。我十五日必定梁地,复从将军。"乃行击陈留、外黄、睢阳,下之。汉果数挑楚军,楚军不出,使人辱之五六日,大司马怒,度兵汜水。士卒半渡,汉击之,大破楚军,尽得楚国金玉货赂。大司马咎、长史欣皆自刭汜水上。项羽至睢阳,闻海春侯破,乃引兵还。汉军方围钟离眜于荥阳东,项羽至,尽走险阻。

韩信已破齐,使人言曰:"齐边楚,权轻,不为假王,恐不能安齐。"汉王欲攻之。留侯曰:"不如因而立之,使自为守。"乃遣张良操印绶立韩信为齐王。

楚汉久相持未决,丁壮苦军旅,老弱罢转饷。汉王项羽相与临广武之间而语。项羽欲与汉王独身挑战。汉王数项羽曰:"始与项羽俱受命怀王,曰先入定关中者王之,项羽负约,王我于蜀汉,罪一。项羽矫杀卿子冠军而自尊,罪二。项羽已救赵,当还报,而擅劫诸侯兵入关,罪三。怀王约入秦无暴掠,项羽烧秦宫室,掘始皇帝冢,私收其财物,罪四。又强杀秦降王子婴,罪五。诈阬秦子弟新安二十万,王其将,罪六。项羽皆王诸将善地,而徙逐故主,令臣下争叛逆,罪七。项羽出逐义帝彭城,自都之,夺韩王地,并王梁楚,多自予,罪八。项羽使人阴弑义帝江南,罪九。夫为人臣而弑其主,杀已降,为政不平,主约不信,天下所不容,大逆无道,罪十也。吾以义兵从诸侯诛残贼,使刑余罪人击杀项羽,何苦乃与公挑战!"项羽大怒,伏弩射中汉王。汉王伤匈,乃扪足曰:"虏中吾指!"汉王病创卧,张良强请汉王起行劳军,以安士卒,毋令楚乘胜于汉。汉王出行军,病甚,因驰入成皋。

病愈,西入关,至栎阳,存问父老,置酒,枭故塞王欣头栎阳市。留四日,复如军,军广武。关中兵益出。

项羽解而东归。汉王欲引而西归,用留侯、陈平计,乃进兵追项羽,至阳夏南止军,与齐王信、建成侯彭越期会而击楚军。至固陵,不会。楚击汉军,大破之。汉王复入壁,深堑而守之。用张良计,于是韩信、彭越皆往。及刘贾入楚地,围寿春。汉王败固陵,乃使使者召大司马周殷举九江兵而迎武王,行屠城父,随刘贾、齐梁诸侯皆大会垓下。立武王布为淮南王。

五年,高祖与诸侯兵共击楚军,与项羽决胜垓下。淮阴侯将三十万自当之,孔将军居左,费将军居右,皇帝在后,绛侯、柴将军在皇帝后。项羽之卒可十万。淮阴先合,不利,却。孔将军、费将军纵,楚兵不利,淮阴侯复乘之,大败垓下。项羽卒闻汉军之楚歌,以为汉尽得楚地,项羽乃败而走,是以兵大败。使骑将灌婴追杀项羽东城,斩首八万,遂略定楚地,鲁为楚坚守,不下。汉王引诸侯兵北,示鲁父老项羽头,鲁乃降。遂以鲁公号葬项羽谷城。还至定陶,驰入齐王壁,夺其军。

正月,诸侯及将相相与共请尊汉王为皇帝。汉王曰:"吾闻帝贤者有也,空言虚语,非所守也,吾不敢当帝位。"群臣皆曰:"大王起微细,诛暴逆,平定四海,有功者辄裂地而封为王侯。大王不尊号,皆疑不信。臣等以死守之。"汉王三让,不得已,曰:"诸君必以为便,便国家。"甲午,乃即皇帝位汜水之阳。

天下大定。高祖都雒阳,诸侯皆臣属。故临江王驩为项羽叛汉,令卢绾、刘贾围之,不下。数月而降,杀之雒阳。

高祖置酒雒阳南宫。高祖曰:"列侯诸将无敢隐朕,皆言其情。吾所以有天下者何? 项氏之所以失天下者何?"高起、王陵对曰:"陛下慢而侮人,项羽仁而爱人。然陛下使人攻城略地,所降下者因以予之,与天下同利也。项羽妒贤嫉能,有功者害之,贤者疑之,战胜而不予人功,得地而不予人利,此所以失天下也。"高祖曰:"公知其一,未知其二。夫运筹策帷帐之中,决胜于千里之外,吾不如子房。镇国家,抚百姓,给馈饷,不绝粮道,吾不如萧何。连百万之军,战必胜,攻必取,吾不如韩信。此三者,皆人杰也,吾能用之,此吾所以取天下也。项羽有一范增而不能用,此其所以为我擒也。"

高祖欲长都雒阳,齐人刘敬说,及留侯劝上入都关中,高祖是日驾,入都关中。六月,大赦天下。

六年,高祖五日一朝太公,如家人父子礼。太公家令说太公曰:"天无二日,土无二王。今高祖虽子,人主也;太公虽父,人臣也。奈何令人主拜人臣! 如此,则威重不行。"后高祖朝,太公拥篲,迎门却行。高祖大惊,下扶太公。太公曰:"帝,人主也,奈何以我乱天下法!"于是高祖乃尊太公为太上皇。心善家令言,赐金五百斤。

十二月,人有上变事告楚王信谋反,上问左右,左右争欲击之。用陈平计,乃伪游云梦,会诸侯于陈,楚王信迎,即因执之。是日,大赦天下。田肯贺,因说高祖曰:"陛下得韩信,又治秦中。秦,形胜之国,带河山之险,县隔千里,持戟百万,秦得百二焉。地势便利,其以下兵于诸侯,譬犹居高屋之上建瓴水也。夫齐,东有琅邪、即墨之饶,南有泰山之固,西有浊河之限,北有勃海之利。地方二千里,持戟百万,县隔千里之外,齐得十二焉。故此东西秦也。非亲子弟,莫可使王齐矣。"高祖曰:"善。"赐黄金五百斤。

后十余日,封韩信为淮阴侯,分其地为二国。高祖曰将军刘贾数有功,以为荆王,王淮东。弟交为楚王,王淮西。子肥为齐王,王七十余城,民能齐言者皆属齐。乃论功,与诸列侯剖符行封。徙韩王信太原。

七年,匈奴攻韩王信马邑,信因与谋反太原。白土曼丘臣、王黄立故赵将赵利为王以反,高祖自往击之。会天寒,士卒堕指者什二三,遂至平城。匈奴围我平城,七日而后罢去。令樊哙止定代地。立兄刘仲为代王。

八年,高祖东击韩王信余反寇于东垣。

萧丞相营作未央宫,立东阙、北阙、前殿、武库、太仓。高祖还,见宫阙壮甚,怒,谓萧何曰:"天下匈匈,苦战数岁,成败未可知,是何治宫室过度也?"萧何曰:"天下方未定,故可因遂就宫室。且夫天子以四海为家,非壮丽无以重威,且无令后世有以加也。"高祖乃说。

高祖之东垣,过柏人,赵相贯高等谋弑高祖,高祖心动,因不留。代王刘仲弃国亡,自归雒阳,废以为合阳侯。

九年,赵相贯高等事发觉,夷三族。废赵王敖为宣平侯。是岁,徙贵族楚昭、屈、景、怀、齐田氏关中。

未央宫成。高祖大朝诸侯群臣,置酒未央前殿。高祖奉玉卮,起为太上皇寿,曰:"始大人常以臣无赖,不能治产业,不如仲力。今某之业所就孰与仲多?"殿上群臣皆呼万岁,大笑为乐。

八月,赵相国陈豨反代地。上曰:"豨尝为吾使,甚有信。代地吾所急也,故封豨为列侯,以相国守代,今乃与王黄等劫掠代地!代地吏民非有罪也,其赦代吏民。"九月,上自东往击之。至邯郸,上喜曰:"豨不南据邯郸而阻漳水,吾知其无能为也。"闻豨将皆故贾人也,上曰:"吾知所以与之。"乃多以金啖豨将,豨将多降者。

十一年,高祖在邯郸诛豨等未毕,豨将侯敞将万余人游行,王黄军曲逆,张春渡河击聊城。汉使将军郭蒙与齐将击,大破之。太尉周勃道太原入,定代地。至马邑,马邑不下,即攻残之。

豨将赵利守东垣,高祖攻之,不下。月余,卒骂高祖,高祖怒。城降,令出骂者斩之,不骂者原之。于是乃分赵山北,立子恒以为代王,都晋阳。

高祖还归,过沛,留。置酒沛宫,悉召故人父老子弟纵酒,发沛中儿得百二十人,教之歌。酒酣,高祖击筑,自为歌诗曰:"大风起兮云飞扬,威加海内兮归故乡,安得猛士兮守四方!"令儿皆和习之。高祖乃起舞,慷慨伤怀,泣数行下。谓沛父兄曰:"游子悲故乡。吾虽都关中,万岁后吾魂魄犹乐思沛。且朕自沛公以诛暴逆,遂有天下,其以沛为朕汤沐邑,复其民,世世无有所与。"沛父

兄诸母故人日乐饮极驩,道旧故为笑乐。十余日,高祖欲去,沛父兄固请留高祖。高祖曰:"吾人众多,父兄不能给。"乃去。沛中空县皆之邑西献。高祖复留止,张饮三日,沛父兄皆顿首曰:"沛幸得复,丰未复,唯陛下哀怜之。"高祖曰:"丰吾所生长,极不忘耳,吾特为其以雍齿故反我为魏。"沛父兄固请,乃并复丰,比沛。于是拜沛侯刘濞为吴王。

汉将别击布军洮水南北,皆大破之,追得斩布鄱阳。

樊哙别将兵定代,斩陈豨当城。

十一月,高祖自布军至长安。立皇子建为燕王。

高祖击布时,为流矢所中,行道病。病甚,吕后迎良医。医入见,高祖问医。医曰:"病可治。"于是高祖嫚骂之曰:"吾以布衣提三尺剑取天下,此非天命乎?命乃在天,虽扁鹊何益!"遂不使治病,赐金五十斤罢之。已而吕后问:"陛下百岁后,萧相国即死,令谁代之?"上曰:"曹参可。"问其次,上曰:"王陵可。然陵少戆,陈平可以助之。陈平智有余,然难以独任。周勃重厚少文,然安刘氏者必勃也,可令为太尉。"吕后复问其次,上曰:"此后亦非而所知也。"

卢绾与数千骑居塞下候伺,幸上病愈自入谢。

四月甲辰,高祖崩长乐宫。四日不发丧。吕后与审食其谋曰:"诸将与帝为编户民,今北面为臣,此常怏怏,今乃事少主,非尽族是,天下不安。"人或闻之,语郦将军。郦将军往见审食其,曰:"吾闻帝已崩,四日不发丧,欲诛诸将。诚如此,天下危矣。陈平、灌婴将十万守荥阳,樊哙、周勃将二十万定燕、代,此闻帝崩,诸将皆诛,必连兵还乡以攻关中。大臣内叛,诸侯外反,亡可翘足而待也。"审食其入言之,乃以丁未发丧,大赦天下。

卢绾闻高祖崩,遂亡入匈奴。

丙寅,葬。己巳,立太子,至太上皇庙。群臣皆曰:"高祖起微细,拨乱世反之正,平定天下,为汉太祖,功最高。"上尊号为高皇帝。太子袭号为皇帝,孝惠帝也。令郡国诸侯各立高祖庙,以岁时祠。

太史公曰:夏之政忠。忠之敝,小人以野,故殷人承之以敬。敬之敝,小人以鬼,故周人承之以文。文之敝,小人以僿,故救僿莫若以忠。三王之道若循环,终而复始。周秦之间,可谓文敝矣。秦政不改,反酷刑法,岂不缪乎?故汉兴,承敝易变,使人不倦,得天统矣。朝以十月。车服黄屋左纛。葬长陵。

【译文】

高祖,沛县丰邑中阳里人。姓刘,字季。父亲叫太公,母亲叫刘媪。先前刘媪曾经休息于大湖岸边,睡梦中与神相交合。这时雷电交作,天昏地暗。太公去看刘媪,见到一条蛟龙在她身上。后来刘媪怀了孕,就生了高祖。

　　高祖这个人，高鼻梁，像龙一样丰满的额角，漂亮的须髯，左腿上有七十二颗黑痣。仁厚爱人，喜欢施舍，胸襟开阔。常有远大的志向，不从事一般百姓的生产作业。到了壮年，试做官吏，当了泗水亭亭长，公廷中的官吏，没有一个不混得很熟，受他戏弄。爱好喝酒，喜欢女色。常常向王媪、武负赊酒，喝醉了卧睡，武负、王媪看见他上面常有一条龙，感到很奇怪。高祖每次来买酒，留在酒店中饮酒，酒店的酒比平常多卖几倍。等到发现了奇怪的现象，年终时，这两家酒店常折毁帐目，放弃债权。

　　高祖曾经到咸阳服徭役，（有一次秦始皇车驾出巡）纵任人们观看，他看到了秦始皇，喟然长叹说："啊，大丈夫应当像这个样子！"

　　单父人吕公与沛县县令相友好，为了躲避仇人到县令家做客，因而迁家到沛县。沛县中的豪杰官吏听说县令有贵客，都去送礼祝贺。萧何为县里的主吏，主管收礼物，对各位贵客说："礼物不满一千钱的，坐在堂下。"高祖做亭长，向来轻视那些官吏，于是欺骗地在名刺上说"贺万钱"，其实没有拿出一个钱。名刺递了进去，吕公大惊，站起来，到门口迎接高祖。吕公这个人，好给人相面，看到高祖的状貌，就特别敬重他，领他到堂上入座。萧何说："刘季本来大话很多，很少成事。"（由于受到吕公的敬重）高祖便戏辱堂上的客人，自己坐在上座，毫不谦让。酒席就要散尽，吕公以目示意高祖不要走。高祖喝完了酒，留在后面。吕公说："我从年少时就好给人相面，相过的人多了，没有一个像你刘季这样的贵相，希望你刘季保重。我有一亲生女儿，愿意做为你刘季执帚洒扫的妻子。"酒席结束后，吕媪生吕公的气，说："你最初常想使这个女儿与众不同，把她嫁给贵人。沛令与你相友好，求娶女儿，你不答应，为什么自己妄作主张许配给了刘季？"吕公说："这不是妇孺之辈所能懂得的。"终于把女儿嫁给了刘季。吕公的女儿就是吕后，她生了孝惠帝、鲁元公主。

　　高祖作亭长时，曾经请假回家。吕后与两个孩子在田间除草，有一老人路过，要些水喝，吕后就请他吃了饭。老人给吕后相面，说："夫人是天下的贵人。"吕后让他给两个孩子看相。老人看了孝惠，说："夫人所以显贵，就是这个孩子的缘故。"看了鲁元，也是贵相。老人已经走了，高祖正好从别人家来到田间，吕后告诉他一位客人从这里经过，给我们母子看相，说将来都是大贵人。高祖问老父在哪儿，吕后说："走出不远。"高祖追上了老人，向他询问。老人说："刚才相过夫人和孩子，他们都跟你相似，你的相貌，贵不可言。"高祖便道谢说："如果真像老父所说，决不忘记对我的恩德。"等到高祖显贵，竟然不知道老人的去处了。

　　高祖因身任亭长，为县里送役徒去郦山，役徒多在途中逃亡。他估计，等走到郦山，大概都逃光了。到丰邑西面的沼泽地带，停下来喝酒，夜间高祖就释放了所押送的役徒。高祖说："各位都走吧，我也从此一去不返了！"役徒中有十多个年轻力壮的愿意跟随高祖。高祖带着酒意,当夜抄小路通过这片沼泽,派一人前行探路。前行探路的人回来报告说:"前面有条大蛇横在路当中,请回去吧。"高祖醉醺醺的,说:"好汉走路,何所畏惧!"于是,就走上前去,拔剑击蛇,斩为两段,道路打通了。走了几里地,酒性发作,便躺下睡觉。后面的人来到斩蛇的地方,见有一个老太太夜里哭泣。人们问为什么啼哭,老太太说:"有人杀了我的儿子,所以我哭。"人们又说:"老太太,你的儿子为什么被杀?"老太太说:"我儿子,是白帝的儿子,变为蛇,横在路当中,现在被赤帝的儿子杀了,所以我才哭。"人们以为老太太不诚实,想要给她点苦头吃,老太太忽然不见了。落在后面的人到了高祖休息的地方,高祖已经醒了。他们把刚才发生的事告诉了高祖,高祖听了暗自高兴,觉得自命不凡。那些跟随他的人对他日益敬畏。

秦二世元年(公元前209)秋天,陈胜等在蕲县起义,到了陈县自立为王,号称"张楚"。各郡县都大多杀死长官,响应陈胜。沛县县令恐惧,想要以沛县响应陈胜。主吏萧何、狱掾曹参对他说:"您身为秦朝的官吏,如今要叛秦起事,率领沛县子弟,恐怕他们不愿听命。希望您召集逃亡在外面的人,可以得到几百人。利用这股力量胁持群众,群众不敢不听您的命令。"县令就派樊哙去召唤刘季,刘季的队伍已经近百人了。

于是樊哙跟着刘季来到沛县。沛县县令又后悔了,恐怕刘季发生变故,就关闭城门,派人防守,(不让刘季进城)打算杀掉萧何、曹参。萧何、曹参恐惧,翻过城墙依附刘季。刘季用帛写了一封信,射到城上,告诉沛县父老说:"天下苦于秦朝的暴政已经很久了。现在父老为沛令守城,但各国诸侯都已起事,(一旦城破)就要屠戮沛县。如果沛县父老共同起来杀死沛令,选择子弟中可以立为首领的做领导,以响应诸侯军,那就能保全身家性命。不然的话,父子全遭杀害,死得毫无意义。"父老们就率领子弟共同杀了沛令,打开城门,迎接刘季,想让他做沛县县令。刘季说:"天下正在混乱当中,诸侯都已起事,如果推选的将领不胜任,就会一败涂地。我不是吝惜自己的生命,只怕才劣力薄,不能保全父兄子弟。这是件大事,希望另外共同推选一位能够胜任的人。"萧何、曹参等都是文官,看重身家性命,怕事情不成,秦朝会诛灭他们的全族,所以都推让刘季。父老们都说:"我们平时听到刘季许多奇异的事情,看来刘季是该显贵的。而且又经过占卜,没有比刘季更吉利的。"这时刘季再三谦让,大家都不敢担任,最后还是立刘季为沛公。

秦泗水郡郡监平率兵围丰,两天后,沛公出兵应战,打败了秦军。沛公命令雍齿守卫丰邑,自己引兵赴薛。泗水郡郡守壮在薛战败,逃到戚。沛公左司马擒获泗水郡郡守壮,杀死了他。沛公回军亢父,到了方与,没有交战。陈王陈胜派魏人周市攻城略地。周市使人对雍齿说:"丰,原来梁王曾迁徙到这里。如今魏地已经攻占的有数十城,你雍齿如果降魏,魏封你雍齿为侯,仍然驻守丰邑。不投降的话,就要血洗丰邑。"雍齿本来就很不愿意隶属沛公,等到魏国招降他,就背叛沛公,为魏防守丰邑。沛公引兵攻丰,没有攻下。沛公病了,回到沛县。沛公怨恨雍齿和丰邑子弟都背叛他,听说东阳宁君、秦嘉立景驹为假王,住在留县,就去依附他们,想借兵攻打丰邑。这时,秦将章邯在追击陈王的部队,别将司马夷率军北向,攻占楚地,在相屠城,到了砀县。东阳宁君、沛公引兵西进,与司马夷在萧县西面交战,没有占着便宜。退回来收集散兵,屯聚留县,引兵攻砀,三天就攻下了砀县。收编砀县降兵,得到五六千人,进攻下邑,打了下来。回军丰邑。听说项梁在薛县,带了随从骑兵一百多人去见项梁。项梁给沛公增拨士兵五千人,五大夫一级的将领十人。沛公回来,引兵攻丰。

沛公跟随项梁一个多月,项羽已经攻克襄城回来。项梁把各路将领都召集到薛县,听说陈王确实死了,就立楚国后人、楚怀王的孙子心为楚王,建都盱台。项梁号为武信君。停了几个月,向北攻打亢父,救援东阿(被围的齐军),打败了秦军。齐军回齐,楚军单独追击败兵。派沛公、项羽另率军队攻打城阳,大肆杀戮城中军民。沛公、项羽驻军濮阳东面,与秦军接战,击破了秦军。

秦军又振作起来,固守濮阳,决水自环。楚军离去,转攻定陶,定陶没有攻下。沛公和项羽向西攻城略地,到了雍丘城下,与秦军交战,大破秦军,杀了李由。回军攻打外黄,外黄没有攻克。

章邯已经打垮了项梁的军队,以为楚地的敌人不用担心了,就渡过黄河,北进攻打赵地,大破赵军。这个时候,赵歇为赵王,秦将王离围困赵歇于巨鹿城,(被围在巨鹿的军队)这就是所谓的"河北之军"。

三年,楚怀王看到项梁的军队被打垮了,心里恐惧,迁离盱台,建都彭城,合并吕臣、项羽的军队,亲自统率。以沛公任砀郡长,封为武安侯,统领砀郡的军队。封项羽为长安侯,号为鲁公。吕臣任司徒,他的父亲吕青作令尹。

命令沛公向西攻取土地,进军关中。和诸将相约,谁先进入函谷关平定关中,就让谁在关中做王。沛公引兵西进,在昌邑遇见彭越,就和他一起攻打秦军,这一仗没有打赢。回到栗县,遇到刚武侯,夺了他的军队,大约四千多人,(与沛公原来的队伍)合并在一起。沛公与魏将皇欣、魏申徒武蒲的军队联合攻打昌邑,昌邑没有攻下。西进路过高阳。郦食其为里监门,说:"将领们路过这里的很多,我看沛公是一个大人物,有仁厚长者的风度。"就去求见游说沛公。沛公正坐在床上,伸着两腿,让两个女子给他洗脚。郦生不下拜,深深地作了个揖,说:"足下一定要消灭残暴无道的秦朝,就不应该伸着两脚接见长者。"于是沛公站了起来,整理好衣服,向他道歉,请入上座。郦食其劝沛公袭击陈留,获得陈留积聚的粮米。沛公就以郦食其为广野君,郦商为将领,统率陈留的军队,和沛公一起攻打开封,开封没有攻下。向西与秦将杨熊在白马打了一仗,又接战于曲遇的东面,大破杨熊军。杨熊逃往荥阳,秦二世派使者斩首示众。沛公向南攻打颍阳,屠了颍阳城。依靠张良攻占了韩国的辕辕。

这时,赵将司马印正要渡过黄河进入函谷关,沛公就北进攻打平阴,切断黄河渡口。向南进发,在雒阳东面交战,战斗不利,回到阳城,集中军中的骑兵,与南阳郡郡守齮战于犨东,打败了齮军。攻取南阳郡的城邑,南阳郡郡守齮逃走,退守宛县。沛公引兵绕过宛城西进。张良进谏说:"沛公你虽然急于打入函谷关,但秦兵还很多,又据守险要。如今不拿下宛城,宛城守军从背后攻击,强大的秦军在前面阻挡,这是一种危险的战术。"于是沛公就在夜间率兵从另外一条道路返回,更换了旗帜,天亮时,把宛城包围了三层。南阳郡郡守想要自杀。他的舍人陈恢说:"死得还早。"他就翻过城墙去见沛公,说:"我听说足下接受楚怀王的约定,先攻入咸阳的称王关中。现在足下停留守在宛城。宛城是大郡的治所,连城数十,人多粮足,官吏和民众认为投降肯定被处死,所以都登城固守。如果足下整天留在这里攻城,士卒死伤的一定很多,如果引兵离开宛城,宛城守军必然跟踪追击。足下向前则失去先入咸阳的约定,后退又有强大的宛城守军为患。为足下设想,不如明约招降,封南阳郡守官爵,让他留守,足下带领宛城士卒一道西进。许多没有攻下的城邑,听到这个消息,争先打开城门,等待足下,足下可以通行无阻。"沛公说:"好。"就以南阳郡守为殷侯,封给陈恢一千户。引兵西进,没有不降服的。到达丹水,高武侯鳃、襄侯王陵在西陵投降。回军攻打胡阳,遇到番君的别将梅鋗与他一起,迫使析县、郦县投降。派遣魏人宁昌出使秦关中,使者没有回来。这时章邯已经带领全军在赵地投降项羽了。

汉元年(公元前206)十月,沛公的军队先于各路诸侯到达霸上。秦王子婴素车白马,用丝带系着脖子,封了皇帝的印玺和符节,在轵道旁投降。将领们有的主张杀死秦王。沛公说:"当初楚怀王派遣我,本来是因为我能宽大容人。况且人家已经降服,又杀死人家,不吉利。"于是就把秦王交给了官吏,向西进入咸阳。沛公想要留在宫殿中休息,樊哙、张良劝说后,才封闭了秦宫的贵重珍宝、财物和库房,回军霸上。召集各县的父老、豪杰说:"父老们苦于秦朝的严刑峻法已经很久了,诽谤朝政的要灭族,相聚议论的要在街市上处斩。我和诸侯们约定,先入关的在关中称王,我应当称王关中。同父老们约定,法律只有三

章:杀人的处死,伤人和抢劫的处以与所犯罪相当的刑罚。其余的秦朝法律全部废除。官吏和百姓都要安居如故。我所以到这里来,是为父老们除害,不会有欺凌暴虐的行为,不要害怕。我所以回军霸上,是等待诸侯们到来制定共同遵守的纪律。"沛公派人与秦朝官吏巡行县城乡间,告谕百姓。秦地的百姓大为高兴,争先恐后地拿出牛羊酒食款待士兵。沛公又谦让不肯接受,说:"仓库的谷子很多,不缺乏,不愿破费百姓。"百姓更加高兴,唯恐沛公不做秦王。

有人劝沛公说:"秦地比天下富足十倍,地势好。如今听说章邯投降了项羽,项羽就给了雍王的封号,称王于关中。现在即将来到关中就国,你沛公恐怕不能占有这个地方了。应赶快派兵把守函谷关,不让诸侯军进来,逐渐征集关中兵,以加强实力,抵抗诸侯兵。"沛公赞成他的计策,照着做了。十一月间,项羽果然率领诸侯军西进,想要入关,而关门闭着。听说沛公已经平定关中,大怒,派黥布等攻破了函谷关。十二月间,就到了戏水。沛公左司马曹无伤听说项王发怒,要攻打沛公,派人告诉项羽说:"沛公想要称王关中,令子婴为相,珍宝被他全部占有了。"打算以此求得封赏。亚父劝项羽进攻沛公。当时项羽饱餐士卒,准备明日会战。这时项羽兵四十万,号称百万。沛公兵十万,号称二十万,兵力敌不过项羽。恰巧项伯要救张良,夜间去见他。(回来后)用道理劝说项羽,项羽取消了进攻沛公的计划。沛公带来了一百多骑兵,驰至鸿门,来见项羽,表示歉意。项羽说:"这是你沛公左司马曹无伤向我说的。不然,我项羽何至于做这样的事。"沛公因为樊哙、张良的缘故,得以脱身返回。回来后,立刻杀了曹无伤。

项羽向西进军,屠杀无辜,焚毁咸阳秦宫室,所过之处,无不遭到摧残破坏。秦地的百姓大失所望,然而心里恐惧,不敢不服从。

正月,项羽自立为西楚霸王,在梁、楚地区的九个郡称王,建都彭城。背弃原来的约定,改立沛公为汉王,在巴、蜀、汉中称王,建都南郑。把关中瓜分为三,封立秦朝的三个将领:章邯为雍王,建都废丘;司马欣为塞王,建都栎阳;董翳为翟王,建都高奴。封楚将瑕丘申阳为河南王,建都洛阳。封赵将司马卬为殷王,建都朝歌。赵王歇迁徙代地称王。封赵将张耳为常山王,建都襄国。封当阳君黥布为九江王,建都六县。封楚怀王柱国共敖为临江王,建都江陵。封番郡吴芮为衡山王,建都邾县。封燕将臧荼为燕王,建都蓟县。原来的燕王韩广迁徙辽东称王。韩广不服从,臧荼攻杀韩广于无终。封成安君陈余河间三县,住在南皮。封给梅鋗十万户。

四月,在项羽旌麾之下罢兵散归,诸侯各自回到封国。汉王回国,项王派兵三万跟随,楚国和其他诸侯国的士卒仰慕汉王而追从的有几万人。他们从杜县南面进入蚀中,离开后就烧断栈道,以防备诸侯军和匪徒的袭击,也向项羽表示没有东进的意图。到达南郑,那些将领和士卒很多在中途逃亡回去,士卒都唱着歌,想要回到东方。韩信劝汉王说:"项羽封诸将有功的为王,而大王独自被封在南郑,这实际上是贬徙。军中官吏和士卒都是崤山以东的人,日夜跂踵盼望回家乡。乘他们气势旺盛时加以利用,可以建立大的功业。等到天下已经平定,人人都自然安下心来,就不能再利用了。不如决策向东进军,争夺天下大权。"

项羽出了函谷关,派人迁徙义帝。说:"古代做帝王的统辖千里见方的土地,必须居住上游。"就派使者把义帝迁徙到长沙郴县,催促义帝快走。群臣渐渐地背叛了义帝,项羽就暗地里让衡山王、临江王袭击他,把义帝杀死在江南。项羽怨恨田荣,封齐将田都为齐王。田荣恼怒,自立为齐王,杀死田都,反叛项楚,把将军印给予彭越,让他在梁地起兵反楚。楚派萧公角攻打彭越,彭越大败萧公角。陈余怨恨项羽不封自己为王,派夏说游说田荣,借兵攻打张耳。齐借兵给陈余,击败了常山王张耳,张耳逃跑归附了汉王。陈余从代接回赵王歇,又立为赵王,赵王就封陈余为代王。项羽大怒,出兵北向击齐。

八月,汉王用韩信的计策,从故道回军,袭击雍王章邯。章邯在陈仓迎击汉军,雍王兵败退走,在好邦停下来接战,又失败了,逃到废丘。汉王随即平定了雍地。向东到达咸阳,率军围困雍王于废丘,而派遣将领攻占了陇西、北地、上郡。派将军薛欧、王吸出武关,借助王陵驻扎在南阳的兵力,迎接太公、吕后于沛县。楚听到这一消息,出兵在阳夏阻挡,汉军不能前进。楚让原吴县县令郑昌为韩王,抵抗汉军。

二年,汉王东出略取城邑,塞王司马欣、翟王董翳、河南王申阳都投降了。韩王郑昌不愿归附,汉王派韩信打败了他。于是设置了陇西、北地、上郡、渭南、河上、中地各郡,关外设置了河南郡。改立韩太尉信为韩王。将领中以一万人或一郡投降的,封给一万户。整修河上郡内的长城。各处原来的秦朝苑囿园池,都让百姓开垦耕种。正月,俘虏了雍王的弟弟章平。大赦有罪的人。

汉王出函谷关到达陕县,抚慰关外父老,回来后,张耳来见,汉王给了他优厚的待遇。

新城三老董公拦住汉王,用义帝死这件事游说汉王。汉王听了,袒臂大哭。于是为义帝发丧,哭吊三天。派遣使者通告诸侯说:"天下共同拥立义帝,对他北面称臣。现在项羽把义帝放逐、击杀于江南,大逆无道。我亲自为他发丧,诸侯都要穿白色丧服。调发全部关内的兵力,征集三河的士卒,浮江汉南下,愿意跟随各诸侯王讨伐楚国杀害义帝的人。"

当时项王北进攻打齐国,田荣和他战于城阳。田荣兵败,逃到平原,平原的百姓杀了他,齐地都投降了楚国。楚兵焚烧齐人的城郭,掳掠他们的子女,齐人又反叛楚国。田荣的弟弟田横立田荣的儿子田广为齐王,齐王在城阳反楚。项羽虽然闻知汉军东进,但既然已经与齐军交战,就想打垮齐军之后迎击汉军。汉王利用这个机会劫取了五诸侯的兵力,进入彭城。项羽听到这一消息,就带兵离开齐,由鲁地出胡陵,抵达萧县,与汉军在彭城灵壁东面的睢水上激战,大败汉军,杀死了很多士卒,(由于尸体的堵塞)睢水都不能流通了。楚军从沛县掳取了汉王的父母妻子,放在军中作为人质。这个时候,诸侯看到楚军强盛,汉军败退,又都离汉归楚。塞王司马欣也逃到楚国。

吕后的哥哥周吕侯为汉带领一支军队,驻扎在下邑。汉王到他那里,渐渐收集士卒,驻军在砀县。汉王西行经过梁地,到了虞县,派谒者随何到九江王黥布那里,汉王说:"你能让黥布举兵叛楚,项羽必定留下来攻打他。如果能够滞留几个月,我一定可以取得天下。"随何去说服九江王黥布,黥布果然背叛了楚国,楚国派龙且去攻打他。

汉王兵败彭城后向西撤退,行军中派人寻找家属,家属也逃走了,没有互相碰见。战败后就只找到了孝惠帝,六月,立他为太子,太赦罪人。命令太子驻守栎阳,诸侯国人在关中的都集中在栎阳守卫。引水灌废丘,废丘投降,章邯自杀。把废丘改名为槐里。于是命令祠官祭祀天、地、四方、上帝、山川,以后按时致祭。征发关内士卒登城守卫边塞。

这时九江王黥布与龙且作战,没有取胜,和随何潜行归汉。汉王渐渐地征集了一些士卒,加上各路将领和关中兵的增援,因此军势大振于荥阳,在京、索之间击破了楚军。

汉王驻军在荥阳南面,修筑甬道与黄河相连,以便取用敖仓的粮食。与项羽对峙了一年多。项羽多次夺取了汉军的甬道,汉军缺少粮食,项羽于是围攻汉王。汉王请求讲和,划分荥阳以西的土地归汉。项王没有同意。汉王忧虑,就采取陈平的计策,给陈平黄金四万斤,用来离间楚国君臣。于是项羽对亚父产生了怀疑。亚父这时劝项羽乘势攻下荥阳,等到他知道已被怀疑,就很生气,推托自己年老,要求乞身引退,回家乡当老百姓。(项羽答应了)亚父没有到达彭城就死了。

汉军断绝了粮食,就在夜间从东门放出女子二千多人,披戴铠甲,楚军便四面围击。将军纪信乘坐汉王的车驾,伪装成汉王,欺骗楚军。楚军都高呼万岁,争赴城东观看,因此汉王能够与几十骑兵出西门潜逃。汉王命令御史大夫周苛、魏豹、枞公留守荥阳,将领和士卒不能随从的,都留在城中。周苛、枞公商量说:"魏豹这个叛国之王,很难和他共守城池。"因此就杀死了魏豹。

汉王逃出荥阳进入函谷关,收集士卒,想再次东进。袁生劝汉王说:"汉与楚在荥阳相持了几年,汉军常处于困难。希望君王从武关出去,项羽肯定引兵向南行进,君王深沟高垒,让荥阳、成皋之间得到休息。派韩信等安辑黄河以北的赵地,联合燕、齐,君王再赴荥阳,也为时不晚。这样,楚军多方设防,军力分散,汉军得到休整，再与楚军作战，肯定可以打破楚军了。"汉王采纳了他的计策，出兵宛县、叶县之间，与黥布在进军中收集兵马。

项羽听说汉王在宛县，果然带兵南下。汉王坚壁固守，不和他交战。这时彭越渡过睢水，与项声、薛公战于下邳，彭越大败楚军。于是项羽率军向东攻打彭越，汉王也引兵向北驻军成皋。项羽已经取胜，赶走了彭越，得知汉军又驻扎在成皋，就又领兵西进，攻克荥阳，杀了周苛、枞公，俘虏了韩王信，于是进围成皋。

汉王逃走了，单身一人与滕公同乘一辆车出了成皋的玉门，向北渡过黄河，驰至修武住了一夜。自称为使者，早晨驰入张耳、韩信的营中，夺取他们的军队，就派张耳去北边赵地更多地收集兵力，派韩信东进攻齐。汉王得到韩信的军队，军威又振作起来。率军来到黄河岸边，向南进发，在小修武南面让士卒吃饱喝足，打算与项羽再一次交战。郎中郑忠劝阻汉王，让他深沟高垒，不要和项羽交锋。汉王采用了郑忠的计策，派卢绾、刘贾率兵两万人，几百个骑士，渡过白马津，进入楚地，与彭越在燕县城西又打败了楚军，随后又攻下梁地十多座城邑。

四年，项羽对海春侯大司马曹咎说："谨慎防守成皋。如果汉军挑战，千万小心，不要应战，不让汉军东进就行了。我十五天一定平定梁地，再与将军会合。"于是就进军攻打陈留、外黄、睢阳，都攻了下来。汉军果然屡次向楚军挑战，楚军不肯出战。汉军派人辱骂了五六天楚军，大司马十分气愤，让士卒渡过汜水。士卒渡过一半，汉军出击，大败楚军，全部缴获了楚国的金玉财宝。大司马曹咎、长史司马欣都自刎在汜水上。项羽到达睢阳，听到海春侯兵败，就带兵返回。汉军正在荥阳东面围攻钟离眛，项羽一到，全部撤走到险阻地带。

韩信已经打垮了齐国，派人对汉王说："齐国靠近楚国，如果权力太小，不立为暂时代理的国王，恐怕不能安定齐地。"汉王想要攻打韩信。留侯说："不如就此封他为王，让他自己防守齐地。"汉王便派遣张良带着印绶立韩信为齐王。

楚、汉长期相持，胜负未决，年青力壮的苦于当兵打仗，年老体弱的疲于转运粮食。汉王、项羽一同站在广武涧两边对话。项羽想跟汉王单身挑战。汉王历数项羽的罪过说："最初我和你项羽都受命于怀王，说是先入关平定关中的，就在关中做王。你项羽违背约定，让我在蜀、汉做王，这是第一罪。你项羽假借怀王的命令，杀了卿子冠军，而自尊为上将军，这是第二罪。你项羽已经援救了赵地，应当返回复命，而你擅自胁迫诸侯的军队进入函谷关，这是第三罪。怀王约定到秦地不要残暴掠夺，你项羽火烧秦朝宫室，挖了始皇帝的坟墓，私自聚敛秦朝财物，这是第四罪。又硬是杀掉了秦朝投降的国王子婴，这是第五罪。在新安，用欺骗的手段坑杀了秦朝子弟二十万，而封他们的将领做王，这是第六罪。你项羽让自己的将领都在好地方做王，而迁走原来的诸侯王，使臣下争为叛逆，这是第七罪。你项羽把义帝驱逐出彭城，自己建都彭城，夺取韩王的土地，合并梁、楚称王,多划给自己土地,这是第八罪。你项羽派人在江南暗杀义帝,这是第九罪。为人臣下而杀害了他的君主,屠杀已经投降的人,执政不公允,主持约定不守信用,为天下人所不容,大逆无道,这是第十罪。我带领正义之师随从诸侯来诛除残暴的贼人,派受过刑的罪人杀死你项羽,我何苦与你挑战!"项羽大怒,埋伏的弓弩射中了汉王。汉王伤了胸部,却摸着脚说:"这个贼人射中了我的脚趾!"汉王身受创伤,卧床不起,张良请汉王勉强起来巡行慰劳士卒,以安定军心,不让楚军乘机取胜于汉。汉王出来巡视军队,伤势加重,就驱车进入成皋休养。

汉王病好了,向西进入函谷关,来到栎阳,慰问父老,设酒招待。砍了塞王司马欣的脑袋,挂在栎阳街市上示众。停了四天,又回到军中,驻扎在广武。关中的兵力大举出动。

项羽解兵东归。汉王想要领兵西还,后来采用留侯、陈平的计策,进兵追击项羽,到达阳夏南面收兵驻扎,与齐王韩信、建成侯彭越约定时间会合攻打楚军。到了固陵,韩信、彭越不来会合。楚军出击汉军,大败汉军。汉王又进入营垒,挖深了壕沟进行防守。使用了张良的计策,于是韩信、彭越都前来会合。又有刘贾进入楚地,围攻寿春。汉王在固陵战败,就派使者去召大司马周殷,用全部的九江士卒迎接武王黥布,黥布、周殷在进军中攻下城父,大肆屠杀。他们随从刘贾和齐、梁的诸侯大会垓下。汉王封武王黥布为淮南王。

五年,高祖和诸侯军一起攻打楚军,与项羽在垓下决一胜负。淮阴侯率兵三十万独当正面,孔将军布兵在左面,费将军布兵在右面,皇帝居后,绛侯、柴将军跟随在皇帝后面。项羽的士卒大约十万。淮阴侯首先会战,没有取胜,向后退却。孔将军、费将军纵兵出击,楚军不利,淮阴侯又乘势反攻,大败项羽于垓下。项羽的士兵听到汉军中的楚国歌声,以为汉军全部占领了楚地,项羽就败退逃跑,因此楚兵全军溃败。汉王派骑兵将领灌婴追击项羽,在东城杀了他,斩首八万,于是平定了楚地。鲁县为楚国坚守城池,汉军没有攻下,汉王带领诸侯军北上,把项羽的头给鲁县父老们看,鲁县才投降了。于是就用鲁公的封号在谷城埋葬了项羽。汉王回到定陶,驰入齐王营垒,夺了他的军队。

正月,诸侯和将相互相一起请求尊崇汉王为皇帝。汉王说:"我听说皇帝这一尊号,属于有贤德的人,虚言浮语,空有其名,不是这种人所能占有的,我不敢承受皇帝之位。"群臣都说:"大王起于贫寒,诛暴讨逆,平定四海,有功的就割地封为王侯。大王不尊崇名号,大家对自己的封号都要疑虑,不敢信以为真。臣等誓死坚持大王尊称皇帝。"汉王再三谦让,迫不得已地说:"大家一定以为这样有利于国家。为了对国家有利(我只好做皇帝了)。"甲午,在氾水北面即皇帝位。

天下基本平定。高祖建都雒阳,诸侯都成为高祖的属臣。原来的临江王共辕为了项羽起兵叛汉,命令卢绾、刘贾围攻共辕,没有攻克。几个月后投降了,在雒阳杀了共辕。

高祖在雒阳南宫摆设酒席。高祖说:"各位诸侯和将领不要隐瞒我,都要说心里话。我所以能够得到天下是什么原因?项氏所以失去天下是什么原因?"高起、王陵回答说:"陛下傲慢而侮辱人,项羽仁慈而爱护人。然而陛下派人攻城略地,所招降攻占的地方就封给他,与天下人利益相共。项羽嫉贤妒能,有功的人加以陷害,贤能的人受到怀疑,打了胜仗而不论功行赏,取得了土地而不与分利,这就是他所以失去天下的原因。"高祖说:"你们知其一,不知其二。说到那在帷帐中运筹划策,决胜于千里之外,我不如子房。镇守国家,安抚百姓,供给军粮,畅通粮道,我不如萧何。连兵百万,战必胜,攻必克,我不如韩信。这三个人,都是人中俊杰,我能任用他们,这是我所以取得天下的原因。项羽有一个范增而不能任用,这是他所以被我擒杀的原因。"

高祖想长期建都雒阳,齐人刘敬劝阻高祖,等到留侯说服高祖入都关中,当天高祖命驾起身,进入关中建都。六月,大赦天下。

六年,高祖五天朝见一次太公,(跪拜)如同一般百姓的父子礼节。太公家令劝诫太公说:"天无二日,地无二主。如今高祖虽然是你的儿子,但他是万民的君主;太公虽然是高祖的父亲,但属于臣下。怎么能让君主拜见臣下!这样,就使君主失去了威严和尊贵。"后来高祖朝拜太公,太公抱着扫帚,在门口迎接,倒退着行走。高祖大惊,下车搀扶太公。太公说:"皇帝是万民的君主,怎么能因为我的缘故破坏了天下的法纪!"于是高祖就尊奉太公为太上皇。高祖内心赞美家令的话,赏赐给他黄金五百斤。

十二月,有人上书告发楚王韩信谋反。高祖询问左右大臣,大臣们争着要去攻打韩信。高祖采用陈平的计策,假装巡游云梦泽,在陈县会见诸侯,楚王韩信去迎接,就乘机逮捕了他。这一天,大赦天下。田肯来祝贺,就劝高祖说:"陛下抓到韩信,又建都秦中。秦地是地理形势优越的地方,有阻山带河之险,与诸侯国悬隔千里,持戟武士一百万,秦比其他地方好上一百倍。地势便利,从这里出兵诸侯,犹如高屋建瓴。要说那齐地,东有琅邪、即墨的富饶,南有泰山的险固,西有浊河这一天然界限,北有渤海鱼盐之利,地方二千里,持戟武士一百万,与各诸侯国悬隔千里之外,齐比其他地方好上十倍。所以这两个地方是东秦和西秦。

不是陛下的亲子弟,不要派他在齐地做王。"高祖说:"好。"赏赐黄金五百斤。

后来十多天,封韩信为淮阴侯,把他的封地分作两个国。高祖说将军刘贾屡建战功,封为荆王,称王淮东。弟弟刘交为楚王,称王淮西。儿子刘肥为齐王,封给七十余城,百姓中能讲齐地语言的都归属齐国。高祖论定功劳大小,与列侯剖符为信,封侯食邑。把韩王信迁徙到太原。

七年,匈奴在马邑攻打韩王信,韩王信就与匈奴在太原谋反。白土曼丘臣、王黄立原来的赵国将领赵利为王,反叛汉朝,高祖亲自前往讨伐。正遇上天气寒冷,士卒十人中有两三个都冻掉了手指头,终于到达了平城。匈奴在平城围困高祖,七天之后才撤兵离去。命令樊哙留下来平定代地。立哥哥刘仲为代王。

八月,高祖率军东去,在东垣攻打韩王信的残余叛贼。

萧丞相修筑未央宫,建立东阙、北阙、前殿、武库、太仓。高祖回来,看见宫阙极为壮丽,非常生气,对萧何说:"天下喧扰不安,苦战数年,成败尚未可知,现在为什么要修建宫室豪华过度呢?"萧何说:"正是因为天下没有安定,所以才乘这个时机建成宫室。况且天子以四海为家,宫室不壮观华丽,就不足以显示天子的尊贵和威严,并且也是为了不让后世的宫室有所超过。"于是高祖高兴了。

高祖去东垣,经过柏人,赵相贯高等谋杀高祖,高祖心动异常,因而没有在柏人停留。代王刘仲弃国逃跑,自己回到雒阳,被废为合阳侯。

九年,赵相贯高等策划谋杀高祖的事发觉了,处死了他们的三族。废赵王张敖为宣平侯。这一年,把楚国贵族昭氏、屈氏、景氏、怀氏和齐国贵族田氏迁徙到关中。

未央宫建成了。高祖大朝诸侯和群臣,在未央宫前殿摆设酒宴。高祖手捧玉制酒杯,起身给太上皇祝寿,说:"当初大人常常认为我是无以谋生的二流子,不能料理产业,不如仲勤劳。如今我成就的事业与仲相比,谁的多呢?"殿上群臣都高呼万岁,大笑作乐。

八月,赵相国陈豨在代地反叛。高祖说:"陈豨曾经做过我的使者,很遵守信用。代地是我所看重的地方,因此封陈豨为列侯,以相国名义守卫代地,如今竟和王黄等劫掠代地。代地的官吏和百姓并非有罪,赦免代地的吏民。"九月,高祖亲自东去攻打陈豨。到达邯郸,高祖高兴地说:"陈豨不南去据守邯郸,而凭借漳水为阵,我知道他是没有本事的。"听说陈豨的将领都是过去的商人,高祖说:"我知道该怎样对付他们了。"于是就多用黄金引诱陈豨的将领,陈豨的将领有很多投降的。

十一年,高祖在邯郸讨伐陈豨等人还没有结束,陈豨的将领侯敞带领一万多人流动作战,王黄驻军曲逆,张春渡过黄河进攻聊城。汉派将军郭蒙与齐国的将领出击,把他们打得大败。太尉周勃从太原进军,平定代地。到了马邑,一时没有攻克,后来就把它攻打得城破人亡。

陈豨的将领赵利防守东垣,高祖攻打东垣,没有攻下。一个多月后,赵利的士卒辱骂高祖,高祖十分气愤。东垣投降了,命令交出辱骂高祖的人斩首处死,没有辱骂高祖的就宽恕了他们。于是划出赵国常山以北的地方,封儿子刘恒为代王,建都晋阳。

高祖率军归还,路过沛县,停留下来。在沛宫摆设酒宴,把过去的朋友和父老子弟全部召集来纵情畅饮。挑选沛中儿童,得到了一百二十人,教他们唱歌。酒喝到酣畅,高祖击着筑,自己作了一首诗,唱起来:"大风起兮云飞扬,威加海内兮归故乡,安得猛士兮守四方!"让儿童都跟着学唱。高祖又跳起舞,感慨伤怀,泪下数行,对沛县父兄们说:"远游的人思念故乡。我虽然建都关中,千秋万岁后,我的魂魄还是愿意怀思沛县。我从做沛公开始,诛暴讨逆,终于取得了天下。用沛县作为我的汤沐邑,免除沛县百姓的徭役,世世代代不用服徭役。"沛县父老兄弟、长辈妇女、旧日朋友,天天开怀畅饮,极为欢欣,说旧道故,取笑作乐。过了十多天,高祖想要离去,沛县父老兄弟执意挽留高祖。高祖说:"我的随从人员众多,父兄们供养不起。"于是高祖就动身了。沛县百姓倾城而出,都到城西贡献牛酒。高祖又停留下来,搭起帐篷,饮宴三天。沛县父兄们都叩头请求说:"沛县幸运地得到免除徭役,丰邑还没有获准免除,请陛下哀怜丰邑。"高祖说:"丰邑是我生长的地方,绝不会忘记,我只是因为丰邑以雍齿的缘故反叛我而去帮助魏国(所以才不免除它的徭役)"沛县父兄们坚持请求,这才一并免除了丰邑的徭役,和沛县相同。封沛侯刘濞为吴王。

汉军将领在洮水南北两路追击黥布的军队,都大破黥布军,在鄱阳追获杀死了黥布。

樊哙另带一支部队平定代地,在当城杀死了陈豨。

十一月,高祖从征讨黥布的军队中回到长安。封皇子刘建为燕王。

高祖攻打黥布时,被流矢射中,行进途中得了病。病情严重,吕后请来好医生。医生进去见高祖,高祖询问医生,医生说:"病可以治好。"于是高祖谩骂医生说:"我以一个布衣平民,手提三尺剑取得天下,这不是天命吗?命运在天,虽有扁鹊,又有什么用处!"高祖不让医生治病,赏赐黄金五十斤,叫他离去。不久吕后问高祖:"陛下百年以后,萧相国如果死了,让谁接替他?"高祖说:"曹参可以。"又问其次,高祖说:"王陵可以。然而王陵稍为憨直,陈平可以帮助他。陈平智慧有余,然而难以独任。周勃稳重厚道,缺少文才,但能安定刘氏天下的一定是周勃,可以让他做太尉。"吕后又问其次,高祖说:"这以后也不是你所能知道的。"

卢绾和数千名骑兵停留在边塞等待着,希望高祖病好了,自己去向高祖请罪。

四月甲辰,高祖崩于长乐宫。过了四天不发丧。吕后和审食其商量说:"将领们和皇帝同为编户平民,如今北面称臣,为此常常怏怏不乐。现在事奉年轻的皇帝(心里会更不高兴),不全部族灭这些人,天下不会安定。"有人听到了这个消息,告诉了郦将军。郦将军去见审食其,说:"我听说皇帝已经驾崩,四天不发丧,想要诛杀将领们。如果真是这样,天下就危险了。陈平、灌婴统率十万士卒驻守荥阳,樊哙、周勃统率二十万士卒平定燕、代,这时他们听到皇帝驾崩,将领们全都被杀,必定连兵回来向关中进攻。大臣叛乱于内,诸侯造反于外,天下覆灭可以翘足而待了。"审食其进宫把这些话告诉了吕后,于是在丁未发丧,大赦天下。

卢绾听说高祖驾崩,就逃入匈奴。

丙寅,安葬了高祖。己巳,立太子为皇帝,来到太上皇庙。群臣都说:"高祖起于细微平民,拨乱反正,平定天下,是汉朝的开国始祖,功劳最高。"上尊号为高皇帝。太子袭号为皇帝,这就是孝惠帝。命令各郡和各国诸侯建立高祖庙,按照每年的时节祭祀。

太史公说:夏朝的政治质朴厚道,质朴厚道的弊病在于使细民百姓粗野少礼,所以殷朝的人用恭敬而讲究威仪来承替它。恭敬而讲究威仪的弊病在于使细民百姓像奉事鬼神一样的威仪繁多,所以周朝人用讲究尊卑等级来承替它。讲究尊卑等级的弊病在于使细民百姓不能以诚相见,所以补救不能以诚相见的办法没有比以质朴厚道为政更好的了。夏、商、周三王的治国法则循环往复,终而复始。周朝和秦朝之间,可以说是讲究尊卑等级的弊病都暴露出来了。秦始皇嬴政不加以改变,反而使刑法残酷,难道不是荒谬的吗?所以汉朝兴起,面对过去的弊病,改变了治国法则,使百姓不疲倦,得到天道的规律了。规定每年十月诸侯王到京城朝见皇帝。车服有定制,皇帝的车子用黄缯做盖的里子,车衡左边竖立毛羽制成的幢。安葬高祖于长陵。

吕太后本纪

【原文】

吕太后者,高祖微时妃也,生孝惠帝、女鲁元太后。及高祖为汉王,得定陶戚姬,爱幸,生赵隐王如意。孝惠为人仁弱,高祖以为不类我,常欲废太子,立戚姬子如意,如意类我。吕后年长,常留守,希见上,益疏。如意立为赵王后,几代太子者数矣,赖大臣争之,及留侯策,太子得毋废。

吕后为人刚毅,佐高祖定天下,所诛大臣多吕后力。吕后兄二人,皆为将。长兄周吕侯死事,封其子吕台为郦侯,子产为交侯;次兄吕释之为建成侯。

高祖十二年四月甲辰,崩长乐宫,太子袭号为帝。吕后最怨戚夫人及其子赵王,乃令永巷囚戚夫人,而召赵王。使者三反,赵相建平侯周昌谓使者曰:"高帝属臣赵王,赵王年少。窃闻太后怨戚夫人,欲召赵王并诛之,臣不敢遣王。王且亦病,不能奉诏。"吕后大怒,乃使人召赵相。赵相征至长安,乃使人复召赵王。王来,未到。孝惠帝慈仁,知太后怒,自迎赵王霸上,与入宫,自挟与赵王起居饮食。太后欲杀之,不得间。孝惠元年十二月,帝晨出射。赵王少,不能蚤起。太后闻其独居,使人持酖饮之。犁明,孝惠还,赵王已死。于是乃徙淮阳王友为赵王。夏,诏赐郦侯父追谥为令武侯。太后遂断戚夫人手足,去眼,煇耳,饮瘖药,使居厕中,命曰"人彘"。居数日,乃召孝惠帝观人彘。孝惠见,问,乃知其戚夫人,乃大哭,因病,岁余不能起。使人请太后曰:"此非人所为。臣为太后子,终不能治天下。"孝惠以此日饮为淫乐,不听政,故有病也。

二年,楚元王、齐悼惠王皆来朝。十月,孝惠与齐王燕饮太后前,孝惠以为齐王兄,置上坐,如家人之礼。太后怒,乃令酌两卮酖,置前,令齐王起为寿。齐王起,孝惠亦起,取卮欲俱为寿。太后乃恐,自起泛孝惠卮。齐王怪之,因不敢饮,详醉去。问,知其酖,齐王恐,自以为不得脱长安,忧。齐内史士说王曰:"太后独有孝惠与鲁元公主。今王有七十余城,而公主乃食数城。王诚以一郡上太后,为公主汤沐邑,太后必喜,王必无忧。"于是齐王乃上城阳之郡,尊公主为王太后。吕后喜,许之。乃置酒齐邸,乐饮,罢,归齐王。

七年秋八月戊寅,孝惠帝崩。发丧,太后哭,泣不下。留侯子张辟彊为侍中,年十五,谓丞相曰:"太后独有孝惠,今崩,哭不悲,君知其解乎?"丞相曰:"何解?"辟彊曰:"帝毋壮子,太后畏君等。君今请拜吕台、吕产、吕禄为将,将兵居南北军,及诸吕皆入宫,居中用事,如此则太后心安,君等幸得脱祸矣。"丞相乃如辟彊计。太后说,其哭乃哀。吕氏权由此起。乃大赦天下。九月辛丑,葬。太子即位为帝,谒高庙。元年,号令一出太后。

太后称制,议欲立诸吕为王,问右丞相王陵。王陵曰:"高帝刑白马盟曰'非刘氏而王,天下共击之'。今王吕氏,非约也。"太后不说。问左丞相陈平、绛侯周勃。勃等对曰:"高帝定天下,王子弟,今太后称制,王昆弟诸吕,无所不可。"太后喜,罢朝。王陵让陈平、绛侯曰:"始与高帝喋血盟,诸君不在邪?今高帝崩,太后女主,欲王吕氏,诸君从欲阿意背约,何面目见高帝地下?"陈平、绛侯曰:"于今面折廷争,臣不如君;夫全社稷,定刘氏之后,君亦不如臣。"王陵无以应之。十一月,太后欲废王陵,乃拜为帝太傅,夺之相权。王陵遂病免归。乃以左丞相平为右丞相,以辟阳侯审食其为左丞相。左丞相不治事,令监宫中,如郎中令。食其故得幸太后,常用事,公卿皆因而决事。乃追尊郦侯父为悼武王,欲以王诸吕为渐。

太后欲王吕氏,先立孝惠后宫子彊为淮阳王,子不疑为常山王,子山为襄城侯,子朝为轵侯,子武为壶关侯。太后风大臣,大臣请立郦侯吕台为吕王,太后许之。建成康侯释之卒,嗣子有罪,废,立其弟吕禄为胡陵侯,续康侯后。二年,常山王薨,以其弟襄城侯山为常山王,更名义。

十一月,吕王台薨,谥为肃王,太子嘉代立为王。三年,无事。四年,封吕婴为临光侯,吕他为俞侯,吕更始为赘其侯,吕忿为吕城侯,及诸侯丞相五人。

宣平侯女为孝惠皇后时,无子,详为有身,取美人子名之,杀其母,立所名子为太子。孝惠崩,太子立为帝。帝壮,或闻其母死,非真皇后子,乃出言曰:"后安能杀吾母而名我?我未壮,壮即为变。"太后闻而患之,恐其为乱,乃幽之永巷中,言帝病甚,左右莫得见。太后曰:"凡有天下治为万民命者,盖之如天,容之如地,上有欢心以安百姓,百姓欣然以事其上,欢欣交通而天下治。今皇帝病久不已,乃失惑惛乱,不能继嗣奉宗庙祭祀,不可属天下,其代之。"群臣皆顿首言:"皇太后为天下齐民计所以安宗庙社稷甚深,群臣顿首奉诏。"帝废位,太后幽杀之。五月丙辰,立常山王义为帝,更名曰弘。不称元年者,以太后制天下事也。以轵侯朝为常山王。置太尉官,绛侯勃为太尉。五年八月,淮阳王薨,以弟壶关侯武为淮阳王。六年十月,太后曰吕王嘉居处骄恣,废之,以肃王台弟吕产为吕王。夏,赦天下。封齐悼惠王子兴居为东牟侯。

七年正月,太后召赵王友。友以诸吕女为后,弗爱,爱他姬。诸吕女妒,怒去,谗之于太后,诬以罪过,曰"吕氏安得王!太后百岁后,吾必击之"。太后怒,以故召赵王。赵王至,置邸不见,令卫围守之,弗与食。其群臣或窃馈,辄捕论之。赵王饿,乃歌曰:"诸吕用事兮刘氏危,迫胁王侯兮强授我妃。我妃既妒兮诬我以恶,谗女乱国兮上曾不寤。我无忠臣兮何故弃国?自决中野兮苍天举直!

于嗟不可悔兮宁蚤自财。为王而饿死兮谁者怜之！吕氏绝理兮托天报仇。"丁丑，赵王幽死，以民礼葬之长安民冢次。

二月，徙梁王恢为赵王。吕王产徙为梁王，梁王不之国，为帝太傅。立皇子平昌侯太为吕王。更名梁曰吕，吕曰济川。太后女弟吕媭有女为营陵侯刘泽妻，泽为大将军。太后王诸吕，恐即崩后刘将军为害，乃以刘泽为琅邪王，以慰其心。

梁王恢之徙王赵，心怀不乐。太后以吕产女为赵王后。王后从官皆诸吕，擅权，微伺赵王，赵王不得自恣。王有所爱姬，王后使人酖杀之。王乃为歌诗四章，令乐人歌之。王悲，六月即自杀。太后闻之，以为王用妇人弃宗庙礼，废其嗣。

太傅产、丞相平等言，武信侯吕禄上侯，位次第一，请立为赵王。太后许之，追尊禄父康侯为赵昭王。九月，燕灵王建薨，有美人子，太后使人杀之，无后，国除。八年十月，立吕肃王子东平侯吕通为燕王，封通弟吕庄为东平侯。

三月中，吕后祓，还过轵道，见物如苍犬，据高后掖，忽弗复见。卜之，云赵王如意为祟。高后遂病掖伤。

高后为外孙鲁元王偃年少，蚤失父母，孤弱，乃封张敖前姬两子，侈为新都侯，寿为乐昌侯，以辅鲁元王偃。及封中大谒者张释为建陵侯，吕荣为祝兹侯。诸中宦者令丞皆为关内侯，食邑五百户。

七月中，高后病甚，乃令赵王吕禄为上将军，军北军；吕王产居南军。吕太后诫产、禄曰："高帝已定天下，与大臣约，曰'非刘氏王者，天下共击之'。今吕氏王，大臣弗平。我即崩，帝年少，大臣恐为变。必据兵卫宫，慎毋送丧，毋为人所制。"辛巳，高后崩，遗诏赐诸侯王各千金，将相列侯郎吏皆以秩赐金。大赦天下。以吕王产为相国，以吕禄女为帝后。

高后已葬，以左丞相审食其为帝太傅。

齐王乃遗诸侯王书曰："高帝平定天下，王诸子弟，悼惠王王齐。悼惠王薨，孝惠帝使留侯良立臣为齐王。孝惠崩，高后用事，春秋高，听诸吕，擅废帝更立，又比杀三赵王，灭梁、赵、燕以王诸吕，分齐为四。忠臣进谏，上惑乱弗听。今高后崩，而帝春秋富，未能治天下，固恃大臣诸侯。而诸吕又擅自尊官，聚兵严威，劫列侯忠臣，矫制以令天下，宗庙所以危。寡人率兵入诛不当为王者。"汉闻之，相国吕产等乃遣颍阴侯灌婴将兵击之。灌婴至荥阳，乃谋曰："诸吕权兵关中，欲危刘氏而自立。今我破齐还报，此益吕氏之资也。"乃留屯荥阳，使

使谕齐王及诸侯，与连和，以待吕氏变，共诛之。齐王闻之，乃还兵西界待约。

太尉绛侯勃不得入军中主兵。曲周侯郦商老病，其子寄与吕禄善。绛侯乃与丞相陈平谋，使人劫郦商，令其子寄往绐说吕禄曰："高帝与吕后共定天下，刘氏所立九王，吕氏所立三王，皆大臣之议，事已布告诸侯，诸侯皆以为宜。今太后崩，帝少，而足下佩赵王印，不急之国守藩，乃为上将，将兵留此，为大臣诸侯所疑。足下何不归将印，以兵属太尉？请梁王归相国印，与大臣盟而之国，齐兵必罢，大臣得安，足下高枕而王千里，此万世之利也。"吕禄信然其计，欲归将印，以兵属太尉。使人报吕产及诸吕老人，或以为便，或曰不便，计犹豫未有所决。吕禄信郦寄，时与出游猎。过其姑吕媭，媭大怒，曰："若为将而弃军，吕氏今无处矣。"乃悉出珠玉宝器散堂下，曰："毋为他人守也。"

八月庚申旦，平阳侯窋行御史大夫事，见相国产计事。郎中令贾寿使从齐来，因数产曰："王不蚤之国，今虽欲行，尚可得邪？"具以灌婴与齐楚合从，欲诛诸吕告产，乃趣产急入宫。平阳侯颇闻其语，乃驰告丞相、太尉。太尉欲入北军，不得入。襄平侯通尚符节，乃令持节矫内太尉北军。太尉复令郦寄与典客刘揭先说吕禄曰："帝使太尉守北军，欲足下之国，急归将印辞去，不然，祸且起。"吕禄以为郦兄不欺己，遂解印属典客，而以兵授太尉。太尉将之入军门，行令军中曰："为吕氏右袒，为刘氏左袒。"军中皆左袒为刘氏。太尉行至，将军吕禄亦已解上将印去，太尉遂将北军。

然尚有南军。平阳侯闻之，以吕产谋告丞相平，丞相平乃召朱虚侯佐太尉。太尉令朱虚侯监军门。令平阳侯告卫尉："毋入相国产殿门。"吕产不知吕禄已去北军，乃入未央宫，欲为乱，殿门弗得入，徘徊往来。平阳侯恐弗胜，驰语太尉。太尉尚恐不胜诸吕，未敢讼言诛之，乃遣朱虚侯谓曰："急入宫卫帝。"朱虚侯请卒，太尉予卒千余人。入未央宫门，遂见产廷中。日餔时，遂击产。产走。天风大起，以故其从官乱，莫敢斗。逐产，杀之郎中府吏厕中。

朱虚侯已杀产，帝命谒者持节劳朱虚侯。朱虚侯欲夺节信，谒者不肯，朱虚侯则从与载，因节信驰走，斩长乐卫尉吕更始。还，驰入北军，报太尉。太尉起，拜贺朱虚侯曰："所患独吕产，今已诛，天下定矣。"遂遣人分部悉捕诸吕男女，无少长皆斩之。辛酉，捕斩吕禄，而笞杀吕媭。使人诛燕王吕通，而废鲁王偃。壬戌，以帝太傅食其复为左丞相。戊辰，徙济川王王梁，立赵幽王子遂为赵王。遣朱虚侯章以诛诸吕氏事告齐王，令罢兵。灌婴兵亦罢荥阳而归。

诸大臣相与阴谋曰："少帝及梁、淮阳、常山王，皆非真孝惠子也。吕后以计诈名他人子，杀其母，养后宫，令孝惠子之，立以为后，及诸王，以强吕氏。今皆已夷灭诸吕，而置所立，即长用事，吾属无类矣。不如视诸王最贤者立之。"或言"齐悼惠王高帝长子，今其适子为齐王，推本言之，高帝适长孙，可立也"。大臣皆曰:"吕氏以外家恶而几危宗庙,乱功臣。今齐王母家驷钧,驷钧,恶人也,即立齐王,则复为吕氏。"欲立淮南王,以为少,母家又恶。乃曰:"代王方今高帝见子,最长,仁孝宽厚。太后家薄氏谨良。且立长故顺,以仁孝闻于天下,便。"乃相与共阴使人召代王。代王使人辞谢。再反,然后乘六乘传。后九月晦日己酉,至长安,舍代邸。大臣皆往谒,奉天子玺上代王,共尊立为天子。代王数让,群臣固请,然后听。

代王立为天子。二十三年崩,谥为孝文皇帝。

太史公曰:孝惠皇帝、高后之时,黎民得离战国之苦,君臣俱欲休息乎无为,故惠帝垂拱,高后女主称制,政不出房户,天下晏然。刑罚罕用,罪人是希。民务稼穑,衣食滋殖。

【译文】

吕太后是高祖微贱时的妻子,生了孝惠帝和女儿鲁元太后。等到高祖做汉王时,在定陶得到戚姬,很是宠爱,生了赵隐王如意。孝惠帝为人仁慈柔弱,高祖认为不像自己,常常想废掉太子,另立戚姬的儿子如意,认为如意和自己相似。吕后年龄大了,经常留守,很少见到高祖,关系日益疏远。如意封为赵王后,有好多次几乎取代太子,幸亏大臣们诤谏,再加上留侯的计策,太子才没有被废掉。

吕后为人刚强坚毅,辅助高祖平定天下,诛杀大臣,多是得力于吕后。吕后有两个哥哥,都是将军。大哥周吕侯殉职,封他的儿子吕台为郦侯,吕产为交侯;二哥吕释之封为建成侯。

高祖十二年(公元前195)四月二十五日,死于长乐宫,太子继承皇帝这一名号,登上帝位,吕后最怨恨戚夫人和她的儿子赵王,就下命令把戚夫人囚禁在永巷,而又召赵王来都城。使者往返了好几次,赵相建平侯周昌对使者说:"高帝把赵王托付给我,赵王年龄还小。听说太后怨恨戚夫人,想把赵王召去一起杀死,我不敢遣送赵王。况且赵王也病了,不能奉诏前往。"吕后大怒,就派人召赵相来都城。赵相被召至长安,就派人再去召赵王。赵王来了,还没有到达都城。孝惠帝为人仁慈,知道太后发怒,亲自到霸上迎接赵王,和赵王一起回到宫里,与赵王同饮食,共起居。太后想要杀害赵王,找不到机会。孝惠帝元年(公元前194)十二月,孝惠帝早晨出去射猎。赵王年龄小,不能早起。太后听说赵王单独一人在家,就派人拿着毒酒给他喝。等到天亮,孝惠帝回来,赵王已经死了。于是就把淮阳王刘友迁为赵王。夏天,下诏追谥郦侯的父亲为令武侯。太后砍断了戚夫人的手脚,挖掉她的眼睛,用火熏烧她的耳朵,又给她喝哑药,让她住在猪圈里,起了个名字叫"人彘"。过了几天,就让孝惠帝去观看人彘。孝惠帝看到后,经过询问,才知道这是戚夫人,于是就放声大哭,由此得了病,一年多不能起来。他派人去见太后说："这不是人所做的事情。我作为太后的儿子,终究不能治理天下。"从此孝惠帝天天饮酒逸乐,不去听理朝政,所以身患疾病。

二年,楚元王、齐悼惠王都来朝见。十月,孝惠帝和齐王在太后面前设宴饮酒,孝惠帝认为齐王是兄长,安排在上首的位置,如同普通百姓的礼节。太后很生气,就让人倒了两杯毒酒,放在前面,要齐王起来饮酒祝寿。齐王站起来,孝惠帝也站了起来,拿过酒杯想一起向太后祝寿。太后大为惊慌,亲自起来倒掉孝惠帝杯子里的酒。齐王感到奇怪,就不敢喝下这杯酒,假装酒醉走开了。后来一问,才知道是毒酒,齐王很害怕,自以为不能从长安脱身,心里非常忧虑。齐内史士劝齐王说:"太后只生有孝惠帝和鲁元公主。如今你拥有七十多个城邑,而公主才食封数城。你如果把一个郡献给太后,作为公主的汤沐邑,太后一定会高兴,你也一定没有什么可忧虑的了。"于是齐王就献上了城阳郡,尊崇公主为王太后。吕后很高兴,答应了齐王的请求,就在齐王官邸摆酒设宴,高高兴兴地喝了一席酒,酒宴结束后,让齐王返回了封国。

七年秋天八月十二日,孝惠帝去世。发丧时,太后哭了,但不流眼泪。留侯的儿子张辟彊做侍中,当时十五岁,他对丞相说:"太后只有孝惠帝这么一个儿子,现在去世了,她哭得并不悲伤,你知道其中的缘故吗?"丞相说:"是什么缘故?"张辟彊说:"皇帝没有成年的儿子,太后惧怕你们这些大臣。你现在请求拜吕台、吕产、吕禄为将军,统帅南北军,等到吕氏一帮人都进入朝廷,在朝廷中掌握实权,你们这些大臣才能摆脱灾难。"丞相按照张辟彊的计策去做了。太后很高兴,她的哭声才哀痛起来。吕氏的权势从此开始崛起。对天下实行大赦。九月五日,安葬了孝惠帝。太子即位做了皇帝,拜谒高祖的陵庙。元年,朝廷的号令全部出自太后。

太后代行皇帝的职权,打算封吕氏子弟为王,先询问右丞相王陵。王陵说:"高帝杀白马和大臣们盟誓说:'不是刘氏子弟而称王的,天下人一起消灭他。'现在封吕氏子弟为王,是违背盟誓的。"太后很不高兴。询问左丞相陈平、绛侯周勃。周勃等人回答说:"高帝平定天下,封子弟为王,如今太后临朝称制,封弟兄和吕氏子弟为王,没有什么不可以的。"太后高兴起来,退朝回宫。王陵责备陈平、绛侯说:"当初和高帝歃血盟誓,难道你们不在场吗?现在高帝死了,太后以女主临朝,意欲封吕氏子弟为王,你们纵使想要阿谀逢迎,背弃盟誓,但死后有什么脸面到九泉之下去见高帝?"陈平、绛侯说:"今天在太后面前公开反对,当朝力争,我们不如你;要说保全国家,安定刘氏后代的君王地位,你又不如我们了。"王陵无言以对。十一月,太后想要罢免王陵,就拜他为皇帝的太傅,剥夺了他的丞相职权。于是,王陵称说有病,免官回家。然后以左丞相陈平为右丞相,以辟阳侯审食其为左丞相。左丞相不管理政务,让他监督官中的事情,好像郎中令一样。因此，审食其受到太后的宠幸，常常决断政务，公卿大臣都依靠他来决定重要的事情。接着又追尊郦侯的父亲为悼武王，打算以此作为封吕氏子弟为王的开端。

太后想要封吕氏子弟为王，先立孝惠帝后宫所生的儿子刘彊为淮阳王，刘不疑为常山王，刘山为襄城侯，刘朝为轵侯，刘武为壶关侯。太后以微言示意大臣，大臣请求封郦侯吕台为吕王，太后答应了。建成康侯吕释之去世，袭封的儿子有罪，被废黜了，封他的弟弟吕禄为胡陵侯，作为继承康侯的后代。二年，常山王死了，让他的弟弟襄城侯刘山为常山王，改名叫义。

十一月，吕王吕台死了，谥为肃王，太子吕嘉代立为王。三年，没有发生重大的事情。四年，封吕婴为临光侯，吕他为俞侯，吕更始为赘其侯，吕忿为吕城侯，此外又封诸侯丞相五人为侯。

宣平侯的女儿为孝惠皇后的时候，没有儿子，假装怀孕在身，抱来一个美人生的儿子称作自己生的儿子，然后杀死了孩子的母亲，立这个孩子为太子。孝惠帝死了，太子即位为皇帝。皇帝长大了，听说他的亲生母亲已经死了，他不是皇后所生，便放出话来说："母后怎么能杀死我的生身之母而把我称作她的儿子？我还没有长大，长大了就要造她的反。"太后听到这话，深为忧虑，怕他叛变，就把他幽禁在永巷中，说是皇帝病得很厉害，左右的侍臣也见不到皇帝。太后说："凡是据有天下治理万民百姓的人，像天一样覆盖一切，像地一样容纳万物，皇帝怀有欢爱的心情来抚慰百姓，百姓快乐地事奉皇帝，上下感情欣然交融，天下就能大治。现在皇帝久病不愈，以至于迷惑昏乱，不能作皇帝的继承人来奉祀宗庙，把天下托付给他是不可以的，应该找人取而代之。"大臣们都叩头说："皇太后为了天下百姓的利益，安定宗庙社稷，考虑得真是深远，我们全体叩头，奉行你的诏令。"皇帝被废除了，太后暗中杀害了他。五月十一日，立常山王刘义为皇帝，改名叫弘。(皇帝即位)不改年号称元年，是因为太后专制天下大事。以轵侯刘朝为常山王。设置太尉这一官职，以绛侯周勃为太尉。五年八月，淮阳王死了，封他的弟弟壶关侯刘武为淮阳王。六年十月，太后说吕王吕嘉平常骄横放纵，废掉了他，以肃王吕台的弟弟吕产为吕王。夏天，大赦天下。封齐悼惠王的儿子刘兴居为东牟侯。

七年正月，太后召赵王刘友来都城。刘友娶了吕氏的女儿为王后，不喜欢她，而喜欢其他的姬妾。这个吕氏的女儿心怀嫉妒，气愤地走了，到太后那里说他的坏话，诬告他犯了罪恶，说赵王说过"吕氏怎么能封王！太后百岁以后，我一定消灭他们"。太后大怒，因此召赵王来都城。赵王来到都城，把他安置在官邸，不接见他，命令卫士围困起来不给他吃的东西。他的臣属有的偷偷地给他送饭吃，就抓来论罪。赵王饿了，就唱起歌来："诸吕专权啊，刘氏岌岌可危；胁迫王侯啊，硬要我娶吕氏女为妃。我妃嫉妒啊，诬蔑我犯了罪恶；谗女乱国啊，在上的人竟然不醒悟。我无忠臣啊，否则为什么我失去了自己的封国？自杀荒野啊，苍天办事可要公直！唉呀无可后悔啊，宁愿早点刎颈自裁。为王而饿死啊，有谁怜悯我！吕氏无理啊，只好托上天为我报仇。"十八日，赵王被幽禁致死，采用一般民众的礼仪把他埋葬在长安百姓的坟墓旁边。

二月，迁徙梁王刘恢为赵王。吕王吕产迁徙为梁王，梁王不去封国就任，留在都城做皇帝的太傅。立皇帝的儿子平昌侯刘太为吕王。把梁改名为吕，吕改名为济川。太后的妹妹吕媭有一个女儿为菅陵侯刘泽的妻子，刘泽为大将军。太后封吕氏子弟为王，害怕自己死后刘将军作乱，便以刘泽为琅邪王，来宽慰他的心。

梁王刘恢被迁徙到赵国称王，心里很不高兴。太后把吕产的女儿作为赵王的王后。王后的随侍官员都是吕氏家族的人，他们专权用事，暗中监视赵王，赵王不能为所欲为。赵王有一个宠爱的姬妾，王后派人使用毒酒把她杀害了。于是赵王作了诗歌四章，让乐工歌唱。赵王深为悲伤，在六月就自杀了。太后听到这件事，认为赵王为了女人背弃了祖宗的礼教，不再让他的后代继承王位。太傅吕产、丞相陈平等人都说，武信侯吕禄的侯位在上，次序排列在第一，请立为赵王。太后答应了，追尊吕禄的父亲康侯为赵昭王。九月，燕灵王刘建死了，他有一个美人生的儿子，太后派人杀死了这个儿子，燕灵王没有后嗣，王国被废除了。八年十月，立吕肃王的儿子东平侯吕通为燕王，封吕通的弟弟吕庄为东平侯。

三月，吕后举行被祭，回来路过轵道，看见一个东西好像黑狗，盘踞在高后的腋下，忽然又看不到了。占卜后，说是赵王如意作祟。于是高后腋下得了毛病。

高后因为外孙鲁元王张偃年幼，过早地失去了父母，孤零零的，势力薄弱，就封张敖前妾的两个儿子为侯，张侈封为新都侯，张寿封为乐昌侯，以此来辅助鲁元王张偃。又封中大谒者张释为建陵侯，吕荣为祝兹侯。那些在官中由宦官担任的令、丞，都封为关内侯，每人食邑五百户。

七月，高后病情恶化，就命令赵王吕禄为上将军，统率北军；吕王吕产统率南军。吕太后告诫吕产、吕禄说："高帝平定天下后，和大臣们约定，说是'不是刘氏子弟而称王的，天下人一起消灭他'。如今吕氏为王，大臣们愤愤不平。我就要死了，皇帝年龄还小，恐怕大臣们要发动叛乱。你们一定要掌握军队，保卫官廷，千万别给我送丧，不要被人所制。"八月一日，高后死了，留下诏书赏赐诸侯王每人黄金一千斤，将、相、列侯、郎吏都根据秩位赏赐黄金。大赦天下。以吕王吕产为相国，以吕禄的女儿为皇后。

高后埋葬以后，以左丞相审食其为皇帝的太傅。

齐王写信给诸侯王说："高帝平定天下，封子弟为王，悼惠王封在齐地为王。

悼惠王去世,孝惠帝派留侯张良立我为齐王。孝惠帝去世,高后执政,她年纪大了,听从吕氏一伙人的意见,擅自废立皇帝,又接连杀害了三个赵王,废除了梁国、赵国、燕国,用来封吕氏子弟为王,齐国也被瓜分为四。忠臣进言劝诫,高后迷惑昏乱,不肯接受。如今高后去世,而皇帝年龄还小,不能治理天下,只有依赖大臣、诸侯。而吕氏一伙人擅自尊崇自己的职位,聚集军队,以壮威严,胁迫列侯忠臣,假借诏命,号令天下,因此刘氏宗庙倾危。我率领军队到朝廷去除掉那些不应当为王的人。"汉朝廷听到了这一消息,相国吕产等人就派遣颍阴侯灌婴带领军队去攻打齐王。灌婴到了荥阳,就和人商量说:"吕氏一伙人在关中控制了军队,想要消灭刘氏而自立为皇帝。如果现在我打垮齐国的军队回去复命,这就更加壮大了吕氏的势力。"于是灌婴屯兵荥阳,派使者告谕齐王和各国诸侯,要同他们联合在一起,等待吕氏叛乱,共同除掉吕氏。齐王听到这个消息后,就把军队撤回到齐国的西部边界,等待消息,按约行事。

太尉绛侯周勃不能进入军营掌握兵权。曲周侯郦商年老多病,他的儿子郦寄和吕禄相友好。绛侯就和丞相陈平商量计策,派人劫持郦寄去欺骗吕禄说:"高帝和吕后共同平定天下,刘氏被封了九个王,吕氏被封了三个王,都是大臣们议定的,这件事情已经向诸侯通告,诸侯都认为是妥当的。如今太后死了,皇帝年幼,而你佩带赵王印绶,不赶快回国守卫国土,却身为上将军,率领军队留在这里,被大臣和诸侯所猜疑。你何不归还将军印绶,把军队交给太尉?并请梁王归还相国印绶,和大臣们订立盟约,前往自己的封国,这样齐王必然息兵,大臣能够安定,你可以高枕无忧,称王千里,这有利于子孙万代。"吕禄很相信郦寄的建议,准备交还将军印绶,把军队归属太尉。派人去告诉吕产和吕氏宗族中的老人,他们有的认为妥当,有的说是不妥当,犹犹豫豫,主意没有决定下来。吕禄很相信郦寄,时常和他出去游猎。有一次经过姑母吕媭家,吕媭大怒,说:"你身为将军而放弃军队,吕氏宗族将无安身立命的地方了。"于是拿出全部珠玉宝器抛散堂下,说:"不要替别人看守这些东西了。"

八月十日早晨,代行御史大夫职务的平阳侯曹窋,会见相国吕产商量事情。郎中令贾寿去齐国出使回来,指责吕产说:"你不早些去自己的封国,现在即使想走,还能走得了吗?"他把灌婴与齐、楚联合起来,准备诛除吕氏宗族的事情全部告诉了吕产，催促吕产急速进入宫廷。平阳侯听到了这些话，就骑马跑去报告了丞相和太尉。太尉想要进入北军，但无法进去。襄平侯纪通主管符节，太尉就让他持节假传诏令，使太尉进入北军。太尉又让郦寄和典客刘揭先劝告吕禄说："皇帝派太尉统率北军想让你去自己的封国，赶快归还将军印绶，离开这里，不然的话，将要发生大祸。"吕禄认为郦寄不会欺骗自己，就解下印绶交给典客，把兵权送给了太尉。太尉掌握兵权后进入军门，下令军中说："拥护吕氏的袒露右臂，拥护刘氏的袒露左臂。"军中士卒都袒露左臂，拥护刘氏。太尉来到北军时，将军吕禄也已经解下印绶离开了，于是太尉统率了北军。

然而还有南军没有控制。平阳侯听到了贾寿对吕产说的一些话，把吕产的阴谋告诉了丞相陈平，丞相陈平就找来朱虚侯协助太尉。太尉让朱虚侯监守营门。派平阳侯告诉卫尉："不要让相国吕产进入殿门。"吕产不知道吕禄已经离开北军，就进入未央宫，想要作乱，但是没有办法进入殿门，在那里来回徘徊。平阳侯担心不能取胜，骑马跑去，把情况告诉了太尉。太尉还怕战胜不了吕氏一伙人，因此没有敢公开宣言诛灭吕氏，就调遣朱虚侯，对他说："赶快进入宫廷保护皇帝。"朱虚侯要一些兵力，太尉拨给他士卒一千多人。朱虚侯进入未央宫大门，看见吕产在宫廷中。黄昏的时候，就进击吕产，吕产逃走了。天空刮起了大风，因此吕产的随从官吏一片混乱，不敢抵抗。朱虚侯追赶吕产，把他杀死在郎中令官府的厕所里面。

朱虚侯已经杀死了吕产，皇帝派谒者持节慰劳朱虚侯。朱虚侯想要把节信夺过来，谒者不答应，朱虚侯就和他一起乘车，利用节信驱车飞奔，杀了长乐官卫尉吕更始。回来时，驱车进入北军，报告了太尉。太尉起身向朱虚侯拜贺说："我们所担心的只是吕产，现在已经把他杀死，天下大局已定。"随即派人分别把吕氏男男女女逮捕起来，无论老少，全部处死。九月十一日，捕获吕禄斩首，用鞭子和棍棒打死了吕媭。派人诛杀了燕王吕通，废黜了鲁王张偃。九月十二日，又以皇帝的太傅审食其为左丞相。九月十八日，迁徙济川王为梁王，立赵幽王的儿子刘遂为赵王。派遣朱虚侯刘章把诛除吕氏的事情告诉齐王，让他撤回军队。灌婴的军队也从荥阳罢兵到都城。

大臣们私下互相商量说："少帝和梁王、淮阳王、常山王，都不真正是孝惠帝的儿子。吕后使用诈骗手段把别人的儿子称作孝惠帝的儿子，杀掉孩子的母亲，养育在后宫，让孝惠帝当作自己的儿子，立为皇帝的继承人和封为诸王，以此来加强吕氏的势力。现在已经全部消灭了吕氏宗族，如果让他们所立的人当皇帝，等到长大掌权，我们这些人就要被杀戮无遗。不如从诸王中选择一个最贤明的立为皇帝。"有的说"齐悼惠王是高帝的长子，现在他的嫡子为齐王，从亲疏嫡庶方面探本求源，齐王是高帝的嫡长孙，可以立为皇帝"。大臣们都说："吕氏以外戚的身份作恶,几乎倾危刘氏宗庙,摧残功臣。现在齐王母亲娘家的驷钧,是个坏人,如果立齐王为皇帝,就会再出现一个吕氏。"想立淮南王,又认为他年轻,母亲的娘家也很凶恶。大家就说:"代王是高帝现今在世的儿子之一,行次最长,为人仁孝宽厚。太后薄氏的家族谨慎善良。而且立行次最长的本来就是名正言顺,再加上代王以仁孝播闻天下,立为皇帝是完全妥当的。"于是就一起暗地里使人召代王来都城。代王派人辞谢。使者第二次去迎接,然后代王才乘着六匹马拉着传车(开始起程)。闰九月月底己酉这一天,到达了长安,住在代王的官邸。大臣们都前往拜见,向代王献上天子印玺,一致尊立代王为天子。代王一再推让,大臣们坚持自己的请求,代王终于答应了。

代王立为天子。在位二十三年去世,谥为孝文皇帝。

太史公说:孝惠皇帝和高后时期,百姓脱离了战国年代的苦难,皇帝和大臣们都想休养生息,无为而治,所以孝惠皇帝垂衣拱手(清静无为),高后以女主代行皇帝职权,政事不出门户,天下安宁。很少使用刑罚,罪人寥寥无几。百姓勤于耕种,衣食不断增多。

表·书

建元已来王子侯者年表

【原文】

制诏御史:"诸侯王或欲推私恩分子弟邑者,令各条上,朕且临定其号名。"

太史公曰:盛哉,天子之德!一人有庆,天下赖之。

【译文】

皇上下诏给御史大夫说:"诸侯王凡有愿意把恩惠推及自己的私亲,分封子弟城邑的,命令他们各自条列上报,朕将临时决定这些王子侯的名号。"

太史公说:真是伟大啊,天子的圣德!他一人有了喜庆,天下都跟着沾光。

礼书

【原文】

太史公曰:洋洋美德乎!宰制万物,役使群众,岂人力也哉?余至大行礼官,观三代损益,乃知缘人情而制礼,依人性而作仪,其所由来尚矣。

是以君臣朝廷尊卑贵贱之序,下及黎庶车舆衣服宫室饮食嫁娶丧祭之分,事有宜适,物有节文。仲尼曰:"禘自既灌而往者,吾不欲观之矣。"

周衰,礼废乐坏,大小相逾,管仲之家,兼备三归。循法守正者见侮于世,奢溢僭差者谓之显荣。自子夏,门人之高弟也,犹云"出见纷华盛丽而说,入闻夫子之道而乐,二者心战,未能自决",而况中庸以下,渐渍于失教,被服于成俗乎?孔子曰:"必也正名。"于卫所居不合。仲尼没后,受业之徒沉湮而不举,或适齐、楚,或入河海,岂不痛哉!

至秦有天下,悉内六国礼仪,采择其善,虽不合圣制,其尊君抑臣,朝廷济济,依古以来。至于高祖,光有四海,叔孙通颇有所增益减损,大抵皆袭秦故。自天子称号下至佐僚及宫室官名,少所变改。孝文即位,有司议欲定仪礼,孝文好道家之学,以为繁礼饰貌,无益于治,躬化谓何耳,故罢去之。孝景时,御史大夫晁错明于世务刑名,数干谏孝景曰:"诸侯藩辅,臣子一例,古今之制也。今大国专治异政,不禀京师,恐不可传后。"孝景用其计,而六国畔逆,以错首名,天子诛错

以解难。事在《袁盎》语中。是后官者养交安禄而已,莫敢复议。

今上即位,招致儒术之士,令共定仪,十余年不就。或言古者太平,万民和喜,瑞应辨至,乃采风俗,定制作。上闻之,制诏御史曰:"盖受命而王,各有所由兴,殊路而同归,谓因民而作,追俗为制也。议者咸称太古,百姓何望?汉亦一家之事,典法不传,谓子孙何?化隆者闳博,治浅者褊狭,可不勉与!"乃以太初之元改正朔,易服色,封太山,定宗庙百官之仪,以为典常,垂之于后云。

礼由人起。人生有欲,欲而不得则不能无忿,忿而无度量则争,争则乱。先王恶其乱,故制礼义以养人之欲,给人之求,使欲不穷于物,物不屈于欲,二者相待而长,是礼之所起也。故礼者养也。稻粱五味,所以养口也;椒兰芬苾,所以养鼻也;钟鼓管弦,所以养耳也;刻镂文章,所以养目也;疏房床第几席,所以养体也;故礼者养也。

君子既得其养,又好其辨也。所谓辨者,贵贱有等,长少有差,贫富轻重皆有称也。故天子大路越席,所以养体也;侧载臭苾,所以养鼻也;前有错衡,所以养目也;和鸾之声,步中《武》《象》,骤中《韶》《濩》,所以养耳也;龙旂九斿,所以养信也;寝兕持虎,鲛韅弥龙,所以养威也。故大路之马,必信至教顺,然后乘之,所以养安也。孰知夫出死要节之所以养生也,孰费用之所以养财也,孰知夫恭敬辞让之所以养安也,孰知夫礼义文理之所以养情也。

人苟生之为见,若者必死;苟利之为见,若者必害;怠惰之为安,若者必危;情胜之为安,若者必灭。故圣人一之于礼义,则两得之矣;一之于情性,则两失之矣。故儒者将使人两得之者也,墨者将使人两失之者也。是儒墨之分。

治辨之极也,强固之本也,威行之道也,功名之总也。王公由之,所以一天下,臣诸侯也;弗由之,所以捐社稷也。故坚革利兵不足以为胜,高城深池不足以为固,严令繁刑不足以为威。由其道则行,不由其道则废。楚人鲛革犀兕,所以为甲,坚如金石;宛之钜铁施,钻如蜂虿,轻利剽遬,卒如熛风。然而兵殆于垂涉,唐昧死焉;庄蹻起,楚分而为四参。是岂无坚革利兵哉?其所以统之者非其道故也。汝颍以为险,江汉以为池,阻之以邓林,缘之以方城。然而秦师至鄢郢,举若振槁。是岂无固塞险阻哉?其所以统之者非其道故也。纣剖比干,囚箕子,为炮格,刑杀无辜,时臣下懔然,莫必其命。然而周师至,而令不行乎下,不能用其民。是岂令不严、刑不陵哉？其所以统之者非其道故也。

古者之兵，戈矛弓矢而已，然而敌国不待试而诎。城郭不集，沟池不掘，固塞不树，机变不张，然而国晏然不畏外而固者，无他故焉，明道而均分之，时使而诚爱之，则下应之如景响。有不由命者，然后俟之以刑，则民知罪矣。故刑一人而天下服。罪人不尤其上，知罪之在己也。是故刑罚省而威行如流，无他故焉，由其道故也。故由其道则行，不由其道则废。古者帝尧之治天下也，盖杀一人刑二人而天下治。《传》曰："威厉而不试，刑措而不用。"

天地者，生之本也；先祖者，类之本也；君师者，治之本也。无天地恶生？无先祖恶出？无君师恶治？三者偏亡，则无安人。故礼，上事天，下事地，尊先祖而隆君师，是礼之三本也。

故王者天太祖，诸侯不敢怀，大夫士有常宗，所以辨贵贱。贵贱治，得之本也。郊畴乎天子，社至乎诸侯，函及士大夫，所以辨尊者事尊，卑者事卑，宜巨者巨，宜小者小。故有天下者事七世，有一国者事五世，有五乘之地者事三世，有三乘之地者事二世，有特牲而食者不得立宗庙，所以辨积厚者流泽广，积薄者流泽狭也。

大飨上玄尊，俎上腥鱼，先大羹，贵食饮之本也。大飨上玄尊而用薄酒，食先黍稷而饭稻粱，祭哜先大羹而饱庶羞，贵本而亲用也。贵本之谓文，亲用之谓理，两者合而成文，以归太一，是谓大隆。故尊之上玄尊也，俎之上腥鱼也，豆之先大羹，一也。利爵弗啐也，成事俎弗尝也，三侑之弗食也，大昏之未废齐也，大庙之未内尸也，始绝之未小敛，一也。大路之素帱也，郊之麻冕，丧服之先散麻，一也。三年哭之不反也，《清庙》之歌一倡而三叹，县一钟尚拊膈，朱弦而通越，一也。

凡礼始乎脱，成乎文，终乎税。故至备，情文俱尽；其次，情文代胜；其下，复情以归太一。天地以合，日月以明，四时以序，星辰以行，江河以流，万物以昌，好恶以节，喜怒以当。以为下则顺，以为上则明。

太史公曰：至矣哉！立隆以为极，而天下莫之能益损也。本末相顺，终始相应，至文有以辨，至察有以说。天下从之者治，不从者乱；从之者安，不从者危。小人不能则也。

礼之貌诚深矣，坚白同异之察，入焉而弱。其貌诚大矣，擅作典制褊陋之说，入焉而望。其貌诚高矣，暴慢恣睢，轻俗以为高之属，入焉而队。故绳诚陈，则不可欺以曲直；衡诚县，则不可欺以轻重；规矩诚错，则不可欺以方员；君子审礼，则不可欺以诈伪。故绳者，直之至也；衡者，平之至也；规矩者，方员之至也；礼者，人道之极也。然而不法礼者不足礼，谓之无方之民；法礼足礼，谓之有方之士。礼之中，能思索，谓之能虑；能虑勿易，谓之能固。能虑能固，加好之焉，圣矣。天者，高之极也；地者，下之极也；日月者，明之极也；无穷者，广大之极也；圣人者，道之极也。

以财物为用，以贵贱为文，以多少为异，以隆杀为要。文貌繁，情欲省，礼之隆也；文貌省，情欲繁，礼之杀也；文貌情欲相为内外表里，并行而杂，礼之中流也。君子上致其隆，下尽其杀，而中处其中。步骤驰骋广骛不外，是以君子之性守宫庭也。人域是域，士君子也。外是，民也。于是中焉，房皇周浃，曲得其次序，圣人也。故厚者，礼之积也；大者，礼之广也；高者，礼之隆也；明者，礼之尽也。

【译文】

太史公说：多么盛大恢宏的美德啊！主宰万物，役使群众，难道就靠人们的强制力量吗？我到过主管礼仪的大行官府，观看夏商周三代对礼仪的删减增益，才知道顺从人情来制定礼规，依照人性来作出仪节，由来已久了。

因此，君臣在朝廷上尊卑贵贱的次序，下至黎民百姓的乘车、衣服、房屋、饮食、嫁娶、丧葬、祭祀的名分，每桩事都有适合身份的限度，每件物都有节制性的文饰。所以孔子说："鲁国举行的宗庙的褅祭，在第一次酌香酒献尸主之后，我就不想再看了。"

周朝衰微，礼废乐坏，大小人物不顾名分，互相逾越。管仲的家中，兼备来自市租的钱、粮、布三种库台。遵守法度和正道的人被世俗欺侮，奢侈僭越的人被称作显贵尊荣。虽然卜子夏身为孔子门下高徒，尚且说"出门看见纷繁华丽的事物就欢悦，回来聆听夫子讲的道理就快乐，两种情感在心中争斗，自己不能决断"，又何况中材以下的人，被错误的教育所熏染，被习俗所包围呢！孔子说："一定要端正名分。"他在卫国与所居的政治环境不合拍。孔子死后，他的受业门徒，人材埋没而不被举用，有的前往齐国、楚国，有的到了黄河、海滨一带，岂不令人痛惜呀！

及至秦朝据有天下，详尽地收纳六国的礼仪，采用了其中较好的部分。虽然不完全合乎圣王的制度，不过，尊崇君主，抑制臣下，使朝廷威仪隆重，还是依循古昔以来的传统。及至汉高祖据有天下，叔孙通对前代礼制稍微有所增减，大都沿用秦朝旧制。上自天子称号，下至臣僚、宫室、官名，很少有所改变。文帝即位，有关官员建议制定礼仪，文帝喜好道家的学说，认为繁文缛节装饰外貌，无益于国家的治理，治国要看以身作则躬行教化如何，所以弃置不加采用。景帝时，御史大夫晁错通晓当代政务及刑名学说，屡次干犯劝谏景帝说："诸侯藩国，属于臣子之类，这是古今的定制。现今诸侯大国擅自颁行异政，不禀告京都，这种做法恐怕不可传留后世。"景帝采用他的计谋，从而招致六国叛乱，以斩除晁错为名。景帝诛杀了晁错，用以解除危难。此事记载在《袁盎晁错列传》之中。此后，做官的只想致力交际、保位安禄而已，没有敢再议论这事的了。

当今皇上即位，招致通晓儒家学术的士人，命令他们制定礼仪，十几年也没完成。有人说，古代天下太平，万民和洽欣喜，祥瑞相应地普遍降临，国家就采集风俗，定立典章制度。皇上听到这个意见，就命令御史说："承受天命而为帝王，各有缘由兴起，途径相异而有共同的目标，意思是说因顺民情而有所兴作，追随风俗而拟定礼制。议事者都称道上古，那百姓还有什么指望？汉朝亦如一家之事，没有常法传留，如何跟子孙交代？教化兴隆的，礼制一定宽弘博大；治道浅薄的，礼制必然片面狭隘。能不奋勉吗？"于是在太初元年更改历法，变换服装崇尚的颜色，在泰山上筑坛祭天，制定宗庙、百官的礼仪，以为典范性的常法，垂留后世。

礼是由人兴作的。人生都有欲望，欲望不能实现就不能不忿恨，忿恨没有节度就要争斗，争斗就要造成纷乱。古代帝王厌恶这种纷乱，所以就制定礼义来调理人们的欲望，供给人们的需求，使欲望对于物质不会穷求，使物质对于欲望不至枯竭，让欲和物二者相应地协调增长，这是礼的兴作缘由。所以礼是调养的意思。稻粱五味，是用来养口的；椒兰香草，是用来养鼻的；钟鼓管弦，是用来养耳的；雕刻花纹绘画色彩，是用来养目的；窗房床第几席，是用来养身体的。所以说礼是调养的意思。

君子既得到欲望的调养，又喜好调养的分别。所谓分别，就是说贵贱有等级，长幼有差异，贫富轻重都各称其身份。所以天子乘坐的大辂，铺着蒲席，是用来养身体的；边侧载着芳香的茝草，是用来养鼻的；前面辕端有涂饰彩色名叫衡的横木，是用来养目的；轼前悬挂和铃，衡下悬挂鸾铃，缓步而行铃声与《武》曲、《象》曲合拍，驰骤而行铃声合乎《韶》乐、《濩》乐的节奏，是用来养耳的；龙旗上九条飘带，是用来培养威信的；车箱上画着伏卧的犀牛和蹲踞的猛虎，鲨鱼皮制的马腹带，压在马颈上的车轭装饰着金龙，是用来培养威严的。所以大辂的驾马，一定训练得极为驯顺，然后驾车乘用，是用来养体安身的。谁懂得推诚效死邀立名节正是用以养生的道理呢？谁懂得节约消费正是用以养财的道理呢？谁懂得恭敬谦让正是用以养体安身的道理呢？谁懂得礼义文理正是用以涵养性情的道理呢？

人如果只看到生而苟且求生，这样他必然走向死路；人如果只看到利而见利忘义，那他必然身受其害；人如果只把懈怠懒惰当作安适，那他必然陷入危难；人只把纵情任性逞强好胜当作安乐，那他必然自取灭亡。所以圣人把情欲统一到礼义的规范下，那么情欲和礼义就能两得了；如果把礼义统一在情欲的圈子里，那么情欲和礼义势必两失了。所以儒家就是使人们二者兼得的人，墨家就是使人们二者俱失的人。这是儒家、墨家的分野。

礼是治理国家、辨正名分的最高准则,是国家强盛巩固的根本,是推行权威的方式,是建立功名的总纲。帝王遵循礼义,所以能够统一天下,臣服诸侯;不遵循礼义,所以就丢掉了国家。因此,坚韧的铠甲,锋利的兵器,称不上是优胜;高城深沟,称不上是坚固;严厉的命令,繁多的刑罚,称不上是威严。遵循礼义之道,这些手段就能行之有效;不遵循礼义之道,这些手段就废而无功。楚国人用鲨鱼皮、犀牛皮来做铠甲,坚固得如同金属、石头,宛城的刚矛,尖利得像蜂尾蝎钩,轻捷快速,猝然如同疾风。然而兵败于垂涉,唐昧战死在那里;自从楚将庄蹻起兵征讨,此后楚国弄得四分五裂。这难道是没有坚甲利兵吗? 这是他们用以统理的手段不得其道的缘故。楚国将汝水、颍水作为天险,有江水、汉水作为天堑,以邓林为险阻,将方城作边防。然而秦军一到,楚国首都鄢郢即被攻占,就像摇动树上枯叶一般。这难道是没有坚固的要塞险阻吗? 是他们用以统理的手段不得其道的缘故。商王纣挖比干的心,囚禁箕子,创制炮格酷刑,虐杀无罪的人,当时臣下战战兢兢,没有人能自保性命。然而周军到来,纣王的命令属下不执行,不能役使他的民众。这难道是军令不严、刑罚不重吗? 是他统理的手段不得其道的缘故。

古代的兵器,只有戈矛弓箭而已,然而没等动用,敌国就屈服了。城墙不用增筑,壕沟不用深挖,要塞不用修建,器械不用张开,然而国家安然不怕外敌并且十分稳固,这不是其他原因,显明礼义而使各守本分,因时役使而真诚爱护,那么人民顺从命令就如同影子随形、回响应声。再有不遵守命令的,然后依法处刑,那民众就知罪了。所以处罚一人就能使天下心服,罪人不怨恨上级,知道咎由自取。因此刑罚减省而威权推行如同流水那样顺畅。这没有其他原因,是由于遵循礼义的缘故。所以说,遵循礼义之道就能行之有效,不遵循礼义之道就废而无功。古代帝尧治理天下,只杀一人刑罚二人,就天下大治了。古书中说:"威令虽然严厉但不试用,刑罚虽然设置但不动用。"

天地是生命的根本,祖先是族类的根本,君主和师傅是治理的根本。没有天地,怎能有生命? 没有祖先,怎么能出生? 没有君主和师傅,如何得到治理? 这三项缺少一项,就没有安宁生活的人了。所以礼,上敬事天,下敬事地,尊崇祖先、君主和师傅,这是礼的三大根本。

因此帝王祭天以太祖配享,诸侯不敢有以太祖配天的想法,大夫和士各有百世不迁的大宗,这是为了用以辨别贵贱。贵贱辨清,这是道德的根本。祭天属于天子祭祀的范畴,而祭社可以下及诸侯,包含士大夫,这是用来辨明祭祀等级,位尊的帝王才可以事奉尊贵的天神,位卑的诸侯、大夫、士,只能事奉较卑的社神,应该大的就大,应该小的就小。所以据有天下的帝王能建立七庙,祭祀七代祖先;据有一国的诸侯能建立五庙,祭祀五代祖先;拥有五乘封地的大夫能建立三庙,祭祀三代祖先;拥有三乘封地的命士能建立两庙,祭祀两代祖先;家有一牛用之耕地谋生的平民,不得建立宗庙:这是用以区别祭祀的等级,功业大的流布的恩泽就广大,功业小的流布的恩泽就狭小。

举行合祭先王的大飨礼,以盛放清水的樽为上,以盛放生鱼的木俎为上,以不放盐菜调料的肉羹为先,这是为了不忘本而尊崇最初的饮食。大飨礼中,盛着清水的樽与酒樽并设,设在上位,设而不用,盛着淡酒的酒樽设在下位,礼中唯饮酒不饮水;进食先进黍米饭、穄子米饭,而吃用白米饭、黄粱米饭;祭食时,先尝一小口没调味的肉汤,而馈食时饱享各种佳肴:这是尊重原始的饮食而亲用当今的美味。尊重本始说的是善良纯真,亲用时味说的是生活情理,两者结合而成为礼仪,用以回归太古的情境,这就叫作大隆——礼的最高境界。所以酒樽之崇尚盛放清水的玄樽,祭俎之崇尚供设腥鱼,瓦豆之先供设未加调料的肉汤,意思是一致的,都是为了追怀太始、不忘本初。庙中祭祀将告成时,佐食者酌酒献尸,尸就奠杯不饮了;祭事将完成时,俎中牲肉,尸就不再尝了;到第三次劝食,尸就不再吃了:意思是一致的,都表明祭礼将要告终。大婚礼迎亲前尚未斋戒告庙之际,太庙祭祀尚未迎尸入庙之际,人刚咽气尚未进行小敛之际:意思是一致的,都表明礼仪的开始。天子乘用的大辂,用素色车帷;天子南郊祭天时,戴着麻布冠冕;父母之丧小敛后,孝子先腰束麻带,带端散垂:意思是一致的,体现了至敬无文、至哀无饰的精神。遭遇父母之丧,孝子纵情恸哭,哭声好像往而不回;天子宗庙祭祀,乐工升歌《清庙》,一人领唱,唯三人应和;悬挂一钟,而崇尚打击钟架;瑟上张着朱红丝弦,瑟底孔却上通瑟面:意思是一致的,都是在声音方面朴素无华,以质为贵。

大凡典礼,开始简略,完成当中就有文雅仪式,礼终时人情和悦。所以最完备的礼,感情和表达形式都尽美尽善;其次是感情胜过仪式,或者仪式胜过感情;最后将感情回到太古质朴无华的境界。达到这种境界,天地因之而融合,日月因之而明朗,四时因之而更迭有序,星辰因之而正常运行,江河因之畅流,万物因之昌盛,好恶因之而调节,喜怒因之而得当。礼达到这种境界,作为臣民就和顺,作为君上就英明。

太史公说:到了顶点啦!订立隆盛礼仪作为生活准则,天下没有人能加以增删。礼仪根本和末节互相顺应,开始与终结互相照应,极为周详的仪式可以辨别尊卑贵贱,极为明察的内容可以怡悦人心。天下遵从礼制的就能达到大治,不遵从礼制的就要造成大乱。遵从礼制的就安定,不遵从礼制的就危险。卑鄙小人是不能遵守礼规的。

礼的义理实在精深哪!那种"离坚白"、"合同异"的论辩,相当明察了,一纳入礼中衡量,就软弱不堪了。礼的义理实在博大呀!那些擅自制作典章制度、褊狭浅陋的学说,一纳入礼中比较,就自恨自责了。礼的义理实在高明啊!那些粗暴狂妄、轻视世俗自以为高的人们,一纳入礼中检验,就自惭堕落了。所以,只要把线绳陈设出来,就不能用曲直来欺人;只要把秤悬挂出来,就不能用轻重来欺人;只要把圆规、矩尺拿来一放,就不能用方圆来欺人;君子明察礼义,就不能用谎言、虚伪来相欺。所以,线绳是最直的标准,秤是最平的标准,规矩是最圆最方的标准,礼是人类道德的最高标准。那么,不遵守礼、不重视礼的人,叫作没有道义的人;遵守礼、重视礼的人,叫作有道义之士。在礼的范围之中能够思索礼仪的用意,这叫作能够思虑;能够思虑又能遵从不变,这叫作能够固守。能够思虑,能够固守,再加上由衷的喜好,那就是圣人了。天是高的准则,地是低的准则,日月是光明的准则,无穷的天宇是广大的准则,圣人是道德礼义的准则。

礼以财物作为手段,以贵贱等级作为制度,以事物多少表示差异,以隆盛省约作为要领。仪节繁重,用情较省,仪节超过了情感,这是礼的隆盛形式。仪节省约,用情较多,情感超过了仪节,这是礼的省约形式。仪节与情感内外表里并行融合,这就是礼的适中的体现。君子对于礼,该隆重的就努力隆重,该减省的就尽量减省,该适中的就力求适中。无论平时的徐行漫步,还是战时的纵马奔驰,都不把礼排除身外,所以君子守礼的心性就如同常守宫廷一样。人能够置身于这个礼的领域之中,就是有志操的君子;置身于礼的范围之外,就是一般的庸人。在这个礼的领域中,从容徘徊,周旋自在,全面周详地掌握了礼的规矩顺序,那就是圣人了。因此,圣人之所以德厚,这是由于学礼的长期积累;圣人之所以伟大,这是由于学礼的范围宽广;圣人之所以高尚,这是由于他的礼的修养丰厚;圣人之所以英明,这是由于他对礼的尽心尽力。

【国学精粹珍藏版】

史记

李志敏⊙编著

◎尽览中国古典文化的博大精深 ◎读传世典籍，赢智慧人生

—— 受益终生的传世经典

卷二

民主与建设出版社
·北京·

律书

【原文】

王者制事立法，物度轨则，壹禀于六律，六律为万事根本焉。

其于兵械尤所重，故云"望敌知吉凶，闻声效胜负"，百王不易之道也。

兵者，圣人所以讨强暴，平乱世，夷险阻，救危殆。自含齿戴角之兽见犯则校，而况于人怀好恶喜怒之气？喜则爱心生，怒则毒螫加，情性之理也。

昔黄帝有涿鹿之战，以定火灾；颛顼有共工之陈，以平水害；成汤有南巢之伐，以殄夏乱。递兴递废，胜者用事，所受于天也。

自是之后，名士迭兴，晋用咎犯，而齐用王子，吴用孙武，申明军约，赏罚必信，卒伯诸侯，兼列邦土，虽不及三代之诰誓，然身宠君尊，当世显扬，可不谓荣焉？岂与世儒暗于大较，不权轻重，猥云德化，不当用兵，大至君辱失守，小乃侵犯削弱，遂执不移等哉！故教笞不可废于家，刑罚不可捐于国，诛伐不可偃于天下，用之有巧拙，行之有逆顺耳。

高祖有天下，三边外畔；大国之王虽称蕃辅，臣节未尽。会高祖厌苦军事，亦有萧、张之谋，故偃武一休息，羁縻不备。

历至孝文即位，将军陈武等议曰："南越、朝鲜自全秦时内属为臣子，后且拥兵阻陜，选蠕观望。高祖时天下新定，人民小安，未可复兴兵。今陛下仁惠抚百姓，恩泽加海内，宜及士民乐用，征讨逆党，以一封疆。"孝文曰："朕能任衣冠，念不到此。会吕氏之乱，功臣宗室共不羞耻，误居正位，常战战栗栗，恐事之不终。且兵凶器，虽克所愿，动亦耗病，谓百姓远方何？又先帝知劳民不可烦，故不以为意。朕岂自谓能？今匈奴内侵，军吏无功，边民父子荷兵日久，朕常为动心伤痛，无日忘之。今未能销距，愿且坚边设候，结和通使，休宁北陲，为功多矣。且无议军。"故百姓无内外之繇，得息肩于田亩，天下殷富，粟至十余钱，鸣鸡吠狗，烟火万里，可谓和乐者乎！

太史公曰：文帝时，会天下新去汤火，人民乐业，因其欲然，能不扰乱，故百姓遂安。自年六七十翁亦未尝至市井，游敖嬉戏如小儿状。孔子所称有德君子者邪！

《书》曰"七正"，二十八舍。律历，天所以通五行八正之气，天所以成孰万物也。舍者，日月所舍。舍者，舒气也。

不周风居西北，主杀生。东壁居不周风东，主辟生气而东之。至于营室。

营室者，主营胎阳气而产之。东至于危。危，垝也。言阳气之垝，故曰危。十月也，律中应钟。应钟者，阳气之应，不用事也。其于十二子为亥。亥者，该也。言阳气藏于下，故该也。

广莫风居北方。广莫者，言阳气在下，阴莫阳广大也，故曰广莫。东至于虚。虚者，能实能虚。言阳气冬则宛藏于虚，日冬至则一阴下藏，一阳上舒，故曰虚。东至于须女。言万物变动其所，阴阳气未相离，尚相胥如也，故曰须女。十一月也，律中黄钟。黄钟者，阳气踵黄泉而出也。其于十二子为子。子者，滋也；滋者，言万物滋于下也。其于十母为壬癸。壬之为言任也，言阳气任养万物于下也。癸之为言揆也，言万物可揆度，故曰癸。东至牵牛。牵牛者，言阳气牵引万物出之也。牛者，冒也，言地虽冻，能冒而生也。牛者，耕植种万物也。东至于建星。建星者，建诸生也。十二月也，律中大吕。大吕者，其于十二子为丑。

条风居东北，主出万物。条之言条治万物而出之，故曰条风。南至于箕。箕者，言万物根棋，故曰箕。正月也，律中泰蔟。泰蔟者，言万物蔟生也，故曰泰蔟。其于十二子为寅。寅言万物始生螾然也，故曰寅。南至于尾，言万物始生如尾也。南至于心，言万物始生有华心也。南至于房。房者，言万物门户也，至于门则出矣。

明庶风居东方。明庶者，明众物尽出也。二月也，律中夹钟。夹钟者，言阴阳相夹厕也。其于十二子为卯。卯之为言茂也，言万物茂也。其于十母为甲乙。甲者，言万物剖符甲而出也；乙者，言万物生轧轧也。南至于氐。氐者，言万物皆至也。南至于亢。亢者，言万物亢见也。南至于角。角者，言万物皆有枝格如角也。三月也，律中姑洗。姑洗者，言万物洗生。其于十二子为辰。辰者，言万物之蜄也。

清明风居东南维，主风吹万物而西之。至于轸。轸者，言万物益大而轸轸然。西至于翼。翼者，言万物皆有羽翼也。四月也，律中中吕。中吕者，言万物尽旅而西行也。其于十二子为巳。巳者，言阳气之已尽也。西至于七星。七星者，阳数成于七，故曰七星。西至于张。张者，言万物皆张也。西至于注。注者，言万物之始衰，阳气下注，故曰注。五月也，律中蕤宾。蕤宾者，言阴气幼少，故曰蕤；痿阳不用事，故曰宾。

景风居南方。景者，言阳气道竟，故曰景风。其于十二子为午。午者，阴阳交。故曰午。其于十母为丙丁。丙者，言阳道著明，故曰丙；丁者，言万物之丁壮也，故曰丁。西至于弧。弧者，言万物之吴落且就死也。西至于狼。狼者，言万物可度量，断万物，故曰狼。

凉风居西南维，主地。地者，沉夺万物气也。六月也，律中林钟。林钟者,言万物就死气林林然。其于十二子为未。未者,言万物皆成,有滋味也。北至于罚。罚者,言万物气夺可伐也。北至于参。参言万物可参也,故曰参。七月也,律中夷则。夷则,言阴气之贼万物也。其于十二子为申。申者,言阴用事,申贼万物,故曰申。北至于浊。浊者,触也,言万物皆触死也,故曰浊。北至于留。留者,言阳气之稽留也,故曰留。八月也,律中南吕。南吕者,言阳气之旅入藏也。其于十二子为酉。酉者,万物之老也,故曰酉。

阊阖风居西方。阊者,倡也;阖者,藏也。言阳气道万物,阖黄泉也。其于十母为庚辛。庚者,言阴气庚万物,故曰庚;辛者,言万物之辛生,故曰辛。北至于胃。胃者,言阳气就藏,皆胃胃也。北至于娄。娄者,呼万物且内之也。北至于奎。奎者,主毒螫杀万物也,奎而藏之。九月也,律中无射。无射者,阴气盛用事,阳气无余,故曰无射。其于十二子为戌。戌者,言万物尽灭,故曰戌。生黄钟术曰:以下生者,倍其实,三其法。以上生者,四其实,三其法。上九,商八,羽七,角六,宫五,徵九。置一而九三之以为法。实如法,得长一寸。凡得九寸,命曰"黄钟之宫"。故曰音始于宫,穷于角;数始于一,终于十,成于三;气始于冬至,周而复生。

神生于无,形成于有,形然后数,形而成声,故曰神使气,气就形。形理如类有可类。或未形而未类,或同形而同类,类而可班,类而可识。圣人知天地识之别,故从有以至未有,以得细若气,微若声。然圣人因神而存之,虽妙必效情,核其华道者明矣。非有圣心以乘聪明,孰能存天地之神而成形之情哉?神者,物受之而不能知其去来,故圣人畏而欲存之。唯欲存之,神之亦存。其欲存之者,故莫贵焉。

太史公曰:在旋玑玉衡以齐七政,即天地二十八宿。十母,十二子,钟律调自上古。建律运历造日度,可据而度也。合符节,通道德,即从斯之谓也。

【译文】

圣王衡量事物,建立法度,对事物的计算和定规程的法则,都依据六律为标准,六律实在是一切事物计数的基础。

而六律用在军事上,尤其受到重视,所以说:"望见敌人阵地上的云气,就能知道战争是吉利还是凶咎;听到敌人的声音,就能判断战争是胜利还是失败了。"这是多少帝王一直坚信不变的道理。

军队,圣人用来讨伐强暴势力,平定混乱局势,铲除艰险阻碍,挽救危急倾覆的事态。就连口内有牙、头上生角的野兽,受到侵犯时都会反扑;更何况是人,具有好尚、憎恶、喜爱、愤怒的气质?喜欢时就产生爱惜之情,愤怒时就以恶毒手段相加,这是人们性情变化的道理。

当初，黄帝曾在涿鹿作战，从而平息了火德的灾害；颛顼曾和共工对垒，从而平息了水德的灾害；成汤曾攻打南巢，从而制止了夏朝的暴乱。交替兴起，而又交替灭亡，取得胜利者当政，这是由天命决定的。

从那时以后，著名的志士相继兴起，晋国重用舅犯，而齐国重用王子，吴国重用孙武，他们明确地规定了军旅约法，或奖赏或惩罚，必定依法执行，因此，君主终于成为诸侯中的霸主，而自己也得到封赐的很多土地，虽然不能和三代的诰命盟誓相比，但自身受宠，君主尊严，因而显赫扬名于当世，难道不算光荣吗？怎么能和社会上那些不明了国家大事，不能衡量轻重缓急，随意谈论道德教化，反对用兵，其结果大至君主受辱，社稷失守，小至遭受侵犯，土地日削，国势衰败，而一直顽固不化的儒生同日而语呢！所以就家说，不可废除教训人的竹杖；就国说，不可废除刑罚；就天下说，不可停息讨伐的战争。只是运用起来有巧妙和笨拙的不同，实行起来有合理和不合理的区别而已。

汉高祖统一天下，边境上三面都有从外部反叛的势力，而大国的诸侯王虽然号称护卫辅佐之臣，却没有尽到臣属的节义。这时高祖正对战争感到厌倦，并且引以为苦，而又有萧何、张良出谋献策，于是停止军事行动，和人民共同休息，对边境反叛势力只采取笼络策略，并没有部署防备力量。

历经两朝，至孝文帝即位后，将军陈武等上奏议说："南越、朝鲜，自从秦朝全盛时就内附为臣子，后来陈兵边境，阻塞道路，迟疑观望，伺机而动。高祖时，天下刚刚平定，人民才过上稍微安定的生活，不宜于再进行战争。现在陛下以仁爱恩惠抚养百姓，德泽广被于四海之内，应当趁着官民都乐意听命效力的时候，征讨叛逆势力，统一天下。"孝文帝说："我只能任用文臣治理天下，没有考虑过用兵的事情。从前遇到吕氏作乱，朝廷的功臣宗室都不以拥立为羞耻，使我居于本不应属于我的帝位，我经常战战兢兢，惟恐王业中途发生变故。况且战争是凶恶的事件，虽然能实现宿愿，但战事一起，就必然劳民伤财，何况还要使百姓远征，这怎么

说呢？而且过世的皇帝都知道役使人民不宜过于频繁，所以不曾考虑过用兵的事。我怎么敢自己逞能？现在匈奴入侵，军队和官吏抗击无功，边疆人民中父子长期手执兵器作战，因此，我常常感到不安，悲伤哀痛，没有一天会忘怀的。目下既然不能抗拒匈奴，解除边患，但愿严阵以待，部署侦察的斥候，朝廷与匈奴结好议和，互通使节，能使北部边境人民安居休养，这就是很大的功绩了。暂时先不要议论战争的事情。"从此，百姓在境内外都免除了徭役，得在自己的村落中休养生息，天下富足，谷米只十几个钱一斛，鸡犬之声相闻，炊烟连绵万里，可以说已经达到和平快乐的境地了！

太史公说：文帝时，正当天下刚刚摆脱了战争的灾难，人人安居乐业，官府听任他们按照自己的愿望行动，尽量不扰乱他们，所以百姓都感到顺心安宁。从六七十岁的老翁就没有到过集市，而游玩戏乐，就像小儿一样。他们就是孔子所称赞的道德高尚的君子吧！

《尚书》上说到"七正"、"二十八宿"。乐律历法是上天所以运行"五行"、"八正"之气，使万物滋生成熟的根源。舍就是日月留住的地方。舍是舒缓气力的意思。

"不周风"起于西北方，掌管毁灭生息。"东壁"宿处于不周风的东面，掌管辅助生息。往东到达"营室"宿。营室掌管孕育并生产阳气。往东到达"危"宿。危是塌坏的意思，表明阳气的毁坏，所以称之为危。它合于十月，在十二律中与应钟相感应。应钟和阳气相应，这时阳气还不能发挥效用。它在十二支中属于亥。亥同该，是隔碍的意思。表明阳气仍然潜藏在地下，所以称之为该。

"广莫风"起于北方。广莫表明阳气潜藏于地下，阴气仍然比阳气盛大，所以称之为广莫。往东到达"虚"宿。虚就是能实能虚的意思，表明阳气蕴藏在虚宿，等到冬至节，一片阴气往下潜藏，一半阳气往上舒展，所以称之为虚。往东到达"须女"宿。须女，表明万物各自于所生之处变化，阴阳二气还没有分离，还互相需要，所以称之为须女。它合于十一月，在十二律中与黄钟相感应。黄钟是阳气先聚于黄泉之下而又冒出地面的意思。它在十二支中属于子。子，是滋生的意思；滋生，表明万物正滋生于地下。它在十干中属壬癸。壬的意思即任，表明阳气孕育万物于地下。癸的意思即揆，表明万物的滋生已可揆度预期，所以称之为癸。往东到达"牵牛"宿。牵牛，表明阳气牵引万物生出地面。牛，是冒出的意思，表明土地虽然冰冻，但万物却能冒出地面而生长。牛能耕田，万物得以种植。往东到达"建星"宿。建星是培养各种生物的意思。它合于十二月，在十二律中与大吕相感应。大吕在十二支中属于丑。

"条风"起于东北，掌管生育万物。条的意思即调理万物，使之顺利出生，所以称之为条风。往南到达"箕"宿。箕，表明是万物的根基，所以称之为箕。它合于正月，在十二律中和泰蔟相感应。泰蔟，表明万物丛聚而生，所以称之为泰蔟。它在十二支中属于寅。寅，表明万物刚出生时生机勃勃的样子，所以称之为寅。往南到达"尾"宿。尾，表明万物刚出生时像个尾巴一样。往南到达"心"宿。心，表明万物刚出生时嫩芽上顶着种子的皮壳。往南到达"房"宿。房，表明是万物的门户，出了门口就冒出地面了。

"明庶风"起于东方。明庶，表明万物都冒出地面了。它合于二月，在十二律中和夹钟相感应。夹钟，表明阴气和阳气互相夹杂糅合。它在十二支中属于卯。卯的意思和茂相同，表明万物长势茂盛。它在十干中属甲乙。甲，表明万物初生时冲破种子的皮壳而长出幼芽；乙，表明万物初生时须经冲挤的曲折历程。往南到达"氐"宿。氐，表明万物都已来到。往南到达"亢"宿。亢，表明万物都已茂盛地出现了。往南到达"角"宿。角，表明万物都长出枝条，好像走兽长出的角。它合于三月，在十二律中和姑洗相感应。姑洗，表明万物生长旺盛，焕然一新。它在十二支中属于辰。辰，表明万物的振兴。

"清明风"起于东南角，掌管以风吹动万物。往西到达"轸"宿。轸，表明万物日益壮大兴旺。往西到达"翼"宿。翼，表明万物都有羽毛翅膀。它合于四月，在十二律中和中吕相感应。中吕，表明万物都向西移动。它在十二支中属于巳。巳，表明阳气已经竭尽。往西到达"七星"宿。七星的意思是说阳气的数已经达到七，所以称之为七星。往西到达"张"宿。张，表明万物都已张开。往西到达"注"宿。注，表明万物开始衰败，阳气向下倾注，所以称之为注。它合于五月，在十二律中和蕤宾相感应。蕤宾，表明阴气弱小，所以称之为蕤；阳气痿缩不能发挥效用，所以称之为宾。

"景风"起于南方。景，表明阳气运行已经到了尽头，所以称之为景风。它在十二支中属于午。午是阴气阳气交错的意思，所以称之为午。它在十干中属丙丁。丙，表明阳气彰明较著，所以称之为丙；丁，表明万物正在茁壮之时，所以称之为丁。往西到达"弧"宿。弧，表明万物凋落，即将枯死。往西到达"狼"宿。狼，表明万物是可以度量的，能衡量万物，所以称之为狼。

"凉风"起于西南角，掌管土地。土地可以清除断绝万物赖以生存之气。它合于六月，在十二律中和林钟相感应。林钟，表明万物将趋向死气，但已达到丰富成熟的地步。它在十二支中属于未。未，表明万物都已成熟，有滋味。往北到达"罚"宿。罚，表明万物生气断绝，可以砍伐了。往北到达"参"宿。参，表明万物可以揉杂混合，所以称之为参。它合于七月，在十二律中和夷则相感应。夷则，表明阴气残害万物。它在十二支中属于申。申，表明阴气伸展，正发挥效用，侵害万物，所以称之为申。往北到达"浊"宿。浊，是触犯的意思，表明万物都受到触犯而死亡，所以称之为浊。往北到达"留"宿。留，表明阳气仍然存留，所以称之为留。它合于八月，在十二律中和南吕相感应。南吕，表明阳气移入而深藏。它在十二支中属于酉。酉，表明万物衰老，所以称之为酉。

"阊阖风"起于西方。阊是倡导的意思，阖是闭藏的意思。它表明阳气引导万物出生，而阳气本身却隐藏在黄泉之下。它在十干中属庚辛。庚，表明阴气使万物变更；辛，表明万物得到新生，所以称之为辛。往北到达"胃"宿。胃，表明阳气隐藏，就像进入仓府中一样。往北到达"娄"宿。娄，招致万物并加以容纳。往北到达"奎"宿。奎，掌管残害万物，并像府库一样加以收藏。它合于九月，在十二律中和无射相感应。无射，表明阴气旺盛地发挥效用，阳气在地上已经不存在了，所以称之为无射。它在十二支中属于戌。戌，表明万物完全毁灭，所以称之为戌。钟律产生的方法如下：向下生的，实数加二倍，法数加三倍；向上生的，实数加四倍，法数加三倍。上九，商八，羽七，角六，宫五，徵九。以"一"为基数，以"三"乘"一"九次，求得法数。实如法，得长一寸。凡得九寸，命曰"黄钟之宫"。所以说五音以宫声为开端，以角声为终结；数以一为开端，以十为终结，而以三为关键；阳气的升起开始于冬至，经历一年后而重新升起。

"神"本来生存于虚无之中，而"形"则出现于有了天地万物之后。有形体然后有律数，有形体然后有五声。所以说神产生气，气化而成形体。形体的质理各有类别，可以分类。有的没有定形，不能归类，有的同形而归于同类，类属是可以分辨的，可以识别的。圣人知道天地万物的分别，能从各种形体以至虚无之时，了解到其隐约如气、其深微如声等事物。但圣人是借助神来了解万物的，人虽然巧妙，自己却应发挥情理，研核万物的神奇道理，自然就聪明起来。假如没有圣人的心灵和聪明，还有谁能了解天地间由神而产生形体的情况呢？神存在于万物之中，但万物不知其行踪，所以圣人怕它离去，总想把它保存下来。正是由于想保存它，神就留下来。凡是想保存它的人，能重视它就是最好的办法了。

太史公说：观察旋玑、玉衡，以了解日月五星所表现的七种政事的变化，这就是指二十八宿说的。十干、十二支和钟律从上古就定下来。建立乐律之后，推算历法，制定各种法度，就都有据可依了。以符节相合表示信任，共同遵守道德，就是从这里开始的。

历书

【原文】

昔自在古，历建正作于孟春。于时冰泮发蛰，百草奋兴，秭鴂先滜。物乃岁具，生于东，次顺四时，卒于冬分。时鸡三号，卒明。抚十二月节，卒于丑。日月成，故明也。明者孟也，幽者幼也，幽明者雌雄也。雌雄代兴，而顺至正之统也。日归于西，起明于东；月归于东，起明于西。正不率天，又不由人，则凡事易坏而难成矣。

太史公曰：神农以前尚矣。盖黄帝考定星历，建立五行，起消息，正闰余，于是有天地神祇物类之官，是谓五官。各司其序，不相乱也。民是以能有信，神是以能有明德。民神异业，敬而不渎，故神降之嘉生，民以物享，灾祸不生，所求不匮。

少皞氏之衰也，九黎乱德，民神杂扰，不可放物，祸灾荐至，莫尽其气。颛顼受之，乃命南正重司天以属神，命火正黎司地以属民，使复旧常，无相侵渎。

其后三苗服九黎之德，故二官咸废所职，而闰余乖次，孟陬殄灭，摄提无纪，历数失序。尧复遂重黎之后，不忘旧者，使复典之，而立羲和之官。明时正度，则阴阳调，风雨节，茂气至，民无夭疫。年耆禅舜，申戒文祖，云“天之历数在尔躬”。舜亦以命禹。由是观之，王者所重也。

夏正以正月，殷正以十二月，周正以十一月。盖三王之正若循环，穷则反本。天下有道，则不失纪序；无道，则正朔不行于诸侯。

幽历之后，周室微，陪臣执政，史不记时，君不告朔，故畴人子弟分散，或在诸夏，或在夷狄，是以其禨废而不统。周襄王二十六年闰三月，而《春秋》非之。先王之正时也，履端于始，举正于中，归邪于终。履端于始，序则不愆；举正于中，民则不惑；归邪于终，事则不悖。

其后战国并争，在于强国禽敌，救急解纷而已，岂遑念斯哉！是时独有邹衍，明于五德之传，而散消息之分，以显诸侯。而亦因秦灭六国，兵戎极烦，又升至尊之日浅，未暇遑也。而亦颇推五胜，而自以为获水德之瑞，更名河曰“德水”，而正以十月，色上黑。然历度闰余，未能睹其真也。

汉兴，高祖曰“北畤待我而起”，亦自以为获水德之瑞。虽明习历及张苍等，咸以为然。是时天下初定，方纲纪大基，高后女主，皆未遑，故袭秦正朔服色。

至孝文时，鲁人公孙臣以终始五德上书，言："汉得土德，宜更元，改正朔，易服色。当有瑞，瑞黄龙见。"事下丞相张苍，张苍亦学律历，以为非是，罢之。其后黄龙见成纪，张苍自黜，所欲论著不成。而新垣平以望气见，颇言正历服色事，贵幸，后作乱，故孝文帝废不复问。

至今上即位，招致方士唐都，分其天部；而巴落下闳运算转历，然后日辰之度与夏正同。乃改元，更官号，封泰山。因诏御史曰："乃者，有司言星度之未定也，广延宣问，以理星度，未能詹也。盖闻昔者黄帝合而不死，名察度验，定清浊，起五部，建气物分数。然盖尚矣。书缺乐弛，朕甚闵焉，朕唯未能循明也。绌绩日分，率应水德之胜。今日顺夏至，黄钟为宫，林钟为徵，太蔟为商，南宫为羽，姑洗为角。自是以后，气复正变，羽声复清，名复正。以至子日当冬至，则阴阳离合之道行焉。十一月甲子朔旦冬至已詹，其更以七年为太初元年。年名'焉逢摄提格'，月名'毕聚'，日得甲子，夜半朔旦冬至。"

大余者，日也。小余者，月也。端蒙者，年名也。支：丑名赤奋若，寅名摄提格。干：丙名游兆。正北，冬至加子时；正西，加酉时；正南，加午时；正东，加卯时。

【译文】

在远古的时候，历法的正月设在孟春。这个时候，冰融解了，蛰居的动物也开始活动，各种植物都竞相生长，子规鸟也先叫了起来。万物的生长一岁循环一次，从春天开始，顺着四季生长，尽于冬季。以鸡叫三遍天明时，作为一天的开始；一年从孟春正月起，经过十二个月的节气，终于丑月。日月交替的运动，形成明暗的变化。明相当于孟，就是长的意思；幽相当于幼，就是小的意思。幽明就相当于雌雄，代表月与日。雌雄的交替变化，便成年月的更迭。每天太阳隐没在西方，第二天又出现于西方；每个月底时，月亮隐没于东方，第二个月开始时，又出现于西方。如果上不合天时，下不顺民情，那么任何政治措施都容易败坏而难以成功。

太史公评论说：神农以前已经太久远了，从黄帝开始，考察星象，制定历法，建立起五行的运行，阴阳消长的变化，设立闰余以调整季节，于是有天地神和物类的官，称为五官。五官各自职掌自己的秩序，所以不相混乱。以致于人民能够诚实地事奉神明，神明也有恩赐于人民。人和神所从事的事业不同，敬而不渎。那么神就会赐给人嘉谷，人也以牺牲献给神享用。这样灾祸就不会产生，所求的东西也不至于匮乏。

到了少暤氏衰微的时候，九黎作乱，破坏了原有的法则，扰乱了人与神之间的关系，以至于二者无法区分，各种灾祸也就接踵而来，人也就无法享尽天年。颛顼受命治理天下的时候，就命令南正重主管有关天的事务，负责祀神；命令火正黎主管有关地的事务，负责理民。使恢复已往正常的秩序，不致互相侵扰。

后来三苗又学着九黎的样子起来作乱，以至于天地二官也荒废了他们的职事。使闰余安排发生错乱，正月设置与正岁不合，摄提所指失了规律，历法与天运的次第不符。到帝尧的时候，又找到重黎后代中不忘旧业的人，让他们继续执掌此事，重新设立羲和的官职。这样，时节明白了，历度也正了，于是阴阳调和，风雨也按时到来，兴旺景象降临到人间，社会上也无夭疫发生。帝尧年老时让位给舜，在神庙告诫他说："观象授时的责任在你的身上了啊！"舜年老时也以次告诫禹。从这点看起来，历法一向是王者所重视的工作。

夏朝以寅正的正月为正月，殷朝以寅正的十二月为正月，周朝以寅正的十一月为正月。三代的正月就是这样依次循环的，一周循环完毕，再从头开始。国王的政策贤明，天下太平，则纪年和月序都有条不紊；如果无道，则诸侯各自为政，以皇权象征的国王所制订的正朔，就无法在诸侯间通行。

自从幽王、厉王以后，周王室衰微，原本辅佐的卿大夫执掌国政，史官不能精确地记载四时，国君也废弃了每月初一告朔于庙的礼。于是原本为王家服务的懂得天文历算的人及其后代就四处流散，有的在若干夏朝后裔的国家中任职，有的则到远处边陲的夷狄去为他们服务。这样一来，他们察知吉凶之兆的方法就被废弃而得不到行用。周襄王二十六年（公元前626），也即鲁文公元年，鲁历将闰月置于三月，而《春秋》以为不符合礼制。因为古代帝王定历，首先要选定冬至朔旦夜半齐同作为历元，使各种天文数据都排齐于历元这个起始点，然后将年中的月份放在正常的位置，把闰余积累起来，满一个月时就设置一个闰月，放在岁终。把选定各种天文数据齐同的这个时刻作为历元，则年月日等的次序就不会失误；将年中月序按正常法则排列，则人民使用起来就不会感到迷惑；将闰余置于

年终，节气和月序就不会发生错乱。

后来到了战国，各国互相争战，君臣上下所关注的只在于使国家富强起来，战败敌国，或者挽救危急，排解争纷而已，哪有余力去考虑到这些事情呢！那个时候，只有邹衍，懂得五行循环和阴阳消长的道理，以此显扬于诸侯。也因为秦灭六国，战争频繁，加以秦始皇当上皇帝的时间还不久，所以没有顾及。虽然如此，他也相信五行相胜的道理，自以为获得水德的瑞祥，所以将黄河的名字改名为德水，以十月为岁首，崇尚黑色。至于日月五星的行度和历法中的闰余是否准确，也就未加仔细考虑。

当汉朝兴起的时候，高祖曾说："五帝中的四帝都兴盛过了，只有黑帝等待我来建立。"这是他自以为得到水德的瑞应，即使懂得历法的官员及张苍等人，也都以为如此。这个时候天下初步平定，各种规章制度才刚刚建立，不久高祖就去世了，其后高后女主也未来得及考虑，所以仍然袭用秦朝的正朔服色。

到了孝文帝的时候，鲁人公孙臣以五德终始的学说向皇帝上书，称："汉朝得到土德，应该变更历元，修改正朔，变换服色。汉得土德将会有瑞祥出现的，这个瑞祥就是黄龙。"这件事交给丞相张苍处理，张苍也学过律历，他认为这种说法不正确，就不予理睬。后来黄龙真的在成纪这个地方出现，于是张苍就自请罢黜，想要论述汉得水德的论著也就没有完成。这时候，另有一个善于观天望气以预言政治的名叫新垣平的人谒见天子，也很谈论了一些改革历法和服色的事，很得文帝的宠幸。后来他闹事作乱，所以文帝也就不再过问这件事了。

到当今天子接位，招来方士唐都，重新将周天的行度分为二十八个部分，而巴郡落下闳则依照天体运动的规律，推算历日，为此得到的日月运行和交会的行度和夏正一样。于是就改定历元，更换官号，封泰山。并诏告御史说："过去主管星历的官员曾说二十八宿的距度未经确定，便广泛地征求意见，以确定二十八宿的距度。但还是未能弄清。曾经听说黄帝作历，由于符合天象的运行，所以能持续地使用下去，这种历法能够分清各种天体的名称，测定它们的行度，审定律吕的清浊，建立起五气的运行，节气间相距的日数，和天上各星体相互间的距离。然而，那已经是很久以前的事了，现在有关天文历数的典籍缺佚，乐理也废弛了，这是我未能执行明政的过失，我觉得很难过。如今将时间按年月日像织绸一样地计算清楚了，全都应在胜过水德的土德。现在太阳循着经过夏至、冬至的黄道运行。以黄钟为宫声，林钟为徵声，太簇为商声，南吕为羽声，姑洗为角声。从此以后，节气又定正确了，作为定调的最高羽声又清了。各种名称也都得到了匡正。以子日逢冬至开始起算，则阴阳离合的规律就通行了。现在，十一月甲子朔旦冬至已经相遇，于是便改元封七年为太初元年。定年名为焉逢摄提格（甲寅），月名毕聚（正月），以甲子夜半朔旦冬至为历元。"

大余是正月朔日和冬至的干支；小余是合朔日的余分和冬至日的余分；端蒙是年的名字，其中地支丑名赤奋若，寅名摄提格，天干丙名游兆；正北表示冬至加子时，正西表示冬至加酉时，正南表示冬至加午时，正东表示冬至加卯时。

天官书

【原文】

中宫。天极星，其一明者，太一常居也。旁三星三公，或曰子属。后句四星，末大星正妃，余三星后宫之属也。环之匡卫十二星，藩臣。皆曰紫宫。

凡候岁美恶，谨候岁始。岁始或冬至日，产气始萌；腊明日，人众卒岁，一会饮食，发阳气，故曰初岁；正月旦，王者岁首；立春日，四时之始也。四始者，候之日。

而汉魏鲜集腊明正月旦决八风。风从南方来，大旱；西南，小旱；西方，有兵；西北，戎菽为小雨，趣兵；北方，为中岁；东北，为上岁；东方，大水；东南，民有疾疫，岁恶。故八风各与其冲对，课多者为胜。多胜少，久胜亟，疾胜徐。旦至食，为麦；食至日昳，为稷；昳至餔，为黍；餔至下餔，为菽；下餔至日入，为麻。欲终日有云，有风，有日。日当其时者，深而多实；无云，有风日，当其时，浅而多实；有云风，无日，当其时，深而少实；有日，无云，不风，当其时者稼有败。如食顷，小败；熟五斗米顷，大败。则风复起，有云，其稼复起。各以其时用云色占种所宜。其雨雪若寒，岁恶。

是日光明，听都邑人民之声。声宫，则岁善，吉；商，则有兵；徵，旱；羽，水；角，岁恶。

或从正月旦比数雨。率日食一升，至七升而极；过之，不占。数至十二日，日直其月，占水旱。为其环域千里内占，则为天下候，竟正月。月所离列宿，日、风、云，占其国。然必察太岁所在。在金，穰；水，毁；木，饥；火，旱。此其大经也。

正月上甲，风从东方，宜蚕；风从西方，若旦黄云，恶。

冬至短极，县土炭，炭动，鹿解角，兰根出，泉水跃，略以知日至。要决暑景。岁星所在，五谷逢昌。其对为冲，岁乃有殃。

太史公曰：自初生民以来，世主曷尝不历日月星辰？及至五家、三代，绍而明之，内冠带，外夷狄，分中国为十有二州，仰则观象于天，俯则法类于地。天则有日月，地则有阴阳；天有五星，地有五行；天则有列宿，地则有州域。三光者，阴阳之精，气本在地，而圣人统理之。

幽厉以往，尚矣。所见天变，皆国殊窟穴，家占物怪，以合时应，其文图籍禨祥不法。是以孔子论六经，纪异而说不书。至天道命，不传；传其人，不待告；告非其人，虽言不著。

昔之传天数者：高辛之前，重、黎；于唐、虞，羲、和；有夏，昆吾；殷商，巫咸；周室，史佚、苌弘；于宋，子韦；郑则裨灶；在齐，甘公；楚，唐昧；赵，尹皋；魏，石申夫。

天运，三十岁一小变，百年中变，五百载大变；三大变一纪，三纪而大备：此其大数也。为国者必贵三五。上下各千岁，然后天人之际续备。

太史公推古天变，未有可考于今者。盖略以春秋二百四十二年之间，日蚀三十六，彗星三见，宋襄公时星陨如雨。天子微，诸侯力政，五伯代兴，更为主命。自是之后，众暴寡，大并小。秦、楚、吴、越，夷狄也，为强伯。田氏篡齐，三家分晋，并为战国。争于攻取，兵革更起，城邑数屠，因以饥馑疾疫焦苦，臣主共忧患，其察禨祥候星气尤急。近世十二诸侯七国相王，言从衡者继踵，而皋、唐、甘、石因时务论其书传，故其占验凌杂米盐。

二十八舍主十二州，斗秉兼之，所从来久矣。秦之疆也，候在太白，占于狼、弧。吴、楚之疆，候在荧惑，占于鸟衡。燕、齐之疆，候在辰星，占于虚、危。宋、郑之疆，候在岁星，占于房、心。晋之疆，亦候在辰星，占于参罚。

及秦并吞三晋、燕、代，自河山以南者中国。中国于四海内则在东南，为阳；阳则日、岁星、荧惑、填星；占于街南，毕主之。其西北则胡、貉、月氏诸衣旃裘引弓之民，为阴；阴则月、太白、辰星；占于街北，昂主之。故中国山川东北流，其维，首在陇、蜀，尾没于勃、碣。是以秦、晋好用兵，复占太白，太白主中国；而胡、貉数侵掠，独占辰星，辰星出入躁疾，常主夷狄：其大经也。此更为客主人。荧惑为孛，外则理兵，内则理政。故曰"虽有明天子，必视荧惑所在"。诸侯更强，时灾异记，无可录者。

秦始皇之时，十五年彗星四见，久者八十日，长或竟天。其后秦遂以兵灭六王，并中国，外攘四夷，死人如乱麻，因以张楚并起，三十年之间兵相骀藉，不可胜数。自蚩尤以来，未尝若斯也。

项羽救巨鹿，枉矢西流，山东遂合从诸侯，西坑秦人，诛屠咸阳。

汉之兴，五星聚于东井。平城之围，月晕参、毕七重。诸吕作乱，日蚀，昼晦。吴楚七国叛逆，彗星数丈，天狗过梁野；及兵起，遂伏尸流血其下。元光、元狩，蚩尤之旗再见，长则半天。其后京师师四出，诛夷狄者数十年，而伐胡尤甚。越之亡，荧惑守斗；朝鲜之拔，星茀于河戍；兵征大宛，星茀招摇：此其荦荦大者。若至委曲小变，不可胜道。由是观之，未有不先形见而应随之者也。

夫自汉之为天数者，星则唐都，气则王朔，占岁则魏鲜。故甘、石历五星法，唯独荧惑有反逆行；逆行所守，及他星逆行，日月薄蚀，皆以为占。

余观史记，考行事，百年之中，五星无出而不反逆行，反逆行，尝盛大而变色；日月薄蚀，行南北有时：此其大度也。故紫宫、房心、权衡、咸池、虚危列宿部星，此天之五官坐位也，为经，不移徙，大小有差，阔狭有常。水、火、金、木、填星，此五星者，天之五佐，为纬，见伏有时，所过行赢缩有度。

日变修德，月变省刑，星变结和。凡天变，过度乃占。国君，强大有德者昌；弱小饰诈者亡。太上修德，其次修政，其次修救，其次修禳，正下无之。夫常星之变希见，而三光之占亟用。日月晕适，云风，此天之客气，其发见亦有大运。然其与政事俯仰，最近天人之符。此五者，天之感动。为天数者，必通三五。终始古今，深观时变，察其精粗，则天官备矣。

苍帝行德，天门为之开。赤帝行德，天牢为之空。黄帝行德，天矢为之起。风从西北来，必以庚、辛。一秋中，五至，大赦；三至，小赦。白帝行德，以正月二十日、二十一日，月晕围，常大赦，载谓有太阳也。一曰：白帝行德，毕、昴为之围；围三暮，德乃成；不三暮，及围不合，德不成。二曰：以辰围，不出其旬。黑帝行德，天关为之动。天行德，天子更立年；不德，风雨破石。三能、三衡者，天廷也。客星出天廷，有奇令。

【译文】

天上的星座可以分为五大区域，称为五官。在中宫正中央的一颗星称为天极星。它比附近的星都较明亮，常居于固定的位置不动，故称其为太一。旁边三颗星为三公，也有人把它们称为天帝的子属。在后面成钩形的四颗星中，最末一颗较亮，为正妃，其余三颗星为后宫的嫔妃之类，像匡卫一样环绕着天极星的十二颗星为藩臣，它们合起来称为紫宫。

凡是占候年成的好坏，一定要谨慎地观察一岁的开始。一岁的开始有四种：一曰冬至日，是万物刚刚开始萌发；二是腊明日，这是群众卒岁、围聚饮宴、引发阳气的日子，故称为初岁；三是正月初一，王者的岁首；四是立春日，为四季之开始。此四种岁始，是占候之人观察的日子。

汉朝人魏鲜曾经收集过腊明日和正月朔旦时决定八风的方法。风从南方来，则大旱；风从西南，小旱；从西方，有兵；从西北，大豆丰收，有小雨，促成起兵；从北方，为中等年成；从东北，为上等年成；从东方，有大水；从东南，人民有疾疫，收成差。而八风应与其对冲相遇的风相比较，以判断多者为胜：多胜少，久胜短，速胜慢。风对五谷的占兆是：旦至食时，主麦；食时至日昳时，主稷；昳至餔时，主黍；餔时至下餔，主豆；下餔至日入，主麻。要求腊明日和正月朔日这一天整天有云有风有太阳。逢着这样一天则该年收获时间长而且结实多；遇到无云而有风有太阳，则该年收获时间短而结实多；遇到有云有风无太阳，则该年收获时间长但结实少；遇到有太阳无云无风，则该年庄稼将受到损害：如果一顿饭的时间无云无风，则收成小损；如果煮熟五斗米的时间无云无风，则收成大损；如果后来风复起而且有云，则受损失的庄稼还能复苏过来。所以，应该考虑不同时刻的云色，选择种植适宜的作物。如果该日有雨雪而且寒冷，则该岁年成不好。在岁始那一天，如果是晴朗的天气，就听城里人民的声音，如果是中宫声，该岁善吉；如果是中商声，该岁有兵灾；如果是中徵声，该岁天旱；如果是中羽声，该岁有水患；如果是中角声，则收成不好。另一种占卜丰歉的方法：这就是从正月朔旦开始，卜人民吃粮的多少，看哪一天下雨，每推迟一天下雨增食粮一升，直至初七日为止，超过初七下雨就不占了。还有一种占卜的方法是：从正月初一日数至十二日，日数和月数相对应，看这十二天的雨情，用以占一年十二个月的水旱。如果为超过千里范围的大国占卜，则就像为天下占卜一样，需要以整个正月来占卜了。该月中以各日月亮所在的星宿、各日的太阳、风、云的状况，综合起来占卜各地的年成好坏。

但是，总起来说，还必须观察太岁的所在来确定：太岁在金位（西方申酉戌），丰收；在水位（北方亥子丑），庄稼毁坏；在木位（东方寅卯辰），有饥荒；在火位（南方巳午未），干旱。这就是占卜一岁美恶的大概情形。

正月的第一个甲日为上甲日，该日如果风从东方来，则该年适宜于养蚕；如果风从西方来，而且日出时有黄云，则该年岁恶。

冬至白天最短。这个时候如果将土炭放于称衡之上，综合观察土炭上称衡移动、鹿角解蜕、兰根发芽、泉水跃出的日子，这些物候是阳气开始萌动的象征，由此可以概略地得知冬至的日期。确切的冬至日期，则主要决定于晷影长短的变化。一般地说，与岁星所在星宿相应的国家将五谷丰收，社会昌盛，与此星宿相对冲的国家则有祸殃。

太史公评论说：自从开始有人类以来，君主哪有不推算日月星辰的运行以定历法呢？待到三皇五帝时，他们承继前人的知识，并且进一步发扬光大。他们尽力发展中原的文化，对外治理夷狄，分中国为十二州。抬头则观察天象的运行法则，低头则取法于地上万物的变化规律：天有日、月之分，地有阴消阳化之别；天有五星的运行，地有五行的交替变化；天有列宿的分布，地有州域的临接。日月星三光，是地上阴阳的精气上升后形成的，这精气的根源则在地上，所以圣人能够认识和掌握它。

幽王、厉王以前的事，那已经是很久远了。所见到的天变，都是各国特殊的现象，并没有代表性，各家以不同的物异变怪来占卜，用以牵合当时的应验，因此，古代流传下来的图籍中所记载的吉凶征兆，并不全都可以作为法则。所以孔子在论六经时，只记载奇异天象，并不论及应验的状况。以至于天道性命的理论并不轻易外传；即使传授，也不必详细解说，只能自己去领略其中的奥妙；如果传授的并非是合适的人，即使给他详细解说了，也不能理解。

以往传授天数的人，在高辛氏以前有重、黎；在唐、尧、虞、舜时有羲氏、和氏；夏代有昆吾；殷商有巫咸；周王室有史佚、苌弘；在宋国有子韦；郑国有裨灶；齐国有甘公；楚国有唐眛；赵国有尹皋；魏国有石申夫。

天运是三十年一小变，一百年一中变，五百年一大变，三大变为一纪，三纪而齐全，完成了一个循环。所以当政的人必须要密切关注三十年一小变，五百年一大变的规律，并细察前后各千年的情况，然后天人之间的关系才能保持完备。

太史公研究古代的天变，却没有一件是现在可能详考的。大概在春秋二百四十二年之间，日食纪录三十六次，彗星三见，宋襄公时星的陨落像下雨似的频繁。那时天子微弱，诸侯以武力决定政事，五伯一个接一个地兴起，相继做盟主。从此以后，强众的欺凌弱寡，大国并吞小国。秦、楚、吴、越等国，本来均是夷狄之邦，后来相继成为强伯。田氏篡夺了齐国，韩、赵、魏三家分晋，开始了战国时代。各国争相攻城略地，战争一个接着一个，城市和都邑数次遭到屠杀和破坏，人民饥馑、疾疫，焦虑痛苦万分，各国君臣都感到忧虑患难，因此伺察吉凶的预兆，占候星象云气的工作，就显得更为重要了。近代十二诸侯征战，七国相继称王，献合纵连横之计的前行后继。尹皋、唐眛、甘公、石申夫等依据当时的时势，在著述中各自写下了他们依灾异占时势的思

想，因此他们的占验凌乱庞杂，如米盐般地琐碎。

以二十八宿的分野主占十二州的吉凶，同时以北斗斗柄所指十二方位配合进行占卜，这种方法由来已久。秦国的疆域在西方，所以候在太白，占于狼星、弧星。吴、楚的疆域在南方，所以候在荧惑，占于鸟星、衡星。齐、燕的疆域在北方，所以候在辰星，占于虚宿、危宿。宋、郑的疆域在东方，所以候在岁星，占于房宿、心宿。晋国的疆域在北方，所以也候在辰星，占于参罚。

秦国并吞三晋、燕、代以后，自黄河、华山以南为中国。中国对于海内来说，在东南部，所以为阳；阳则主于太阳、岁星、荧惑、填星；阳占于街南，以毕宿为主。西北则是胡、貉、月氏等穿皮衣拉弓的民族，为阴；阴则主月、太白、辰星；阴占于街北，以昴星为主。中国的山川为东北走向，其维系之处，首在陇、蜀，尾没于勃、碣。所以秦晋好用兵，还得占太白，则太白也主中国；而胡、貉屡次侵略，独占于辰星，辰星出入总是匆忙急躁，所以主夷狄。以上是大概的占法。这是太白更换着做客、主人的状况。荧惑为悖乱，对外则主兵，对内则主政。所以说“虽有圣明的天子，还必须要考虑荧惑的所在”。至于诸侯更迭强霸，不同时期对灾异应验的说法不同，所以也就难以记录了。

秦始皇的时候，在十五年中彗星四见，停留时间长久的达八十天，长度有的甚至横亘整个天空。其后秦国终于以兵力灭了六国，统一中国，向外攘除四夷，以至于死人如麻。后来张楚群雄并起，在前后三十年间兵革一次又一次，不可胜数，这是自蚩尤以来，还没有像这样的。

项羽救巨鹿时，显现出枉矢（大流星）向西奔流的异常天象。他与太行山以东的诸侯联合起来，西进坑埋秦国士兵，屠毁咸阳。

汉朝兴起时，有五星聚于东井的瑞象。高祖与匈奴作战，被围平城，月亮正行于参、毕二宿之间，有月晕七重的异常天象。参主赵地，毕主边兵，七重正应着被围七日。诸吕作乱，有日食之应验，白天突然昏暗了下来。吴楚七国反叛时，有彗星出现，长数丈；天狗星陨落梁地；等到战乱发生时，果然伏尸流血于梁地。元光、元狩年间，有蚩尤旗（彗星）再次出现，长达半个天空。后来京师军队四出，与夷狄战争数十年，讨伐胡人尤其激烈。越国灭亡的时候，正好显出荧惑守南斗的天象；朝鲜被攻取的时候，孛星正出现在河戍（南河、北河）；兵征大宛的时候，孛星正守在招摇。这些都是明显的应验。至于那些曲折细小的天变，也就无法一一详说了。由此可以看出，没有不先见天变而随之应验的。

自汉朝以来推算天数的人中，观测星象的有唐都；候气的有王朔，占岁的有魏鲜。从前甘公、石申夫的五星步法中，只有荧惑有反向的逆行。所以荧惑逆行所守，及其它行星的逆行，日、月食和薄食，都用来占卜。

我阅读旧史的记载，考察五星运行的事，在百年之中，五星中没有出而不反向逆行的。行星在逆行时，曾经变得更大，颜色也有变化。日月相薄、相食，是由于月亮行南、行北有差别的原因，这是大致的法则。所以，紫宫、房心、权衡、咸池、虚危等各列宿分部的星，是天的五官坐位，是经，相互之间的位置并不移动，其间的距离虽然大小有差别，但其阔狭是一定的。水火金木土这五颗星，是天的五个辅佐，为纬，它们的见伏，都有一定的时间，运行所到达的星宿和赢缩所引起的变化，都有一定的度数。

当政的人看到日变时应该修德，看到月变时应该减少刑罚，看到星变时应团结和睦。凡是天变，都是超过通常的状况才去占候。国君强大有德时则昌盛；弱小虚饰伪诈时则消亡。最好的方法是修德，其次是修政，其次是修救，再次是修禳，最次的方法是没有的。恒星的变化很少见到，而日月五星的占卜则经常用到。日晕、月晕、交食、云和风，这些是天上的客气，是不常见到的。当它出现的时候，伴随着也有其它大的变动，但还是这些与政事的关系最密切，最接近天人之间的交通关系。日晕、月晕、交食、云和风此五种现象，是天用以感动人心的，所以研究天数的人，必须精通三光五星的变化，推本古今天象与人事之间的相应关系，那么天官这门学问也就算齐备了。

当苍帝行德的时候（春），天门为此而打开。赤帝行德的时候（夏），天牢因此而空虚。黄帝当政的时候（季夏），天夭由此而出现。金风从西北来，必定在庚辛这两日。在整个秋季中，如果西北风来五次，主大赦；来三次，主小赦。白帝行德的时候（秋），如果正月二十日、二十一日月晕成围，则有大赦。有一种说法是，白帝行德时，在毕昴间月为晕所围，如围三个晚上，则德便成，如围不到三个晚上，或围得合不拢，则德不成。另一种说法是，以辰星所围是否超过十日为占。黑帝行德时（冬），天关星为此而动。五帝各行德完毕，则天子要改岁了。如果不顺着五帝行德，将有奇风、怪雨、破石惊天的灾殃。三能、三衡是天廷。如果有客星出现在天廷，这是天帝发出异常号令的征兆。

封禅书

【原文】

自古受命帝王，曷尝不封禅？盖有无其应而用事者矣，未有睹符瑞见而不臻乎泰山者也。虽受命而功不至，至梁父矣而德不洽，洽矣而日有不暇给，是以即事用希。《传》曰："三年不为礼，礼必废；三年不为乐，乐必坏。"每世之隆，则封禅答焉，及衰而息。厥旷远者千有余载，近者数百载，故其仪阙然堙灭，其详不可得而记闻云。

《尚书》曰：舜在璇玑玉衡，以齐七政。遂类于上帝，五载一巡狩。

禹遵之，后十四世，至帝孔甲，淫德好神，神渎，二龙去之。其后三世，汤伐桀，欲迁夏社，不可，作《夏社》。后八世，至帝太戊，有桑穀生于廷，一暮大拱，惧。伊陟曰："妖不胜德。"太戊修德，桑穀死。伊陟赞巫咸，巫咸之兴自此始。后十四世，帝武丁得傅说为相，殷复兴焉，称高宗。有雉登鼎耳雊，武丁惧。祖己曰："修德。"武丁从之，位以永宁。后五世，帝武乙慢神而震死。后三世，帝纣淫乱。武王伐之。由此观之，始未尝不肃祗，后稍怠慢也。

周公既相成王，郊祀后稷以配天，宗祀文王于明堂以配上帝。自禹兴而修社祀，后稷稼穑，故有稷祠，郊社所从来尚矣。

自周克殷后十四世，世益衰，礼乐废，诸侯恣行，而幽王为犬戎所败，周东徙雒邑。秦襄公攻戎救周，始列为诸侯。秦襄公既侯，居西垂，自以为主少皞之神，作西畤，祠白帝，其牲用骝驹黄牛羝羊各一云。其后十六年，秦文公东猎汧渭之间，卜居之而吉。文公梦黄蛇自天下属地，其口止于鄜衍。文王问史敦，敦曰："此上帝之征，君其祠之。"于是作鄜畤，用三牲郊祭白帝焉。

作鄜畤后九年，文公获若石云，于陈仓北阪城祠之。其神或岁不至，或岁数来，来也常以夜，光辉若流星，从东南来集于祠城，则若雄鸡，其声殷云，野鸡夜雊。以一牢祠，命曰陈宝。

作鄜畤后七十八年，秦德公既立，卜居雍，"后子孙饮马于河"。遂都雍。雍之诸祠自此兴。用三百牢于鄜畤。作伏祠。磔狗邑四门，以御蛊灾。

其后十四年，秦缪公立，病卧五日不寤；寤，乃言梦见上帝，上帝命缪公平晋乱。史书而记藏之府。而后世皆曰秦缪公上天。

秦缪公即位九年，齐桓公既霸，会诸侯于葵丘，而欲封禅。

管仲曰："古之封禅，鄗上之黍，北里之禾，所以为盛；江、淮之间，一茅三脊，所以为藉也。东海致比目之鱼，西海致比翼之鸟，然后物有不召而自至者十有五焉。今凤皇麒麟不来，嘉谷不生，而蓬蒿藜莠茂，鸱枭数至，而欲封禅，毋乃不可乎？"于是桓公乃止。是岁，秦缪公内晋君夷吾。其后三置晋国之君，平其乱。缪公立三十九年而卒。

其后百有余年，而孔子论述六艺，传略言易姓而王，封泰山禅乎梁父者七十余王矣，其俎豆之礼不章，盖难言之。或问禘之说，孔子曰："不知。知禘之说，其于天下也视其掌。"诗云纣在位，文王受命，政不及泰山。武王克殷二年，天下未宁而崩。爰周德之洽维成王，成王之封禅则近之矣。及后陪臣执政，季氏旅于泰山，仲尼讥之。

是时苌弘以方事周灵王，诸侯莫朝周，周力少，苌弘乃明鬼神事，设射狸首。狸首者，诸侯之不来者。依物怪欲以致诸侯。诸侯不从，而晋人执杀苌弘。周人之言方怪者自苌弘。

秦始皇既并天下而帝，或曰："黄帝得土德，黄龙地螾见。夏得木德，青龙止于郊，草木畅茂。殷得金德，银自山溢。周得火德，有赤乌之符。今秦变周，水德之时。昔秦文公出猎，获黑龙，此其水德之瑞。"于是秦更命河曰"德水"，以冬十月为年首，色上黑，度以六为名，音上大吕，事统上法。

即帝位三年，东巡郡县，祠驺峄山，颂秦功业。于是征从齐、鲁之儒生博士七十人，至乎泰山下。诸儒生或议曰："古者封禅为蒲车，恶伤山之土石草木；埽地而祭，席用菹秸，言其易遵也。"始皇闻此议各乖异，难施用，由此绌儒生。而遂除车道，上自泰山阳至巅，立石颂秦始皇帝德，明其得封也。从阴道下，禅于梁父。其礼颇采太祝之祀雍上帝所用，而封藏皆秘之，世不得而记也。

始皇之上泰山，中阪遇暴风雨，休于大树下。诸儒生既绌，不得与用于封事之礼，闻始皇遇风雨，则讥之。

于是始皇遂东游海上，行礼祠名山大川及八神，求仙人羡门之属。八神将自古而有之，或曰太公以来作之。齐所以为齐，以天齐也。其祀绝，莫知起时。

自齐威、宣之时，驺子之徒论著终始五德之运。及秦帝而齐人奏之，故始皇采用之。用宋毋忌、正伯侨、充尚、羡门高最后，皆燕人，为方仙道，形解销化，依于鬼神之事。驺衍以阴阳主运显于诸侯，而燕齐海上之方士传其术不能通，然则怪迂阿谀苟合之徒自此兴，不可胜数也。

自威、宣、燕昭使人入海求蓬莱、方丈、瀛洲。此三神山者，其傅在勃海中，去人不远，患且至，则船风引而去。盖尝有至者，诸仙人及不死之药皆在焉。其物禽兽尽白，而黄金银为宫阙。未至，望之如云；及到，三神山反居水下。临之，风辄引去，终莫能至云。世主莫不甘心焉。及至秦始皇并天下，至海上，则方士言之不可胜数。始皇自以为至海上而恐不及矣，使人乃赍童男女入海求之。船交海中，皆以风为解，曰未能至，望见之焉。其明年，始皇复游海上，至琅邪，过恒山，从上党归。后三年，游碣石，考入海方士，从上郡归。后五年，始皇南至湘山，遂登会稽，并海上，冀遇海中三神山之奇药。不得，还至沙丘崩。

始皇封禅之后十二岁，秦亡。诸儒生疾秦焚《诗》《书》，诛僇文学，百姓怨其法，天下畔之，皆讹曰："始皇上泰山，为暴风雨所击，不得封禅。"此岂所谓无其德而用事者邪？

汉兴，高祖之微时，尝杀大蛇。有物曰："蛇，白帝子也，而杀者赤帝子。"高祖初起，祷丰枌榆社。徇沛，为沛公，则祠蚩尤，衅鼓旗。遂以十月至灞上，与诸侯平咸阳，立为汉王。因以十月为年首，而色上赤。

二年，东击项籍而还入关，问："故秦时上帝祠何帝也？"对曰："四帝，有白、青、黄、赤帝之祠。"高祖曰："吾闻天有五帝，而有四，何也？"莫知其说。于是高祖曰："吾知之矣，乃待我而具五也。"乃立黑帝祠，命曰北畤。有司进祠，上不亲往。悉召故秦祝官，复置太祝、太宰，如其故仪礼。因令县为公社。下诏曰："吾甚重祠而敬祭。今上帝之祭及山川诸神当祠者，各以其时礼祠之如故。"

其后二岁，或曰周兴而邑邰，立后稷之祠，至今血食天下。于是高祖制诏御史："其令郡国县立灵星祠，常以岁时祠以牛。"

其后十八年，孝文帝即位。即位十三年，下诏曰："今秘祝移过于下，朕甚不取。自今除之。"

始名山大川在诸侯，诸侯祝各自奉祠，天子官不领。及齐、淮南国废，令太祝尽以岁时致礼如故。

是岁，制曰："朕即位十三年于今，赖宗庙之灵，社稷之福，方内艾安，民人靡疾。间者比年登，朕之不德，何以飨此？皆上帝诸神之赐也。盖闻古者飨其德必报其功，欲有增诸神祠。有司议增雍五畤路车各一乘，驾被具；西畤畦畤禺车各一乘，禺马四匹，驾被具；其河、湫、汉水加玉各二；及诸祠，各增广坛场，珪币俎豆以差加之。而祝釐者归福于朕，百姓不与焉。自今祝致敬，毋有所祈。"

鲁人公孙臣上书曰："始秦得水德，今汉受之，推终始传，则汉当土德，土德之应黄龙见。宜改正朔，易服色，色上黄。"是时丞相张苍好律历，以为汉乃水德之始，故河决金堤，其符也。年始冬十月，色外黑内赤，与德相应。如公孙臣言，非也。罢之。后三岁，黄龙见成纪。文帝乃召公孙臣，拜为博士，与诸生草改历服色事。其夏，下诏曰："异物之神见于成纪，无害于民，岁以有年。朕祈郊上帝诸神，礼官议，无讳以劳朕。"有司皆曰"古者天子夏亲郊，祀上帝于郊，故曰郊"。于是夏四月，文帝始郊见雍五畤祠，衣皆上赤。

其明年，赵人新垣平以望气见上，言"长安东北有神气，成五采，若人冠絻焉。或曰东北神明之舍，西方神明之墓也。天瑞下，宜立祠上帝，以合符应"。于是作渭阳五帝庙，同宇，帝一殿，面各五门，各如其帝色。祠所用及仪亦如雍五畤。

夏四月，文帝亲拜霸、渭之会，以郊见渭阳五帝。五帝庙南临渭，北穿蒲池沟水，权火举而祠，若光辉然属天焉。于是贵平上大夫，赐累千金。而使博士诸生刺《六经》中作《王制》，谋议巡狩封禅事。

文帝出长门，若见五人于道北，遂因其直北立五帝坛，祠以五牢具。

其明年，新垣平使人持玉杯，上书阙下献之。平言上曰："阙下有宝玉气来者。"已视之，果有献玉杯者，刻曰"人主延寿"。平又言："臣候日再中。"居顷之，日却复中。于是始更以十七年为元年，令天下大酺。

平言曰："周鼎亡在泗水中，今河溢通泗，臣望东北汾阴直有金宝气，意周鼎其出乎？兆见不迎则不至。"于是上使使治庙汾阴南，临河，欲祠出周鼎。

人有上书告新垣平所言气神事皆诈也。下平吏治，诛夷新垣平。自是之后，文帝怠于改正朔服色神明之事，而渭阳、长门五帝使祠官领，以时致礼，不往焉。

元年，汉兴已六十余岁矣，天下艾安，搢绅之属皆望天子封禅改正度也，而上乡儒术，招贤良，赵绾、王臧等以文学为公卿，欲议古立明堂城南，以朝诸侯。草巡狩、封禅、改历服色事未就。会窦太后治黄老言，不好儒术，使人微伺得赵绾等奸利事，召案绾、臧，绾、臧自杀，诸所兴为皆废。

明年，今上初至雍，郊见五畤。后常三岁一郊。是时上求神君，舍之上林中蹄氏观。神君者，长陵女子，以子死，见神于先后宛若。宛若祠之其室，民多往祠。平原君往祠，其后子孙以尊显。及今上即位，则厚礼置祠之内。中闻其言，不见其人云。

亳人谬忌奏祠太一方，曰："天神贵者太一，太一佐曰五帝。古者天子以春秋祭太一东南郊，用太牢，七日，为坛开八通之鬼道。"于是天子令太祝立其祠长安东南郊，常奉祠如忌方。其后人有上书，言："古者天子三年壹用太牢祠神三一：天一、地一、太一。"天子许之，令太祝领祠之于忌太一坛上，如其方。后人复有上书，言："古者天子常以春解祠，祠黄帝用一枭破镜；冥羊用羊祠；马行用一青牡马；太一、泽山君地长用牛；武夷君用干鱼；阴阳使者以一牛。"令祠官领之如其方，而祠于忌太一坛旁。

其明年，齐人少翁以鬼神方

见上。上有所幸王夫人，夫人卒，少翁以方盖夜致王夫人及灶鬼之貌云，天子自帷中望见焉。于是乃拜少翁为文成将军，赏赐甚多，以客礼礼之。文成言曰："上即欲与神通，宫室被服非象神，神物不至。"乃作画云气车，及各以胜日驾车辟恶鬼。又作甘泉宫，中为台室，画天、地、太一诸鬼神，而置祭具以致天神。居岁余，其方益衰，神不至。乃为帛书以饭牛，详不知，言曰此牛腹中有奇。杀视得书，书言甚怪。天子识其手书，问其人，果是伪书，于是诛文成将军，隐之。

文成死明年，天子病鼎湖甚，巫医无所不致，不愈。游水发根言上郡有巫，病而鬼神下之。上召置祠之甘泉。及病，使人问神君。神君言曰："天子无忧病。病少愈，强与我会甘泉。"于是病愈，遂起，幸甘泉，病良已。大赦，置寿宫神君。寿宫神君最贵者太一，其佐曰大禁、司命之属，皆从之。非可得见，闻其言，言与人音等。时去时来，来则风肃然。居室帷中。时昼言，然常以夜。天子祓，然后入。因巫为主人，关饮食。所以言，行下。又置寿宫、北宫，张羽旗，设供具，以礼神君。神君所言，上使人受书其言，命之曰"画法"。其所语，世俗之所知也，无绝殊者，而天子心独喜。其事秘，世莫知也。

今天子所兴祠，太一、后土，三年亲郊祠，建汉家封禅，五年一修封。薄忌太一及三一、冥羊、马行、赤星，五，宽舒之祠官以岁时致礼。凡六祠，皆太祝领之。至如八神诸神，明年、凡山他名祠，行过则祠，行去则已。方士所兴祠，各自主，其人终则已，祠官不主。他祠皆如其故。今上封禅，其后十二岁而还，遍于五岳、四渎矣。而方士之候祠神人，入海求蓬莱，终无有验。而公孙卿之候神者，犹以大人之迹为解，无有效。天子益怠厌方士之怪迂语矣，然羁縻不绝，冀遇其真。自此之后，方士言神祠者弥众，然其效可睹矣。

太史公曰：余从巡祭天地诸神、名山川而封禅焉。入寿宫侍祠神语，究观方士祠官之意，于是退而论次自古以来用事于鬼神者，具见其表里。后有君子，得以览焉。若至俎豆珪币之详，献酬之礼，则有司存。

【译文】

自古以来承受天命的帝王，何尝不曾举行过封禅典礼。大概只有未见到祥瑞征兆就去兴办封禅的帝王，而没有眼见到吉兆、瑞象而不到泰山去的帝王。有的帝王虽然承受了天命但功业没有成就，有的帝王已经到了梁父但自身的道德还不能与封禅盛典相协调，有的帝王功德相符了却没有空暇去封禅，所以封禅这件事能够实行的不多。古书上说："三年不行礼，礼制必定会荒废；三年不演奏乐曲，音乐必定会被毁坏。"每到兴旺的太平盛世，就要举办封禅来报答神祇，到了国运衰败的时代封禅礼就停止了。这些停息的时间长的有一千多年，短的也有几百年。所以封禅的仪式残缺不全，甚至埋没不存，它的详细情形不可能被记录下来让人们知道了。

《尚书》说：舜用美玉制的天文仪器观测天象，了解并调整日、月、五星反映出的四季及天文、地理、人道等情况。接着就祭祀上帝，舜每五年巡视一次。

禹沿承了这种巡察制度。传了十四代后，到了帝孔甲。他不修德行，喜好祭神，亵渎了神灵，上天赐给他的两条龙便飞走了。他以后三代，汤讨伐夏桀。汤想把夏朝祭土神的社坛移走，没有移成，作了名为《夏社》的文章。以后八代到了帝太戊，有桑树和楮树一同从朝廷院中长出来，一个晚上就长到一围粗细。太戊很害怕。伊涉说："妖异不能胜过德行。"太戊便修养自己的德操。桑树和楮树就枯死了。伊涉把这件事讲给巫咸。巫咸的兴盛气象从此开始了。这以后过了十四代，商王武丁得到傅说任相国，殷商从此复兴。武丁被称作高宗。有一只野鸡跳上鼎耳鸣叫。武丁害怕了。祖己说："修养德行。"武丁照祖己的话去做，王位因此得到长久的安定。以后五代，帝武乙怠慢神灵，被雷震死。以后三代，帝纣淫乱，周武王讨伐他。由此看来，开国创业时的君主没有不严肃恭敬、谨慎小心的。以后就逐渐怠慢起来了。

周公做了周成王的相国以后，在郊外祭天时，用后稷作为陪同受祭的神灵，在明堂中祭祀上帝时同时祭祀祖先周文王，使文王配享上帝。自从大禹兴起后就开始设立社神祭祀后土。后稷教人民种植庄稼，所以有后稷的神庙。郊祭和社祭的由来已经很久远了。

自从周朝战胜殷朝后经过十四代，世道越来越衰败，礼乐都荒废了，诸侯们任意横行，而周幽王又被犬戎打败，周朝王室向东迁到雒邑。秦襄公攻打犬戎，救援周王室，从此开始列入诸侯。秦襄公成为诸侯以后，居住在西方边疆地区，自以为应该主祭少皞神，修建了西畤，祭祀白帝，供奉的牺牲用黑鬣的红马驹、黄牛、公羊各一头。这以后十六年，秦文公东至汧水与渭水之间的地带打猎，占卜在这里定居，得到吉兆。秦文公梦见一条黄蛇从天上垂下来，蛇身附着地面，蛇口停在鄜地的缓坡上。秦文公询问史敦。史敦说："这是上帝发出的征兆，您应该祭祀它。"于是修建了鄜畤，在那里用牛、羊、猪三牲作祭品祭祀白帝。

修建鄜畤九年以后，秦文公得到了一块像玉石的宝物，在陈仓的北山坡上修筑城池立祠祭祀它。这位神有时一年也不来一次，有时一年来几次，来的时候经常是在夜里，光辉照耀，像流星一样，从东南方飞来聚集在立祠的城中，像雄鸡一样，发出殷、殷的声音。野鸡也在夜里鸣叫。用一头牲畜祭祀它，命名为陈宝。

修建鄜畤以后七十八年，秦德公被立为国君后，占卜在雍城定居，得到"以后子孙可以到黄河去饮马"的卜辞，就在雍城建都。雍城的各种祠庙从此兴建起来。用三百头牲畜（或解释为"三头白色的牲畜"）在鄜畤祭祀。修建了伏日祭祠的神庙。把狗的肢体分割，挂在城市的四面城门上，来抵御蛊灾。

这以后十四年，秦缪公作了国君，卧病在床，五天没有醒来，醒来后，就说自己梦见了上帝，上帝命令秦缪公平定晋国的内乱。史官把这件事记下来收藏在内府中。而后代的人都说秦缪公上天了。

秦缪公即位九年，齐桓公作了诸侯的霸主，在葵丘召集诸侯会盟，而想要封禅。

管仲说："古代的封禅，用产鄗上的黍米，北里的禾谷来做祭祀的食品；江淮之间生产的灵茅，有三条棱脊，用它做祭神时用的草垫子。东海送来比目鱼，西海送上比翼鸟，然后还有不召自来的物品十五种降临。现在凤凰、麒麟没有来，嘉谷不出现，而蓬蒿杂草却长得很茂盛，猫头鹰等恶鸟多次飞来。这时却想要封禅，难道不是太不合适了吗？"于是齐桓公就停止了封禅的打算。这一年，秦缪公把晋国国君夷吾送回晋国即位。以后三次为晋国立了国君，平定了晋国的动乱。秦缪公在位三十九年而去世。

这以后过了一百多年，孔子论述《诗》《书》《礼》《乐》《易》《春秋》等六种经典，传文中大致提及历代改朝换姓的帝王去封泰山、禅梁父的有七十多位，他们祭祀时用的祭品、祭器制度写得都不明确，是因为难以说清楚的关系。有人询问禘祭的礼仪制度。孔子说："不知道。知道了禘祭的礼仪，那么处理天下大事就像看自己手掌一样明了易行了。"诗里讲纣王在位时，周文王承受了天命，但他的政令还达不到泰山一带。武王攻克殷商二年后，天下还没有安定就去世了。所以周朝德政的普及要从周成王说起。成王的封禅仪式就近于合乎情理了。以后诸侯国中大臣执政，季孙氏也到泰山祭祀，孔子就讥讽他。

当时苌弘用方术为周灵王效力。诸侯们不去朝见周天子。周天子力量薄弱。苌弘就宣扬鬼神的事例，设置了箭射狸首的仪式。狸首就代表着那些不来朝见的诸侯。想依靠鬼神怪异的力量把诸侯们招来朝见。诸侯们不服从。而晋国人抓住苌弘杀死了他。周代人们谈论方术怪异的风气是由苌弘开始的。

秦始皇统一天下称帝以后，有的人说："黄帝得到五行中的土德，有黄龙和巨大的蚯蚓出现。夏代得到木德，有青龙停留在城郊，草木生长得茂盛苗壮。殷商得到金德，白银从山中流出。周朝得到火德，就有红色乌鸦的祥符。现在秦朝取代了周朝，是水德的时代。过去秦文公出外打猎，获得过黑龙，这就是水德的瑞象。"于是秦朝把黄河改名为"德水",用冬季十月作为每年的开端,颜色中崇尚黑色,度量以六作为一个单位,音乐中推尚大吕律,政务法令中崇尚法律刑名。

秦始皇即皇帝位三年,向东方去巡视郡县,祭祠了驿峄山,赞颂秦的功业。于是征召了齐、鲁地区的儒生博士七十人随行,到了泰山脚下。儒生们中有人议论说:"古代的封禅时要驾蒲草缠裹车轮的车子,是恐怕伤害了山上的土石草木;祭祀时把地面扫干净,用草和禾秸编席铺在地上。说明祭祀是很容易照着办的。"秦始皇听到这些议论各不相同,十分古怪,很难施行,因此就斥退了儒生,而马上修整了车道,从泰山的南面上到山顶端,树立刻石,颂扬秦始皇帝的功德,表明他有资格封泰山。从泰山北面的道路下山,在梁父实行"禅"的礼仪。这些礼仪中采取了很多太祝在雍地祭祀上帝时使用的仪式,但有关记录都封藏得很秘密,世人们不得而知,无法记载。

秦始皇上泰山时,在山半腰遇到了暴风雨,在大树下停留避雨。儒生们被斥退后,不能参加封禅的礼仪活动,听说秦始皇遇上了风雨,就都讥笑他。

于是秦始皇就向东到海边去游览,举行典礼祭祀名山大川和八神,寻求羡门子高一类的仙人。八神可能是自古以来就有的,也有人说是从姜太公以来才产生的。齐国之所以称作"齐",是由于它正在天的腹脐。那些祭祀已经断绝,不知什么时候兴起的。自从齐威王、齐宣王时起,驺衍一类的人就著书论述五行德性终始变化的规律,到了秦国称帝时,齐国人把这些理论上奏,所以秦始皇采用了它。而宋毋忌、正伯侨、充尚、羡门高等人,都是燕国人,仿效仙人的道术,作那些肉体消亡后使神魄飞升,依附于鬼神的事。驺衍靠用阴阳循环主宰命运的学说在诸侯中得到显达。而燕齐两地沿海一带的方士们继承了驺衍的学说却不能融会贯通,于是就从此兴起一批靠奇谈怪论,阿谀逢迎去苟合君主的人,多得数不过来。

自从齐威王、齐宣王、燕昭王时就派人到大海里去寻找蓬莱、方丈、瀛洲。这三座神山,传说在渤海中,离有人的地方不远;难办的是快要接近它了,就有大风把船吹走。据说有人曾经到过神山,各种仙人和不死药全在上面。那里的万物禽兽全都是白色的,而用黄金白银建成宫殿城阙。还没有到神山时,远望去像一片云彩;等到了跟前,三座神山反而在海水下面。临近神山时,动不动就被风吹走了,始终不能到神山上去。世间的君王没有一个不倾心向往神山的。等到秦始皇统一了天下,到了海边,方士们说到神山的数都数不过来。秦始皇自己觉得到了海上恐怕不会遇到神山,就派人带着童男童女到海上去寻找神山。船到了海里,回来全都用有风作为解脱自己的理由,说不能到神山上,只能远远望见它。第二年,秦始皇又到海边游览,到了琅邪,经过恒山，从上党返回。这以后三年，游览了碣石，考察了到海上去的方士，从上郡返回来。以后五年，秦始皇南下到了湘山，就登上会稽山，沿着海边巡游，希望能遇上海中三座神山上的奇药。没有得到，回到沙丘时去世了。

秦始皇封禅以后十二年，秦朝灭亡。儒生们痛恨秦朝焚毁《诗》《书》，屠杀并侮辱文人，百姓们怨恨秦朝的酷法，天下都反叛秦朝，就全都谣传说："秦始皇上了泰山，被暴风雨所袭击，没有能封禅。"这难道不就是所谓没有具备德行而去举行封禅仪式的人吗？

汉朝兴起，汉高祖身分卑微的时候，曾经杀死一条大蛇。有神怪说："蛇是白帝的儿子。而杀它的人是赤帝的儿子。"汉高祖刚起兵时，在丰邑的枌榆社祈祷神灵。占领了沛县后，他作了沛公，就祭祀蚩尤，用牲畜血涂在军旗和战鼓上。便在十月到达了灞上，与诸侯们一起平定了咸阳，被立为汉王。因此把十月定成每年的开始，而且崇尚红色。

汉高祖二年（公元前205），向东方攻打项籍，回来后进入关中，问道："过去秦朝时候祭的上帝是什么天帝呢？"回答说："四个天帝，有白帝、青帝、黄帝、赤帝的祠庙。"汉高祖说："我听说天上有五帝，而现在只有四帝，这是为什么呢？"没有人能知道这个原因。于是汉高祖说："我知道了，就是等待我来把五帝凑完备呢。"就设立了黑帝祠，命名为北畤。由主管官员去祭祀，皇帝不亲自前往。高祖把过去秦朝的祭祀官员全都召来，重新设置了太祝、太宰，礼仪和过去的形式一样。接着命令各县建立公社。下诏书说："我很尊重神庙，敬重祭祀。现在对上帝的祭祀和应当进行的对山川神祇们的祭祀，都像过去一样按时行礼祭祀。"

这以后二年，有人说周朝兴起时就建立了邰邑，设立了后稷的祠庙，至今仍享受天下人的牲祭。于是汉高祖给御史下诏书说："命令各个郡、王国、县都设立灵星祠，平常在每年按时用牛祭祀。"

这以后十八年，汉孝文帝即位。即位十三年时，下诏书说："现在秘祝们把过失灾祸转移给臣民，我很不赞成这种作法。从今天起废除它。"

起先名山大川位于诸侯国内，诸侯国的祭祀官员们各自祭祀，天子的官府不管理它。到了齐国和淮南国被废除后，汉文帝命令太祝像过去一样全部按时举行祭祀。

这一年，颁布命令说："我即位十三年到今天，依赖祖先宗庙的神灵，社稷国家的福荫，境内安定，人民没有疾苦。近来连年获得丰收，我没有什么德行，凭什么享受到这些呢？这全是上帝和神灵们所赐予的。听说古代的人享受了神灵的恩德，就必定报答它们的功劳，我想要增加祭祀神灵们的祭物。有关官员建议给雍州的五畤增加一辆四匹马拉的大车和全套的车马用具；给西畤、畦時各增加一辆木雕的大车和四匹木马，以及全套车马用具。给黄河、湫渊、汉水各增加二枚玉璧。而且让各个祠庙都增建拓宽坛址，祭祀的用具器皿和玉圭、布帛按照等级予以增加。祝祷求福的人把福惠都归结于我，百姓们不在其中。从现在起祝官向神行礼时，不要为我有所祈祷。"

鲁地的人公孙臣上书说："当初秦朝获得水德，现在汉朝接受了秦的天下，推算五德终始相传的原理，汉朝应当有土德，土德的瑞兆是黄龙出现。应该改换历法，更换服装的颜色，崇尚黄颜色。"这时丞相张苍喜好乐律历法的学问，认为汉朝就是水德的开始，所以黄河决口冲毁金堤，这就是水德的符兆。每年在冬季十月开始，当时自然界的颜色是外表黑，里面红，与水德相应。像公孙臣说的那些是不对的。便否定了公孙臣的建议。以后三年，黄龙在成纪出现。汉文帝就召来公孙臣，任命他作博士，和各位儒生起草改换历法与服装颜色的计划。当年夏天，下诏书说："成纪出现了异类的神物，对人民没有危害，今年因此获得丰收。我要在郊外祭祀上帝和各位神灵，礼仪官员们议论一下方案，不要因为会劳累我就隐瞒避讳。"有关官员们全都说："古代的天子在夏季亲自举行郊祀。在郊外祭祀上帝，所以叫作郊祀。"在这一年的夏季四月，汉文帝开始到雍州的五畤举行郊祀，衣服都采用所崇尚的红色。

第二年，赵人新垣平以擅长观望云气被汉文帝召见，他说："长安城的东北方有神异的云气，色呈五彩，像人的冠冕一样。有人说东北方是神明居住的地方，西方是神明的坟墓。上天的瑞象降下，应该设立祠庙祭祀上帝，以此来应合祥瑞的符兆。"于是就修建了渭阳的五帝庙，五帝在同一个屋顶下面，每帝设一座殿堂，每一面各有五座大门，每座门的颜色都和殿堂中这方天帝的颜色相同。祭祀所用的祭品和礼仪也像雍州五畤一样。

夏季四月，汉文帝亲自到霸水、渭水交会的地点拜神。在渭阳郊祀五帝。五帝庙南临渭水，北面挖沟把渭水引入兰池，点燃烽火来祭祀，就像有火光闪闪一

直连到天上。于是使新垣平显贵，封他为上大夫，赏赐累积千金。而且让博士和儒生们采取《六经》中的文字撰写了《王制》，商议巡视四方和封禅的事。

汉文帝出游到长门亭，好像见到五个人在道路北边，就在他们站立的地点北面设立了五帝坛，用五头牲畜和祭器祭祀。

第二年，新垣平派人拿着玉杯，到宫门前上书进献玉杯。新垣平对文帝说："宫门前有宝玉来了。"过后去看宫门，果然有来献玉杯的人，上面刻着："人主延寿。"新垣平又说："我预测到太阳会再次回到中天。"过了一会儿，太阳退回来再次到了中天。于是开始把十七年更改为元年，命令天下百姓举行盛大的饮宴。

新垣平进言说："周朝的宝鼎失落在泗水中。现在黄河水溢出来，流入了泗水。我看到东北方汾阴地区的上空有金宝气，想来周朝宝鼎会要出现了吧？征兆出现了不去迎接它，它就不来了。"于是汉文帝派使者在汾阴南修建了祠庙，临近黄河，想要通过祭祀使周朝宝鼎出现。

有人上书告发新垣平所说的云气神灵等事情全是诈骗。就把新垣平交给法官审理，杀死了新垣平，灭绝了他的家族。从此以后，汉文帝对改正历法与服装颜色、求神灵等事情不再感兴趣了，而渭阳、长门的五帝庙坛只让祭祀官员去管理，按时举行仪式，文帝自己不去了。

武帝元年时，汉朝兴起已经有六十多年了，天下平安，官员士人们都希望天子封禅，改换历法等。而皇帝向往儒术，招纳贤良文学之士。赵绾、王臧等人凭借文学才能成为公卿，想要商议按古代制度在长安城南建立明堂，用来接受诸侯朝见。草拟巡视天下、封禅、改换历法服色等方案的事还没有办成，正赶上窦太后研究黄老学说，不喜好儒术，派人暗中侦察，发现赵绾等人作奸谋利的事实，召赵绾、王臧来受审查。赵绾、王臧自杀了。他们兴办的各项事因此全部废除了。

第二年，当今皇帝第一次到雍城，在五畤举行郊祀。以后经常三年一次去郊祀。这时皇帝求神君，让她住在上林苑中的蹄氏观。神君是长陵地方的一个女子，因为生孩子时难产死了，把神灵显现给她的妯娌宛若，宛若在她的屋子里祭祀她，百姓们很多人都去祭祀。平原君去祭祀过，以后她的子孙都因此尊贵显荣。到了当今皇帝即位，就用丰厚的祭礼祭祀她，把她请到宫中。能听到她说话，但看不见人。

亳县人谬忌上奏，讲祭祀太一神的方法，说："天神中最尊贵的是太一，太一的助手是五帝。古代的天子在春、秋两季到东南郊去祭祀太一，祭物使用太牢，祭七天，筑的祭坛要在八面修出鬼神的通道。"于是天子命令太祝在长安城的东南郊建立祭太一的祠庙，按照谬忌说的方法经常祭祀。这以后有人上书，说："古代的天子每三年一次用太牢祭祀三位神：天、地、太一。"天子答应了。命令太祝带领人在谬忌奏请建立的太一神坛上祭祀这三位神，像人们上书讲的那样。后来又有人再上书，说："古代的天子经常在春天祭祀来解除灾祸，祭祀黄帝用一只枭、一只猿。祭冥羊用羊，祭马行用一匹青色的公马。祭太一、泽山君、地长用牛。祭武夷君用干鱼。祭阴阳使者用一头牛。"命令祭祀官员按照他的方法管理祭祀，在谬忌奏请建立的太一神坛旁边祭祀。

第二年，齐地人少翁靠鬼神方术被汉武帝召见。皇帝有一个宠幸的王夫人，她去世了。据说少翁用方术在夜里使王夫人和灶鬼的形貌出现，天子从帷幕中看见了她们。于是就任命少翁为文成将军，给他的赏赐非常多，用对待宾客的礼节接待他。文成将军说："皇上如果想要和神仙交往，宫殿房屋被褥服装不像神仙用的，神鬼不会来。"就制作了画上云气的车子，而且分别在干支相胜的日子里驾着车驱除恶鬼。又修建了甘泉宫，中间建了台室，画上天、地、太一等各种鬼神，而且置备了祭器来招致天神。过了一年多，文成将军的方术越来越不灵，神仙也没有来。他就把文书写在绢帛上给牛吃下，假装不知道，说这条牛的肚子里有奇异的东西。杀了牛来看，找到文书，书中写的话十分怪异。天子认识那个帛书的笔迹，问那个人，果然是伪造的文书。于是杀死了文成将军，把这件事也隐瞒起来了。

文成将军被处死的第二年，天子在鼎湖病得很厉害，巫医们无所不致，但仍治不好。游水发根说上郡有巫师，病的时候就有鬼神下界附在他身上。皇帝把他召来，在甘泉宫给他所附身的鬼神设了祭祀。到有病时，派人去问这位神君，神君对他说："天子不要为病担忧。病情稍有好转，就勉强支撑着来甘泉与我会面。"于是天子的病好了，就起身到甘泉宫来，病果然全好了。便大赦天下，设置了寿宫神君。寿宫神君中最尊贵的是太一神，他的助手叫作大禁、司命一类，全跟随着他。但不能看见，只能听到他们说话，说的话和人的声音一样。神君有时去有时来，来时就有小风飒飒。他们住在屋子里的帷幕中。有时白天讲话，但通常是在夜里。天子要举行消灾除邪的仪式后，才能进屋。屋中以巫师作为主人，领取饮料食物，神君说的话也由巫师传达下来。又建造了寿宫、北宫，竖起饰有羽毛的旗子，设置了放供品用的器具，以表示礼敬神君。神君所说的话，皇帝派人听取记录下来，称它为"画法"。他们所说的话，都是世俗人士所懂得的，没有什么特殊的地方，而只有天子自己心中喜好。这些事都很秘密，世上的人们都不知道。

当今天子所兴建的祭祀，有太一和后土，是每三年亲自去郊祀一次；创建了汉朝的封禅制度，每五年一次去修整封坛。薄忌太一和三一、冥羊、马行、赤星，五（床）等神灵，由宽舒属下的祠官每年按照时节祭祀行礼。一共六个祠庙，全由太祝管理。至于像八神的各个神庙，明年、凡山等著名的祠庙，天子路过时就祭祀，离开后就停止祭祀了。方士们所兴建的祠庙，由他们各自主持，那个人死了就结束了，祠官不去管理。其他的祭祀全和以往一样。当今皇上封禅后，十二年以来，五岳、四渎都被祭遍了。而方士们迎候、祭祀神仙，入海去寻求蓬莱岛，始终没有一点应验。但像公孙卿这样的迎候神仙的人，还用巨人的脚印作解脱的借口，也没有效果。天子越来越厌倦方士们的奇谈怪论了，然而还笼络他们，不肯断绝往来，希望能遇到真的仙人。从此以后，方士们讲神仙祭祀的更多了，然而它的效果是有目共睹的。

太史公说：我跟随皇帝出巡，祭祀天地各种神灵和名山大川，参与了封禅。进入寿官陪祭，听到神君的话，认真深入地观察了方士和祠官们的意向，于是退下来依照次序分析论述自古以来祭祀鬼神的情况，把它们的表里经过全都呈现在这里。后世有君子的话，可以在这里浏览一遍。至于说祭祀时祭器和圭玉布帛等的详情，进献祭品和酬报神灵的礼仪，就由有关主管官员保存着了。

河渠书

【原文】

《夏书》曰：禹抑洪水十三年，过家不入门。陆行载车，水行载舟，泥行蹈毳，山行即桥。以别九州，随山浚川，任土作贡。通九道，陂九泽，度九山。然河灾衍溢，害中国也尤甚。唯是为务。故道河自积石历龙门，南到华阴，东下砥柱，及孟津、雒汭，至于大邳。于是禹以为河所从来者高，水湍悍，难以行平地，数为败，乃厮二渠以引其河。北载之高地，过降水，至于大陆，播为九河，同为逆河，入于勃海。九州既疏，九流既洒，诸夏艾安，功施于三代。

西门豹引漳水溉邺，以富魏之河内。

而韩闻秦之好兴事，欲罢之，毋令东伐，乃使水工郑国间说秦，令凿泾水自中山西邸瓠口为渠，并北山东注洛三百余里，欲以溉田。中作而觉，秦欲杀郑国。郑国曰："始臣为间，然渠成亦秦之利也。"秦以为然，卒使就渠。渠就，用注填阏之水，溉泽卤之地四万余顷，收皆亩一钟。于是关中为沃野，无凶年，秦以富强，卒并诸侯，因命曰郑国渠。

其后四十有余年，今天子元光之中，而河决于瓠子，东南注巨野，通于淮、泗。于是天子使汲黯、郑当时兴人徒塞之，辄复坏。是时武安侯田蚡为丞相，其奉邑食鄃。鄃居河北，河决而南则鄃无水灾，邑收多。蚡言于上曰："江河之决皆天事，未易以人力为强塞，塞之未必应天。"而望气用数者亦以为然。于是天子久之不事复塞也。

是时郑当时为大农，言曰："异时关东漕粟从渭中上，度六月而罢，而漕水道九百余里，时有难处。引渭穿渠起长安，并南山下，至河三百余里，径，易漕，度可令三月罢；而渠下民田万余顷，又可得以溉田：此损漕省卒，而益肥关中之地，得谷。"天子以为然，令齐人水工徐伯表，悉发卒数万人穿漕渠，三岁而通。通，以漕，大便利。其后漕稍多，而渠下之民颇得以溉田矣。

其后河东守番系言："漕从山东西，岁百余万石，更砥柱之限，败亡甚多，而亦烦费。穿渠引汾溉皮氏、汾阴下，引河溉汾阴、蒲坂下，度可得五千顷。五千顷故尽河壖弃地，民茭牧其中耳，今溉田之，度可得谷二百万石以上。谷从渭上，与关中无异，而砥柱之东可无复漕。"天子以为然，发卒数万人作渠田。数岁，河移徙，渠不利，则田者不能偿种。久之，河东渠田废，予越人，令少府以为稍入。

其后人有上书欲通褒斜道及漕事，下御史大夫张汤。汤问其事，因言："抵蜀从故道，故道多阪，回远。今穿褒斜道，少阪，近四百里；而褒水通沔，斜水通渭，皆可以行之船漕。漕从南阳上沔入褒，褒之绝水至斜，间百余里，以车转，从斜下下渭。如此，汉中之谷可致，山东从沔无限，便于砥柱之漕。且褒斜材木竹箭之饶，拟于巴蜀。"天子以为然，拜汤子卬为汉中守，发数万人作褒斜道五百余里。道果便近，而水湍石，不可漕。

其后庄熊罴言："临晋民愿穿洛以溉重泉以东万余顷故卤地。诚得水，可令亩十石。"于是为发卒万余人穿渠，自征引洛水至商颜山下。岸善崩，乃凿井，深者四十余丈。往往为井，井下相通行水。水颓以绝商颜，东至山岭十余里间。井渠之生自此始。穿渠得龙骨，故名曰龙首渠。作之十余岁，渠颇通，犹未得其饶。

自河决瓠子后二十余岁，岁因以数不登，而梁楚之地尤甚。天子既封禅巡祭山川，其明年，旱，干封少雨。天子乃使汲仁、郭昌发卒数万人塞瓠子决。于是天子已用事万里沙，则还自临决河，沉白马玉璧于河，令群臣从官自将军已下皆负薪寘决河。是时东郡烧草，以故薪柴少，而下淇园之竹以为楗。

天子既临河决，悼功之不成，乃作歌曰："瓠子决兮将奈何？晧晧旰旰兮闾殚为河！殚为河兮地不得宁，功无已时兮吾山平。吾山平兮巨野溢，鱼沸郁兮柏冬日。延道弛兮离常流，蛟龙骋兮方远游。归旧川兮神哉沛，不封禅兮安知外！为我谓河伯兮何不仁，泛滥不止兮愁吾人？啮桑浮兮淮、泗满，久不反兮水维缓。"一曰:"河汤汤兮激潺湲,北渡污兮浚流难。搴长茭兮沈美玉,河伯许兮薪不属。薪不属兮卫人罪,烧萧条兮噫乎何以御水!颓林竹兮楗石菑,宣房塞兮万福来。"于是卒塞瓠子,筑宫其上,名曰宣房宫。而道河北行二渠,复禹旧迹,而梁、楚之地复宁,无水灾。

太史公曰:余南登庐山,观禹疏九江,遂至于会稽太湟,上姑苏,望五湖;东窥洛汭、大邳,迎河,行淮、泗、济、漯、洛渠;西瞻蜀之岷山及离碓;北自龙门至于朔方。曰:甚哉,水之为利害也!余从负薪塞宣房,悲《瓠子》之诗而作《河渠书》。

【译文】

《尚书·夏书》说:禹障遏洪水历时凡十三年,经过自己家门口却不进去。陆地行走乘车,水上行走乘船,泥泞行走踩木橇,山地行走则坐轿。区分天下为九州,顺着山势疏浚河川,依据土地的肥瘠制定贡赋等级。开通九州的道路,障堵九州的湖泽,估量九州山地的物产。但黄河泛溢成灾,损害中原最厉害。于是禹专力从事治河。疏导黄河自积石山经过龙门口,南到华阴,由此折而东下,后经砥柱山以及孟津、雒汭,到大邳山。到了这里,禹以为黄河上游地势高亢,水流湍急凶猛,难于在平地上安流,多次发生泛滥,于是分开二渠,引黄河东流直接入海,其正流仍北上行经高地,穿过降水,到大陆泽,又北流分为众多岔道,然后汇成为逆河,流入大海。九州的河川既已疏通,九州的湖泽既分泄,中国因而安宁,禹的治水功效一直裨益于夏、商、周三代。

西门豹引漳水灌溉邺县农田,魏国的河内地区因而得以富饶。

韩国听说秦国喜好兴建工程,打算消耗其国财力人力不使向东侵犯,于是派遣水利专家郑国做间谍,劝说秦国下令凿渠引泾水自中山至瓠口,傍依北山东流注入洛水,长三百多里,计划灌溉农田。在施工当中,秦国发觉了郑国的意图,打算杀掉郑国。郑国说:"当初我来秦国确实被派做间谍,但此渠开凿成功也是对秦国有利的。"秦国以为此话有理,终于使郑国主持把渠开成。渠开成后,用所引含有淤泥的渠水,灌溉盐碱地四万多顷,每亩收成都合一钟。于是关中地区变成沃野,没有荒年,秦国因而富强终于并吞了诸国,所以命名此渠为郑国渠。

其后过了四十多年,当今皇上元光年间,黄河又在瓠子决口,东南流注巨野泽,与淮、泗二水相通。于是皇帝派汲黯、郑当时发动民众进行堵塞,刚堵好就被水冲毁了。这时武安侯田蚡任丞相,他的奉邑是鄃国。鄃国位于黄河以北,黄河决口南流则鄃国所在没有水灾,奉邑收入多。田蚡对皇帝说:"江、河的决口都是老天爷决定了的,不能轻易地用人力强行堵塞,堵塞了未必合于天意。"而一些以观察天象、采用术数推测命运的方士也认为田蚡说得对。于是皇帝很长时间不再从事堵塞。

当时郑当时任大司农,说:"以往关东地区运粮经由渭水西上,大约用六个月才能结束,水路有九百多里,粮船时常遇到难走的地方。如果开凿渠道自长安引渭水东流,傍依南山脚下,至黄河才三百多里,路直,容易运输,估计只需三个月就可结束,而渠道附近农田一万多顷,又可以得到灌溉:这样减少运输时间,节省士卒,而使关中地区更加肥沃,收成更好。"皇帝认为有理,派齐人水工徐伯进行勘察,沿线树立标记,发动士卒数万人开凿漕渠,用了三年时间,渠道被开通了。渠道通后,用来运粮,非常便利。此后运粮逐渐增加,沿渠人民多利用此渠灌溉农田。

此后河东郡太守番系说:"从山东用船运粮西入关中,每年有一百多万石,经过黄河砥柱山险,粮船沉没很多,耗费较大。如果开挖渠道引汾水灌溉皮氏、汾阴县的土地,引黄河水灌溉汾阴、蒲坂县的土地,估计可以得到五千顷。这五千顷原是河边没有耕种的土地,平时人民在其中收割茭草和放牧,现在灌溉成田,估计可以收到粮食二百万石以上。粮食经由渭水西运,和关中相同,而砥柱以东可以不必再运粮西入关中。"皇帝以为有理,发动士卒数万人作渠田。几年以后,黄河主流变迁,渠口引水不利,田的收成还不够所费种粮。日子一久,河东郡渠田荒废,交给越人耕种,只收少量租税,入于少府。

此后有人上书皇帝打算开通褒斜道并谈及于此运粮事,交由御史大夫张汤处理。张汤过问这事,因而说:"自关中到蜀地要走故道,故道多斜坡,曲折而遥远。今开凿褒斜道,少斜坡,比故道近四百里;而褒水南与沔水相通,斜水北与渭水相通,都可以通行粮船。粮船自南阳逆沔水西上进入褒水,从褒水发源处北至斜水发源处,其间百余里则用车转运,复由斜水船运下渭水。这样,汉中的粮食可以运到,山东地区的粮食经由沔水运输不会遇到阻隔,比经过黄河砥柱方便。而且褒斜道附近一带盛产材木竹箭,可以和巴蜀地区比美。"皇帝以为有理,任命张汤的儿子卬为汉中郡太守,发动几万人修褒斜道,长五百多里。道路修成后,果然比故道近便。但褒、斜二水流急多石,粮船不可通行。

此后庄熊罴说:"临晋县人民希望穿凿洛水以灌溉重泉县以东一万多顷盐碱地。如果这些盐碱地得到水的灌溉,每亩粮食产量可收十石。"于是为了满足他们的要求,发动士卒一万多人挖渠,自徵县引洛水到商颜山脚下。由于两岸土质疏松容易崩塌,于是凿井,深的有四十余丈。连续挖很多井,井下相通流水。水往下流穿过商颜山,东到山岭十多里路。井渠的产生由此开始。穿渠时挖到龙骨,因而命名为龙首渠。开凿了十多年,渠水还通畅,但灌溉效益不大。

自从黄河在瓠子决口以后二十多年，因此多年收成不好，而梁、楚地区特别厉害。皇帝既已封禅巡祭山川，第二年，天旱，据说是干旱封禅，雨灾会少。皇帝于是派遣汲仁、郭昌发动士卒几万人堵塞瓠子决口。皇帝在万里沙祭祀过后，回来时亲自来到黄河决口处，把白马玉璧沉入河中（祭祀河伯），命令随从大臣及将军以下都背负薪柴填堵决口。当时东郡境内人民烧草，因此薪柴缺乏，于是把淇园的竹子砍来做堵塞决口所用的楗。

皇帝来到黄河决口，怜惜堵塞工程长久未见功效，于是作歌，其词说："黄河在瓠子决口了，将要怎么办？水势汪洋浩大，闾里都成了河！都成了河，大地不得安宁，人们无休止地开凿吾山的土来堵塞决口。可是眼看吾山快要被夷成平地了（决口仍然没有堵上），流入巨野泽的水继续泛溢不止。水中鱼儿盛多，无奈冬日迫近（人们衣食无着，必将受冻挨饿以致死亡！）黄河正道废弛，致使洪水横溢，蛟龙因而得意，尽情漫游远方。但愿神灵光大，使黄河回归旧道。我如不到泰山封禅，怎能知道关外有这样大的水灾？替我告诉河伯：为什么这样狠心？长久的泛滥使我们发愁？像啮桑这类城邑很多被水漂浮了，淮、泗二河的水都满了，黄河长久不回故道，水的网维也涣散了。"又说："河水流急，激起滚滚波涛。急流使黄河回复北流故道带来了困难。人们用竹索来堵塞决口，又把美玉沉入河中来祭祀河伯。可是河伯应允了而薪柴却接济不上（决口依然没有堵上）。薪柴接济不上，这全是卫地人的过错，因为他们平日把草木都烧光了，田野呈现一片凄凉，如何去御防洪水？只好把淇园的竹林砍掉做成楗插入石笋一起放入水中，宣房宫的决口才被堵住，这样众福都来了。"最后终于堵塞了瓠子黄河决口，在上面建筑一座宫，名叫宣房宫。把河水导向北行，分流入于二渠，恢复了禹时黄河故道，梁、楚地区因而重获安宁，没有水灾。

太史公说：我南游曾登庐山，看到禹疏导的九江，又到会稽太湟，上姑苏山，看到五湖；东游察看了洛汭、大邳、迎河，行经淮、泗、济、漯、洛诸水；西游看到蜀地的岷山和离碓；北游自龙门到了朔方郡。因而想到：水的利害太大了！我随从皇帝背负薪柴填塞宣房宫所在的黄河决口，感伤皇帝所作的《瓠子》诗而写成《河渠书》。

世

家

吴太伯世家

【原文】

吴太伯，太伯弟仲雍，皆周太王之子，而王季历之兄也。季历贤，而有圣子昌，太王欲立季历以及昌，于是太伯、仲雍二人乃骃荆蛮，文身断发，示不可用，以避季历。季历果立，是为王季，而昌为文王。太伯之骃荆蛮，自号句吴。荆蛮义之，从而归之千余家，立为吴太伯。

周章已君吴，因而封之。乃封周章弟虞仲于周之北故夏虚，是为虞仲，列为诸侯。

自太伯作吴，五世辐武王克殷，封其后为二：其一虞，在中国；其一吴，在夷蛮。十二世而晋灭中国之虞。中国之虞灭二世，而夷蛮之吴兴。大凡从太伯至寿梦十九世。

王寿梦二年，楚之亡大夫申公巫臣怨楚将子反而骃晋，自晋使吴，教吴用兵乘车，令其子为吴行人，吴于是始通于中国。吴伐楚。十六年，楚共王伐吴，至衡山。

二十五年，王寿梦卒。季札贤，而寿梦欲立之，季札让不可，于是乃立长子诸樊，摄行事当国。

王诸樊元年，诸樊已除丧，让位季札。季札谢曰："曹宣公之卒也，诸侯与曹人不义曹君，将立子臧，子臧去之，以成曹君，君子曰'能守节矣'。君义嗣，谁敢干君！有国，非吾节也。札虽不材，愿附于子臧之义。"吴人固立季札，季札弃其室而耕，乃舍之。秋，吴伐楚，楚败我师。四年，晋平公初立。

十三年，王诸樊卒。有命授弟余祭，欲传以次，必致国于季札而止，以称先王寿梦之意，且嘉季札之义，兄弟皆欲致国，令以渐至焉。季札封于延陵，故号曰延陵季子。四年，吴使季札聘于鲁，请观周乐。为歌《周南》《召南》。英汉、曰："美哉，始基之矣，犹未也。然勤而不怨。"

歌《邶》《鄘》《卫》。曰："美哉,渊乎,忧而不困者也。吾闻卫康叔、武公之德如是,是其《卫风》乎?"歌《王》。曰："美哉,思而不惧,其周之东乎?"歌《郑》。曰："其细已甚,民不堪也,是其先亡乎?"歌《齐》。曰:"美哉,泱泱乎大风也哉。表东海者,其太公乎?国未可量也。"歌《豳》。曰:"美哉,荡荡乎,乐而不淫,其周公之东乎?"歌《秦》。曰:"此之谓夏声。夫能夏则大,大之至也,其周之旧乎?"歌《魏》。曰:"美哉,沨沨乎,大而宽,俭而易,行以德辅,此则盟主也。"歌《唐》。曰:"思深哉,其有陶唐氏之遗风乎?不然,何忧之远也?非令德之后,谁能若是!"歌《陈》。曰:"国无主,其能久乎?"自《郐》以下,无讥焉。歌《小雅》。曰:"美哉,思而不贰,怨而不言,其周德之衰乎?犹有先王之遗民也。"歌《大雅》。曰:"广哉,熙熙乎,曲而有直体,其文王之德乎?"歌《颂》。曰:"至矣哉,直而不倨,曲而不屈,近而不偪,远而不携,迁而不淫,复而不厌,哀而不愁,乐而不荒,用而不匮,广而不宣,施而不费,取而不贪,处而不厎,行而不流。五声和,八风平,节有度,守有序,盛德之所同也。"见舞《象箾》《南籥》者,曰:"美哉,犹有感。"见舞《大武》,曰:"美哉,周之盛也其若此乎?"见舞《韶护》者,曰:"圣人之弘也,犹有惭德,圣人之难也!"见舞《大夏》,曰:"美哉,勤而不德!非禹其谁能及之?"见舞《招箾》,曰:"德至矣哉,大矣,如天之无不焘也,如地之无不载也,虽甚盛德,无以加矣。观止矣,若有他乐,吾不敢观。"

去鲁,遂使齐。说晏平仲曰:"子速纳邑与政。无邑无政,乃免于难。齐国之政将有所归;未得所归,难未息也。"故晏子因陈桓子以纳政与邑,是以免于栾、高之难。

去齐,使于郑。见子产,如旧交。谓子产曰:"郑之执政侈,难将至矣,政必及子。子为政,慎以礼。不然,郑国将败。"去郑,适卫。说蘧瑗、史狗、史鳅、公子荆、公叔发、公子朝曰:"卫多君子,未有患也。"

自卫如晋,将舍于宿,闻钟声,曰:"异哉!吾闻之,辩而不德,必加于戮。夫子获罪于君以在此,惧犹不足,而又可以畔乎?夫子之在此,犹燕之巢于幕也。君在殡而可以乐乎?"遂去之。文子闻之,终身不听琴瑟。

适晋,说赵文子、韩宣子、魏献子曰:"晋国其萃于三家乎!"将去,谓叔向曰:"吾子勉之!君侈而多良,大夫皆富,政将在三家。吾子直,必思自免于难。"

季札之初使,北过徐君。徐君好季札剑,口弗敢言。季札心知之,为使上国,未献。还至徐,徐君已死,于是乃解其宝剑,系之徐君冢树而去。从者曰:"徐君已死,尚谁予乎?"季子曰:"不然。始吾心已许之,岂以死倍吾心哉！"

王僚二年，公子光伐楚，败而亡王舟。光惧，袭楚，复得王舟而还。

五年，楚之亡臣伍子胥来骍，公子光客之。公子光者，王诸樊之子也。常以为"吾父兄弟四人，当传至季子。季子即不受国，光父先立。即不传季子，光当立"。阴纳贤士，欲以袭王僚。

八年，吴使公子光伐楚，败楚师。迎楚故太子建母于居巢以归。因北伐，败陈、蔡之师。九年，公子光伐楚，拔居巢、钟离。初，楚边邑卑梁氏之处女与吴边邑之女争桑，二女家怒相灭，两国边邑长闻之，怒而相攻，灭吴之边邑。吴王怒，故遂伐楚，取两都而去。

伍子胥之初骍吴，说吴王僚以伐楚之利。公子光曰："胥之父兄为僇于楚，欲自报其仇耳。未见其利。"于是伍员知光有他志，乃求勇士专诸，见之光。光喜，乃客伍子胥。子胥退而耕于野，以待专诸之事。

十二年冬，楚平王卒。十三年春，吴欲因楚丧而伐之，使公子盖余、烛庸以兵围楚之六、灊。使季札于晋，以观诸侯之变。楚发兵绝吴兵后，吴兵不得还。于是吴公子光曰："此时不可失也。"告专诸曰："不索何获！我真王嗣，当立，吾欲求之。季子虽至，不吾废也。"专诸曰："王僚可杀也。母老子弱，而两公子将兵攻楚，楚绝其路。方今吴外困于楚，而内空无骨鲠之臣，是无奈我何。"光曰："我身，子之身也。"四月丙子，光伏甲士于窟室，而谒王僚饮。王僚使兵陈于道，自王宫至光之家，门阶户席，皆王僚之亲也，人夹持铍。公子光详为足疾，入于窟室，使专诸置匕首于炙鱼之中以进食。手匕首刺王僚，铍交于匈，遂弑王僚。公子光竟代立为王，是为吴王阖庐。阖庐乃以专诸子为卿。

季子至，曰："苟先君无废祀，民人无废主，社稷有奉，乃吾君也。吾敢谁怨乎？哀死事生，以待天命。非我生乱，立者从之，先人之道也。"复命，哭僚墓，复位而待。吴公子烛庸、盖余二人将兵遇围于楚者，闻公子光弑王僚自立，乃以其兵降楚，楚封之于舒。

王阖庐元年，举伍子胥为行人而与谋国事。楚诛伯州犁，其孙伯嚭亡奔吴，吴以为大夫。

三年，吴王阖庐与子胥、伯嚭将兵伐楚，拔舒，杀吴亡将二公子。光谋欲入郢，将军孙武曰："民劳，未可，待之。"四年，伐楚，取六与灊。五年，伐越，败之。六年，楚使子常囊瓦伐吴。迎而击之，大败楚军于豫章，取楚之居巢而还。

九年，吴王阖庐请伍子胥、孙武曰："始子之言郢未可入，今果如何？"二子对曰："楚将子常贪，而唐、蔡皆怨之。王必欲大伐，必得唐、蔡乃可。"

阖庐从之，悉兴师，与唐、蔡西伐楚，至于汉水。楚亦发兵拒吴，夹水陈。吴王阖庐弟夫槩欲战，阖庐弗许。夫槩曰："王已属臣兵，兵以利为上，尚何待焉？"遂以其部五千人袭冒楚，楚兵大败，走。于是吴王遂纵兵追之。比至郢，五战，楚五败。楚昭王亡出郢，奔郧。郧公弟欲弑昭王，昭王与郧公骖随。而吴兵遂入郢。子胥、伯嚭鞭平王之尸以报父仇。

十年春，越闻吴王之在郢，国空，乃伐吴。吴使别兵击越。楚告急秦，秦遣兵救楚击吴，吴师败。阖庐弟夫槩见秦越交败吴，吴王留不去，夫槩亡归吴而自立为吴王。阖庐闻之，乃引兵归，攻夫槩。槩败奔楚。楚昭王乃得以九月复入郢，而封夫槩于堂溪，为堂溪氏。十一年，吴王使太子夫差伐楚，取番。楚恐而去郢徙都。

十五年，孔子相鲁。

十九年夏，吴伐越，越王勾践迎击之槜李。越使死士挑战，三行造吴师，呼，自刭。吴师观之，越因伐吴，败之姑苏，伤吴王阖庐指，军却七里。吴王病伤而死。阖庐使立太子夫差，谓曰："尔而忘勾践杀汝父乎？"对曰："不敢！"三年，乃报越。

王夫差元年，以大夫伯嚭为太宰。习战射，常以报越为志。二年，吴王悉精兵以伐越，败之夫椒，报姑苏也。越王勾践乃以甲兵五千人栖于会稽，使大夫种因吴太宰嚭而行成，请委国为臣妾。吴王将许之，伍子胥谏曰："昔有过氏杀斟灌以伐斟寻，灭夏后帝相。帝相之妃后缗方娠，逃于有仍而生少康。少康为有仍牧正。有过又欲杀少康，少康奔有虞。有虞思夏德，于是妻之以二女而邑之于纶，有田一成，有众一旅。后遂收夏众，抚其官职。使人诱之，遂灭有过氏，复禹之绩，祀夏配天，不失旧物。今吴不如有过之强，而勾践大于少康。今不因此而灭之，又将宽之，不亦难乎！且勾践为人能辛苦，今不灭，后必悔之。"吴王不听，听太宰嚭，卒许越平，与盟而罢兵去。

七年，吴王夫差闻齐景公死而大臣争宠，新君弱，乃兴师北伐齐。子胥谏曰："越王勾践食不重味，衣不重采，吊死问疾，且欲有所用其众。此人不死，必为吴患。今越在腹心疾而王不先，而务齐，不亦谬乎！"吴王不听，遂北伐齐，败齐师于艾陵。至缯，召鲁哀公而征百牢。季康子使子贡以周礼说太宰嚭，乃得止。因留略地于齐鲁之南。九年，为驺伐鲁，至，与鲁盟乃去。十年，因伐齐而归。十一年，复北伐齐。

越王勾践率其众以朝吴，厚献遗之，吴王喜。唯子胥惧，曰："是弃吴也。"谏曰："越在腹心，今得志于齐，犹石田，无所用。且《盘庚之诰》有颠越勿遗，商之以兴。"吴王不听，使子胥于齐，子胥属其子于齐鲍氏，还报吴王。吴王闻之，大怒，赐子胥属镂之剑以死。将死，曰："树吾墓上以梓，令可为器。抉吾眼置之吴东门，以观越之灭吴也。"

十四年春，吴王北会诸侯于黄池，欲霸中国以全周室。六月丙子，越王勾践伐吴。乙酉，越五千人与吴战。丙戌，虏吴太子友。丁亥，入吴。吴人告败于王夫差，夫差恶其闻也。或泄其语，吴王怒，斩七人于幕下。七月辛丑，吴王与晋定公争长。吴王曰："于周室我为长。"晋定公曰："于姬姓我为伯。"赵鞅怒，将伐吴，乃长晋定公。吴王已盟，与晋别，欲伐宋。太宰嚭曰："可胜而不能居也。"乃引兵归国。国亡太子，内空，王居外久，士皆罢敝，于是乃使厚币以与越平。

二十年，越王勾践复伐吴。二十一年，遂围吴。二十三年十一月丁卯，越败吴。越王勾践欲迁吴王夫差于甬东，予百家居之。吴王曰："孤老矣，不能事君王也。吾悔不用子胥之言，自令陷此。"遂自刭死。越王灭吴，诛太宰嚭，以为不忠，而归。

太史公曰：孔子言"太伯可谓至德矣，三以天下让，民无得而称焉"。余读《春秋》古文，乃知中国之虞与荆蛮句吴兄弟也。延陵季子之仁心，慕义无穷，见微而知清浊。呜呼，又何其闳览博物君子也！

【译文】

吴太伯、太伯的弟弟仲雍，都是周太王的儿子，王季历的哥哥。季历贤达，且有一个有圣人之相的儿子姬昌，太王意欲立季历，并传位给姬昌，于是太伯、仲雍二人便逃奔到南方部族荆蛮人居住的地方，遵随当地习俗，在身上刺画花纹，剪短头发，表示不可再当国君，以此来让避季历。季历果然登位，这就是王季，而姬昌就是文王。太伯逃奔到荆蛮，自称句吴。荆蛮人钦佩他的品德高尚，追随并且归附他的有上千家，被拥立为吴太伯。

周章已经做了吴地君主，便把吴地封给了他。并封周章的弟弟虞仲在成周之北的旧时夏都之地，这就是虞仲，列为诸侯之一。

自从太伯建立吴国以来，经过五代吴君便到武王战败殷王朝，封太伯吴国之后代于两处：其中之一的虞国，在中原地区，其中之一的吴国，在南方夷蛮地区。经过十二代，晋国灭亡了中原的虞国，中原的虞国被灭亡之后，又经过两代，在夷蛮地区的吴国兴盛起来。从太伯传至寿梦大致为十九代君主。

吴王寿梦二年，逃亡在外的楚国大夫申公巫臣因怨恨楚将子反而投奔晋国，从晋国出使吴国，教授吴国的士兵使用战车作战，让他的儿子担任吴国掌管外交的官员。吴国从此开始同中原国家进行交往，吴国攻打楚国。十六年，楚共王出兵攻打吴国，楚国的军队进到衡山。

在位二十五年，吴王寿梦去世。季札贤达，寿梦打算让他继位，季札谦让认为不合宜，于是就扶立老大诸樊，让他代理政务掌管国家大事。

吴王诸樊元年，在办完丧事以后，诸樊把君位要让给季札。季札辞谢说："曹公死的时候，诸侯与曹国人认为准备继位的曹君不合礼法，打算拥立子臧为君，子臧离开国都，以成全曹君。君子称颂说：'确能保持节操啊！'谁敢冒犯君主呢？享有国家，不是我的志向。我虽无能，愿效法子臧的操行。"吴国人坚持要立季札为君，季札抛弃了家室去种田，只好舍弃这一主张。秋天，吴国出兵攻打楚国，楚国击败了吴国的军队。四年，晋平公新继位。

在位十三年，吴王诸樊去世。诸樊曾有遗言传位给弟弟余祭，计划按兄弟的次序传位，一定要把君位传给季札才停止，以偿还先王寿梦的遗愿，并且褒扬季札的崇高品德，兄弟们都想传位给季札，按照诸樊的遗令要依次实现。季札受封在延陵，故号称延陵季子。

四年，吴王派遣季札出使鲁国访问，请求观赏周王室的乐舞。鲁国乐师为季札演唱《周南》《召南》。季札称赞说："真美啊！开始建立基业，尚不完美，然而却唱出了人们勤恳而无怨恨的心声。"演唱了《邶风》《鄘风》《卫风》。又称赞说："真美啊！音调深沉，情感忧戚而不困惑。我听说卫康叔、武公的操行就是这样，这就是《卫风》蕴含所在吧！"又歌唱了《王风》。又称赞说："真美啊！忧思而无恐惧，这大概是抒发王室东迁的心境吧！"又歌唱了《郑风》。又评论说："歌曲软绵绵得太过分了，它表明民众已无法承受了，郑国恐怕要最先亡国吧！"又歌唱了《齐风》。又称赞说："真美啊！浩渺深远，不愧大国风采。雄踞东海之滨，这就是太公的封国吧！它的发展是不可限量的啊！"又歌唱《豳风》。又称赞说："真美啊！气势宏伟，尽情欢乐，毫不过分。这大概是显示周公东征的气概吧！"又歌唱《秦风》。又评说道："这就是夏民的遗音。若能保持夏代的遗风便能强大，强大到一定程度，就能达到周王朝鼎盛时的气派了吧！"又歌唱《魏风》。又称赞说："真美啊！它的曲调抑扬宛转，粗犷中有柔美，淳朴而流畅，以德辅行，显露出开明君主的风度。"又歌唱《唐风》。又评说道："情思深长，这大概就是陶唐氏的遗风吧！不然，为什么忧思如此深远呢？不是情操高尚人的后代，谁能像这样呢？"又歌唱《陈风》。又评论说："国家没有像样的君主，难道能长久吗？"从《郐风》往下，就不再评论了。又歌唱《小雅》。又赞美说："真美啊！深思而不惑乱，有怨恨而又不胡说，虽然处于周王朝衰败的时候，仍能看到先王臣民的影子。"又歌唱《大雅》。赞美说："宽广啊！和谐而优美，柔韧而刚强，大概这就是文王的美德吧！"又歌唱《颂》。赞美说："美妙到了极点！正直而不倨傲，不卑又不亢，亲近而不强迫，疏远而不相离，遭到贬谪也不胡作非为，官复原职也不贪得无厌，心有哀伤也不愁怨，高兴的时候也不忘乎所以，有财富时绝不挥霍殆尽，富足时绝不炫耀，施舍时绝不浪费，能够获取时一定要有节制，宁静而不呆滞，奋发而不失分寸，五音和谐，八风协调，节奏适度，曲律恰到好处，圣贤们大体上都是相同的。"观看了《象箾》《南籥》的舞蹈，赞美说："真美啊！还有些遗憾。"观看了《大武》的舞蹈，赞美说："真美啊！周代鼎盛时期大概就像这样的吧！"观看了《韶护》的舞蹈，评说道："圣人已经很伟大了，仍然感到德行有不够完美的地方，做圣人也很不容易啊！"观看《大夏》的舞蹈，赞美说："真美啊！做了那么多好事而不自以为有恩惠，不是大禹谁能做到这一点？"观看《招箾》的舞蹈，赞美说："品德高尚达到了顶点，真伟大啊！像昊天那样无所不覆，像大地那样无所不载，德行达到了顶点，再也无法增高了。所有美妙的歌舞尽在这里了，其他的歌舞，用不着再看了。"

季札离开了鲁国，又出使到齐国。他规劝晏平仲说："您赶快把自己的封地和官职交出去，只有没有封地和官职的人，才能幸免于难。齐国的政权将另有所归，在没有适当归属前，灾难是不会平息的呀！"所以晏子通过陈桓子交出了官职和封地，因此得以避免了栾氏、高氏制造的灾难。

季札离开了齐国，又出使到郑国。看见子产，如同见到多年的老朋友一样。他对子产说："郑国的当权者腐败，灾难就要到来，政权必将落到您的身上。您当政以后，一定要谨慎地按照礼法行事，否则，郑国仍将败亡。"离开郑国，季札又来到卫国。劝慰蘧瑗、史狗、史鳅、公子荆、公叔发、公子朝说："卫国贤能的人很多，不会有祸患的。"

从卫国前往晋国，准备在宿地住宿，听到钟声，说："真怪啊！我听说，空有才辩而无道德的，必定遭受杀身之祸。先生得了国君仍然停留在此，恐惧都来不及，还能寻欢作乐吗？先生在此停留，犹如燕子在帷幕做巢。国君尚未安葬，可以作乐吗？"说完便离开了。孙文子听说了这些话，到死不再听奏乐。

季札来到晋国，对赵文子、韩宣子、魏献子说："晋国的大权将集中在您们三家了！"在临别时，他对叔向说："您努力吧！国君腐败而良臣又多，大夫都很富有，国家大权将落入三家手中，您非常正直，一定要考虑怎样使自己躲避灾难。"

当初季札刚开始出使时，北上途中拜见徐国国君。徐君非常喜爱季札的宝剑，嘴上却不好意思说出来。季札心里明白他的意思，因为还要出使中原诸国，没能将宝剑赠送给他。在他回国时又来到徐国，徐君已经去世，他便解下宝剑，挂在徐君墓旁的树上才离开。随从的人说："徐君已经死了，您还送给他干什么呢？"季子说："不能这样说，当初我心里已经决定送给他，怎能因为他死了而违背我的初衷呢？"

吴王僚二年（公元前525），公子光领兵攻打楚国，战败且丢失了吴王的龙船。公子光很害怕，他通过偷袭的办法，重新夺回了吴王的龙船才带兵回国。

五年，楚国在逃的大臣伍子胥前来投奔，公子光像对待客人一样接待了他。公子光本是吴王诸樊的儿子，平常就认为在自己父亲兄弟四人中，王位应该传给季子。季子不肯接受王位，自己的父亲应该首先继位。若果不能传位给季子，公子光应接受王位。他暗地招纳贤能之士，准备一旦有机会便袭击吴王僚。

八年，吴王僚派公子光出兵攻打楚国，打败了楚国的军队，从居巢把楚国从前的太子建的母亲接来带回国。并趁势向北进军，打败了陈国、蔡国的军队。九年，公子光攻打楚国，攻陷了居巢、钟离两地。在此之前，楚国边境卑梁家的少女与吴国边境的女子争采桑叶，两家怒而互相残杀，两国边境长官知道后，也大为恼怒进而互相攻打，楚国人扫荡了吴国的边境村庄。吴王对此十分恼怒，因此才出兵攻打楚国，攻占了两个城镇才善罢甘休。

伍子胥刚刚投奔吴国时，用攻打楚国的好处劝说吴王僚。公子光说："伍子胥的父亲和哥哥被楚国杀害了，他只是为了报自己的私仇，对吴国来说哪里有什么好处！"由此伍子胥知道公子光另有打算，便寻求到一位叫专诸的勇士，把他献给公子光。公子光正中下怀，于是便对伍子胥以礼相待。伍子胥隐居到乡间从事耕种，等待着专诸的行动。

十二年冬天，楚平王去世。十三年春天，吴国打算趁楚国治丧期间进兵攻打它，指派公子盖余、烛庸带兵包围了楚国的六邑和灊邑。派遣季札出使晋国，观察诸侯的态度和举动。楚国调兵断绝了吴军的退路，吴国军队无法撤退。看到这种情景，吴国的公子光说："这个时机可不能丧失啊！"他对专诸说："此时不去索求更待何时！我才是真该继承王位的人，应该接位了，我打算现在就得到它。季子就是来了，也不会废除我的！"专诸说："到了可以杀王僚的时候了。他母亲年老孩子幼弱，两个公子带兵在楚国打仗，楚国又断绝了他们的归路。如今吴王在外受到楚国的围困，在内没有刚正不阿的大臣，没有可以对付我们的。"公子光说："我的身子，就是你的身子！"四月丙子日，公子光在暗室里埋伏下武士，邀请吴王僚来饮酒。吴王僚把军士排列在大道两旁，从王宫到公子光的家，大门、台阶、屋门、座席两侧，都安排下吴王僚的亲兵，人人手执短剑。公子光假称脚有毛病，进入暗室，指使专诸把匕首藏在烤鱼腹中端给吴王僚吃，手执匕首直刺吴王僚，专诸自己的胸膛也被吴王亲兵的短剑刺中，结果仍然杀死了王僚。公子光终于取得了王位，这就是吴王阖庐。阖庐便任命专诸的儿子担任上卿。

季子回来后，说："假如先君的祭祀不被废绝，百官不再废除他们的君主，社稷仍然受到供奉，这也就是我的国君了。我还敢怨恨谁呢？痛悼死去的，侍奉活着的，顺待天意的安排。不是我发起的动乱，谁当君主就服从谁，这是先人们遵循的道理呀！"他来到王僚的墓前，哭着向旧日的君主汇报了出使的经过，然后回到自己的官府等待新君主下达命令。此时，吴国公子烛庸、盖余二人正带兵受到楚国军队的包围，听到公子光杀了王僚自立为王，便带领他们统领的军队投降楚国，楚王把他们封在舒邑。

吴王阖庐元年（公元前514），提拔伍子胥担任行人并参与谋划国家大事。楚国诛杀了伯州犁，他的孙子伯嚭逃亡投奔到吴国，吴王用他作大夫。

三年，吴王阖庐携同伍子胥、伯嚭带兵攻打楚国，攻陷了舒邑，把出逃在外的吴国两个公子杀死。阖庐谋划攻入郢都，将军孙武说："百姓太劳累，尚不可进军，姑且等待一些日子。"四年，再进军攻打楚国，夺取了六邑和灊邑。五年，攻打越国，战胜了它。六年，楚国派子常囊瓦攻打吴国。吴军迎击楚军，在豫章大败楚军，夺得了楚国的居巢才收兵。

九年，吴王阖庐向伍子胥、孙武请问说："早先您说郢都尚不可打入，那么现在怎么样了呢？"两位回答说："楚国将领子常很贪婪，唐国、蔡国都很怨恨他。君王决意大举进攻的话，一定要得到唐国、蔡国的协助才可以发兵。"阖庐听从了他们的意见，出动全国军队，与唐国、蔡国一道向西进军攻打楚国，军队进到汉水之滨。楚国也调兵抵御吴国军队，双方在汉江两岸布下了阵形。吴王阖庐的弟弟夫槩打算出战，阖庐不许可。夫槩说："君王既然已经把军队交给了我，战争总是以有利于我为上策，还等待什么呢？"便率领他的部下五千军兵冒险袭击楚国军队，楚国的军队大败而逃。于是吴王便挥兵追击败逃的楚军。待到追至郢都，交战五次，楚军失败五次。楚昭王逃出郢都，投奔郧城。郧公的弟弟要想杀死昭王，昭王与郧公一道又投奔随国。吴国军队就此进入郢都。伍子胥、伯嚭鞭打了楚平王的尸体，以报父仇。

十年春天，越国探听到吴王远在郢都，国内武装空虚，就出兵攻打吴国。吴国另外派遣一支军队迎击越军。楚国向秦国告急，秦国派遣军队营救楚国攻打吴国，吴国军队战败。阖庐的弟弟夫槩看见秦国、越国接连打败吴军，吴王滞留楚国不走，便逃回吴国自立为吴王。阖庐听到这个消息，便带领军队回国，攻打夫槩。夫槩战败逃奔楚国。楚昭王趁此机会在九月重新回到郢都，而封夫槩在堂溪，称为堂溪氏。十一年，吴王派太子夫差出兵攻打楚国，夺取了番邑。楚王害怕侵扰便离开郢都迁徙到都城。

十五年，孔子在鲁国担任国相。

十九年夏天，吴国攻打越国，越王勾践在檇李迎击吴军。越国派遣敢死队出面挑战，他们排成三行来到吴军阵前，大声呼喊，并当着吴军的面自杀。就在吴国士兵全神贯注地观看时，越军趁机冲杀过去，在姑苏打败了吴军。作战中击伤了吴王的指头，吴军败退了七里地。吴王不久因伤病死。阖庐下令传位给太子夫差，对他说：“您能忘记勾践杀父之仇吗？”回答说：“不敢忘！”三年后，他就向越国报仇。

吴王夫差元年，任命大夫伯嚭为太宰。训练军队作战射箭，时时刻刻不忘向越国报仇。二年，吴王调动全部精锐部队去攻打越国，在夫椒打败了越国的军队，报了姑苏之仇。越王勾践把五千甲兵隐蔽在会稽，派大夫文种通过吴国的太宰嚭向吴王求和，请求允许全越国的男女作为吴国的奴隶。吴王准备答应越国的请求，伍子胥进谏说：“从前有过氏灭了斟灌去攻打斟寻，灭亡了夏后帝相。帝相的妃子后缗正在怀孕，逃在了有仍国，生下了少康。少康当上了有仍国的牧正。有过氏又要杀死少康，少康又逃奔到有虞国。有虞氏感念夏朝的恩德，便把两个女儿嫁给他并把纶邑封给他，使他拥有地方十里，人口五百。后来他便招集夏人的旧部，重整夏人的体制。派人引诱对方上当，从而灭亡了有过氏，恢复了大禹的功业，让夏人的祖先重新在祭祀中配享上帝，恢复了原有的统治。今天吴国不如有过氏强大，而勾践却远远超过少康。现在不趁此消灭他，还要饶恕他，日后就很难制服他了。况且勾践的为人很能忍耐，现在不消灭他，以后一定会懊悔的。”吴王不肯听从，只听太宰嚭的话，最后答应与越国媾和，签订了协定后撤兵离去。

七年，吴王夫差得知齐景公去世而大臣们争权夺利，新继位的国君年纪尚轻，便发兵北上攻打齐国。伍子胥进谏说：“越王勾践粗茶淡饭，衣不穿绸缎，慰问死者家属，探看患病的人，这是想驱使他的百姓实现某个目标。这个人活着必然要成为吴国的患害。现在越国才是吴国的心腹之患，君王若不尽早除掉他，去忙于攻打齐国，不是很荒唐吗？”吴王根本听不进去，一心向北进军攻打齐国，在艾陵打败了齐国的军队。到达缯地后，传呼鲁哀公，向他索要一百套牛羊猪等祭品。季康子派子贡用周王室的礼法去劝说太宰嚭，才得以阻止。因而滞留在齐国、鲁国南部占领地。九年，替驺国去攻打鲁国，到达战地后，与鲁国互签盟约后才离去。十年，攻打了齐国后回国。十一年，再次向北攻打齐国。

越王勾践带领他的部下来朝见吴王，献上了非常丰厚的礼物，吴王很高兴。只有伍子胥感到很害怕，说："这是要葬送吴国啊！"进谏说："越国处于吴国的生死之地，今天在齐国取得了很大的胜利，犹如得到的是石田，没有任何用处。况且《盘庚之诰》有劣种不可遗患的训导，商王朝正是遵守这一训导才得以兴盛的。"吴王不予采纳，派伍子胥出使齐国，伍子胥把他的儿子嘱托给齐国的鲍氏后，方回国向吴王复命。吴王听说这事后，勃然大怒，把属镂之剑赐给伍子胥要他自杀。临死时，伍子胥说："在我的墓上种上梓树，让它长成可以做棺木的大树。把我的眼睛挖出来挂在吴国都城的东门之上，用来亲眼看着越国把吴国灭亡。"

十四年春天，吴王北上在黄池与诸侯会盟，想要称霸诸侯保全周王室。六月丙子日，越王勾践出兵攻打吴国。乙酉日，越军五千人与吴军交战。丙戌日，俘虏了吴国太子友。丁亥日，攻入吴国都城。吴国人向吴王夫差报告了战败的消息，夫差很怕被诸侯知道这一消息。有人走漏了风声，吴王大为恼怒，在军营中把有关连的七人斩首示众。七月辛丑日，吴王与晋定公争当盟主。吴王说："在周室中我的辈份最高。"晋定公说："在姬姓诸侯中我是老大。"赵鞅气极，要动用军队攻打吴王，于是只好推举晋定公当盟主。吴王在会盟结束后，与晋定公告别，又准备攻打宋国。太宰嚭说："仅仅打败就可以了，不能长久居住此地。"于是吴王便带兵回国。吴国国中没有了太子，国内无人主事，吴王滞留国外长久不归，军兵都极为疲惫，不得已只好用丰厚的礼物同越国媾和。

二十年，越王勾践再次出兵攻打吴国。二十一年，越军包围了吴国的都城。二十三年十一月丁卯日，越国军队打败了吴国军队。越王勾践要把吴王夫差迁到甬东，给他百户民家住在那里。吴王夫差说："我老了，不能再事奉君王了。我真后悔没有采用伍子胥的话，使自己落到这步田地。"就自刭而死。越王灭亡了吴国，诛杀了太宰嚭，认为他作为臣下不忠于自己的君主，然后班师回国。

太史公说：孔子曾经说过"太伯可说是道德最为高尚的了。三次以君位相让，老百姓真不知道怎样称颂他才好"。我读《春秋》古文，才知道中原的虞国与荆蛮的吴国是亲兄弟。延陵季子的仁德之心，仰慕道义无止境，看到一点微细的迹象就能知道本质的清浊。唉，真是一个阅历丰富见多识广的君子啊！

齐太公世家

【原文】

太公望吕尚者，东海上人。其先祖尝为四岳，佐禹平水土甚有功。虞夏之际封于吕，或封于申，姓姜氏。夏商之时，申、吕或封枝庶子孙，或为庶人，尚其后苗裔也。本姓姜氏，从其封姓，故曰吕尚。

吕尚盖尝穷困，年老矣，以渔钓奸周西伯。西伯将出猎，卜之，曰"所获非龙非彲，非虎非罴，所获霸王之辅"。于是周西伯猎，果遇太公于渭之阳，与语大说，曰："自吾先君太公曰'当有圣人适周，周以兴'。子真是邪？吾太公望子久矣。"故号之曰"太公望"，载与俱归，立为师。

周西伯昌之脱羑里归，与吕尚阴谋修德以倾商政，其事多兵权与奇计，故后世之言兵及周之阴权皆宗太公为本谋。周西伯政平，及断虞芮之讼，而诗人称西伯受命曰文王。伐崇、密须、犬夷，大作丰邑。天下三分，其二归周者，太公之谋计居多。

文王崩，武王即位。九年，欲修文王业，东伐以观诸侯集否。师行，师尚父左杖黄钺，右把白旄以誓，曰："苍兕苍兕，总尔众庶，与尔舟楫，后至者斩！"遂至盟津。诸侯不期而会者八百诸侯。诸侯皆曰："纣可伐也。"武王曰："未可。"还师，与太公作此《太誓》。

居二年，纣杀王子比干，囚箕子。武王将伐纣，卜龟兆，不吉，风雨暴至。群公尽惧，唯太公强之劝武王，武王于是遂行。十一年正月甲子，誓于牧野，伐商纣。纣师败绩。纣反走，登鹿台，遂追斩纣。师尚父谋居多。

于是武王已平商而王天下，封师尚父于齐营丘。东就国，道宿行迟。逆旅之人曰："吾闻时难得而易失。客寝甚安，殆非就国者也。"太公闻之，夜衣而行，黎明至国。莱侯来伐，与之争营丘。营丘边莱。莱人，夷也，会纣之乱而周初定，未能集远方，是以与太公争国。

太公至国，修政，因其俗，简其礼，通商工之业，便鱼盐之利，而人民多归齐，齐为大国。及周成王少时，管蔡作乱，淮夷畔周，乃使召康公命太公曰："东至海，西至河，南至穆陵，北至无棣。五侯九伯，实得征之。"齐由此得征伐，为大国。都营丘。

盖太公之卒百有余年。襄公元年，始为太子时，尝与无知斗，及立，绌无知秩服，无知怨。

四年，鲁桓公与夫人如齐，齐襄公故尝私通鲁夫人。鲁夫人者，襄公女弟也，自釐公时嫁为鲁桓公妇，及桓公来而襄公复通焉。鲁桓公知之，怒夫人，夫人以告齐襄公。齐襄公与鲁君饮，醉之，使力士彭生抱上鲁君车，因拉杀鲁桓公，桓公下车则死矣。鲁人以为让，而齐襄公杀彭生以谢鲁。

八年，伐纪，纪迁去其邑。

十二年，初，襄公使连称、管至父戍葵丘，瓜时而往，及瓜而代。往戍一岁，卒瓜时而公弗为发代。或为请代，公弗许。故此二人怒，因公孙无知谋作乱，连称有从妹在公宫，无宠，使之间襄公，曰："事成以女为无知夫人。"冬十二月，襄公游姑棼，遂猎沛丘，见彘，从者曰"彭生"。公怒，射之，彘人立而啼。公惧，坠车伤足，失屦。反而鞭主屦者茀三百。茀出宫。而无知、连称、管至父等闻公伤，乃遂率其众袭宫。逢主屦茀，茀曰："且无入惊宫，惊宫未易入也。"无知弗信，茀示之创，乃信之。待宫外，令茀先入。茀先入，即匿襄公户间。良久，无知等恐，遂入宫。茀反与宫中及公之幸臣攻无知等，不胜，皆死。无知入宫，求公不得。或见人足于户间，发视，乃襄公，遂弑之，而无知自立为齐君。

桓公元年春，齐君无知游于雍林。雍林人尝有怨无知，及其往游，雍林人袭杀无知，告齐大夫曰："无知弑襄公自立，臣谨行诛。唯大夫更立公子之当立者，唯命是听。"

初，襄公之醉杀鲁桓公，通其夫人，杀诛数不当，淫于妇人，数欺大臣，群弟恐祸及，故次弟纠奔鲁。其母鲁女也。管仲、召忽傅之。次弟小白奔莒，鲍叔傅之。小白母，卫女也，有宠于釐公。小白自少好善大夫高傒。及雍林人杀无知，议立君，高、国先阴召小白于莒。鲁闻无知死，亦发兵送公子纠，而使管仲别将兵遮莒道，射中小白带钩。小白详死，管仲使人驰报鲁。鲁送纠者行益迟，六日至齐，则小白已入，高傒立之，是为桓公。

桓公之中钩，详死以误管仲，已而载温车中驰行，亦有高、国内应，故得先入立，发兵距鲁。秋，与鲁战于乾时，鲁兵败走，齐兵掩绝鲁归道。齐遗鲁书曰："子纠兄弟，弗忍诛，请鲁自杀之。召忽、管仲仇也，请得而甘心醢之。不然，将围鲁。"鲁人患之，遂杀子纠于笙渎。召忽自杀，管仲请囚。桓公之立，发兵攻鲁，心欲杀管仲。鲍叔牙曰："臣幸得从君，君竟以立。君之尊，臣无以增君。君将治齐，即高傒与叔牙足也。君且欲霸王，非管夷吾不可。夷吾所居国国重，不可失也。"于是桓公从之。乃详为召管仲欲甘心，实欲用之。管仲知之，故请往。鲍叔牙迎受管仲，及堂阜而脱桎梏，斋祓而见桓公。桓公厚礼以为大夫，任政。

桓公既得管仲，与鲍叔、隰朋、高傒修齐国政，连五家之兵，设轻重鱼盐之利，以赡贫穷，禄贤能，齐人皆说。

二年，伐灭郯，郯子奔莒。初，桓公亡时，过郯，郯无礼，故伐之。

五年，伐鲁，鲁将师败。鲁庄公请献遂邑以平，桓公许，与鲁会柯而盟。鲁将盟，曹沫以匕首劫桓公于坛上，曰："反鲁之侵地！"桓公许之。已而曹沫去匕首，北面就臣位。桓公后悔，欲无与鲁地而杀曹沫。管仲曰："夫劫许之而倍信杀之，愈一小快耳，而弃信于诸侯，失天下之援，不可。"于是遂与曹沫三败所亡地于鲁。诸侯闻之，皆信齐而欲附焉。七年，诸侯会桓公于甄，而桓公于是始霸焉。

十四年，陈厉公子完，号敬仲，来奔齐。齐桓公欲以为卿，让；于是以为工正。田成子常之祖也。

二十三年，山戎伐燕，燕告急于齐。齐桓公救燕，遂伐山戎，至于孤竹而还。燕庄公遂送桓公入齐境。桓公曰："非天子，诸侯相送不出境，吾不可以无礼于燕。"于是分沟割燕君所至与燕，命燕君复修召公之政，纳贡于周，如成康之时。诸侯闻之，皆从齐。

三十年春，齐桓公率诸侯伐蔡，蔡溃。遂伐楚。楚成王兴师问曰："何故涉吾地？"管仲对曰："昔召康公命我先君太公曰：'五侯九伯，若实征之，以夹辅周室。'赐我先君履，东至海，西至河，南至穆陵，北至无棣。楚贡包茅不入，王祭不具，是以来责。昭王南征不复，是以来问。"楚王曰："贡之不入，有之，寡人罪也，敢不共乎！昭王之出不复，君其问之水滨。"齐师进次于陉。夏，楚王使屈完将兵扞齐，齐师退次召陵。桓公矜屈完以其众。屈完曰："君以道则可；若不，则楚方城以为城，江、汉以为沟，君安能进乎？"乃与屈完盟而去。过陈，陈袁涛涂诈齐，令出东方，觉。秋，齐伐陈。是岁，晋杀太子申生。

三十五年夏，会诸侯于葵丘。周襄王使宰孔赐桓公文武胙、彤弓矢、大路，命无拜。桓公欲许之，管仲曰："不可。"乃下拜受赐。秋，复会诸侯于葵丘，益有骄色。周使宰孔会。诸侯颇有叛者。晋侯病，后，遇宰孔。宰孔曰："齐侯骄矣弟无行。"从之。是岁，晋献公卒，里克杀奚齐、卓子，秦穆公以夫人入公子夷吾为晋君。桓公于是讨晋乱，至高梁，使隰朋立晋君，还。

是时周室微，唯齐、楚、秦、晋为强。晋初与会，献公死，国内乱。秦穆公辟远，不与中国会盟。楚成王初收荆蛮有之，夷狄自置。唯独齐为中国会盟，而桓公能宣其德，故诸侯宾会。于是桓公称曰："寡人南伐至召陵，望熊山；北伐山戎、离枝、孤竹；西伐大夏，涉流沙；束马悬车登太行，至卑耳山而还。诸侯莫违寡人。寡人兵车之会三，乘车之会六，九合诸侯，一匡天下。昔三代受命，有何以异于此乎？吾欲封泰山，禅梁父。"管仲固谏，不听；乃说桓公以远方珍怪物至乃得封，桓公乃止。

三十八年，周襄王弟带与戎、翟合谋伐周，齐使管仲平戎于周。周欲以上卿礼管仲，管仲顿首曰："臣陪臣，安敢！"三让，乃受下卿礼以见。三十九年，周襄王弟带来奔齐。齐使仲孙请王，为带谢。襄王怒，弗听。

四十一年，秦穆公虏晋惠公，复归之。是岁，管仲、隰朋皆卒。管仲病，桓公问曰："群臣谁可相者？"管仲曰："知臣莫如君。"公曰："易牙如何？"对曰："杀子以适君，非人情，不可。"公曰："开方如何？"对曰："倍亲以适君，非人情，难近。"公曰："竖刀如何？"对曰："自宫以适君，非人情，难亲。"管仲死，而桓公不用管仲言，卒近用三子，三子专权。

四十二年，戎伐周，周告急于齐，齐令诸侯各发卒戍周。是岁，晋公子重耳来，桓公妻之。

桓公与管仲属孝公于宋襄公，认为太子雍巫有宠于卫共姬，因宦者竖刀以厚献于桓公，亦有宠，桓公许之立无诡。管仲卒，五公子皆求立。冬十月乙亥，齐桓公卒。易牙入，与竖刀因内宠杀群吏，而立公子无诡为君。太子昭奔宋。

桓公病，五公子各树党争立。及桓公卒，遂相攻，以故宫中空，莫敢棺。桓公尸在床上六十七日，尸虫出于户。十二月乙亥，无诡立，乃棺赴，辛巳夜，敛殡。

孝公元年三月，宋襄公率诸侯兵送齐太子昭而伐齐。齐人恐，杀其君无诡。齐人将立太子昭，四公子之徒攻太子，太子走宋，宋遂与齐人四公子战。五月，宋败齐四公子师而立太子昭，是为齐孝公。宋以桓公与管仲属之太子，故来征之。以乱故，八月乃葬齐桓公。

昭公元年，晋文公败楚于城濮，而会诸侯践土，朝周，天子使晋称伯。六年，翟侵齐。晋文公卒。秦兵败于殽。十二年，秦穆公卒。

十九年五月，昭公卒，子舍立为齐君。舍之母无宠于昭公，国人莫畏。昭公之弟商人以桓公死争立而不得，阴交贤士，附爱百姓，百姓说。及昭公卒，子舍立，孤弱，即与众十月即墓上弑齐君舍，而商人自立，是为懿公。懿公，桓公子也，其母曰密姬。

懿公四年春，初，懿公为公子时，与丙戎之父猎，争获不胜，及即位，断丙戎父足，因使丙戎仆。庸职之妻好，公内之宫，使庸职骖乘。五月，懿公游于申池，二人浴，戏。职曰："断足子！"戎曰："夺妻者！"二人俱病此言，乃怨。谋与公游竹中，二人弑懿公车上，弃竹中而亡去。

懿公之立，骄，民不附。齐人废其子而迎公子元于卫，立之，是为惠公。惠公，桓公子也。其母卫女，曰少卫姬，避齐乱，故在卫。

六年春，晋使郤克于齐，齐使夫人帷中而观之。郤克上，夫人笑之。郤克曰："不是报，不复涉河！"归，请伐齐，晋侯弗许。齐使至晋，郤克执齐使者四人河内，杀之。八年，晋伐齐，齐以公子强质晋，晋兵去。十年春，齐伐鲁、卫。鲁、卫大夫如晋请师，皆因郤克。晋使郤克以车八百乘为中军将，士燮将上军，栾书将下军，以救鲁、卫，伐齐。六月壬申，与齐侯兵合靡笄下。癸酉，陈于鞌，逢丑父为齐顷公右。顷公曰："驰之，破晋军会食。"射伤郤克，流血至履。克欲还入壁，其御曰："我始入，再伤，不敢言疾，恐惧士卒，愿子忍之。"遂复战。战，齐急，丑父恐齐侯得，乃易处，顷公为右，车絓于木而止。晋小将韩厥伏齐侯车前，曰"寡君使臣救鲁、卫"，戏之。丑父使顷公下取饮，因得亡，脱去，入其军。晋郤克欲杀丑父。丑父曰："代君死而见僇，后人臣无忠其君者矣。"克舍之，丑父遂得亡归齐。于是晋军追齐至马陵。齐侯请以宝器谢，不听；必得笑克者萧桐叔子，令齐东亩。对曰："叔子，齐君母。齐君母亦犹晋君母，子安置之？且子以义伐而以暴为后，其可乎？"于是乃许，令反鲁、卫之侵地。

十一年，晋初置六卿，赏鞌之功。齐顷公朝晋，欲尊王晋景公，晋景公不敢受，乃归。归而顷公弛苑囿，薄赋敛，振孤问疾，虚积聚以救民，民亦大说。厚礼诸侯。竟顷公卒，百姓附，诸侯不犯。

灵公九年，晋栾书弑其君厉公。十年，晋悼公伐齐，齐令公子光质晋。十九年，立子光为太子，高厚傅之，令会诸侯盟于钟离。二十七年，晋使中行献子伐齐。齐师败，灵公走入临淄。晏婴止灵公，灵公弗从。曰："君亦无勇矣！"晋兵遂围临淄，临淄城守不敢出，晋焚郭中而去。

二十八年，初，灵公取鲁女，生子光，以为太子。仲姬，戎姬。戎姬嬖，仲姬生子牙，属之戎姬。戎姬请以为太子，公许之。仲姬曰："不可。光之立，列于诸侯矣，今无故废之，君必悔之。"公曰："在我耳。"遂东太子光，使高厚傅牙为太子。灵公疾，崔杼迎故太子光而立之，是为庄公。庄公杀戎姬。五月壬辰，灵公卒，庄公即位，执太子牙于句窦之丘，杀之。八月，崔杼杀高厚。晋闻齐乱，伐齐，至高唐。

庄公三年，晋大夫栾盈奔齐，庄公厚客待之。晏婴、田文子谏，公弗听。四年，齐庄公使栾盈间入晋曲沃为内应，以兵随之，上太行，入孟门。栾盈败，齐兵还，取朝歌。

六年，初，棠公妻好，棠公死，崔杼取之。庄公通之，数如崔氏，以崔杼之冠赐人。侍者曰："不可。"崔杼怒，因其伐晋，欲与晋合谋袭齐而不得间。庄公尝笞宦者贾举，贾举复侍，为崔杼间公以报怨。五月，莒子朝齐，齐以甲戌飨之。崔杼称病不视事。乙亥，公问崔杼病，遂从崔杼妻。崔杼妻入室，与崔杼自闭户不出，公拥柱而歌。宦者贾举遮公从官而入，闭门，崔杼之徒持兵从中起。公登台而请解，不许；请盟，不许；请自杀于庙，不许。皆曰："君之臣杼疾病，不能听命。近于公宫。陪臣争趣有淫者，不知二命。"公逾墙，射中公股，公反坠，遂弑之。晏婴立崔杼门外，曰："君为社稷死则死之，为社稷亡则亡之。若为己死己亡，非其私暱，谁敢任之！"门开而入，枕公尸而哭，三踊而出。人谓崔杼："必杀之。"崔杼曰："民之望也，舍之得民。"

丁丑，崔杼立庄公异母弟杵臼，是为景公。景公母，鲁叔孙宣伯女也。景公立，以崔杼为右相，庆封为左相。二相恐乱起，乃与国人盟曰："不与崔庆者死！"晏子仰天曰："婴所不获唯忠于君利社稷者是从！"不肯盟。庆封欲杀晏子，崔杼曰："忠臣也，舍之。"齐太史书曰"崔杼弑庄公"，崔杼杀之。其弟复书，崔杼复杀之。少弟复书，崔杼乃舍之。

景公元年，初，崔杼生子成及强，其母死，取东郭女，生明。东郭女使其前夫子无咎与其弟偃相崔氏。端成有罪，二相急治之，立明为太子。成请老于崔，崔杼许之，二相弗听，曰："崔，宗邑，不可。"成、强怒，告庆封。庆封与崔杼有郤，欲其败也。成、强杀无咎、偃于崔杼家，家皆奔亡。崔杼怒，无人，使一宦者御，见庆封。庆封曰："请为子诛之。"使崔杼仇卢蒲嫳攻崔氏，杀成、强，尽灭崔氏，崔杼妇自杀。崔杼毋归，亦自杀。庆封为相国，专权。

三年十月，庆封出猎。初，庆封已杀崔杼，益骄，嗜酒好猎，不听政令。庆舍用政，已有内郤。田文子谓桓子曰："乱将作。"田、鲍、高、栾氏相与谋庆氏。庆舍发甲围庆封宫，四家徒共击破之。庆封还，不得入，奔鲁。齐人让鲁，封奔吴。吴与之朱方，聚其族而居之，富于在齐。其秋，齐人徙葬庄公，僇崔杼尸于市以说众。

九年，景公使晏婴之晋，与叔向私语曰："齐政卒归田氏。田氏虽无大德，以公权私，有德于民，民爱之。"十二年，景公如晋，见平公。欲与伐燕。十八年，公复如晋，见昭公。二十六年，猎鲁郊，因入鲁，与晏婴俱问鲁礼。三十一年，鲁昭公辟季氏难，奔齐。齐欲以千社封之，子家止昭公，昭公乃请齐伐鲁，取郓以居昭公。

三十二年，彗星见。景公坐柏寝，叹曰："堂堂！谁有此乎？"群臣皆泣，晏子笑，公怒。晏子曰："臣笑群臣谀甚。"景公曰："彗星出东北，当齐分野，寡人以为忧。"晏子曰："君高台深池，赋敛如弗得，刑罚恐弗胜，茀星将出，彗星何惧乎？"公曰："可禳否？"晏子曰："使神可祝而来，亦可禳而去也。百姓苦怨以万数，而君令一人禳之，安能胜众口乎？"是时景公好治宫室，聚狗马，奢侈，厚赋重刑，故晏子以此谏之。四十八年，与鲁定公好会夹谷。黎鉏曰："孔丘知礼而怯，请令莱人为乐。因执鲁君，可得志。"景公害孔丘相鲁，惧其霸，故从黎鉏之计。方会，进莱乐，孔子历阶上，使有司执莱人斩之，以礼让景公。景公惭，乃归鲁侵地以谢，而罢去。是岁，晏婴卒。

五十五年，范、中行反其君于晋，晋攻之急，来请粟。田乞欲为乱，树党于逆臣，说景公曰："范、中行数有德于齐，不可不救。"乃使乞救而输之粟。

五十八年夏，景公夫人燕姬適子死。景公宠姜芮姬生子荼，荼少，其母贱，无行，诸大夫恐其为嗣，乃言愿择诸子长贤者为太子。景公老，恶言嗣事，又爱荼母，欲立之，惮发之口，乃谓诸大夫曰："为乐耳，国何患无君乎？"秋，景公病，命国惠子、高昭子立少子荼为太子，逐群公子，迁之莱。景公卒，太子荼立，是为晏孺子。冬，未葬，而群公子畏诛，皆出亡。荼诸异母兄公子寿、驹、黔奔卫，公子驵、阳生奔鲁。莱人歌之曰："景公死乎弗与埋，三军事乎弗与谋，师乎师乎，胡党之乎？"

晏孺子元年春，田乞伪事高、国者，每朝，乞骖乘，言曰："子得君，大夫皆自危，欲谋作乱。"又谓诸大夫曰："高昭子可畏，及未发，先之。"大夫从之。六月，田乞、鲍牧乃与大夫以兵入公宫，攻高昭子。昭子闻之，与国惠子救公。公师败，田乞之徒追之，国惠子奔莒，遂反杀高昭子。晏圉奔鲁。八月，齐秉意兹。田乞败二相，乃使人之鲁召公子阳生。阳生至齐，私匿田乞家。十月戊子，田乞请诸大夫曰："常之母有鱼菽之祭，幸来会饮。"会饮，田乞盛阳生橐中，置坐中央，发橐出阳生，曰："此乃齐君矣！"大夫皆伏谒。将与大夫盟而立之，鲍牧醉，乞诬大夫曰："吾与鲍牧谋共立阳生。"鲍牧怒曰："子忘景公之命乎？"诸大夫相视欲悔，阳生前，顿首曰："可则立之，否则已。"鲍牧恐祸起，乃复曰："皆景公子也，何为不可！"乃与盟，立阳生，是为悼公。悼公入宫，使人迁晏孺子于骀，杀之幕下，而逐孺子母芮子。芮子故贱而孺子少，故无权，国人轻之。

悼公元年，齐伐鲁，取讙、阐。初，阳生亡在鲁，季康子以其妹妻之。及归即位，使迎之。季姬与季鲂侯通，言其情，鲁弗敢与，故齐伐鲁，竟迎季姬。季姬嬖，齐复归鲁侵地。

鲍子与悼公有郤，不善。四年，吴、鲁伐齐南方。鲍子弑悼公，赴于吴。吴王夫差哭于军门外三日，将从海入讨齐。齐人败之，吴师乃去。晋赵鞅伐齐，至赖而去。齐人共立悼公子壬，是为简公。

简公四年春，初，简公与父阳生俱在鲁也，监止有宠焉。及即位，使为政。田成子惮之，骤顾于朝。御鞅言简公曰："田、监不可并也，君其择焉。"弗听。子我夕，田逆杀人，逢之，遂捕以入。田氏方睦，使囚病而遗守囚者酒，醉而杀守者，得亡。子我盟诸田于陈宗。初，田豹欲为子我臣；使公孙言豹，豹有丧而止。后卒以为臣，幸于子我。子我谓曰："吾尽逐田氏而立女，可乎？"对曰："我远田氏矣。且其违者不过数人，何尽逐焉！"遂告田氏。子行曰："彼得君，弗先，必祸子。"子行舍于公宫。

夏五月壬申，成子兄弟四乘如公。子我在幄，出迎之，遂入，闭门。宦者御之，子行杀宦者。公与妇人饮酒于檀台，成子迁诸寝。公执戈将击之，太史子余曰："非不利也，将除害也。"成子出舍于库，闻公犹怒，将出，曰："何所无君！"子行拔剑曰："需，事之贼也。谁非田宗？所不杀子者有如田宗。"乃止。子我归，属徒攻闱与大门，皆弗胜，乃出。田氏追之。丰丘人执子我以告，杀之郭关。成子将杀大陆子方，田逆请而免之。以公命取车于道，出雍门。田豹与之车，弗受，曰："逆为余请，豹与余车，余有私焉。事子我而有私于其仇，何以见鲁、卫之士？"

庚辰，田常执简公于徐州。公曰："余蚤从御鞅言，不及此。"甲午，田常弑简公于徐州。田常乃立简公弟骜，是为平公。平公即位，田常相之，专齐之政，割齐安平以东为田氏封邑。

康公二年，韩、魏、赵始列为诸侯。十九年，田常曾孙田和始为诸侯，迁康公海滨。

二十六年，康公卒，吕氏遂绝其祀。田氏卒有齐国，为齐威王，强于天下。

太史公曰：吾适齐，自泰山属之琅邪，北被于海，膏壤二千里，其民阔达多匿知，其天性也。以太公之圣，建国本，桓公之盛，修善政，以为诸侯会盟，称伯，不亦宜乎？洋洋哉，固大国之风也！

【译文】

太公望吕尚，是东海边上的人。他的先祖曾经做过四方部落的首领，辅佐夏禹治理水土很有功劳。虞舜、夏禹时期后裔被封在吕，有的被封在申，姓姜。夏、商两代，申、吕或者被封给旁支子孙，或者沦为平民，吕尚是他们的后代。本来姓姜，用他的封邑作姓氏，所以叫吕尚。

吕尚曾经很贫穷困苦，年老了，利用钓鱼的机会进见周西伯。西伯准备出去打猎，占了一卦，卦辞说："得到的不是龙不是螭，不是虎不是熊，得到的是成就霸王之业的辅佐人才。"于是周西伯去打猎，果然在渭水北岸遇到太公，和他交谈，大为高兴，说："听我的祖父说'一定有圣人到周国来，周国将因之而兴盛'。您正是这个人吧？我祖父想望您很久啦。"所以称他为"太公望"，周西伯和他坐车一同回去，立他为师辅之臣。

周西伯姬昌从羑里脱身回来，跟吕尚默默谋划施行德政去推翻商朝的政权，这些谋划大都是用兵的权谋和奇妙的计策，所以后世研究用兵之道以及周王朝使用的权术都推崇太公是主要策划者。周西伯为政公正持平，所以裁决了虞芮两国的争端之后，诗人称道西伯承受上天之命称为文王。他征讨崇国、密须、犬夷，大规模建设丰邑。当时天下之所以有三分之二归附王周，大多是出于太公的谋划。

文王去世，武王继位。九年，武王想完成文王的大业，进行东征，试探诸侯是不是前来会合。军队出发时，师尚父左手拿着黄金为饰的大斧，右手握着白牦牛尾为饰的军旗誓师，说："苍兕哪苍兕，统领你们的部队，和你们的船只，迟到的就要斩首！"于是到了盟津。诸侯事先没有约定而来会合的就有八百。诸侯都说："纣王可以征伐了。"武王说："还不到时机。"带领军队回来，与太公一道写了这篇《泰誓》。

过了两年，纣王杀死王子比干，囚禁箕子。武王将要征伐纣王，用龟甲占卜，卜兆不吉利，暴风雨降临。大臣们都很恐惧，只有太公坚决劝说武王出兵，武王于是率兵出征。十一年正月甲子日，在牧野誓师，讨伐商纣。纣王的军队大败。纣王往回逃，登上鹿台，于是武王追来杀了纣王。这些举措，师尚父的谋略居多。

这时武王已经平定商纣，称王天下，封师尚父于齐地营丘。师尚父向东赴自己的封国，在路上住宿，动身很迟。旅舍的主人说："我听说时机难以得到而容易丧失。客人睡得很安稳，大概不是去封国就位的人吧。"太公听到这话，连夜就穿上衣服赶路，天亮到了自己的封国。莱侯来攻，与太公争夺营丘。营丘靠近莱国边界，莱人是夷族，遇到纣王的乱政而周王朝刚刚建立，还没有来得及安抚远方各国，因此和太公争夺国土。

太公到了封国，修明政治，适应当地的风俗习惯，简化礼仪，沟通商工之业，发展鱼盐生产，因而人民多来归附于齐，齐国发展成大国。后来周成王幼年登位，管叔蔡叔作乱，淮夷反叛周朝，于是朝廷派召康公授命太公道："东边到海滨，西边到黄河，南边到穆陵，北面到无棣。五等诸侯，九州长官，你都有权征讨他们。"齐国从此得到征伐大权，成为大国，建都营丘。

太公死时大约一百多岁。襄公元年（公元前697），他当初做太子时，曾经和无知斗殴，这时即位，降低了无知的待遇规格，无知由此产生怨恨。

四年，鲁桓公和夫人来到齐国。齐襄公过去曾经与鲁夫人通奸。鲁夫人是襄公的妹妹，在僖公时出嫁做了鲁桓公夫人，这时鲁桓公来齐国，襄公又与鲁夫人通奸。鲁桓公知道了这件事，就怒责夫人，夫人把这事告诉了齐襄公。齐襄公跟鲁桓公喝酒，灌醉了桓公，派大力士彭生抱着鲁桓公上车，趁机折断了鲁桓公的肋骨，桓公下车就死了。鲁国人以此责备齐国，于是齐襄公杀了彭生向鲁国谢罪。

八年，征讨纪国，纪国从它的都城迁移而去。

十二年，当初，齐襄公派遣连称、管至父驻守葵丘，约好瓜熟的时候去，到第二年瓜熟的时候派人代替。他们前去驻守了一年，到第二年收瓜完毕，襄公却不派遣代替者。有人替他们请求派人接替，襄公不允许。因此这两个人怒火中烧，就利用公孙无知阴谋发动叛乱。连称有个堂妹在襄公宫中做姬妾，不受宠爱，让她暗中窥探襄公的行动，说道："事情成功了，把你嫁给无知做国君夫人。"冬季十二月，襄公游览姑棼，于是在沛丘射猎。他看见一只野猪，随从的人说是"彭生"。襄公恼怒，用箭射它，那只野猪像人一样站起来嚎叫。襄公十分恐惧，从车上摔下，跌伤了脚，丢失了鞋子。回来后他打了侍候穿鞋的人茀三百鞭，茀走出公宫。而无知、连称、管至父等听到襄公受了伤，于是率领他们的党徒袭击公宫。遇到侍候穿鞋的茀，茀说："先不要进去惊动了宫里人，惊动了宫里人就不容易进去了。"无知不相信，茀给他看被打的创伤，才相信了。他们等候在宫外，让茀先进去。茀先进去，就把襄公隐藏在门后面。隔了很久，无知等人恐慌起来，就进入宫中。茀回身与宫中卫士和襄公的宠幸内臣攻打无知等，没能取胜，都被杀死。无知进入宫中，找不到襄公。有人发现门下面露出人脚，拉开门一看，果然是襄公，就把他杀害了，无知便自立为齐君。

桓公元年（公元前685）春天，齐君无知到雍林游览。雍林人曾经对无知有所怨恨，这时他来游览，雍林人乘机袭杀了无知，并且告诉齐国的大夫们说："无知杀害襄公自立，我等把他处死了。希望大夫们另行拥立公子中应当继位的人，我们一定听从他的命令。"

当初，齐襄公灌醉杀死了鲁桓公，与鲁桓公的夫人通奸，多次误杀罪不当死的人，奸淫妇女，屡次欺辱大臣，他的几个弟弟唯恐祸及本身，因此次弟纠逃到鲁国，他的母亲是鲁君的女儿，管仲、召忽辅佐他。次弟小白逃到莒国，鲍叔辅佐他。小白的母亲是卫君的女儿，受到齐釐公的宠爱。小白从小跟大夫高傒要好。在雍林人杀死公孙无知之后，商议拥立新君，高、国两家先秘密到莒国召请小白。鲁国听到无知死了，也派兵送公子纠回国，而派遣管仲另外率领士兵在莒国通往齐国的大路上拦截，射中了小白腰上的带钩。小白趁机装死，管仲派人飞快报告鲁国小白已死。鲁国护送公子纠的行动更加缓慢，走了六天才到达齐国，这时公子小白已经进入齐都，高傒拥立了他，这就是桓公。

桓公被射中带钩，装死欺骗管仲，随即乘丧车飞快前进，又有高氏、国氏作内应，所以能够先进入齐都登位，发兵抵御鲁军。秋天，与鲁军在乾时交战，鲁军败走，齐军切断了鲁军的归路。齐侯写信给鲁侯说："子纠是我的兄弟，我不忍心杀他，请鲁国自己杀掉他。召忽和管仲是我的仇人，我要抓到他们剁成肉酱才解我心头之恨。不然，就要围攻鲁国。"鲁国为此而忧虑，就杀公子纠于笙渎。召忽自杀，管仲请求囚禁。桓公登位，派军队攻打鲁国，定要杀死管仲，鲍叔牙说："我有幸能够随从您，您终于登上君主之位。您已尊贵，我无法再提高您的地位。您若只是治理齐国，那么高傒和我就足够了。您如果想称霸天下，非得管夷吾不可。夷吾在哪个国家哪个国家就地位重要，不可失去他啊。"于是桓公听从了他的意见。便声称逮回管仲杀掉他才甘心，实际是要任用他。管仲知道这事，所以请求前去。鲍叔牙迎接管仲，到达堂阜就为他卸下镣铐，让他沐浴更衣后去见桓公。桓公厚礼相待并叫他做大夫，委任他处理政事。

桓公既得到了管仲，与鲍叔牙、隰朋、高傒一起整顿齐国的政治。实行以五家为基层单位的军制，确立铸造货币、捕鱼煮盐等税收制度，收入用来救济贫穷，起用、优待贤能之士，齐国人都很高兴。

二年，征讨灭亡了郯国，郯君逃到莒国。当初，桓公逃亡的时候，经过郯国，郯君对他无礼，所以讨伐它。

五年，征讨鲁国，鲁国的主力部队吃了败仗。鲁庄公请求献出遂邑求和，桓公答应了，与鲁侯在柯地会盟。鲁侯将要向上天宣誓，曹沫手持匕首劫持桓公于坛上说："归还侵占的鲁国土地！"齐桓公答应了。然后曹沫放下匕首，面朝北站在臣子的位置上。桓公后悔，想不归还鲁国的土地并杀死曹沫。管仲说："被迫答应了他又失信杀掉他，满足一时小小的快意，而在诸侯面前背弃信用，会失去天下的支持，不能这么干。"于是就把曹沫三次吃败仗所丢掉的土地还给了鲁国。诸侯听到这件事，都信服齐国而想归附它。七年，桓公在甄地会见诸侯，桓公这时开始称霸。

十四年，陈厉公的儿子陈完，号敬仲，来投奔齐国。齐桓公要任他为卿，他推辞了；于是用他作工正。他就是田成子——田常——的祖先。

二十三年，山戎征讨燕国，燕国向齐国告急。齐桓公为了救燕国，就征讨山戎，一直打到孤竹才回师。燕庄公送桓公一直到齐国境内。桓公说："除非天子，诸侯之间相送不出国境，我不能对燕国没有礼节。"于是挖沟为界把燕君所到的地方割让给燕国，要求燕君再行召公的德政，向周王室交纳贡品，如同周成王、康王的时候一样。诸侯听到这事，都服从齐国。

三十年春天，齐桓公率领诸侯征讨蔡国，蔡国被击溃。于是征讨楚国。楚成王出兵问道："为什么到我的国土上来？"管仲回答说："从前召康公授命我先君太公说：'五侯九伯，你有权征讨他们，来辅佐周王室。'赐给我先君势力范围，东到海滨，西到黄河，南到穆陵，北到无棣。楚国的贡品包茅没有交纳，使天子的祭祀不完备，因此特来责问。还有从前周昭王南征没有回去，因此特来查究。"楚王说："没有进贡包茅，有这件事，这是我的罪过，哪敢不供应！周昭王出来巡狩没有回去，您应当到汉江边上去查问。"齐军进驻陉地。夏天，楚王派遣屈完领兵抵抗齐军，齐军退驻召陵。桓公向屈完夸耀齐军的众多，屈完说："您以道义服人才行；假若不是这样，那么楚国以方城作为城防，以长江、汉江作为壕沟，您怎么能够前进呢？"桓公就与屈完订立盟约而离去。经过陈国，陈国大夫袁涛涂欺骗齐军，使齐军绕道向东，被察觉了。秋天，齐国征讨陈国。这年，晋国杀了太子申生。

三十五年夏天，在葵丘会盟诸侯。周襄王派宰孔将祭过文王武王的祭肉、朱红色的弓箭、大车赏赐给桓公，还命令不必行跪拜大礼。桓公想照办，管仲说："不可。"齐桓公就下堂跪拜接受天子的赏赐。秋天，又在葵丘会合诸侯，桓公更加有骄傲的神色。周王室派宰孔参加了盟会。这时诸侯中已经有人叛离。晋侯因病晚到，路遇宰孔，宰孔说："齐侯骄傲了，可不要去了。"晋侯听从了他的话。这年，晋献公去世，里克杀死了奚齐、卓子，秦穆公因为夫人的关系把公子夷吾送回晋国做了国君。桓公于是讨伐晋国发生的变乱，到达高梁，派隰朋立了晋君夷吾，才回国。

这时周王室衰弱，只有齐国、楚国、秦国、晋国是强大的。晋国刚参加盟会，献公死后，国内混乱。秦穆公处在偏僻边远地区，不参加中原各国的会盟。楚成王刚刚收服占有荆蛮地区，自以为夷狄置身会盟之外。只有齐国主持中原各国的会盟，而桓公能够宣扬周王室的威德，所以诸侯服从。当时齐桓公声称说："我向南征讨到了召陵，瞭望熊山；向北征讨山戎、离枝、孤竹；向西征讨大夏，经过流沙；裹了马脚，钩挂牢车子，登上太行山，到达卑耳山才回来。诸侯没人敢违抗我。我先后召集军事盟会三次，和平盟会六次，九次会合诸侯，一次

安定周王室。从前夏、商、周三朝承受天命，和我有什么不同呢？我想到泰山祭天，到梁父山祭地。"管仲坚决劝阻，不听；就劝说桓公要等得到远方的奇珍异宝才能去泰山祭天地，桓公才作罢。

三十八年，周襄王的弟弟姬带与戎人、狄人合谋攻打周王，齐国派遣管仲去调解周王室和戎人的争端。周王要用接待上卿的礼仪接待管仲，管仲叩头说："我只是诸侯的臣子，怎么敢呢！"多次谦让，才接受了下卿的礼仪去朝见。三十九年，周襄王的弟弟姬带来投奔齐国。齐侯派仲孙去请求周王，替姬带请罪。襄王发怒，没有允许。

四十一年，秦穆公俘虏了晋惠公，又放回了他。这年，管仲、隰朋都去世。管仲病时，桓公问道："众臣中谁可以辅佐我？"管仲说："了解臣下的没有人比得上君主。"桓公说："易牙怎么样？"回答说："他杀了自己的儿子来迎合君主，不近人情，不可任用。"桓公说："开方怎么样？"回答说："他丢弃自己的父母来迎合君主，不近人情，难以亲近。"桓公说："竖刀怎么样？"回答说："他自行阉割来迎合君主，不近人情，难以亲信。"管仲死后，桓公不采纳管仲的意见，终于亲近、任用三人，于是三人便专擅齐国大权。

四十二年，戎人攻打周王室，周王向齐国告急。齐国命令诸侯各自派兵驻守在周王室的京畿。这年，晋国公子重耳流亡来齐，齐桓公把本族之女嫁给他。

桓公和管仲把孝公托付给宋襄公，立为太子。雍巫受到卫共姬的宠幸，又通过宦官竖刀献厚礼给桓公，又受到桓公的宠幸，桓公就答应他们立无诡为太子。管仲去世，五位公子都要求继位。冬季十月乙亥日，齐桓公去世。易牙进入宫中，与竖刀一起借助宫中有权势的近臣杀死了许多大夫，拥立公子无诡为国君。太子昭逃奔宋国。

齐桓公生病时，五位公子各自拉帮结党争夺君位。等到桓公去世，就相互攻打，因此宫中无人，没有人敢装殓。桓公的尸体在床上放了六十七天，尸体上的蛆虫爬出了门外。十二月乙亥日，无诡继位，才运棺入宫，发出报丧的讣告。辛巳日夜间，才装殓入棺。

孝公元年（公元前642）三月，宋襄公率领诸侯军队送齐国太子昭回国并攻打齐国。齐国人惊恐，杀死了他们的国君无诡，准备拥立太子昭。四位公子的党徒攻打太子，太子逃往宋国，宋军就跟齐国四公子的军队交战。五月，宋军打败齐国四公子的军队，立太子昭为君，这就是齐孝公。宋君因为桓公和管仲把太子托付给他，所以来讨伐四公子。由于政局混乱的缘故，八月才安葬了齐桓公。

昭公元年（公元前632），晋文公在城濮打败楚军，又在践土会合诸侯，朝见周天子，周天子让晋文公做霸主。六年，狄人进攻齐国。晋文公去世。秦军在崤山被晋军击败。十二年，秦穆公去世。

十九年五月，昭公去世，儿子舍继位作了齐君。舍的母亲不受昭公宠爱，齐国没人怕他。昭公的弟弟商人因为桓公去世争夺君位未成，暗中结交贤能之士，抚爱老百姓，百姓们很高兴。等到昭公去世，儿子舍继位，势孤力单，商人就跟众人一起在十月间在昭公的墓地杀害了齐君舍，自己登位，这就是懿公。懿公是桓公的儿子，他的母亲叫密姬。

懿公四年（公元前609）春，当初，懿公做公子的时候，和丙戎的父亲一起打猎，争猎物不胜，等到登上君位，砍断了丙戎父尸的脚，却让丙戎为他驾车。庸职的妻子很漂亮，懿公把她纳入宫中，让庸职陪同乘车。五月间，懿公到申池游览，丙戎和庸职一同边洗澡，边开玩笑。庸职说："断脚人的儿子！"丙戎说："被夺妻的人！"两人都对这话感到耻辱，都怨恨懿公。便策划和懿公到竹林中游玩，两人在车上杀害了懿公，把尸体丢在竹林里逃走了。

懿公登位后，骄气十足，百姓不归附。齐国人废黜了他的儿子，到卫国迎接公子元回来，拥立为君，这就是惠公。惠公是桓公的儿子，他的母亲是卫国女子，称作少卫姬，因为她躲避齐国的内乱，所以住在卫国。

六年春天，晋国派遣郤克出使齐国，齐侯让母夫人在帐幕中偷看，郤克上殿，母夫人一见他是个驼子，就哈哈大笑。郤克说："不洗雪这耻辱，我誓不再过黄河！"回国后，请求攻打齐国，晋君没有答应。齐国使者来到晋国，郤克在河内捉住齐国使者四人，杀了他们。八年晋国攻打齐国，齐君送公子强到晋国作人质，晋军撤去。十年春天，齐国征讨鲁国、卫国。鲁国、卫国的大夫到晋国请求援兵，都是通过郤克。晋国派遣郤克率领战车八百辆担任中军主将，士燮率领上军，栾书率领下军，去援救鲁国、卫国，攻打齐国。六月壬申日，晋军与齐军在靡笄山下交战。癸酉日，两军在鞍地摆开阵势。逄丑父站在车右边担任齐顷公的警卫。顷公说："快马加鞭前进，打败晋军会餐。"齐军射伤郤克，血淌到鞋上。郤克想回身退入营垒，驾车的人说："我刚进入阵地，两次受伤，也不敢说自己受了伤，恐怕惊吓了士兵。希望您忍耐些。"于是又投入战斗。战斗继续进行，齐军危急，逄丑父担心齐侯被晋军俘虏，两人交换了位置，顷公站在右边，战车被树木绊住而停下。晋国小将韩厥伏在齐侯车子的前面，说："敝国国君派遣我援救鲁国、卫国。"以戏弄齐侯。逄丑父让顷公下车取水喝，顷公才得以逃走，脱身离去，回到齐军中。晋国郤克要杀掉逄丑父，逄丑父说："我代替国君去死却被杀，以后做臣子的就没有忠于国君的人了。"郤克放了他，逄丑父于是得以逃回齐国。当时晋军追赶齐军到了马陵。齐侯请求献上宝器来谢罪，晋军不答应，一定要得到讪笑郤克的萧桐叔子，要求齐国把田垄和干道都改成东西向。齐人回答说："叔子是齐国国君的母亲。齐君的母亲犹如晋君的母亲，您怎么样处置她？况且您是打着正义的旗号前来征伐，最后却施以暴行，难道可以这样做吗？"于是就答应了，让齐国退还鲁国、卫国被侵占的土地。

十一年，晋国开始设置六卿，奖赏鞍地战役有功人员。齐顷公访问晋国，要用王者之礼晋见晋景公，晋景公不敢接受，就回来了。回国后，顷公就开放园林，减轻赋税，救济孤寡，慰问伤病者，把所有的积蓄都拿出来救济百姓，百姓也就大为高兴。他又厚礼对待诸侯。直到顷公去世，百姓亲附，诸侯不敢侵犯。

灵公九年（公元前573），晋国栾书杀害了他的国君厉公。十年，晋悼公征讨齐国，齐侯派公子光到晋国作人质。十九年，立公子光作太子，高厚辅佐他，让他到钟离跟诸侯会盟。二十七年，晋国派中行献子征讨齐国。齐军被打败，灵公逃进临淄。晏婴阻止灵公逃跑，灵公不听。晏婴说："您也太没有勇气了！"于是晋军围攻临淄，临淄军民据城防守不敢出战，晋军烧毁外城后离去。

二十八年，当初，灵公娶了鲁国的女子，生了公子光，把他立为太子。又有仲姬、戎姬。戎姬得宠，仲姬生了公子牙，把他托付给戎姬。戎姬请求把公子牙作太子，灵公答应了。仲姬说："不行。公子光立为太子，已厕身诸侯之列了，现在无缘无故废黜他，您一定会后悔的。"灵公说："有我来决定。"就把太子光迁到齐国东部，让高厚辅佐公子牙作太子。灵公病重，崔杼接回原太子光，拥立他为君，这就是庄公。庄公杀了戎姬。五月壬辰日，灵公去世，庄公继位，在句窦丘上抓获太子牙，把他杀了。八月，崔杼杀高厚。晋国听到齐国发生内乱，征讨齐国，到达高唐。

庄公三年（公元前551），晋国大夫栾盈逃到齐国，庄公用隆重的客礼接待他。晏婴和田文子劝阻，庄公不听。四年，齐庄公让栾盈秘密地进入晋邑曲沃作内应，派军队尾随其后，上太行山，进入孟门关。栾盈败露，齐军回师，夺取了晋邑朝歌。

六年，当初，棠公的妻子漂亮，棠公死去，崔杼娶了她。庄公跟她通奸，多次到崔家，拿崔杼的帽子送给别人。侍者说："不能这么干。"崔杼发怒，趁着庄公攻打晋国之机，想与晋国合谋袭击齐国而没有机会。庄公曾经鞭打过宦官贾举，贾举仍然侍候他，替崔杼暗中窥伺庄公的行动找机会来报复怨恨。五月，莒君朝见齐侯，齐侯在甲戌日设宴款待他。崔杼声言有病不理政事。乙亥日，庄公来探望崔杼的病情，乘机追求崔杼的妻子。崔杼的妻子进入内室，和崔杼竟自闭门不出，庄公倚着屋柱唱起歌来。宦官贾举拦住庄公随从官员自己进来，关上大门，崔杼的党徒拿着武器从里面冲出来。庄公登上高台请求和解，他们不允许；请求盟誓订约，他们不允许；请求在祖庙里自杀，他们不允许。都说："您的臣子崔杼病重，不能亲自来听候你的命令。这里靠近公宫（可能有人诈称主上以行淫）。我们这些陪臣只知奋勇捉拿淫乱者，不听从其他命令。"庄公爬上墙头，他们射中庄公的大腿，庄公翻身掉下来，就杀害了他。晏婴站在崔杼的大门外，说道："君主为国家而死，臣子应当随他死，为国家逃亡，臣子也应跟随他逃亡。假若君主为私事而死或为私事而逃亡，除非是他的亲信，谁肯承担这种责任呢！"大门开了，他走进去，头枕在庄公的尸体上痛哭，连连顿足以示悲痛，后走了出来。有人对崔杼说："一定要杀掉他。"崔杼说："他是众望所归的人，放了他可以赢得民心。"

丁丑日，崔杼拥立庄公的异母弟弟杵臼，这就是景公。景公的母亲是鲁国叔孙宣伯的女儿。景公登位，用崔杼为右相，庆封为左相。两位相国恐怕引起内乱，就跟京都人士盟誓，说："不和崔杼、庆封合作的处死！"晏子抬头向天说："我所以对此持否定态度，就在于只有忠于君主利于国家的人我才肯服从！"他不肯盟誓。庆封要杀死晏子，崔杼说："是忠臣啊，放了他吧。"齐国太史写道："崔杼杀害了庄公。"崔杼杀了他。他的弟弟也如此写，崔杼又杀了他。他的小弟弟又如此写，崔杼才放过他。

景公元年（公元前547），当初，崔杼生了儿子崔成和崔强，他们的母亲死后，崔杼娶了东郭家的女儿，生了崔明。东郭女让她前夫的儿子棠无咎和她的弟弟东郭偃作崔杼的相。崔成犯了罪，无咎与东郭偃二相严加惩治，立崔明作太子。崔成请求终老于崔邑，崔杼答应了他，二位家相不听从，说："崔邑，是宗庙所在之地，不行。"崔成、崔强大为恼怒，告诉庆封。庆封与崔杼有矛盾，正希望崔家毁败。崔成、崔强在崔杼家杀死棠无咎和东郭偃，家中人都逃跑了。崔杼发怒，没人在身边，就派一个宦官驾车，自己去见庆封。庆封说："请允许我替你杀掉他们。"派崔杼的仇人卢蒲嫳攻打崔家，杀死了崔成、崔强，杀尽了崔家满门，崔杼的妻子自杀。崔杼无家可归，也自杀了。庆封做了相国，专揽大权。

三年十月，庆封出外打猎。当初，庆封已经杀了崔杼，更加骄傲，爱喝酒好打猎，不处理政事，由他儿子庆舍当政，不久父子间发生矛盾。田文子告诉田桓子说："乱子将要发生。"田氏、鲍氏、高氏、栾氏共同商讨对付庆氏。庆舍派甲兵环卫庆封官邸，四家部众合力攻破庆封家。庆封回来，进不了家，逃奔鲁国。齐国人谴责鲁国，庆封又逃奔吴国。吴国把朱方之地给了庆封，他聚集他的族人居住在那里，比在齐国的时候还富裕。那年秋天，齐国人迁葬庄公，把崔杼戮尸街头，以博取百姓的欢心。九年，景公派晏婴前往晋国，晏婴与叔向私下说："齐国政权最后将归田氏。田氏虽然没有盛德可言，但是假公权行私惠，对百姓有恩，百姓喜欢他。"十二年，景公前往晋国，会见平公，想跟晋国一起征讨燕国。十八年，景公再次往晋国，会见昭公。二十六年，景公到鲁国都城的郊外打猎，就便进入鲁都，和晏婴一起询问鲁国的礼制。三十一年，鲁昭公躲避季氏的迫害，逃到齐国。齐侯想把二万五千民户封给他，子家劝止昭公，昭公就请齐国征讨鲁国，夺取了郓邑给昭公居住。

三十二年，彗星出现。景公坐在柏寝台上，叹着气说："多么富丽堂皇！会被谁占有它呢？"大臣们都流泪，晏婴却发笑，景公发怒。晏婴说："我笑大臣们太阿谀奉承了。"景公说："彗星在东北出现，正当齐国的分野，我为此而忧虑。"晏婴说："您修筑高台深池，赋税唯恐不能到手，刑罚唯恐不重，这样下去，妖星将要出现，彗星有什么可怕的呢？"景公说："可以祈祷消除灾害吗？"晏婴说："如果神灵可以祈祷而来，当然也可以祈祷而去。可是百姓愁苦怨恨的数以万计，而您让一个人去祈祷消灾，怎么能胜过众人的诅咒呢？"这时景公喜欢修建宫室，聚集狗马，生活奢侈，多收赋税，重施刑罚，所以晏婴拿这些话来劝谏他。

四十八年，跟鲁定公在夹谷举行和平友好的会晤。齐臣犁鉏说："孔丘懂得礼仪，但是胆子小，让莱人奏乐，趁机逮住鲁君，可以达到我们的目的。"景公深忌孔丘辅佐鲁国，害怕它称霸，所以听从了犁鉏的计谋。正在会晤时，进献莱夷音乐，孔子就一脚一个台阶奔上坛台，派有关官吏捉住莱人杀了，并根据礼仪责备景公。景公感到惭愧，就归还侵占的鲁国土地表示道歉，就离开了。这年，晏婴去世。

五十五年，范氏、中行氏在晋国反叛他们的国君，晋国急攻他们，他们派人到齐国请求借贷粮食。田乞想作乱，结交叛臣以树立私党，他就劝说景公道："范氏、中行氏几次对齐国有恩德，不可以不援救。"于是派田乞去援救并运送粮食给他们。

五十八年夏，景公夫人燕姬生的嫡子死了。景公的爱妾芮姬生了儿子荼，荼年幼，他的母亲出身卑贱，又品行不好，大夫们恐怕他当继承人，就上言希望选择众子中年长而又贤能的做太子。景公年老，讨厌谈论继承人的事，又喜欢荼的母亲，想立荼，但难于启齿，就对大夫们说："作乐吧，国家还怕没有君主吗？"秋天，景公生病，命令国惠子、高昭子立小儿荼作太子，赶走众公子，把他们迁到莱邑。景公去世，太子荼继位，这就是晏孺子。冬天，景公还没有安葬，众公子怕被杀，都外出逃亡。荼的异母哥哥公子寿、公子驹、公子黔逃奔卫国，公子驵、公子阳生逃奔鲁国。莱邑人歌唱道："景公死了不得参与埋葬，三军大事不得参与商量，公子们的追随者啊，到哪里去安身呢？"

晏孺子元年（公元前489）春，田乞假装服从高氏、国氏，每次朝会，田乞请求为高氏或国氏陪乘，说道："您得到国君的宠信，群臣人人自危，要谋反作乱。"又对群臣说："高昭子是一个可怕的家伙，趁他还没有发难，我们先下手为强吧。"群臣听从了他。六月，田乞、鲍牧就和群臣带着士兵进入公宫，攻打高昭子。高昭子听到这事，和国惠子去救晏孺子。晏孺子的军队被打败了，田乞的党徒追赶他们，国惠子逃往莒国，他们就返回来杀死了高昭子。晏圉逃奔鲁国。八月间，秉意兹也投奔鲁国。田乞搞掉了两个国相，就派人到鲁国召回公子阳生。阳生到了齐国，秘密藏在田乞家里。十月戊子日，田乞邀请群臣说："我家常儿的母亲要举行祭礼，备下简单菜肴，欢迎各位来共同喝一杯。"开宴时，田乞把公子阳生装在一个袋子里，摆在座位的中央，把袋子打开，露出了公子阳生，说道："这就是齐国的君主！"群臣都伏地参拜。田乞准备跟大夫们订盟拥立他，鲍牧喝醉了，田乞向群臣撒谎说："我和鲍牧商量共同拥立阳生。"鲍牧发怒说："您忘记了景公的命令吗？"众大夫面面相觑要反悔，阳生上前，叩头说："可以的话就立我，不可以就算了。"鲍牧担心招来祸患，就又说："都是景公的儿子，有什么不可以的！"就跟他订了盟，拥立阳生，这就是悼公。悼公进入宫中，派人把晏孺子迁到骀邑，杀死在帐幕下，并且赶走了晏孺子的母亲芮子。芮子原来出身卑贱而晏孺子年幼，所以没有权力，国中的人都轻视他们。

悼公元年（公元前48），齐国征讨鲁国，夺取了讙邑、阐邑。当初，阳生流亡在鲁国，季康子把自己的妹妹嫁了给他。回国登位后，派人去迎接她。季姬与季鲂侯通奸，道出了其中隐情，鲁国不敢把她送回齐国，所以齐侯攻打鲁国，竟接回了季姬。季姬受到宠幸，齐国又归还所侵占鲁国的地方。

鲍子跟悼公有嫌隙，关系不好。四年，吴国、鲁国征讨齐国的南方。鲍子杀害了悼公，向吴国报丧。吴王夫差在军门外哭祭了三天，率兵从海上讨伐齐国。齐国人打败了吴军，吴军就撤回去了。晋国赵鞅征讨齐国，到达赖邑便回师而去。齐国人共同拥立悼公的儿子壬，这就是简公。

简公四年（公元前481）春天，当初，简公和父亲阳生一起在鲁国，监止受到宠信。简公登位之后，让他管理国政。田成子害怕他，屡屡上朝打探情况。御者田鞅对简公说："田、监不可同时任用，您应该作出抉择。"简公没有听从。子我（监止）晚上上朝，田逆杀了人，正好碰到，就逮住田逆进宫。当时田氏家族正和睦团结，他们让囚犯田逆假装有病，又给看守送去酒食，灌醉并杀死看守，田逆便逃走了。子我邀集田氏族人到田氏宗庙订盟。当初，田豹想作子我的家臣，派公孙去推荐自己，因为田豹有亲丧而中止。后来终于用他做了家臣，受到子我的宠信。子我对他说："我把田氏全赶走而立你作田氏

宗长，可以吗?"田豹回答说:
"我是田氏的远支，况且他们中间
违抗你的不过几个人，何必全部
赶走呢!"田豹将此事告诉了田
氏。子行（田逆）说:"他得到
君主的宠信，我们不先下手，一
定会害您。"于是子行住进了公宫
（准备作田氏的内应）。

夏五月壬申日，田成子（田
常）兄弟共乘四车到简公处，子
我在帐幕中，出外迎接，于是他们一拥而入，关上大门。宦官抵抗他们，子行
杀死了宦官。简公跟女人正在檀台上饮酒，田成子逼他移到后殿去。简公拿起
戈要刺他，太史子余说:"不是对您不利，是要替您除害啊。"田成子出宫住
在武器库，听到简公仍怒气未息，准备逃走，说:"哪里没有国君!"子行抽
出剑来说:"迟疑，是坏事的祸根。我们这些人谁不是田氏的宗人?我如果不
杀死您，就不是田氏族人!"田成子决定不走。子我回去，集合他的党徒攻打
王宫的侧门和正门，都没能取胜，就退出来。田氏追赶他们。丰丘人捉住了子
我来报告，把他杀死在郭关。田成子将要杀大陆子方，田逆请求赦免他。子方
用简公的命令在路上要了一辆车，出了雍门。田豹给他一辆车，他不接受，
说:"田逆替我求情，田豹又给我车子，那就是我跟你有勾结，我为子我谋
事，竟跟他的仇人有私交，那还有什么脸面去见鲁国、卫国的人士?"

庚辰日，田常在徐州捉住简公，简公说:"我若早听从御者田鞅的话，不
致有今天。"甲午日，田常在徐州把简公杀害了。田常就拥立简公的弟弟骜，
这就是平公。平公登位，田常辅佐他，专揽齐国的政权，划齐国安平以东的地
方作为田氏的封邑。

康公二年（公元前403），韩、魏、赵开始列为诸侯。十九年，田常的曾
孙田和开始列为诸侯，把康公迁到海滨。

二十六年，康公去世，吕氏就断绝了祭祀。田氏终于统治了齐国，至齐威
王，齐国称雄于天下。

太史公说:我到齐国，从泰山山麓直到琅邪山，北面到了海滨，肥沃的土
地有二千里，这里的百姓胸怀豁达、深沉而多智，这是他们的天性。靠太公的
圣明，奠定了国家的基础，桓公时达到极盛，推行善政，主持诸侯会盟，号称
霸主，不也是理所当然吗?广阔远大啊，的确有大国的风度!

燕召公世家

【原文】

召公奭与周同姓，姓姬氏。周武王之灭纣，封召公于北燕。

其在成王时，召公为三公：自陕以西，召公主之；自陕以东，周公主之。成王既幼，周公摄政，当国践祚，召公疑之，作《君奭》。《君奭》不说周公。周公乃称"汤时有伊尹，假于皇天；在太戊时，则有若伊陟、臣扈，假于上帝，巫咸治王家；在祖乙时，则有若巫贤；在武丁时，则有若甘般：率维兹有陈，保乂有殷"。于是召公乃说。

召公之治西方，甚得兆民和。召公巡行乡邑，有棠树，决狱政事其下，自侯伯至庶人各得其所，无失职者。召公卒，而民人思召公之政，怀棠树不敢伐，哥咏之，作《甘棠》之诗。

庄公十二年，齐桓公始霸。十六年，与宋、卫共伐周惠王，惠王出奔温，立惠王弟颓为周王。十七年，郑执燕仲父而内惠王于周。二十七年，山戎来侵我，齐桓公救燕，遂北伐山戎而还。燕君送齐桓公出境，桓公因割燕所至地予燕，使燕共贡天子，如成周时职；使燕复修召公之法。三十三年卒，子襄公立。

襄公二十六年，晋文公为践土之会，称伯。三十一年，秦师败于殽。三十七年，秦穆公卒。四十年，襄公卒，桓公立。

桓公十六年卒，宣公立。宣公十五年卒，昭公立。昭公十三年卒，武公立。是岁晋灭三郤大夫。

惠公元年，齐高止来奔。六年，惠公多宠姬，公欲去诸大夫而立宠姬宋，大夫共诛姬宋，惠公惧，奔齐。四年，齐高偃如晋，请共伐燕，入其君。晋平公许，与齐伐燕，入惠公。惠公至燕而死。燕立悼公。

孝公十二年，韩、魏、赵灭知伯，分其地，三晋强。

釐公三十年，伐败齐于林营。釐公卒，桓公立。桓公十一年卒，文公立。是岁，秦献公卒。秦益强。

文公十九年，齐威王卒。二十八年，苏秦始来见，说文公。文公予车马金帛以至赵，赵肃侯用之。因约六国，为从长。秦惠王以其女为燕太子妇。

易王初立，齐宣王因燕丧伐我，取十城；苏秦说齐，使复归燕十城。十年，燕君为王。苏秦与燕文公夫人私通，惧诛，乃说王使齐为反间，欲以乱齐。易王立十二年卒，子燕哙立。

燕哙既立，齐人杀苏秦。苏秦之在燕，与其相子之为婚，而苏代与子之交。及苏秦死，而齐宣王复用苏代。燕哙三年，与楚、三晋攻秦，不胜而还。子之相燕，贵重，主断。苏代为齐使于燕，燕王问曰："齐王奚如？"对曰："必不霸。"燕王曰："何也？"对曰："不信其臣。"苏代欲以激燕王以尊子之也。于是燕王大信子之。子之因遗苏代百金，而听其所使。

鹿毛寿谓燕王："不如以国让相子之。人之谓尧贤者，以其让天下于许由，许由不受，有让天下之名而实不失天下。今王以国让于子之，子之必不敢受，是王与尧同行也。"燕王因属国于子之，子之大重。或曰："禹荐益，已而以启人为吏。及老，而以启人为不足任乎天下，传之于益。已而启与交党攻益，夺之。天下谓禹名传天下于益，已而实令启自取之。今王言属国于子之，而吏无非太子人者，是名属子之而实太子用事也。"王因收印自三百石吏已上而效之子之。子之南面行王事，而哙老不听政，顾为臣，国事皆决于子之。

三年，国大乱，百姓恫恐。将军市被与太子平谋，将攻子之。诸将谓齐湣王曰："因而赴之，破燕必矣。"齐王因令人谓燕太子平曰："寡人闻太子之义，将废私而立公，饬君臣之义，明父子之位。寡人之国小，不足以为先后。虽然，则唯太子所以令之。"太子因要党聚众，将军市被围公宫，攻子之，不克。将军市被及百姓反攻太子平，将军市被死，以徇。因搆难数月，死者数万，众人恫恐，百姓离志。孟轲谓齐王曰："今伐燕，此文、武之时，不可失也。"王因令章子将五都之兵，以因北地之众以伐燕。士卒不战，城门不闭，燕君哙死，齐大胜。燕子之亡二年，而燕人共立太子平，是为燕昭王。

燕昭王于破燕之后即位，卑身厚币以招贤者。谓郭隗曰："齐因孤之国乱而袭破燕，孤极知燕小力少，不足以报。然诚得贤士以共国，以雪先王之耻，孤之愿也。先生视可者，得身事之。"郭隗曰："王必欲致士，先从隗始。况贤于隗者，岂远千里哉！"于是昭王为隗改筑宫而师事之。乐毅自魏往，邹衍自齐往，剧辛自赵往，士争趋燕。燕王吊死问孤，与百姓同甘苦。

二十八年，燕国殷富，士卒乐轶轻战，于是遂以乐毅为上将军，与秦、楚、三晋合谋以伐齐。齐兵败，湣王出亡于外。燕兵独追北，入至临淄，尽取齐宝，烧其宫室宗庙。齐城之不下者，独唯聊、莒、即墨，其余皆属燕，六岁。

惠王为太子时，与乐毅有隙；及即位，疑毅，使骑劫代将。乐毅亡走赵。齐田单以即墨击败燕军，骑劫死，燕兵引归，齐悉复得其故城。湣王死于莒，乃立其子为襄王。

武成王七年，齐田单伐我，拔中阳。十三年，秦败赵于长平四十余万。孝王元年，秦围邯郸者解去。三年卒，子今王喜立。今王喜四年，秦昭王卒。燕王命相栗腹约欢赵，以五百金为赵王酒。还报燕王曰：“赵王壮者皆死长平，其孤未壮，可伐也。”王召昌国君乐间问之。对曰：“赵四战之国，其民习兵，不可伐。”王曰：“吾以五而伐一。”对曰：“不可。”王怒，群臣皆以为可。卒起二军，车二千乘，栗腹将而攻鄗，卿秦攻代。燕唯独大夫将渠谓燕王曰：“与人通关约交，以五百金饮人之王，使者报而反攻之，不祥，兵无成功。”燕王不听，自将偏军随之。与人通关约交，以五百金饮人之王，使者报而反攻之，将渠引燕王绶止之曰：“王必无自往，往无成功。”王蹵之以足。将渠泣曰：“臣非以自为，为王也！”燕军至宋子，赵使廉颇将，击破栗腹于鄗。乐乘破卿秦于代。乐间奔赵。廉颇逐之五百余里，围其国。燕人请和，赵人不许，必令将渠处和。燕相将渠以处和。赵听将渠，解燕围。

燕见秦且灭六国，秦兵临易水，祸且至燕。太子丹阴养壮士二十人，使荆轲献督亢地图于秦，因袭刺秦王。秦王觉，杀轲，使将军王翦击燕。二十九年，秦攻拔我蓟，燕王亡，徙居辽东，斩丹以献秦。三十年，秦灭魏。

三十三年，秦拔辽东，虏燕王喜，卒灭燕。是岁，秦将王贲亦虏代王嘉。

太史公曰：召公奭可谓仁矣！甘棠且思之，况其人乎？燕外迫蛮貉，内措齐、晋，崎岖强国之间，最为弱小，几灭者数矣。然社稷血食者八九百岁，于姬姓独后亡，岂非召公之烈邪！

【译文】

召公奭与周王室同姓，姓姬氏。周武王灭亡了殷纣王，把召公封在了北燕。

在周成王的时候，召公为三公之一。自陕以西，由召公治理，自陕以东，由周公治理。成王尚且年幼，周公代理国政，主持国事，登天子位。召公怀疑周公，周公作了《君奭》一文。文中反映了召公对周公的不满。周公因此说：“商汤时有伊尹，德行合于天道；在太戊时，就有像伊陟、臣扈这样的，德行感动上帝，有像巫咸这样的掌管着王室；在祖乙时，就有像巫贤这样的；在武丁时，就有像甘般这样的，全都各在其位、各尽其能，维护了殷王朝的安定繁荣。"听到这些话，召公才放心地笑了。

召公治理的陕地西区，很受广大百姓的拥戴。召公巡视乡镇，有棵棠梨树，他就在树下受理诉讼和处理政务，从贵族到平民都得到妥善安置，没有任何处理失当的地方。召公去世后，民众思念召公的德政，怀念那棵棠梨树，舍不得砍伐它，作了《甘棠》这首诗，来歌颂他。

庄公十二年（公元前679），齐桓公开始称霸。庄公十六年，与宋国、卫国一道攻打周惠王，周惠王出逃到温，拥立惠王弟弟姬颓为周王。十七年，郑国捉拿了燕仲父并把周惠王护送回京都。二十七年，山戎来侵犯燕国，齐桓公救援燕国，就此向北征伐山戎得胜而归。燕君送齐桓公回国时出了国境，齐桓公便把燕君所到的地方割让给了燕国，让燕国一道供奉天子，如同在成周供职时一样，让燕君遵循召公的法度。庄公在位三十三年去世，儿子襄公继位。

襄公二十六年（公元前632），晋文公召集了践土的盟会，称霸诸侯。三十一年，秦国军队在崤关被击败。三十七年，秦穆公去世。在位四十年，襄公去世，桓公继位。

桓公在位十六年去世，宣公继位。宣公在位十五年去世，昭公继位。昭公在位十三年去世，武公继位。这一年晋国诛灭了三郤大夫。

惠公元年（公元前504），齐国的高止来投奔。六年，惠公的宠臣很多，他打算撇开众大夫而重用宠臣宋，众大夫共谋诛杀了宠臣宋，惠公惧怕，逃奔齐国。四年，齐国的高偃到晋国，请求共同征伐燕国，送燕君回国复位。晋平公答应了，和齐国一道征伐燕国，送燕惠公回国。惠公回到燕国便死了。燕国人拥立悼公继位。

孝公十二年（公元前453），韩、魏、赵三家灭掉了知伯，瓜分了他的领地，晋国的这三家已经很强盛了。

釐公三十年（公元前373），在林营战败了齐国。釐公去世后，桓公继位。桓公在位十一年去世，文公继位。这一年，秦献公去世。秦国更加强盛。

文公十九年（公元前349），齐威王去世。二十八年，苏秦第一次来拜见燕君，向文公宣传他的外交主张。文公给了他车马钱帛并送他前往赵国，赵肃侯任用了他。随即邀约六个国家结为同盟，担任了盟主。秦惠王把自己的女儿嫁给燕国太子做妻子。

易王刚继位，齐宣王即趁燕国的国丧出兵攻伐燕国，夺取了十座城镇。苏秦劝说齐宣王，使齐国又归还了燕国十座城镇。十年，燕国国君开始称王。苏秦与燕文公夫人暗中通奸，害怕被杀，便说服燕王派他出使齐国进行反间，计划用这样的办法扰乱齐国。易王继位十二年去世，儿子燕王哙继位。

燕王哙继位后，齐国人杀死了苏秦。苏秦昔日在燕国时，与燕国的国相子之结为儿女亲家，苏代与子之又有交往。待苏秦死后，齐宣王又任用了苏代。燕王哙三年，与楚国、韩国、赵国、魏国一起攻打秦国，没能取胜便回国了。子之在燕国担任国相，地位很高，权力很大，主决国事。苏代受齐国派遣出使燕国，燕王问他："齐王这个人怎么样？"回答说："肯定不能称霸。"燕王问："为什么？"回答说："不能信任大臣。"苏代想用这样的话来激发燕王更加尊崇子之。从此燕王对子之极为信任。子之便赠给苏代一百镒钱，听任他的指使。

鹿毛寿对燕王说："不如把君位让给国相子之。人们之所以说尧是贤人，是因为他把治理天下的权力让给许由，许由不肯接受，既有让天下的美名而又实际上没有失去天下。现今君王把君位交给子之，子之肯定不敢接受，这样一来君王就有了与尧相同的德行了。"燕王因此便把国家托付给子之，子之的权位更加重要了。有人说："禹荐举益，继而又用启的亲信担任官职。待到自己年老时，声言启不能胜任君位，传位给益。不久，启伙同党羽攻打益，夺取了君位。天下人说禹名义上传君位给益，随后又实际让启自己夺走。现今君王口头说把国家托付给子之，而管事的官吏却没有不是太子的亲信，这不过是名义上托付给子之而实际上太子掌权罢了。"燕王哙便把俸禄在三百石以上的官吏全都交给子之掌管。子之面向南而坐君位，行使国王的权力，而哙年老不处理政务，反而成了臣子，国事全由子之决定。

子之当政三年，国中大乱，贵族们都很惧怕。将军市被跟太子平商议，准备攻打子之。将军们对齐湣王说："趁燕国内乱去进攻它，肯定能攻破燕国。"齐王因此派人对燕太子平说："我听说太子是坚守正义的，一定会废除私利而建立公道的，整治君臣关系，张明父子的地位。我们齐国卑小，没资格为您效力。虽然这样，仍然希望接受您的命令。"太子从而邀集党徒、聚合民众，将军市被包围了公宫，攻打子之，没能攻克。将军市被和贵族们又反过来攻打太子平，将军市被战死，尸体被示众。由于几个月的动乱，死了好几万人，民众恐惧，贵族们各怀打算。孟轲对齐王说："现在讨伐燕国，正是文王、武王举兵的形势，不可丧失呀！"齐王因此命令章子率领五都的军队，会合北边的军队一起讨伐燕国。燕国的士兵不肯出战，不肯关闭城门，燕王哙死于战乱，齐军获得大胜。燕国子之死后二年，燕国人共同拥立太子平，这就是燕昭王。

燕昭王在燕国被攻破之后继位，用谦恭的态度和丰厚的奖赏招揽有才能的人。他对郭隗说："齐国趁我国内乱而偷袭和攻破了我国，我深知燕国弱小，无力报仇。然而一旦得到有才能的人一起治理国家，借以洗刷先王的耻辱，实在是我的愿望啊！您发现可帮我实现这一愿望的人，我一定亲身善待他。"郭隗说："君王决心招引有才能的人，就先从我开始做起。那些比我更有才干的人，还会嫌千里为远吗？"于是昭王为郭隗改建官府，拿他当老师看待。乐毅从魏国赶来，邹衍从齐国赶来，剧辛从赵国赶来，有才干的人都争相赶往燕国。燕王悼唁死者，慰问孤儿，与臣下同甘共苦。

二十八年，燕国殷实富足，士兵们乐于出征对于伤亡不当回事。于是便任命乐毅为上将军，与秦国、楚国、韩国、赵国、魏国一起合谋征伐齐国。齐军战败，齐湣王逃离国都。燕国军队独自追杀败军，进入到齐国都城临淄，掠走了齐国全部宝物，烧毁了齐国的官殿和宗庙。齐国城市未被攻占的，只剩聊城、莒城和即墨城，其他的全都隶属燕国所有，长达六年。

惠王还是太子的时候，跟乐毅有过怨仇；及到继位，猜疑乐毅，让骑劫取代乐毅统兵。乐毅逃亡到赵国。齐国的田单依据即墨打败燕国军队，骑劫战死，燕国军队撤退回国，齐国收复了全部原有城镇。齐湣王死在莒城，便拥立他的儿子为襄王。

武成王七年（公元前265），齐国的田单带兵征伐燕国，攻陷了中阳。十三年，秦国军队在长平打败了赵国四十多万大军。

孝王元年（公元前257），围困邯郸的秦国解围离去。孝王在位三年去世，儿子燕王喜继位。

燕王喜四年（公元前251），秦昭王去世。燕王派国相栗腹同赵国订立友好同盟，用五百镒钱为赵王作贺礼。栗腹回到燕国后向燕王禀报说："赵国年轻力壮的人都死在长平，他们的孤儿还未成年，可趁此机会攻伐它。"燕王召唤昌国君乐间询问此事。乐间回答说："赵国的周边国家都是军事强国，它的军民善于作战，不可同它作战。"燕王说："我用五倍的兵力攻打它。"回答说："那也不可以。"燕王发怒，大臣们都说可以征伐。终于决定调动两支军队，战车两千辆，由栗腹统领一支军队攻打鄗邑，由卿秦统领一支军队攻打代邑。唯独大夫将渠对燕王说："与邻国开放边界，订立同盟，用五百镒钱作礼物，使者回报后反而去攻打人家，这样做不吉祥，交战是不会取胜的。"燕王不听劝告，亲自率领后备队跟随。将渠拉着燕王的绶带阻止他说："君王千万不要亲自前去，去不会成功。"燕王用脚踢他，将渠哭泣着说："臣下不是为自己考虑，而是为君王着想啊！"燕国军队到达宋子，赵国任命廉颇统兵，在鄗地击败了栗腹的军队，乐乘在代地打败了卿秦。乐间逃奔到赵国。廉颇追杀燕国军队五百多里，包围了燕国的国都。燕国请求议和，赵国不答应，一定要让将渠来办理和谈的事。燕国任命将渠为国相参加和谈。赵国接受了将渠的请和，解除了对燕国的包围。

燕王看到秦国将要灭亡六国，秦国军队进驻易水，大祸将要降临燕国。太子丹私下供养了二十名壮士，派荆轲把督亢的地图献给秦王，乘机袭击并刺杀秦王。秦王发觉，杀死了荆轲，派遣将军王翦攻打燕国。二十九年，秦国军队攻陷燕国的蓟都，燕王出逃，迁居辽东，砍下太子丹的头献给秦王。三十年，秦国灭亡了魏国。

三十三年，秦国军队攻陷了辽东，俘虏了燕王喜，终于灭亡了燕国。这一年，秦国将军王贲也俘虏了代王嘉。

太史公说：召公奭可以称得上仁德了，棠梨树，民众都要怀念它，何况召公本人呢！燕国外受蛮貉部族的侵扰，内受齐国、晋国的欺压，艰难地生存在强国之间，最是弱小，屡次濒于灭亡。然而国家却保持了八九百年的祭祀，在姬姓诸国中唯独它最后灭亡，难道不是召公的功德吗？

管蔡世家

【原文】

管叔鲜、蔡叔度者，周文王子而武王弟也。武王同母兄弟十人。母曰太姒，文王正妃也。其长子曰伯邑考，次曰武王发，次曰管叔鲜，次曰周公旦，次曰蔡叔度，次曰曹叔振铎，次曰成叔武，次曰霍叔处，次曰康叔封，次曰冉季载。冉季载最少。同母昆弟十人，唯发、旦贤，左右辅文王，故文王舍伯邑考而以发为太子。及文王崩而发立，是为武王。伯邑考既已前卒矣。

武王已克殷纣，平天下，封功臣昆弟。于是封叔鲜于管，封叔度于蔡：二人相纣子武庚禄父，治殷遗民。封叔旦于鲁而相周，为周公。封叔振铎于曹，封叔武于成，封叔处于霍。康叔封、冉季载皆少，未得封。

武王既崩，成王少，周公旦专王室。管叔、蔡叔疑周公之为不利于成王，

乃挟武庚以作乱。周公旦承成王命伐诛武庚，杀管叔，而放蔡叔，迁之，与车十乘，徒七十人从。而分殷余民为二：其一封微子启于宋，以续殷祀；其一封康叔为卫君，是为卫康叔。封季载于冉。冉季、康叔皆有驯行，于是周公举康叔为周司寇，冉季为周司空，以佐成王治，皆有令名于天下。

蔡叔度既迁而死。其子曰胡，

胡乃改行，率德驯善。周公闻之，而举胡以为鲁卿士，鲁国治。于是周公言于成王，复封胡于蔡，以奉蔡叔之祀，是为蔡仲。余五叔皆就国，无为天子吏者。

哀侯十一年，初，哀侯娶陈，息侯亦娶陈。息夫人将归，过蔡，蔡侯不敬。息侯怒，请楚文王："来伐我，我求救于蔡，蔡必来，楚因击之，可以有功。"楚文王从之，虏蔡哀侯以归。哀侯留九岁，死于楚。凡立二十年卒。蔡人立其子肸，是为缪侯。

缪侯以其女弟为齐桓公夫人。十八年，齐桓公与蔡女戏船中，夫人荡舟，桓公止之，不止，公怒，归蔡女而不绝也。蔡侯怒，嫁其弟。齐桓公怒，伐蔡；蔡溃，遂虏缪侯，南至楚邵陵。已而诸侯为蔡谢齐，齐侯归蔡侯。二十九年，缪侯卒，子庄侯甲午立。

文侯十四年，楚庄王伐陈，杀夏征舒。十五年，楚围郑，郑降楚，楚复帝之。二十年，文侯卒，子景侯固立。

景侯元年，楚庄王卒。四十九年，景侯为太子般娶妇于楚，而景侯通焉。太子弑景侯而自立，是为灵侯。

灵侯二年，楚公子围弑其王郏敖而自立，为灵王。九年，陈司徒招弑其君哀公。楚使公子弃疾灭陈而有之。十二年，楚灵王以灵侯弑其父，诱蔡灵侯于申，伏甲饮之，醉而杀之，刑其士卒七十人。令公子弃疾围蔡。十一月，灭蔡，使弃疾为蔡公。

楚灭蔡三岁，楚公子弃疾弑其君灵王代立，为平王。平王乃求蔡景侯少子庐，立之，是为平侯。是年，楚亦复立陈。楚平王初立，欲亲诸侯，故复立陈、蔡后。

平侯九年卒，灵侯般之孙东国攻平侯子而自立，是为悼侯。悼侯父曰隐太子友。隐太子友者，灵侯之太子，平侯立而杀隐太子，故平侯卒而隐太子之子东国攻平侯子而代立，是为悼侯。悼侯三年卒，弟昭侯申立。

昭侯十年，朝楚昭王，持美裘二，献其一于昭王而自衣其一。楚相子常欲之，不与。子常谗蔡侯，留之楚三年。蔡侯知之，乃献其裘于子常；子常受之，乃言归蔡侯。蔡侯归而之晋，请与晋伐楚。

十三年春，与卫灵公会邵陵。蔡侯私于周苌弘以求长于卫；卫使史䲡言康叔之功德，乃长卫。夏，为晋灭沈，楚怒，攻蔡。蔡昭侯使其子为质于吴，以共伐楚。冬，与吴王阖闾遂破楚入郢。蔡怨子常，子常恐，奔郑。十四年，吴去而楚昭王复国。十六年，楚令尹为其民泣以谋蔡，蔡昭侯惧。二十六年，孔子如蔡。楚昭王伐蔡，蔡恐，告急于吴。吴为蔡远，约迁以自近，易以相救；昭侯私许，不与大夫计。吴人来救蔡，因迁蔡于州来。二十八年，昭侯将朝于吴，大夫恐其复迁，乃令贼利杀昭侯；已而诛贼利以解过，而立昭侯子朔，是为成侯。

成侯四年，宋灭曹。十年，齐田常弑其君简公。十三年，楚灭陈。十九年，成侯卒，子声侯产立。声侯十五年卒，子元侯立。元侯六年卒，子侯齐立。

曹叔振铎者，周武王弟也。武王已克殷纣，封叔振铎于曹。

叔振铎卒，子太伯脾立。太伯卒，子仲君平立。仲君平卒，子宫伯侯立。宫伯侯卒，子孝伯云立。孝伯云卒，子夷伯喜立。

夷伯二十三年，周厉王奔于彘。

三十年卒，弟幽伯彊立。幽伯九年，弟苏杀幽伯代立，是为戴伯。戴伯元年，周宣王已立三岁。三十年，戴伯卒，子惠伯兕立。

惠伯二十五年，周幽王为犬戎所杀，因东徙，益卑，诸侯畔之。秦始列为诸侯。

三十六年，惠伯卒，子石甫立，其弟武杀之代立，是为缪公。缪公三年卒，子桓公终生立。

桓公三十五年，鲁隐公立。四十五年，鲁弑其君隐公。四十六年，宋华父督弑其君殇公，及孔父。五十五年，桓公卒，子庄公夕姑立。

庄公二十三年，齐桓公始霸。

三十一年，庄公卒，子釐公夷立。釐公九年卒，子昭公班立。昭公六年，齐桓公败蔡，遂至楚召陵。九年，昭公卒，子共公襄立。

共公十六年，初，晋公子重耳其亡过曹，曹君无礼，欲观其骈胁。釐负羁谏，不听，私善于重耳。二十一年，晋文公重耳伐曹，虏共公以归，令军毋入釐负羁之宗族间。或说晋文公曰："昔齐桓公会诸侯，复异姓；今君囚曹君，灭同姓，何以令于诸侯？"晋乃复归共公。

成公三年，晋厉公伐曹，虏成公以归，已复释之。五年，晋栾书、中行偃使程滑弑其君厉公。二十三年，成公卒，子武公胜立。武公二十六年，楚公子弃疾弑其君灵王代立。伯阳三年，国人有梦众君子立于社宫，谋欲亡曹；曹叔振铎止之，请待公孙彊，许之。旦，求之曹，无此人。梦者戒其子曰："我亡，尔闻公孙彊为政，必去曹，无离曹祸。"及伯阳即位，好田弋之事。六年，曹野人公孙彊亦好田弋，获白雁而献之，且言田弋之说，因访政事。伯阳大说之，有宠，使为司城以听政。梦者之子乃亡去。

公孙彊言霸说于曹伯。十四年，曹伯从之，乃背晋干宋。宋景公伐之，晋人不救。十五年，宋灭曹，执曹伯阳及公孙彊以归而杀之。曹遂绝其祀。

太史公曰：余寻曹共公之不用僖负羁，乃乘轩者三百人，知唯德之不建。

及振铎之梦，岂不欲引曹之祀者哉？如公孙彊不修厥政，叔铎之祀忽诸。

【译文】

管叔鲜和蔡叔度是周文王的儿子、周武王的弟弟。与武王同母的兄弟有十人。母亲叫太姒，是文王的正妻。她的大儿子叫伯邑考，老二叫武王发，老三叫管叔鲜，老四叫周公旦，老五叫蔡叔度，老六叫曹叔振铎，老七叫成叔武，老八叫霍叔处，老九叫康叔封，老十叫冉季载。冉季载最小。同母兄弟十人，只有姬发、姬旦最贤能，佐佑辅助文王，所以文王舍弃伯邑考而选择姬发作太子。及至文王逝世，姬发继了位，这就是武王。伯邑考在此之前早已去世了。

武王灭亡殷纣之后，平定了天下，便分封有功的大臣和自己的兄弟。在此期间把叔鲜封于管，叔度封于蔡，他们作为殷纣王儿子武庚禄父的辅佐，治理殷朝遗留的民众。把叔旦封于鲁而作周王朝的国相，这就是周公。把叔振铎封于曹，叔武封于成，叔处封于霍。康叔封、冉季载都还年幼，未能受封。

武王逝世时，成王尚年幼，周公旦独掌王政。管叔、蔡叔猜疑周公的行为将不利于成王，于是便挟持武庚叛乱。周公旦秉承成王的命令讨伐诛灭了武庚，杀死了管叔，放逐了蔡叔，把他迁离原封地，给了十辆车，七十名随从。将殷遗民分为两部分，其中一部分给微子启，封建宋国，由他延续殷人的祭祀；另一部分给康叔，封为卫君，这就是卫康叔。把季载封在冉。冉季和康叔都有良好的品行，于是周公便推举康叔担任周王朝的司寇，冉季为周王朝的司空，以佑助成王治理国家，他们在全国都有很好的名声。

蔡叔度在流放后便死去。他的儿子叫姬胡，姬胡更改了他父亲的所为，遵守法纪。周公听到这些情况，便推举姬胡作鲁国的卿士，鲁国大治。于是周公禀告成王，把姬胡重新封于蔡，来供奉蔡叔的祭祀，这就是蔡仲。成王其余的五个叔父都各就自己的封国，没有担任天子官吏的。

哀侯十一年（公元前684）。早先，哀侯娶陈国女为妻，息侯也娶陈国女为妻。息夫人将回陈国省亲，路过蔡国，蔡侯对她不尊敬。息侯很生气，请求楚文王说："楚国来讨伐我，我向蔡国求救，蔡国必定派军队前来，楚军可趁机袭击它，能够取胜。"楚文王听了这个建议。俘虏了蔡哀侯并把他带回楚国。蔡哀侯留在楚国九年，死在那里。蔡哀侯一共在位二十年去世。蔡国人拥立他的儿子肸为国君，这就是缪侯。

缪侯把他的妹妹嫁给齐桓公作夫人。十八年，齐桓公与蔡女在船中嬉戏，夫人用力把船摇得晃动起来，桓公阻止她，她仍不停止，桓公很生气，把蔡女送回国但并未断绝夫妻关系。蔡侯也很生气，把妹妹另嫁他人。齐桓公大为光火，兴兵伐蔡。蔡军溃败，于是俘虏了缪侯，并乘势向南进军到达楚国的邵陵。不久诸侯替蔡国向齐国赔罪，齐侯让蔡侯归国。在位二十九年，缪侯去世，儿子庄侯甲午继位。

文侯十四年（公元前598），楚庄王出兵伐陈国，杀了夏征舒。十五年，楚国军队包围了郑国的都城，郑国君主向楚军投降，楚军释放了郑君。二十年，文侯去世，儿子景侯固继位。

景侯元年（公元前591），楚庄王去世。四十九年，景侯从楚国为太子般娶妻，而后景侯又与她通奸。太子杀了景侯而自立为国君，这就是灵侯。

灵侯二年（公元前541），楚国的公子围杀了他的父王郏敖而自立为王，即灵王。九年，陈国司徒招杀死了他的国君哀公。楚国派遣公子弃疾灭亡了陈国并占领了它。十二年，楚灵王因灵侯杀其父王，诱骗蔡灵侯到申地，埋伏下武士，给灵侯饮酒，待灌醉后便把他杀掉，随从士兵七十人也都杀死。命令公子弃疾包围了蔡国都城。十一月，灭亡了蔡国，任命弃疾作蔡公。

楚国灭亡蔡国后三年，楚国的公子弃疾杀死了他的君父灵王替代而立，即平王。平王于是便找到蔡景侯的幼子庐，立他为君，这就是平侯。这一年，楚国也恢复了陈国，重立了陈侯。楚平王刚刚继位，想讨好诸侯，因而又让陈国、蔡国的后人继位。

平侯在位九年去世，灵侯般的孙儿东国打败了平侯的儿子自立为君，这就是悼侯。悼侯的父亲叫隐太子友。隐太子友是灵侯的太子，平侯继位而杀隐太子，所以平侯去世后，隐太子的儿子东国攻打平侯的儿子取代他而继位，这就是悼侯。悼侯在位三年去世，他的弟弟昭侯申继位。

昭侯十年（公元前509）时，去朝见楚昭王，携带了两件贵重漂亮的裘皮衣，把其中一件献给了昭王，另一件自己穿戴着。楚国的国相子常想要那件裘皮衣，昭侯不肯给他。子常在楚王面前说了不少蔡侯的坏话，于是蔡侯被扣留在楚国三年之久。蔡侯知道自己被扣留的原由后，便把那件皮衣献给了子常，子常收下皮衣后，才进言楚王送蔡侯回国。蔡侯回国后便去到晋国，请求随同晋国一道讨伐楚国。

十三年春，昭侯与卫灵公在邵陵会盟。蔡侯私下请求周大夫苌弘在会盟中位列卫侯之前；卫侯派史鳛申言卫国始封君康叔的功德，于是仍列卫侯在蔡侯之前。夏天，替晋国灭了沈国，楚王恼怒，攻打蔡国。蔡昭侯遣送自己的儿子到吴国作人质，以求共同讨伐楚国。冬天，与吴王阖闾一道终于打败了楚军，进入郢都。蔡昭侯怨恨子常，子常惧怕受害，逃奔郑国。十四年，吴军离去后楚昭王重回郢都。十六年，楚国的令尹为本国人民遭受吴国、蔡国的蹂躏而难过，于是便谋划向蔡国报复。蔡昭侯感到十分恐惧。二十六年，孔子来到蔡国。楚昭王进军讨伐蔡国，蔡昭侯恐慌，向吴王告急。吴王认为蔡都太远，与蔡侯约定把都城迁到靠近吴国的地方，以便救援。蔡昭侯私自许诺，未与大夫们商议。吴国军队前来援救蔡国，趁机把蔡国的都城迁到州来。二十八年，蔡昭侯将要去朝见吴王，大夫们害怕他再迁都，便派了一个名叫利的刺客把昭侯暗杀了，过后不久又把这个刺客利杀死以此推卸罪责，并拥立昭侯的儿子朔，这就是成侯。

成侯四年（公元前487），宋国灭亡了曹国。十年，齐国田常杀死了他的国君简公。十三年，楚国灭亡了陈国。在位十九年，成侯去世，儿子声侯产继位。声侯在位十五年去世，儿子元侯继位。元侯在位六年去世，儿子齐继位。

曹叔振铎，是周武王的弟弟。武王在灭亡了殷纣王后，把叔振铎封在曹。

叔振铎去世后，儿子太伯脾继位。太伯去世后，儿子仲君平继位。仲君平去世后，儿子宫伯侯继位。宫伯侯去世后，儿子孝伯云继位。孝伯云去世后，儿子夷伯喜继位。

夷伯二十三年（公元前842），周厉王逃奔到彘地。

夷伯在位三十年去世，弟弟幽伯强继位。幽伯在位九年，弟弟苏杀幽伯替代他的君位，这就是戴伯。戴伯元年时，周宣王已在王位三年了。在位三十年，戴伯去世，儿子惠伯兕继位。

惠伯二十五年（公元前771），周幽王被犬戎杀死，周王室因此东迁，王室的地位也更加卑微，诸侯们也背叛他。秦国开始进入诸侯行列。

在位三十六年，惠伯去世，儿子石甫继位，他的弟弟武杀了他而取代了君位，这就是缪公。缪公在位三年去世，儿子桓公终生继位。

桓公三十五年（公元前651），鲁隐公登位。四十五年，鲁国人杀死了他们的国君隐公。四十六年，宋国华父督杀死了他的国君宋殇公及孔父。在位五十五年，桓公去世，儿子庄公夕姑继位。

庄公二十三年（公元前679），齐桓公开始称霸。

在位三十一年，庄公去世，儿子釐公夷继位。釐公在位九年去世，儿子昭公班继位。昭公六年，齐桓公打败蔡国，趁势到达楚国的召陵。在位九年，昭公去世，儿子共公襄继位。

共公十六年。早先，晋国的公子重耳出亡时路过曹国，曹国君主对他无礼，要看他长成连片的肋骨。釐负羁劝阻共公，共公不听，釐负羁私下与重耳相好。二十一年，晋文公重耳出兵讨伐曹国，俘虏了共公并把他带回国去，同时命令军队不得进入釐负羁宗族的大门。有人劝告晋文公说："从前齐桓公会合诸侯，恢复异姓诸侯的国家，现在您却囚禁曹国的君主，灭亡同姓诸侯，用什么来向诸侯发号施令呢？"晋国于是又送共公返国。

成公三年（公元衫447），晋厉公出兵征伐曹国，俘虏了成公并把他带回国，不久又释放了他。五年，晋国的栾书、中行偃指使程滑杀死了他们的国君。在位二十三年，成公去世，儿子武公胜继位。武公二十六年，楚国的公子弃疾杀死了他的君主灵王取代了君位。伯阳三年，国中有人梦见许多上层人士聚集在土神庙里，策划灭亡曹国，曹叔振铎阻止他们，请求等待公孙强的到来再举动，上层人士们答应了。天亮后，找遍了曹国，没有公孙强这个人。做梦的人告诫他的儿子说："我死后，你听到公孙强执政时，一定要离开曹国，不要遭受曹国灭亡的灾害。"待到伯阳继位时，爱好在野外打猎。六年，曹国有个叫公孙强的乡下人也喜好打猎，他擒获到一只白雁把它献给了伯阳，并大谈打猎的门道，伯阳因而向他请教施政的事情。伯阳非常赏识他，宠信他，任命他为司城，参预国事的决策。做梦人的儿子于是逃亡离去。

公孙强向伯阳陈说称霸之道。十四年，曹伯信从他，便背叛了晋国，进犯宋国。宋景公讨伐他，晋国不派军队来救援。十五年，宋国灭亡了曹国，捉拿了曹伯阳和公孙强并把他们带回国去杀了。曹国从此断绝了祭祀。

太史公说：我探求曹共公不任用釐负羁的原因，原来是他乘坐华贵的高级马车的就有三百人，唯独不建立德政。待到振铎阻止梦中亡曹的企图，难道不是想延续曹国的祭祀吗？如果公孙强不推行他的霸政，曹叔振铎的祭祀能这么快就断绝吗？

卫康叔世家

【原文】

卫康叔名封，周武王同母少弟也。其次尚有冉季，冉季最少。

武王已克殷纣，复以殷余民封纣子武庚禄父，比诸侯，以奉其先祀勿绝。为武庚未集，恐其有贼心，武王乃令其弟管叔、蔡叔傅相武庚禄父，以和其民。武王既崩，成王少。周公旦代成王治，当国。管叔、蔡叔疑周公，乃与武庚禄父作乱，欲攻成周。周公旦以成王命兴师伐殷，杀武庚禄父、管叔，放蔡叔，以武庚

殷余民封康叔为卫君，居河、淇间故商墟。

周公旦惧康叔齿少，乃申告康叔曰："必求殷之贤人君子长者，问其先殷所以兴，所以亡，而务爱民。"告以纣所以亡者以淫于酒，酒之失，妇人是用，故纣之乱自此始。为《梓材》，示君子可法则。故谓之《康诰》《酒诰》《梓材》以命之。康叔之国，既以此命，能和集其民，民大说。

成王长，用事，举康叔为周司寇，赐卫宝祭器，以章有德。

顷侯厚赂周夷王，夷王命卫为侯。顷侯立十二年卒，子釐侯立。

四十二年，釐侯卒，太子共伯余立为君。共伯弟和有宠于釐侯，多予之赂；和以其赂赂士，以袭攻共伯于墓上，共伯入釐侯羡自杀。卫人因葬之釐侯旁，谥曰共伯，而立和为卫侯，是为武公。

武公即位，修康叔之政，百姓和集。四十二年，犬戎杀周幽王，武公将兵往佐周平戎，甚有功，周平王命武公为公。五十五年，卒，子庄公扬立。

庄公五年，取齐女为夫人，好而无子。又取陈女为夫人，生子，蚤死。陈女女弟亦幸于庄公，而生子完。完母死，庄公令夫人齐女子之，立为太子。庄公有宠妾，生子州吁。十八年，州吁长，好兵，庄公使将。石碏谏庄公曰："庶子好兵，使将，乱自此起。"不听。二十三年，庄公卒，太子完立，是为桓公。

桓公二年，弟州吁骄奢，桓公绌之，州吁出奔。十三年，郑伯弟段攻其兄，不胜，亡，而州吁求与之友。十六年，州吁收聚卫亡人以袭杀桓公，州吁自立为卫君。为郑伯弟段欲伐郑，请宋、陈、蔡与俱，三国皆许州吁。州吁新立，好兵，弑桓公，卫人皆不爱。石碏乃因桓公母家于陈，详为善州吁。至郑郊，石碏与陈侯共谋，使右宰丑进食，因杀州吁于濮，而迎桓公弟晋于邢而立之，是为宣公。

十八年，初，宣公爱夫人夷姜，夷姜生子伋，以为太子，而令右公子傅之。右公子为太子取齐女，未入室，而宣公见所欲为太子妇者好，说而自取之，更为太子取他女。宣公得齐女，生子寿、子朔，令左公子傅之。太子伋母死，宣公正夫人与朔共谗恶太子伋。宣公自以其夺太子妻也，心恶太子，欲废之。及闻其恶，大怒，乃使太子伋于齐而令盗遮界上杀之，与太子白旄，而告界盗见持白旄者杀之。且行，子朔之兄寿，太子异母弟也，知朔之恶太子而君欲杀之，乃谓太子曰："界盗见太子白旄，即杀太子，太子可毋行！"太子曰："逆父命求生，不可。"遂行。寿见太子不止，乃盗其白旄而先驰至界。界盗见其验，即杀之。寿已死，而太子伋又至，谓盗曰："所当杀，乃我也。"盗并杀太子伋，以报宣公。宣公乃以子朔为太子。十九年，宣公卒，太子朔立，是为惠公。

左右公子不平朔之立也，惠公四年，左右公子怨惠公之谗杀前太子伋而代立，乃作乱，攻惠公，立太子伋之弟黔牟为君，惠公奔齐。

卫君黔牟立八年，齐襄公率诸侯奉王命共伐卫，纳卫惠公，诛左右公子。卫君黔牟奔于周，惠公复立。惠公立三年出亡，亡八年复入，与前通年凡十三年矣。

懿公即位，好鹤，淫乐奢侈。九年，翟伐卫，卫懿公欲发兵，兵或畔。大臣言曰："君好鹤，鹤可令击翟。"翟于是遂入，杀懿公。

懿公之立也，百姓大臣皆不服。自懿公父惠公朔之谗杀太子伋代立至于懿公，常欲败之，卒灭惠公之后而更立黔牟之弟昭伯顽之子申为君，是为戴公。

戴公申元年卒。齐桓公以卫数乱，乃率诸侯伐翟，为卫筑楚丘，立戴公弟毁为卫君，是为文公。文公以乱故奔齐，齐人入之。

初，翟杀懿公也，卫人怜之，思复立宣公前死太子伋之后，伋子又死，而代伋死者子寿又无子。太子伋同母弟二人：其一曰黔牟，黔牟尝代惠公为君，八年复去；其二曰昭伯。昭伯、黔牟皆已前死，故立昭伯子申为戴公。戴公卒，复立其弟毁为文公。

文公初立，轻赋平罪，身自劳，与百姓同苦，以收卫民。

成公三年，晋欲假道于卫救宋，成公不许。晋更从南河度，救宋。征师于卫，卫大夫欲许，成公不肯。大夫元咺攻成公，成公出奔。晋文公重耳伐卫，分其地予宋，讨前过无礼及不救宋患也。卫成公遂出奔陈。二岁，如周求入，与晋文公会。晋使人鸩卫成公，成公私于周主鸩，令薄，得不死。已而周为请晋文公，卒入之卫，而诛元咺，卫君瑕出奔。

穆公二年，楚庄王伐陈，杀夏征舒。三年，楚庄王围郑，郑降，复释之。十一年，孙良夫救鲁伐齐，复得侵地。穆公卒，子定公臧立。定公十二年卒，子献公衎立。

献公十三年，公令师曹教宫妾鼓琴，妾不善，曹笞之。妾以幸恶曹于公，公亦笞曹三百。十八年，献公戒孙文子、宁惠子食，皆往。日旰不召，而去射鸿于囿。二子从之，公不释射服与之言。二子怒，如宿。孙文子子数侍公饮，使师曹歌《巧言》之卒章。师曹又怒公之尝笞三百，乃歌之，欲以怒孙文子，报卫献公。文子语蘧伯玉，伯玉曰："臣不知也。"遂攻出献公。献公奔齐，齐置卫献公于聚邑。孙文子、宁惠子共立定公弟秋为卫君，是为殇公。

殇公秋立，封孙文子林父于宿。十二年，宁喜与孙林父争宠相恶，殇公使宁喜攻孙林父。林父奔晋，复求入故卫献公。献公在齐，齐景公闻之，与卫献公如晋求入。晋为伐卫，诱与盟。卫殇公会晋平公，平公执殇公与宁喜而复入卫献公。献公亡在外十二年而入。

三年，吴延陵季子使过卫，见蘧伯玉、史鳡，曰："卫多君子，其国无故。"过宿，孙林父为击磬，曰："不乐，音大悲，使卫乱乃此矣。"是年，献公卒，子襄公恶立。

襄公六年，楚灵王会诸侯，襄公称病不往。

九年，襄公卒。初，襄公有贱妾，幸之，有身，梦有人谓曰："我康叔也，令若子必有卫，名而子曰'元'。"妾怪之，问孔成子。成子曰："康叔者，卫祖也。"及生子，男也，以告襄公。襄公曰："天所置也。"名之曰"元"。襄公夫人无子，于是乃立元为嗣，是为灵公。

三十九年，太子蒯聩与灵公夫人南子有恶，欲杀南子。蒯聩与其徒戏阳遫谋，朝，使杀夫人。戏阳后悔，不果。蒯聩数目之，夫人觉之，惧，呼曰："太子欲杀我！"灵公怒，太子蒯聩奔宋，已而之晋赵氏。

四十二年春，灵公游于郊，令子郢仆。郢，灵公少子也，字子南。灵公怨太子出奔，谓郢曰："我将立若为后。"郢对曰："郢不足以辱社稷，君更图之。"夏，灵公卒，夫人命子郢为太子，曰："此灵公命也。"郢曰："亡人太子蒯聩之子辄在也，不敢当。"于是卫乃以辄为君，是为出公。

六月乙酉，赵简子欲入蒯聩，乃令阳虎诈命卫十余人衰绖归，简子送蒯聩。卫人闻之，发兵击蒯聩。蒯聩不得入，入宿而保，卫人亦罢兵。

十二年，初，孔圉文子取太子蒯聩之姊，生悝。孔氏之竖浑良夫美好，孔文子卒，良夫通于悝母。太子在宿，悝母使良夫于太子。太子与良夫言曰："苟能入我国，报子以乘轩，免子三死，毋所与。"与之盟，许以悝母为妻。闰月，良夫与太子入，舍孔氏之外圃。昏，二人蒙衣而乘，宦者罗御，如孔氏。孔氏之老栾宁问之，称姻妾以告。遂入，适伯姬氏。既食，悝母杖戈而先，太子与五人介，舆猳从之。伯姬劫悝于厕，强盟之，遂劫以登台。栾宁将饮酒，炙未熟，闻乱，使告仲由。召护驾乘车，行爵食炙，奉出公辄奔鲁。

仲由将入，遇子羔将出，曰："门已闭矣。"子路曰："吾姑至矣。"子羔曰："不及，莫践其难。"子路曰："食焉不辟其难。"子羔遂出。子路入，及门，公孙敢阖门，曰："毋入为也！"子路曰："是公孙也？求利而逃其难。由不然，利其禄，必救其患。"有使者出，子路乃得入。曰："太子焉用孔悝？虽杀之，必或继之。"且曰："太子无勇。若燔台，必舍孔叔。"太子闻之，惧，下石乞、孟黡敌子路，以戈击之，割缨。子路曰："君子死，冠不免。"结缨而死。孔子闻卫乱，曰："嗟乎！柴也其来乎？由也其死矣。"孔悝竟立太子蒯聩，是为庄公。

庄公蒯聩者，出公父也，居外，怨大夫莫迎立。元年即位，欲尽诛大臣，曰："寡人居外久矣，子亦尝闻之乎？"群臣欲作乱，乃止。

三年，庄公上城，见戎州，曰："戎虏何为是?"戎州病之。十月，戎州告赵简子，简子围卫。十一月，庄公出奔，卫人立公子斑师为卫君。齐伐卫，虏斑师，更立公子起为卫君。

卫君起元年，卫石曼尃逐其君起，起奔齐。卫出公辄自齐复归立。初，出公立十二年亡，亡在外四年复入。出公后元年，赏从亡者。立二十一年卒，出公季父黔攻出公子而自立，是为悼公。

悼公五年卒，子敬公弗立。敬公十九年卒，子昭公纠立。是时三晋强，卫如小侯，属之。

昭公六年，公子亹弑之代立，是为怀公。怀公十一年，公子颓弑怀公而代立，是为慎公。慎公父，公子適；適父，敬公也。慎公四十二年卒，子声公训立。声公十一年卒，子成侯遫立。

太史公曰：余读世家言，至于宣公之太子以妇见诛，弟寿争死以相让，此与晋太子申生不敢明骊姬之过同，俱恶伤父之志。然卒死亡，何其悲也！或父子相杀，兄弟相灭，亦独何哉?

【译文】

卫国康叔名叫封，他是周武王同母所生的小弟弟。他的下面还有冉季，冉季最小。

武王战胜殷纣以后，又把殷朝的余民封给纣王的儿子武庚禄父，与诸侯并列，以此来继续祭祀他的祖先，使不断绝。因为武庚没有真心顺服，恐怕他有贼乱之心，于是武王让他的弟弟管叔、蔡叔辅佐武庚禄父，以此来安抚他的人民。武王去世以后，成王年幼。周公姬旦代替成王治理国家，主管国家政务。管叔、蔡叔怀疑周公，于是就联合武庚禄父作乱，准备进攻成周，周公旦按成王命令发兵讨伐殷国，杀掉了武庚禄父和管叔，放逐蔡叔，把武庚的殷国余民封给康叔，康叔做了卫国的君主，居住在黄河、淇水之间旧商朝的废墟上。

周公旦害怕康叔年纪小，于是反复告诫康叔说："一定要访求殷朝年岁较大的贤人君子，向他们询问从前殷朝之所以兴起和灭亡的原因，一定要爱护人民。"并且告诉他纣王所以亡国的原因是由于沉溺于酒，放纵饮酒，宠信女人，所以，纣的乱亡从此开始。他写了一篇《梓材》，告示君子可以效法的原则。因此，将这些文告称为《康诰》《酒诰》《梓材》，用来教导康叔。康叔到了封国，按照这些教导去安抚、团结他的百姓，百姓们都非常喜悦。

成王长大以后，亲自掌管朝廷政事，任命康叔为周朝司寇，并赏赐给他卫国宝器、祭器，以此来表彰康叔的德行。

顷侯用丰厚的礼物来贿赂周夷王，夷王策命卫国为侯爵。顷侯在位十二年后去世，儿子釐侯继位。

　　四十二年，釐侯去世，太子共伯余立为君。共伯的弟弟姬和受到釐侯的宠爱，釐侯给了他很多财物。姬和用这些财物又收买了士卒，在釐侯的墓上袭击了共伯，共伯躲进釐侯墓的墓道里自杀了。卫国人因此就将他埋葬在釐侯旁边，给他谥号叫共伯，而立姬和为卫侯，这就是武公。

　　武公即位，继续行康叔的政令，百姓们和睦安定。四十二年，犬戎杀死周幽王，武公率领军队前去帮助周王室平定犬戎，立了很大的功劳，周平王策命武公为公爵。五十五年，武公去世，儿子庄公姬扬继位。

　　庄公五年（公元前753），娶齐国女子为夫人，相貌美丽却没有生儿子。庄公又娶陈国女子为夫人，生了个儿子，但早逝。陈国女子的妹妹也受庄公宠爱，生了个儿子叫完。姬完的母亲死后，庄公让齐国女子夫人抚养他做儿子，并立完为太子。庄公有一个宠爱的小妾，生了个儿子名叫州吁。十八年，州吁长大了，喜欢军事，庄公就让他带领军队。石碏劝庄公说：“庶子爱好军事，如果让他带领军队，祸乱就会从此兴起。”庄公没有听从。二十三年，庄公去世，太子姬完继位，这就是桓公。

　　桓公二年（公元前733），弟弟州吁骄横奢侈，桓公罢免了他的职务，州吁逃奔国外。十三年，郑伯的弟弟姬段攻打他的哥哥，没有取胜，后逃亡，州吁寻求和他交朋友。十六年，州吁收集卫国逃亡的人，袭击杀死了桓公，州吁自立为卫君。州吁为了郑伯的弟弟姬段准备讨伐郑国，于是请求宋国、陈国、蔡国一起前往，三国都答应了州吁。州吁刚刚即位，喜欢打仗，因杀害了桓公，卫国人都不喜欢他。石碏就利用桓公母亲家住在陈国，假装做出和州吁友好的样子。州吁到达郑国郊外后，石碏便和陈侯共同谋划，派遣右宰丑向州吁进献食物，因而在濮上杀死了州吁，到邢国迎接回桓公的弟弟姬晋，并立他为君，这就是宣公。

　　十八年，起初，宣公宠爱夫人夷姜，夷姜生了一个儿子名伋，把他立为太子，并且让右公子教导他。右公子为太子娶齐国女子，还没有完婚，而宣公看见这个将要作太子媳妇的女子容貌美好，喜欢她，就自己娶过来，另外给太子娶了一个女子。宣公得到齐国女子后，生下儿子子寿、子朔，让左公子教导他们。太子伋的母亲死后，宣公的正夫人和子朔一起说太子伋的坏话。宣公因为自己夺去了太子的妻子，心里也讨厌太子，想废掉他。宣公听到太子的坏话时，十分生气，于是派太子伋出使齐国，又指使强盗在国界上拦杀他。宣公给了太子白旄，并告诉国界上的强盗看见拿白旄的人就杀死他。太子伋将要起程，子朔的哥哥子寿，是太子的异母弟弟，他知道子朔讨厌太子，而且知道国君准备杀死太子，于是对太子说："国界上的强盗看见太子拿着白旄，就会杀太子，太子可不要去！"太子说："违背父亲的命令而求得生存，这是不可以的。"于是就起程了。子寿看见太子不肯停止，就劫取他的白旄，先赶到国界上。界上的强盗看见来的人果真拿着白旄标志，就杀死了他。子寿被杀死之后，太子伋又来到，对强盗说："应当杀死的人是我！"强盗将太子伋一并杀掉，回报了宣公。宣公于是把子朔立为太子。十九年，宣公去世，太子子朔继位，这就是惠公。

左右两公子对于子朔立为国君感到不平。惠公四年，左右两公子怨恨惠公谗杀前太子伋而自己代立为君，于是发动叛乱，攻打惠公，拥立太子伋的弟弟黔牟为国君，惠公逃奔到齐国。

卫君黔牟继位八年后，齐襄公率领诸侯遵奉周王的命令一起来讨伐卫国，送卫惠公回国，诛杀了左右两公子。卫君黔牟逃奔到周，惠公又重新登上君位。惠公登位后三年逃亡出国，逃亡八年后又回卫国，前后在位总共十三年。

懿公继位以后，喜欢养鹤，荒淫享乐，奢侈无度。九年，翟人讨伐卫国，卫懿公打算发兵抵抗，兵士有的背叛。大臣们说："君主喜欢养鹤，可以让鹤去抗击翟人。"翟人此时已攻进了卫都，杀死了懿公。

懿公继位，百姓、大臣都不心服。自从懿公的父亲惠公朔谗杀太子伋代立为君一直到懿公，百姓大臣们常常想推翻他们，终于消灭了惠公的后代而改立黔牟的弟弟昭伯顽的儿子申为国君，这就是戴公。

戴公申元年（公元前660）去世。齐桓公因为卫国多次发生动乱，于是就率领诸侯讨伐翟人，并帮助卫国修建楚丘城，立戴公的弟姬毁为卫君，这就是文公。文公因为国内发生动乱的缘故就逃奔到齐国，齐国人又把他送回来。

起初，翟人杀死懿公时，卫国人怜悯他，考虑重新拥立宣公从前死去的太子伋的后代，太子伋的儿子死后，而代替太子伋死的子寿又没有儿子。太子伋的同母弟有两个人：一个叫黔牟，黔牟曾经接替惠公为国君，八年后又离开君位；另一个叫昭伯。昭伯和黔牟都已经先前死去，所以就立昭伯的儿子姬申为戴公。戴公去世后，又立他的弟弟姬毁为文公。

文公刚刚继位后就减轻赋税，公平断狱，亲自劳作，跟百姓同甘共苦，用这些来收复卫国的民心。

成公三年（公元前632），晋国打算向卫国借路援救宋国，成公没有答应。

晋国改从南河渡河，援救宋国。晋国向卫国征集军队，卫国的大夫想答应，成公不肯。卫国大夫元咺进攻成公，成公出逃。晋文公重耳讨伐卫国，瓜分了卫国的土地给宋国，惩罚前次经过卫国文公未以礼相待以及成公不肯援救宋国的过错。卫成公于是出逃到陈国。两年以后，成公到周王室去，请求回国，并跟晋文公相会。晋国派人毒杀卫成公，成公私下贿赂周王室主持放毒的人，让他少放一些，得以不死。没过多久，周王替成公向晋文公请求，终于送他回到卫国，诛杀了元咺，卫君瑕出国逃亡。

穆公二年（公元前598），楚庄王讨伐陈国，杀了夏征舒。三年，楚庄王包围了郑国，郑侯投降，后又释放了他。十一年，孙良夫援救鲁国讨伐齐国，又收回了被侵占的土地。穆公去世，儿子定公臧继位。定公十二年去世，儿子献公衎继位。

献公十三年（公元前504），献公让曹乐师教宫妾弹琴，宫妾学不好，曹乐师笞打了她。宫妾仗着受献公宠爱因向献公说曹乐师的坏话，献公也笞打了曹乐师三百下。十八年，献公敕戒孙文子、宁惠子共进宴食，他们都去了。时间很晚了，献公还不召见，却到园林里去射大雁。两人便跟着到园林里去，献公没有脱去射服就同他们谈话。二人很生气，便前往宿邑。孙文子的儿子曾多次侍候献公饮酒，献公让曹乐师演唱《巧言》的末章。曹乐师又对献公曾经笞打过自己三百下而恼火，于是就演唱了那章诗，想以此激怒孙文子，报复卫献公。孙文子把这件事告诉了蘧伯玉，蘧伯玉说："我不知道。"孙文子便攻打并逐出献公。献公逃奔到齐国，齐国把卫献公安置在聚邑。孙文子、宁惠子共立定公的弟弟姬秋为卫君，这就是殇公。

殇公秋继位后，把孙文子林父封在宿邑。十二年，宁喜跟孙林父因为争宠而互相产生矛盾，殇公让宁喜进攻孙林父。孙林父逃奔到晋国，又请求晋国送卫献公回国。这时卫献公在齐国，齐景公听到这消息后，就同卫献公前往晋国请求支持。晋国替卫献公讨伐卫国，诱导卫国订盟。卫殇公前去会见晋平公，晋平公捉住卫殇公和宁喜，又将卫献公护送回国。献公逃亡在外十二年后才回到卫国。

三年，吴国延陵季子出使经过卫国时，见到了蘧伯玉、史鳅，说："卫国有许多君子，这个国家不会发生什么问题。"经过宿邑时，孙林父给他击磬，他说："不快乐啊，声音太悲伤了，使卫国发生祸乱的原因就在这里。"这一年，卫献公去世，他的儿子襄公姬恶继位。

襄公六年（公元前538），楚灵王会见诸侯，襄公托辞有病没有去。

九年，襄公去世。起初，襄公有一个贱妾，襄公很宠爱她，妾怀了孕，梦见有人对她说："我是康叔，让你的儿子一定享有卫国，给你的儿子起名叫做

'元'。"妾对这件事感到奇怪，就去问孔成子。孔成子说："康叔是卫国的祖先。"等到生下孩子，是个男的，就把梦中的事告诉了襄公。襄公说："这是上天给安排的。"取名叫"元"。襄公夫人没有生儿子，于是就立元为继承人，这就是灵公。

三十九年，太子蒯聩与灵公夫人南子产生矛盾，蒯聩想杀死南子。蒯聩同他的党徒戏阳洩商量，在朝会的时候，让戏阳杀死南子夫人。戏阳后悔，没有下手。蒯聩多次用目光示意，南子夫人察觉了他们的阴谋，感到害怕，就大声喊道："太子想杀我！"灵公对此非常生气，太子蒯聩逃奔到宋国，过了不多久，又到了晋国赵氏那儿。

四十二年春天，卫灵公到郊外游玩，让子郢驾车。子郢是灵公的小儿子，字子南。卫灵公怨恨太子蒯聩出逃，对子郢说："我将要立你作继位人。"子郢回答道："我不够格，恐怕污辱了国家，您另作安排吧。"夏天，卫灵公去世，夫人命子郢为太子，说："这是灵公的命令。"子郢说："逃亡在外的太子蒯聩的儿子辄还在，我不敢接受命令。"于是卫国就把姬辄作为国君，这就是出公。

六月乙酉日，赵简子想送蒯聩回国，就让阳虎假装派出十多个卫国人穿着丧服来迎接太子回国，赵简子陪送蒯聩。卫人听到这个消息后，发兵阻击蒯聩，蒯聩未能进入卫国，于是就到宿邑自保，卫国人也收兵回国。

十二年，起初，孔圉文子娶太子蒯聩的姐姐为妻，生了孔悝。孔家的臣仆浑良夫长得漂亮，孔文子去世以后，浑良夫跟孔悝的母亲通奸。太子在宿邑，孔悝的母亲派浑良夫到太子那里去。太子对浑良夫说："如果能够帮我回国，我将用让您乘坐上大夫的车来报答您，并免除您三项死罪，这都不算在其中。"并同浑良夫订立了盟约，答应把孔悝的母亲给他作妻子。在闰月，浑良夫和太子进入卫国，住在孔家的外园。天刚黑，二人穿着妇女衣服，用头巾蒙着头，乘着车子，宦官罗氏驾车，到孔家去。孔家的老家臣栾宁盘问他们，回答称是婚姻亲戚家的姬妾。于是他们就进了孔家，到了伯姬的住处。吃过饭之后，孔悝的母亲拿着戈走在前面，太子和五个人披甲，用车载着公猪跟着走。伯姬在厕所里劫持了孔悝，强迫他订了盟约，又挟持他登上高台召集卫国群臣。栾宁将要喝酒，烤肉还没有熟，听到发生动乱，于是就派人告诉仲由。召护驾着乘车，一边敬酒，一边吃烤肉，保护着出公辄逃奔到鲁国。

仲由刚要进孔家，遇到子羔将要出来，子羔说："门已经关闭了。"子路说："我暂且到门前去。"子羔说："事情已经来不及了，不要去遭受这个灾难。"子路说："吃了孔悝的俸禄，就不能逃避孔悝的灾难。"子羔就出去了。子路进去，到了门前，公孙敢关上门，说："不要进去干什么了！"子路说：

"这是公孙吗？贪求利禄而逃避灾难。我仲由不是这样，吃了他的俸禄，一定要解救他的祸患。"有一个使者出来，子路才得以进去。说："太子怎么能用孔悝？即使杀掉他，一定有人会替他进攻太子。"并且说："太子没有勇气。如果放火烧台，一定会释放孔叔。"太子听到这话后，感到害怕，就派石乞、孟黡下台抵挡子路，用戈击打子路，割断了他的帽缨。子路说："君子死的时候，不使帽子落地。"于是把帽缨联结起来就死了。孔丘听到卫国发生动乱，说道："唉！高柴将会回来吗？仲由将会死去。"孔悝终于拥立太子蒯聩为国君。这就是庄公。

庄公蒯聩是出公的父亲，在国外居住时，怨恨大夫们不去迎立他。元年（公元前479）即位后，想要把大臣们杀尽，他说："寡人在国外住了很久，你们也曾听到过吗？"群臣想要作乱，后来又停止了。

三年，庄公登上城墙，看见戎州城。说："戎虏为什么要建筑城邑呢？"戎州人听了很忧虑。十月，戎州人告诉赵简子，赵简子出兵包围了卫国。十一月，庄公逃奔国外，卫国人拥立公子斑师为卫君。齐国讨伐卫国，俘虏了斑师，改立公子起为卫君。

卫君起元年（公元前477），卫国石曼専驱逐他的国君起，起逃奔到齐国。卫出公辄从齐国回来重新即位。起初，出公即位十二年后逃亡，逃亡在外四年后又回国。出公后元年，赏赐了跟从他逃亡的人。在位二十一年去世，出公的叔父黔赶走出公的儿子而自立，这就是悼公。

悼公五年去世，儿子敬公弗继位。敬公十九年去世，儿子昭公纠继位。这时候，三晋很强大，卫君像个小侯一样，附属于赵国。

昭公六年（公元前426），公子亹杀害了昭公代立，这就是怀公。怀公十一年，公子颓杀害了怀公而代立，这就是慎公。慎公的父亲是公子遫，公子遫的父亲是敬公。慎公四十二年去世，儿子声公训继位。声公十一年去世，儿子成侯遫继位。

太史公说：我读世家的记载，看到卫宣公的太子因为妻子而被杀死，弟弟子寿争着替哥哥去死，兄弟互相推让，这与晋国太子申生不敢讲出骊姬的过失相同，都是怕伤害了父亲的感情。然而最终还是死亡了，多么可悲呀！有的父子互相残杀，兄弟互相毁灭，这是什么道理呢？

晋世家

【原文】

晋唐叔虞者，周武王子而成王弟。初，武王与叔虞母会时，梦天谓武王曰："余命女生子，名虞，余与之唐。"及生子，文在其手曰"虞"，故遂因命之曰虞。

武王崩，成王立，唐有乱，周公诛灭唐。成王与叔虞戏，削桐叶为珪以与叔虞，曰："以此封若。"史佚因请择日立叔虞。成王曰："吾与之戏耳。"史佚曰："天子无戏言。言则史书之，礼成之，乐歌之。"于是遂封叔虞于唐。唐在河、汾之东，方百里，故曰唐叔虞。姓姬氏，字子于。

靖侯十七年，周厉王迷惑暴虐，国人作乱，厉王出奔于彘。大臣行政，故曰"共和"。

穆侯四年，取齐女姜氏为夫人。七年，伐条。生太子仇。十年，伐千亩，有功。生少子，名曰成师。晋人师服曰："异哉，君之命子也！太子曰仇，仇者雠也。少子曰成师，成师大号，成之者也。名，自命也；物，自定也。今適庶名反逆，此后晋其能毋乱乎？"

二十七年，穆侯卒，弟殇叔自立，太子仇出奔。殇叔三年，周宣王崩。四年，穆侯太子仇率其徒袭殇叔而立，是为文侯。

昭侯元年，封文侯弟成师于曲沃。曲沃邑大于翼。翼，晋君都邑也。成师封曲沃，号为桓叔。靖侯庶孙栾宾相桓叔。桓叔是时年五十八矣，好德，晋国之众皆附焉。君子曰："晋之乱其在曲沃矣。末大于本而得民心，不乱何待！"

七年，晋大臣潘父弑其君昭侯而迎曲沃桓叔。桓叔欲入晋，晋人发兵攻桓叔。桓叔败，还归曲沃。晋人共立昭侯子平为君，是为孝侯。诛潘父。

孝侯八年，曲沃桓叔卒，子鱓代桓叔，是为曲沃庄伯。孝侯十五年，曲沃庄伯弑其君晋孝侯于翼。晋人攻曲沃庄伯，庄伯复入曲沃。晋人复立孝侯子郄为君，是为鄂侯。

鄂侯六年卒。曲沃庄伯闻晋鄂侯卒，乃兴兵伐晋。周平王使虢公将兵伐曲沃庄伯，庄伯走保曲沃。晋人共立鄂侯子光，是为哀侯。

哀侯二年，曲沃庄伯卒，子称代庄伯立，是为曲沃武公。哀侯六年，鲁弑其君隐公。哀侯八年，晋侵陉廷。陉廷与曲沃武公谋，九年，伐晋于汾旁，虏哀侯。晋人乃立哀侯子小子为君，是为小子侯。

小子元年，曲沃武公使韩万杀所虏晋哀侯。曲沃益强，晋无如之何。

晋小子之四年，曲沃武公诱召晋小子杀之。周桓王使虢仲伐曲沃武公，武公入于曲沃，乃立晋哀侯弟缗为晋侯。

晋侯缗四年，宋执郑祭仲而立突为郑君。晋侯十九年，齐人管至父弑其君襄公。

晋侯二十八年，齐桓公始霸。曲沃武公伐晋侯缗，灭之，尽以其宝器赂献于周釐王。釐王命曲沃武公为晋君，列为诸侯，于是尽并晋地而有之。

曲沃武公已即位三十七年矣，更号曰晋武公。晋武公始都晋国，前即位曲沃，通年三十八年。

武公称者，先晋穆侯曾孙也，曲沃桓叔孙也。桓叔者，始封曲沃。武公，庄伯子也。自桓叔初封曲沃以至武公灭晋也，凡六十七岁，而卒代晋为诸侯。武公代晋二岁，卒。与曲沃通年，即位凡三十九年而卒。子献公诡诸立。

八年，士蒍说公曰："故晋之群公子多，不诛，乱且起。"乃使尽杀诸公子，而城聚都之，命曰绛，始都绛。九年，晋群公子既亡奔虢，虢以其故再伐晋，弗克。十年，晋欲伐虢，士蒍曰："且待其乱。"

十二年，骊姬生奚齐。献公有意废太子，乃曰："曲沃吾先祖宗庙所在，而蒲边秦，屈边翟，不使诸子居之，我惧焉。"于是使太子申生居曲沃，公子重耳居蒲，公子夷吾居屈。献公与骊姬子奚齐居绛。晋国以此知太子不立也。太子申生，其母齐桓公女也，曰齐姜，早死。申生同母女弟为秦穆公夫人。重耳母，翟之狐氏女也。夷吾母，重耳母女弟也。献公子八人，而太子申生、重耳、夷吾皆有贤行。及得骊姬，乃远此三子。

十六年，晋献公作二军。公将上军，太子申生将下军，赵夙御戎，毕万为右，伐灭霍，灭魏，灭耿。还，为太子城曲沃，赐赵夙耿，赐毕万魏，以为大夫。士蒍曰："太子不得立矣。分之都城，而位以卿，先为之极，又安得立！不如逃之，无使罪至。为吴太伯，不亦可乎，犹有令名。"太子不从。卜偃曰："毕万之后必大。万，盈数也；魏，大名也。以是始赏，天开之矣。天子曰兆民，诸侯曰万民，今命之大，以从盈数，其必有众。"初，毕万卜仕于晋国，遇《屯》之《比》。辛廖占之曰："吉。《屯》固《比》入，吉孰大焉。其后必蕃昌。"

十七年，晋侯使太子申生伐

东山。里克谏献公曰："太子奉冢祀社稷之粢盛，以朝夕视君膳者也，故曰冢子。君行则守，有守则从，从曰抚军，守曰监国，古之制也。夫率师，专行谋也；誓军旅，君与国政之所图也：非太子之事也。师在制命而已，禀命则不威，专命则不孝，故君之嗣适不可以帅师。君失其官，率师不威，将安用之？"公曰："寡人有子，未知其太子谁立。"里克不对而退。见太子，太子曰："吾其废乎！"里克曰："太子勉之！教以军旅，不共是惧，何故废乎？且子惧不孝，毋惧不得立。修己而不责人，则免于难。"太子帅师，公衣之偏衣，佩之金玦。里克谢病，不从太子。太子遂伐东山。

十九年，献公曰："始吾先君庄伯、武公之诛晋乱，而虢常助晋伐我，又匿晋亡公子，果为乱。弗诛，后遗子孙忧。"乃使荀息以屈产之乘假道于虞。虞假道，遂伐虢，取其下阳以归。

献公私谓骊姬曰："吾欲废太子，以奚齐代之。"骊姬泣曰："太子之立，诸侯皆已知之，而数将兵，百姓附之，奈何以贱妾之故废适立庶？君必行之，妾自杀也。"骊姬详誉太子，而阴令人谮恶太子，而欲立其子。

二十一年，骊姬谓太子曰："君梦见齐姜，太子速祭曲沃，归釐于君。"太子于是祭其母齐姜于曲沃，上其荐胙于献公。献公时出猎，置胙于宫中。骊姬使人置毒药胙中。居二日，献公从猎来还，宰人上胙献公，献公欲飨之。骊姬从旁止之，曰："胙所从来远，宜试之。"祭地，地坟；与犬，犬死；与小臣，小臣死。骊姬泣曰："太子何忍也！其父而欲弑代之，况他人乎？且君老矣，旦暮之人，曾不能待而欲弑之！"谓献公曰："太子所以然者，不过以妾及奚齐之故。妾愿子母辟之他国，若早自杀，毋徒使母子为太子所鱼肉也。始君欲废之，妾犹恨之；至于今，妾殊自失于此。"太子闻之，奔新城。献公怒，乃诛其傅杜原款。或谓太子曰："为此药者乃骊姬也，太子何不自辞明之？"太子曰："吾君老矣，非骊姬，寝不安，食不甘。即辞之，君且怒之。不可。"或谓太子曰："可奔他国。"太子曰："被此恶名以出，人谁内我？我自杀耳。"十二月戊申，申生自杀于新城。

此时重耳、夷吾来朝。人或告骊姬曰："二公子怨骊姬谮杀太子。"骊姬恐，因谮二公子："申生之药胙，二公子知之。"二子闻之，恐，重耳走蒲，夷吾走屈，保其城，自备守。初，献公使士蒍为二公子筑蒲、屈城，弗就。夷吾以告公，公怒士蒍。士蒍谢曰："边城少寇，安用之？"退而歌曰："狐裘蒙茸，一国三公，吾谁适从！"卒就城。及申生死，二子亦归保其城。

二十二年，献公怒二子不辞而去，果有谋矣，乃使兵伐蒲。蒲人之宦者勃鞮命重耳促自杀。重耳逾垣，宦者追斩其衣祛。重耳遂奔翟。使人伐屈，屈城守，不可下。

是岁也，晋复假道于虞以伐虢。虞之大夫宫之奇谏虞君曰："晋不可假道也，是且灭虞。"虞君曰："晋我同姓，不宜伐我。"宫之奇曰："太伯、虞仲，太王之子也，太伯亡去，是以不嗣。虢仲、虢叔，王季之子也，为文王卿士，其记勋在王室，藏于盟府。将虢是灭，何爱于虞？且虞之亲能亲于桓、庄之族乎？桓、庄之族何罪，尽灭之。虞之与虢，唇之与齿，唇亡则齿寒。"虞公不听，遂许晋。宫之奇以其族去虞。其冬，晋灭虢，虢公丑奔周。还，袭灭虞，虏虞公及其大夫井伯百里奚以媵秦穆姬，而修虞祀。荀息牵曩所遗虞屈产之乘马奉之献公，献公笑曰："马则吾马，齿亦老矣！"

二十三年，献公遂发贾华等伐屈，屈溃。夷吾将奔翟。冀芮曰："不可，重耳已在矣，今往，晋必移兵伐翟，翟畏晋，祸且及。不如走梁，梁近于秦，秦强，吾君百岁后可以求入焉。"遂奔梁。二十五年，晋伐翟，翟以重耳故，亦击晋于龁桑，晋兵解而去。

当此时，晋强，西有河西，与秦接境，北边翟，东至河内。

骊姬弟生悼子。

二十六年夏，齐桓公大会诸侯于葵丘。晋献公病，行后，未至，逢周之宰孔。宰孔曰："齐桓公益骄，不务德而务远略，诸侯弗平。君弟毋会，毋如晋何。"献公亦病，复还归。病甚，乃谓荀息："吾以奚齐为后，年少，诸大臣不服，恐乱起，子能立之乎？"荀息曰："能。"献公曰："何以为验？"对曰："使死者复生，生者不惭，为之验。"于是遂属奚齐于荀息。荀息为相，主国政。秋九月，献公卒。里克、邳郑欲内重耳，以三公子之徒作乱，谓荀息曰："三怨将起，秦、晋辅之，子将何如？"荀息曰："吾不可负先君言。"十月，里克杀奚齐于丧次，献公未葬也。荀息将死之，或曰："不如立奚齐弟悼子而傅之。"荀息立悼子而葬献公。十一月，里克弑悼子于朝，荀息死之。君子曰："《诗》所谓'白珪之玷，犹可磨也。斯言之玷，不可为也'，其荀息之谓乎！不负其言。"初，献公将伐骊戎，卜曰"齿牙为祸"。及破骊戎，获骊姬，爱之，竟以乱晋。

里克等已杀奚齐、悼子，使人迎公子重耳于翟，欲立之。重耳谢曰："负父之命出奔，父死不得修人子之礼侍丧，重耳何敢入！大夫其更立他子。"还报里克，里克使迎夷吾于梁。夷吾欲往，吕省、郤芮曰："内犹有公子可立者而外求，难信。计非之秦，辅强国之威以入，恐危。"乃使郤芮厚赂秦，约曰："即得入，请以晋河西之地与秦。"及遗里克书曰："诚得立，请遂封子于汾阳之邑。"秦缪公乃发兵送夷吾于晋。齐桓公闻晋内乱，亦率诸侯如晋。秦兵与夷吾亦至晋，齐乃使隰朋会秦俱入夷吾，立为晋君，是为惠公。齐桓公至晋之高梁而还归。

惠公夷吾元年，使邳郑谢秦曰："始夷吾以河西地许君，今幸得入立，大臣曰：'地者先君之地，君亡在外，何以得擅许秦者？'寡人争之弗能得，故谢秦。"亦不与里克汾阳邑，而夺之权。四月，周襄王使周公忌父会齐、秦大夫共礼晋惠公。惠公以重耳在外，畏里克为变，赐里克死。谓曰："微里子寡人不得立。虽然，子亦杀二君一大夫，为子君者不亦难乎？"里克对曰："不有所废，君何以兴？欲诛之，其无辞乎？乃言为此！臣闻命矣。"遂伏剑而死。于是邳郑使谢秦未还，故不及难。

晋君改葬恭太子申生。秋，狐突之下国，遇申生，申生与载而告之曰："夷吾无礼，余得请于帝，将以晋与秦，秦将祀余。"狐突对曰："臣闻神不食非其宗，君其祀毋乃绝乎？君其图之。"申生曰："诺，吾将复请帝。后十日，新城西偏将有巫者见我焉。"许之，遂不见。及期而往，复见，申生告之曰："帝许罚有罪矣，弊于韩。"儿乃谣曰："恭太子更葬矣，后十四年，晋亦不昌，昌乃在兄。"

邳郑使秦，闻里克诛，乃说秦缪公曰："吕省、郤称、冀芮实为不从。若重赂与谋，出晋君，入重耳，事必就。"秦缪公许之，使人与归报晋，厚赂三子。三子曰："币厚言甘，此必邳郑卖我于秦。"遂杀邳郑及里克、邳郑之党七舆大夫。邳郑子豹奔秦，言伐晋，缪公弗听。

四年，晋饥，乞籴于秦。缪公问百里奚，百里奚曰："天灾流行，国家代有，救灾恤邻，国之道也。与之。"邳郑子豹曰："伐之。"缪公曰："其君是恶，其民何罪！"卒与粟，自雍属绛。

五年，秦饥，请籴于晋。晋君谋之，庆郑曰："以秦得立，已而倍其地约。晋饥而秦贷我，今秦饥请籴，与之。何疑而谋之！"虢射曰："往年天以晋赐秦，秦弗知取而贷我。今天以秦赐晋，晋其可以逆天乎？遂伐之。"惠公用虢射谋，不与秦粟，而发兵且伐秦。秦大怒，亦发兵伐晋。

六年春，秦缪公将兵伐晋。晋惠公谓庆郑曰："秦师深矣，奈何？"郑曰："秦内君，君倍其赂；晋饥秦输粟，秦饥而晋倍之，乃欲因其饥伐之：其深不亦宜乎！"晋卜御、右，庆郑皆吉。公曰："郑不孙。"乃更令步阳御戎，家仆徒为右，进兵。九月壬戌，秦缪公、晋惠公合战韩原。惠公马騺不行，秦兵至，公窘，召庆郑为御。郑曰："不用卜，败不亦当乎！"遂去。更令梁繇靡御，虢射为右，辂秦缪公。缪公壮士冒败晋军，晋军败，遂失秦缪公，反获晋公以归。秦将以祀上帝。晋君姊为缪公夫人，衰绖涕泣。公曰："得晋侯将以为乐，今乃如此。且吾闻箕子见唐叔之初封，曰'其后必当大矣'，晋庸可灭乎！"乃与晋侯盟王城，而许之归。晋侯亦使吕省等报国人曰："孤虽得归，毋面目见社稷，卜日立子圉。"晋人闻之，皆哭。秦缪公问吕省："晋国和乎?"对曰:"不和。小人惧失君亡亲,不惮立子圉,曰'必报雠,宁事戎狄'。其君子则爱君而知罪,以待秦命,曰'必报德'。有此二,故不和。"于是秦缪公更舍晋惠公,馈之七牢。十一月,归晋侯。晋侯至国,诛庆郑,修政教。谋曰:"重耳在外,诸侯多利内之。"欲使人杀重耳于狄。重耳闻之,如齐。

十三年,晋惠公病,内有数子。太子圉曰:"吾母家在梁,梁今秦灭之,我外轻于秦而内无援于国。君即不起,病大夫轻,更立他公子。"乃谋与其妻俱亡归。秦女曰:"子一国太子,辱在此。秦使婢子侍,以固子之心。子亡矣,我不从子,亦不敢言。"子圉遂亡归晋。十四年九月,惠公卒,太子圉立,是为怀公。

子圉之亡,秦怨之,乃求公子重耳,欲内之。子圉之立,畏秦之伐也,乃令国中诸从重耳亡者与期,期尽不到者尽灭其家。狐突之子毛及偃从重耳在秦,弗肯召。怀公怒,囚狐突。突曰:"臣子事重耳有年数矣,今召之,是教之反君也,何以教之?"怀公卒杀狐突。秦缪公乃发兵送内重耳,使人告栾、郤之党为内应,杀怀公于高梁,入重耳。重耳立,是为文公。

晋文公重耳,晋献公之子也。自少好士,年十七,有贤士五人:曰赵衰;狐偃咎犯,文公舅也;贾佗;先轸;魏武子。自献公为太子时,重耳固已成人矣。献公即位,重耳年二十一。献公十三年,以骊姬故,重耳备蒲城守秦。献公二十一年,献公杀太子申生,骊姬谗之,恐,不辞献公而守蒲城。献公二十二年,献公使宦者履鞮趣杀重耳。重耳逾垣,宦者逐斩其衣袪。重耳遂奔狄。狄,其母国也,是时重耳年四十三。从此五士,其余不名者数十人,至狄。

狄伐咎如,得二女。以长女妻重耳,生伯儵、叔刘;以少女妻赵衰,生盾。居狄五岁而晋献公卒。里克已杀奚齐、悼子,乃使人迎,欲立重耳。重耳畏杀,因固谢,不敢入。已而晋更迎其弟夷吾立之,是为惠公。惠公七年,畏重耳,乃使宦者履鞮与壮士欲杀重耳。重耳闻之,乃谋赵衰等曰:"始吾奔狄,非以为可用与,以近易通,故且休足。休足久矣,固愿徙之大国。夫齐桓公好善,志在霸王,收恤诸侯。今闻管仲、隰朋死,此亦欲得贤佐,盍往乎?"于是遂行。重耳谓其妻曰:"待我二十五年,不来,乃嫁。"其妻笑曰:"犁二十五年,吾冢上柏大矣。虽然,妾待子。"重耳居狄凡十二年而去。

至齐,齐桓公厚礼,而以宗女妻之,有马二十乘,重耳安之。重耳至齐二岁而桓公卒,会竖刀等为内乱,齐孝公之立,诸侯兵数至。留齐凡五岁。重耳爱齐女,毋去心。赵衰、咎犯乃于桑下谋行。齐女侍者在桑上闻之,以告其主。其主乃杀侍者,劝重耳趣行。重耳曰:"人生安乐,孰知其他!必死于此,不能去。"齐女曰:"子一国公子,穷而来此,数士者以子为命。子不疾反国，报劳臣，而怀女德，窃为子羞之。且不求，何时得功？"乃与赵衰等谋，醉重耳，载以行。行远而觉，重耳大怒，引戈欲杀咎犯。咎犯曰："杀臣成子，偃之愿也。"重耳曰："事不成，我食舅氏之肉。"咎犯曰："事不成，犯肉腥臊，何足食！"乃止，遂行。

过曹，曹共公不礼，欲观重耳骈胁。曹大夫釐负羁曰："晋公子贤，又同姓，穷来过我，奈何不礼！"共公不从其谋。负羁乃私遗重耳食，置璧其下。重耳受其食，还其璧。

去，过宋。宋襄公新困兵于楚，伤于泓，闻重耳贤，乃以国礼礼于重耳。宋司马公孙固善于咎犯，曰："宋小国新困，不足以求入，更之大国。"乃去。

过郑，郑文公弗礼。郑叔瞻谏其君曰："晋公子贤，而其从者皆国相；且又同姓，郑之出自厉王，而晋之出自武王。"郑君曰："诸侯亡公子过此者众，安可尽礼！"叔瞻曰："君不礼，不如杀之，且后为国患。"郑君不听。

重耳去之楚，楚成王以适诸侯礼待之，重耳谢不敢当。赵衰曰："子亡在外十余年，小国轻子，况大国乎？今楚大国而固遇子，子其毋让，此天开子也。"遂以客礼见之。成王厚遇重耳，重耳甚卑。成王曰："子即反国，何以报寡人？"重耳曰："羽毛齿角玉帛，君王所余，未知所以报。"王曰："虽然，何以报不谷？"重耳曰："即不得已，与君王以兵车会平原广泽，请辟王三舍。"楚将子玉怒曰："王遇晋公子至厚，今重耳言不孙，请杀之。"成王曰："晋公子贤而困于外久，从者皆国器，此天所置，庸可杀乎？且言何以易之！"居楚数月，而晋太子圉亡秦，秦怨之；闻重耳在楚，乃召之。成王曰："楚远，更数国乃至晋。秦、晋接境，秦君贤，子其勉行！"厚送重耳。

重耳至秦，缪公以宗女五人妻重耳，故子圉妻与往。重耳不欲受，司空季子曰："其国且伐，况其故妻乎！且受以结秦亲而求入，子乃拘小礼，忘大丑乎！"遂受。缪公大欢，与重耳饮。赵衰歌《黍苗》诗。缪公曰："知子欲急反国矣。"赵衰与重耳下，再拜曰："孤臣之仰君，如百谷之望时雨。"是时晋惠公十四年秋。惠公以九月卒，子圉立。十一月，葬惠公。十二月，晋国大夫栾、郤等闻重耳在秦，皆阴来劝重耳、赵衰等反国，为内应甚众。于是秦缪公乃发兵与重耳归晋。晋闻秦兵来，亦发兵拒之。然皆阴知公子重耳入也，唯惠公之故贵臣吕、郤之属不欲立重耳。重耳出亡凡十九岁而得入，时年六十二矣，晋人多附焉。

文公元年春，秦送重耳至河。咎犯曰："臣从君周旋天下，过亦多矣。臣犹知之，况于君乎？请从此去矣。"重耳曰："若反国，所不与子犯共者，河伯视之！"乃投璧河中，以与子犯盟。是时介子推从，在船中，乃笑曰："天实开公子，而子犯以为己功而要市于君，固足羞也。吾不忍与同位。"乃自隐渡河。秦兵围令狐，晋军于庐柳。二月辛丑，咎犯与秦、晋大夫盟于郇。壬寅，重耳入于晋师。丙午，入于曲沃。丁未，朝于武宫，即位为晋君，是为文公。群臣皆往。怀公圉奔高梁。戊申，使人杀怀公。

怀公故大臣吕省、郤芮本不附文公，文公立，恐诛，乃欲与其徒谋烧公宫，杀文公。文公不知。始尝欲杀文公宦者履鞮知其谋，欲以告文公，解前罪，求见文公。文公不见，使人让曰："蒲城之事，女斩予袪。其后我从狄君猎，女为惠公来求杀我。惠公与女期三日至，而女一日至，何速也？女其念之。"宦者曰："臣刀锯之余，不敢以二心事君倍主，故得罪于君。君已反国，其毋蒲、翟乎？且管仲射钩，桓公以霸。今刑余之人以事告而君不见，祸又且及矣。"于是见之，遂以吕、郤等告文公。文公欲召吕、郤，吕、郤等党多，文公恐初入国，国人卖己，乃为微行，会秦缪公于王城，国人莫知。三月己丑，吕、郤等果反，焚公宫，不得文公。文公之卫徒与战，吕、郤等引兵欲奔，秦缪公诱吕、郤等，杀之河上。晋国复而文公得归。夏，迎夫人于秦，秦所与文公妻者卒为夫人。秦送三千人为卫，以备晋乱。

文公修政，施惠百姓。赏从亡者及功臣，大者封邑，小者尊爵。未尽行赏，周襄王以弟带难出居郑地，来告急晋。晋初定，欲发兵，恐他乱起，是以赏从亡未至隐者介子推。推亦不言禄，禄亦不及。推曰："献公子九人，唯君在矣。惠、怀无亲，外内弃之。天未绝晋，必将有主。主晋祀者，非君而谁？天实开之，二三子以为己力，不亦诬乎？窃人之财，犹曰是盗，况贪天之功以为己力乎？下冒其罪，上赏其奸，上下相蒙，难与处矣！"其母曰："盍亦求之，以死谁怼？"推曰："尤而效之，罪有甚焉。且出怨言，不食其禄。"母曰："亦使知之，若何？"对曰："言，身之文也；身欲隐，安用文之？文之，是求显也。"其母曰："能如此乎？与女偕隐。"至死不复见。

介子推从者怜之，乃悬书宫门曰："龙欲上天，五蛇为辅。龙已升云，四蛇各入其宇；一蛇独怨，终不见处所。"文公出，见其书，曰："此介子推也。吾方忧王室，未图其功。"使人召之，则亡。遂求所在，闻其入绵上山中，于是文公环绵上山中而封之，以为介推田，号曰介山，"以记吾过，且旌善人"。

从亡贱臣壶叔曰："君三行赏，赏不及臣，敢请罪。"文公报曰："夫导我以仁义，防我以德惠，此受上赏。辅我以行，卒以成立，此受次赏。矢石之难，汗马之劳，此复受次赏。若以力事我而无补吾缺者，此复受次赏。三赏之后，故且及子。"晋人闻之，皆说。

二年春，秦军河上，将入王。赵衰曰："求霸莫如入王尊周。周、晋同姓，晋不先入王，后秦入之，毋以令于天下。方今尊王，晋之资也。"三月甲辰，晋乃发兵至阳樊，围温，入襄王于周。四月，杀王弟带。周襄王赐晋河内阳樊之地。

四年，楚成王及诸侯围宋，宋公孙固如晋告急。先轸曰："报施定霸，于今在矣。"狐偃曰："楚新得曹而初婚于卫，若伐曹、卫，楚必救之，则宋免矣。"于是晋作三军。赵衰举郤縠将中军，郤臻佐之；使狐偃将上军，狐毛佐之，命赵衰为卿；栾枝将下军，先轸佐之；荀林父御戎，魏犨为右：往伐。冬十二月，晋兵先下山东，而以原封赵衰。

五年春，晋文公欲伐曹，假道于卫，卫人弗许。还自河南度，侵曹，伐卫。正月，取五鹿。二月，晋侯、齐侯盟于敛盂。卫侯请盟晋，晋人不许。卫侯欲与楚，国人不欲，故出其君以说晋。卫侯居襄牛，公子买守卫。楚救卫，不卒。晋侯围曹。三月丙午，晋师入曹，数之以其不用釐负羁言，而用美女乘轩者三百人也。令军毋入僖负羁宗家以报德。楚围宋，宋复告急晋。文公欲救则攻楚，为楚尝有德，不欲伐也；欲释宋，宋又尝有德于晋：患之。先轸曰："执曹伯，分曹、卫地以与宋，楚急曹、卫，其势宜释宋。"于是文公从之，而楚成王乃引兵归。

楚将子玉曰："王遇晋至厚，今知楚急曹、卫而故伐之，是轻王。"王曰："晋侯亡在外十九年，困日久矣，果得反国，险阨尽知之，能用其民，天之所开，不可当。"子玉请曰："非敢必有功，愿以闲执谗慝之口也。"楚王怒，少与之兵。于是子玉使宛春告晋："请复卫侯而封曹，臣亦释宋。"咎犯曰："子玉无礼矣，君取一，臣取二，勿许。"先轸曰："定人之谓礼。楚一言定三国，子一言而亡之，我则毋礼。不许楚，是弃宋也。不如私许曹、卫以诱之，执宛春以怒楚，既战而后图之。"晋侯乃因宛春于卫，且私许复曹、卫。曹、卫告绝于楚。楚得臣怒，击晋师，晋师退。军吏曰："为何退？"文公曰："昔在楚，约退三舍，可倍乎！"楚师欲去，得臣不肯。四月戊辰，宋公、齐将、秦将与晋侯次城濮。己巳，与楚兵合战，楚兵败，得臣收余兵去。甲午，晋师还至衡雍，作王宫于践土。

初，郑助楚，楚败，惧，使人请盟晋侯。晋侯与郑伯盟。

五月丁未，献楚俘于周：驷介百乘，徒兵千。天子使王子虎命晋侯为伯，赐大辂，彤弓矢百，玈弓矢千，秬鬯一卣，珪瓒，虎贲三百人。晋侯三辞，然后稷首受之。周作《晋文侯命》："王若曰：父义和，丕显文、武，能慎明德，昭登于上，布闻在下，维时上帝集厥命于文、武。恤朕身，继予一人永其在位。"于是晋文公称伯。癸亥，王子虎盟诸侯于王庭。

晋焚楚军，火数日不息，文公叹。左右曰："胜楚而君犹忧，何？"文公曰："吾闻能战胜安者唯圣人，是以惧。且子玉犹在，庸可喜乎！"子玉之败而归，楚成王怒其不用其言，贪与晋战，让责子玉，子玉自杀。晋文公曰："我击其外，楚诛其内，内外相应。"于是乃喜。

六月，晋人复入卫侯。壬午，晋侯度河北归国。行赏，狐偃为首。或曰："城濮之事，先轸之谋。"文公曰："城濮之事，偃说我毋失信。先轸曰'军事胜为右'，吾用之以胜。然此一时之说，偃言万世之功，奈何以一时之利而加万世功乎？是以先之。"

冬，晋侯会诸侯于温，欲率之朝周。力未能，恐其有畔者，乃使人言周襄王狩于河阳。壬申，遂率诸侯朝王于践土。孔子读史记至文公，曰"诸侯无召王"。"王狩河阳"者，《春秋》讳之也。

丁丑，诸侯围许。

曹伯臣或说晋侯曰："齐桓公合诸侯而国异姓，今君为会而灭同姓。曹，叔振铎之后；晋，唐叔之后。合诸侯而灭兄弟，非礼。"晋侯说，复曹伯。

于是晋始作三行。荀林父将中行，先縠将右行，先蔑将左行。

七年，晋文公、秦缪公共围郑，以其无礼于文公亡过时，及城濮时郑助楚也。围郑，欲得叔瞻。叔瞻闻之，自杀。郑持叔瞻告晋。晋曰："必得郑君而甘心焉。"郑恐，乃间令使谓秦缪公曰："亡郑厚晋，于晋得矣，而秦未为利。君何不解郑，得为东道交？"秦伯说，罢兵。晋亦罢兵。

郑人或卖其国于秦，秦缪公发兵往袭郑。十二月，秦兵过我郊。襄公元年春，秦师过周，无礼，王孙满讥之。兵至滑，郑贾人弦高将市于周，遇之，以十二牛劳秦师。秦师惊而还，灭滑而去。

晋先轸曰："秦伯不用蹇叔，反其众心，此可击。"栾枝曰："未报先君施于秦，击之，不可。"先轸曰："秦侮吾孤，伐吾同姓，何德之报？"遂击之。襄公墨衰绖。四月，败秦师于殽，虏秦三将孟明视、西乞秫、白乙丙以归。遂墨以葬文公。文公夫人秦女，谓襄公曰："秦欲得其三将戮之。"公许，遣之。先轸闻之，谓襄公曰："患生矣。"轸乃追秦将。秦将渡河，已在船中，顿首谢，卒不反。

后三年，秦果使孟明伐晋，报殽之败，取晋汪以归。四年，秦缪公大兴兵伐我，度河，取王官，封殽尸而去。晋恐，不敢出，遂城守。五年，晋伐秦，取新城，报王官役也。

七年八月，襄公卒。太子夷皋少。晋人以难故，欲立长君。赵盾曰："立襄公弟雍。好善而长，先君爱之；且近于秦，秦故好也。立善则固，事长则顺，奉爱则孝，结旧好则安。"贾季曰："不如其弟乐。辰嬴嬖于二君，立其子，民必安之。"赵盾曰："辰嬴贱，班在九人下，其子何震之有！且为二君嬖，淫也。为先君子，不能求大而出在小国，僻也。母淫子僻，无威；陈小而远，无援：将何可乎！"使士会如秦迎公子雍。贾季亦使人召公子乐于陈。赵盾废贾季，以其杀阳处父。十月，葬襄公。十一月，贾季奔翟。是岁，秦缪公亦卒。

灵公元年四月，秦康公曰："昔文公之入也无卫，故有吕、郤之患。"乃多与公子雍卫。太子母缪嬴日夜抱太子以号泣于朝，曰："先君何罪？其嗣亦何罪？舍适而外求君，将安置此？"出朝，则抱以适赵盾所，顿首曰："先君奉此子而属之子，曰：'此子材，吾受其赐；不材，吾怨子。'今君卒，言犹在耳，而弃之，若何？"赵盾与诸大夫皆患缪嬴，且畏诛，乃背所迎而立太子夷皋，是为灵公。发兵以距秦送公子雍者。赵盾为将，往击秦，败之令狐。先蔑、随会亡奔秦。秋，齐、宋、卫、郑、曹、许君皆会赵盾，盟于扈，以灵公初立故也。

四年，伐秦，取少梁。秦亦取晋之郺。六年，秦康公伐晋，取羁马。晋侯怒，使赵盾、赵穿、郤缺击秦，大战河曲，赵穿最有功。七年，晋六卿患随会之在秦，常为晋乱，乃详令魏寿余反晋降秦。秦使随会之魏，因执会以归晋。

八年，周顷王崩，公卿争权，故不赴。晋使赵盾以车八百乘平周乱而立匡王。是年，楚庄王初即位。十二年，齐人弑其君懿公。

十四年，灵公壮，侈，厚敛以雕墙。从台上弹人，观其避丸也。宰夫胹熊蹯不熟，灵公怒，杀宰夫，使妇人持其尸出弃之，过朝。赵盾、随会前数谏，不听；已又见死人手，二人前谏。随会先谏，不听。灵公患之，使鉏麑刺赵盾。盾闺门开，居处节，鉏麑退，叹曰："杀忠臣，弃君命，罪一也。"遂触树而死。

初，盾常田首山，见桑下有饿人。饿人，示眯明也。盾与之食，食其半。问其故，曰："宦三年，未知母之存不，愿遗母。"盾义之，益与之饭肉。已而为晋宰夫，赵盾弗复知也。九月，晋灵公饮赵盾酒，伏甲将攻盾。公宰示眯明知之，恐盾醉不能起，而进曰："君赐臣，觞三行可以罢。"欲以去赵盾，令先，毋及难。盾既去，灵公伏士未会，先纵啮狗名敖。明为盾搏杀狗。盾曰："弃人用狗，虽猛何为。"然不知明之为阴德也。已而灵公纵伏士出逐赵盾，示眯明反击灵公之伏士，伏士不能进，而竟脱盾。盾问其故，曰："我桑下饿人。"问其名，弗告。明亦因亡去。

盾遂奔，未出晋境。乙丑，盾昆弟将军赵穿袭杀灵公于桃园而迎赵盾。赵盾素贵，得民和；灵公少，侈，民不附，故为弑易。盾复位。晋太史董狐书曰“赵盾弑其君”，以视于朝。盾曰：“弑者赵穿，我无罪。”太史曰：“子为正卿，而亡不出境，反不诛国乱，非子而谁？”孔子闻之，曰：“董狐，古之良史也，书法不隐。宣子，良大夫也，为法受恶。惜也，出疆乃免。”

成公元年，赐赵氏为公族。伐郑，郑倍晋故也。三年，郑伯初立，附晋而弃楚。楚怒，伐郑，晋往救之。

七年，成公与楚庄王争强，会诸侯于扈。陈畏楚，不会。晋使中行桓子伐陈，因救郑，与楚战，败楚师。是年，成公卒，子景公据立。

三年，楚庄王围郑，郑告急晋。晋使荀林父将中军，随会将上军，赵朔将下军，郤克、栾书、先縠、韩厥、巩朔佐之。六月，至河。闻楚已服郑，郑伯肉袒与盟而去，荀林父欲还。先縠曰：“凡来救郑，不至不可。”将率离心，卒度河。楚已服郑，欲饮马于河为名而去。楚与晋军大战。郑新附楚，畏之，反助楚攻晋。晋军败，走河，争度，船中人指甚众。楚虏我将智䄈。归而林父曰：“臣为督将，军败当诛，请死。”景公欲许之。随会曰：“昔文公之与楚战城濮，成王归杀子玉，而文公乃喜。今楚已败我师，又诛其将，是助楚杀仇也。”乃止。

四年，先縠以首计而败晋军河上，恐诛，乃奔翟，与翟谋伐晋。晋觉，乃族縠。縠，先轸子也。

五年，伐郑，为助楚故也。是时楚庄王强，以挫晋兵河上也。

六年，楚伐宋，宋来告急晋，晋欲救之，伯宗谋曰：“楚，天方开之，不可当。”乃使解扬给为救宋。郑人执与楚，楚厚赐，使反其言，令宋急下。解扬给许之，卒致晋君言。楚欲杀之，或谏，乃归解扬。

七年，晋使随会灭赤狄。

八年，使郤克于齐。齐顷公母从楼上观而笑之。所以然者，郤克偻，而鲁使蹇，卫使眇，故齐亦令人如之以导客。郤克怒，归至河上，曰：“不报齐者，河伯视之！”至国，请君，欲伐齐。景公问知其故，曰：“子之怨，安足以烦国！”弗听。魏文子请老休，辟郤克，克执政。

九年，楚庄王卒。晋伐齐，齐使太子彊为质于晋，晋兵罢。

十一年春，齐伐鲁，取隆。鲁告急卫，卫与鲁皆因郤克告急于晋。晋乃使郤克、栾书、韩厥以兵车八百乘与鲁、卫共伐齐。夏，与顷公战于鞍，伤困顷公。顷公乃与其右易位，下取饮，以得脱去。齐师败走，晋追北至齐。顷公献宝器以求平，不听。郤克曰：“必得萧桐侄子为质。”齐使曰：“萧桐侄子，顷公母；顷公母犹晋君母，奈何必得之？不义，请复战。”晋乃许与平而去。

楚申公巫臣盗夏姬以奔晋，晋以巫臣为邢大夫。

十二年冬，齐顷公如晋，欲上尊晋景公为王，景公让不敢。晋始作六军，韩厥、巩朔、赵穿、荀骓、赵括、赵旃皆为卿。智䓨自楚归。

十六年，楚将子反怨巫臣，灭其族。巫臣怒，遗子反书曰："必令子罢于奔命！"乃请使吴，令其子为吴行人，教吴乘车用兵。吴、晋始通，约伐楚。

十七年，诛赵同、赵括，族灭之。韩厥曰："赵衰、赵盾之功岂可忘乎？奈何绝祀！"乃复令赵庶子武为赵后，复与之邑。

十九年夏，景公病，立其太子寿曼为君，是为厉公。后月余，景公卒。

厉公元年，初立，欲和诸侯，与秦桓公夹河而盟。归而秦倍盟，与翟谋伐晋。三年，使吕相让秦，因与诸侯伐秦。至泾，败秦于麻隧，虏其将成差。

五年，三郤谗伯宗，杀之。伯宗以好直谏得此祸，国人以是不附厉公。

六年春，郑倍晋与楚盟，晋怒。栾书曰："不可以当吾世而失诸侯。"乃发兵。厉公自将，五月度河。闻楚兵来救，范文子请公欲还。郤至曰："发兵诛逆，见强辟之，无以令诸侯。"遂与战。癸巳，射中楚共王目，楚兵败于鄢陵。子反收余兵，拊循，欲复战。晋患之。共王召子反，其侍者竖阳谷进酒，子反醉，不能见。王怒，让子反，子反死。王遂引兵归。晋由此威诸侯，欲以令天下求霸。

厉公多外嬖姬，归，欲尽去群大夫而立诸姬兄弟。宠姬兄曰胥童，尝与郤至有怨，及栾书又怨郤至不用其计而遂败楚，乃使人间谢楚。楚来诈厉公曰："鄢陵之战，实至召楚，欲作乱，内子周立之。会与国不具，是以事不成。"厉公告栾书。栾书曰："其殆有矣！愿公试使人之周微考之。"果使郤至于周。栾书又使公子周见郤至，郤至不知见卖也。厉公验之，信然，遂怨郤至，欲杀之。八年，厉公猎，与姬饮，郤至杀豕奉进，宦者夺之。郤至射杀宦者。公怒，曰："季子欺予！"将诛三郤，未发也。郤锜欲攻公，曰："我虽死，公亦病矣。"郤至曰："信不反君，智不害民，勇不作乱。失此三者，谁与我？我死耳！"十二月壬午，公令胥童以兵八百人袭攻杀三郤。胥童因以劫栾书、中行偃于朝，曰："不杀二子，患必及公。"公曰："一旦杀三卿，寡人不忍益也。"对曰："人将忍君。"公弗听，谢栾书等以诛郤氏罪："大夫复位。"二子顿首曰："幸甚幸甚！"公使胥童为卿。闰月乙卯，厉公游匠骊氏，栾书、中行偃以其党袭捕厉公，囚之，杀胥童，而使人迎公子周于周而立之，是为悼公。

悼公元年正月庚申，栾书、中行偃弑厉公，葬之以一乘车。厉公囚六日死，死十日庚午，智䓨迎公子周来，至绛，刑鸡与大夫盟而立之，是为悼公。辛巳，朝武宫。二月乙酉，即位。

悼公周者，其大父捷，晋襄公少子也，不得立，号为桓叔，桓叔最爱。桓叔生惠伯谈，谈生悼公周。周之立，年十四矣。悼公曰："大父、父皆不得立而辟难于周，客死焉。寡人自以疏远，毋几为君。今大夫不忘文、襄之意而惠立桓叔之后，赖宗庙大夫之灵，得奉晋祀，岂敢不战战乎！大夫其亦佐寡人！"于是逐不臣者七人，修旧功，施德惠，收文公入时功臣后。秋，伐郑。郑师败，遂至陈。

三年，晋会诸侯。悼公问群臣可用者，祁傒举解狐。解狐，傒之仇。复问，举其子祁午。君子曰："祁傒可谓不党矣！外举不隐仇，内举不隐子。"方会诸侯，悼公弟杨干乱行，魏绛戮其仆。悼公怒，或谏公，公卒贤绛，任之政，使和戎，戎大亲附。十一年，悼公曰："自吾用魏绛，九合诸侯，和戎、翟，魏子之力也。"赐之乐，三让乃受之。冬，秦取我栎。

十四年，晋使六卿率诸侯伐秦，度泾，大败秦军，至棫林而去。

十五年，悼公问治国于师旷。师旷曰："惟仁义为本。"冬，悼公卒，子平公彪立。

平公元年，伐齐，齐灵公与战靡下，齐师败走。晏婴曰："君亦毋勇，何不止战？"遂去。晋追，遂围临菑，尽烧屠其郭中。东至胶，南至沂，齐皆城守，晋乃引兵归。

六年，鲁襄公朝晋。晋栾逞有罪，奔齐。八年，齐庄公微遣栾逞于曲沃，以兵随之。齐兵上太行，栾逞从曲沃中反，袭入绛。绛不戒，平公欲自杀，范献子止公，以其徒击逞，逞败走曲沃。曲沃攻逞，逞死，遂灭栾氏宗。逞者，栾书孙也。其入绛，与魏氏谋。齐庄公闻逞败，乃还，取晋之朝歌去，以报临菑之役也。

十年，齐崔杼弑其君庄公。晋因齐乱，伐败齐于高唐去，报太行之役也。

十四年，吴延陵季子来使，与赵文子、韩宣子、魏献子语，曰："晋国之政，卒归此三家矣。"

十九年，齐使晏婴如晋，与叔向语。叔向曰："晋，季世也。公厚赋为台池而不恤政，政在私门，其可久乎！"晏子然之。

顷公九年，鲁季氏逐其君昭公，昭公居乾侯。十一年，卫、宋使使请晋纳鲁君。季平子私赂范献子，献子受之，乃谓晋君曰："季氏无罪。"不果入鲁君。

十二年，晋之宗家祁傒孙、叔向子，相恶于君。六卿欲弱公室，乃遂以法尽灭其族，而分其邑为十县，各令其子为大夫。晋益弱，六卿皆大。

十五年，赵鞅使邯郸大夫午，不信，欲杀午，午与中行寅、范吉射亲，攻赵鞅，鞅走保晋阳。定公围晋阳。荀栎、韩不信、魏侈与范、中行为仇，乃移兵伐范、中行。范、中行反，晋君击之，败范、中行。范、中行走朝歌，保之。韩、魏为赵鞅谢晋君，乃赦赵鞅，复位。二十二年，晋败范、中行氏，二子奔齐。

三十年，定公与吴王夫差会黄池，争长，赵鞅时从，卒长吴。

出公十七年，知伯与赵、韩、魏共分范、中行地以为邑。出公怒，告齐、鲁，欲以伐四卿。四卿恐，遂反攻出公。出公奔齐，道死。故知伯乃立昭公曾孙骄为晋君，是为哀公。

哀公大父雍，晋昭公少子也，号为戴子。戴子生忌。忌善知伯，蚤死，故知伯欲尽并晋，未敢，乃立忌子骄为君。当是时，晋国政皆决知伯，晋哀公不得有所制。知伯遂有范、中行地，最强。

哀公四年，赵襄子、韩康子、魏桓子共杀知伯，尽并其地。

幽公之时，晋畏，反朝韩、赵、魏之君。独有绛、曲沃，余皆入三晋。

十五年，魏文侯初立。十八年，幽公淫妇人，夜窃出邑中，盗杀幽公。魏文侯以兵诛晋乱，立幽公子止，是为烈公。

静公二年，魏武侯、韩哀侯、赵敬侯灭晋后而三分其地。静公迁为家人，晋绝不祀。

太史公曰：晋文公，古所谓明君也，亡居外十九年，至困约，及即位而行赏，尚忘介子推，况骄主乎？灵公既弑，其后成、景致严，至厉大刻，大夫惧诛，祸作。悼公以后日衰，六卿专权。故君道之御其臣下，固不易哉！

【译文】

晋国的始祖唐叔虞，是周武王的儿子、周成王的弟弟。当初，周武王与叔虞的母亲相会时，（叔虞的母亲）梦中见天帝对周武王说："我为你生的孩子起个名，叫做虞，我赐给他唐国之地。"到生下孩子，发现有字在婴儿手掌上，是个"虞"，所以就据此替孩子取名叫做虞。

周武王去世，周成王即位，唐国发生内乱，周公举兵灭掉唐国。（一天）周成王与叔虞玩耍，把梧桐树叶削成珪璧形状交给叔虞，说："将这唐地封给你。"（这时在旁的）史佚就请求挑选日子册立叔虞。成王说："我只不过同他闹着玩儿罢了。"史佚说："天子没有开玩笑的话。一发话，史

官便记录下来，举行典礼实施它，奏起音乐歌颂它。"于是就册封叔虞在唐。唐地处黄河、汾水的东面，方圆百里，叔虞因此叫做唐叔虞。他姓姬，字子于。

晋靖侯十七年（公元前842），因周厉王昏愦残暴，国人发生暴动，周厉王被迫逃出京城跑到彘这个地方。朝廷由大臣执政，所以称为"共和"。

晋穆侯四年（公元前808），娶齐国女子姜氏为夫人。七年，攻伐条戎。生下太子仇。十年，攻伐千亩，获得胜利。生下小儿子，取名叫成师。晋国大夫师服说："怪哉，国君竟这样给儿子取名！太子名叫仇，仇是仇敌的意思。小儿子名叫成师，成师是显赫的称呼，是成就事业的意思。名称，应该根据事物本身命名；事物，应该根据天然秩序定位。如今嫡子、庶子取的名意义乖戾颠倒，从此以后晋国岂能不发生变乱呢？"

二十七年，晋穆侯去世，其弟殇叔自己即位，太子仇被迫出逃。晋殇叔三年（公元前782），周宣王去世。四年，晋穆侯的太子仇率领他的党徒袭击殇叔而即位，这就是晋文侯。

晋昭侯元年（公元前745），封文侯之弟成师到曲沃。曲沃城邑规模比翼大。翼，是晋国君主的都城。成师受封曲沃，号称桓叔。晋靖侯庶出孙子栾宾辅佐桓叔。桓叔此时的年纪已经是五十八了，喜好德行，晋国的民众全都归附他。君子说："晋国的祸乱，就出在曲沃了。枝末大于根本，而又获得民心，这样还能不乱而等待什么！"

七年，晋国大臣潘父杀死国君晋昭侯而迎纳曲沃桓叔。桓叔打算进入晋国都城，晋都国人发兵攻击桓叔。桓叔兵败，返回曲沃。晋都国人共同拥立晋昭侯的儿子平为国君，这就是晋孝侯。杀死了潘父。

晋孝侯八年，曲沃桓叔去世，其子鱓继代桓叔，这就是曲沃庄伯。晋孝侯十五年，曲沃庄伯在翼杀死国君晋孝侯。晋都国人攻打曲沃庄伯，庄伯返回进入曲沃。晋都国人又立晋孝侯的儿子郄为国君，这就是鄂侯。

晋鄂侯在位六年去世。曲沃庄伯听说鄂侯去世，便起兵进攻晋国都城。周平王派遣虢公率领军队讨伐曲沃庄伯，庄伯逃跑据守曲沃。晋都国人共同拥立晋鄂侯的儿子光继位，这就是晋哀侯。

晋哀侯二年，曲沃庄伯去世，其子称继代庄伯即位，这就是曲沃武公。晋哀侯六年，鲁人杀死其国君鲁隐公。晋哀侯八年，晋都军队侵伐陉廷。陉廷人与曲沃武公合谋，九年，在汾水之滨进攻晋都军队，俘虏晋哀侯。晋都国人于是拥立晋哀侯的儿子小子为国君，这就是小子侯。

晋小子侯元年，曲沃武公派韩万杀死所俘虏的晋哀侯。曲沃的势力越来越强大，晋国公室拿它没有办法。

晋小子侯四年，曲沃武公设计引诱召来晋小子侯而杀死他。周桓王派虢仲领兵讨伐曲沃武公，武公入据曲沃，于是（虢仲奉周王命）立晋哀侯之弟缗为晋侯。

晋侯缗四年，宋国人拘留胁迫郑国的祭仲而立突为郑国国君。晋侯十九年，齐国人管至父杀死他的国君齐襄公。

晋侯二十八年，齐桓公开始为诸侯霸主。曲沃武公攻伐晋侯缗，消灭晋国公室，如数将晋国公室的珍宝重器赠送奉献给周釐王。周釐王赐命曲沃武公为晋国国君，正式排在诸侯之列，（曲沃武公）于是全部兼并晋国之地而占有它。

曲沃武公到这时已经在位三十七年了，更改称号叫做晋武公。晋武公开始建都晋国翼城，加上以前曲沃的在位时间，通共在位年数有三十八年。

武公称，是先晋穆侯的曾孙，曲沃桓叔的孙子。桓叔，是最初封在曲沃的。武公，是庄伯的儿子。从桓叔始封曲沃一直到武公灭亡晋国公室，统共六十七年，终于取代晋国国君成为诸侯。晋武公取代晋国国君二年，去世。同曲沃的在位时间统共计算年数，在位总共三十九年而去世。他的儿子晋献公诡诸继位。

晋献公八年，士蒍劝说献公道："原先晋君公族的公子很多，如不杀掉，祸乱将会发生。"晋献公就让士蒍全部杀死诸公子，而后在聚地筑城作为国都，取名叫绛，开始以绛为国都。九年，晋国公子们全部逃亡投奔至虢国，虢公因为这个缘故两次攻伐晋国，没有取胜。十年，晋国国君打算攻伐虢国，士蒍说："暂且等待虢国自己的内乱。"

十二年，骊姬生下奚齐。献公有意要废除原来的太子，就说："曲沃是我先祖宗庙所在的地方，而蒲邑与秦国接界，屈邑与翟人接界，不派诸子去镇守，我很担心。"于是派太子申生驻守曲沃，公子重耳驻守蒲，公子夷吾驻守屈。晋献公和骊姬所生的儿子奚齐居住在国都绛。晋国国人因此知道太子不能立为国君。太子申生，他的母亲是齐桓公的女儿，叫齐姜，早年去世。申生同母胞妹就是后来的秦穆公夫人。重耳的母亲，是戎翟部落狐氏的女子。夷吾的母亲，是重耳的母亲的同母胞妹。晋献公有儿子八个，而其中太子申生、重耳、夷吾都有才能德行。但到获得骊姬后，晋献公便逐渐疏远这三个儿子。

十六年，晋献公建立两个军。献公统率上军，太子申生统率下军，赵夙驾驭献公战车，毕万担任车右，出征灭掉霍国，灭掉魏国，灭掉耿国。班师回来，为太子申生营建曲沃城池，赐给赵夙耿国之地，赐给毕万魏国之地，让二人分别担任耿、魏的大夫。士蒍说："太子不能立为国君了。分给他先君的都城，并且授予国卿的职位，提前让他达到作为臣子的顶点，哪里还能立为国君呢！还不如逃走，别让大难降临。当个吴太伯，不也可以吗？况且还能有个好名声。"太子申生没有听从。卜偃说："毕万的后代必定发迹。万，是个满数；魏，是个大号。开始的赏赐就这样，是上天在赞佑他啊。天子号称统有兆民，诸侯号称统有万民，如今名号既大，又加满数，毕万的后代必定能得到众多的百姓。"当初，毕万卜问在晋国的仕途。遇到《屯卦》变成《比卦》。辛廖观察卦变说："吉利。《屯卦》象征着坚险牢固，《比卦》象征着进入居住，还有什么吉兆能胜过这呢！他的后代必定兴旺昌盛。"

十七年，晋献公派遣太子申生领兵攻伐东山皋落氏。里克劝谏献公说："太子是供奉宗庙社稷祭祀大典、早晚照看国君膳食的人，所以叫做冢子。国君出征的话，太子便镇守国都；如果另有他人镇守国都，便随从国君出征。跟随国君出征叫做抚军，镇守国都叫做监国，是从古立下的制度啊。至于那统率军队，是需要机断专行独立谋划的事；向军队发布号令，是国君同执政大臣筹划的事，都不属于太子所应做的事。统率军队的职责就在于发号施令罢了，（但作为太子统领军队的话，）一味请示接受国君的命令就没有威严，擅自决定发号施令就归于不孝，所以国君的继承人不可以为军队的主帅。国君丧失用人授官的正确原则，使得太子统率军队没有威严，今后将怎么再重用他呢？"献公说："我有好几个儿子，还不知道那太子该立谁。"里克没有作答而告退。里克进见太子申生，太子说："我大概要被废除了吧！"里克说："太子您好自为之吧！国君是在教导您学习军事指挥，怕的是您不能尽职，有什么理由要废除您呢？况且做儿子只应害怕不能尽孝，不该担心不能立为国君。修养好自己的身心而不责求他人，就可以免除祸难。"太子申生担任军队主帅，晋献公让他穿上左右异色的衣服，佩带金玦。里克推托有病，没有跟从太子出征。太子于是就领兵攻伐东山皋落氏。

十九年，晋献公说："当初我的先君庄伯、武公讨伐晋国内乱，可是虢国经常帮助晋君公室攻伐我曲沃，又匿藏晋国的流亡公子，结果造成祸乱。如今不诛讨虢国，必然会给子孙后代留下忧患。"于是派遣荀息带着屈地出产的名马去向虞国借路。虞国借给了路，就出兵攻伐虢国，夺取它的下阳而返归。

晋献公私下对骊姬说："我想废掉太子，用奚齐来替代他。"骊姬流着眼泪说："太子的册立，诸侯都已知晓；而且他多次统率军队出征，百姓归附他，怎么能因为我的缘故废除嫡子而册立庶子呢？如果您一定要这样做，我就只好自杀了。"骊姬表面上假装称誉太子，而暗中却让人诽谤中伤太子，图谋立她的儿子为太子。

二十一年，骊姬对太子说："国君做梦见到了齐姜，太子您赶快到曲沃祭祀生母，然后将祭祀过的供品致送国君。"太子于是到曲沃祭祀他的母亲齐姜，事完后给献公送上祭祀的供品。晋献公当时出外打猎，就将供品放在宫中。骊姬让人在供品里加了毒药。过了两天，晋献公从外面打猎归来，厨子向献公送上供品，献公准备食用。骊姬从旁边加以制止，说："供品送来的地方很远，应当先试试再吃。"便将酒洒泼到地上，地面突然隆起；将肉给狗吃，狗当即毙命；给身边小臣吃，小臣也当即毙命。骊姬流着眼泪说："太子何等的残忍啊！对自己的生身父亲都要谋害而取代之，何况对别的人呢？再说国君您年事已高，是朝不保夕的人，居然还迫不及待而企图谋害！"接着又对献公说："太子之所以这样干，不过是因为我和奚齐的缘故。我希望我母子能逃亡它国避难，或者趁早自杀，不让我母子平白无故地成为太子施暴的对象。当初国君想要废除他，我还加以抱怨；事至今日，我才深感自己在这件事上的过失。"太子闻悉这件事，立即奔回新城。献公大怒，就杀死太子的师傅杜原款。有人对太子说："放这毒药的人就是骊姬啊，太子为什么不自己陈辞辩明此事呢？"太子说："我的父君已经老了，没有骊姬，就会睡不安宁，吃不香甜。如果我陈辞说明这事，父君便会因此事发怒。不可这样做。"有人对太子说："可以投奔他国。"太子说："蒙受这样的恶名而出奔，人家有谁肯接纳我呢？我只有自杀这条路了。"十二月戊申那天，太子申生在新城自杀。

这时重耳、夷吾前来朝见国君。有人告诉骊姬说："两位公子怨恨您进谗言害死太子。"骊姬很恐慌，就诬陷两位公子说："申生在供品中下毒，二位公子事先知道。"两位公子听说这话，非常惊恐，重耳跑回蒲，夷吾跑回屈，据守各人的城邑，自己作好防御的准备。当初，晋献公委派士芬为两位公子修筑蒲城、屈城，没有完成。夷吾将情况向献公报告，献公便对士芬发怒。士芬告罪说："边境城邑很少贼寇，哪里用得着再加固？"退下后这样唱道："狐皮袍子蓬蓬松松，一个国家并存三公，我到底该跟谁而从！"最终完成修城。到太子申生死去，两位公子便回去据守已经加固的城邑。

二十二年，晋献公恼怒两位公子不辞而别，以为果真同太子早有预谋了，便派兵攻打蒲城。蒲地出生的宦官勃鞮传达君命要重耳马上自杀。重耳翻墙逃跑，宦官勃鞮上前追赶斩下重耳的衣袖。重耳就投奔了翟。献公派人攻伐屈，屈人据城固守，无法攻克。

这一年，晋国又向虞国借路去攻伐虢国。虞国的大夫宫之奇劝谏虞国国君说："对晋国是不可以借路给它的。借路给它的话将会趁机灭亡虞国。"虞国国君说："晋国和我国同姓，是不应该攻伐我国的。"宫之奇说："太伯、虞仲，是太王的儿子，太伯因为逃亡离去，所以没有继位。虢仲、虢叔，是王季的儿子，做周文王的卿士，对王室建有功勋而记录在册，（记勋的典册）保存在朝廷的盟府。现在晋国连虢国都要灭掉，还会对虞国有什么爱怜之心呢？况且虞国同晋君的血亲关系能够超过桓叔、庄伯家族吗？桓叔、庄伯家族有什么罪过，晋献公却尽行诛灭诸公子。虞国同虢国，就好比嘴唇与牙齿，嘴唇没了牙齿就会受冻。"虞公不肯听从，便应许晋国借路。宫之奇带领自己的家族离开虞国。那年冬天，晋人灭掉虢国，虢公丑逃奔周朝京都。晋军返回时，偷袭灭掉虞国，俘虏虞公及其大夫井伯百里奚作为秦穆姬的陪嫁随员，同时继续保持原先虞国的山川祭祀。荀息牵着从前馈赠给虞国国君屈地出产的马匹，奉还于晋献公，献公笑着说："马还是我过去的马，只是年龄大了几岁。"

二十三年，晋献公接着派遣贾华等攻伐屈，屈人溃败。夷吾将要打算投奔翟。冀芮说："不行，重耳已经在了，现在去，晋人必定移兵攻伐翟，翟人害怕晋军，灾祸就会临头。不如投奔梁国，梁国靠近秦国，秦国强盛，等我们国君去世后可以借助秦国力量求得进入晋国的机会。"于是投奔梁国。二十五年，晋军攻伐翟，翟人因为保护重耳的缘故，便在龉桑打击晋军，晋军停止进攻而离去。

在这时期，晋国强盛，西面据有河西，与秦国接壤，北面同翟相邻，东面一直到河内。

骊姬妹妹生下悼子。

二十六年夏天，齐桓公在葵丘大会诸侯。献公因生病，行路落后，还没赶到盟会地点，遇见周王室的宰孔。宰孔说："齐桓公越来越骄横，不致力于德政而忙于征战，诸侯大都内心不服。您尽可不参加盟会，齐国也不能拿晋国怎么样。"晋献公也因有病，就又掉头回国。献公病情加剧，于是对荀息说："我想把奚齐作为继承人，但他年纪太轻，众大臣不会服从，所以我又担心引起动乱，你能扶立他为国君吗?"荀息说："能。"晋献公问："用什么作为证明?"荀息回答说："假使死人复生的话，活着的人也不会感到有丝毫惭愧，用这来作为证明。"于是献公就将奚齐托付给荀息。荀息为辅佐大臣，主持国政。秋天九月，晋献公去世。里克、邳郑想接纳重耳回国，便发动三位公子的党羽作乱，对荀息说："三位公子的积怨将要发作，秦人、晋人帮助他们，您将怎么办？"荀息回答道："我不能背弃对先君许下的诺言。"十月，里克在晋献公停灵的地方杀死奚齐，献公的灵柩还没下葬。荀息准备自杀，有人对他说："（与其自杀）不如立奚齐之弟为君而辅佐他。"荀息便立悼子为国君而安葬了晋献公。十一月，里克在朝廷杀死悼子，荀息为此自杀。君子说："《诗》中所说的'白玉上的斑点，还可以磨去。可言语中有污点，却无法改变'，大概是在说荀息这样的人吧！能够不背弃自己的诺言。"当初，晋献公准备攻伐骊戎，龟卜的占辞说："搬弄诡言酿就灾祸。"到攻破骊戎，获得骊姬，晋献公宠爱她，结果因此大乱晋国。

里克等人已经杀死奚齐、悼子，便派人到翟迎接重耳，准备拥立他为国君。重耳辞谢说："背弃父亲命令而出奔，父亲故世又不能奉行做儿子的礼节侍候丧葬，重耳我还有什么脸面敢进入晋国！请众大夫改立其他的公子吧。"使者返回报告里克。里克派人到梁迎接夷吾。夷吾想要前往，吕省、郤芮说："国内还有其他公子可立而到外面来找人，难以令人置信。我们计议如不派人到秦国，凭借强国的威势来进入晋国，恐怕有危险。"于是派遣郤芮用重礼贿赂秦国，并立约说："如能返国为君，愿将晋国河西之地送与秦国。"至于送致里克的信说："果真能立为国君，愿将汾阳之邑封赏给您。"秦缪公于是派军队护送夷吾去晋国。齐桓公听说晋国有内乱，也率领诸侯前往晋国。秦国军队和夷吾一抵达晋国，齐国就派隰朋会同秦国军队共同护送夷吾进入国都，夷吾被立为晋国国君，这就是晋惠公。齐桓公到达晋国的高梁便返回本国。

晋惠公夷吾元年（公元前650），派遣郤郑告谢秦缪公说："当初夷吾我曾将河西之地应许给您，如今有幸得以入国即位，可大臣们说：'土地，是先君的土地，国君当初流亡在外，凭什么可以擅自应许给秦国？'我力争而不能得成，故此向秦国告歉。"同时也不给里克汾阳之邑，反而夺了他的权。四月，周襄王委派周公忌父，会同齐国、秦国大夫一起为晋惠公举行正式即位的典礼。晋惠公因为重耳在国外，害怕里克策应制造变乱，就赐命里克自杀。对他说："没有您里子，我不能即位。尽管如此，您毕竟杀死过两个国君和一个大夫，当您这样臣子的国君，不是太作难了吗？"里克回答说："没有奚齐、悼子的废黜，国君您怎么能兴立？想杀一个人，难道还会找不到托辞吗？却要说上这样一番话！臣下领受君命就是了。"就拔剑自杀而死。此时邳郑正出使秦国致歉尚未回还，所以没有遇难。

晋惠公改葬恭太子申生。秋天，狐突前往下国，途中遇见申生，申生与之同车而告诉他："夷吾不守礼法，我已经向天帝请求并得到允许，准备把晋国给予秦国，秦人将会祭祀我。"狐突回答说："臣下听说神灵是不食用不是同宗共祖所供的祭品的，（倘若把晋国给予秦国）您的祭祀不就终止了吗？您还是再考虑一下。"申生说："好。我将重新向天帝提出请求。十天以后，新城西边将有一个巫者显现我的灵魂。"狐突答应了他的约会，申生就不见了。狐突到约定的时间前往，再次见到申生，申生告诉他说："天帝答应惩罚有罪的人了，夷吾将在韩地大败。"民间儿童中有歌谣唱道："恭太子，改葬了。此后十四年，晋国不兴旺，兴旺在兄长。"

邳郑出使秦国，听说里克被杀，就劝说秦缪公道："吕省、郤称、冀芮是不愿意给秦国土地的。如用重礼贿赂而相与谋划，就能赶出晋惠公，接纳重耳，事情必定成功。"秦缪公答应这么办，派遣使者同邳郑回报晋国，厚礼贿赂三位大夫。三人觉察说："财礼丰厚，言语甘甜，这必定是邳郑在秦国出卖了我们。"就下手杀死邳郑以及里克、邳郑的同党七位军中大夫。邳郑的儿子邳豹逃奔秦国，进言攻伐晋国，秦缪公没有听从。

四年，晋国发生饥荒，向秦国请求购买粮食。秦缪公问百里奚该怎么办，百里奚说："天灾流行，总会在各国交替出现，救援灾民、赈济邻邦，是处理国家之间关系的一条原则。给他们粮食吧。"邳郑的儿子邳豹说："应当攻伐晋国。"秦缪公说："晋国国君确实可恶，但晋国的百姓有什么罪过！"结果决定给粮，运粮的队伍从秦都雍城一直连接到晋都绛城。

五年，秦国发生饥荒，向晋国请求购买粮食。晋惠公与大臣商量，庆郑说："国君依靠秦国的力量得以即位，事后却背弃给地的口约。晋国发生饥荒而秦国又借贷粮食给我们。如今秦国发生饥荒来请求买粮，应当给他们粮食。还有什么疑问而需要商量的呢！"虢射说："去年上天将晋国赐给秦国，秦人不知乘机攻取反而借我粮食。如今是上天将秦国赐给晋国，我晋人怎么可以违背天意呢？应该立即乘机攻伐他们。"晋惠公采用虢射的计谋，不给秦国粮食，反而发兵准备攻伐秦国。秦缪公大怒，就发兵攻伐晋国。

六年春天，秦缪公领兵攻伐晋国。晋惠公对庆郑说："秦军深入国境了，怎么办？"庆郑说："秦国护送您回国即位，您却背弃当初给地的许诺；晋国发生饥荒，秦国运来粮食，秦国发生饥荒，晋国却反其道而行之，居然乘人饥荒攻伐它：秦军深入国境不也理所当然吗！"晋惠公占卜驭手和车右的人选，都是以庆郑为吉利。晋惠公说："庆郑这个人不恭顺。"便改命步阳驾驭战车，家仆徒担任车右，出发进军。九月壬戌这天，秦缪公、晋惠公在韩原会战。晋惠公的马陷进泥淖不能行走，这时秦兵赶到，惠公窘迫危急，召呼庆郑来驾车。庆郑说："不听用占卜，战败不也是当然的吗！"说完就离开了。惠公改命梁繇靡驾车，虢射担任车右，迎战秦缪公。秦缪公手下的壮士冲锋打败晋军，晋军溃退，便丧失俘获秦缪公的机会，反让秦军抓获晋惠公而回国。秦缪公准备杀死晋惠公来祭祀上帝。晋惠公姐姐是秦缪公的夫人，（闻讯后）身穿丧服痛哭流涕。缪公说："擒得晋侯，原想以此欢乐一番，不料如今却到了这般地步。况且我听说箕子见到唐叔当初受封，说过'唐叔的后代必定昌大'，晋国怎么能灭亡呢！"于是同晋惠公在王城订立盟约，而且答应放他回国。晋惠公也同时派吕省等人回报国人说："我即使得以返归，也没脸再见宗庙社稷了。你们就挑选日子扶立子圉即位吧。"晋国国人听说后，都失声痛哭。秦缪公问吕省："晋国内部和睦一致吗？"吕省回答说："不和睦一致。小人们惧怕没有国君失去亲人，不惜拥立子圉为国君，并说'一定要报仇，宁可去事奉戎狄（也不从秦国）'。那些君子们却怜悯国君并且知晓他的罪过，等待秦国的命令，并说'一定要报答秦国对晋国的恩德'。有这样两派意见，所以不和睦一致。"于是秦缪公改换了晋惠公住宿的地方，并馈赠牺牲七牢。十一月，送晋惠公回国。晋惠公到达国都，杀死庆郑，整顿政治教化。惠公同大臣商议说："重耳在国外，诸侯中大多认为送他返国为君对自己有利。"打算派人把重耳杀死在狄。重耳闻讯，便离狄前往齐国。

十三年，晋惠公发病，当时国内有好几位公子。太子圉说："我母亲的娘家在梁国，梁如今被秦国灭亡，我是在外被秦人所轻视而在国中又无内援。国君倘若一病不起，担心大夫们看不起我，会改立其他公子为国君。"于是同他的妻子谋划一起逃亡回国。秦女说："您是堂堂一国的太子，蒙含屈辱在此作人质。秦君派我侍奉您，想借以稳住您的心。您要逃亡了，我不能跟从您，但也不会告发。"子圉便只身逃亡返回晋国。十四年九月，晋惠公去世，太子圉即位，这就是晋怀公。

子圉逃亡，秦缪公对此十分恼怒，于是寻找公子重耳，打算送他回国为君。子圉即位后，惧怕秦国来攻伐，就下令国中所有家中有跟随重耳流亡在外的人，给他们规定回归的日期，期满不到的诛灭全家。狐突的儿子狐毛和狐偃跟随重耳在秦国，狐突不肯召他们回来。晋怀公发怒，囚禁狐突。狐突说："臣下之子事奉重耳已有多年了，如今召他们回来，这是教他们弃上背主，怎么能这样教育子女呢？"怀公结果杀了狐突。秦缪公就发兵送重耳回国，派人通知栾氏、郤氏等同党在国内策应，在高梁杀死晋怀公，迎重耳进入国都。重耳即位，这就是晋文公。

晋文公重耳，是晋献公的儿子。从小喜好结交士人，十七岁时，已有贤士五人：赵衰；狐偃咎犯，是晋文公的舅舅；贾佗；先轸；魏武子。在晋献公立为太子的时候，重耳就已长大成人了。晋献公即位那年，重耳二十一岁。献公十三年，因为骊姬的缘故，重耳被派守蒲城防备秦国。献公二十一年，献公杀死了太子申生，骊姬又谗言相害，重耳惶恐，没有向献公告辞便返守蒲城。献公二十二年，献公派宦官履鞮赶紧杀死重耳。重耳翻墙而走，宦官履鞮追赶上前斩下他的衣袖。重耳于是投奔狄。狄，是他的生母的故国。这时重耳四十三岁。他身边跟从的有上述五位贤士，其余不出名的有几十人，一起跑到狄。

狄人攻伐咎如，俘获咎如君的两个女儿。狄君将大的嫁给重耳为妻，生下伯鲦、叔刘；将小的嫁给赵衰为妻，生下盾。在狄居住五年后晋献公去世，里克已经杀死奚齐、悼子，就派人前来迎接，准备立重耳为国君。重耳畏恐被杀，就坚决推辞，不敢回国。不久晋人改迎重耳的弟弟夷吾，立他为君，这就是晋惠公。惠公七年，晋惠公害怕重耳夺位，就派宦官履鞮与壮士一道准备杀死重耳。重耳闻知这个消息，就同赵衰等人商议说："当初我投奔狄，不是以为可借此成就大事，只是考虑路近容易到达而已，所以暂且在此歇脚。在此歇脚久了，我本意希望移居到大国。那齐桓公乐善好施，志在建立霸王之业，安抚周济诸侯。如今听说管仲、隰朋已死，这正是他渴望得到贤才辅佐的时候，何不前往呢？"于是就出发。临别时重耳对他的妻子说："等我二十五年，如果还不回来，你就改嫁。"他的妻子笑着说："到了二十五年，我坟头上栽的柏树都长大了。即便如此，我还是等你。"重耳在狄居住一共十二年才离去。

到达齐国，齐桓公厚礼相待，并且把同宗女子嫁给重耳，又给八十匹马，重耳十分安于这种生活。重耳到齐国两年，齐桓公去世，遇上竖刀等人制造内乱，齐孝公立为国君，诸侯军队频繁而至。重耳在齐留居一共五年。重耳留恋齐女，没有离开齐国的念头。赵衰、咎犯于是在桑树下筹划如何出走。齐女的侍从恰好在桑树上听到谈话，就报告她的主人。齐女却杀死那侍从，劝重耳赶快出走。重耳说："人生能够安乐，谁还管别的东西！我一定要死在这里，不能离开。"齐女说："您是一个大国的公子，遇到危难而来到此地，但众位贤士还是把国家的命运寄托在您身上。可您不马上返回晋国，报答告慰臣下，却眷恋男女之情，我私下都替您感到羞耻。况且这等大事不进取追求，什么时候才能得到成功？"于是同赵衰等人谋划，设计灌醉重耳，用车载着而上路。出发很远才醒过来，重耳大发雷霆，操起戈要杀咎犯。咎犯说："杀死臣下而能成全您，是我的心愿啊。"重耳说："如果事情不成，我就吃你这娘舅的肉。"咎犯说："即便事情不成，我的肉又腥又臊，哪里值得您吃！"重耳这才罢休，继续行路。

途经曹国，曹共公不以礼遇，反而要观看重耳身上长在一起的肋骨。曹国大夫釐负羁说："晋公子贤能，又是同姓，窘困之中来拜访我曹国，怎么能不以礼相待！"曹共公不听从他的主意。釐负羁于是私下赠送食物给重耳，将玉璧置放在食物下面。重耳接受他的食品退还玉璧。

　　离开曹国，途经宋国。宋襄公此时刚刚兵败于楚，在泓之战中受了伤，听说重耳贤能，就用对待国君的礼节款待重耳。宋国司马公孙固与咎犯相好，说："宋是小国，新近又遭兵败，不能靠宋国来求回国，应该另赴大国。"重耳一行于是离开宋国。

　　途经郑国，郑文公不以礼相待。郑国大夫叔瞻劝谏他的国君说："晋国这位公子贤能，同时他的随从个个都是堪任国君辅佐的人才；而且又属同姓，郑国的先祖出自周厉王，晋国的先祖出自周武王。"郑君说："诸侯的流亡公子经过此地的很多，哪能够全都以礼相待！"叔瞻说："国君您既然不能以礼相待，不如就杀了他，（否则）日后将会成为国家的祸患。"郑君没有听从。

　　重耳离开郑国前往楚国，楚成王用相当于诸侯的礼节招待他，重耳辞谢不敢承当。赵衰说："您流亡在外十九年，连小国都轻视您，何况大国呢？如今楚作为大国而坚持如此款待您，您就不必谦让了，这是上天在保佑您啊。"重耳于是以相应的宾客礼节会见楚成王。成王隆重接待重耳，重耳显得非常谦卑。成王说："您如果返回故国，用什么来报答我？"重耳说："鸟羽、牛尾、象牙、犀角、宝玉、绢帛等，都是您有富余的东西，不知用什么来报答。"成王说："即便如此，（您总该有所表示）用什么来报答我？"重耳说："如果不得不讲的话，倘若有朝一日同您各领兵车在平原旷野相会，就让我为您退避九十里。"楚国将军子玉发怒说："君王款待重耳极其隆重，如今重耳却口出不逊，请杀死他。"楚成王说："晋国这位公子贤能而在外困顿多年，跟随的人都是治国之材，这些都是上天的安排，难道可以杀他吗？况且话已出口，还能改说什么呢！"在楚国居住几个月后，（作为人质的）晋国太子圉从秦国逃亡，秦缪公怨恨太子圉；听说重耳在楚国，便派人来召他。楚成王说："楚国路远，要经过好几个国家才能到达晋国。秦国和晋国毗邻接界，秦君又贤明，您就好好去吧！"并备厚礼为重耳送行。

　　重耳到达秦国，秦缪公将宗室女子五人嫁给重耳，原先子圉的妻子（在其中）一起前往。重耳不想接受子圉的妻子，司空季子说："他的国家你都将要攻伐，何况娶其旧妻这等小事呢！再说接受下来缔结与秦国的亲事可以求得回国，您竟要拘泥小节，而忘弃大事吗！"重耳便接受了。秦缪公非常高兴，同重耳一起宴饮。席间赵衰唱起《黍苗》这首诗。秦缪公说："我知道公子想急着回国了。"赵衰和重耳离座下拜，拜了两拜后说："孤臣游子仰望国君施恩，就如同庄稼盼望及时雨一般。"这时正当晋惠公十四年的秋天。晋惠公在九月去世，子圉即位。十一月，安葬晋惠公。十二月，晋国大夫栾枝、郤縠等听说重耳在秦国，都暗中来劝说重耳返回晋国，愿为内应的人很多。于是秦缪公就派军队陪同重耳回归晋国。晋怀公听说秦军前来，就派出军队抵御。然而大家都暗中知道是公子重耳要回来，其中只有晋惠公的故老旧臣吕甥、郤芮一伙不愿意立重耳为国君。重耳出国流亡共十九年而得回归，当时年纪已经六十二了，晋人大多亲附于他。

晋文公元年（公元前635）春天，秦军护送重耳到达黄河。咎犯说："臣下跟随君上周流诸侯各国，过失已经很多了。臣下尚且自知，何况君上呢？请让我在此地分手离开吧。"重耳说："倘若返回国都，有任何不与您同心同德的地方，就请河伯作证。"说完将玉璧投入黄河中，以此与子犯立下誓约。这时介子推随行，在船中，就笑道："上天在保佑公子，可子犯却以为是自己的功劳向君上邀功请赏，真可羞耻啊。我不能忍心和这样的人同事供职。"便独自隐秘地渡过黄河。秦军围困令狐，晋军驻扎在庐柳。二月辛丑这天，咎犯与秦国、晋国的大夫在郇订立盟约。壬寅这天，重耳进入晋军大营。丙午这天，进入曲沃。丁未这天，朝拜武宫，然后正式即位为晋国国君，这就是晋文公。群臣都来拜见。怀公圉出奔高梁。戊申这天，晋文公派人杀死怀公。

晋怀公的旧臣吕省、郤芮原本不亲附晋文公，晋文公即位后，害怕被杀，就密谋与他们的党羽焚烧文公居住的宫室，杀死晋文公。晋文公不知道。当初曾经要杀死晋文公的宦官履鞮得知他们的密谋，打算把情况告诉晋文公，以解脱从前的罪过，请求进见晋文公。文公不肯接见，派人斥责说："在蒲城那件事中，你斩断我的衣袖。此后我跟随狄君打猎，你又替惠公来追杀我。惠公给你期限三天到达，而你一天就赶到，为什么那样快？你自己想想吧。"宦官履鞮说："臣下是刀锯之下残废的人，不敢用三心二意来事奉国君，背弃主上，所以得罪于您。您如今已返国为君，难道就不存在像当年蒲城、狄地那样的隐患吗？再说从前管仲发箭射中带钩，齐桓公（不加计较反委重任）以此称霸。如今我这个酷刑残存的人有要事禀告而国君您不肯相见，只怕是灾祸又将临头了。"晋文公于是接见他，履鞮便将吕省、郤芮等人的密谋报告文公。晋文公开始打算召见吕省、郤芮，但吕省、郤芮等人的党羽很多，晋文公怕自己新近回国，国人出卖自己，就秘密出行，在王城会见秦缪公，国人都没察觉。三月己丑这天，吕省、郤芮等人果然造反，焚烧国君宫室，但没有找到晋文公。文公的卫士与叛党激战，吕省、郤芮等退兵想跑，秦缪公诱骗吕省、郤芮等人，在黄河边上杀了他们。晋国恢复平静后，文公重得回归国都。夏天，从秦国接回夫人，秦缪公所嫁给晋文公的妻子终于成为夫人。秦缪公送三千人作为晋文公的警卫，来防备晋国的暴乱。

晋文公修明政治，施舍恩惠给百姓。赏赐随从他流亡的人以及其他有功之臣，功劳大的封给食邑，功劳小的奖给爵位。论功行赏还未完毕，周襄王因其弟带发难逃出京都栖居郑国氾地，派人前来向晋国告急。晋国刚刚安定下来，文公打算出兵，但又怕别的乱子起来，因此赏赐随从流亡人员的事还没顾及到隐居的介子推。介子推自己也不提爵禄的事，爵禄便没有给到他头上。介子推说："晋献公儿子九人，只有国君在世了。惠公、怀公无人亲附，国内国外都离弃他们。但上天没有断绝晋国的运脉，那就必定会有人出来主持国政。主持晋国祭祀的人，不是君上还能是谁呢？上天在保佑国君，可那些人却以为是自己的力量，不是在自欺欺人吗？偷窃别人的财物，尚且说是盗贼，何况贪天之功以为己力呢？下面的臣子贪冒罪过，上面的君主赏赐奸邪，上上下下相互蒙骗，实在难以和他们相处了。"他母亲说："你何不也去邀功请赏呢？即便这样死了，去埋怨谁呢？"介子推说："明知错误而效法它，罪过就更严重了。况且我已口出怨言，不能再吃国君的俸禄了。"母亲说："那就让国君明了事情真相，怎么样？"介子推回答说："言语，好比是人身上的装饰；连身子都要隐藏起来，哪里还用得着装饰它呢？装饰身子，这是企求显耀啊。"他母亲说："你能这样吗？（真能这样）我同你一起去隐居。"介子推一直到死也没有再露面。

介子推的追随者同情他，于是在宫墙门上挂了一条字幅，写道："龙欲上天，五蛇为辅。龙已升云，四蛇各入其宇；一蛇独怨，终不见处所。"晋文公出门，看见那字幅，说："这讲的是介子推啊。我正忙于操心王室之乱，还没来得及报答他的功劳。"派人召见介子推，人已经逃走。便寻找他的住所，听说介子推进入绵上山中，于是晋文公下令环绕绵上山的中心区域修筑封疆，作为介子推的禄田，称之为介山，并说："用这来记录我的过失，同时表彰善人。"

随从重耳流亡的贱臣壶叔说："国君三次论功行赏，赏赐都没有惠及臣下，冒昧前来请罪。"晋文公回答说："那能用仁义来引导我前进，用德行贤惠来防范我过失的，这类人授于上等赏赐。用实际行动来辅佐我，最终取得成功的，这种人授于次一等的赏赐。敢冒流矢飞石的危险，立下汗马功劳的，这类人授于再次一等的赏赐。至于用苦力事奉我而不能补救我过失缺陷的，这类人授于更次一等的赏赐。三次赏赐之后，本来就将轮到你。"晋人听说这番话，都很高兴。

二年春天，秦军驻扎在黄河边上，准备护送周襄王返入京都。赵衰说："谋求霸主的办法，没有比护送襄王返入京都尊崇周室更好的。周、晋本系同姓，晋国如不先护送襄王进入京都，往后秦国就会护送襄王进入京都，这样晋国便无法对天下发号施令了。当今尊崇襄王，正是晋国日后称霸的资本啊。"三月甲辰这一天，晋国便出兵到达阳樊，包围温邑，护送周襄王进入成周。四月，杀死周襄王之弟带。周襄王赏赐给晋文公河内阳樊的土地。

　　四年，楚成王与诸侯围攻宋国，宋国大夫公孙固前来晋国告急。先轸说："报答施舍、奠定霸业，就在今朝了。"狐偃说："楚国新近得到曹国归附，又初次和卫国通婚，倘若攻伐曹国、卫国，楚国必定救援它们，宋国之围也就可以解除了。"于是晋国建立三军。赵衰推举郤縠统领中军，郤臻辅佐他；让狐偃统领上军，狐毛辅佐他；任命赵衰为卿；栾枝统领下军，先轸辅佐他；荀林父驾驭公车，魏犫为车右，出兵讨伐。冬天十二月，晋军抢先沿黄河下太行山之东，同时把原邑封给赵衰。

　　五年春天，晋文公准备攻伐曹国，向卫国借路，卫人不答应。晋军绕道从黄河南段渡水，入侵曹国，攻伐卫国。正月，攻取五鹿。二月，晋侯、齐侯在敛盂订立盟约。卫侯请求与晋国结盟，晋人不答应。卫侯打算与楚国结盟，国人不愿意，所以驱逐他们的国君来取悦晋国。卫侯居住在襄牛，公子买奉鲁君之命戍守卫国都城。楚军来救援卫国，没有结果。晋侯领兵围攻曹国。三月丙午这一天，晋军攻入曹国都城，斥责曹共公不采用釐负羁谏言，反而重用美女，美女乘坐轩车的竟有三百人之多。晋文公下令军中，不准进入釐负羁家族住房，以此报答当年的恩德。楚军围攻宋国，宋国再次向晋国告急。晋文公要救宋就必须进攻楚军，但因楚成王曾经对自己有过恩德，便不打算攻伐楚军；想撒手不管宋国，可宋襄公又曾经对自己有恩德：晋文公对此感到十分为难。先轸说："拘捕曹伯，把曹国、卫国的地分给宋国，楚国便会着急曹国、卫国的处境，造成那样的形势，自然可以消除宋国的危难。"于是晋文公听从他的计谋行动，而后楚成王也就退兵回国。

　　楚国将军子玉说："君王对待晋君极为宽厚，如今他明知楚国为曹国、卫国着急而故意攻伐他们，这是轻蔑君王。"楚成王说："晋侯流亡在外十九年，窘困的日子经历过很久了，结果得以返回晋国，艰难险阻全都知晓，善于使用他的百姓，这是上天保佑的结果，不可以阻挡。"子玉请战说："我不敢保证此行必定成功，但愿以此封住那说三道四的嘴。"楚成王很生气，便少给他兵。于是子玉派遣宛春告诉晋侯说："请您恢复卫侯君位和归还曹国土地，臣下就撤除对宋国的包围。"咎犯说："子玉太无礼了，当国君的只能取得一件，而做臣子的却要取得两件，不能答应。"先轸说："安定他人叫做礼。楚人一句话而安定三个国家，而您一句话要灭亡三个国家，那我们就失礼了。不答应楚国，这便是抛弃宋国啊。不如私下答应曹国、卫国的要求来引诱二国，拘捕宛春来激怒楚国，等战事发生再作打算。"晋侯就在卫国拘捕宛春，而且私下答应曹、卫复国。曹国、卫国向楚国宣布绝交。楚将得臣非常恼怒，攻击晋军，晋军后退。军吏问："为什么后退？"晋文公说："从前我在楚国时，曾向楚成王立约，（倘若交战相遇）晋军后退九十里，难道可以背弃吗？"楚军准备离去，得臣不肯。四月戊辰这天，宋公、齐将、秦将与晋侯扎营在城濮。己巳这天，同楚军交战，楚军大败，得臣收拾残兵离去。甲午这天，晋军返回到衡雍，在践土为周天子建筑王宫。

起初，郑国帮助楚军，楚军溃败，郑君很害怕，派使者向晋侯请求结盟。晋侯与郑伯订立盟约。

五月丁未这天，晋国向周襄王进献俘获楚军的战利品：由四匹被甲战马拉的车一百辆，步兵一千人。天子委派王子虎策命晋侯为诸侯之长，赏赐大辂一辆，红色的弓一把、红色的箭一百枝，黑色的弓十把、黑色的箭一千枝，用黑黍加郁金香草酿制的酒一卣，柄为圭状的玉勺一把，虎贲三百人。晋侯辞谢三次，然后稽首接受。周廷史官作《晋文侯命》："周王这样说：叔父崇尚仁义，和合诸侯。光辉的文王、武王，能够恪守美好的品德，光照天界，流芳人间，于是上帝将他的使命赋予文王、武王。叔父应当顾念关注我身，辅佐我长久地安居天子之位。"从这时起，晋文公在诸侯中称伯。癸亥这天，王子虎在践土的王宫大庭与诸侯缔结盟约。

晋军焚烧楚人军营，大火数日不止，晋文公却在叹息。左右侍臣说："战胜楚军而国君还在忧愁，为什么？"晋文公说："我听说能够取得胜利而心安理得的只有圣人，因此担心。况且子玉还在，难道可以高兴吗！"子玉战败回国，楚成王恼恨他不听自己的话，贪恋与晋人作战，便斥责子玉，子玉自杀。晋文公闻讯说："我在外面攻击子玉，楚王在国内诛杀子玉，真是内外相互呼应。"于是才高兴。

六月，晋人再次送卫侯进入国都。壬午这天，晋侯渡过黄河北上回国。颁行赏赐，狐偃为头功。有的人说："城濮战事，是靠先轸的谋略。"文公说："城濮之役，狐偃劝说我不要失信。先轸说'军事以胜为右'，我采用他的谋略而获胜。然而这只是适用一时的权宜之言，可狐偃之言说的却是千秋万代的功业，怎么能将一时的利害凌驾于千秋万代的功业之上呢？因此把狐偃之功排在最前面。"

冬天，晋侯在温邑会合诸侯，打算率领诸侯朝见周王。因力量不够，恐怕诸侯中有背叛的，就派人叫周襄王到河阳打猎。壬申这天，晋文公便率领诸侯在践土朝见周王。孔子读史书记载看到晋文公这一段，说："诸侯不能召见周王。""王狩河阳"这句话，是《春秋》避讳晋文公召见周襄王的笔法。

丁丑这天，诸侯军队围攻许国。

曹伯臣子中有人来劝说晋侯道："齐桓公会合诸侯而封立异姓之国，如今国君会合诸侯反而灭亡同姓之国。曹国，是叔振铎的后代；晋国，是唐叔的后代。会合诸侯而灭亡兄弟之国，不合礼法。"晋侯理解劝谏之意，便恢复了曹伯的君位。

在这一年晋国开始建立三支步兵部队。荀林父率领中行，先縠率领右行，先蔑率领左行。

七年，晋文公、秦缪公共同领兵围攻郑国，因为郑国在晋文公流亡过访时不以礼相待，以及城濮之役时郑国帮助楚国。围攻郑国，想要抓获叔瞻。叔瞻听说此讯，就自杀了。郑人拿着叔瞻的尸体来报告晋国，晋文公说："一定要抓到郑君才甘心。"郑文公害怕，就暗中派遣使者对秦缪公说："灭亡郑国加强晋国，对晋国来说是得着好处了，但对秦国来说却不算有利。国君为什么不解除郑国之围，因此取信郑国使之成为秦国东行道上的友邦？"秦伯理解其意，便撤走军队。晋君也撤了军队。

郑国人有向秦国出卖自己国家的，秦缪公（得到情报后）发兵前往偷袭郑国。十二月，秦国军队经过我晋国都城郊外。晋襄公元年春天，秦国军队经过成周，没有礼仪法度，王孙满讥诮秦军。秦军到达滑国，郑国商人弦高将要到成周去做生意，正好相遇，弦高（随机应变）将十二头牛慰劳秦军。秦军感到惊诧而回师，灭了滑国而离去。

晋卿先轸说："秦伯不采用蹇叔的规劝，违背众人之心，这样的军队可以打击。"栾枝说："没有报答秦国对先君的恩惠，反而打击它，不可以。"先轸说："秦国欺侮我国君丧父初孤，攻伐我同姓之国，还有什么恩德可以报答？"就出兵攻击秦军。晋襄公把丧服染成黑色（出征）。四月，在殽山打败秦军，俘虏秦军三位将领孟明视、西乞秫、白乙丙而回国。晋襄公于是穿着黑色丧服安葬晋文公。晋文公夫人是秦国之女，对襄公说："秦君想得到他的三位将军而杀死他们。"襄公应许，遣返三人。先轸得知此事，对襄公说："祸患就要发生了。"先轸就即刻追赶三位秦将。秦将正渡黄河，已经在船上，叩头告辞，先轸结果没能追回。

此后三年，秦君果然派孟明领兵攻伐晋国，来报殽山战败的仇，取得晋国的汪邑而返回。晋襄公四年，秦缪公大举进兵攻伐我晋国，东渡黄河，取得王官，在殽山为当年阵亡的将士筑起土台以志纪念而离去。晋人恐惧，不敢出击，便据城固守。晋襄公五年，晋军攻伐秦国，取得新城，以报王官之战的仇。

七年八月，晋襄公去世。当时太子夷皋年纪还小。晋人因为国家多难的缘故，希望立一个年纪大些的国君。赵盾说："立襄公弟弟雍为君。他爱好行善而又年长，先君喜欢他；并且与秦国亲近，秦国是晋国的旧日友邦啊。置立善良就稳固，事奉年长就和顺，拥护先君所爱就合孝道，结交旧日友邦就会安定。"贾季说："不如立他的弟弟乐。辰嬴受到两位国君宠幸，立她的儿子为国君，百姓必定服从。"赵盾说："辰嬴卑贱，位次排在九人之下，她的儿子有什么威望！况且辰嬴被两位国君宠幸，这是淫乱。作为先君的儿子，不能求得大国入居而外出住在小国，这是鄙陋。母亲淫乱而儿子鄙陋，便没有威严；陈国弱小而遥远，就无法为援：这将怎么可以呢！"赵盾派士会前往秦国迎接公子雍。贾季也派人到陈国去召公子乐。赵盾罢免贾季，因为他杀害了阳处父。十月，安葬晋襄公。贾季出奔到翟。这一年，秦缪公也去世了。

晋灵公元年（公元前620）四月，秦康公说："从前晋文公进入国都没有护卫，所以有吕省、郤芮的发难。"就多给公子雍卫士。太子母亲缪嬴日夜抱着太子在朝廷上哭泣，说："先君有什么罪？他的后嗣又有什么罪？舍弃嫡子而到外面寻找国君，将把这孩子置于何地？"出了朝廷，便抱着太子赶到赵盾的住所，叩头说："先君当初手捧这孩子托付给您，说：'这个孩子将来成材，我就敬受您的恩惠；不成材的话，我就死也怨您。'如今国君去世，话还在耳边，却要背弃他，您看怎么办？"赵盾与众大夫都忧虑缪嬴的纠缠，而且害怕被杀，于是背弃所迎的公子雍而立太子夷皋为国君，这就是晋灵公。晋国发兵阻止秦国护送公子雍的卫队。赵盾任主将，领兵前往攻击秦军，在令狐打败秦军。先蔑、随会流亡投奔秦国。秋天，齐君、宋君、卫君、郑君、曹君、许君都来会赵盾，在扈地缔结盟约，因为晋灵公开始立为国君的缘故。

四年，晋军攻伐秦国，取得少梁。秦军也取得晋国的殽。六年，秦康公攻伐晋国，取得羁马。晋侯发怒，派遣赵盾、赵穿、郤缺领兵攻击秦国，在河曲展开激战，赵穿最有功劳。七年，晋国执政的六卿担心随会在秦国，常有造成晋祸乱的危险，就命令大夫魏寿余假装反叛晋国投降秦国。秦康公派随会到魏邑接受投降，魏寿余乘机拘捕随会而返归晋国国都。

八年，周顷王驾崩，由于王室公卿争权，所以没有向诸侯各国报丧。晋君派遣赵盾率领八百辆战车平定周朝王室内乱而扶立周匡王继位。这一年，楚庄王开始即国君之位。十二年，齐人杀死他们的国君齐懿公。

十四年，晋灵公长大成人，十分奢侈，横征暴敛来绘饰宫墙。他常从高台上用弹弓弹人，观看行人躲避弹丸（以此取乐）。厨子炖烧熊掌不烂，灵公发怒，杀死厨子，让妇人们抬着厨子的尸体出宫扔掉，经过朝会大厅。赵盾、随会以前曾多次进谏，灵公不听；这次因为又在朝廷上见到死人手，两人前往劝谏。随会先去进谏，又不听。灵公讨厌再有人进谏，派遣钼麑去刺杀赵盾。赵盾寝门敞开，起居极有法度，钼麑（眼见此情）便退出来，叹息说："杀死忠臣，背弃君命，罪过是一样的。"就用头撞树而死。

当初，赵盾曾经在首山打猎，有一次看到桑树下有个饿汉。那个饿汉，就是挨眜明。赵盾给他食物吃，他只吃了一半。问其中缘故，回答说："我在外为人臣仆三年，不知道母亲还在不在，想把食物留给母亲吃。"赵盾认为他有孝亲的大义，就添加饭和肉给他。祺眯明不久当上晋灵公的厨子，赵盾没有再知道他后来的情况。九月，晋灵公请赵盾喝酒，埋伏下身穿盔甲的武士准备攻杀赵盾。灵公的厨子祺眯明知道这情形，恐怕赵盾喝醉不能起身，就进去说："君主设宴赏赐臣子，酒过三巡便可作罢。"想借此让赵盾离开，使他先走脱，免遭杀身之祸。赵盾已经离席，但晋灵公事先埋伏的武士还没集中，就先放出名叫敖的咬人猛犬。祺眯明替赵盾徒手击杀猛犬。赵盾说："弃除人用狗，即使狗再凶猛，又有什么用。"然而赵盾不知道祺眯明在暗中回报自己的恩德。旋即晋灵公嗾使埋伏的武士出来追赶赵盾，祺眯明反过来攻击灵公埋伏的武士，埋伏的武士不能前进，结果让赵盾脱身。赵盾问祺眯明救自己的原因，祺眯明说："我就是当年桑树下的饿汉。"再问他名字，不肯告诉。祺眯明也就此逃亡离去。

赵盾于是逃奔，还没来得及出晋国国境。乙丑这天，赵盾的兄弟将军赵穿在桃园袭击杀死晋灵公，同时迎回赵盾。赵盾素为权贵，又得人和；晋灵公年轻，又十分奢侈，百姓不亲附，所以被杀很容易。赵盾官复原位。晋国太史董狐记录道"赵盾弑其君"，并在朝廷上宣示。赵盾说："杀国君的人是赵穿，我可没有罪。"太史说："你身为众卿之长，而且逃亡没有跑出国境，返归不讨伐国都暴乱，（杀君的人）不是你还能是谁？"孔子听说这件事，说："董狐，是古代所说的优良史官，据史法直书没有隐讳。宣子，是好大夫，因为史法而蒙受恶名。可惜啊，只要他一出国界就可以免遭杀君的罪名。"

晋成公元年（公元前606），赐封赵氏担任公族大夫。讨伐郑国，是因为郑国背弃晋国的缘故。三年，郑襄公开始即位，归附晋国而背弃楚国。楚君发怒，攻伐郑国，晋军前往救援郑国。

七年，晋成公与楚庄王争夺霸主之位，在扈地会合诸侯。陈君畏惧楚国，没有赴会。晋君派遣中行桓子讨伐陈国，同时借此救援郑国，与楚军作战，击败楚军。这一年，晋成公去世，其子晋景公据继位。

晋景公三年（公元前597），楚庄王率军围攻郑国，郑国向晋国告急。晋君派荀林父率领中军，随会率领上军，赵朔率领下军，郤克、栾书、先縠、韩厥、巩朔辅佐三人。六月，到达黄河。听说楚军已降服郑国，迫使郑伯赤露上身投降认罪，与他缔结城下之盟然后离去，荀林父准备返回。先縠说："大家一起来救援郑国，不到郑国是不可以的。"将帅之间意见分歧，最后还是渡过黄河。楚王已经降服郑国，原打算用饮马黄河作为出师成功名义而离去。结果，楚军与晋军进行激战。郑国新近归附楚国，畏惧楚国，因此反过来帮助楚军攻击晋军。晋军溃败，逃奔黄河，争相渡河，船舱里被砍下的手指很多。楚军俘获我晋国将领荀罃。晋军回国，荀林父说："臣下身为主帅，军队溃败，理当诛杀，请求死罪。"晋景公想答应他。随会说："从前晋文公领兵同楚军在城濮作战（击败楚军），楚成王回国后杀死主将子玉，文公才开始高兴。如今楚军已经击败我军，我们又要诛杀军队主将，这是在帮助楚人杀仇敌啊。"景公便制止荀林父自杀。

四年，先縠因为首先提出进兵的主张而招致晋军在黄河岸边溃败，害怕被杀，就投奔翟人，同翟人谋划攻伐晋国。晋君察觉此事，便诛灭先縠家族。先縠，是先轸的儿子。

五年，攻伐郑国，因为郑国帮助楚军的缘故。这时候楚庄王称强诸侯，因为他在黄河岸边挫败了晋国军队。

六年，楚军攻伐宋国，宋人来向晋国告急，晋君准备救援宋国，伯宗说："楚国，如今上天正在保佑它，势不可当。"晋君于是派遣解扬前去假装答应救援宋国。郑人抓到解扬交给楚人，楚王重礼相赠，让他把原来的话反过来说，命令宋国赶快投降。解扬假装答应楚王，结果却在喊话时传达了晋君的话。楚王要杀死他，有人劝谏，便放解扬回国。

七年，晋君派遣随会领兵灭亡赤狄。

八年，晋君派遣郤克出使到齐国。齐顷公的母亲从高台上观看而嘲笑来使。所以这样的缘故，是因为郤克背驼，鲁国使者腿瘸，卫国使者瞎一只眼，故尔齐人按照各位使者的生理缺陷让有相同残疾的人来导引宾客。郤克非常愤怒，返国途中到达黄河岸边，说："来日不报齐国的羞辱，就让河伯作见证！"回到国都，向晋君请求，打算攻伐齐国。景公询问后知悉事情原委，说："你个人的怨恨，怎么能来烦扰国家！"没有听从。魏文子告老请求退休，荐举郤克，郤克执掌国政。

九年，楚庄王去世。晋军攻伐齐国，齐君派遣太子彊作为人质到晋国，晋军才撤回。

十一年春天，齐军攻伐鲁国，夺取隆邑。鲁国向卫国告急，卫和鲁国都通过郤克向晋国告急。晋君便派遣郤克、栾书、韩厥率领战车八百辆与鲁军、卫军共同讨伐齐军。夏天，晋军与齐顷公的军队在鞍地作战，使齐顷公受伤被困。顷公就跟他的车右调换在车上的位置，装作下车打水，因此得以脱身逃去。齐军溃败逃跑，晋军追赶败兵直到齐国腹地。齐顷公奉献宝器请求媾和，晋军不答应。郤克说："一定要得到萧桐侄子作为人质（才能讲和）。"齐国使者说："萧桐侄子是顷公的母亲，顷公的母亲就好比你们晋君的母亲，怎么能一定要得到她作为人质呢？这样做违背人伦大义，我们只能请求再战一场。"晋军这才应许跟齐国媾和而离去。

楚国申公巫臣拐娶夏姬投奔晋国，晋君让巫臣担任邢大夫。

十二年冬天，齐顷公前往晋国，要尊奉晋景公为王。景公辞让不敢接受。晋国开始建立六军，韩厥、巩朔、赵穿、荀骓、赵括、赵旃都被封为卿。智䓨获释从楚国归来。

十六年，楚国将军子反怨恨巫臣，便杀灭其宗族。巫臣极为愤怒，给子反致送书信说："一定要叫你疲于奔命！"便向晋君请求派人出使吴国，让他的儿子当了吴国的行人，教吴人学习车战用兵之法。吴国与晋国开始交通往来，并相约讨伐楚国。

十七年，晋君诛杀赵同、赵括，并且诛灭赵氏家族。韩厥说："赵衰、赵盾的功绩难道可以忘记吗？怎么能断绝赵氏的香火！"晋君于是又让赵氏庶子赵武为赵氏继承人，并又给他食邑。

十九年夏天，晋景公病重，立他的太子寿曼为国君，这就是晋厉公。此后一个多月，晋景公去世。

晋厉公元年（公元前580），因刚即位，厉公想会合诸侯，便与秦桓公隔着黄河互派使者结盟。双方回国后秦国即背弃盟约，与白翟密谋攻伐晋国。晋厉公三年，晋国派遣吕相出使谴责秦君，接着与诸侯讨伐秦国。军队到达泾水，在麻隧击败秦军，俘虏秦将成差。

五年，三郤进谗言陷害伯宗，厉公诛杀伯宗。伯宗因为喜欢直言劝谏遭受这杀身之祸，国人因此不亲附晋厉公。

六年春天，郑国背弃晋国与楚国结盟，晋君大怒。栾书说："不可以当我们在世时失去诸侯。"晋国就发兵。晋厉公亲自领兵，五月渡过黄河。听说楚兵前来救援，范文子向厉公请示打算返回。郤至说："发兵诛讨叛逆，遇上强敌就逃避，将丧失号令诸侯的资格。"于是与楚军开战。癸巳这天，晋军发箭射中楚共王的眼睛，楚军在鄢陵战败。子反收拾残兵，安抚整饬余部，准备再战。晋人对此感到忧虑。楚共王召见子反，他的侍从竖阳谷献酒给子反，子反大醉，不能前来进见。楚王发怒，责备子反，子反自杀而死。楚王于是领兵回国。晋国因此威震诸侯，晋君想借此号令天下求为霸主。

晋厉公有许多宠幸的姬妾，鄢陵之战归来，准备全部除去众大夫而封立各姬妾的兄弟。有个受到宠幸姬妾的兄长叫胥童，曾经与郤至有积怨，至于栾书又怨恨郤至不采用他的计谋而结果击败楚军，于是派人暗中通报楚君（设计陷害郤至）。楚国来人欺骗厉公说："鄢陵之战，是郤至招来楚军，他打算发动变乱，接纳子周立以为君。恰好遇上盟国之兵没有到齐，因此事情没有成功。"厉公告诉栾书。栾书说："那恐怕实有其事了。望国君您试着派人到成周，暗中核实此事。"厉公果真派遣郤至到成周。栾书又另派人让公子周会见郤至，郤至不知自己已被人出卖。厉公验证此事，以为确实如此，于是怨恨郤至，想要杀死他。八年，晋厉公出外打猎，与姬妾宴饮。郤至杀死野猪前来进献，宦官夺走野猪。郤至用箭射杀宦官。厉公发怒，说："季子欺负到我头上来了。"厉公将要诛杀三郤，但还没有行动。郤锜打算攻击厉公，说："我即便死了，厉公也会狼狈不堪。"郤至说："有信就不能反叛国君，有智就不可残害百姓，有勇就不许发动叛乱。失去这三件，谁还来跟从我？我只好死了吧。"十二月壬午这天，晋厉公命令胥童带领八百名士兵袭击杀死三郤。胥童乘势在朝廷上劫持栾书、中行偃，说："不杀掉这二位，祸患必定延及国君。"厉公说："一个早上杀死三卿，我不忍心再增加了。"胥童回答说："人家将会忍心对您下手。"厉公没听从，把惩诛郤氏罪行的情况告诉栾书等人，并说："大夫们各复原职。"二人磕头拜谢说："幸运得很，幸运得很。"厉公让胥童为卿。闰月乙卯这天，晋厉公出游住在匠骊家，栾书、中行偃率领党徒偷袭逮捕厉公，囚禁了他，杀死胥童，同时派人到成周迎回公子周而立他为国君，这就是晋悼公。

晋悼公元年（公元前572）正月庚申这天，栾书、中行偃杀死晋厉公，安葬厉公只用一辆遣车。厉公被囚禁六天而死，死后十天是庚午日，智㟁迎回公子周来，到达绛，杀鸡饮血与大夫订立盟誓而立公子周为国君，这就是晋悼公。辛巳这天，朝拜武官。二月乙酉这天，正式就国君之位。

晋悼公周，他的祖父名捷，是晋襄公的小儿子，不能立为太子，号称桓叔，桓叔最受襄公宠爱。桓叔生惠伯谈，谈生悼公周。周立为国君时，年仅十四岁。悼公说："祖父、父亲不能立为国君而到成周避难，客死他乡。我本人因为与公室关系疏远，没有当国君的奢望。如今各位大夫不忘文公、襄公的志意而惠顾扶立我这个桓叔后人为国君，依赖祖宗、先大夫的在天之灵，我才得以主持侍奉晋国祭祀，哪敢不战战兢兢呢！望诸位大夫辅佐我！"于是驱逐不能遵守臣道的七个人，修明旧日功绩，普施德泽恩惠，收容安抚于晋文公回国有功之臣的后代。秋天，攻伐郑国。郑国军队溃败，晋军于是抵达陈国。

三年，晋君盟会诸侯。晋悼公询问群臣可以任用的人，祁傒荐举解狐。解狐，是祁傒的仇人。（解狐去世）晋君又询问，祁傒荐举自己的儿子祁午。君子说："祁傒可以称得上不结私党了！荐举外人不隐匿仇人，荐举家人不隐匿儿子。"当会合诸侯时，晋悼公之弟杨干扰乱军队行列。魏绛依法诛戮他的御者。悼公很恼怒，有人劝谏悼公，悼公终于认为魏绛是个贤材，委以重任，派遣出使安抚戎人，戎人都来亲附。十一年，晋悼公说："自从我重用魏绛以来，九次会合诸侯，广泛安抚戎翟，是魏子的功劳啊。"赏赐给魏绛女乐歌钟，魏绛再三推辞才接受。冬天，秦军夺取我栎邑。

十四年，晋君派遣六卿率领诸侯军队攻伐秦国，渡过泾水，大败秦军，直到棫林才离去。

十五年，悼公向师旷询问治国之道。师旷说："只有仁义才是治国之本。"冬天，晋悼公去世，儿子平公彪继位。

晋平公元年（公元前557），晋军攻伐齐国，齐灵公领兵与晋军在靡下激战，齐军战败溃逃。晏婴说："国君既然没有勇气，何不停止战斗？"灵公于是撤军离去。晋军乘胜追击，接着围困临菑，在城郭肆意焚烧屠杀。东面到胶水，南面到沂水，齐人都据城固守。晋君这才退兵回国。

六年，鲁襄公朝见晋君。晋国栾逞犯有罪行，逃奔齐国。晋平公八年，齐庄公暗中派遣栾逞到曲沃，并用军队跟随其后。齐军登上太行陉，栾逞从曲沃城中造反，偷袭进入绛都。绛都没有戒备，晋平公准备自杀，范献子制止平公自杀，并率领他的私属攻击栾逞，栾逞战败逃奔曲沃。曲沃人攻击栾逞，栾逞战死，于是诛灭栾氏家族。栾逞，是栾书的孙子。他进入绛都，曾与魏献子密谋。齐庄公听说栾逞战败，便回军，夺取晋国的朝歌而离去，以报临菑之役的仇。

十年，齐国崔杼杀死他的国君庄公。晋军乘着齐国内乱，在高唐攻伐击败齐军而离去，以报太行之役的仇。

十四年，吴国延陵季子来晋国出使，同赵文子、韩宣子、魏献子交谈，此后说："晋国的大政，最终将归于这三家。"

十九年，齐君派遣晏婴前往晋国，同叔向交谈。叔向说："晋国，已经到了末世。平公横征暴敛建造台观池沼而不忧虑国政，国政已经落入卿大夫私家之手，难道还能长久吗！"晏子认为是这样。

晋顷公九年（公元前517），鲁国季氏驱逐他们的国君鲁昭公，昭公住在乾侯。十一年，卫君、宋君派遣使者请求晋君护送鲁君回国。季平子私下贿赂范献子，范献子接受礼物，便对晋君说："季氏没有罪。"结果没有送鲁君回国。

十二年，晋国公室同宗本家祁傒的孙子祁盈、叔向的儿子杨食我，同与国君结怨。六卿有意削弱公室，于是就设法全部消灭这两个家族，接着把他们的食邑划分为十个县，各让自己的子弟担任县大夫。晋公室愈加衰弱，六卿势力都有扩大。

晋定公十五年（公元前500），赵鞅让邯郸大夫赵午将卫国所进贡安置在邯郸的五百家归还给他，结果没办成，便打算杀死赵午。赵午同中行寅、范吉射是婚姻亲家，联合起来攻打赵鞅，赵鞅逃奔据守晋阳。晋定公派兵围困晋阳。荀栎、韩不信、魏侈与范吉射、中行寅有仇，就搬兵进攻范吉射、中行寅。范吉射、中行寅反晋，晋君下令攻击他们，打败范吉射、中行寅。范吉射、中行寅逃奔朝歌，筑城坚守。韩简子、魏襄子替赵鞅向晋君说情，定公便宽赦赵鞅，让他官复原职。二十二年，晋军击败范氏、中行氏，范吉射、中行寅二人逃奔齐国。

三十年，晋定公与吴王夫差在黄池会合诸侯，争当盟主，赵鞅当时随从晋君，结果让吴王做了盟主。

晋出公十七年（公元前476），知伯和赵氏、韩氏、魏氏共同瓜分范氏、中行氏的封地作为自己的食邑。晋出公很恼怒，通告齐国、鲁国，准备同来讨伐四卿。四卿恐惧，就反过来攻击晋出公。晋出公逃奔齐国，在途中死去。所以知伯就扶立晋昭公的曾孙骄为晋国国君，这就是晋哀公。

晋哀公的祖父雍，是晋昭公的小儿子，号称戴子。戴子生忌。忌与知伯相好，早年去世，所以知伯心想全部吞并晋国，但还没敢动手，就扶立忌的儿子骄为国君。在这时期，晋国的政事都取决于知伯，晋哀公不能有所干预。知伯于是占有范氏、中行氏的封地，在四卿中力量最强。

晋哀公四年（公元前454），赵襄子、韩康子、魏桓子共同杀死知伯，全部吞并他的封地。

晋幽公的时候，晋国公室衰败国君提心吊胆，反而去朝见韩、赵、魏三家君主。晋君只有绛都、曲沃之地，其余全部落入韩、赵、魏三家。

晋幽公十五年（公元前425），魏文侯开始即位。十八年，幽公乱搞女人，夜晚私自从都城出来，盗贼杀死幽公。魏文侯领兵讨伐晋国动乱，扶立幽公的儿子止为国君，这就是晋烈公。

晋静公二年（公元前376），魏武侯、韩哀侯、赵敬侯灭亡晋国，三家瓜分其地。晋静公贬为平民百姓，晋国宗庙从此断绝香火无人祭祀。

太史公说：晋文公，是古代所说的明君。他流亡居住在外十九年，极端艰难困苦，及至登上君位颁行赏赐，尚且忘记功臣介子推，何况那些骄横的君主呢？晋灵公被杀，其后成公、景公实行苛政，到厉公大加严酷，大夫们因惧怕被杀，祸乱纷起。悼公以后公室日趋衰落，六卿专擅权柄。所以说把握人君之道，如何驾御他的臣下，实在不易啊！

【国学精粹珍藏版】

◎尽览中国古典文化的博大精深 ◎读传世典籍，赢智慧人生——

李志敏⊙编著

史记

——受益终生的传世经典

卷三

民主与建设出版社
·北京·

越王勾践世家

【原文】

越王勾践,其先禹之苗裔,而夏后帝少康之庶子也。封于会稽,以奉守禹之祀。文身断发,披草莱而邑焉。后二十余世,至于允常。允常之时,与吴王阖庐战而相怨伐。允常卒,子勾践立,是为越王。

元年,吴王阖庐闻允常死,乃兴师伐越。越王勾践使死士挑战,三行,至吴陈,呼而自刭。吴师观之,越因袭击吴师,吴师败于槜李,射伤吴王阖庐。阖庐且死,告其子夫差曰:"必毋忘越。"

三年,勾践闻吴王夫差日夜勒兵,且以报越,越欲先吴未发往伐之。范蠡谏曰:"不可。臣闻兵者凶器也,战者逆德也,争者事之末也。阴谋逆德,好用凶器,试身于所末,上帝禁之,行者不利。"越王曰:"吾已决之矣。"遂兴师。吴王闻之,悉发精兵击越,败之夫椒。越王乃以余兵五千人保栖于会稽。吴王追而围之。

越王谓范蠡曰:"以不听子故至于此,为之奈何?"蠡对曰:"持满者与天,定倾者与人,节事者以地。卑辞厚礼以遗之,不许,而身与之市。"勾践曰:"诺。"乃令大夫种行成于吴,膝行顿首曰:"君王亡臣勾践使陪臣种敢告下执事:勾践请为臣,妻为妾。"吴王将许之。子胥言于吴王曰:"天以越赐吴,勿许也。"种还,以报勾践。勾践欲杀妻子,燔宝器,触战以死。种止勾践曰:"夫吴太宰嚭贪,可诱以利,请间行言之。"于是勾践乃以美女宝器令种间献吴太宰嚭。嚭受,乃见大夫种于吴王。种顿首言曰:"愿大王赦勾践之罪,尽入其宝器。不幸不赦,勾践将尽杀其妻子,燔其宝器,悉五千人触战,必有当也。"嚭因说吴王曰:"越以服为臣,若将赦之,此国之利也。"吴王将许之。子胥进谏曰:"今不灭越,后必悔之。勾践贤君,种、蠡良臣,若反国,将为乱。"吴王弗听,卒赦越,罢兵而归。

勾践之困会稽也,喟然叹曰:"吾终于此乎?"种曰:"汤系夏台,文王囚羑里,晋重耳奔翟,齐小白奔莒,其卒王霸。由是观之,何遽不为福乎?"

吴既赦越,越王勾践反国,乃苦身焦思,置胆于坐,坐卧即仰胆,饮食亦尝胆也。曰:"女忘会稽之耻邪?"身自耕作,夫人自织,食不加肉,衣不重采,折节下贤人,厚遇宾客,振贫吊死,与百姓同其劳。欲使范蠡治国政,蠡对曰:"兵甲之事,种不如蠡;填抚国家,亲附百姓,蠡不如种。"于是举国政属大夫种,而使范蠡与大夫柘稽行成,为质于吴。二岁而吴归蠡。

勾践自会稽归七年,拊循其士民,欲用以报吴。大夫逢同谏曰:"国新流亡,今乃复殷给,缮饰备利,吴必惧,惧则难必至。且鸷鸟之击也,必匿其形。今夫吴兵加齐、晋,怨深于楚、越,名高天下,实害周室,德少而功多,必淫自矜。为越计,莫若结齐,亲楚,附晋,以厚吴。吴之志广,必轻战。是我连其权,三国伐之,越承其弊,可克也。"勾践曰:"善。"

居二年,吴王将伐齐。子胥谏曰:"未可。臣闻勾践食不重味,与百姓同苦乐。此人不死,必为国患。吴有越,腹心之疾,齐与吴,疥癣也。愿王释齐先越。"吴王弗听,遂伐齐,败之艾陵,虏齐高、国以归。让子胥。子胥曰:"王毋喜!"王怒,子胥欲自杀,王闻而止之。越大夫种曰:"臣观吴王政骄矣,请试尝之贷粟,以卜其事。"请贷,吴王欲与,子胥谏勿与,王遂与之,越乃私喜。子胥言曰:"王不听谏,后三年吴其墟乎!"太宰嚭闻之,乃数与子胥争越议,因谗子胥曰:"伍员貌忠而实忍人,其父兄不顾,安能顾王?王前欲伐齐,员强谏,已而有功,用是反怨王。王不备伍员,员必为乱。"与逢同共谋,谗之王。王始不从,乃使子胥于齐,闻其托子于鲍氏,王乃大怒,曰:"伍员果欺寡人!"役反,使人赐子胥属镂剑以自杀。子胥大笑曰:"我令而父霸,我又立若,若初欲分吴国半予我,我不受,已,今若反以谗诛我。嗟乎,嗟乎,一人固不能独立!"报使者曰:"必取吾眼置吴东门,以观越兵入也!"于是吴任嚭政。

居三年,勾践召范蠡曰:"吴已杀子胥,导谀者众,可乎?"对曰:"未可。"

至明年春,吴王北会诸侯于黄池,吴国精兵从王,惟独老弱与太子留守。勾践复问范蠡,蠡曰:"可矣。"乃发习流二千人,教士四万人,君子六千人,诸御千人,伐吴。吴师败,遂杀吴太子。吴告急于王,王方会诸侯于黄池,惧天下闻之,乃秘之。吴王已盟黄池,乃使人厚礼以请成越。越自度亦未能灭吴,乃与吴平。

其后四年,越复伐吴。吴士民罢弊,轻锐尽死于齐、晋。而越大破吴,因而留围之三年,吴师败,越遂复栖吴王于姑苏之山。吴王使公孙雄肉袒膝行而前,请成越王曰:"孤臣夫差敢布腹心,异日尝得罪于会稽,夫差不敢逆命,得与君王成以归。今君王举玉趾而诛孤臣,孤臣惟命是听,意者亦欲如会稽之赦孤臣之罪乎?"勾践不忍,欲许之。范蠡曰:"会稽之事,天以越赐吴,吴不

取。今天以吴赐越，越其可逆天乎？且夫君王蚤朝晏罢，非为吴邪？谋之二十二年，一旦而弃之，可乎？且夫天与弗取，反受其咎。'伐柯者其则不远'，君忘会稽之厄乎？"勾践曰："吾欲听子言，吾不忍其使者。"范蠡乃鼓进兵，曰："王已属政于执事，使者去，不者且得罪。"吴使者泣而去。勾践怜之，乃使人谓吴王曰："吾置王甬东，君百家。"吴王谢曰："吾老矣，不能事君王！"遂自杀。乃蔽其面，曰："吾无面以见子胥也！"越王乃葬吴王而诛太宰嚭。

勾践已平吴，乃以兵北渡淮，与齐、晋诸侯会于徐州，致贡于周。周元王使人赐勾践胙，命为伯。勾践已去，渡淮南，以淮上地与楚，归吴所侵宋地于宋，与鲁泗东方百里。当是时，越兵横行于江、淮东，诸侯毕贺，号称霸王。

范蠡遂去，自齐遗大夫种书曰："蜚鸟尽，良弓藏；狡兔死，走狗烹。越王为人长颈鸟喙，可与共患难，不可与共乐。子何不去？"种见书，称病不朝。人或谗种且作乱，越王乃赐种剑曰："子教寡人伐吴七术，寡人用其三而败吴，其四在子，子为我从先王试之。"种遂自杀。

王无彊时，越兴师北伐齐，西伐楚，与中国争强。当楚威王之时，越北伐齐，齐威王使人说越王曰："越不伐楚，大不王，小不伯。图越之所为不伐楚者，为不得晋也。韩、魏固不攻楚。韩之攻楚，覆其军，杀其将，则叶、阳翟危；魏亦覆其军，杀其将，则陈、上蔡不安。故二晋之事越也，不至于覆军杀将，马汗之力不效。所重于得晋者何也？"越王曰："所求于晋者，不至顿刃接兵，而况于攻城围邑乎？愿魏以聚大梁之下，愿齐之试兵南阳莒地，以聚常、郯之境，则方城之外不南，淮、泗之间不东，商、於、析、郦、宗胡之地，夏路以左，不足以备秦，江南、泗上不足以待越矣。则齐、秦、韩、魏得志于楚也，是二晋不战而分地，不耕而获之。不此之为，而顿刃于河山之间以为齐秦用，所待者如此其失计，奈何其以此王也！"齐使者曰："幸也越之不亡也！吾不贵其用智之如目，见豪毛而不见其睫也。今王知晋之失计，而不自知越之过，是目论也。王所待于晋者，非有马汗之力也，又非可与合军连和也，将待之以分楚众也。今楚众已分，何待于晋？"越王曰："奈何？"曰："楚三大夫张九军，北围曲沃、於中，以至无假之关者三千七百里，景翠之军北聚鲁、齐、南阳，分有大此者乎？且王之所求者，斗晋楚也；晋楚不斗，越兵不起，是知二五而不知十也。此时不攻楚，臣以是知越大不王，小不伯。复雠、庞、长沙，楚之粟也；竟泽陵，楚之材也。越窥兵通无假之关，此四邑者不上贡事于郢矣。臣闻之，图王不王，其敝可以伯。然而不伯者，王道失也。故愿大王之转攻楚也。"

于是越遂释齐而伐楚。楚威王兴兵而伐之，大败越，杀王无彊，尽取故吴地至浙江，北破齐于徐州。而越以此散，诸族子争立，或为王，或为君，滨于江南海上，服朝于楚。

范蠡事越王勾践，既苦身戮力，与勾践深谋二十余年，竟灭吴，报会稽之耻，北渡兵于淮以临齐、晋，号令中国，以尊周室，勾践以霸，而范蠡称上将军。还反国，范蠡以为大名之下，难以久居，且勾践为人可与同患，难与处安，为书辞勾践曰："臣闻主忧臣劳，主辱臣死。昔者君王辱于会稽，所以不死，为此事也。今既以雪耻，臣请从会稽之诛。"勾践曰："孤将与子分国而有之。不然，将加诛于子。"范蠡曰："君行令，臣行意。"乃装其轻宝珠玉，自与其私徒属乘舟浮海以行，终不反。于是勾践表会稽山以为范蠡奉邑。

范蠡浮海出齐，变姓名，自谓鸱夷子皮，耕于海畔，苦身戮力，父子治产。居无几何，致产数十万。齐人闻其贤，以为相。范蠡喟然叹曰："居家则致千金，居官则至卿相，此布衣之极也。久受尊名，不祥。"乃归相印，尽散其财，以分与知友乡党，而怀其重宝，间行以去，止于陶，以为此天下之中，交易有无之路通，为生可以致富矣。于是自谓陶朱公。复约要父子耕畜，废居，候时转物，逐什一之利。居无何，则致赀累巨万。天下称陶朱公。

朱公居陶，生少子。少子及壮，而朱公中男杀人，囚于楚。朱公曰："杀人而死，职也。然吾闻千金之子不死于市。"告其少子往视之。乃装黄金千溢，置褐器中，载以一牛车。且遣其少子，朱公长男固请欲行，朱公不听。长男曰："家有长子曰家督，今弟有罪，大人不遣，乃遣少弟，是吾不肖。"欲自杀。其母为言曰："今遣少子，未必能生中子也，而先空亡长男，奈何？"朱公不得已而遣长子，为一封书遗故所善庄生。曰："至则进千金于庄生所，听其所为，慎无与争事。"长男既行，亦自私赍数百金。

至楚，庄生家负郭，披藜藋到门，居甚贫。然长男发书进千金，如其父言。庄生曰："可疾去矣，慎毋留！即弟出，勿问所以然。"长男既去，不过庄生而私留，以其私赍献遗楚国贵人用事者。

庄生虽居穷阎，然以廉直闻于国，自楚王以下皆师尊之。及朱公进金，非有意受也，欲以成事后复归之以为信耳。故金至，谓其妇曰："此朱公之金。有如病不宿诫，后复归，勿动。"而朱公长男不知其意，以为殊无短长也。

庄生间时入见楚王，言"某星宿某，此则害于楚"。楚王素信庄生，曰："今为奈何？"庄生曰："独以德为可以除之。"楚王曰："生休矣，寡人将行之。"王乃使使者封三钱之府。楚贵人惊告朱公长男曰："王且赦。"曰："何以也？"曰："每王且赦，常封三钱之府。昨暮王使使封之。"朱公长男以为赦，弟固当出也，重千金虚弃庄生，无所为也，乃复见庄生。庄生惊曰："若不去邪？"长男曰："固未也。初为事弟，弟今议自赦，故辞生去。"庄生知其意欲复得其金，曰："若自入室取金。"

长男即自入室取金持去,独自欢幸。

庄生羞为儿子所卖,乃入见楚王曰:"臣前言某星事,王言欲以修德报之。今臣出,道路皆言陶之富人朱公之子杀人囚楚,其家多持金钱赂王左右,故王非能恤楚国而赦,乃以朱公子故也。"楚王大怒曰:"寡人虽不德耳,奈何以朱公之子故而施惠乎!"令论杀朱公子,明日遂下赦令。朱公长男竟持其弟丧归。

至,其母及邑人尽哀之,唯朱公独笑,曰:"吾固知必杀其弟也!彼非不爱其弟,顾有所不能忍者也。是少与我俱,见苦,为生难,故重弃财。至如少弟者,生而见我富,乘坚驱良逐狡兔,岂知财所从来,故轻弃之,非所惜吝。前日吾所为欲遣少子,固为其能弃财故也。而长者不能,故卒以杀其弟,事之理也,无足悲者。吾日夜固以望其丧之来也。"

故范蠡三徙,成名于天下,非苟去而已,所止必成名。卒老死于陶,故世传曰陶朱公。

太史公曰:禹之功大矣,渐九川,定九州,至于今诸夏艾安。及苗裔勾践,苦身焦思,终灭强吴,北观兵中国,以尊周室,号称霸王。勾践可不谓贤哉!盖有禹之遗烈焉。范蠡三迁皆有荣名,名垂后世。臣主若此,欲毋显得乎!

【译文】

越王勾践,他的祖先是禹的后代,是夏后帝少康的庶子,被封在会稽,以祭祀和守护禹的宗庙。他们身刺花纹,头剪短发,斩草辟荒,在那里建立了城邑。这以后传了二十多代,到了允常。当允常在位的时候,与吴王阖庐因战争结下仇怨而互相征伐。允常死后,他的儿子勾践即位,这就是越王。

元年(公元前514),吴王阖庐听到越王允常去世的消息,便起兵征伐越国。越王勾践派敢死的武士前去挑战,队伍排成三行,走到吴军阵地前,大叫一声就自杀了。正当吴军注意观看这一举动的时候,越军乘机突然袭击吴军。吴军在檇李这个地方被打败了,吴王阖庐也被箭射成重伤。阖庐临终的时候,告诫他的儿子夫差说:"一定不要忘记对越国的仇恨!"

三年,勾践听说吴王夫差日夜练兵,准备报复越国,就打算在吴国尚未兴师时征伐他们。范蠡劝谏说:"不能这样做。我听说,兵器是不吉利的东西,战争是违反道义的行为,争斗是最坏的事情,企图违背道义,喜欢使用凶器,亲身去做坏事,是上天所不允许的,做这样的事是不会有好处的。"越王说:"我的决心已经下定了。"于是就发兵了。吴王闻讯后,全部出动精锐部队打击越军,在夫椒山把越军打败。越王只好带着残存的五千人马退守在会稽山上,吴王率兵追来并包围了越军。

越王对范蠡说:"我因为没听你的劝告,所以弄到了这般地步,该怎么办呢?"范蠡回答说:"能够不骄傲自满的,就可以得到天助;能够使国家转危为安的,就可以得人心;能够简省节约的,就可以得地利。以谦卑的言辞给他们送去丰厚的礼品,如果还不肯讲和的话,就用你的身子去同他们换取妥协。"勾践说:"好吧。"便命令大夫文种去到吴军营寨求和。文种跪在地上,一边匍匐一边叩头说:"大王的亡命之臣勾践派属官文种向您手下的官员报告:勾践请求做您的臣子,他的妻子做您的侍妾。"吴王准备答应文种的要求。伍子胥对吴王说:"天把越国赐给吴国,不要答应他们。"文种回来后,把上述情况报告给勾践。勾践绝望地想杀死妻子儿女,烧毁珍宝器物,孤注一掷去战死。文种劝阻勾践说:"吴国太宰伯嚭贪财,可以用重利来诱使他帮忙。请让我单独秘密去见他。"于是,勾践便让文种悄悄地把美女珠宝献给吴国太宰伯嚭。伯嚭接受了贿赂,就带文种去见吴王。文种顿首致礼后说:"希望大王宽赦勾践的罪过,他将把所有的珍宝器物都献给您。如果不幸不能赦免的话,勾践打算全部杀掉他的妻子儿女,烧毁所有珍宝,以仅有的五千人决一死战,那一定会有相应的结果。"伯嚭因而劝吴王说:"越国已经降服为臣子了,如果宽赦了他们,这对我国是有利的。"吴王打算答应下来。伍子胥进谏道:"现在不灭越,以后一定要后悔。勾践是贤明的国君,文种、范蠡是忠良的大臣,如果让他们返回越国,将会造成叛乱。"吴王不听伍子胥的劝谏,最终还是赦免了越国,停止作战返回吴国。

勾践被围困在会稽山的时候,叹息说:"我难道就要死在这里了吗?"文种说:"商汤被桀囚禁在夏台,文王被纣囚禁在羑里,晋公子重耳亡命翟国,齐公子小白逃到莒国,最终都成就了王霸之业。由此看来,哪能一定就说不是一种福气呢?"

吴国赦免了越国之后,越王勾践回到越国,便苦身励志,发愤图强,在座旁悬挂一个苦胆,不论坐卧都能看到苦胆,吃饭时也要尝一尝苦胆,向自己发问:"你忘记会稽之耻了吗?"自己亲身躬耕,夫人也亲手纺织,不吃两种荤菜,不穿两种色彩的衣服,礼贤下士,优厚待客,赈济贫民,慰问遭丧人家,与百姓同甘共苦。勾践想让范蠡治理国政,范蠡回答说:"在带兵打仗方面,文种不如我,但在能使国家安定,人民拥戴方面,我不如文种。"因此,勾践就把国政全部交给文种大夫管理,而让范蠡与大夫柘稽去吴国作求和人质。两年后,吴国放回了范蠡。

勾践从会稽返回已经七年,这期间他安抚官吏百姓,想以此向吴国复仇。大夫逢同进谏说:"国家刚刚经历流离失所之苦,现在才重新富足起来,如果现在就整治武备,吴国一定恐惧,一恐惧,战争的灾难就一定会降临。况且猎鹰在出击之前,必先隐蔽好自己。现在吴国向齐、晋两国兴兵,又同楚、越两国结下深怨。在天下威名赫赫,实际上对周王室形成了威胁,德行少而战功多,必然会过分矜傲。为越国着想,不如结交齐国,亲近楚国,随附晋国,而在外表却更尊重吴国。吴国野心膨胀,必然会轻易地发动战争。这就使我们把握时势,在三国伐吴之时,越国乘其疲困进攻,就可以攻克了。"勾践说:"好。"

过了二年,吴王准备征伐齐国,伍子胥进谏说:"不行。我听说勾践不吃两样菜,与百姓同甘共苦。这个人不死,必然会成为我国的后患。吴国有越国存在,是腹心之疾,而齐国对于吴国来说,则不过是表面上的皮肤病。希望大王把齐国先放在一边,先讨伐越国。"吴王不听,于是便讨伐齐国,把齐国打败在艾陵,俘虏了高昭子和国惠子凯旋。回来后,吴王责备伍子胥,伍子胥说:"大王不要高兴!"吴王发怒,伍子胥打算自杀。吴王听说后制止了。越国大夫文种说:"我看吴王正处于骄傲自大的状态中,请试探一下,向他借粮,来观察一下他对越国有无戒心。"于是就向吴国请求借粮。吴王准备借给,伍子胥劝谏不要借给,吴王到底还是借给了越国,越国便暗自高兴。伍子胥说:"大王不听谏言,三年之后,吴国恐怕就要变成一片废墟了。"太宰伯嚭听说了此事,便在讨论越国问题时多次故意与伍子胥发生争执。因而向吴王进谗言谮毁伍子胥说:"伍员貌似忠厚,实际上是个心肠残忍的人,他连自己父兄的死活都不顾,难道还能顾及大王您吗?大王上次准备讨伐齐国,伍员横加阻拦,不久伐齐成功,他又反过来拿这件事来指责大王。大王如不防备伍员,伍员一定会作乱。"并同逢同一起谋划,向吴王进谗言。吴王起初不听,便派伍子胥出使齐国。后来听说他把儿子托付给齐国大夫鲍氏抚养,吴王大怒,说:"伍员果然在欺骗我!"伍子胥出使回来后,吴王派人赐给伍子胥属镂剑,让他自杀。伍子胥大笑说:"我使你父亲成就了霸业,我又拥立你为王,你最初把吴国分一半给我,我不接受就算了,现在反而听信谗言杀我。可叹呀!可叹呀!你孤家寡人是一定不能独立长久的!"并且告诉来的人说:"一定要把我的眼睛取下来放在吴都东门上,我要看着越兵打进来!"从此,吴王让太宰嚭管理国政。

过了三年,勾践叫来范蠡问道:"吴王已经杀了伍子胥,周围尽是些阿谀奉承的人,可以讨伐了吗?"回答说:"不行。"

到了第二年春天,吴王北上在黄池与诸侯会盟,吴国的精兵都随从吴王去了,只剩下老弱兵将和太子在国内留守。勾践又问范蠡能否讨伐,范蠡说可以了。于是兴发水兵二千人,训练有素的士兵四万人,国君的禁卫部队六千人,担任各种职务的军官一千人,讨伐吴国。吴军战败,杀死了吴国太子。国内向吴王告急,吴王正在黄池与诸侯会盟,怕天下诸侯知道这件事,就把消息隐瞒下来。直到吴王在黄池与各国签订盟约后,才派人送厚礼去向越国求和。越国估计还一时不能够灭吴,便同吴国讲和了。

又过了四年，越国再次伐吴。吴国的士兵和百姓这时都已疲困不堪，精兵全都战死在齐晋两国。所以，越军大破吴军，并乘势驻军在吴国境内围困了吴军三年，吴军战败，越军又将吴王围困在姑苏之山。吴王派公孙雄光着上身，屈膝来到越王面前求和说："罪臣夫差冒昧地向您陈述由衷之言，过去曾在会稽山得罪了您，夫差未曾敢违抗您的要求，让大王您平安地回国了。现在大王您即使举足诛杀罪臣，罪臣也一定服从。但我猜想您也能像会稽事件那样赦免我的罪过吧！"勾践不忍心拒绝，打算答应他的要求。范蠡说："会稽那次，天把越国赐给吴国，吴国不要。现在天把吴国赐给了越国，越国难道还要违背天意吗？况且大王您天天一清早就上朝理政，直到很晚才休息，难道不就是为了灭吴吗？筹划了二十二年，一下子就把机会放弃了，能甘心吗？而且天已经赐给了还不要，反过来就要受害。'到山林中去砍伐做斧柄的材料，手里拿着的斧柄就是制作的榜样，不必远求。'您难道忘记了会稽山的灾难了吗？"勾践说："我想听从你的话，但我又不忍心拒绝那个使者。"范蠡便击鼓进军，说道："大王已经把军政大权交给了我，使者赶快走，不然将受到惩罚。"吴国使者哭泣着离开了。勾践动了恻隐之心，便派人对吴王说："我将您安置在甬东，去做一百户人的君主。"吴王谢绝道："我老啦，不能服侍大王了。"便自杀了。临死前遮住自己的脸说："我没脸见伍子胥呀！"越王于是安葬了吴王，并杀掉了太宰伯嚭。

勾践灭吴以后，便挥师北渡淮水，与齐、晋两国诸侯在徐州盟会，向周王室纳贡。周元王派人向勾践赐胙，任命他为伯。勾践离开徐州后，渡过淮水南归，把淮上一带割给楚国，把吴国过去侵占宋国的土地归还宋国，割给鲁国泗水东岸方圆百里。在那个时候，越国军队在长江和淮水以东畅行无阻，诸侯都来祝贺，号称勾践为霸王。

范蠡在越王已成就霸业后便离开了越国，他从齐国捎给文种大夫一封信说："飞鸟一旦被猎尽，猎人就要把良弓收藏起来了，狡猾的兔一旦被打死，猎狗就要被人烹食了。越王长得鸟嘴长脖颈，可以同他共患难，却不可以同他共享乐，你为什么还不离开他？"文种看了这封信，便称病不再上朝了。有人向勾践进谗言说文种要作乱，越王便赐给文种一把剑说："你教给我七条伐吴的计策，我只用了三条就把吴国打败了。那四条计策还在你那里，你为我跟着先王去试试它吧！"文种便自杀了。

越王无疆在位期间，越国兴兵北向伐齐，西向伐楚，同中原各国争夺霸权。在楚威王即位的时候，越国北伐齐国，齐威王派人劝说越王："越国如果不讨伐楚国，往大了说，不能为王，往小了说，不能称伯。猜度越国之所以不讨伐楚国成的原因，是因为没有取得同晋的结盟。韩、魏本来就不打算进攻楚国。韩国如果攻楚，就会损兵折将，而且叶与阳翟两地就危险了。魏国如果攻楚，也会损兵折将,那么陈与上蔡就不稳定了。所以说,即便是二晋追随越国,也达不到去为越国攻楚而损兵折将的程度,不会效汗马之劳。那么,越国如此看重同晋的盟约是为什么呢?"越王说:"要求晋与我们结盟,并不是让他们去交兵作战,更谈不上攻城围邑了。只希望魏国把兵驻扎于大梁城下,希望齐国出兵在南阳莒地一带演习,并屯兵于常、郏二地的边境。这样威慑的结果,将使楚国方城之将不敢南下伐越,淮河之间的楚兵不敢向东伐齐,对越国形成威胁。楚国的商、於、析、郦、宗胡等地以及夏路以西,就不足以抵御秦国,江南、泗上就不足以对抗越国了。齐、秦、韩、魏等国从楚分得利益,这就使二晋不经攻战而分得土地,不加耕耘而有收获。但魏、韩两国不做这些事,却在黄河、华山一带征战,来为齐秦两国所利用,我们所寄希望的人竟如此失策,想以此来称王称霸又怎么谈得到呢?"齐国的使者说:"越国没有灭亡真是万幸呀!我不认为那种像转动眼珠一样运用智慧,能看得见毫毛却看不见睫毛是值得看重的。现在大王知道晋的失策所在,对越国的失误却自己没有察觉。这就是刚才我用眼睛所作的比喻。大王所期待晋的,既不是让他们效汗马之劳,又不是与越国军队结成同盟,只是希望他们来分散牵制楚国的兵力。现在楚国的兵力已经分散了,还有什么期待于晋的呢?"越王问道:"为什么这样说?"回答说:"楚国屈、景、昭三姓大夫布置九军,北围曲沃、於中,一直到无假之关,共有三千七百里;景翠大夫的军队屯集在北面鲁、齐、南阳等处,兵力分散还有比这更大的吗?况且大王所冀求的是使晋楚相斗,晋楚如果不互相征伐,越国就不起兵,这是只知二五,而不知一十。这样好的时机不进攻楚国,我由此知道越国是大不足以称王,小不足以称伯的。再说,雠、庞、长沙等地是楚国的粮食产地,竟陵泽一带是楚国的木材产地,越国如果寻找机会用兵打通无假之关,那么这四邑就不能向楚国郢都进贡粮草物资了。我听说图谋称王而没达到,至少也可以称伯。然而不能称伯的原因,是由于策略上的失误。因此希望大王调转兵锋,进攻楚国。"

于是,越国便放弃进攻齐国,转而征伐楚国。楚威王兴兵反攻越国,把越军打得大败,杀死了越王无疆,全部夺得了吴国旧地,一直达到浙江,北面在徐州击败齐国军队,而越国从此也散亡了。许多王室子孙争抢继位,有的称王,有的称君,在靠近长江以南的海滨居住,臣服朝拜于楚国。

范蠡为越王勾践服务,苦身励志,竭尽全力,与勾践共同深筹远谋了二十余年,终于灭掉了吴国,报了会稽之耻。然后挥师北渡淮水,兵临齐、晋,在中原发号施令,来尊崇周王室,勾践由此称霸中原,而范蠡也被称作上将军。返回越国之后,范蠡认为负有过大的名声,难以同勾践长期相处。况且勾践的为人,是可以与他共患难,难以同他共安乐。因此,向勾践写信告辞说:"我听说主上忧虑,臣子应当替主上承担;主上被侮辱,臣下应当替主上去死。过去大王在会稽受辱，我之所以不死的原因，就是为了有今天。现在既然已经雪耻，我请求让我为大王曾受侮辱而死。"勾践说："我将同你分割国土，每人都有一份。你不同意这样做的话，我就杀了你。"范蠡说："君王发布命令，臣下按照君王的旨意行事。"于是就装上他的细软珠宝，独自同他手下的人一起乘船渡海走了，始终没有返回。于是勾践降诏分封会稽山作为供奉范蠡的城邑。

范蠡渡海来到齐国，改变了姓名，自称叫鸱夷子皮，在海滨耕耘，亲自尽力劳作，父子整治家产。过了不久，就达到了数十万的家业。齐国人听说了他的贤明名声，就推他为丞相。范蠡喟然感叹道："居家治产就获得千金，做官就达到了卿相，这是一个老百姓的顶点了。长期享有尊崇的名声，这是不祥之兆。"于是就归还了相印，把他的财产都分散出去，分送给知己的朋友和邻里乡亲，然后带着贵重的东西，悄悄地离去了，定居在陶地。范蠡认为这个地方是天下的中心，经商贸易的途径多，在这里谋生可以致富。于是自称陶朱公，再次苦身励志，父子同耕垄亩，牧养牲畜。把卖价低的东西先贮存起来，等到市场缺乏时卖出去，来争取获得十分之一的余利。过了没多久，就获得了亿万资产。天下人都称道陶朱公。

朱公住在陶地的时候，生了小儿子。当小儿子长大的时候，朱公的二儿子因杀人被囚禁在楚国。朱公说："杀人偿命，理当如此。但我听说家有千金的孩子，可以不在大庭广众的市场上被处死。"便告诉他的小儿子前去探视。并拿不显眼的粗糙器具装了千镒黄金，用一辆牛车拉着。准备打发他的小儿子去的时候，朱公的大儿子非要去不可。朱公不让，大儿子说："家中长子可以称得上是管家，现在弟弟获罪，大人不派兄长去，而让小弟弟去，这是因为我不好呀！"于是就要自杀。他的母亲发话了："现在让小儿子去，也不见得就能救活二儿子，但却白白地叫大儿子丧了命，如何是好？"朱公没办法，只好让大儿子去了，并写了一封信让他带给旧日的朋友庄生，嘱咐道："到了那里就把这一千金交给庄生，他要怎么办就怎么办，千万小心不要同他争辩！"大儿子上了路，还私下带了几百镒金。

到了楚国，见到庄生家的房子靠近城墙，需要拨开荒草才能走到门口，生活很贫困。大儿子按照他父亲所说的拿出信件，把千金交给庄生，庄生说："你快走吧，切勿逗留；即使你弟弟被释放了，也不要问是为什么。"大儿子离开后，没再拜访庄生，却私自逗留在楚国。用他私下带来的那部分钱来贿赂楚国当权的贵族。

庄生尽管住在穷巷，但以廉洁正直闻名国内，从楚王以下都把他尊奉为老师。当朱公给他送钱的时候，他并没有意接受，打算事成之后再还给朱公，表明信誉。所以收到钱的时候，对他的妻子说："这是朱公的钱，就像有病不能预测什么时候好一样,以后说不上什么时候要奉还给他,请不要动用。"但朱公的大儿子不知道庄生的意图,认为把钱交给庄生没什么用。

庄生寻机入宫拜见楚王,说某个星宿出现在某个位置上,这对楚国有害。楚王向来相信庄生的话,就问:"现在对它怎么办?"庄生说:"只有用恩德才能消除灾难。"楚王说:"庄生放心吧,我将行德政。"楚王便派使者密封了贮存各种钱币的府库。楚国的那个当权的贵族惊喜地告诉朱公的长子说:"楚王将要进行赦免了。"问道:"从何说起呢?"回答说:"每次楚王临行赦免以前,总要密封金库,以免有人乘机抢劫。昨天傍晚楚王派人去密封金库了。"朱公长子认为既然赦免,弟弟自然会被释放,而那么多的钱白白扔到庄生那里了,没起什么作用。就又去见庄生,庄生惊讶地问:"你没有走呀?"朱公长子说:"本来就没走,开始是为了照顾弟弟,弟弟现在人们都说要被自行赦免,所以来向先生辞行。"庄生明白他的用意是想再要回那笔钱,就说:"你自己进屋里把钱拿走。"朱公长子就自己进握把钱拿走了,并且一个人暗自得意。

庄生对被后生小子愚弄很羞恼,便进宫拜见楚王说:"我上次说了某星宿不祥一事,大王说要行德政来改变它,现在我在外面走,路上纷纷议论陶地富翁朱公的儿子因杀人被监禁在楚国,而他家里多次拿钱来贿赂大王手下的大臣,因此认为大王不是为了挽救楚国才大赦的,而是因为朱公儿子的缘故。"楚王大怒,说道:"我虽然无德,但怎么会单单因为朱公儿子的缘故而施恩呢?"就下令杀了朱公的儿子,第二天便发布了大赦令。朱公长子最后是带着弟弟的丧讯而归。

回家后,他母亲和乡里人都很悲伤。唯独朱公笑着说:"我本来就知道他一定是会使他弟弟丧命的。他并不是不爱他的弟弟,只是因为有不忍割舍的东西。这是因为他从小就同我一起受苦,为生计所窘迫,所以把破财看得很重。至于他的小弟弟,一生下来就处于我富裕的时候,乘着坚固的车子,驾驭良马,追逐狡兔,哪知道钱是从哪来的,所以会轻易舍弃,一点也不吝惜。最初我之所以想派小儿子去,就是因为他能轻易舍财的缘故。而长子却做不到这一点,致使最终使弟弟丧了命。事情必然会发展到这一步,没有什么可悲伤的,我白天晚上本来就是在等待着这个丧讯的到来呢!"

所以,范蠡三次迁徙,在天下成了名,并非仅仅是避名离开而已,所到一处,又一定会在那里成名。最后在陶地老死,所以世人相传叫他陶朱公。

太史公说:禹的功绩很大呀,疏导九川,安定九州,直到今天中原太平无事。到了他的后代勾践,苦身励志,终于消灭了强大的吴国,北上陈兵中原,来尊崇周王室,被称为霸主,勾践能说不贤明吗?大概在他身上还存有禹的遗风余烈吧!范蠡三迁都获得了荣耀的声名,名垂后世。臣子君主如果像他们这样,即便自己不想显赫,难道可能吗?

郑世家

【原文】

郑桓公友者，周厉王少子而宣王庶弟也。宣王立二十二年，友初封于郑。封三十三岁，百姓皆便爱之。幽王以为司徒。和集周民，周民皆说，河、雒之间，人便思之。为司徒一岁，幽王以褒后故，王室治多邪，诸侯或畔之。于是桓公问太史伯曰："王室多故，予安逃死乎？"太史伯对曰："独雒之东土，河、济之南可居。"公曰："何以？"对曰："地近虢、郐，虢、郐之君贪而好利，百姓不附。今公为司徒，民皆爱公，公诚请居之，虢、郐之君见公方用事，轻分公地。公诚居之，虢、郐之民皆公之民也。"公曰："吾欲南之江上，何如？"对曰："昔祝融为高辛氏火正，其功大矣，而其于周未有兴者，楚其后也。周衰，楚必兴。兴，非郑之利也。"公曰："吾欲居西方，何如？"对曰："其民贪而好利，难久居。"公曰："周衰，何国兴者？"对曰："齐、秦、晋、楚乎！夫齐，姜姓，伯夷之后也，伯夷佐尧典礼。秦，嬴姓，伯翳之后也，伯翳佐舜怀柔百物。及楚之先，皆尝有功于天下。而周武王克纣后，成王封叔虞于唐，其地阻险，以此有德与周衰并，亦必兴矣。"桓公曰："善。"于是卒言王，东徙其民雒东，而虢、郐果献十邑，竟国之。

武公十年，娶申侯女为夫人，曰武姜。生太子寤生，生之难，及生，夫人弗爱。后生少子叔段，段生易，夫人爱之。二十七年，武公疾。夫人请公，欲立段为太子，公弗听。是岁，武公卒，寤生立，是为庄公。

庄公元年，封弟段于京，号太叔。祭仲曰："京大于国，非所以封庶也。"庄公曰："武姜欲之，我弗敢夺也。"段至京，缮治甲兵，与其母武姜谋袭郑。二十二年，段果袭郑，武姜为内应。庄公发兵伐段，段走。伐京，京人畔段，段出走鄢。鄢溃，段出奔共。于是庄公迁其母武姜于城颍，誓言："不至黄泉，毋相见也。"居岁余，已悔思母。颍谷之考叔有献于公，公赐食。考叔曰："臣有母，请君食赐臣母。"庄公曰："我甚思母，恶负盟，奈何？"考叔曰："穿地至黄泉，则相见矣。"于是遂从之，见母。

二十四年，宋缪公卒，公子冯奔郑。郑侵周地，取禾。二十五年，卫州吁弑其君桓公自立，与宋伐郑，以冯故也。二十七年，始朝周桓王。桓王怒其取禾，弗礼也。二十九年，庄公怒周弗礼，与鲁易祊、许田。三十三年，宋杀孔父。三十七年，庄公不朝周，周桓王率陈、蔡、虢、卫伐郑。庄公与祭仲、高渠弥发兵自救，王师大败。祝瞻射中王臂。祝瞻请从之，郑伯止之，曰："犯长且难之，况敢陵天子乎?"乃止。夜令祭仲问王疾。

三十八年,北戎伐齐,齐使求救,郑遣太子忽将兵救齐。齐釐公欲妻之,忽谢曰:"我小国,非齐敌也。"时祭仲与俱,劝使取之,曰:"君多内宠,太子无大援将不立,三公子皆君也。"所谓三公子者,太子忽,其弟突,次弟子亹也。

庄公又娶宋雍氏女,生厉公突。雍氏有宠于宋。宋庄公闻祭仲之立忽,乃使人诱召祭仲而执之,曰:"不立突,将死。"亦执突以求赂焉。祭仲许宋,与宋盟,以突归,立之。昭公忽闻祭仲以宋要立其弟突,九月丁亥,忽出奔卫。己亥,突至郑,立,是为厉公。

厉公四年,祭仲专国政,厉公患之,阴使其婿雍纠欲杀祭仲。纠妻,祭仲女也,知之,谓其母曰:"父与夫孰亲?"母曰:"父一而已,人尽夫也。"女乃告祭仲,祭仲反杀雍纠,戮之于市。厉公无奈祭仲何,怒纠曰:"谋及妇人,死固宜哉!"夏,厉公出居边邑栎。祭仲迎昭公忽。六月乙亥,复入郑,即位。

秋,郑厉公突因栎人杀其大夫单伯,遂居之。诸侯闻厉公出奔,伐郑,弗克而去。宋颇予厉公兵,自守于栎,郑以故亦不伐栎。

昭公二年,自昭公为太子时,父庄公欲以高渠弥为卿,太子忽恶之,庄公弗听,卒用渠弥为卿。及昭公即位,惧其杀己。冬十月辛卯,渠弥与昭公出猎,射杀昭公于野。祭仲与渠弥不敢入厉公,乃更立昭公弟子亹为君,是为子亹也,无谥号。

子亹元年七月,齐襄公会诸侯于首止。郑子亹往会,高渠弥相,从,祭仲称疾不行。所以然者,子亹自齐襄公为公子之时,尝会斗,相仇,及会诸侯,祭仲请子亹无行。子亹曰:"齐强,而厉公居栎,即不往,是率诸侯伐我,内厉公。我不如往,往何遽必辱,且又何至是!"卒行。于是祭仲恐齐并杀之,故称疾。子亹至,不谢齐侯,齐侯怒,遂伏甲而杀子亹。高渠弥亡归,归与祭仲谋,召子亹弟公子婴于陈而立之,是为郑子。是岁,齐襄公使彭生醉拉杀鲁桓公。

郑子八年,齐人管至父等作乱,弑其君襄公。十二年,宋人长万弑其君湣公。郑祭仲死。

十四年,故郑亡厉公突在栎者使人诱劫郑大夫甫假,要以求入。假曰:"舍我,我为君杀郑子而入君。"厉公与盟,乃舍之。六月甲子,假杀郑子及其二子而迎厉公突,突自栎复入即位。初,内蛇与外蛇斗于郑南门中,内蛇死。居六年,厉公果复入。入而让其伯父原曰:"我亡国外居,伯父无意入我,亦甚矣。"原曰:"事君无二心,人臣之职也。原知罪矣。"遂自杀。厉公于是谓甫假曰:"子之事君有二心矣。"遂诛之。假曰:"重德不报,诚然哉!"

五年,燕、卫与周惠王弟颓伐王,王出奔温,立弟颓为王。六年,惠王告急郑,厉公发兵击周王子颓,弗胜,于是与周惠王归,王居于栎。七年春,郑厉公与虢叔袭杀王子颓而入惠王于周。

文公十七年,齐桓公以兵破蔡,遂伐楚,至召陵。

二十四年,文公之贱妾曰燕姞,梦天与之兰,曰:"余为伯鯈。余,尔祖也。以是为而子,兰有国香。"以梦告文公,文公幸之,而予之草兰为符。遂生子,名曰兰。

三十六年,晋公子重耳过,文公弗礼。文公弟叔詹曰:"重耳贤,且又同姓,穷而过君,不可无礼。"文公曰:"诸侯亡公子过者多矣,安能尽礼之!"詹曰:"君如弗礼,遂杀之;弗杀,使即反国,为郑忧矣。"文公弗听。

三十七年春,晋公子重耳反国,立,是为文公。秋,郑入滑,滑听命,已而反与卫,于是郑伐滑。周襄王使伯鯈请滑。郑文公怨惠王之亡在栎,而文公父厉公入之,而惠王不赐厉公爵禄,又怨襄王之与卫、滑,故不听襄王请而囚伯鯈。王怒,与翟人伐郑,弗克。冬,翟攻伐襄王,襄王出奔郑,郑文公居王于氾。三十八年,晋文公入襄王成周。

四十一年,助楚击晋。自晋文公之过无礼,故背晋助楚。四十三年,晋文公与秦穆公共围郑,讨其助楚攻晋者,及文公过时之无礼也。初,郑文公有三夫人,宠子五人,皆以罪蚤死。公怒,溉逐群公子。子兰奔晋,从晋文公围郑。时兰事晋文公甚谨,爱幸之,乃私于晋,以求入郑为太子。晋于是欲得叔詹为僇。郑文公恐,不敢谓叔詹言。詹闻,言于郑君曰:"臣谓君,君不听臣,晋卒为患。然晋所以围郑,以詹。詹死而赦郑国,詹之愿也。"乃自杀。郑人以詹尸与晋。晋文公曰:"必欲一见郑君,辱之而去。"郑人患之,乃使人私于秦曰:"破郑益晋,非秦之利也。"秦兵罢。晋文公欲入兰为太子,以告郑。郑大夫石癸曰:"吾闻姞姓乃后稷之元妃,其后当有兴者。子兰母,其后也。且夫人子尽已死,余庶子无如兰贤。今围急,晋以为请,利孰大焉!"遂许晋,与盟,而卒立子兰为太子,晋兵乃罢去。

四十五年,文公卒,子兰立,是为缪公。

缪公元年春,秦缪公使三将将兵欲袭郑,至滑,逢郑贾人弦高诈以十二牛劳军,故秦兵不至而还。晋败之于崤。初,往年郑文公之卒也,郑司城缯贺以郑情卖之,秦兵故来。三年,郑发兵从晋伐秦,败秦兵于汪。往年楚太子商臣弑其父成王代立。

二十一年,与宋华元伐郑。华元杀羊食士,不与其御羊斟,怒以驰郑,郑因华元。宋赎华元,元亦亡去。晋使赵穿以兵伐郑。

灵公元年春,楚献鼋于灵公。子家、子公将朝灵公,子公之食指动,谓子家曰:"佗日指动,必食异物。"及入见灵公,进鼋羹,子公笑曰:"果然!"灵公问其笑故,具告灵公。灵公召之,独弗予羹。子公怒,染其指,尝之而出。公怒,欲杀子公。子公与子家谋,先。夏,弑灵公。郑人欲立灵公弟去疾,去疾让曰:"必以贤,则去疾不肖;必以顺,则公子坚长。"坚者,灵公庶弟,去疾之兄也。于是乃立子坚,是为襄公。

襄公立,将尽去缪氏。缪氏者,杀灵公子公之族家也。去疾曰:"必去缪氏,我将去之。"乃止,皆以为大夫。

七年,郑与晋盟鄢陵。八年,楚庄王以郑与晋盟,来伐,围郑三月,郑以城降楚。楚王入自皇门,郑襄公肉袒擎羊以迎,曰:"孤不能事边邑,使君王怀怒以及弊邑,孤之罪也。敢不惟命是听。君王迁之江南,及以赐诸侯,亦惟命是听。若君王不忘厉、宣王,桓、武公,哀不忍绝其社稷,锡不毛之地,使复得改事君王,孤之愿也,然非所敢望也。敢布腹心,惟命是听。"庄王为却三十里而后舍。楚群臣曰:"自郢至此,士大夫亦久劳矣。今得国舍之,何如?"庄王曰:"所为伐,伐不服也。今已服,尚何求乎?"卒去。晋闻楚之伐郑,发兵救郑。其来持两端,故迟,比至河,楚兵已去。晋将率或欲渡,或欲还,卒渡河。庄王闻,还击晋。郑反助楚,大破晋军于河上。十年,晋来伐郑,以其反晋而亲楚也。

十一年,楚庄王伐宋,宋告急于晋。晋景公欲发兵救宋,伯宗谏晋君曰:"天方开楚,未可伐也。"乃求壮士,得霍人解扬,字子虎,诳楚,令宋毋降。过郑,郑与楚亲,乃执解扬而献楚。楚王厚赐与约,使反其言,令宋趣降,三要乃许。于是楚登解扬楼车,令呼宋。遂负楚约而致其晋君命曰:"晋方悉国兵以救宋,宋虽急,慎毋降楚,晋兵今至矣!"楚庄王大怒,将杀之。解扬曰:"君能制命为义,臣能承命为信。受吾君命以出,有死无陨。"庄王曰:"若之许我,已而背之,其信安在?"解扬曰:"所以许王,欲以成吾君命也。"将死,顾谓楚军曰:"为人臣无忘尽忠得死者!"楚王诸弟皆谏王赦之,于是赦解扬使归。晋爵之为上卿。

悼公元年,祁公恶郑于楚,悼公使弟睔于楚自讼。讼不直,楚囚睔。于是郑悼公来与晋平,遂亲。睔私于楚子反,子反言归睔于郑。

成公三年,楚共王曰"郑成公孤有德焉",使人来与盟。成公私与盟。秋,成公朝晋,晋曰"郑私平于楚",执之。使栾书伐郑。四年春,郑患晋围,公子如乃立成公庶兄繻为君。其四月,晋闻郑立君,乃归成公。郑人闻成公归,亦杀君繻,迎成公。晋兵去。

十年,背晋盟,盟于楚。晋厉公怒,发兵伐郑,楚共王救郑。晋、楚战鄢陵,楚兵败,晋射伤楚共王目,俱罢而去。十三年,晋悼公伐郑,兵于洧上。郑城守,晋亦去。

釐公五年,郑相子驷朝釐公,釐公不礼。子驷怒,使厨人药杀釐公,赴诸侯曰"釐公暴病卒"。立釐公子嘉,嘉时年五岁,是为简公。

简公元年,诸公子谋欲诛相子驷,子驷觉之,反尽诛诸公子。二年,晋伐郑,郑与盟,晋去。冬,又与楚盟。子驷畏诛,故两亲晋、楚。三年,相子驷欲自立为君,公子子孔使尉止杀相子驷而代之。子孔又欲自立。子产曰:"子驷为不可,诛之,今又效之,是乱无时息也。"于是子孔从之而相郑简公。

四年,晋怒郑与楚盟,伐郑,郑与盟。楚共王救郑,败晋兵。简公欲与晋平,楚又囚郑使者。

十二年,简公怒相子孔专国权,诛之,而以子产为卿。十九年,简公如晋请卫君还,而封子产以六邑。子产让,受其三邑。二十二年,吴使延陵季子于郑,见子产如旧交,谓子产曰:"郑之执政者侈,难将至,政将及子。子为政,必以礼;不然,郑将败。"子产厚遇季子。二十三年,诸公子争宠相杀,又欲杀子产。公子或谏曰:"子产仁人,郑所以存者子产也,勿杀!"乃止。

二十五年,郑使子产于晋,问平公疾。平公曰:"卜而曰实沈、台骀为祟,史官莫知,敢问。"对曰:"高辛氏有二子,长曰阏伯,季曰实沈,居旷林,不相能也,日操干戈以相征伐。后帝弗臧,迁阏伯于商丘,主辰,商人是因,故辰为商星。迁实沈于大夏,主参,唐人是因,服事夏、商,其季世曰唐叔虞。当武王邑姜方娠大叔,梦帝谓己:'余命而子曰虞,乃与之唐,属之参而蕃育其子孙。'及生有文在其掌曰'虞',遂以命之,及成王灭唐,而国大叔焉。故参为晋星。由是观之,则实沈,参神也。昔金天氏有裔子曰昧,为玄冥师,生允格、台骀。台骀能业其官,宣汾、洮,障大泽,以处太原。帝用嘉之,国之汾川。沈、姒、蓐、黄实守其祀。今晋主汾川而灭之。由是观之,则台骀,汾、洮神也。然是二者不害君身。山川之神,则水旱之灾祟之;日月星辰之神,则雪霜风雨不时祟之;若君疾,饮食哀乐女色所生也。"平公及叔向曰:"善,博物君子也!"厚为之礼于子产。

二十七年夏,郑简公朝晋。冬,畏楚灵王之强,又朝楚,子产从。二十八年,郑君病,使子产会诸侯,与楚灵王盟于申,诛齐庆封。

定公元年,楚公子弃疾弑其君灵王而自立,为平王。欲行德诸侯,归灵王所侵郑地于郑。

四年,晋昭公卒,其六卿强,公室卑。子产谓韩宣子曰:"为政必以德,毋忘所以立。"

六年,郑火,公欲禳之。子产曰:"不如修德。"

献公十三年卒,子声公胜立。当是时,晋六卿强,侵夺郑,郑遂弱。

声公五年,郑相子产卒,郑人皆哭泣,悲之如亡亲戚。子产者,郑成公少子也。为人仁爱人,事君忠厚。孔子尝过郑,与子产如兄弟云。及闻子产死,孔子为泣曰:"古之遗爱也!"

二十一年,韩哀侯灭郑,并其国。

太史公曰:语有之,"以权利合者,权利尽而交疏",甫瑕是也。甫瑕虽以劫

杀郑子内厉公,厉公终背而杀之,此与晋之里克何异? 守节如荀息,身死而不能
存奚齐。变所从来,亦多故矣!

【译文】

郑桓公友,是周厉王的小儿子、周宣王的庶弟。周宣王在位第二十二年,友
开始被封在郑。友受封后第三十三年,百姓都很安适而爱戴他。周幽王任命友
为司徒。友团结安抚宗周百姓,宗周百姓都很高兴,连黄河与雒水之间的成周百
姓也感安适而思慕他。友任司徒一年,周幽王因为宠幸褒后的缘故,朝廷政治颇
多弊端,诸侯当中有的叛离周室。在这种情况下,郑桓公问太史伯道:"王室多
难,我该往哪里去逃命呢?"太史伯回答说:"只有雒邑东土之地,黄河、济水的南
边可以安居。"桓公又问:"为什么?"太史伯回答说:"那地方靠近虢国、郐国,虢
国、郐国的君主贪婪好利,百姓不亲附他们。如今您担任司徒,百姓都爱戴您,您
当真请求迁居那一带,虢国、郐国的君主看到您正身负要职,便会轻易分给您土
地。您如果真的住到那里,虢国、郐国的百姓就都是您的百姓了。"桓公说:"我
想南下到长江之畔,怎么样?"太史伯回答说:"从前祝融当高辛氏的火正,他的
功劳很大,但其子孙在周朝没有兴盛的,而楚国是他的后裔啊。周朝衰败,楚国
必定兴盛。楚国兴盛,不是对(要想在长江之畔立足的)郑国有利的事情。"桓公
说:"我想居住到西方去,怎么样?"太史伯回答说:"那里的人贪心好利,难以长
久居住。"桓公问:"周朝衰落,什么国家会兴盛?"回答说:"大概是齐国、秦国、晋
国、楚国吧! 那齐国,姜姓,是伯夷的后代,伯夷辅佐帝尧主管礼仪制度。秦国,
嬴姓,是伯翳的后代,伯翳辅佐帝舜调理各类财物。齐国、秦国同楚国的先祖,都
曾经对天下有很大功劳。(至于晋国)周武王战胜商纣以后,周成王分封叔虞在
唐,地势十分险要,凭借地利,又有德行,而同衰败的周室并存,也一定会兴盛。"
郑桓公说:"好。"于是就向周幽王提出请求,把他的百姓迁到雒邑东土,而虢国、
郐国果然奉献十个邑,终于在那里立了国。

郑武公十年,娶申侯之女为夫人,叫做武姜。她生下太子寤生,生得非常艰
难,到生下来,夫人不喜欢。后来生下小儿子段叔,段叔生得很顺利,夫人喜欢
他。二十七年,武公得病。夫人向武公请求,想立段为太子,武公不答应。这一
年,郑武公去世,寤生即位,这就是郑庄公。

庄公元年(公元前743),封其弟段于京,号称太叔。祭仲说:"京城比都城
大,不是用来封赐庶弟的地方。"庄公说:"武姜要这样,我不能不给啊。"段到达
京,修缮整治武器,同他的母亲武姜密谋偷袭国都。二十二年,段果真袭击郑都,
武姜作内应。庄公发兵攻伐段,段败奔。庄公又发兵攻伐京,京人反叛段,段出
奔鄢。鄢溃败失守,段出奔共国。在这之后,庄公把他的母亲武姜迁居到城颍,

立下誓言说:"不到黄泉,不再相见。"过了一年多,庄公后悔而思念母亲。颍谷的考叔有东西来进献给庄公,庄公赐予食物。考叔说:"臣下有母亲,请求国君将这食物赐给我的母亲。"庄公说:"我很想念母亲,但又厌恶背弃当初的誓约,怎么办呢?"考叔说:"您若挖一条地道到达黄泉,就可以再相见了。"于是庄公就听从考叔的话,(真的掘了隧道)与母亲相见。

二十四年,宋缪公去世,公子冯出奔到郑国。郑国军队侵犯成周之地,掳掠庄稼。二十五年,卫国州吁杀了他的国君桓公自立为君,与宋国军队一起攻伐郑国,因为(郑国收容)公子冯的缘故。二十七年,郑庄公开始朝觐周桓王。周桓王因恼怒郑国军队掳掠庄稼,便不加礼遇。二十九年,庄公恼怒周桓王不以礼相待,就擅自跟鲁国交换祊、许田。三十三年,宋国杀死孔父。三十七年,郑庄公不朝觐周天子,周桓王率领陈国、蔡国、虢国、卫国的军队攻伐郑国。庄公与大夫祭仲、高渠弥起兵自卫,周王率领的军队被打得大败。祝聃发箭射中周桓王的胳膊。祝聃请求追逐桓王,郑伯制止他,说:"冒犯尊长尚且感到恐惧,何况胆敢凌辱天子呢?"就收了兵。夜间郑庄公命令祭仲去问候桓王伤势。

三十八年,北戎攻伐齐国,齐国使者前来请求救援,郑伯派遣太子忽率领军队援救齐国。齐釐公想把女儿嫁给太子忽,忽推辞说:"我们郑国是小国,不能与齐国般配啊。"当时祭仲与太子忽同行,劝说让他娶齐釐公的女儿,说:"国君有许多宠幸的姬妾,太子您没有强大的外援,将来不容易即位,三位公子都是国君的人选啊。"所说的三位公子,是太子忽,他的大弟突,二弟子亹。

郑庄公还娶了宋国雍氏的女儿,生下厉公突。雍氏在宋国很得宠。宋庄公听说祭仲立忽为国君,就派人诱骗召来祭仲而扣留他,说:"不立突为国君,就处死你。"同时也扣留突来索求贿赂。祭仲答应宋君的要求,同宋君订立盟约,带着突返归郑国,立他为君。昭公忽听说祭仲由于宋国的要挟立他的弟弟突为国君,就在九月丁亥这一天,忽出逃投奔卫国。己亥这天,突到达郑国国都,即君位,这就是郑厉公。

郑厉公四年(公元前697),祭仲独揽国政,厉公忧虑这种状况,就暗中支使祭仲的女婿雍纠打算除掉祭仲。雍纠的妻子,是祭仲的女儿,知道了这件事,便对她的母亲说:"父亲与丈夫相比,哪个更亲?"母亲说:"父亲只有一个,而凡男人都可做你的丈夫。"女儿就把事情告诉祭仲。祭仲反而抢先杀了雍纠,并将他的尸体陈放在闹市示众。郑厉公对祭仲毫无办法,只能把怒气出到雍纠身上说:"跟妇道人家商议大事,死得活该!"夏天,郑厉公出走,居住到边境都邑栎。祭仲迎回昭公忽。六月乙亥那天,昭公再次进入国都,就国君之位。

秋天,郑厉公突利用栎邑的人杀死守邑大夫单伯,就在栎邑定居下来。诸侯听说郑厉公出走外奔,就攻伐郑都,没能攻克而离去。宋国供给厉公很多武器,厉公自己守在栎,郑昭公因为这缘故也就不攻伐栎邑。

　　郑昭公二年(公元前695),还在昭公做太子的时候,父亲庄公想用高渠弥为卿,太子忽憎恶高渠弥,庄公不加理睬,结果任用高渠弥为卿。及至昭公即位,高渠弥惧怕昭公杀自己。冬天十月辛卯这天,渠弥与昭公出去打猎,乘机在野外用箭射杀昭公。祭仲和渠弥不敢迎纳厉公,就改立昭公另一个弟弟子亹为国君,这就是子亹,没有谥号。

　　子亹元年(公元前694)七月,齐襄公在首止盟会诸侯。郑国子亹前往与会,高渠弥担任相,随行,祭仲说有病不能同行。祭仲这样做的原因,是由于子亹在齐襄公还是公子的时候,曾经相会争斗,彼此结下仇,所以到了盟会诸侯的时候,祭仲请求子亹不要去。子亹说:"齐国强大,而厉公又居住在栎,倘若不去,这就会促成齐襄公率领诸侯讨伐我,而送纳厉公。我还不如去,去了为什么就一定受辱,而且又为什么会到达你说的那种地步!"结果去了。在这种情况下,祭仲害怕齐襄公会一同杀了自己,便故意推说生病。子亹到达首止,没有向齐侯谢罪,齐侯很气愤,就埋伏武士而杀了子亹。高渠弥逃跑回国,回来后同祭仲商量,决定从陈国召回子亹的弟弟公子婴,立他为国君,这就是郑子。这一年,齐襄公指使彭生趁酒醉之际折断鲁桓公的肋骨并杀了他。

　　八年,齐国大夫管至父等人发动暴乱,杀死他们的国君齐襄公。十二年,宋国大夫长万杀死他的国君宋湣公。郑国祭仲去世。

　　十四年,旧居郑都而流亡到厉公突所在栎邑的人,派人诱骗劫持郑国大夫甫假,郑厉公用威胁手段来要求进入郑都。甫假说:"释放我,我就为您杀掉郑子而让您进入郑都。"厉公与甫假立下盟约,就释放了他。六月甲子这天,甫假杀死郑子及其两个儿子而迎接厉公突,突从栎邑再次进入国都即位。当初,城内蛇与城外蛇在郑都城南门中相斗,城内蛇死了。过了六年,厉公果然又进入国都。厉公进入国都后责备他的伯父原说:"我流亡在国都之外居住,伯父无意让我回归,也太过分了。"原说:"事奉君主不三心二意,是做人臣的天职。我知道自己的罪过了。"就自杀了。厉公接着对甫假说:"你事奉君主有三心二意啊。"就杀甫假。甫假说:"大德不得好报,果真如此啊!"

　　郑厉公后五年,燕国、卫国与周惠王之弟颓攻伐周惠王,周惠王出走逃奔温,拥立其弟颓为王。六年,周惠王向郑国告急。郑厉公发兵进攻成周王子颓,没有打胜,于是与周惠王返回郑国,周惠王居住在栎邑。七年春天,郑厉公和虢叔起兵袭击杀死王子颓,送周惠王进入成周。

　　郑文公十七年(公元前656),齐桓公率领军队击溃蔡军,于是攻伐楚国,到达召陵。

　　二十四年,郑文公有位下等的姬妾叫燕姞,她在梦中看见天帝给她一枝兰草,说:"我是伯鯈。我,是你的先祖啊。把这枝兰草作为你的孩子,兰花有通国之香。"燕姞把梦告诉郑文公,文公就让她侍寝,而且给她兰草作为信物。于是生下一个儿子,取名叫兰。

三十六年,晋国公子重耳来拜访,郑文公不以礼相待。文公弟弟叔詹说:"重耳贤明,而且又和我们同姓,在困窘之中来拜访您,不可以无礼。"文公说:"诸侯流亡的公子来拜访的多了,哪能都以礼相待呢!"叔詹说:"您如不以礼相待,就杀了他;不杀他,倘若他返回晋国,那就成为郑国的忧患了。"郑文公不听。

三十七年春天,晋公子重耳返回国都,即位,这就是晋文公。秋天,郑军入侵滑国,滑国归服,不久反过来亲附卫国,于是郑军讨伐滑国。周襄王派遣伯服来为滑国说情。郑文公怨恨周惠王,惠王流亡居住在栎,文公的父亲厉公帮助他进入成周,但惠王却不赏赐厉公爵位财物,同时又怨恨周襄王袒护卫国、滑国,所以不听襄王的说情,反而囚禁伯服。周襄王大怒,同翟人讨伐郑国,没有取胜。冬天,翟人攻击周襄王,襄王出走逃奔郑国,郑文公安排周襄王居住在氾幡。三十八年,晋文公送周襄王进入成周。

四十一年,郑军帮助楚军进攻晋国。因当初晋文公来拜访不以礼遇,(郑文公害怕晋国报复)所以背弃晋国帮助楚国。四十三年,晋文公和秦穆公共同围困郑都,声讨郑文公帮助楚国进攻晋国,以及从前对晋文公过访郑国时的无礼。当初,郑文公有三位夫人,宠爱的儿子五个,五个儿子都因有罪而早死。文公很恼怒,把其余的公子们全部驱逐出国。子兰投奔晋国,这次跟随晋文公来围攻郑都。平时兰事奉晋文公非常恭敬小心,晋文公爱怜宠幸他,兰就私下在晋国活动,以企求进入郑国做太子。晋文公在围城时想得到叔詹羞辱杀死他。郑文公很恐惧,但又不敢对叔詹说。叔詹听说后,对郑文公说:"臣下告诉过君上(对重耳要么以礼相待,要么杀死他),国君不听臣言,晋国终于成为祸患。然而晋文公所以围攻郑都,是因为我的缘故。我死而能免除郑国之难,是我心甘情愿的啊。"说完就自杀。郑国人把叔詹的尸体给了晋国。晋文公说:"一定要见一下郑君,当面羞辱他一番再离开。"

郑文公对此很犯愁,就派人私下对秦穆公说:"攻破郑国只能有益于晋国,没有秦国的好处啊!"于是秦国撤兵。晋文公想送兰回国让他做太子,把这意思告诉郑国。郑国大夫石癸说:"我听说姞姓之女是后稷的正妻,她的后代应当有兴旺的。子兰的母亲,就是姞姓的后裔啊。况且国君夫人生的儿子都已死去,余下庶出的儿子没有像兰那样贤能的。如今城围情急,晋文公提出立兰为太子作为要求,(这对目前的郑国来说)还有什么比答应这个要求更好的呢!"于是答应了晋国,与晋国订立盟约,结果立了兰为太子,晋国军队才撤离。

四十五年,郑文公去世,子兰即位,这就是郑缪公。

郑缪公元年(公元前627)春天,秦缪公派(孟明视、西乞术、白乙丙)三位将军领兵准备袭击郑国,行军到滑国,恰好遇上郑国商人弦高,弦高谎称君命用十二头牛犒劳秦军,所以秦国军队没到郑国就返回。晋国军队在崤山击败秦军。起初,前一年郑文公去世,郑国司城缯贺把郑国情报出卖给秦国,秦军因此前来。三年,郑国发兵跟随晋军攻伐秦国,在汪击败秦军。前一年,楚国太子商臣杀死他的父亲楚成王而接替君位。

二十一年,郑军同宋国华元率领的军队交战。(战前)华元杀羊给将士吃,没给他的御者羊斟,(接战后)羊斟怀怒长驱直入郑军,郑人俘虏华元。宋国出资赎华元,华元也就乘机逃跑离去。晋君派赵穿带领军队攻伐郑国。

郑灵公元年(公元前605)春天,楚人进献大鳖给灵公。子家、子公将要朝见灵公,子公的食指突然动了,便对子家说:"往日食指动,必定吃到不同一般的食物。"到入朝进见灵公,果然送上大鳖做的羹,子公笑着说:"果真如此!"灵公问他笑的缘故,子公如实禀告灵公。灵公召呼他过来,单单不给他羹。子公发怒,用指头蘸羹,尝了味道而走出。灵公很生气,想杀子公。子公与子家商议,抢先下手。夏天,杀了灵公。郑国人想立灵公的弟弟去疾为国君,去疾推让说:"(立国君)如果论贤能的话,那我无德无才;如果论长幼顺序的话,那公子坚最年长。"坚,是郑灵公的庶出弟弟,去疾的兄长。于是立子坚为国君,这就是郑襄公。

郑襄公即位,将要把缪氏全部驱逐。所说的缪氏,指谋杀郑灵公的子公那一族人家。去疾说:"一定要驱逐缪氏的话,我也将离开郑国。"襄公这才罢休,都让他们作了大夫。

郑襄公七年(公元前598),郑国与晋国在鄢陵订立盟约。八年,楚庄王因为郑国与晋国结盟,前来攻伐,围困郑都三个月,郑国举城投降楚国。楚庄王从皇门入城,郑襄公袒胸露背,左手牵羊,前往迎接,说:"我不能管理好边境都邑,使得君王胸怀怨怒来到鄙国,这是我的罪过啊。对您我岂敢不唯命是听。君王倘若将郑国迁移到长江之南,乃至将郑赏赐给诸侯,我都唯命是听。倘若君王不忘周厉王、周宣王和郑桓公、郑武公在天之灵,哀怜不忍断绝其国脉,赐给一块不毛之地，让我再能够重新事奉君王，是我的心愿，然而不是我所敢企望的啊。斗胆披露衷情，唯命是听。"楚庄王为之退兵三十里而后安营扎寨。楚国群臣说："从郢都到达此地，士大夫早已疲劳了。如今取得郑国又放弃它，为什么？"楚庄王说："所以举行讨伐，是讨伐其不归顺。如今郑国已经归顺，还有什么可求的呢？"结果楚军离去。晋君得知楚军攻伐郑国，发兵救援郑国。晋军将领在来的路上各持不同主张，所以行进迟缓，待等到达黄河，楚国军队已经离去。晋军将领有的主张渡河追击，有的主张就地返回，最后还是渡过了黄河。楚庄王闻讯，回兵攻击晋军。郑国反过来帮助楚军，在黄河岸边重创晋国军队。十年，晋军前来攻伐郑国，因为郑国背弃晋国而亲附楚国。

十一年，楚庄王攻伐宋国，宋国向晋国告急。晋景公打算发兵救援宋国，伯宗劝谏晋君说："上天正在保佑楚国，不可以出兵攻伐啊。"于是寻求壮士，找得一位霍邑人解扬，解扬字子虎，（晋君命他前去）诈骗楚国，叫宋国不要投降。他故意经由郑国过，郑国与楚国亲善，就逮住解扬将他献给楚军。楚庄王厚加赏赐与他立约，让他一反原话，叫宋人赶快投降，再三威胁利诱，解扬才答应。于是楚人让解扬登上楼车，叫他向宋人喊话。解扬于是违背与楚庄王的约定而传达晋国国君的命令说："晋君正在集结全国的军队来援救宋国，宋国虽然危急，但千万不要投降楚国，晋国军队现在就要到了。"楚庄王大怒，要杀死解扬。解扬说："君主能够制定发布命令叫做义，臣子能够承担完成命令叫做信。接受我君主的使命出国，宁肯一死也不能破坏君命。"庄王说："你已经应许了我，过后又背弃，那信在何处？"解扬说："我之所以应许大王，是想完成我国君的命令啊。"解扬临死时，回头对楚军将士说："做人臣子的不要忘记我这个竭尽忠诚而死去的人！"楚庄王的诸位兄弟都劝谏庄王赦免他，于是赦免解扬让他回国。晋景公封赐他上卿的爵位。

郑悼公元年（公元前586），鄋灵公到楚国说郑国的坏话，悼公派弟弟睮到楚国为自己辩解。因辩解没理，楚国囚禁睮。于是郑悼公前来同晋君讲和，便又跟晋国亲近起来。睮与楚国子反有私交，子反为他在庄王面前说情，让睮返归到郑国。

郑成公三年（公元前582），楚共王说"郑成公我对他有恩德"，派人前来与郑国订立盟约。郑成公私下与楚国缔结盟约。秋天，郑成公朝见晋君，晋景公说"郑成公私下与楚国讲和"，扣留了他。并派栾书领兵攻伐郑国。四年春天，郑人忧虑晋军围城，公子如就拥立郑成公的庶兄繻为国君。这年四月，晋人听说郑人已立国君，就送回郑成公。郑人听说成公归来，便杀了新立国君繻，迎纳郑成公。晋军离去。

十年，郑国背弃与晋国的盟约，同楚国订立盟约。晋厉公大怒，发兵攻伐郑国。楚共王率军援救郑国。晋军、楚军在鄢陵交战,楚军溃败,晋人射伤楚共王的眼睛,双方罢兵而去。十三年,晋悼公率军攻伐郑国,进兵到洧水岸畔。郑人加固都城坚守,晋军也就离去。

郑釐公五年,郑国相子驷朝见釐公。釐公不以礼相待。子驷发怒,指使厨子用毒药害死釐公,向诸侯报丧说“釐公得急病去世”。立郑釐公的儿子嘉为国君,嘉当时年仅五岁,这就是郑简公。

郑简公元年(公元前565),公子们商议诛杀国相子驷,子驷觉察此事,反过来把公子们全部杀死。二年,晋军攻伐郑国,郑国与之立盟约,晋军离去。冬天,郑国又与楚国订立盟约。子驷害怕被杀,所以两面讨好晋国、楚国。三年,国相子驷打算自己即位当国君,公子子孔派尉止杀死国相子驷而取代他。子孔又打算自己即位。子产说:“子驷做不该做的事,你杀了他,如今你又仿效他,这样祸乱就没有尽头了。”于是子孔听从子产的劝告而辅助郑简公。

郑简公四年(公元前562),晋国恼怒郑国与楚国订立盟约,攻伐郑国,郑国便再与晋国订立盟约。楚共王率军援救郑国,打败晋军。郑简公准备同晋军讲和,楚国就又囚禁了郑国的使者。

十二年,郑简公恼怒国相子孔独揽国家大权,诛杀了他,而任用子产为卿。十九年,郑简公去晋国请求让卫献公回国,而后封给子产六个邑。子产谦让,接受了其中的三个邑。二十二年,吴王派遣延陵季子到郑国,看见子产就像世交旧友,对子产说:“郑国眼下的当政者骄横奢侈,大难将要降临,那么政务就会落到你的身上。你治理政务,一定要按照礼的规定;不这样的话,郑国必将败落。”子产隆重款待季子。二十三年,公子们争宠夺权互相残杀,还要杀子产。公子中有的劝阻说:“子产是位仁人,郑国所以存在是由于有子产,不能杀。”于是作罢。

二十五年,郑国派遣子产到晋国,问候晋平公的病情。平公说:“占卜的结果说实沈、台骀在作怪,史官中没有人知道实沈、台骀,就贸然相问了。”子产回答说:“高辛氏有两个儿子,大的叫阏伯,小的叫实沈,居住在大树林中,不能和睦相处,整天拿着武器来回攻打。帝尧觉得很不好,把阏伯迁移到商丘,主祀辰宿,商人因袭,所以辰宿成为商人奉祀的星宿。把实沈迁移到大夏,主祀参宿,唐人因袭,唐前后事奉夏朝、商朝,唐最末一代君主叫唐叔虞。当周武王夫人邑姜身怀大叔的时候,梦见天帝对自己说:‘我为你的孩子取名虞,赐给他唐国,将奉祀参宿的事交付给他,让他在那里繁衍养育子孙后代。’等到生下来,果然有字在婴儿的手掌,是‘虞’字,就以此命名。到周成王灭了唐国,便封大叔在唐立国。因此参成为晋国奉祀的星宿。由此看来,实沈是参宿之神。从前金天氏有个后裔子孙叫昧,为水官之长,生了允格、台骀。台骀能够继承昧的事业,疏通汾水、洮水,阻止湖泽泛滥,从而居住在广大的高平之地。帝颛顼因此嘉奖他,让他在汾水流域立国。台骀后裔沈国、姒国、蓐国、黄国奉守祖先的祭祀。如今晋国主宰汾水流域而灭亡四国。由此看来，台骀是汾水、洮水之神。然而实沈、台骀这两位神不会加害您的身体。高山大川的神灵，遇见水涝干旱时进行祭祀祈求平安；日月星辰的神灵，遇见雪霜风雨不合时令进行祭祀祈求平安；至于国君的疾病，是饮食不调、喜怒无常、贪恋女色所产生的啊。"晋平公对叔向说："讲得好，真是位见多识广的君子啊！"用隆重丰厚的礼节款待子产。

二十七年夏天，郑简公朝见晋君。冬天，因畏惧楚灵王的强大，又朝见楚君，子产随从。二十八年，郑君病重，派遣子产会见诸侯，与楚灵王在申订立盟约，诛杀齐国庆封。

郑定公元年（公元前529），楚国公子弃疾杀死他的国君灵王而自己即位，就是楚平王。他想对诸侯行施德政，把楚灵王所侵占的郑国土地归还给郑国。

四年，晋昭公去世，晋国六卿强盛，公室卑微。子产对韩宣子说："执掌国政一定要用德，不能忘记立国的根本。"

六年，郑国发生火灾，定公准备举行祭祀祈求消除火灾。子产说："不如修行德政。"

郑献公在位十三年去世，儿子声公胜即位。在此期间，晋国六卿强盛，侵犯掳掠郑国，郑国便逐渐衰弱。

郑声公五年，郑国国相子产去世，郑国的人都为之痛哭流涕，悲伤得像失去亲人一样。子产，是郑成公的小儿子。为人仁义爱怜百姓，事奉国君忠诚厚道。据说孔子曾经访问郑国，同子产亲如兄弟。等到听说子产去世，孔子为之哭泣说："（子产是）古代遗留下来的仁爱之人啊！"

郑君乙二十一年，韩哀侯灭亡郑国，吞并了这个国家。

太史公说：常言有这样一句，"凭着权势利害关系相结合的人，一旦权势利害关系没了，其间的交往也就疏淡了"，甫瑕就是这样的啊。甫瑕虽然用暴力杀害郑子而接纳郑厉公，但郑厉公最终还是食言处死他，这与晋国的里克有什么区别呢？可是守持节操像荀息那样的，结果以身殉职也没能保住奚齐。因为事情变化的发生，是有许多缘故的啊！

陈涉世家

【原文】

陈胜者，阳城人也，字涉。陈涉少时，尝与人佣耕，辍耕之垄上，怅恨久之，曰："苟富贵,无相忘。"佣者笑而应曰："若为佣耕,何富贵也?"陈涉太息曰："嗟乎,燕雀安知鸿鹄之志哉!"

二世元年七月,发闾左,適戍渔阳,九百人屯大泽乡。陈胜、吴广皆次当行,为屯长。会天大雨,道不通,度已失期。失期,法皆斩。陈胜、吴广乃谋曰:"今亡亦死,举大计亦死,等死,死国可乎!"陈胜曰:"天下苦秦久矣。吾闻二世少子也,不当立,当立者乃公子扶苏。扶苏以数谏故,上使外将兵。今或闻无罪,二世杀之。百姓多闻其贤,未知其死也。项燕为楚将,数有功,爱士卒,楚人怜之。或以为死,或以为亡。今诚以吾众诈自称公子扶苏、项燕,为天下唱,宜多应者。"吴广以为然。乃行卜。卜者知其指意,曰:"足下事皆成,有功。然足下卜之鬼乎!"陈胜、吴广喜,念鬼,曰:"此教我先威众耳。"乃丹书帛曰"陈胜王",置人所罾鱼腹中。卒买鱼烹食,得鱼腹中书,固以怪之矣。又间令吴广之次所旁丛祠中,夜篝火,狐鸣呼曰"大楚兴,陈胜王"。卒皆夜惊恐。旦日,卒中往往语,皆指目陈胜。

吴广素爱人,士卒多为用者。将尉醉,广故数言欲亡,忿恚尉,令辱之,以激怒其众。尉果笞广。尉剑挺,广起,夺而杀尉。陈胜佐之,并杀两尉。召令徒属曰:"公等遇雨,皆已失期,失期当斩。藉弟令毋斩,而戍死者固十六七。且壮士不死即已,死即举大名耳,王侯将相宁有种乎!"徒属皆曰:"敬受命。"乃诈称公子扶苏、项燕,从民欲也。袒右,称大楚。为坛而盟,祭以尉首。陈胜自立为将军,吴广为都尉。攻大泽乡,收而攻蕲。蕲下,乃令符离人葛婴将兵徇蕲以东。攻铚、酂、苦、柘、谯皆下之。行收兵。比至陈,车六七百乘,骑千余,卒数万人。攻陈,陈守令皆不在,独守丞与战谯门中。弗胜,守丞死,乃入据陈。数日,号令召三老、豪杰与皆来会计事。三老、豪杰皆曰:"将军身被坚执锐,伐无道,诛暴秦,复立楚国之社稷,功宜为王。"陈涉乃立为王,号为张楚。

当此时,诸郡县苦秦吏者,皆刑其长吏,杀之以应陈涉。乃以吴叔为假王,监诸将以西击荥阳。令陈人武臣、张耳、陈余徇赵地,令汝阴人邓宗徇九江郡。当此时,楚兵数千人为聚者,不可胜数。

周文,陈之贤人也,尝为项燕军视日,事春申君,自言习兵,陈王与之将军印,西击秦。行收兵至关,车千乘,卒数十万,至戏,军焉。秦令少府章邯免郦山徒、人奴产子生,悉发以击楚大军,尽败之。周文败,走出关,止次曹阳二三月。章邯追败之,复走次渑池十余日。章邯击,大破之。周文自刭,军遂不战。

武臣到邯郸,自立为赵王,陈余为大将军,张耳、召骚为左右丞相。陈王怒,捕系武臣等家室,欲诛之。柱国曰:"秦未亡而诛赵王将相家属,此生一秦也。不如因而立之。"陈王乃遣使者贺赵,而徙系武臣等家属宫中,而封耳子张敖为成都君,趣赵兵亟入关。赵王将相相与谋曰:"王王赵,非楚意也。楚已诛秦,必加兵于赵。计莫如毋西兵,使使北徇燕地以自广也。赵南据大河,北有燕、代,楚虽胜秦,不敢制赵。若楚不胜秦,必重赵。赵乘秦之弊,可以得志于天下。"赵王以为然,因不西兵,而遣故上谷卒史韩广将兵北徇燕地。

燕故贵人豪杰谓韩广曰:"楚已立王,赵又已立王。燕虽小,亦万乘之国也,愿将军立为燕王。"韩广曰:"广母在赵,不可。"燕人曰:"赵方西忧秦,南忧楚,其力不能禁我。且以楚之强,不敢害赵王将相之家,赵独安敢害将军之家!"韩广以为然,乃自立为燕王。居数月,赵奉燕王母及家属归之燕。

当此之时,诸将之徇地者,不可胜数。周市北徇地至狄,狄人田儋杀狄令,自立为齐王,以齐反击周市。市军散,还至魏地,欲立魏后故宁陵君咎为魏王。时咎在陈王所,不得之魏。魏地已定,欲相与立周市为魏王,周市不肯。使者五反,陈王乃立宁陵君咎为魏王,遣之国。周市卒为相。

将军田臧等相与谋曰:"周章军已破矣,秦兵旦暮至,我围荥阳城弗能下,秦军至,必大败。不如少遗兵,足以守荥阳,悉精兵迎秦军。今假王骄,不知兵权,不可与计,非诛之,事恐败。"因相与矫王令以诛吴叔,献其首于陈王。陈王使使赐田臧楚令尹印,使为上将。田臧乃使诸将李归等守荥阳城,自以精兵西迎秦军于敖仓。与战,田臧死,军破。章邯进兵击李归等荥阳下,破之,李归等死。

阳城人邓说将兵居郏,章邯别将击破之,邓说军散走陈。铚人伍徐将兵居许,章邯击破之,伍徐军皆散走陈。陈王诛邓说。

陈王初立时,陵人秦嘉、铚人董緤、符离人朱鸡石、取虑人郑布、徐人丁疾等皆特起,将兵围东海守庆于郯。陈王闻,乃使武平君畔为将军,监郯下军。秦嘉不受命,嘉自立为大司马,恶属武平君。告军吏曰:"武平君年少,不知兵事,勿听!"因矫以王命杀武平君畔。

章邯已破伍徐,击陈,柱国房君死。章邯又进兵击陈西张贺军。陈王出监战,军破,张贺死。

腊月,陈王之汝阴,还至下城父,其御庄贾杀以降秦。陈胜葬砀,谥曰隐王。

陈王故涓人将军吕臣为仓头军,起新阳,攻陈下之,杀庄贾,复以陈为楚。

初,陈王至陈,令铚人宋留将兵定南阳,入武关。留已徇南阳,闻陈王死,南阳复为秦。宋留不能入武关,乃东至新蔡,遇秦军,宋留以军降秦。秦传留至咸阳,车裂留以徇。

秦嘉等闻陈王军破出走,乃立景驹为楚王,引兵之方与,欲击秦军定陶下。使公孙庆使齐王,欲与并力俱进。齐王曰:"闻陈王战败,不知其死生,楚安得不请而立王!"公孙庆曰:"齐不请楚而立王,楚何故请齐而立王!且楚首事,当令于天下。"田儋诛杀公孙庆。

秦左右校复攻陈,下之。吕将军走,收兵复聚。鄱盗当阳君黥布之兵相收,复击秦左右校,破之青波,复以陈为楚。会项梁立怀王孙心为楚王。

陈胜王凡六月。已为王,王陈。其故人尝与佣耕者闻之,之陈,扣宫门曰:"吾欲见涉。"宫门令欲缚之。自辩数,乃置,不肯为通。陈王出,遮道而呼涉。陈王闻之,乃召见,载与俱归。入宫,见殿屋帷帐,客曰:"夥颐!涉之为王沈沈者!"楚人谓多为夥,故天下传之,夥涉为王,由陈涉始。客出入愈益发舒,言陈王故情。或说陈王曰:"客愚无知,颛妄言,轻威。"陈王斩之。诸陈王故人皆自引去,由是无亲陈王者。陈王以朱房为中正,胡武为司过,主司群臣。诸将徇地,至,令之不是者,系而罪之,以苛察为忠。其所不善者,弗下吏,辄自治之。陈王信用之。诸将以其故不亲附,此其所以败也。

陈胜虽已死,其所置遣侯王将相竟亡秦,由涉首事也。高祖时为陈涉置守冢三十家砀,至今血食。

褚先生曰:地形险阻,所以为固也;兵革刑法,所以为治也。犹未足恃也。夫先王以仁义为本,而以固塞文法为枝叶,岂不然哉!

【译文】

陈胜是阳城人,字涉。陈涉年轻的时候,曾和别人受雇耕田,有一次他停止耕作走到田埂上,惆怅恼恨了很久,说:"如果有朝一日富贵了,大家互相不要忘记。"一起受雇耕田的人笑着回答说:"你被人雇来耕田,怎么富贵呢?"陈涉长叹道:"唉,燕子麻雀哪里懂得大雁天鹅的志向呢!"

秦二世元年(公元前209)七月,征发居住在里巷左边的平民,派遣其中有罪的去渔阳郡戍边,有九百人驻扎在大泽乡。陈胜、吴广都依次编入队伍,担任屯长。碰到天下大雨,道路不通,估计已经误期。超过规定期限,依法都要斩首。陈胜、吴广于是密谋:"如今逃亡是死,举行起义也是死,同样是死,为楚国而死该可以吧!"陈胜说:"天下遭受秦朝的痛苦很久了。我听说秦二世是小儿子,不应当即位,应当即位的是公子扶苏。扶苏因为多次直言进谏的缘故,皇上派他在外领兵。如今有人听说扶苏没有任何罪过,秦二世杀了他。百姓中很多人听说他的贤明,但不知道他的死。项燕担任楚国将军,屡立战功,爱护士兵,楚地人怜惜他。有的以为他死了,有的以为他跑了。今天如果用我们这些人假冒自称是公子扶苏、项燕部下,为天下带头起义,就应该有许多响应的人。"吴广认为是这样。于是举行占卜。占卜的人知道他们的意思,说:"你们的事都能成,会建功立业。然而你们向鬼神占卜了吗?"陈胜、吴广很高兴,就考虑利用鬼神的事,说:"这是教我们先在众人中树立威信罢了。"于是用朱砂在绢帛上书写"陈胜王",放入别人所打鱼的肚子里。士卒买来那条鱼准备烹煮吃,得到鱼肚子里的帛书,这原已使人很奇怪了。陈胜又让吴广到驻地旁的丛社神祠中,夜里点起篝火，学着狐狸的声音叫道"大楚兴，陈胜王"。士卒一夜都惊恐不安。第二天，士卒中间纷纷谈论，都指点注视陈胜。

吴广平素爱护他人，因此士卒中有许多人愿意为他效力。将尉喝醉了酒，吴广故意多次说想逃跑，以此激怒将尉，让他来侮辱自己，借以激起众人愤怒。将尉果然鞭打吴广。将尉拔剑出鞘，吴广起身，夺过佩剑杀死将尉。陈胜帮助他，一起杀死两名将尉。然后召集号令部下说："诸公遇上大雨，都已错过期限，错过期限应当斩首。即使仅仅下令不斩首，然而戍边死亡的人也必定会占到十分之六七。况且大丈夫不死则已，死就要立下大名，王侯将相难道是天生的种吗！"部属都说："坚决服从命令。"于是假冒公子扶苏、项燕的名义，顺从民众的欲望。大家袒露右臂，号称大楚。筑起高台宣誓立约，用将尉的首级进行祭祀。陈胜自己立为将军，封吴广为都尉。进攻大泽乡，取得后又进攻蕲县。蕲县攻下后，陈胜便命令符离人葛婴领兵收取蕲县以东之地。进攻铚县、酂县、苦县、柘县、谯县，全部攻克。一路招集兵马。等到达陈县，已有兵车六七百辆，骑兵一千余，士卒几万人。进攻陈县，陈郡的郡守、县令都不在，只有郡丞独自在谯楼下城门中作战。秦兵没有获胜，郡丞战死，于是入城占据陈县。过了几天，陈涉发出号令召集当地三老、豪杰一起都来集会商议事情。当地三老、豪杰都说："将军亲自身披铠甲手持利剑，讨伐无道，诛灭暴秦，重建楚国的江山，论功应该称王。"陈涉于是立为王，国号叫张楚。

当这个时候，各郡县深受秦朝官吏之苦的人，都起来惩处当地的长官，杀死他们来响应陈涉。陈涉于是任命吴叔为假王，监领众将向西进击荥阳。又命令陈人武臣、张耳、陈余收取赵地，命令汝阴人邓宗收取九江郡。当这个时候，楚地士兵几千人聚集起义的，多得无法计算。

周文是陈县的贤人，曾经当过项燕军中占卜时日吉凶的官，事奉过春申君，自称熟习军事，陈王授予他将军印，向西攻击秦军。一路上收集兵马，到达函谷关，有战车一千辆，士卒几十万，来到戏水岸边，安营扎寨。秦廷命令少府章邯赦免骊山的刑徒、奴隶生的儿子，全部征发来攻击张楚大军，将几十万楚军统统打败。周文兵败，逃跑闯出函谷关，停留驻扎在曹阳亭约二三个月。章邯领兵追赶击败周文，楚军又逃跑驻扎在渑池十几天。章邯进击，大败楚军。周文拔剑自杀，楚军就不再战斗。

武臣到达邯郸，自己立为赵王，陈余任大将军，张耳、召骚任左、右丞相。陈王发怒，逮捕关押武臣等人的家属，打算诛杀他们。上柱国蔡赐说："秦朝没有灭亡而诛杀赵王及其将相的家属，这是在制造又一个为敌的秦国。不如因此而封立他为王。"陈王于是派遣使者前往赵地祝贺，同时将关押的武臣等人的家属迁移到宫中，还封张耳儿子张敖为成都君，催促赵兵立即进入函谷关。赵王的将相一同谋议说:"大王在赵地为王,并非楚王的本意。楚王诛灭秦朝后,必定进攻赵国。眼下之计不如不向西进兵,派使者北上收取燕地来扩展自己。赵国南面依仗黄河,北面占有燕、代之地,楚王即使战胜秦国,也不敢欺压赵国。倘若楚王不能战胜秦国,必定会器重赵国。赵国利用秦国的衰败,便可以取得天下。"赵王认为是这样,因而不向西进兵,而派遣原上谷郡卒史韩广领兵北上收取燕地。

燕国原来的权贵豪杰对韩广说:"楚国已经立了王,赵国也已经立了王。燕国尽管小,但也是曾拥有万辆战车的国家,希望将军立为燕王。"韩广说:"我的母亲在赵地,不可这样做。"燕人说:"赵国正西边担忧秦国,南边担忧楚国,它的力量无法禁止燕国立王。况且凭着楚国的强大,尚不敢杀害赵王及其将相的家属,赵国哪敢单单杀害将军的家属!"韩广认为是这样,于是自立为燕王。过了几个月,赵国将燕王的母亲和家属送归燕国。

当这个时候,众将领到各处收地占城的,数不胜数。周市北上收取土地到达狄县,狄县人田儋杀死狄县县令,自己立为齐王,率领齐军反过来攻击周市。周市军队被打散,返回到达魏地,打算拥立魏国公室后裔原宁陵君咎为魏王。当时魏咎在陈王住地,没能前往魏地。魏地平定以后,将领们准备共同拥立周市为魏王,周市不肯。周市派使者经过五次往返,陈王才封立宁陵君咎为魏王,遣送他回国。周市结果任魏相。

将军田臧等在一起密谋说:"周章的军队已经溃败了,秦兵早晚就会来到,我们围攻荥阳不能攻下,那么秦兵一到,必定会大败。不如少许留下一部分兵力,便足以监守荥阳,集中其余所有精锐部队迎击秦军。如今假王吴广骄傲,不懂用兵谋略,无法和他商量。不诛杀他的话,事情恐怕会失败。"于是一起假托陈王命令来诛杀吴广,把他的首级献送给陈王。陈王派使者赐给田臧楚令尹的印,让他担任上将。田臧就派将领李归等监守荥阳城,自己率领精锐部队在敖仓迎击秦军。一交战,田臧战死,军队溃败。章邯进兵到荥阳城下攻击李归等,打败楚军,李归等人战死。

阳城人邓说领兵占据郯县,章邯的偏将领兵击败他,邓说的部队溃散逃奔到陈。铚人伍徐领兵居住许县,章邯领兵击败他,伍徐的部队全都溃散逃奔陈地。陈王诛杀邓说。

陈王初立为王时,陵人秦嘉、铚人董𬤇、符离人朱鸡石、取虑人郑布、徐人丁疾等都各自起兵,率部在郯县围攻东海郡守庆。陈王闻知此事,就派武平君畔担任将军,监领郯县城下军队。秦嘉不接受陈王命令,他自己封立为大司马,憎恶隶属于武平君。他告诉军吏说:"武平君年轻,不懂军事,不要听他的!"于是假托陈王命令杀死武平君畔。

章邯击败伍徐后，攻击陈县，上柱国房君蔡赐战死。章邯又进兵攻击陈县西面张贺军队。陈王出城督战，军队溃败，张贺战死。

十二月，陈王前往汝阴，旋即到达下城父，他的车夫庄贾杀死陈王向秦军投降。陈胜葬在砀县，谥号为隐王。

陈王原来的涓人将军吕臣组建仓头军，在新阳县起兵，进攻陈县，攻克县城，杀死庄贾，重新以陈县作为楚地。

当初，陈王到达陈县，命令铚人宋留领兵平定南阳，进入武关。宋留收取南阳后，听说陈王已死，南阳重新归属秦朝。宋留无法进入武关，于是东进到达新蔡，遇到秦军，宋留率军投降秦朝。秦人用驿站车马把宋留解送到咸阳，将宋留处以五马分尸的酷刑来示众。

秦嘉等人听说陈王军队战败出陈逃奔，于是拥立景驹为楚王，领兵前往方与，打算在定陶城下攻击秦军。楚王派遣公孙庆为使者出使齐王，想和他合力一道进兵。齐王说："听说陈王战败，不知他的生死下落，楚人怎能不来请示而自立为王！"公孙庆说："齐王不请示楚王而自立为王，楚王何故要请示齐王而封立为王！况且楚人首先起事，应当号令天下。"田儋诛杀公孙庆。

秦朝左右校部又进攻陈县，攻占县城。吕将军逃跑，收拾部众重新聚集。鄱县强盗当阳君黥布的军队与吕臣部联合，又进攻秦左右校部，在青波击败秦军，重新以陈县为楚地。恰好这时项梁拥立楚怀王的孙子熊心为楚王。

陈胜称王前后总共六个月。他为王后，居住在陈。他的旧友中有个曾经一起受雇耕田的人听说此讯，来到陈，敲打宫门说："我要见陈涉。"宫门令想把他捆绑起来。那人自己辩解多次，才放开，但宫门令不肯替他通报。陈王出门，那人拦路呼喊陈涉的名字。陈涉听到喊声，于是下令召见，用车载他一起回归。进入宫殿，看到殿宇房舍、帷幔帐幄，客人说："夥颐！陈涉当了王，房子真高大深沉啊！"楚地人把"多"说成"夥"，所以天下流传"夥涉为王"这句话，那是从陈涉开始的。客人出入宫殿愈来愈放纵无忌，随意谈说陈王旧日的情形。有人劝说陈王道："客人愚昧无知，专门胡言乱语，有损大王威严。"陈王下令斩了客人。其他陈王的旧友都自动引退离去，从此没有亲近陈王的人了。陈王任命朱房为中正，胡武为司过，负责监视群臣。众将领外出收取土地，回来到陈，凡是不服从朱房、胡武命令的，就抓起来治罪，以苛刻详察作为忠诚。二人所不喜欢的，不交付司法官吏审理，就擅自处治。陈王信任重用他们。众将领因为这个缘故不再亲近依附他，这就是陈王失败的原因。

陈胜尽管已经死去，但他安置派遣的侯王将相最后灭亡了秦朝，是由于陈涉首先举事的缘故。汉高祖时替陈涉在砀设置了看守坟墓的三十户人家，直至今日仍享受祭祀。

褚先生说:地理形势险要阻隘,是固守边防的条件;军队武器、刑律法令,是治理国家的手段。但还不足以依赖。先王把仁义作为根本,而将险固要塞、法律条文作为枝叶,难道不是这个道理吗!

楚元王世家

【原文】

楚元王刘交者,高祖之同母少弟也,字游。

高祖兄弟四人,长兄伯,伯蚤卒。始高祖微时,尝辟事,时时与宾客过巨嫂食。嫂厌叔,叔与客来,嫂详为羹尽,栎釜,宾客以故去。已而视釜中尚有羹,高祖由此怨其嫂。及高祖为帝,封昆弟,而伯子独不得封。太上皇以为言,高祖曰:"某非忘封之也,为其母不长者耳。"于是乃封其子信为羹颉侯。而王次兄仲于代。

高祖六年,已禽楚王韩信于陈,乃以弟交为楚王,都彭城。即位二十三年卒,子夷王郢立。夷王四年卒,子王戊立。

王戊立二十年,冬,坐为薄太后服私奸,削东海郡。春,戊与吴王合谋反,其相张尚、太傅赵夷吾谏,不听。戊则杀尚、夷吾,起兵与吴西攻梁,破棘壁。至昌邑南,与汉将周亚夫战。汉绝吴楚粮道,士卒饥,吴王走,楚王戊自杀,军遂降汉。

汉已平吴楚,孝景帝欲以德侯子续吴,以元王子礼续楚。窦太后曰:"吴王,老人也,宜为宗室顺善。今乃首率七国,纷乱天下,奈何续其后!"不许吴,许立楚后。是时礼为汉宗正。乃拜礼为楚王,奉元王宗庙,是为楚文王。

文王立三年卒,子安王道立。安王二十二年卒,子襄王注立。襄王立十四年卒,子王纯代立。王纯立,地节二年,中人上书告楚王谋反,王自杀,国除,入汉为彭城郡。

赵王刘遂者,其父高祖中子,名友,谥曰"幽"。幽王以忧死,故为"幽"。高后王吕禄于赵,一岁而高后崩。大臣诛诸吕吕禄等,乃立幽王子遂为赵王。

遂既王赵二十六年,孝景帝时坐晁错以适削赵王常山之郡。吴楚反,赵王遂与合谋起兵。其相建德、内史王悍谏,不听。遂烧杀建德、王悍,发兵屯其西界,欲待吴与俱西。北使匈奴,与连和攻汉。汉使曲周侯郦寄击之。赵王遂还,城守邯郸,相距七月。吴楚败于梁,不能西。匈奴闻之,亦止,不肯入汉边。栾布自破齐还,乃并兵引水灌赵城。赵城坏,赵王自杀,邯郸遂降。赵幽王绝后。

太史公曰:国之将兴,必有祯祥,君子用而小人退。国之将亡,贤人隐,乱臣贵。使楚王戊毋刑申公，遵其言，赵任防与先生，岂有篡杀之谋，为天下僇哉？贤人乎，贤人乎！非质有其内，恶能用之哉？甚矣，"安危在出令，存亡在所任"，诚哉是言也！

【译文】

楚元王刘交，是汉高祖同母异父的小弟弟，字游。

高祖有兄弟四人，长兄叫伯，伯很早就去世了。当初，高祖贫微的时候，曾经为了躲避官吏，常常跟客人一块儿到大嫂家去吃饭。大嫂讨厌小叔子来白吃，当小叔子跟客人们来到时，大嫂便假装羹已吃光，用勺刮锅嘎嘎作响，结果客人们因此都离去了。事后高祖发觉锅中还有羹，为此而怨恨大嫂。到高祖当了皇帝，分封兄弟，只有伯的儿子不得封爵。太上皇为此而讲情，高祖说："并不是我忘了封他，只因为他母亲实在不像个长者的样子。"于是才封伯的儿子信为羹颉侯，而封二哥仲于代，为代王。

高祖六年（公元前 201），楚王韩信在陈地被捕，高祖便封自己的弟弟交为楚王，都城设在彭城。刘交在位二十三年而死，儿子夷王郢即位。夷王在位四年而死，儿子王戊即位。

王戊在位二十年的冬天，逢薄太后去世，王戊在为薄太后服丧的房屋里奸淫而犯罪，被削去封地东海郡。到了春天，王戊便同吴王合谋造反，其丞相张尚、太傅赵夷吾劝谏阻拦不听。王戊反而杀了张尚、赵夷吾，起兵同吴军一道西进攻打梁国，拿下了棘壁。军队到达昌邑之南，同汉将周亚夫交战。汉军断绝了吴、楚军队的粮道，士兵们挨饿，吴王逃走，楚王戊自杀，军队也就投降了汉军。

汉兵平定了吴、楚的叛乱，孝景帝想让（吴王濞之弟）德侯的儿子续封吴国，让楚元王交的儿子礼续封楚国。窦太后说："吴王濞本是皇族中的长辈了，应当爱护顺从宗室。现在却带头率领七国造反，扰乱天下，怎么能续封其后代！"因而不准许再立吴国的后代，只准许立楚国的后代。当时，礼是汉朝的宗正。于是，封礼为楚王，奉祀元王的宗庙，这就是楚文王。

文王在位三年而死，儿子安王道即位。安王在位二十二年而死，儿子襄王注即位。襄王在位十四年而死，儿子王纯继位。王纯即位后，地节二年，国中有人上书告发楚王谋反，王自杀。楚国被撤除，封地归入汉朝，成为彭城郡。

赵王刘遂，其父是高祖中子，名友，谥号为"幽"。因为幽王是忧伤而死的，所以叫做"幽"。高后封吕禄于赵地，做了赵王。一年后，高后驾崩，大臣们诛杀吕禄及吕氏全族，于是，立幽王的儿子遂为赵王。

刘遂封赵王二十六年后，孝景帝时因晁错抓住刘遂过失削除赵王的常山郡。吴、楚反叛，赵王便同他们合谋起兵，其丞相建德、内史王悍劝谏，不听。刘遂烧死建德、王悍,发兵屯扎在赵国西部边界处,想等与吴军会师后一道西进。同时,又北上派人出使匈奴,要同他们联合起来攻汉。汉朝派曲周侯郦寄攻赵。赵王返回,固守邯郸城,与汉军相持七个月。后来,吴、楚军在梁国兵败,不能西进。匈奴听到了这个消息,也停止了军事行动,不肯进入汉界。栾布领兵攻克齐地返回,与郦寄会师,引水淹灌赵都。赵都城墙坍塌,赵王自杀,邯郸城便投降了。赵幽王也断绝了后嗣。

太史公说:一个国家将要兴起,必定有吉祥的征兆,这时,君子受重用而小人隐退。一个国家将要灭亡,贤人隐退而乱臣尊贵。假如楚王戊不加刑申公,而遵照他的话去做;假如赵王能够任用防与先生,他们怎么会有篡位杀主的阴谋,而被天下所共诛呢?贤人啊,贤人啊!如果国君不是内心有善良的本质,怎么可能任用贤人呢!多么重要啊,所谓"国家安危关键在于政令,国家存亡关键在于任用的人",这句话千真万确啊!

荆燕世家

【原文】

荆王刘贾者,诸刘,不知其何属。初起时,汉王元年,还定三秦,刘贾为将军,定塞地,从东击项籍。

汉四年,汉王之败成皋,北渡河,得张耳、韩信军,军修武,深沟高垒,使刘贾将二万人,骑数百,渡白马津入楚地,烧其积聚,以破其业,无以给项王军食。已而楚兵击刘贾,贾辄壁不肯与战,而与彭越相保。

汉五年,汉王追项籍至固陵,使刘贾南渡淮围寿春。还至,使人间招楚大司马周殷。周殷反楚,佐刘贾举九江,迎武王黥布兵,皆会垓下,共击项籍。汉王因使刘贾将九江兵,与太尉卢绾西南击临江王共尉。共尉已死,以临江为南郡。

汉六年春,会诸侯于陈,废楚王信,囚之,分其地为二国。当是时也,高祖子幼,昆弟少,又不贤,欲王同姓以镇天下,乃诏曰:"将军刘贾有功,及择子弟可以为王者。"群臣皆曰:"立刘贾为荆王,王淮东五十二城;高祖弟交为楚王,王淮西三十六城。"因立子肥为齐王。始王昆弟刘氏也。

燕王刘泽者,诸刘远属也。高帝三年,泽为郎中。高帝十一年,泽以将军击陈豨,得王黄,为营陵侯。

高后时,齐人田生游乏资,以画干营陵侯泽。泽大说之,用金二百斤为田生寿。田生已得金,即归齐。二年,泽使人谓田生曰:"弗与矣。"田生如长安,不见泽,而假大宅,令其子求事吕后所幸大谒者张子卿。居数月,田生子请张卿临,亲修具。张卿许往。田生盛帷帐共具,譬如列侯。张卿惊。酒酣,乃屏人说张卿曰:"臣观诸侯王邸弟百余,皆高祖一切功臣。今吕氏雅故本推毂高帝就天下,功至大,又亲戚太后之重。太后春秋长,诸吕弱,太后欲立吕产为王,王代。太后又重发之,恐大臣不听。今卿最幸,大臣所敬,何不风大臣以闻太后,太后必喜。诸吕已王,万户侯亦卿之有。太后心欲之,而卿为内臣,不急发,恐祸及身矣。"张卿大然之,乃风大臣语太后。太后朝,因问大臣。大臣请立吕产为吕王。太后赐张卿千斤金,

张卿以其半与田生。田生弗受,因说之曰:"吕产王也,诸大臣未大服。今营陵侯泽,诸刘,为大将军,独此尚觖望。今卿言太后,列十余县王之,彼得王,喜去,诸吕王益固矣。"张卿入言,太后然之。乃以营陵侯刘泽为琅邪王。琅邪王乃与田生之国。田生劝泽急行,毋留。出关,太后果使人追止之,已出,即还。

及太后崩,琅邪王泽乃曰:"帝少,诸吕用事,刘氏孤弱。"乃引兵与齐王合谋西,欲诛诸吕。至梁,闻汉遣灌将军屯荥阳,泽还兵备西界,遂跳驱至长安。代王亦从代至。诸将相与琅邪王共立代王为天子。天子乃徙泽为燕王,乃复以琅邪予齐,复故地。

至孙定国,与父康王姬奸,生子男一人。夺弟妻为姬。与子女三人奸。定国有所欲诛杀臣肥如令郢人,郢人等告定国,定国使谒者以他法劾捕格杀郢人以灭口。至元朔元年,郢人昆弟复上书具言定国阴事,以此发觉。诏下公卿,皆议曰:"定国禽兽行,乱人伦,逆天,当诛。"上许之。定国自杀,国除为郡。

太史公曰:荆王王也,由汉初定,天下未集,故刘贾虽属疏,然以策为王,填江淮之间。刘泽之王,权激吕氏,然刘泽卒南面称孤者三世。事发相重,岂不为伟乎!

【译文】

荆王刘贾是刘氏皇族中的一员,但不知道属于哪个支派的,也不知道他最初参加起事的时间。汉元年(公元前206),汉王回军平定三秦,刘贾被任为将军,率军平定了塞王司马欣的领地,又跟随汉王东下攻打项籍。

四年,汉王兵败成皋后,北渡黄河,得到了张耳、韩信所率的军队,驻扎在修武,深挖壕沟,高筑壁垒,派遣刘贾率领二万步兵和几百名骑兵,从白马津渡过黄河深入楚地,烧毁那里积存的粮草物资,来破坏楚人的生业,使他们无法向项王的军队供给粮食。过了不久,楚兵来攻打刘贾,刘贾就固守壁垒不肯同敌军交战,而与彭越互相支援,共同防御。

五年,汉王领兵追击项籍直到固陵,命刘贾南渡淮水去围攻寿春。刘贾回军到达那里,派人暗中招降楚军的大司马周殷。周殷就背叛楚王,帮助刘贾攻克九江郡。刘贾迎接武王黥布的军队,都去垓下会师,一起攻打项籍。汉王从而就让刘贾统率九江的军队,与太尉卢绾联合,向西南进攻临江王共尉。共尉被俘身死后,汉就把临江国改为南郡。

六年春,高祖在陈地大会诸侯,废掉楚王韩信,囚禁了他,并把他原有的封地分为两国。那时候,高祖的儿子都还年幼,兄弟人数少,又没有什么才德,所以就想封同姓人为王来镇抚天下,于是下诏说:"将军刘贾有功(应该封王),同时选择我的子弟中可以封王的。"群臣都说:"请立刘贾为荆王,统治淮东地区的五十二城;请立皇上的弟弟刘交为楚王,统治淮西地区的三十六城。"高祖因便又立自己的儿子刘肥为齐王。这就是封兄弟、族人为王的开端。

燕王刘泽,是刘氏的远宗疏属。高帝三年,刘泽担任郎中。高帝十一年,刘泽以将军的身份领兵进攻陈豨,俘虏了陈豨军中的重要将领王黄,被封为营陵侯。

高后执政时期,齐人田生出游缺少资用,就求见营陵侯刘泽,用计策打动他。刘泽听了田生为他策划的计谋,非常高兴,用二百斤金子作为礼物祝田生长寿。田生得到了金子,就回齐地去了。两年以后,刘泽派人去对田生说:"您同我不再交好了吗?"田生就来到长安,却不去见刘泽,自己租了一座大宅住下,命他的儿子设法去事奉吕后所宠爱的宦官张子卿。过了几个月,田生的儿子请张子卿到家里来,他亲自准备丰盛的酒肴。张子卿答应前往。田生隆重地张设华丽的帷帐和各种用具,把他当作列侯一般款待。张子卿很是吃惊。喝酒喝到高兴时,田生让旁人退下,向张子卿说道:"我看长安城中诸侯王的宅第有一百多家,一概都是高祖时的功臣。当今吕氏原本最早辅佐高帝取得天下,功劳极大,又具有至亲太后的重要地位。太后年岁已高,而吕家的势力弱小。太后很想立吕产为王,让他统治代国。但太后又难以提出此事,恐怕大臣们不肯听从。而今您子卿最受太后宠信,又被大臣们所敬重,您为什么不示意大臣把请求封立吕产为王的事上报太后,太后听了,一定很高兴。等到诸吕都已封了王,万户侯也就是您子卿的了。太后心里想那样做,而您子卿作为内廷亲信却不赶紧提出来,恐怕要大祸临头了。"张子卿认为田生讲得对,大为赞赏,就示意大臣们把这意见说给太后听。太后上朝,就因此询问大臣。大臣们请求立吕产为吕王。太后赐给张子卿一千斤金子。张子卿把其中一半分给田生。田生不肯接受,乘便又游说张子卿,说道:"这次吕产封王,大臣们并不完全心服。现在营陵侯是皇族中人,身为大将军,只有他对此还不满怨恨。子卿您现在去对太后讲,(从齐王的封地中)割出十几个县封刘泽为王,他当了王,就会欢天喜地地离开长安,而吕氏诸王的地位就更牢固了。"张子卿进宫把这番话讲给太后听,太后表示赞同。于是就把营陵侯刘泽封为琅邪王。琅邪王就同田生一起前往封国。田生劝刘泽抓紧赶路,不要停留,出了函谷关,太后果然派人追赶、留阻。刘泽已经出关,追赶的人就回去了。

等到太后驾崩,琅邪王刘泽就说:"现今皇上年纪小,吕家的人当政,皇族反倒势孤力弱。"于是就率领军队与齐王合谋西进,想要诛灭诸吕。到了梁地,听说朝廷派遣灌将军屯兵荥阳,刘泽就回军防守西线,乘机脱身,急速赶到长安。当时代王也从代国来到长安。汉廷的将相大臣和琅邪王一起拥立代王为天子。天子改封刘泽为燕王,并把琅邪再次划给齐国,恢复齐国原有的领地。

传到孙子定国为王,定国同父亲康王的姬妾通奸,生了一个儿子。他又把弟弟的妻子夺过来当自己的姬妾,还同三个亲生女儿通奸。定国有个想杀掉的臣属肥如县令郢人,郢人等就告发定国的罪状,定国派遣近侍用别的法令检举逮捕并击杀郢人消灭口舌。到了元朔元年,郢人的兄弟又上书详细揭发定国的隐私,定国的罪行因此被朝廷觉察。皇上的诏命下达到公卿那里,公议的结果,都说:"定国的行为如同禽兽,败坏人伦,背逆天理,应判死刑。"皇上批准了这个判决。定国自杀,封国被撤销改为郡。

太史公说:荆王能被封王,是由于汉朝的统治刚刚奠定,而天下还没有安定,所以刘贾虽然是疏属远亲,然而也能被策立为王,让他镇抚长江、淮河之间。刘泽被封为王,是由于用权术激发鼓动了吕氏,然而刘泽及其子孙终于也南面称王达三世之久。事情的起缘虽然只是在于刘泽和田生互相引重,能取得这样的结果,难道不也是很了不起吗?

齐悼惠王世家

【原文】

齐悼惠王刘肥者,高祖长庶男也。高祖六年(公元前201),立肥为齐王,食七十城,诸民能齐言者皆予齐王。

齐王,孝惠帝兄也。孝惠帝二年(公元前193),齐王入朝。惠帝与齐王燕饮,亢礼如家人。吕太后怒,且诛齐王。齐王惧不得脱,乃用其内史勋计,献城阳郡,以为鲁元公主汤沐邑。吕太后喜,乃得辞就国。

哀王元年,孝惠帝崩,吕太后称制,天下事皆决于高后。二年,高后立其兄子郦侯吕台为吕王,割齐之济南郡为吕王奉邑。

哀王三年,其弟章入宿卫于汉,吕太后封为朱虚侯,以吕禄女妻之。后四年,封章弟兴居为东牟侯,皆宿卫长安中。

其明年,赵王友入朝,幽死于邸。三赵王皆废。高后立诸吕为三王,擅权用事。

朱虚侯年二十,有气力,忿刘氏不得职。尝入侍高后燕饮,高后令朱虚侯刘章为酒吏。章自请曰:"臣,将种也,请得以军法行酒。"高后曰:"可。"酒酣,章进饮歌舞。已而曰:"请为太后言耕田歌。"高后儿子畜之,笑曰:"顾而父知田耳。若生而为王子,安知田乎?"章曰:"臣知之。"太后曰:"试为我言田。"章曰:"深耕穊种,立苗欲疏;非其种者,锄而去之。"吕后默然。顷之,诸吕有一人醉,亡酒,章追,拔剑斩之而还报曰:"有亡酒一人,臣谨行法斩之。"太后左右皆大惊。业已许其军法,无以罪也。因罢。自是之后,诸吕惮朱虚侯,虽大臣皆依朱虚侯,刘氏为益强。

其明年,高后崩。赵王吕禄为上将军,吕王产为相国,皆居长安中,聚兵以威大臣,欲为乱。朱虚侯以吕禄女为妇,知其谋,乃使人阴出告其兄齐王,欲令发兵西,朱虚侯、东牟侯为内应,以诛诸吕,因立齐王为帝。

齐王既闻此计,乃与其舅父驷钧、郎中令祝午、中尉魏勃阴谋发兵。齐相召平闻之,乃发卒卫王宫。魏勃绐召平曰:"王欲发兵,非有汉虎符验也。而相君围王,固善。勃请为君将兵卫王。"召平信之,乃使魏勃将兵围王宫。勃既将兵,使围相府。召平曰:"嗟乎!道家之言'当断不断,反受其乱',乃是也。"遂自杀。于是齐王以驷钧为相,魏勃为将军,祝午为内史,悉发国中兵。使祝午东诈琅邪王曰:"吕氏作乱,齐王发兵欲西诛之。齐王自以儿子,年少,不习兵革之事,愿举国委大王。大王自高帝将也,习战事。齐王不敢离兵,使臣请大王幸之临淄见齐王计事,并将齐兵以西平关中之乱。"琅邪王信之,以为然,乃驰见齐王。齐王与魏勃等因留琅邪王,而使祝午尽发琅邪国而并将其兵。

琅邪王刘泽既见欺,不得反国,乃说齐王曰:"齐悼惠王高皇帝长子,推本言之,而大王高皇帝适长孙也,当立。今诸大臣狐疑未有所定,而泽于刘氏最为长年,大臣固待泽决计。今大王留臣无为也,不如使我入关计事。"齐王以为然,乃益具车送琅邪王。

琅邪王既行,齐遂举兵西攻吕国之济南。于是齐哀王遗诸侯王书曰:"高帝平定天下,王诸子弟,悼惠王于齐。悼惠王薨,惠帝使留侯张良立臣为齐王。惠帝崩,高后用事,春秋高,听诸吕擅废高帝所立,又杀三赵王,灭梁、燕、赵以王诸吕,分齐国为四。忠臣进谏,上惑乱不听。今高后崩,皇帝春秋富,未能治天下,固恃大臣诸侯。今诸吕又擅自尊官,聚兵严威,劫列侯忠臣,矫制以令天下,宗庙所以危。今寡人率兵入诛不当为王者。"

汉闻齐发兵而西,相国吕产乃遣大将军灌婴东击之。灌婴至荥阳,乃谋曰:"诸吕将兵居关中,欲危刘氏而自立。我今破齐还报,是益吕氏资也。"乃留兵屯荥阳,使使喻齐王及诸侯,与连和,以待吕氏之变而共诛之。齐王闻之,乃西取其故济南郡,亦屯兵于齐西界以待约。

吕禄、吕产欲作乱关中,朱虚侯与太尉勃、丞相平等诛之。朱虚侯首先斩吕产,于是太尉勃等乃得尽诛诸吕。而琅邪王亦从齐至长安。

大臣议欲立齐王,而琅邪王及大臣曰:"齐王母家驷钧,恶戾,虎而冠者也。方以吕氏故几乱天下,今又立齐王,是欲复为吕氏也。代王母家薄氏,君子长者;且代王又亲高帝子,于今见在,且最为长。以子则顺,以善人则大臣安。"于是大臣乃谋迎立代王,而遣朱虚侯以诛吕氏事告齐王,令罢兵。

灌婴在荥阳,闻魏勃本教齐王反,既诛吕氏,罢齐兵,使使召责问魏勃。勃曰:"失火之家,岂暇先言大人而后救火乎!"因退立,股战而栗,恐不能言者,终无他语。灌将军熟视笑曰:"人谓魏勃勇,妄庸人耳,何能为乎!"乃罢魏勃。魏勃父以善鼓琴见秦皇帝。及魏勃少时,欲求见齐相曹参,家贫无以自通,乃常独早夜埽齐相舍人门外。相舍人怪之,以为物,而伺之,得勃。勃曰:"愿见相君,无因,故为子埽,欲以求见。"于是舍人见勃曹参,因以为舍人。一为参御,言事,参以为贤,言之齐悼惠王。悼惠王召见,则拜为内史。始,悼惠王得自置二千石。及悼惠王卒而哀王立,勃用事,重于齐相。

王既罢兵归,而代王来立,是为孝文帝。

孝文帝元年,尽以高后时所割齐之城阳、琅邪、济南郡复与齐,而徙琅邪王王燕,益封朱虚侯、东牟侯各二千户。

齐文王元年,汉以齐之城阳郡立朱虚侯为城阳王,以齐济北郡立东牟侯为济北王。

后一岁,孝文帝以所封悼惠王子分齐为王,齐孝王将间以悼惠王子杨虚侯为齐王。故齐别郡尽以王悼惠王子:子志为济北王,子辟光为济南王,子贤为淄川王,子卬为胶西王,子雄渠为胶东王,与城阳、齐凡七王。

齐孝王十一年,吴王濞、楚王戊反,兴兵西,告诸侯曰"将诛汉贼臣晁错以安宗庙"。胶西、胶东、淄川、济南皆擅发兵应吴楚。欲与齐,齐孝王狐疑,城守不听,三国兵共围齐。齐王使路中大夫告于天子。天子复令路中大夫还告齐王:"善坚守,吾兵今破吴楚矣。"路中大夫至,三国兵围临淄数重,无从入。三国将劫与路中大夫盟,曰:"若反言汉已破矣,齐趣下三国,不且见屠。"路中大夫既许之,至城下,望见齐王,曰:"汉已发兵百万,使太尉周亚夫击破吴楚,方引兵救齐,齐必坚守无下!"三国将诛路中大夫。

齐初围急,阴与三国通谋,约未定,会闻路中大夫从汉来,喜,及其大臣乃复劝王毋下三国。居无何,汉将栾布、平阳侯等兵至齐,击破三国兵,解齐围。已而复闻齐初与三国有谋,将欲移兵伐齐。齐孝王惧,乃饮药自杀。景帝闻之,以为齐首善,以迫劫有谋,非其罪也,乃立孝王太子寿为齐王,是为懿王,续齐后。而胶西、胶东、济南、淄川王咸诛灭,地入于汉。徙济北王王淄川。齐懿王立二十二年卒,子次景立,是为厉王。

齐厉王,其母曰纪太后。太后取其弟纪氏女为厉王后。王不爱纪氏女。太后欲其家重宠,令其长女纪翁主入王宫,正其后宫,毋令得近王,欲令爱纪氏女。王因与其姊翁主奸。

齐有宦者徐甲,入事汉皇太后。皇太后有爱女曰修成君,修成君非刘氏,太后怜之。修成君有女名娥,太后欲嫁之于诸侯,宦者甲乃请使齐,必令王上书请娥。皇太后喜,使甲之齐。是时齐人主父偃知甲之使齐以取后事,亦因谓甲:"即事成,幸言偃女愿得充王后宫。"甲既至齐,风以此事。纪太后大怒,曰:"王有后,后宫具备。且甲,齐贫人,急乃为宦者,入事汉,无补益,乃欲乱吾王家!且主父偃何为者?乃欲以女充后宫!"徐甲大穷,还报皇太后曰:"王已愿尚娥,然有一害,恐如燕王。"燕王者,与其子昆弟奸,新坐以死,亡国,故以燕感太后。太后曰:"无复言嫁女齐事。"事浸浔闻于天子。主父偃由此亦与齐有郤。

主父偃方幸于天子,用事,因言:"齐临淄十万户,市租千金,人众殷富,巨于长安,此非天子亲弟爱子不得王此。今齐王于亲属益疏。"乃从容言:"吕太后时齐欲反,吴楚时孝王几为乱。今闻齐王与其姊乱。"于是天子乃拜主父偃为齐相,且正其事。主父偃既至齐,乃急治王后宫宦者为王通于姊翁主所者,令其辞证皆引王。王年少,惧大罪为吏所执诛,乃饮药自杀。绝无后。

是时赵王惧主父偃一出废齐,恐其渐疏骨肉,乃上书言偃受金及轻重之短。天子亦既囚偃。公孙弘言:"齐王以忧死毋后,国入汉,非诛偃无以塞天下之望。"遂诛偃。

齐悼惠王后尚有二国,城阳及淄川。淄川地比齐。天子怜齐,为悼惠王冢园在郡,割临淄东环悼惠王冢园邑尽以予淄川,以奉悼惠王祭祀。

城阳景王章,齐悼惠王子,以朱虚侯与大臣共诛诸吕,而章身首先斩相国吕王产于未央宫。孝文帝既立,益封章二千户,赐金千斤。孝文二年,以齐之城阳郡立章为城阳王。立二年卒,子喜立,是为共王。

顷王二十六年卒,子义立,是为敬王。敬王九年卒,子武立,是为惠王。惠王十一年卒,子顺立,是为荒王。荒王四十六年卒,子恢立,是为戴王。戴王八年卒,子景立,至建始三年,十五岁,卒。

济北王兴居,齐悼惠王子,以东牟侯助大臣诛诸吕,功少。及文帝从代来,兴居曰:"请与太仆婴入清宫。"废少帝,共与大臣尊立孝文帝。

孝文帝二年,以齐之济北郡立兴居为济北王,与城阳王俱立。立二年,反。始大臣诛吕氏时,朱虚侯功尤大,许尽以赵地王朱虚侯,尽以梁地王东牟侯。及孝文帝立,闻朱虚、东牟之初欲立齐王,故绌其功。及二年,王诸子,乃割齐二郡以王章、兴居。章、兴居自以失职夺功。章死,而兴居闻匈奴大入汉,汉多发兵,使丞相灌婴击之,文帝亲幸太原,以为天子自击胡,遂发兵反于济北。天子闻之,罢丞相及行兵,皆归长安。使棘蒲侯柴将军击破虏济北王,王自杀,地入于汉,为郡。

后十三年,文帝十六年,复以齐悼惠王子安都侯志为济北王。十一年,吴楚反时,志坚守,不与诸侯合谋。吴楚已平,徙志王淄川。

济南王辟光,齐悼惠王子,以勒侯孝文十六年为济南王。十一年,与吴楚反。汉击破,杀辟光,以济南为郡,地入于汉。

淄川王贤,齐悼惠王子,以武城侯文帝十六年为淄川王。十一年,与吴楚反,汉击破,杀贤。

天子因徙济北王志王淄川。志亦齐悼惠王子,以安都侯王济北。淄川王反,毋后,乃徙济北王王淄川。凡立三十五年卒,谥为懿王。

太史公曰:诸侯大国无过齐悼惠王。以海内初定,子弟少,激秦之无尺土封,故大封同姓,以填万民之心。及后分裂,固其理也。

【译文】

齐悼惠王刘肥,是高祖刘邦庶出的长子。高祖六年,封立刘肥为齐王,食邑七十城,百姓中凡是能说齐地方言的都划归齐王。

齐王是孝惠帝的兄长。孝惠帝二年,齐王入京朝见,惠帝宴请齐王,以如同百姓家人间对等之礼相待。吕太后很生气,要杀齐王。齐王十分害怕,担忧自己不能脱身,于是采用他的内史勋之计,献出城阳郡,作为鲁元公主的汤沐邑。吕太后高兴了,齐王才得以辞别归国。

哀王元年,孝惠帝去世,吕太后临朝称制,天下的事全都取决于高后。第二年,高后封立其兄之子郦侯吕台为吕王,割出齐国的济南郡作为吕王的封地。

三年，其弟刘章到汉朝宫中值宿警卫，吕太后封他为朱虚侯，把吕禄的女儿嫁给他为妻。四年之后，又封刘章之弟刘兴居为东牟侯，二人都在长安值宿警卫。

第二年，赵王刘友入京朝见，被幽禁致死于京都住所中。前后三个赵王都被废黜。高后封立吕氏宗人为梁、赵、燕三王，专权当政。

朱虚侯年方二十，有气力，对刘氏不能得到要职忿忿不平。他曾经入宫侍候高后宴饮，高后命他担任酒吏。刘章自己请求说："臣是将门之后，请准许我能按军法监酒。"高后说："可以。"酒喝到兴头上，刘章劝酒，让歌舞乐人入宫表演助兴，然后说道："请让我为太后说一段耕田歌。"高后把他当作无知小儿看待，笑着说："想来只有你父亲知道耕田罢了，你生下来就是王子，怎么会知道耕田呢？"刘章说："臣知道。"太后说："那你试着为我说说耕田。"刘章说道："深深地耕田，密密地播种，栽苗要疏广；不是同种的，挥锄去掉它。"吕后听了，沉默不语。过了一会儿，吕姓族人中有一个人喝醉了，逃避劝酒，刘章追上去，拔剑把他斩了而回来禀报说："有一个从酒席上逃跑的人，臣谨按军法将他斩首。"太后及周围的人都大吃一惊。但既已准许他按军法监酒，无法办他的罪。于是停饮散席。从此之后，吕姓族人畏惧朱虚侯，即使是汉廷的大臣，也都依傍朱虚侯，刘氏为此而势力渐强。

第二年，高后去世。赵王吕禄为上将军，吕王产为相国，都坐镇长安城中，聚集军队以威胁大臣，企图作乱。朱虚侯刘章因吕禄的女儿是他的妻子，知道吕氏的阴谋，便派人暗中离开长安去告诉他的兄长齐王，想让齐王发兵西进，朱虚侯、东牟侯作内应，以诛灭吕姓诸人，乘机拥立齐王为帝。

齐王听到这一计谋后，便和舅父驷钧、郎中令祝午、中尉魏勃密谋发兵。齐相召平听说后，发兵围住王宫。魏勃欺骗召平说："王想要发兵，但并无汉廷的虎符为凭。现在相君包围王宫，实在是很应该的。我魏勃请求替您领兵禁卫王宫。"召平相信了，便让魏勃领兵包围王宫。魏勃领兵之后，却命令军队把相府围了起来。召平说："唉！道家有这样一句话，'当断不断，反受其乱'，现在正是如此啊！"便自杀身亡。于是齐王任命驷钧为相，魏勃为将军，祝午为内史，把国内的军队全数发动起来。齐王又派祝午往东去欺骗琅邪王刘泽说："吕氏作乱，齐王发兵，准备西进诛伐诸吕。齐王自己因为是小孩，年纪轻，不熟悉军事，愿把整个国家委托给大王。大王从高帝时起就领兵，熟悉战事。齐王不敢离开他的军队，派臣前来请大王驾临临淄见齐王商议大事，并统率齐兵西进平定关中之乱。"琅邪王信了他的话，觉得有理，便驱车去见齐王。齐王和魏勃等乘机扣留住琅邪王，而让祝午把琅邪国兵尽数发动起来，并统领这支军队。

琅邪王刘泽受到欺骗后，不能归国，便劝说齐王道："齐悼惠王是高皇帝的长子,从根本上推究起来,大王您是高皇帝的嫡长孙,应当嗣立为帝。如今诸大臣态度犹豫,定不下来,而我刘泽在刘氏宗族中最为年长,诸大臣肯定是在等我决定大计。现在大王您留我在这里也没有什么用处,不如让我入关去计议这嗣立大事。"齐王觉得他的话有理,便增派车马送琅邪王入关。

琅邪王出发之后,齐便举兵西攻吕国的济南。这时齐哀王向各诸侯王送信说:"高帝平定天下,分封诸子弟为王,悼惠王封在齐国。悼惠王去世,惠帝派留侯张良立臣为齐王。惠帝去世,高后当权,年事已高,听任诸吕擅自废黜高帝所立,又杀害三位赵王,灭掉刘氏的梁、燕、赵国而封给诸吕为王,还把齐国割成了四份。忠臣进谏,高后迷乱糊涂,听不进去。如今高后去世,皇帝年轻,未能治理天下,本当依靠大臣诸侯。现在诸吕又擅自窃居高位,聚兵威胁,挟制列侯忠臣,诈称帝命以号令天下,以致宗庙危急。现在寡人率军入关,诛伐不当为王之人。"

汉廷得知齐国发兵西进,相国吕产派遣大将军灌婴东进迎击。灌婴到达荥阳,心里盘算道:"诸吕领兵居关中,企图危害刘氏而自立。我现在破齐回报,那只是去给吕氏增添资本。"于是留兵屯驻荥阳,派使者晓谕齐王及诸侯,双方讲和联合,以待吕氏突发事变而共同来诛灭他们。齐王听灌婴如此说,便向西进军夺取其原辖的济南郡,然后也把军队屯驻在齐国西界,依约等待。

吕禄、吕产企图在关中作乱,朱虚侯与太尉周勃、丞相陈平等诛灭了他们。朱虚侯首先斩了吕产,于是太尉周勃等才得以把诸吕一网打尽。而琅邪王刘泽此时也从齐国到了长安。

大臣们商议要立齐王为帝,而琅邪王和一些大臣都说:"齐王的母家人驷钧,凶恶乖戾,像是穿衣戴帽的老虎一样。刚刚因为吕氏的缘故,几乎使天下大乱,现在又立齐王,那是想要再制造一个吕氏啊。代王母家薄氏,是仁善的君子长者;而且代王又是嫡亲的高帝之子,如今就在那里,并且最年长。从立子以长这一点来看,迎立代王是名正言顺的;从薄氏是仁善长者这一点来看,与大臣也得以相安。"于是大臣们便商议迎立代王,而派朱虚侯把诛灭吕氏之事告诉齐王,让他罢兵。

灌婴在荥阳,听说魏勃原是教唆齐王起兵的主谋,在诛灭吕氏,让齐王罢兵后,便派使者召魏勃来责问。魏勃说:"失火的人家,哪里有时间先禀报家长然后才来救火呢!"说罢,退后站立,两腿瑟瑟发抖,一副吓得说不出话来的样子,到最后也没有再说其他话。灌将军对魏勃细细打量了一阵,笑道:"人称魏勃勇敢,看来不过是个狂妄平庸的人罢了,怎么能有所作为呢!"于是放了魏勃。魏勃的父亲因为善于鼓琴而进见过秦始皇。到魏勃年轻的时候,他想求见齐相曹参,因家境贫寒,无法自己打通门路,就常常一个人于清早夜晚在齐相舍人的门外扫地。齐相舍人很奇怪,以为是个鬼怪,便在一旁窥伺,发现了魏勃。魏勃说:

"我希望见到相君，没有机会，所以为您扫地，想因此而得以求见。"于是舍人向曹参引见魏勃，曹参便收留魏勃做了舍人。一次，魏勃为曹参驾车，谈论起事情，曹参认为他有才能，便推荐给齐悼惠王。悼惠王召见魏勃，拜他为内史。当初，悼惠王是可以自己任命内史这样二千石的官员的。等到悼惠王去世而哀王继立，魏勃主事，权力比齐相还重。

齐王罢兵归国后，代王来到长安嗣立为帝，他就是孝文帝。

孝文帝元年，把高后时分割出去的齐国的城阳、琅邪、济南三郡又尽数归还齐国，徙封琅邪王刘泽为燕王，加封朱虚侯、东牟侯各二千户。

齐文王元年，汉廷用齐国的城阳郡封立朱虚侯刘章为城阳王，用齐国的济北郡封立东牟侯刘兴居为济北王。

过后一年，孝文帝把他所封立的悼惠王诸子分封在齐地为王，齐孝王将闾以悼惠王之子、杨虚侯的身份为齐王。原属齐国的另外一些郡全部用来分封悼惠王的其余儿子为王：子志为济北王，子辟光为济南王，子贤为淄川王，子卬缫为胶西王，子雄渠为胶东王，和城阳王、齐王一起总共有七王。

齐孝王十一年，吴王濞、楚王戊谋反，发兵西进，通告诸侯说："我们要诛杀汉廷贼臣晁错以安定刘氏宗庙。"胶西、胶东、淄川、济南等国都擅自发兵响应吴楚。他们企图联合齐国，齐孝王犹豫不决，据城而守，没有答应，三国的军队一起把齐包围起来。齐王派路中大夫报告天子。天子又令路中大夫归告齐王说："好好地坚守下去，我的军队现在就要攻破吴楚了。"路中大夫回到齐国，三国的军队把临淄围了好几层，无从进城。三国的将领捉住了路中大夫，威胁他，和他约定说："你要反过来说汉廷已经被攻破了，让齐国赶快向三国投降，你不这样说，就杀了你。"路中大夫答应之后，来到城下，望见齐王，说道："汉廷已经发兵百万，派太尉周亚夫击破吴楚，正领兵救齐，齐一定要坚守下去，不要投降！"三国的将领把路中大夫杀了。

齐当初被包围，情况十分危急的时候，齐王暗中曾和三国通谋，但还没约定，正好听说路中大夫从汉廷归来，很高兴，齐国的大臣便又劝说齐王不要投降三国。过不多久，汉将栾布、平阳侯等的军队开到齐国，击破三国叛军，解除了对齐国的包围。事后汉廷又听说齐国当初曾与三国通谋，准备移兵伐齐。齐孝王恐惧，便饮药自杀。景帝知道后，认为齐国起初并无谋反之心，因为受到逼迫威胁才和三国通谋，这不是齐王的罪过，于是封立孝王的太子寿为齐王，他就是懿王，继承齐国的王位。而胶西、胶东、济南、淄川王都被诛灭，其封地归入于汉。徙封济北王为淄川王。齐懿王嗣立二十二年去世，子次景嗣立，他就是齐厉王。

齐厉王，其母为纪太后。纪太后把她弟弟纪氏的女儿娶来做厉王王后。厉王不爱纪氏之女。纪太后想让纪家累世宠贵，便命其长女纪翁主进入王宫，整顿后宫,不让其余嫔妃得以接近厉王,想让厉王爱上纪氏之女。厉王却乘机和他的姊姊翁主发生了奸情。

齐国有个宦者徐甲,入京侍奉汉皇太后。皇太后有爱女叫修成君,修成君不是刘氏之女,太后很怜爱她。修成君有个女儿名娥,太后想把她嫁给诸侯,宦者徐甲便自请出使齐国,一定要设法让齐王上书请求娶娥。皇太后大喜,派徐甲到齐。这时齐人主父偃知道了徐甲到齐国去是因齐王娶后之事,便也乘机对徐甲说:"如果事情办成,希望您提及主父偃的女儿也愿充任齐王后宫之人。"徐甲到齐国后,把这件事委婉地说了。纪太后大怒,说道:"齐王有王后,后宫嫔妃也都够了。再说徐甲,原是齐国的一个穷人,生活窘迫才去当了宦者,入京侍奉汉廷,不但无所补益,竟还想扰乱我王家!再说主父偃又是干什么的?竟想把他女儿送到后宫来!"徐甲一筹莫展,回京禀报皇太后说:"齐王已经愿意娶娥,只是有一件祸患,那就是他恐怕会像燕王那样。"燕王刘定国,因为和他几个女儿私通,新近获罪身亡,封国也被废掉,所以徐甲用燕王的事来触动太后。太后说:"不要再提嫁女到齐国的事了。"这件事渐渐地也被天子知道了。主父偃从此也和齐国有了嫌隙。

主父偃当时正受宠于天子而当权治事,乘机向天子进言道:"齐国临淄有十万户,市集上的租税即有千金之多,人多,又富足,超过了京城长安,如果不是天子的亲弟或爱子是不能在这里为王的。可如今齐王在亲属关系上,与天子更加疏远了。"接着又从容说道:"吕太后时,齐国想要谋反;吴楚之乱时,孝王几乎叛乱。如今听说齐王和他的姊姊淫乱。"于是天子拜主父偃为齐相,准备让他整顿此事。主父偃到齐国后,便加紧查办那些替齐王到他的姊姊翁主住所联络牵线的后宫宦者,让他们把口供证辞都牵连到齐王身上。齐王年少,惧怕自己有大罪要被法吏所拘执诛杀,便饮药自杀。齐王绝嗣,没有后代。

这时赵王对主父偃一出京就废掉了齐国很担忧,恐怕他会渐渐使刘氏骨肉疏远,于是上书揭发主父偃接受贿赂和居心不正等事。天子因此也把主父偃囚禁了起来。公孙弘说道:"齐王因忧惧而死,绝嗣无后,封国入于汉廷,不杀主父

偃,无法满足天下人的愿望。"于是杀掉了主父偃。

齐悼惠王的后代还有两国,即城阳国和淄川国。淄川国和齐国土地相邻。天子怜悯齐王,因为悼惠王的陵园原在齐郡,就割出临淄东面围着悼惠王陵园的城邑全都封给淄川王,让他奉守悼惠王的祭祀。

城阳景王刘章,齐悼惠王之子,以朱虚侯的身份和汉大臣共同诛灭诸吕,他亲自率先斩杀相国吕产于未央宫中。孝文帝即位之后,加封刘章二千户,赐金千斤。孝文帝二年,用齐的城阳郡封刘章为城阳王。封立之后二年去世,其子喜继立,他就是共王。

顷王在位二十六年去世,其子义继立,他就是敬王。敬王在位九年去世,其子武继立,他就是惠王。惠王在位十一年去世,其子顺继立,他就是荒王。荒王在位四十六年去世,其子恢继立,他就是戴王。戴王在位八年去世,其子景继立,到成帝建始三年,在位十五年,去世。

济北王刘兴居,齐悼惠王之子,以东牟侯的身份协助汉大臣诛灭诸吕,功劳少。等到汉文帝从代国来到长安,刘兴居说:"请允许我和太仆婴入内清宫。"他废了少帝,和大臣们一起尊立孝文帝。

孝文帝二年,用齐的济北郡分封刘兴居为济北王,和城阳王一起封立。封立之后二年,刘兴居谋反。当初大臣诛灭诸吕时,朱虚侯的功劳尤其大,朝廷曾答应把赵地全部分封给朱虚侯为王,把梁地全部分封给东牟侯为王。等到孝文帝即位,听说朱虚侯、东牟侯起初想立齐王为帝,所以贬黜他们的功劳。到了文帝二年,封诸子为王,这才割出齐国的两个郡封立刘章、刘兴居为王。刘章、刘兴居觉得自己是失去了应得的职位,被削减了功劳。刘章去世,刘兴居听说匈奴大举侵入汉地,汉朝征发了很多军队,派丞相灌婴迎击匈奴,文帝亲自来到太原,刘兴居因为天子亲自领兵击胡,便发兵在济北国反叛。天子听说后,命令丞相灌婴及出征的军队停止前进,都回到长安。派棘蒲侯柴将军击破济北叛军,俘虏了济北王。济北王自杀,封地归入于汉,成为郡。

过后十三年,在文帝十六年的时候,又把齐悼惠王之子安都侯刘志封为济北王。济北王十一年,吴楚反叛时,刘志坚守封国,不与反叛的诸侯合谋。吴楚被平定后,汉景帝改封刘志为淄川王。

济南王刘辟光,齐悼惠王之子,以勒侯的身份在孝文帝十六年封为济南王。济南王十一年,与吴楚一起反叛。汉廷击破叛军,杀了刘辟光,把济南国变为郡,封地归入于汉。

淄川王刘贤,齐悼惠王之子,以武城侯的身份在文帝十六年封为淄川王。淄川王十一年,与吴楚一起反叛,汉廷击破叛军,杀了刘贤。

天子于是改封济北王刘志为淄川王。刘志也是齐悼惠王之子,以安都侯的身份封为济北王。淄川王反叛被杀,没有后代,于是改封济北王为淄川王。刘志在济北、淄川为王共三十五年,去世,谥为懿王。

太史公说:诸侯大国没有超过齐悼惠王的。当初因为海内初定,子弟少,有感于秦国对于子弟没有尺土之封,所以大封同姓,以安抚万民之心。到后来发生分裂,这原是理所当然的。

曹相国世家

【原文】

平阳侯曹参者,沛人也。秦时为沛狱掾,而萧何为主吏,居县为豪吏矣。

高祖为沛公而初起也,参以中涓从。将击胡陵、方与,攻秦监公军,大破之。东下薛,击泗水守军薛郭西。复攻胡陵,取之。徙守方与。方与反为魏,击之。丰反为魏,攻之。赐爵七大夫。击秦司马砀军砀东,破之,取砀、狐父、祁善置。又攻下邑以西,至虞,击章邯车骑。攻爰戚及亢父,先登。迁为五大夫。北救阿,击章邯军,陷陈,追至濮阳。攻定陶,取临济。南救雍丘,击李由军,破之,杀李由,虏秦候一人。秦将章邯破杀项梁也,沛公与项羽引而东。楚怀王以沛公为砀郡长,将砀郡兵。于是乃封参为执帛,号曰建成君。迁为戚公,属砀郡。

其后从攻东郡尉军,破之成武南。击王离军成阳南,复攻之杠里,大破之。追北,西至开封,击赵贲军,破之,围赵贲开封城中。西击秦将杨熊军于曲遇,破之,虏秦司马及御史各一人。迁为执珪。从攻阳武,下轘辕、缑氏,绝河津,还击赵贲军尸北,破之。从南攻犨,与南阳守齮战阳城郭东,陷陈,取宛,虏齮,尽定南阳郡。从西攻武关、峣关,取之。前攻秦军蓝田南,又夜击其北,秦军大破,遂至咸阳,灭秦。

项羽至,以沛公为汉王。汉王封参为建成侯。从至汉中,迁为将军。从还定三秦,初攻下辩、故道、雍、斄。击章平军于好畤南,破之,围好畤,取壤乡。击三秦军壤东及高栎,破之。复围章平,章平出好畤走。因击赵贲、内史保军,破之。东取咸阳,更名曰新城。参将兵守景陵二十日,三秦使章平等攻参,参出击,大破之。赐食邑于宁秦。参以将军引兵围章邯于废丘。以中尉从汉王出临晋关。至河内,下修武,渡围津,东击龙且、项他定陶,破之。东取砀、萧、彭城。击项籍军,汉军大败走。参以中尉围取雍丘。王武反于外黄,程处反于燕,往击,尽破之。柱天侯反于衍氏,又进破取衍氏。击羽婴于昆阳,追至叶。还攻武强,因至荥阳。参自汉中为将军中尉,从击诸侯及项羽,败,还至荥阳,凡二岁。

高祖二年，拜为假左丞相，入屯兵关中。月余，魏王豹反，以假左丞相别与韩信东攻魏将军孙遨军东张，大破之。因攻安邑，得魏将王襄。击魏王于曲阳，追至武垣，生得魏王豹。取平阳，得魏王母妻子，尽定魏地，凡五十二城。赐食邑平阳。因从韩信击赵相国夏说军于邬东，大破之，斩夏说。韩信与故常山王张耳引兵下井陉，击成安君，而令参还围赵别将戚将军于邬城中。戚将军出走，追斩之。乃引兵诣敖仓汉王之所。韩信已破赵，为相国，东击齐。参以右丞相属韩信，攻破齐历下军，遂取临淄。还定济北郡，攻著、漯阴、平原、鬲、卢。已而从韩信击龙且军于上假密，大破之，斩龙且，虏其将军周兰。定齐，凡得七十余县。得故齐王田广相田光，其守相许章，及故齐胶东将军田既。韩信为齐王，引兵诣陈，与汉王共破项羽，而参留平齐未服者。

项籍已死，天下定，汉王为皇帝，韩信徙为楚王，齐为郡。参归汉相印。高帝以长子肥为齐王，而以参为齐相国。以高祖六年赐爵列侯，与诸侯剖符，世世勿绝。食邑平阳万六百三十户，号曰平阳侯，除前所食邑。

以齐相国击陈豨将张春军，破之。黥布反，参以齐相国从悼惠王将兵车骑十二万人，与高祖会击黥布军，大破之。南至蕲，还定竹邑、相、萧、留。

参功：凡下二国，县一百二十二；得王二人，相三人，将军六人，大莫敖、郡守、司马、候、御史各一人。

孝惠帝元年，除诸侯相国法，更以参为齐丞相。参之相齐，齐七十城。天下初定，悼惠王富于春秋，参尽召长老诸生，问所以安集百姓，如齐故诸儒以百数，言人人殊，参未知所定。闻胶西有盖公，善治黄老言，使人厚币请之。既见盖公，盖公为言治道贵清静而民自定，推此类具言之。参于是避正堂，舍盖公焉。其治要用黄老术，故相齐九年，齐国安集，大称贤相。

惠帝二年，萧何卒。参闻之，告舍人趣治行，"吾将入相"。居无何，使者果召参。参去，属其后相曰："以齐狱市为寄，慎勿扰也。"后相曰："治无大于此者乎？"参曰："不然。夫狱市者，所以并容也，今君扰之，奸人安所容也？吾是以先之。"

参始微时，与萧何善；及为将相，有郤。至何且死，所推贤唯参。参代何为汉相国，举事无所变更，一遵萧何约束。

择郡国吏木讷于文辞，重厚长者，即召除为丞相史。吏之言文刻深，欲务声名者，辄斥去之。日夜饮醇酒。卿大夫已下吏及宾客见参不事事，来者皆欲有言。至者，参辄饮以醇酒，间之，欲有所言，复饮之，醉而后去，终莫得开说，以为常。

相舍后园近吏舍，吏舍日饮歌呼。从吏恶之，无如之何，乃请参游园中，闻吏醉歌呼，从吏幸相国召按之。乃反取酒张坐饮，亦歌呼与相应和。

参见人之有细过,专掩匿覆盖之,府中无事。

参子窋为中大夫。惠帝怪相国不治事,以为:"岂少朕与?"乃谓窋曰:"若归,试私从容问而父曰:'高帝新弃群臣,帝富于春秋,君为相,日饮,无所请事,何以忧天下乎?'然无言吾告若也。"窋既洗沐归,闲侍,自从其所谏参。参怒,而答窋二百,曰:"趣入侍,天下事非若所当言也。"至朝时,惠帝让参曰:"与窋胡治乎?乃者我使谏君也。"参免冠谢曰:"陛下自察圣武孰与高帝?"上曰:"朕乃安敢望先帝乎!"曰:"陛下观臣能孰与萧何贤?"上曰:"君似不及也。"参曰:"陛下言之是也。且高帝与萧何定天下,法令既明,今陛下垂拱,参等守职,遵而勿失,不亦可乎?"惠帝曰:"善。君休矣!"

参为汉相国,出入三年。卒,谥懿侯。子窋代侯。百姓歌之曰:"萧何为法,顜若画一;曹参代之,守而勿失。载其清净,民以宁一。"

太史公曰:曹相国参攻城野战之功所以能多若此者,以与淮阴侯俱。及信已灭,而列侯成功,唯独参擅其名。参为汉相国,清静极言合道。然百姓离秦之酷后,参与休息无为,故天下俱称其美矣。

【译文】

平阳侯曹参是沛县人。他在秦朝时当沛县的狱吏,而萧何任主吏掾,两人在县里是有权势威望的吏员。

高祖自立为沛公起兵反秦,一开始曹参就以中涓的身份追随他。曹参曾率领军队进击胡陵、方与,攻打秦朝泗水郡郡监的军队,把他们打得大败。又向东攻下薛县,在薛县外城的西面攻击泗水郡郡守的军队。再次攻打胡陵,拿下了这个地方。然后率军转移防守方与,而方与背叛沛公倒向魏王,曹参就攻打方与。丰邑当时也反叛投魏,曹参又率军攻打丰邑。(因为屡建军功)沛公赐给他七大夫的爵位。以后又在砀县的东面攻打秦朝司马𬭼的军队,打败秦军,攻取了砀县、狐父和祁城的善置。还进攻下邑向西进军,到达虞县,进击秦将章邯率领的车队和骑兵。攻打爰戚和亢父,曹参身先士卒,最早登上城墙,爵位升迁为五大夫。又向北救援被秦军围困的东阿,攻打章邯的军队,冲进敌阵,追击敌军直至濮阳。转攻定陶,占领临济。南下救援雍丘,击溃了秦将李由的军队,杀死了李由,并且俘虏秦军军候一人。当时秦将章邯击溃了项梁的军队,杀死了项梁,沛公和项羽都领兵向东退却。楚怀王任命沛公为砀郡长,统率砀郡的军队。在这时沛公就封曹参为执帛,号称建成君。又迁任爰戚县县令,隶属于砀郡。

后来曹参又跟随沛公进攻秦朝东郡郡尉的军队,在成武南面战胜这支敌军。在成阳南面攻击秦将王离的军队,到了杠里再次发动攻击,大获全胜。一路追击,向西到达开封。又进击秦将赵贲的军队,打败了这支敌军,把赵贲围困在开封城中。向西又在曲遇攻击并打败了秦将杨熊的军队,俘获秦军司马和监军御史各一人。爵位迁升为执珪。后又跟随沛公攻打阳武,攻下轘辕、缑氏,封锁了平阴地方的大河渡口,回军在尸乡北面击溃了赵贲的军队。又跟随沛公向南攻打犨县,在阳城外城东面与秦朝南阳郡守齮交战,冲进敌阵,攻下宛县,俘虏了齮,全部平定了南阳郡。跟随沛公向西进攻武关、峣关,夺取了这两个关隘。继续前进,在蓝田县南面攻打秦军,又在夜间攻击秦军北侧,把他们打得大败,于是就进军到达咸阳,灭亡了秦朝。

项羽来到关中,封沛公为汉王,汉王封曹参为建成侯。曹参跟着汉王到汉中,升任将军。又随从汉王回军平定三秦,先是进攻下辩、故道、雍县、斄县。在好畤南面进攻并战胜了章平的军队,围困好畤,攻取壤乡。在壤乡东面以及高栎进击三秦的军队,把他们击溃。又回军包围章平,章平从好畤突围出逃。曹参于是进攻赵贲和内史保的军队,打败了他们。向东攻取了咸阳,把咸阳改名为新城。曹参带领军队驻守景陵二十天,三秦方面派遣章平等攻打曹参,曹参领兵出击,大败敌军。汉王把宁秦赐给他当食邑。曹参以将军的身份带兵把章邯包围在废丘,又以中尉的身份跟随汉王出临晋关,到达河内地区,攻下修武,渡过围津,东进定陶攻击龙且、项他的军队,打败了他们。向东攻取砀县、萧县和彭城。在进击项羽军队的战斗中,汉军大败溃逃。曹参以中尉的身份率军包围并攻取了雍丘。当时王武在外黄叛变,程处在燕县叛变,曹参前往攻击,全部击溃叛军。柱天侯又在衍氏反叛,曹参又进军打败柱天侯,攻下衍氏。接着在昆阳打败羽婴,一直追击到叶县。又回军进攻武强,从而到达荥阳。曹参自从在汉中担任将军、中尉,跟随汉王出汉中攻打诸侯和项羽,到被项羽打败,回军荥阳,前后共两年时间。

高祖二年(公元前205),曹参被任命为代理左丞相,进入关中屯兵驻守。过了一个多月,魏王豹叛变,曹参以代理左丞相的身份,与韩信分别率领军队向东进军,在东张地方攻打魏王将军孙遫的军队,大败魏军。从而进攻安邑,俘虏了魏将王襄。在曲阳攻击魏王豹,追到武垣,把他活捉了。接着攻下平阳,俘获魏王的母亲和妻子儿女,全部平定了魏地,总计得到了五十二座城。汉王把平阳赐给曹参作为食邑。接着曹参又跟随韩信在邬县东面进击赵相国夏说的军队,大获全胜,杀死了夏说。韩信和原常山王张耳带兵直下井陉,进攻成安君,命令曹参回军把赵国偏将戚将军围困在邬县城中。戚将军突围出逃,曹参追上把他杀了。于是就带兵前往汉王所在的敖仓。韩信攻破赵国以后,被汉王任命为赵相国,率军东进,攻打齐国。曹参以右丞相的身份隶属韩信,击败齐国部署在历下的军队,从而夺取临淄。又回军平定济北郡,攻占著县、漯阴、平原、鬲县、卢县等地。不久,又跟随韩信在上假密大败龙且的军队,杀死了龙且,俘虏了这支军队的将军周兰。平定齐国,共得七十多个县。还活捉了原齐王田广的丞相田光、留守的代理丞相许章,以及原齐国的胶东将军田既。韩信当了齐王,带兵去陈郡与汉王会合,一起攻破项羽,而曹参就留在齐地平定那些还没有归服的地方。

项羽死后,天下全部平定,汉王做了皇帝。韩信被改封为楚王,齐地成了朝廷管辖的郡,曹参把丞相的印玺归还朝廷。高祖封长子刘肥为齐王,任命曹参为齐相国。曹参在高祖六年被赐给列侯的爵位,与其他列侯一起剖符受封,封爵世世代代传承不绝。曹参以平阳地方的一万六百三十户作为封邑,封号为平阳侯,而削除以前受封的食邑。

后来曹参以齐相国的身份进击陈豨部将张春的军队,把他们打垮。黥布反叛,曹参作为齐相国又跟随齐悼惠王刘肥率领步兵、车队、骑兵等共十二万人,与高祖会合,一起攻打黥布的军队,打得他们大败,向南一直追击到蕲县,又回军平定竹邑、相县、萧县、留县。

曹参的功绩:总共攻下两个诸侯国,一百二十二个县;活捉王二人,相三人,将军六人,大莫敖、郡守、司马、军候、御史各一人。

孝惠帝元年(公元前194)废除了诸侯王国设相国的法令,改任曹参为齐丞相。曹参当齐国的相,那时齐国有七十座城。天下刚刚平定,悼惠王还年轻,曹参把齐地受人尊敬的老年有德之人和儒生全都召来,向他们请教安抚百姓的办法。而齐国原先的儒生有好几百人,所说的话各不相同,曹参不知如何决定。他听说胶西地方有个盖公,擅长于研究道家黄老学说,就派人致送厚礼把他请来。同盖公相见后,盖公给他讲治理国家应该崇尚清静无为而百姓自然安定,以此类推地讲了许多道理。曹参于是就让出自己居住的正房,请盖公住进去。他治理国家主要就是采用黄老的一套办法,所以担任齐国丞相九年,齐国形势稳定,百姓安居乐业,被人们盛赞是个贤明的丞相。

二年,萧何去世。曹参听到这个消息就告诉自己身边的舍人赶快整理行装,说:"我马上要去长安担任朝廷的相国了。"过了不多久,果然有使者来召曹参入朝。曹参离开齐国前嘱咐接任的齐国丞相说:"你要把齐国的监狱和市场当作寄管的物品,千万别去扰乱变动。"后任的齐国丞相问道:"治理国家难道没有比这更重要的吗?"曹参说:"不能那样想。监狱和市场,是好人坏人都能容纳的地方,你如果随意去扰乱变动(采用严厉的手段),那叫坏人到何处安身?(无处安身,他们就会到处作乱)所以我首先把这一点提出来。"

曹参微贱时,与萧何很要好;做了将相以后,两人有了隔阂。到萧何病重将死时,他向皇帝推荐的贤才只有曹参一人。曹参接替萧何当汉朝的相国,所做的事情与萧何生前毫无变更,完全遵循萧何制定的法规。

曹参从各郡和各诸侯王国的吏员中挑选不善于辞令然而稳重忠厚有德行的

人,立即把他们召来担任丞相的属吏。吏员中那些擅于言辞、深文周纳、一心追求名声的人,就把他们斥退。曹参自己不分日夜,整天饮美酒。卿大夫以下的官吏以及宾客看到曹参不理政事,来见的人都想提出忠告。凡客人来到,曹参就让他饮美酒,客人找机会,想有所进言,曹参又让他饮酒,总是让客人喝醉了才离去,最终还是不能开口谏说,这种情况习以为常。

相国住宅的后园靠近吏员的住所。吏员住所中整天有人饮酒唱歌,呼叫喧闹。相国身边的办事人员很讨厌他们,但没有办法,于是就请曹参到后园去游玩,曹参听到了吏员住房中喝醉酒唱歌呼叫的声音,身边的办事人员希望相国会把那些家伙召来追究治罪。可是曹参竟然反而让人把酒取来摆开酒席,坐下饮酒,也唱歌呼叫,同那边互相应和。

曹参发现别人有细小的过错,总是帮他们掩藏遮盖,府中相安无事。

曹参的儿子曹窋任中大夫。惠帝见相国不理政事,感到奇怪,心想:"难道相国看不起我?"于是就对曹窋说:"你回家,试着私下在闲谈时间问你的父亲:'高祖去世不久,皇上正年轻,您当相国,整天饮酒,不向皇上请示,也不处理公务,怎么为治理天下忧虑呢?'但你可别讲是我告诉你的。"曹窋休假日回家,装作无事而在曹参身边侍候,就从自己的角度出发,规劝曹参。曹参听了大怒,打了曹窋二百板子,说道:"赶快进宫侍奉皇上,天下大事不是你所应该说的。"到上朝的时候,惠帝责备曹参说:"你为什么要惩治曹窋?先前可是我让他去劝你的。"曹参脱下所戴的冠,谢罪说:"陛下自己观察,您的圣明英武同高帝相比怎么样?"惠帝说:"我怎么敢同先帝比啊!"曹参又问:"陛下看我的才能跟萧何比,谁更强一些?"惠帝说:"您好像比不上萧何。"曹参说:"陛下说得很对。再说高帝与萧何一起平定天下,制定的法令都很明白。现在陛下垂衣拱手,我等谨守职责,遵照执行而不违背偏离,不就可以了吗?"惠帝说:"对啊,您就好生休息吧。"

曹参担任朝廷的相国,有三年左右时间。死后被谥为懿侯,由儿子曹窋继承爵位。百姓们歌唱称颂道:"萧何定法律,明白又整齐;曹参接替他,遵守不偏离。施政贵清静,百姓安宁心欢喜。"

太史公说:曹相国参攻城野战的功劳之所以能有如此之多,是因为他同淮阴侯一起作战。等到韩信被杀以后,列侯中建立功勋的,就只有曹参独占美名了。曹参担任朝廷的相国,竭力主张清静无为,合乎道家的学说。然而在百姓遭受了秦朝的残酷统治之后,曹参能无为而治,与民休养生息,(这符合百姓的心愿)所以天下人都称颂他的美名。

梁孝王世家

【原文】

梁孝王武者,孝文皇帝子也,而与孝景帝同母。母,窦太后也。

孝文帝凡四男:孝文帝即位二年,以武为代王,以参为太原王,以胜为梁王。二岁,徙代王为淮阳王。以代尽与太原王,号曰代王。参立十七年,孝文后二年卒,谥为孝王。子登嗣立,是为代共王。立二十九年,元光二年卒。子义立,是为代王。十九年,汉广关,以常山为限,而徙代王王清河。清河王徙以元鼎三年也。

初,武为淮阳王十年,而梁王胜卒,谥为梁怀王。怀王最少子,爱幸异于他子。其明年,徙淮阳王武为梁王。梁王之初王梁,孝文帝之十二年也。梁王自初王通历已十一年矣。

梁王十四年,入朝。二十二年,孝文帝崩。二十四年,入朝。二十五年,复入朝。是时上未置太子也。上与梁王燕饮,尝从容言曰:"千秋万岁后传于王。"王辞谢。虽知非至言,然心内喜。太后亦然。其春,吴楚齐赵七国反。吴楚先击梁棘壁,杀数万人。梁孝王城守睢阳,而使韩安国、张羽等为大将军,以距吴楚。吴楚以梁为限,不敢过而西,与太尉亚夫等相距三月。吴楚破,而梁所破杀虏略与汉中分。明年,汉立太子。其后梁最亲,有功,又为大国,居天下膏腴地。地北界泰山,西至高阳,四十余城,皆多大县。

孝王,窦太后少子也,爱之,赏赐不可胜道。于是孝王筑东苑,方三百余里。广睢阳城七十里。大治宫室,为复道,自宫连属于平台三十余里。招延四方豪桀,自山以东游说之士莫不毕至,齐人羊胜、公孙诡、邹阳之属。公孙诡多奇邪计,初见王,赐千金,官至中尉,梁号之曰公孙将军。梁多作兵器弩弓矛数十万,而府库金钱且百巨万,珠玉宝器多于京师。

二十九年十月,梁孝王入朝。景帝使使持节,乘舆驷马,迎梁王于关下。既朝,上疏因留,以太后亲故,王入则侍景帝同辇,出则同车游猎,射禽兽上林中。梁之侍中、郎、谒者著籍引出入天子殿门,与汉宦官无异。

十一月,上废栗太子,窦太后心欲以孝王为后嗣。大臣及袁盎等有所关说于景帝,窦太后义格,亦遂不复言以梁王为嗣事由此。

其夏四月,上立胶东王为太子。梁王怨袁盎及议臣,乃与羊胜、公孙诡之属阴使人刺杀袁盎及他议臣十余人。逐其贼,未得也。于是天子意梁王,逐贼,果梁使之。乃遣使冠盖相望于道,覆按梁,捕公孙诡、羊胜。公孙诡、羊胜匿王后宫。使者责二千石急,梁相轩丘豹及内史韩安国进谏王,王乃令胜、诡皆自杀,出之。上由此怨望于梁王。梁王恐,乃使韩安国因长公主谢罪太后,然后得释。

上怒稍解,因上书请朝。既至关,茅兰说王,使乘布车,从两骑入,匿于长公主园。汉使使迎王,王已入关,车骑尽居外,不知王处。太后泣曰:"帝杀吾子!"景帝忧恐。于是梁王伏斧质于阙下,谢罪,然后太后、景帝大喜,相泣,复如故。悉召王从官入关。然景帝益疏王,不同车辇矣。

三十五年冬,复朝。上疏欲留,上弗许。归国,意忽忽不乐。北猎良山,有献牛,足出背上,孝王恶之。六月中,病热,六日卒,谥曰孝王。

孝王未死时,财以巨万计,不可胜数。及死,藏府余黄金尚四十余万斤,他财物称是。

梁共王三年,景帝崩。共王立七年卒,子襄立,是为平王。

梁平王襄十四年,母曰陈太后。共王母曰李太后;李太后,亲平王之大母也;而平王之后姓任,曰任王后。任王后甚有宠于平王襄。初,孝王在时,有罍樽,直千金。孝王诫后世,善保罍樽,无得以与人。任王后闻而欲得罍樽。平王大母李太后曰:"先王有命,无得以罍樽与人。他物虽百巨万,犹自恣也。"任王后绝欲得之。平王襄直使人开府取罍樽,赐任王后。李太后大怒,汉使者来,欲自言,平王襄及任王后遮止,闭门,李太后与争门,措指,遂不得见汉使者。李太后亦私与食官长及郎中尹霸等士通乱,而王与任王后以此使人风止李太后,李太后内有淫行,亦已。后病薨。病时,任后未尝请病;薨,又不持丧。

元朔中,睢阳人类犴反者,人有辱其父,而与淮阳太守客出同车。太守客出下车,类犴反杀其仇于车上而去。淮阳太守怒,以让梁二千石。二千石以下求反甚急,执反亲戚。反知国阴事,乃上变事,具告知王与大母争樽状。时丞相以下见知之,欲以伤梁长吏,其书闻天子。天子下吏验问,有之。公卿请废襄为庶人。天子曰:"李太后有淫行,而梁王襄无良师傅,故陷不义。"乃削梁八城,枭任王后首于市。梁余尚有十城。襄立三十九年卒,谥为平王。子无伤立为梁王也。

济东王彭离者,梁孝王子,以孝景中六年为济东王。二十九年,彭离骄悍,无人君礼,昏暮私与其奴、亡命少年数十人行剽杀人,取财物以为好。所杀发觉者百余人,国皆知之,莫敢夜行。所杀者子上书言。汉有司请诛,上不忍,废以为庶人,迁上庸,地入于汉,为大河郡。

山阳哀王定者,梁孝王子,以孝景中六年为山阳王。九年卒,无子,国除,地入于汉,为山阳郡。

济阴哀王不识者,梁孝王子,以孝景中六年为济阴王。一岁卒,无子,国除,地入于汉,为济阴郡。

太史公曰:梁孝王虽以亲爱之故,王膏腴之地,然会汉家隆盛,百姓殷富,故能植其财货,广宫室,车服拟于天子。然亦僭矣。

褚先生曰:臣为郎时,闻之于宫殿中老郎吏好事者称道之也。窃以为令梁孝王怨望,欲为不善者,事从中生。今太后,女主也,以爱少子故,欲令梁王为太子。大臣不时正言其不可状,阿意治小,私说意以受赏赐,非忠臣也。齐如魏其侯窦婴之正言也,何以有后祸?景帝与王燕见,侍太后饮,景帝曰:"千秋万岁之后传王。"太后喜说。窦婴在前,据地言曰:"汉法之约,传子适孙,今帝何以得传弟,擅乱高帝约乎!"于是景帝默然无声。太后意不说。

故成王与小弱弟立树下,取一桐叶以与之,曰:"吾用封汝。"周公闻之,进见曰:"天王封弟,甚善。"成王曰:"吾直与戏耳。"周公曰:"人主无过举,不当有戏言,言之必行之。"于是乃封小弟以应县。是后成王没齿不敢有戏言,言必行之。

又诸侯王朝见天子,汉法凡当四见耳。始到,入小见;到正月朔旦,奉皮荐璧玉贺正月,法见;后三日,为王置酒,赐金钱财物;后二日,复入小见,辞去。凡留长安不过二十日。小见者,燕见于禁门内,饮于省中,非士人所得入也。今梁王西朝,因留,且半岁。入与人主同辇,出与同车。示风以大言而实不与,令出怨言,谋畔逆,乃随而忧之,不亦远乎!非大贤人,不知退让。今汉之仪法,朝见贺正月者,常一王与四侯俱朝见,十余岁一至。今梁王常比年入朝见,久留。鄙语曰"骄子不孝",非恶言也。故诸侯王当为置良师傅,相忠言之士,如汲黯、韩长孺等,敢直言极谏,安得有患害!

盖闻梁王西入朝,谒窦太后,燕见,与景帝俱侍坐于太后前,语言私说。太后谓帝曰:"吾闻殷道亲亲,周道尊尊,其义一也。安车大驾,用梁孝王为寄。"景帝跪席举身曰:"诺。"罢酒出,帝召袁盎诸大臣通经术者:"太后言如是,何谓也?"皆对曰:"太后意欲立梁王为帝太子。"帝问其状,袁盎等曰:"殷道亲亲者,立弟。周道尊尊者,立子。殷道质,质者法天,亲其所亲,故立弟。周道文,文者法地,尊者敬也,敬其本始,故立长子。周道,太子死,立适孙。殷道,太子死,立其弟。"帝曰:"于公何如?"皆对曰:"方今汉家法周,周道不得立弟,当立子。臣请见太后白之。"袁盎等入见太后:"太后言欲立梁王,梁王即终,欲谁立?"太后曰:"吾复立帝子。"袁盎等以宋宣公不立正,生祸,祸乱后五世不绝,小不忍害大义状报太后。太后乃解说,即使梁王归就国。而梁王闻其义出于袁盎诸大臣所,怨望,使人来杀袁盎。袁盎顾之曰:"我所谓袁将军者也,公得毋误乎?"刺者曰:"是矣!"刺之,置其剑,剑著身。视其剑,新治。问长安中削厉工,工曰:"梁郎某子来治此剑。"以此知而发觉之,发使者捕逐之。独梁王所欲杀大臣十余人,文吏穷本之,谋反端颇见。太后不食,日夜泣不止。景帝甚忧之,问公卿大臣,大臣以为遣经术吏往治之,乃可解。于是遣田叔、吕季主往治之。此二人皆通经术,知大礼。来还,至霸昌厩,取火悉烧梁之反辞,但空手来对景帝。景帝曰:"何如?"对曰:"言梁王不知也。造为之者,独其幸臣羊胜、公孙诡之属为之耳。谨以伏诛死,梁王无恙也。"景帝喜说,曰:"急趋谒太后。"太后闻之,立起坐飱,气平复。

【译文】

梁孝王武,是孝文皇帝的儿子,与孝景皇帝一母所生,他们的母亲是窦太后。

孝文帝共有四个儿子:孝文帝即位后第二年,把武封为代王,把参封为太原王,把胜封为梁王。两年以后,又改封代王为淮阳王,把代王原有的封地全部都给了太原王,太原王改称代王。参在位十七年,于孝文帝后二年去世,被谥为孝王。他的儿子继位,这就是代共王。共王在位二十九年,于元光二年去世。他的儿子义继位,这就是当代的代王。义立为代王十九年,朝廷把函谷关东移,扩展关中的地域,把常山作为北面的界限,从而改封代王到清河为王。这次改封是元鼎三年的事。

当初,武为淮阳王十年时,梁王胜去世了,被谥为梁怀王。梁怀王是孝文帝最小的儿子,得到文帝的宠爱超过其他的儿子。第二年,改封淮阳王武为梁王。梁王武开始到梁国为王,是在孝文帝十二年。梁王从最初封王起通加起来算,已经为王十一年了。

梁王当王的第十四年,奉命入京朝见。第二十二年,孝文帝驾崩。第二十四年及第二十五年,又两次入朝。当时孝景帝还没有立太子。皇上同梁王一起在内宫宴饮,曾闲谈着说:"我去世后把皇位传给你。"梁王起身辞谢(表示不敢当),虽然知道这不是真心实意的话,但心里还是很高兴。太后听了也是这样。那年春天,吴楚齐赵等七国起兵反叛朝廷。吴楚的军队首先攻打梁国的棘壁,杀死了几万人。梁孝王亲自在睢阳守城,而派韩安国、张羽等为大将军,来与吴楚对抗。吴楚的军队把梁国看作难以攻克的险阻,不敢过境西进,而与太尉周亚夫等统率的汉军互相攻守,连战三个月。吴楚等国的叛军终于被击灭,而梁军所击溃、杀死、俘虏的敌军的人数大略与汉军相等。第二年,汉廷立太子。这以后梁王与天子关系最为亲密,他立过大功,又是大国之王,居于天下最肥沃的地方,封地北与泰山郡接界,西到高阳,共有四十多城,其中包括许多大县。

梁孝王是窦太后的小儿子。太后爱他,赏赐给他的财物无法说清。梁孝王就在自己的封国中修建东苑,范围有三百里见方。又扩大睢阳城,周长达七十里。还大建宫室,修造了许多架空的天桥,从王宫直到平台,三十多里接连不断。他招纳四方豪杰,山东地区的游说之士都到梁国来投奔他,其中有齐人羊胜、公孙诡、邹阳之流。公孙诡善于策画奇妙的计谋,第一次见梁王,就被赏赐黄金一千斤,官做到梁国的中尉,在梁国号称为公孙将军。梁国大造各种兵器,弩、弓、矛等总数有几十万,而府库中的金钱将近百亿,所藏有的金玉宝器比京师还要多。

梁孝王当王第二十九年的十月,又一次入朝。景帝派遣使者拿着符节,用天子驾有四马的副车到函谷关去迎接梁王。梁王朝见天子以后,上疏请求,从而得以留在长安,这是因为太后亲爱他的缘故。梁王在宫中侍奉景帝同乘一辇,外出同乘一车进行游猎,在上林苑中射猎禽兽。梁国的侍中、郎、谒者都登录门籍出入天子的殿门,同天子宫中的宦官没有什么差别。

十一月,皇上废黜栗太子,窦太后心中想把孝王立为皇位继承人。大臣以及袁盎等人对景帝有所进言,窦太后的意见被阻遏不用,窦太后因此也不再提立梁王为皇位继承人的事了。

这年夏天四月,皇上立胶东王为太子。梁王怨恨袁盎以及其他反对他继承皇位的大臣,就同羊胜、公孙诡这些人商议,偷偷地派遣刺客暗杀袁盎以及其他十几个议事大臣。朝廷追捕罪犯,未能抓获。于是天子猜测是梁王指使的,抓到刺客进行审问,果然是梁王指使的。于是朝廷接连地派遣使者,使者们在路上前后相望,前去梁国核查案情,逮捕公孙诡、羊胜。公孙诡、羊胜躲藏在梁王的后宫。使者督责梁国主政的二千石级官员交出罪犯,十分急迫,梁相轩丘豹以及内史韩安国进谏梁王,梁王就让羊胜和公孙诡都自杀,交出他们的尸体。皇上因为此事而怨恨梁王。梁王心中恐惧,就派遣韩安国去长安通过长公主向太后谢罪,然后才得免予追究。

皇上对梁王的怒气稍有缓和,梁王便上书请求入朝。到了函谷关后,茅兰劝说梁王,让他改乘简陋的布车,只带两个骑马的侍从入关,躲藏在长公主的园林中。朝廷派遣使者迎接梁王,梁王已经入关,而他的车马侍从却都在关外,不知梁王居处。(消息传来)太后哭着说:"皇帝杀死了我的儿子!"景帝也感到忧虑恐慌。这时梁王才到宫门前伏身于铁砧之上表示谢罪,太后和景帝大喜,三人相对而哭,又同从前一样和好。景帝把梁王的侍从全都召入关内。然而景帝对梁王越来越疏远,不再和他同车共辇了。

梁王在位的第三十五年冬天,又一次入朝。他上奏疏想留在长安,皇上没有允许。梁王回到自己的封国,神意恍惚,闷闷不乐。他向北到良山狩猎,有人献上一头牛,背上长脚,梁王见了十分厌恶。到了六月间,梁王患了热病,在六日去世,被谥为孝王。

孝王生前,财产以万万计,无法数清。到他死后,府库中余存的黄金还有四十多万斤,其他的财物也与此相当。

梁共王在位的第三年,景帝驾崩。共王在位七年去世,儿子襄继立,这就是平王。

梁平王襄在位的第十四年,他的母亲为陈太后;共王的母亲为李太后,李太后是平王的亲祖母;平王的王后姓任,称为任王后。任王后很得平王裹的宠爱。当初孝王在世时得到一件罍樽,价值千金。孝王告诫后世子孙,要妥善保管这件罍樽,不得把它送人。任王后听说有这样一件罍樽,想得到它。平王的祖母李太后说:"先王曾有遗命,不得把罍樽送人,其他物品即使价值亿万,也任你随意处置。"任王后极想得到罍樽。平王裹径自派人打开府库取出罍樽,赐给任王后。李太后大怒,朝廷的使者来到梁国,李太后要亲自向使者讲这件事,平王裹和任王后拦阻,关上门,李太后争着要开门,被挤伤了手指,结果未能见到朝廷的使者。李太后私下同食官长以及郎中尹霸等通奸淫乱,梁王和任王后抓住此事,让人暗示阻止李太后,李太后因私下有淫乱行为,也就作罢了。后来李太后得病去世,病中任后从未去问病请安,去世后,任后又不为她服丧。

元朔年间,一个叫类犴反的睢阳人,有人侮辱了他的父亲,而与淮阳太守门客同乘一车外出。太守门客下车后,类犴反把他的仇人杀死在车上逃离。淮阳太守十分恼怒,拿这件事责备梁国的二千石级官员。梁国二千石以下的官员寻找类犴反非常急迫,逮捕了类犴反的亲戚。类犴反知道梁国的一些隐私,于是就向朝廷上书,检举梁国发生的事变,详细地告发了梁王与李太后争夺罍樽的情况。当时朝廷丞相以下的官员看到告发信知道有这么一回事,企图以此来打击伤害梁国的主要官吏,就把那件告发信上报给天子。天子把此事交付有关官吏去查验审问,确有其事。公卿们建议废梁王裹为庶人。天子说:"李太后有淫乱行为,而梁王裹又没有好的师傅辅导,所以做出不义之事,落到这种地步。"于是削减梁王封地八个县,把任王后处死,将首级悬挂于梁国都城的闹市。这以后梁国余下的领地还有十城。裹在位三十九年去世,被谥为平王,儿子无伤继立为梁王。

济东王彭离是梁孝王的儿子,在孝景帝中六年被封为济东王。在位二十九年,彭离生性骄纵凶狠,没有人君应有的礼节操行,常在天黑以后同自己的奴仆以及无赖少年等几十人,抢劫杀人,夺取财物,把这当作一种爱好。被他杀害的,已经发现的就有一百多人。国中的人都知道这码事,没有谁敢夜间外出行走。有被杀人的儿子上书朝廷告发。朝廷有关官吏建议处彭离死刑,皇上不忍心,把他废为庶人,迁居上庸,封国土地并入汉朝,改为大河郡。

山阳哀王定是梁孝王的儿子,在孝景帝中六年被封为山阳王。在位九年去世,没有可继承王位的儿子,封国被撤除,土地并入汉朝,改为山阳郡。

济阴哀王不识是梁孝王的儿子,在孝景帝中六年被封为济阴王。在位一年去世,没有可继承王位的儿子,封国被撤除,土地并入汉朝,改为济阴郡。

太史公说:梁孝王虽然因为最亲最爱的缘故而被封到肥沃富饶的地方为王,但也正赶上汉家的繁隆昌盛,百姓都殷实富足,所以能增加财产,广建宫室,车舆冠服的仪制几乎可同天子相比。不过这也僭越礼制了。

褚先生说:我当侍郎的时候,曾听到宫殿中好事的老郎官谈论有关梁孝王的事,私下认为致使梁孝王心怀不满,想干坏事,事端是从宫廷内部惹起的。当时的太后,是(大权在握的)女主,她因为溺爱幼子的缘故,意图让梁王当太子。大臣们不能及时直言如此不可的道理,却奉承阿谀,只从小处着眼,私下取悦太后之意来接受赏赐,都不是忠臣。如果都能像魏其侯窦婴那样正言进谏,怎么会有后来的祸患?景帝同梁王在内宫以兄弟之礼相见,一起陪侍太后宴饮,景帝说:"我去世后把皇位传给你。"太后听了很高兴。窦婴在场,跪伏在地说道:"汉家法度规定,皇位传给嫡子嫡孙,现今皇上怎么能传给弟弟,擅自搅乱高帝的规定啊!"景帝于是默不作声,太后心中不快。

从前周成王同年小的幼弟站在桐树下,拿了一片桐叶给他,说道:"我以此封你为诸侯。"周公听说,就进见说:"天王封弟为诸侯,这很好。"成王说:"我不过是同他开玩笑而已。"周公说:"君主没有过分的举动,不应该有开玩笑的话,说出的话一定要实行。"于是成王就把应县封给幼弟。从此以后,成王终身不敢再说玩笑话,说了什么一定去实行。

又诸侯王朝见天子,汉朝的法律规定一共只应进见四次而已。刚到长安,进宫作非正式的小见。到了正月初一,进献毛皮璧玉,向皇上恭贺新年正月,按礼法进见,这叫法见。三天以后,皇上为王置办酒宴,赏赐金钱财物;再过两天,王又进宫小见,告辞离京。留在长安总共不超过二十天。小见是在宫中私下相见,皇上与王一起在内宫宴饮,那地方不是外廷的士人所能进去的。而今梁王西到长安朝见皇上,从而留居,时间几乎有半年之久。进宫与皇上共坐一辇,外出又同乘一车。皇上表面上说出传位给他的大话而实际上却又不给,致使梁王口出怨言,策划叛逆之事,随后才为此而忧虑,(这同正确对待诸侯王的办法)不是相距太远了吗!不是杰出的贤人,就不知道谦让。汉家的礼仪法度,来长安朝见向皇上恭贺新年正月的,经常是一个王与四个侯一起朝见,十几年才轮到一次。现今梁王经常连年入朝进见,久留长安。俗话说"骄子不孝",这不是恶意中伤的话。所以对诸侯王应该为他们

配置好的师傅,并选择能进忠言的人为相,就像汲黯、韩长孺等,敢于直言不讳,尽力进谏,那样怎么会有祸患呢!

听说梁王西行到长安入朝,拜谒窦太后,设便宴以家人之礼相见,梁王与景帝都在太后面前侍坐,一起谈谈家常,很是高兴。太后对景帝说:"我听人讲殷代立法行事,重视亲其所亲;周代立法行事,重视尊其所尊,二者的道理是一样的。我和你,就以梁孝王为寄托了。"景帝跪在席上挺直上身说:"是。"酒宴结束退出,景帝召来袁盎等通经术的大臣问:"太后的话这样说,是什么意思?"大臣们都回答说:"太后的意思想立梁王为皇上的太子。"景帝问具体情况,袁盎等说:"殷代立法行事重视亲其所亲,把弟弟立为继承人。周代立法行事重视尊其所尊,把儿子立为继承人。殷代立法行事比较质朴,讲质朴就取法于天,亲其所亲,所以立弟弟为继承人。周代立法行事崇尚礼仪,讲礼仪就取法于地,(尊其所尊)尊就是敬,敬自己宗族的本原,所以立长子为继承人。周代立法行事,如果太子死了,就改立嫡孙为继承人。殷代立法行事,如果太子死了,就改立他的弟弟为继承人。"景帝说:"在您看来,该怎么办?"大臣们都回答说:"现今汉家效法周代,(依据)周代立法行事的原则不能立弟弟,应当立儿子为继承人。臣等请求进见太后说明这方面的道理。"于是袁盎等人入宫进见太后,说道:"太后您说要立梁王为太子,将来梁王如果去世,您又想立谁?"太后说:"我再立皇帝的儿子。"袁盎等就把宋宣公不立居于正位的嫡子,结果产生祸端,宋国的祸乱以后接连五世不断,小处不忍而伤害了大义的情况,告诉给太后。太后这才理解其中的道理,欣然同意,随即就让梁王归回自己的封国。而梁王听说那些议论出自袁盎等大臣那里,怨恨不满,派人来刺杀袁盎。袁盎回头看看刺客说:"我就是所谓的袁将军,您是不是认错了人?"刺客说:"正是你!"说着刺死袁盎,弃置了剑,剑就插在袁盎尸身之上。事后检验察看这把剑,发现是新近制作的。调查询问长安城中整治磨砺刀剑的工匠,一个工匠说:"梁国郎官某人来制作过这把剑。"因此朝廷知道了案情,发觉是梁王指使的,就派遣使者追捕刺客。(抓到刺客一审讯)得知单单梁王所要杀害的大臣就有十几个。司法官吏穷究事件的根源,梁王谋反的迹象许多都暴露了。太后(极其忧虑),吃不下饭,白天黑夜哭个不停。景帝很为此忧愁,问公卿大臣该怎样处理,大臣们认为应派遣深通经术的官吏去梁国处治,才能解决。于是朝廷派遣田叔、吕季主去梁国处理这一案件。这两个人都深通经术,懂得维护礼法的大原则。他们从梁国办案回来,到了霸昌厩,取火把在梁国审出的梁王谋反的证辞全部烧掉,只是空着手来回报景帝。景帝说:"事情办得怎么样?"他们两人回答说:"证辞都说梁王不知情。事情只是他宠幸的臣下羊胜、公孙诡之流干的。这些人都已处死伏法。梁王安然无恙。"景帝听了很高兴,说:"赶快去谒报太后。"太后听说梁王无事,马上就起来坐着吃饭,心气恢复平安了。

五宗世家

【原文】

孝景皇帝子凡十三人为王,而母五人,同母者为宗亲。

河间献王德,以孝景帝前二年用皇子为河间王。好儒学,被服造次必于儒者。山东诸儒多从之游。

二十六年卒,子共王不害立。四年卒,子刚王基代立。十二年卒,子顷王授代立。

临江哀王阏于,以孝景帝前二年用皇子为临江王。三年卒,无后,国除为郡。

临江闵王荣,以孝景前四年为皇太子,四岁废,用故太子为临江王。

四年,坐侵庙壖垣为宫,上征荣。荣至,诣中尉府簿。中尉郅都责讯王,王恐,自杀。葬蓝田。燕数万衔土置冢上,百姓怜之。

荣最长,死无后,国除,地入于汉,为南郡。

右三国本王皆栗姬之子也。

鲁共王余,以孝景前二年用皇子为淮阳王。二年,吴楚反破后,以孝景前三年徙为鲁王。好治宫室苑囿狗马。季年好音,不喜辞辩。为人吃。

二十六年卒,子光代为王。初好音舆马;晚节啬,惟恐不足于财。

江都易王非,以孝景前二年用皇子为汝南王。吴楚反时,非年十五,有材力,上书愿击吴。景帝赐非将军印,击吴。吴已破,二岁,徙为江都王,治吴故国,以军功赐天子旌旗。元光五年,匈奴大入汉为贼,非上书愿击匈奴,上不许。非好气力,治宫观,招四方豪桀,骄奢甚。

立二十六年卒,子建立为王。七年自杀。淮南、衡山谋反时,建颇闻其谋。自以为国近淮南,恐一日发,为所并,即阴作兵器,而时佩其父所赐将军印,载天子旗以出。易王死未葬,建有所说易王宠美人淖姬,夜使人迎与奸服舍中。及淮南事发,治党与颇及江都王建。建恐,因使人多持金钱,事绝其狱。而又信巫祝,使人祷祠妄言。事既闻,汉公卿请捕治建。天子不忍,使大臣即讯王。王服所犯,遂自杀。国除,地入于汉,为广陵郡。

胶西于王端,以孝景前三年吴楚七国反破后,端用皇子为胶西王。端为人贼戾,又阴痿,一近妇人,病之数月。而有爱幸少年为郎。为郎者顷之与后宫乱,端禽灭之,及杀其子母。数犯上法,汉公卿数请诛端,天子为兄弟之故不忍,而端所为滋甚。有司再请削其国,去太半。端心愠,遂为无訾省。府库坏漏尽,腐财物以巨万计,终不得收徙。令吏毋得收租赋。端皆去卫,封其宫门,从一门出游。

数变名姓,为布衣,之他郡国。

立四十七年,卒,竟无男代后,国除,地入于汉,为胶西郡。

右三国本王皆程姬之子也。

赵王彭祖,以孝景前二年用皇子为广川王。赵王遂反破后,彭祖王广川。四年,徙为赵王。十五年,孝景帝崩。彭祖为人巧佞卑谄,足恭而心刻深。好法律,持诡辩以中人。彭祖多内宠姬及子孙。相二千石欲奉汉法以治,则害于王家。是以每相二千石至,彭祖衣皂布衣,自行迎,除二千石舍,多设疑事以作动之,得二千石失言,中忌讳,辄书之。二千石欲治者,则以此迫劫;不听,乃上书告,及污以奸利事。彭祖立五十余年,相二千石无能满二岁,辄以罪去,大者死,小者刑,以故二千石莫敢治。而赵王擅权,使使即县为贾人榷会,入多于国经租税。以是赵王家多金钱,然所赐姬诸子,亦尽之矣。彭祖取故江都易王宠姬王建所盗与奸淖姬者为姬,甚爱之。

彭祖不好治宫室、刬祥,好为吏事。上书愿督国中盗贼。常夜从走卒行徼邯郸中。诸使过客以彭祖险陂,莫敢留邯郸。

其太子丹与其女及同产姊奸,与其客江充有卻。充告丹,丹以故废。赵更立太子。

中山靖王胜,以孝景前三年用皇子为中山王。十四年,孝景帝崩。胜为人乐酒好内,有子枝属百二十余人。

立四十二年卒,子哀王昌立。一年卒,子昆侈代为中山王。

右二国本王皆贾夫人之子也。

长沙定王发,发之母唐姬,故程姬侍者。景帝召程姬,程姬有所辟,不愿进,而饰侍者唐儿使夜进。上醉不知,以为程姬而幸之,遂有身。已乃觉非程姬也。及生子,因命曰发。以孝景前二年用皇子为长沙王。以其母微,无宠,故王卑湿贫国。

立二十七年卒,子康王庸立。二十八年,卒,子鲋鲍立为长沙王。

右一国本王唐姬之子也。

广川惠王越,以孝景中二年用皇子为广川王。

十二年卒,子齐立为王。齐有幸臣桑距。已而有罪,欲诛距,距亡,王因禽其宗族。距怨王,乃上书告王齐与同产奸。自是之后,王齐数上书告言汉公卿及幸臣所忠等。

胶东康王寄,以孝景中二年用皇子为胶东王。二十八年卒。淮南王谋反时,寄微闻其事,私作楼车镞矢,战守备,候淮南之起。及吏治淮南之事,辞出之。寄于上最亲,意伤之,发病而死,不敢置后,于是上闻。寄有长子者名贤,母无宠;少子名庆,母爱幸,寄常欲立之,为不次,因有过,遂无言。上怜之,乃以贤为胶东王奉康王嗣,而封庆于故衡山地,为六安王。

胶东王贤立十四年卒,谥为哀王。子庆为王。

六安王庆,以元狩二年用胶东康王子为六安王。

清河哀王乘,以孝景中三年用皇子为清河王。十二年卒,无后,国除,地入于汉,为清河郡。

常山宪王舜,以孝景中五年用皇子为常山王。舜最亲,景帝少子,骄怠多淫,数犯禁,上常宽释之。立三十二年卒,太子勃代立为王。

初,宪王舜有所不爱姬生长男棁。棁以母无宠故,亦不得幸于王。王后脩生太子勃。王内多,所幸姬生子平、子商,王后希得幸。及宪王病甚,诸幸姬常侍病,故王后亦以妒媚不常侍病,辄归舍。医进药,太子勃不自尝药,又不宿留侍病。及王薨,王后、太子乃至。宪王雅不以长子棁为人数,及薨,又不分与财物。郎或说太子、王后,令诸子与长子棁共分财物,太子、王后不听。太子代立,又不收恤棁。棁怨王后、太子。汉使者视宪王丧,棁自言宪王病时,王后、太子不侍,及薨,六日出舍,太子勃私奸,饮酒,博戏,击筑,与女子载驰,环城过市,入牢视囚。天子遣大行骞验王后及问王勃,请逮勃所与奸诸证左,王又匿之。吏求捕,勃大急,使人致击笞掠,擅出汉所疑囚者。有司请诛宪王后脩及王勃。上以脩素无行,使棁陷之罪,勃无良师傅,不忍诛。有司请废王后脩,徙王勃以家属处房陵,上许之。

勃王数月,迁于房陵,国绝。月余,天子为最亲,乃诏有司曰:"常山宪王蚤夭,后妾不和,适孽诬争,陷于不义以灭国,朕甚闵焉。其封宪王子平三万户,为真定王;封子商三万户,为泗水王。"

真定王平,元鼎四年用常山宪王子为真定王。

泗水思王商,以元鼎四年用常山宪王子为泗水王。十一年卒,子哀王安世立。十一年卒,无子。于是上怜泗水王绝,乃立安世弟贺为泗水王。

右四国本王皆王夫人兒姁子也。其后汉益封其支子为六安王、泗水王二国。凡兒姁子孙,于今为六王。

太史公曰:高祖时诸侯皆赋,得自除内史以下,汉独为置丞相,黄金印。诸侯自除御史、廷尉正、博士,拟于天子。自吴楚反后,五宗王世,汉为置二千石,去"丞相"曰"相",银印。诸侯独得食租税,夺之权。其后诸侯贫者或乘牛车也。

【译文】

孝景皇帝的儿子共有十三人被封为诸侯王,他们分别由五个母亲所生,同母的就是宗亲。

河间献王德,在孝景帝前二年以皇子的身份被封为河间王。他喜好儒家的学说,用儒术修饰自己,游处其中,即使在仓促急迫的时候,也一定不失掉儒者的规范。山东各地的儒生很多人都去追随他,跟他交游。

德在位二十六年去世,他的儿子共王不害继立为王。不害在位四年去世,儿子刚王基继立为王。基在位十二年去世,儿子顷王授继立为王。

临江哀王阏于,在孝景帝前二年以皇子的身份被封为临江王。他在位三年去世,没有后嗣,封国被撤除,改为郡。

临江闵王荣,在孝景帝前四年被立为皇太子,四年后被废,以前太子的身份被封为临江王。

在位的第四年,荣因为侵占文帝庙外矮墙所在的空地扩建自己的宫殿而获罪,皇上征召他入都。荣到了长安,去中尉府对质,中尉郅都责问审讯他,他惊恐畏惧,就自杀了。死后葬在蓝田,葬时有几万只燕子飞来,衔土放在他的坟上,百姓们都很同情他。

荣在孝景帝的儿子中年龄最大,死后因为没有可以继承王位的后嗣,封国被撤除,地方并入汉朝,改为南郡。

右述三国始封的王都是栗姬所生的儿子。

鲁共王余,在孝景帝前二年以皇子的身份被封为淮阳王。第二年,吴楚七国的叛乱平定以后,在孝景帝前三年改封为鲁王。鲁王余为人爱好建造宫室,经营苑囿,畜养狗马。晚年又喜欢音乐,他不善言谈,说话结巴。

余在位二十六年去世,儿子光继代为王。光起初也爱好音乐车马,晚年却十分贪婪吝啬,惟恐财富不够多。

江都易王非,在孝景帝前二年以皇子的身份被封为汝南王。吴楚七国叛乱时,非年方十五岁,有勇力,上书天子请求攻打吴国。景帝赐给非将军印,让他领兵攻击吴军。吴国被攻破后二年,改封非为江都王,就以吴国原先的国都为都城,因为有军功,还赏赐给他天子的旌旗。元光五年,匈奴大规模入侵汉地进行掳掠,非上书天子,自请领兵出击匈奴,天子不准许。非为人喜欢使气任力,建造宫殿,招纳四方豪杰,极其骄纵奢侈。

非在位二十六年去世,儿子建继立为王。建在位七年自杀。淮南王、衡山王谋反的时候,建在相当程度上与闻他们的阴谋。他自以为封国接近淮南,恐怕一旦事发,会被淮南吞并,就暗中修造兵器,经常佩带他父亲受赐的将军印,打着天子的旌旗出巡。易王去世尚未埋葬,建看上易王宠爱的美人淖姬,夜晚派人接来,跟她在守丧的房舍中发生奸情。等到淮南王谋反事情败露,朝廷追究淮南王的同党,多有涉及到江都王建的。建感到恐慌,就派人拿着许多金钱去行贿,以图中止追查这一案件。他又相信巫祝,派人祈祷祭祀胡言乱语。这些事情上报朝廷后,汉朝公卿大臣请求天子逮捕建,治他的罪。天子不忍心,派遣大臣到江都国去审讯他。王认服自己所犯的罪行,于是就自杀了。死后封国被撤除,地方并入汉朝,改为广陵郡。

胶西于王端,在孝景帝前三年吴楚七国的叛乱平定以后,以皇子的身份被封为胶西王。端为人凶残狠毒,又患有阳痿的毛病,一亲近女人,就要病上几个月。他有一个宠爱的美少年任职郎官,不久这个担任郎官的少年与端后宫妇人通奸淫乱,端把他抓住杀掉,并且杀死了通奸所生的孩子及其母亲。端屡次违反天子的法令,汉朝的公卿再三要求处死他,天子因为兄弟情分的缘故不忍心惩办,而端的胡作非为却越来越厉害。朝廷官员们再次要求削减端封国的土地以示惩罚,于是天子把他的封地削去了一大半。端心中怨恨恼怒,就故意不理事务,封国中的仓库全都残破不堪,透风漏雨,里面腐烂的钱物数以万计,而始终不让收拾搬走。又下令封国中的官吏不许征收租赋。端取消了自己所有的侍卫,封闭宫门,只留下一门出入,他就从这座门外出游荡,多次变易姓名,扮作平民百姓,到其他郡国去。

端在位四十七年去世,死后最终没有儿子继位,封国被撤除,地方并入汉朝,改为胶西郡。

右述两国始封的王都是程姬所生的儿子。

赵王彭祖,在孝景帝前二年以皇子的身份被封为广川王。赵王遂谋反败灭后,彭祖正在广川为王。在位的第四年,彭祖被改封为赵王。他当赵王的第十五年,孝景帝驾崩。赵王为人巧言善辩,谦卑谄媚,表面上对人恭敬,内心却刻薄阴险。他喜好玩弄法律,用诡辩手段陷害中伤他人。彭祖有许多后宫宠姬和子孙。到赵国任相的二千石级官员如果想遵循奉行朝廷的法令进行治理,那就会损害王家的利益。所以每有来当相的二千石级官员到任,彭祖就穿上黑布衣服,亲自前去迎接,为那个二千石官员打扫馆舍,又故意设置了许多可疑的事物来引诱对方,以获得二千石官员的失言,凡触犯了忌讳,就记载下来。二千石官员想奉法治事,彭祖就以此来逼迫威胁,如果对方不受威胁,就上书告发,并且诬蔑对方干了犯法谋利的事。彭祖在位五十多年,到赵国任相的二千石官员没有一个能任满两年的,往往获罪丢官,重的被杀,轻的受刑,所以赵国的二千石官员不敢奉法治国。而赵王专擅权柄,派人到各属县去管理商人交易,计征税金,收入比国中的常额赋税还多。因此赵王家多的是金钱,但彭祖把金钱用来赏赐宠姬和儿子们,也就把收入花光了。彭祖又把从前江都易王的宠姬,后来王建又偷偷与之发生奸情的淖姬弄来当自己的姬妾,非常宠爱她。

彭祖不爱营建修治宫室,祭祀鬼神祈求福祐,而喜好做吏卒所干的事情。他上书天子,自告奋勇去督察捕捉王国中的盗贼。经常夜间亲自带着巡卒在邯郸城中巡逻。那些来往的使者和过客都因为彭祖阴险邪恶,没有人敢在邯郸停留。

彭祖的太子名丹,同自己的女儿及同胞姐姐有奸情,他与门客江充有嫌怨,江充告发丹的罪状,丹因此被废。赵国改立太子。

中山靖王胜,在孝景帝前三年以皇子的身份被立为中山王。他在位的第十四年,孝景帝驾崩。胜为人好酒贪杯,喜爱女色,他的各支系子孙有一百二十多人。

胜在位四十二年去世,儿子哀王昌继立为王。昌在位一年去世,儿子昆侈代立为王。

右述两国始封的王都是贾夫人所生的儿子。

长沙定王发,他的母亲唐姬,本来是程姬的侍女。一次景帝宣召程姬,程姬因为来了月经,不愿进内侍寝,就把自己的侍女唐儿装扮好让她夜间进去伺候天子。天子醉酒,没有发觉,以为是程姬而亲幸了她,于是就怀了孕。事后天子才发觉她不是程姬。等她生了儿子,就取名为"发"。发在孝景帝前二年以皇子的身份被封为长沙王。因为他的母亲出身卑微,又不得宠,所以被封到地势卑下、气候潮湿的贫困之国为王。

发在位二十七年去世,儿子康王庸继立为王。康在位二十八年去世,儿子鲋鮈继立为长沙王。

右述这一国始封的王是唐姬所生的儿子。

广川惠王越,在孝景帝中二年以皇子的身份被封为广川王。

越在位十二年去世,儿子齐继立为王。齐有个宠臣桑距,后来桑距有罪,齐想杀掉他,桑距逃亡在外,王就抓走了他的家人宗族。桑距怨恨王,于是就上书朝廷告发广川王齐与同胞姐妹通奸。从此以后,广川王齐(怕朝廷大臣让天子追究这件事)就屡次上书告发汉朝公卿及皇上的宠臣所忠的罪状。

胶东康王寄,在孝景帝中二年以皇子的身份被封为胶东王。在位二十八年去世。淮南王策划谋反的时候,寄暗地里知道了这件事,私下偷偷制作楼车箭矢,作好攻战或守城的各种准备,等候淮南王起事。到后来朝廷官吏审理追查淮南王谋反之事,在定案的狱辞中为胶东王寄开脱了罪责。寄在诸侯王中与天子的关系最为亲近,(自己因不忠于天子而)悔恨忧伤,发病而死,(自知有罪)也不敢置立继承王位的后嗣。在他死后,这一情况被上报给天子。寄有个长子名贤,母亲不得宠;又有个小儿子名庆,母亲被寄所宠爱。寄常想把庆立为王位继承人,因为不合传承的次序,又由于自己有罪过,所以生前没有向天子提出请求。天子哀怜他,于是就让贤继位为胶东王来嗣续康王,而用前衡山王的封地另封庆为六安王。

胶东王贤在位十四年去世,谥为哀王。儿子庆继位为王。

六安王庆,在元狩二年以胶东康王之子的身份被封为六安王。

清河哀王乘,在孝景帝中三年以皇子的身份被封为清河王。在位十二年去世,由于没有可以继承王位的后嗣,封国被撤除,地方并入汉朝,改为清河郡。

常山宪王舜,在孝景帝中五年以皇子的身份被封为常山王。舜与天子关系最为亲近,是景帝的小儿子,骄纵怠惰,有许多荒淫的行为,屡次触犯法律禁令,天子总是宽恕原谅他。舜在位三十二年去世,太子勃继代为王。

当初宪王舜有个不得宠的姬妾生了长子棁,棁由于母亲不受宠,也不为宪王所爱。王后脩生了太子勃。而宪王姬妾很多,爱姬生了儿子平和商,王后也很少被王所亲幸。到宪王病重的时候,那些得宠的姬妾经常在病人身边服侍,因此王后由于嫉妒,就不常去侍候宪王,即使去了也马上回到自己的住处。医生送进药物,太子勃不亲自尝药,又不在内宫留宿,侍候病重的父亲。等到宪王去世,王后、太子才赶到。宪王平日不把长子棁当儿子看待,去世前,又不嘱咐分些财物给他。郎官中有人劝说太子和王后,让王其他的儿子们与长子棁共分财物,太子、王后不听。太子继位后,又不去照顾安抚棁。棁怨恨王后和太子,朝廷的使者来料理宪王的丧事时,棁就自行向使者告发宪王生病时王后和太子不在身边侍候,等到宪王去世,仅仅六天就离开了居丧的服舍。太子勃又私下行奸饮酒,下棋戏闹,击筑作乐,与女子一起乘车奔驰,环绕都城,穿过市场,到监狱中去看囚犯。天子派遣大行张骞去查证王后的罪状并讯问王勃,张骞要求逮捕勃在热丧中所与通奸的女子及各种证人,勃又把他们都隐藏起来。吏卒进行搜捕,勃大为着急,派人攻击鞭打执行搜捕任务的吏卒,又擅自把朝廷使者所怀疑囚禁的人放跑。朝廷官员要求处死宪王后脩和王勃。天子因为脩一向行为不良,致使棁能把她陷入法网,勃又(从小)没有好的师傅辅导,所以不忍心处死他们。官员们又要求废掉王后脩,放逐王勃,让他带了家属去房陵居住。天子同意了。

勃当王几个月,被迁徙到房陵,常山国绝嗣。过了一个多月,天子因为常山宪王是自己关系最亲近的幼弟,就下诏令给有关官员:"常山宪王早死,王后与姬妾不和,嫡子与庶子相互诬蔑纷争,以致陷于不义,封国灭绝。我为之十分哀伤。现命令封宪王的儿子平三万户,为真定王;封宪王另一个儿子商三万户,为泗水王。"

真定王平,在元鼎四年(公元前113)以常山宪王之子的身份被封为真定王。

泗水思王商,在元鼎四年以常山宪王之子的身份被封为泗水王。在位十一年去世,儿子哀王安世继立为王。安世在位十一年去世,没有儿子。当时天子哀怜泗水王绝嗣,于是就立安世的弟弟贺为泗水王。

右述四国始封的王都是王夫人儿姁所生的儿子。后来朝廷又增封其旁支子孙为六安王、泗水王两国。总共儿姁的子孙,当今有六王。

太史公说:高祖在位的时候,诸侯王都有权征用封国内的全部财富和人力,可以自行任命内史以下的官吏,朝廷只为他们派任丞相一官,王国的丞相用黄金印。诸侯王自己任命御史、廷尉正、博士等官,可与天子相比拟。自从吴楚等国叛乱以后,在五宗诸王的世代,朝廷为他们配置王国中二千石级的官员,撤销王国的"丞相",改称为"相",王国相只用银印。诸侯王只能在封国内收取租税,剥夺了他们(治国的)权力。到后来诸侯王中贫困的,有的只能乘坐牛车了。

列传

伯夷列传

【原文】

　　夫学者载籍极博,犹考信于六艺。《诗》《书》虽缺,然虞夏之文可知也。尧将逊位,让于虞舜,舜禹之间,岳牧咸荐,乃试之于位,典职数十年,功用既兴,然后授政。示天下重器,王者大统,传天下若斯之难也。而说者曰尧让天下于许由,许由不受,耻之逃隐。及夏之时,有卞随、务光者。此何以称焉?太史公曰:余登箕山,其上盖有许由冢云。孔子序列古之仁圣贤人,如吴太伯、伯夷之伦详矣。余以所闻由、光义至高,其文辞不少概见,何哉?

　　孔子曰:"伯夷、叔齐,不念旧恶,怨是用希。""求仁得仁,又何怨乎?"余悲伯夷之意,睹轶诗可异焉。其传曰:

　　伯夷、叔齐,孤竹君之二子也。父欲立叔齐,及父卒,叔齐让伯夷。伯夷曰:"父命也。"遂逃去。叔齐亦不肯立而逃之。国人立其中子。于是伯夷、叔齐闻西伯昌善养老,盍往归焉。及至,西伯卒,武王载木主,号为文王,东伐纣。伯夷、叔齐叩马而谏曰:"父死不葬,爰及干戈,可谓孝乎?以臣弑君,可谓仁乎?"左右欲兵之。太公曰:"此义人也。"扶而去之。武王已平殷乱,天下宗周,而伯夷、叔齐耻之,义不食周粟,隐于首阳山,采薇而食之。遂饿死于首阳山。由此观之,怨邪非邪?

　　或曰:"天道无亲,常与善人。"若伯夷、叔齐,可谓善人者非邪?积仁絜行如此而饿死!且七十子之徒,仲尼独荐颜渊为好学。然回也屡空,糟糠不厌,而卒蚤夭。天之报施善人,其何如哉?盗跖日杀不辜,肝人之肉,暴戾恣睢,聚党数千人横行天下,竟以寿终。是遵何德哉?

　　子曰"道不同不相为谋",亦各从其志也。故曰:"富贵如可求,虽执鞭之士,吾亦为之。如不可求,从吾所好。""岁寒,然后知松柏之后凋。"举世混浊,清士乃见。岂以其重若彼,其轻若此哉?

　　"君子疾没世而名不称焉。"贾子曰:"贪夫徇财,烈士徇名,夸者死权,众庶冯生。""同明相照,同类相求。""云从龙,风从虎,圣人作而万物睹。"伯夷、叔齐虽贤,得夫子而名益彰。颜渊虽笃学,附骥尾而行益显。岩穴之士,趣舍有时若此,类名堙灭而不称,悲夫!闾巷之人,欲砥行立名者,非附青云之士,恶能施于后世哉?

【译文】

世上记事的书籍虽然很多，但学者们仍然以"六艺"——《诗》《书》《礼》《乐》《易》《春秋》等经典为征信的凭据。《诗经》《尚书》虽有缺损，但是记载虞、夏两代的文字都是可以见到的。尧将退位，让给虞舜，还有舜让位给禹的时候，都是由四方诸侯长和州牧们推荐出来的，于是，让他们先试着任职工作，主持事务数十年，做出了成就，建立了功绩，然后再把大政交给他们。这是表示天下是极贵重的宝器，帝王是最大的统领者，把天下移交给继承者就是如此的困难。然而，也有人说过，尧要把天下让给许由，许由不肯接受，以为是一种耻辱而逃走隐居起来。到了夏代的时候，又有卞随、务光等人。这些人又为什么要受到称许呢？太史公说：我登过箕山，相传山上有许由之墓。孔子依次评论古代的仁人、圣人、贤人，对吴太伯和伯夷等讲得很详细。我听说许由、务光等节义品德至为高尚，而经书中有关他们的文辞却一点儿也见不到，这是为什么呢？

孔子说："伯夷、叔齐，不是老记着人家以前的过错，因此怨恨他们的人就少。""追求仁德而得到仁德，又有什么可怨恨的呢？"我对伯夷兄弟的用意深感悲痛，但看到那些逸诗又（不免对孔子说的话）感到诧异。他们的传记说道：

伯夷、叔齐是孤竹君的两个儿子。父亲想把王位传给叔齐，到了父亲去世以后，叔齐要让位给伯夷。伯夷说："这是父亲的遗命啊！"于是便逃走了。叔齐也不肯即位而逃走。国人只好立孤竹君的第二个儿子为王。这时，伯夷、叔齐听说西伯昌能关心老人，扶养老人，便一起去归附他。等到达那里，西伯已去世了。武王用车载着西伯的神主，追谥为文王，率军东进去征伐商纣。伯夷、叔齐拉住武王的马而谏阻道："父亲死了却不安葬，大动干戈去打仗，这难道是孝的行为吗？身为臣子，却要去杀害国君，这难道可以算做仁德吗？"周王左右的人准备杀掉他们，太公说："他们是义人啊！"扶着他们离开了。武王摧毁了殷商的暴虐统治，天下都归附了周朝，而伯夷、叔齐却认为这是很可耻的事，为了表示对殷商的忠义，不肯再吃周朝的粮食，隐居在首阳山中，靠着采食薇菜充饥。终于饿死在首阳山中。从这些记载来看，伯夷、叔齐是怨呢，还是不怨呢？

有人说："天道并不对谁特别偏爱，但通常是帮助善良人的。"像伯夷、叔齐，总可以算得上是善良

的人了吧！难道不是吗？他们行善积仁，修养品行，这样的好人竟然给饿死了！再说孔子的七十二位贤弟子这批人吧，仲尼特别赞扬颜渊好学。然而颜回常常为贫穷所困扰，连酒糟谷糠一类的食物都吃不饱，终于过早地去世了。上天对于好人的报偿，到底是怎样的呢？盗跖天天在屠杀无辜的人，割人肝，吃人肉，凶暴残忍，胡作非为，聚集党徒数千人，横行天下，竟然能够长寿而终。他又究竟积了什么德，行了什么善呢？

孔子说："主义不同的人，不互相商议谋划"，都各自按照自己的意志去做事。孔子又说："富贵如果能够求得，就是要干手拿鞭子的卑贱的职务，我也愿意去干；如果不能求得，那还是按照我自己的喜好去干吧！""天气寒冷以后，才知道松树、柏树是最后落叶的。"世间到处混浊龌龊，那清白高洁的人就显得格外突出。这岂不是因为他们是如此重视道德和品行，又是那样鄙薄富贵与苟活啊！

"君子感到痛心的是到死而名声不被大家所称颂。"贾谊说："贪得无厌的人为追求钱财而不惜一死，胸怀大志的人为追求名节而不惜一死，作威作福的人为追求权势而不惜一死，芸芸众生只顾惜自己的生命。""同是明灯，方能相互辉照；同是一类，方能相互亲近。""飞龙腾空而起，总有祥云相随；猛虎纵身一跃，总有狂风相随；圣人一出现，万物的本来面目便都被揭示得清清楚楚。"伯夷、叔齐虽然贤明，由于得到了孔子的赞扬，名声才更加响亮；颜渊虽然好学，由于追随孔子，品德的高尚才更加明显。那些居住在深山洞穴之中的隐士们，他们出仕与退隐也都很注重原则，有一定的时机，而他们的名字（由于没有圣人的表彰），就大都被埋没了，不被人们所传颂，真可悲啊！一个下层的平民，要想磨练品行，成名成家，如果不依靠德高望重的贤人，怎么可能让自己的名声流传于后世呢？

管晏列传

【原文】

管仲夷吾者，颍上人也。少时常与鲍叔牙游，鲍叔知其贤。管仲贫困，常欺鲍叔，鲍叔终善遇之，不以为言。已而鲍叔事齐公子小白，管仲事公子纠。及小白立为桓公，公子纠死，管仲囚焉。鲍叔遂进管仲。管仲既用，任政于齐，齐桓公以霸，九合诸侯，一匡天下，管仲之谋也。

鲍叔既进管仲，以身下之。子孙世禄于齐，有封邑者十余世，常为名大夫。天下不多管仲之贤而多鲍叔能知人也。

管仲既任政相齐,以区区之齐在海滨,通货积财,富国强兵,与俗同好恶。故其称曰:"仓廪实而知礼节,衣食足而知荣辱,上服度则六亲固。四维不张,国乃灭亡。下令如流水之原,令顺民心。"故论卑而易行。俗之所欲,因而予之;俗之所否,因而去之。

其为政也,善因祸而为福,转败而为功。贵轻重,慎权衡。桓公实怒少姬,南袭蔡,管仲因而伐楚,责包茅不入贡于周室。桓公实北征山戎,而管仲因而令燕修召公之政。于柯之会,桓公欲背曹沫之约,管仲因而信之,诸侯由是归齐。

管仲富拟于公室,有三归、反坫,齐人不以为侈。管仲卒,齐国遵其政,常强于诸侯。后百余年而有晏子焉。

晏平仲婴者,莱之夷维人也。事齐灵公、庄公、景公,以节俭力行重于齐。既相齐,食不重肉,妾不衣帛。其在朝,君语及之,即危言;语不及之,即危行。国有道,即顺命;无道,即衡命。以此三世显名于诸侯。

越石父贤,在缧绁中。晏子出,遭之涂,解左骖赎之,载归。弗谢,入闺。久之,越石父请绝。晏子憱然,摄衣冠谢曰:"婴虽不仁,免子于厄,何子求绝之速也?"石父曰:"不然。吾闻君子诎于不知己而信于知己者。方吾在缧绁中,彼不知我也。夫子既已感寤而赎我,是知己;知己而无礼,固不如在缧绁之中。"晏子于是延入为上客。

太史公曰:吾读管氏《牧民》《山高》《乘马》《轻重》《九府》及《晏子春秋》,详哉其言之也。既见其著书,欲观其行事,故次其传。至其书,世多有之,是以不论,论其轶事。

管仲,世所谓贤臣,然孔子小之。岂以为周道衰微,桓公既贤,而不勉之至王,乃称霸哉?语曰"将顺其美,匡救其恶,故上下能相亲也"。岂管仲之谓乎?

方晏子伏庄公尸哭之,成礼然后去,岂所谓"见义不为无勇"者邪?至其谏说,犯君之颜,此所谓"进思尽忠,退思补过"者哉!假令晏子而在,余虽为之执鞭,所忻慕焉。

【译文】

管仲,名夷吾,是颖上人。他年轻时曾与鲍叔牙交游,鲍叔知道他很有才能。管仲生活贫困,常常占鲍叔的便宜,但鲍叔始终对他很好,没有怨言。后来鲍叔侍奉齐国的公子小白,管仲侍奉公子纠。等到小白立为齐桓公,公子纠被杀死,管仲也被囚禁起来了。鲍叔于是向桓公推荐管仲。管仲被任用以后,执掌齐国的政事,齐桓公的霸业因此得以成功,九次会集诸侯,使天下一切得到匡正,都是根据管仲的计谋。

鲍叔在推荐管仲辅佐齐桓公之后,甘愿身居管仲之下。鲍叔的子孙世代都在齐国享受俸禄，十几代人都得到了封地，往往都成为有名的大夫。所以天下人不称赞管仲的贤能，却称颂鲍叔能够识别人才。

管仲在齐国执政任相，使地处海滨的小小齐国流通货物，积聚财帛，富国强兵，办事能够与百姓同好恶。所以他说："仓库充实了，人才知道礼仪节操，衣食富足了，人才懂得荣誉和耻辱。君主如能带头遵守法度，那么，父母兄弟妻子之间便会亲密无间。礼义廉耻得不到伸张，国家就要灭亡。国家颁布的政令像流水的源泉一样畅通无阻，是因为它能顺应民心。"因为道理浅显，容易实行。百姓所要求的，就顺应他们的愿望提供给他们；百姓所反对的，就顺应他们的愿望抛弃它。

管仲为政，善于转祸为福，把失败变为成功。重视控制物价，谨慎地处理财政。桓公实际上是由于怨恨少姬，南下袭击蔡国，但管仲却借这个机会，责备楚国不向周天子进贡包茅。桓公实际上是北伐山戎，但管仲却借这个机会，命令燕国恢复召公的政令。桓公在柯地与鲁国会盟，后来又想违背同曹沫的盟约，但管仲借助这个盟约使桓公建立了信义，因此诸侯都来归附齐国。

管仲的财富足以和公室相比，他有三归高台，又有反坫，但齐国人并不认为他奢侈。管仲死后，齐国仍然遵循他制定的政令法规，常比各国诸侯都强大。经过一百多年以后，齐国又出现了一位晏子。

晏平仲，名婴，是古莱国的夷维人，历事齐灵公、齐庄公、齐景公三朝，由于节俭和勤于政事而受到齐国人民的推重。他担任齐相，不吃两样的肉食，妻妾不穿丝绸衣裳。他在朝廷，国君有话问他，他就严肃地回答；不向他问话，他就严肃地办事。当国家有道的时候，就顺命行事，无道的时候，就权衡度量着去行事。他由于这样做，而能够三朝都在诸侯之中显扬名声。

越石父是个贤能的人，犯了罪被拘禁。晏子外出，在路上遇见他，就解下坐车左边的马，赎出了石父，并让他上车，一同回了家。晏子没有向石父告辞，就进入内室，许久不出来，于是越石父请求断绝交往。晏子大吃一惊，整理自己的衣冠郑重道歉说："我虽然没有仁德，但也帮助您摆脱了困境，您为什么这样快就要断绝交往呢？"石父说："不能这样说。我听说君子在不了解自己的人那里受屈，在知己人那里受到尊敬。当我在囚禁期间，那些人是不了解我的。您既然了解我，并且把我赎出来，这就是知己了，知己而待我无礼，那还不如被囚禁着。"晏子于是请他进来待为上宾。

太史公说：我读管氏的《牧民》《山高》《乘马》《轻重》《九府》以及《晏子春秋》，书中说得详细极了。看了他们所著的书以后，还想了解他们的所作所为，所以，编写了他们的传记。至于他们的著作，世上流传很多，所以不再论述，传中只讲他们的轶事。

管仲，世人都称他是贤臣，但孔子却轻视他。难道是因为周室衰微，桓公很贤明，而管仲却不勉励他去扶持王室，而辅佐他成就霸主了吗？古语说："帮助发扬君主的美德，纠正他的过错，所以上下就能互相亲近。"说的就是管仲吧？

当晏子伏在齐庄公尸体上痛哭，尽到为臣的礼仪之后才肯离去，难道这就是所说的"表现出大义来就不能说是没有勇气"的人吗？至于他进谏上书，冒犯君主的威严，这就是人们所说的"在朝廷上想着要尽忠，下朝就想着要补救过失"的人吧？假如晏子至今还活着，我即使是替他执鞭效劳，也是我喜欢和羡慕的事啊！

老子韩非列传

【原文】

老子者，楚苦县厉乡曲仁里人也，姓李氏，名耳，字聃既而，周守藏室之史也。

孔子适周，将问礼于老子。老子曰："子所言者，其人与骨皆已朽矣，独其言在耳。且君子得其时则驾，不得其时则蓬累而行。吾闻之，良贾深藏若虚，君子盛德，容貌若愚。去子之骄气与多欲，态色与淫志，是皆无益于子之身。吾所以告子，若是而已。"孔子去，谓弟子曰："鸟，吾知其能飞；鱼，吾知其能游；兽，吾知其能走。走者可以为罔，游者可以为纶，飞者可以为矰。至于龙吾不能知，其乘风云而上天。吾今日见老子，其犹龙邪！"

老子修道德，其学以自隐无名为务。居周久之，见周之衰，乃遂去。至关，关令尹喜曰："子将隐矣，强为我著书。"于是老子乃著书上下篇，言道德之意五千余言而去，莫知其所终。

或曰：老莱子亦楚人也，著书十五篇，言道家之用，与孔子同时云。

盖老子百有六十余岁，或言二百余岁，以其修道而养寿也。

老子之子名宗，宗为魏将，封于段干。宗子注，注子宫，宫玄孙假，假仕于汉孝文帝。而假之子解为胶西王卬太傅，因家于齐焉。

世之学老子者则绌儒学，儒学亦绌老子。"道不同不相为谋"，岂谓是邪？李耳无为自化，清静自正。

庄子者，蒙人也，名周。周尝为蒙漆园吏，与梁惠王、齐宣王同时。其学无所不窥，然其要本归于老子之言。故其著书十余万言，大抵率寓言也。作《渔父》《盗跖》《胠箧》，以诋訿孔子之徒，以明老子之术。畏累虚、亢桑子之属，皆空语无事实。然善属书离辞，指事类情，用剽剥儒、墨，虽当世宿学不能自解免也。其言洸洋自恣以适己，故自王公大人不能器之。

楚威王闻庄周贤，使使厚币迎之，许以为相。庄周笑谓楚使者曰："千金，重利，卿相，尊位也。子独不见郊祭之牺牛乎？养食之数岁，衣以文绣，以入大庙。当是之时，虽欲为孤豚，岂可得乎？子亟去，无污我。我宁游戏污渎之中自快，无为有国者所羁，终身不仕，以快吾志焉。"

申不害者，京人也，故郑之贱臣。学术以干韩昭侯，昭侯用为相。内修政教，外应诸侯，十五年。终申子之身，国治兵强，无侵韩者。

申子之学本于黄老而主刑名。著书二篇，号曰《申子》。

韩非者，韩之诸公子也。喜刑名法术之学，而其归本于黄老。非为人口吃，不能道说，而善著书。与李斯俱事荀卿，斯自以为不如非。

非见韩之削弱，数以书谏韩王，韩王不能用。于是韩非疾治国不务修明其法制，执势以御其臣下，富国强兵而以求人任贤，反举浮淫之蠹而加之于功实之上。以为儒者用文乱法，而侠者以武犯禁。宽则宠名誉之人，急则用介胄之士。今者所养非所用，所用非所养。悲廉直不容于邪枉之臣，观往者得失之变，故作《孤愤》《五蠹》《内外储》《说林》《说难》十余万言。

然韩非知说之难，为《说难》书甚具，终死于秦，不能自脱。

《说难》曰：

凡说之难，非吾知之有以说之难也；又非吾辩之难能明吾意之难也；又非吾敢横失能尽之难也。凡说之难，在知所说之心，可以吾说当之。

所说出于为名高者也，而说之以厚利，则见下节而遇卑贱，必弃远矣。所说出于厚利者也，而说之以名高，则见无心而远事情，必不收矣。所说实为厚利而显为名高者也，而说之以名高，则阳收其身而实疏之；若说之以厚利，则阴用其言而显弃其身。此之不可不知也。

夫事以密成，语以泄败。未必其身泄之也，而语及其所匿之事，如是者身危。贵人有过端，而说者

明言善议以推其恶者,则身危。周泽未渥也而语极知,说行而有功则德亡,说不行而有败则见疑,如是者身危。夫贵人得计而欲自以为功,说者与知焉,则身危。彼显有所出事,乃自以为也故,说者与知焉,则身危。强之以其所必不为,止之以其所不能已者,身危。故曰:与之论大人,则以为间己;与之论细人,则以为粥权。论其所爱,则以为借资;论其所憎,则以为尝己。径省其辞,则不知而屈之;泛滥博文,则多而久之。顺事陈意,则曰怯懦而不尽;虑事广肆,则曰草野而倨侮。此说之难,不可不知也。

凡说之务,在知饰所说之所敬,而灭其所丑。彼自知其计,则毋以其失穷之;自勇其断,则毋以其敌怒之;自多其力,则毋以其难概之。规异事与同计,誉异人与同行者,则以饰之无伤也。有与同失者,则明饰其无失也。大忠无所拂悟,辞言无所击排,乃后申其辩知焉。此所以亲近不疑,知尽之难也。得旷日弥久,而周泽既渥,深计而不疑,交争而不罪,乃明计利害以致其功,直指是非以饰其身,以此相持,此说之成也。

太史公曰:老子所贵道,虚无,因应变化于无为,故著书辞称微妙难识。庄子散道德,放论,要亦归之自然。申子卑卑,施之于名实。韩子引绳墨,切事情,明是非,其极惨礉少恩。皆原于道德之意,而老子深远矣。

【译文】

老子是楚国苦县厉乡曲仁里人,姓李,名耳,字聃,在周朝做管理藏书的史官。

孔子到周朝国都雒邑,打算向老子请教礼的知识。老子说:"你所说的,他本人和骨骸都已腐朽了,只有他的言论还在。况且君子遭遇时运好,就坐上车子去做官;不逢其时,就像蓬草一样随风转移,可止则止。我听说:'会做生意的商人把货物囤藏起来,外表上好像没有货物一样。君子具有高尚的品德,但容貌谦恭就像愚蠢的人。'去掉你的骄气与多欲,故意做作的恣态和过大不实际的志向,这些对于你自身都没有好处。我要告诉你的,就是这些而已。"孔子离去,对弟子们说:"鸟儿,我知道它能飞;鱼儿,我知道它能游;兽类,我知道它能跑。会跑的可以使用网(捉住它),会游的可以使用丝线(钓住它),会飞的可以使用箭(射中它)。至于龙,我就不能知道了。它乘着风云而上升到天空。我今天见到老子,他大概像一条龙吧!"

老子讲修道德,他的学说以深自韬隐,不求闻达为主旨。久住周京,看到周朝衰微下去,于是就离开了。经过散关,关令尹喜说:"你将要隐居了,请尽力为我著书吧!"于是老子便著述《老子》上下二篇,论述"道"与"德"之意五千多字,然后离去,没有人知道他后来怎么样了。

有人说,有个叫老莱子的,也是楚国人,著书十五篇,论述道家的体用。与孔子生活在同一时代。

老子大概活了一百六十多岁,有人说活了二百多岁,由于讲修道德,所以养得高寿。

老子的儿子名宗,曾做过魏国的将领,封在段干这个地方。宗的儿子叫注。注的儿子叫官。官的玄孙叫假,假曾在汉文帝朝做官。假的儿子解是胶西王卬的太傅,因此定居于齐地。

世上学习老子学说的人,往往贬斥儒学,而研究儒学的人,也贬斥老子的学说。大概这就是所谓"道不同不相为谋"的原故吧!李耳主张无为而听任自然的变化,清静而自得事理之正。

庄子是蒙地人,名周。曾做过蒙地漆园的官吏,与梁惠王、齐宣王是同一时代的人。他的学说无所不及,但要旨却源于老子的理论。所以他写的书虽有十多万字,但大多都是寓言文字。作《渔父》《盗跖》《胠箧》,来毁辱孔子的学生,以表明老子的道术。至于他写的畏累虚、亢桑子之类,都是没有其事的杜撰。但他善于连缀文字以成辞章,表达事理,形容情状,来攻击儒家和墨家的学说,即使是当世饱学的学者,也都不能免于遭受攻击。他的文章汪洋恣肆,以适应自己的论证目的,所以当时从王公大人以下,没有一个能够像器皿似的使用他。

楚威王听说庄周贤能,派人去重金聘请,答应让他做卿相。庄周笑笑对楚使说:"千金的确是重利,卿相的确是尊位,但你没见过天子祭祀天地时所用的牺牛吗?这些牛被饲养好几年,然后被披上彩绣的衣服,送进太庙去作祭品,在这个时候,即使想做一只自由的小猪,还能办得到吗?你赶快走吧,不要玷污我的人格!我宁愿在有着污泥的小河沟里自由自在,也不愿被国君所约束,终身不做官,使我的心志快乐。"

申不害是京县人,原来是郑国的一个小官。后来学了刑名之术来求见韩昭侯,昭侯任用他为相,对内整饰政治教化,对外应付诸侯之国,达十五年。一直到申子去世之时,韩国国治兵强,没有敢于侵犯的。

申子之学,源于黄帝和老子,而主张循名责实。著书二篇,叫做《申子》。

韩非,是韩国的贵族子弟。爱好刑名法术的学说,这种学说源于黄老。韩非生来口吃,不善于言说,却善于著书。与李斯同时求学于荀卿,李斯自认为才能不及韩非。

韩非看到韩国国势渐渐削弱,屡次上书规谏韩王,但韩王都不加采纳。因此韩非痛心国君治国不致力于讲求法制,不能用权势来驾驭臣下,不能使国家富强,兵力强大,不求贤任能,反而举任一些文学游说之士,使他们位居于专务功利实际的人之上。韩非认为儒生搬弄文辞来扰乱法术,而任侠的人又用武力干犯禁忌。平安时就恩宠那些有浮名虚誉的文人，危急时则要用披甲带胄的武士。现在平时培养的人不是所要使用的人，而所使用的人却不是平日所培养的人。他又悲愤那些清廉正直的臣子不为奸邪之臣所容，考察历史上治国得失的演变之迹，因此写下了《孤愤》《五蠹》《内外储》《说林》《说难》等十余万字的文章。

然而韩非尽管深知游说之道甚难，写下《说难》一文特别详备，但最终还是被害死在秦国，未能以身自免。

《说难》写道：

大凡对君主游说的难处，不是难在用我具有的知识来向君主游说，也不是难在我的口才难以表达我的意思，更不是难在我不敢把自己的意思毫无顾忌地充分讲出来。游说的难处，是在于了解游说对象的心理，方可使我的言论适合他的口味。

如果君主希望博取很高的名望，而游说者却对他说如何博取厚利，那么就会被君主看成为志节卑下，而以卑贱的待遇来对待他，这样，游说者必定要被君主远远抛弃了。如果君主希望获取厚利，而游说者却拿怎样获得高名去劝说他，那就会被君主看成是一个没有头脑的人，而且和他所计划的事相去太远，结果游说者必定不会被收用了。如果君主暗地里想获得厚利，而外表却装做好高名的样子，游说者若以获得高名的言论去劝说他，君主就会表面上同意游说者的意见，任用游说者，实际上却对他疏远；游说者若以获取厚利的言论去劝说他，君主就会暗中采用他的言论，表面上却要抛弃游说者。这是不可不省察的。

事情由于保密而成功，由于语言的泄漏而失败。未必是游说者泄漏的，只是游说者无意中说破了君主秘藏着的心事，这样游说者就有生命危险。显贵有了错误的苗头，而游说者却公开用大道理去推测他的不良行为，那么游说者就有生命危险。君主对游说者的亲密恩泽还没有达到深厚的程度，而游说者却讲出极知心的话，游说者的主张被采用并获得成功，他的功德就会被君主遗忘。游说者的主张没有被实行因而遭致失败，他就要引起君主的怀疑，这样游说者就有生命危险。显贵计划了一件事情，感到很得意，想自己表功，但游说者也曾参预，知道这件事，那么游说者就有生命危险。君主表面上号召做某一件事，而实际上却是为了成就另一件事，游说者参预并知道底细，那么游说者就有生命危险。如果勉强对方去做他不愿做的事情，或者勉强他中止他所不愿意罢手的事情，就有生命危险。所以说，游说者要是同君主议论大臣的事，便会被认为是离间君臣关系；要是同君主议论近臣的事，便会被认为是冒犯君主的权威。谈论君主所宠爱的人，便会被认为是拿君主宠爱的人作靠山；谈论君主所厌恶的人，便会被认为是试探君主对自己的看法。要是游说者说话简单直接，就会被认为缺少才智而得不到重用；要是滔滔不绝说得不着边际，就会被认为罗里罗嗦浪费时间。要是简略地陈述大意,就会被说成是懦弱不敢大胆尽言;要是把考虑的事情毫无顾忌地谈出来,又会被说成是粗野傲慢。这一切都是游说者的难处,是不可不知道的。

游说者所应注意的重要问题,就在于如何去美化君主最自负的地方,而掩盖他最自惭形秽之处。对方如果以为自己的计谋高明,就不要指责他过去的失败而使他受窘;要是他认为自己的果断很勇敢,就不要拿他由于考虑不周造成的过错去激怒他;要是他夸耀自己的能力很强,就不要拿他感到棘手的问题非难他。规划不同的事与君主有同样打算的,赞美别人的行事和君主相同的。对这些事和人,游说者就要注意文饰自己的观点不要刺伤他们。有人和君主做了同样失败的事,一定要表面上说他没有错。君主大怒时不要违抗,言辞不要有锋芒,然后发挥自己的口辩智慧。这就是游说者得以亲近君主,不被怀疑,而可以充分说出自己言论主张的办法。如果得以与君主长期共事,感情和恩泽很深厚,替君主深谋远虑而不受怀疑,互相争论也不获罪,遇事便可以公开地论断利害,使他获得成功,直截了当地指出君主的是非,使他能够改正。彼此的关系如能像这样维持下去,那游说就算是成功了。

太史公说:老子看重道、虚无,听任事物自然变化,因此他写的书人们认为语义微妙难于理解。庄子推演老子关于道德的学说,放言高论,而要旨最终也归宗于自然之道。申子常常勉励自己,实践循名责实的理论。韩非以法律为准绳,判断事情,明察是非,到了极端便是惨急苛刻,残酷无情。申子、韩子的理论都源于"道德"学说,但老子原来的学说那是深远多了。

司马穰苴列传

【原文】

司马穰苴者,田完之苗裔也。齐景公时,晋伐阿、甄,而燕侵河上,齐师败绩。景公患之。晏婴乃荐田穰苴曰:"穰苴虽田氏庶孽,然其人文能附众,武能威敌,愿君试之。"景公召穰苴,与语兵事,大说之,以为将军,将兵扞燕晋之师。穰苴曰:"臣素卑贱,君擢之闾伍之中,加之大夫之上,士卒未附,百姓不信,人微权轻,愿得君之宠臣,国之所尊,以监军,乃可。"于是景公许之,使庄贾往。穰苴既辞,与庄贾约曰:"旦日日中会于军门。"穰苴先驰至军,立表下漏待贾。贾素骄贵,以为将己之军而己为监,不甚急。亲戚左右送之,留饮。日中而贾不至。穰苴则仆表决漏,入,行军勒兵,申明约束。约束即定,夕时,庄贾乃至。穰苴曰:"何后期为?"贾谢曰:"不佞大夫亲戚送之,故留。"穰苴曰:"将受命之日则忘其家,临军约束则忘其亲,援枹鼓之急则忘其身。今敌国深侵,邦内骚动,士卒暴露于境,君寝不安席,食不甘味,百姓之命皆悬于君,何谓相送乎!"召军正问曰:"军法期而后至者云何?"对曰:"当斩。"庄贾惧,使人驰报景公,请救。既往,未及反,于是遂斩庄贾以徇三军。三军之士皆振慄。久之,景公遣使者持节赦贾,驰入军中。穰苴曰:"将在军,君令有所不受。"问军正:"驰三军法何?"正曰:"当斩。"使者大惧。穰苴曰:"君之使不可杀之。"乃斩其仆,车之左驸,马之左骖,以徇三军。遣使者还报,然后行。士卒次舍井灶饮食问疾医药,身自拊循之。悉取将军之资粮享士卒,身与士卒平分粮食,最比其羸弱者。三日而后勒兵,病者皆求行,争奋出为之赴战。晋师闻之,为罢去。燕师闻之,度水而解。于是追击之,遂取所亡封内故境而引兵归。未至国,释兵旅,解约束,誓盟而后入邑。景公与诸大夫郊迎,劳师成礼,然后反归寝。既见穰苴,尊为大司马。田氏日以益尊于齐。

已而大夫鲍氏、高、国之属害之,谮于景公。景公退穰苴,苴发疾而死。

【译文】

司马穰苴是田完的后世子孙。齐景公时,晋国进犯阿和甄,燕国也入侵黄河南岸地,齐国军队大溃败。景公为此忧虑,晏婴因而推荐田穰苴说:"穰苴虽为田氏的庶出子孙,但他这个人,文德可使部下亲附,武略可使敌人畏惧,希望您能验试一下他。"景公召见穰苴,同他讨论军事,大加赞赏,任他为将军,率兵抵御燕晋两国的军队。穰苴说:"臣下出身卑贱,是您把我从民间提拔上来,地位放在大夫之上,士兵并未亲附,百姓也无信任,资望既浅,缺乏权威,希望得到您的宠臣、国内有威望的人来监察军队,只有这样才能办到。"于是景公答应了他的条件,派庄贾前往。穰苴告辞之后,与庄贾约定说:"明天正午在军门外相会。"第二天,穰苴先驰车到达军营,树立日表,打开滴漏,等待庄贾。庄贾一向傲慢自大,喜欢摆架子,认为率领自己的军队而由自己来当军监,不大着急。亲戚僚属为他送别,留下宴饮。直到正午庄贾仍未来。穰苴便放倒日表,截断滴漏,先入"军门",整顿军队,反复说明各项规定。规定既经确立,到了傍晚,庄贾才到。穰苴问:"为什么迟到?"庄贾道歉说:"本人因为大夫和亲戚相送,所以耽搁了。"穰苴说:"将领从接受任命之日就不顾家庭,从亲临军营申明号令就不顾亲戚,从拿起鼓槌指挥作战就不顾个人安危。现在敌国深入我地,举国骚动,士兵暴露于境内,国君睡不安稳,食不香甜,百姓之命皆系于您一身,还谈得上什么相送呢!"召军正来问"按照军法,按期不到者应如何处置?"回答是:"应当斩首"。庄贾害了怕,派人驰车报告景公,请求救命。人走了,还没来得及返回,庄贾已被斩首示众于三军。三军士兵皆震惊战慄。过了好一会儿,景公派使者持节来赦免庄贾,车子闯入营垒之中。穰苴说:"将在军中,国君的命令可以不必完全照办。"问军正说:"闯入营垒依法当如何处置?"军正说:"应当斩首。"使者大惊失色。穰苴说:"国君的使者不可以杀。"便斩了驾车的驭手,砍断车子的左辅,杀死左边的马,示众于三军。派使者回报,然后开拔。士兵安营扎寨,打井砌灶,饮水吃饭,看病抓药,皆亲自过问,以示关怀。把将军的粮食全部拿来与士兵共享,本人与士兵平分粮食,标准最接近于身体瘦弱者。三天之后集合待发,病弱的人都要求前往,奋勇争先要去作战。晋国的军队听说,撤兵而去。燕国的军队听说,也渡河而溃散。于是乘胜追击,收复境内失去的国土率师而归。进入国都之前放下武器,解除规定,盟誓之后才敢进城。景公与众大夫迎之于郊,依礼慰劳军队完毕,然后才返回休息。见到穰苴之后,把他晋升为大司马。田氏从此在齐国日益显赫。

不久大夫鲍氏、高氏、国氏一伙陷害他,向景公进谗言。景公罢退穰苴,穰苴发病而死。

孙子吴起列传

【原文】

孙子武者,齐人也。以兵法见于吴王阖庐。阖庐曰:"子之十三篇,吾尽观之矣,可以小试勒兵乎?"对曰:"可。"阖庐曰:"可试以妇人乎?"曰:"可。"于是许之,出宫中美女,得百八十人。孙子分为二队,以王之宠姬二人各为队长,皆令持戟。令之曰:"汝知而心与左右手背乎?"妇人曰:"知之。"孙子曰:"前,则视心;左,视左手;右,视右手;后,即视背。"妇人曰:"诺。"约束既布,乃设鈇钺,即三令五申。于是鼓之右,妇人大笑。孙子曰:"约束不明,申令不熟,将之罪也。"复三令五申而鼓之左,妇人复大笑。孙子曰:"约束不明,申令不熟,将之罪也;既已明而不如法者,吏士之罪也。"乃欲斩左右队长。吴王从台上观,见且斩爱姬,大骇。趣使使下令曰:"寡人已知将军能用兵矣。寡人非此二姬,食不甘味,愿勿斩也。"孙子曰:"臣既已受命为将,将在军,君命有所不受。"遂斩队长二人以徇。用其次为队长,于是复鼓之。妇人左右前后跪起皆中规矩绳墨,无敢出声。于是孙子使使报王曰:"兵既整齐,王可试下观之,唯王所欲用之,虽赴水火犹可也。"吴王曰:"将军罢休就舍,寡人不愿下观。"孙子曰:"王徒好其言,不能用其实。"于是阖庐知孙子能用兵,卒以为将。西破强楚,入郢,北威齐晋,显名诸侯,孙子与有力焉。

孙武既死,后百余岁有孙膑。膑生阿鄄之间,膑亦孙武之后世子孙也。孙膑尝与庞涓俱学兵法。庞涓既事魏,得为惠王将军,而自以为能不及孙膑,乃阴使召孙膑。膑至,庞涓恐其贤于己,疾之,则以法刑断其两足而黥之,欲隐勿见。

齐使者如梁,孙膑以刑徒阴见,说齐使。齐使以为奇,窃载与之齐。齐将田忌善而客待之。忌数与齐诸公子驰逐重射。孙子见其马足不甚相远,马有上、中、下辈。于是孙子谓田忌曰:"君弟重射,臣能令君胜。"田忌信然之,与王及诸公子逐射千金。及临质,孙子曰:"今以君之下驷与彼上驷,取君上驷与彼中驷,取君中驷与彼下驷。"既驰三辈毕,而田忌一不胜而再胜,卒得王千金。于是忌进孙子于威王。威王问兵法,遂以为师。

其后魏伐赵,赵急,请救于齐。齐威王欲将孙膑,膑辞谢曰:"刑余之人不可。"于是乃以田忌为将,而孙子为师,居辎车中,坐为计谋。田忌欲引兵之赵,孙子曰:"夫解杂乱纷纠者不控卷,救斗者不搏撠,批亢捣虚,形格势禁,则自为解耳。今梁赵相攻,轻兵锐卒必竭于外,老弱罢于内。君不若引兵疾走大梁,据其街路,冲其方虚,彼必释赵而自救。是我一举解赵之围而收弊于魏也。"田忌从之,魏果去邯郸,与齐战于桂陵,大破梁军。

后十三岁,魏与赵攻韩,韩告急于齐。齐使田忌将而往,直走大梁。魏将庞涓闻之,去韩而归,齐军既已过而西矣。孙子谓田忌曰:"彼三晋之兵素悍勇而轻齐,齐号为怯,善战者因其势而利导之。兵法,百里而趣利者蹶上将,五十里而趣利者军半至。使齐军入魏地为十万灶,明日为五万灶,又明日为三万灶。"庞涓行三日,大喜,曰:"我固知齐军怯,入吾地三日,士卒亡者过半矣。"乃弃其步军,与其轻锐倍日并行逐之。孙子度其行,暮当至马陵。马陵道狭,而旁多阻隘,可伏兵,乃斫大树白而书之曰"庞涓死于此树之下"。于是令齐军善射者万弩,夹道而伏,期曰"暮见火举而俱发"。庞涓果夜至斫木下,见白书,乃钻火烛之。读其书未毕,齐军万弩俱发,魏军大乱相失。庞涓自知智穷兵败,乃自刭,曰:"遂成竖子之名!"齐因乘胜尽破其军,虏魏太子申以归。孙膑以此名显天下,世传其兵法。

吴起者,卫人也,好用兵。尝学于曾子,事鲁君。齐人攻鲁,鲁欲将吴起,吴起取齐女为妻,而鲁疑之。吴起于是欲就名,遂杀其妻,以明不与齐也。鲁卒以为将。将而攻齐,大破之。

鲁人或恶吴起曰:"起之为人,猜忍人也。其少时,家累千金,游仕不遂,遂破其家。乡党笑之,吴起杀其谤己者三十余人,而东出卫郭门。与其母诀,啮臂而盟曰:'起不为卿相,不复入卫。'遂事曾子。居顷之,其母死,起终不归。曾子薄之,而与起绝。起乃之鲁,学兵法以事鲁君。鲁君疑之,起杀妻以求将。夫鲁小国,而有战胜之名,则诸侯图鲁矣。且鲁卫兄弟之国也,而君用起,则是弃卫。"鲁君疑之,谢吴起。

吴起于是闻魏文侯贤,欲事之。文侯问李克曰:"吴起何如人哉?"李克曰:"起贪而好色,然用兵司马穰苴不能过也。"于是魏文侯以为将,击秦,拔五城。

起之为将,与士卒最下者同衣食。卧不设席,行不骑乘,亲裹赢粮,与士卒分劳苦。

文侯以吴起善用兵,廉平,尽能得士心,乃以为西河守,以拒秦、韩。

魏文侯既卒,起事其子武侯。武侯浮西河而下,中流,顾而谓吴起曰:"美哉乎山河之固,此魏国之宝也!"起对曰:"在德不在险。昔三苗氏左洞庭,右彭蠡,德义不修,禹灭之。夏桀之居,左河济,右泰华,伊阙在其南,羊肠在其北,修政不仁,汤放之。殷纣之国,左孟门,右太行,常山在其北,大河经其南,修政不德,武王杀之。由此观之,在德不在险。若君不修德,舟中之人尽为敌国也。"武侯曰:"善。"

吴起为西河守,甚有声名。魏置相,相田文。吴起不悦,谓田文曰:"请与子论功,可乎?"田文曰:"可。"起曰:"将三军,使士卒乐死,敌国不敢谋,子孰与起?"文曰:"不如子。"起曰:"治百官,亲万民,实府库,子孰与起?"文曰:"不如子。"起曰:"守西河而秦兵不敢东乡,韩赵宾从,子孰与起?"文曰:"不如子。"起曰:"此三者,子皆出吾下,而位加吾上,何也?"文曰:"主少国疑,大臣未附,百姓不信,方是之时,属之于子乎?属之于我乎?"起默然良久,曰:"属之子矣。"文曰:"此乃吾所以居子之上也。"吴起乃自知弗如田文。

田文既死,公叔为相,尚魏公主,而害吴起。公叔之仆曰:"起易去也。"公叔曰:"奈何?"其仆曰:"吴起为人节廉而自喜名也。君因先与武侯言曰:'夫吴起贤人也,而侯之国小,又与强秦壤界,臣窃恐起之无留心也。'武侯即曰:'奈何?'君因谓武侯曰:'试延以公主,起有留心则必受之,无留心则必辞矣。以此卜之。'君因召吴起而与归,即令公主怒而轻君。吴起见公主之贱君也,则必辞。"于是吴起见公主之贱魏相,果辞魏武侯。武侯疑之而弗信也。吴起惧得罪,遂去,即之楚。

楚悼王素闻起贤,至则相楚。明法审令,捐不急之官,废公族疏远者,以抚养战斗之士。要在强兵,破驰说之言从横者。于是南平百越;北并陈蔡,却三晋;西伐秦。诸侯患楚之强。故楚之贵戚尽欲害吴起。及悼王死,宗室大臣作乱而攻吴起,吴起走之王尸而伏之。击起之徒因射刺吴起,并中悼王。悼王既葬,太子立,乃使令尹尽诛射吴起而并中王尸者。坐射起而夷宗死者七十余家。

【译文】

孙子叫做孙武,是齐国人。他以所著兵法求见于吴王阖庐。阖庐说:"您的十三篇我已全部拜读,可以试着为我操演一番吗?"孙子说"可以。"阖庐问:"可用妇女来操演吗?"孙子说:"可以。"于是答应孙子,选出宫中美女,共计一百八十人。孙子把她们分为两队,派王的宠姬二人担任两队的队长,让她们全部持戟。命令她们说:"你们知道你们的心口、左手、右手和背的方向吗?"妇女们说:"知道。"孙子说:"前方是按心口所向,左方是按左手所向,右方是按右手所向,后方是按背所向。"妇女们说:"是。"规定宣布清楚,便陈设斧钺,当场重复了多遍。然后用鼓声指挥她们向右,妇女们大笑。孙子说:"规定不明,申说不够,这是将领的过错。"又重复了多遍,用鼓声指挥她们向左,妇女们又大笑。孙子说:"规定不明,申说不够,是将领的过错;已经讲清而仍不按规定来动作,就是队长的过错了。"说着就要将左右两队的队长斩首。吴王从台上观看,见爱姬将要被斩,大惊失色。急忙派使者下令说:"寡人已知道将军善于用兵了。但寡人如若没有这两个爱姬,吃饭也不香甜,请不要斩首。"孙子说:"臣下既已受命为将,将在军中,国君的命令可以不必完全照办。"于是将队长二人斩首示众。用地位在她们之下的人担任队长,再次用鼓声指挥她们操练。妇女们向左向右向前向后,跪下起立,全都合乎要求,没有一个人敢出声。然后孙子派使者回报吴王说:"士兵已经阵容整齐,大王可下台观看,任凭大王想让她们干什么,哪怕是赴汤蹈火也可以。"吴王说:"将军请回客舍休息,寡人不愿下台观看。"孙子说:"大王只不过喜欢我书上的话,并不能采用其内容。"从此阖庐才知道孙子善于用兵,终于任他为将。吴国西面击破强楚,攻入郢,北威齐、晋,扬名于诸侯,孙子在其中出了不少力。

孙武死后,过了一百多年又有孙膑。孙膑出生在阿、鄄之间,也是孙武的后世子孙。孙膑曾与庞涓一起学习兵法。庞涓为魏国做事因而当上魏惠王的将军,但自认才能不如孙膑,便暗地派人召见孙膑。孙膑到了魏国,庞涓唯恐孙膑超过自己,嫉妒他,而以刑罚砍去他的双脚并施以墨刑,想使他埋没于世不为人知。

齐国使者到大梁来,孙膑以刑徒的身份暗地来见,用言辞打动齐国使者。齐国使者觉得此人不同凡响,暗地用车把他载到齐国。齐国的将军田忌欣赏孙膑而以客礼待之。田忌多次与齐国的诸公子赛马,下重金赌胜。孙子注意到他们的马奔跑能力不相上下,并且都分上、中、下三等。因此孙子对田忌说:"您只管下大注,臣下必能使您获胜。"田忌相信并答应了他,与齐王和诸公子用千金来赌胜,到了临比赛时,孙子说:"请用您的下等乘马对付他们的上等乘马,请用您的上等乘马对付他们的中等乘马,请用您的中等乘马对付他们的下等乘马。"三等乘马全部比赛完毕,结果田忌一场不胜而两场胜,终于得到王的千金之赏。所以田忌把孙子推荐给齐威王。威王向他请教兵法,因而任他为军师。

后来魏国攻打赵国,赵国危急,向齐国求援。齐威王想任孙膑为将,孙膑谢绝说:"受过刑的人是不可以的。"所以任田忌为将,而任孙子为军师,让他坐在辎车中筹画计谋。田忌打算率军前往赵国,孙子说:"劝解纠纷不能挥拳相加,平息争斗不能亲自上手,避实击虚,利用形势来牵制敌人,危难自可解除。现在魏国和赵国正在交战,精锐部队必定全部开往国外,留在国内疲于应付的都是老弱病残。您不如率兵迅速前往大梁,占据要津,冲击敌人正好松懈的地方,他们必定会放下赵国赶回救援。这样我们就能同时解除赵国之围又使魏国遭受打击。"田忌照他的计谋去做,魏军果然离开邯郸,与齐国会战于桂陵,结果大破魏军。

又过了十三年,魏国和赵国攻打韩国,韩国向齐国告急。齐国派田忌率兵前往,直奔大梁。魏将庞涓听到消息,放下韩国赶回,但齐军已经越过齐境而西进。孙子对田忌说:"他们三晋的军队素来慓悍勇武而看不起齐国,齐国有怯懦的名声,善于作战的人只能因势利导。兵法上说,行军百里与敌争利会损失上将军,行军五十里而与敌争利只有一半人能赶到。(为了让魏军以为齐军大量掉队)应使齐军进入魏国境内后先设十万个灶,过一天设五万个灶,再过一天设三万个灶。"庞涓行军三天,见到齐军所留灶迹,非常高兴,说:"我本来就知道齐军怯懦,入我境内三天,士兵已经逃跑了一大半。"所以丢下步兵,只率轻兵锐卒,用加倍的速度追赶齐军。孙子估计魏军的行军速度,天黑应当赶到马陵。马陵道路狭窄,旁多险阻,可以埋伏兵马,于是把一棵大树削去树皮,露出白木,在上面写上"庞涓死于此树之下"。然后命齐军善射者持上万张弩,埋伏在道路两旁,约定好"天黑见到点着的火就一起放箭"。庞涓果然于夜晚来到削去树皮的大树下,看见树上写着字,便钻木取火来照明。字还没有读完,齐军万弩齐发,魏军大乱失去队形。庞涓自知无计可施,军队已彻底失败,只好自刎,临死说:"总算叫这小子成了名!"齐国乃乘胜全歼魏军,俘虏了魏太子申回国。孙膑因此而名扬天下,世人皆传习他的兵法。

吴起,是卫国人,喜欢用兵。曾向曾子求学并臣事鲁国国君。齐人攻打鲁国,鲁国想任吴起为将,但吴起娶了齐国女子为妻,而鲁国人怀疑他。当时吴起为了成就功名,竟杀了自己的妻子,以表白自己与齐国没关系。鲁国终于任他为将,率兵攻打齐国,大破齐国。

鲁国有人说吴起的坏话:"吴起的为人,属于猜忌残忍之人。他年轻时,家有千金,出外求仕不顺利,弄得倾家荡产。乡里人都笑话他,吴起竟杀死毁谤自己的三十多人,出卫的郭门东去。临行向他的母亲告别,咬着自己的胳臂发誓说:'我吴起不做卿相,决不再回卫国。'这样吴起求学于曾子。但过了不久,他的母亲去世,吴起却始终也没有回去。曾子看不起他,而与吴起断绝关系。吴起只好去鲁国,学习兵法,求事于鲁国国君。鲁国国君怀疑他(与齐国有关系),吴起又杀妻求将。像鲁国这样的小国而有打胜仗的名声,那么诸侯就要打鲁国的主意了。而且鲁国和卫国是以兄弟相称,我们的国君若起用吴起,那么就等于抛弃卫国。"鲁国国君因而疑心,辞退吴起。

当时吴起听说魏文侯贤明,想去投靠他。魏文侯问李克说:"吴起是个什么样的人?"李克说:"吴起贪财好色,但用兵即使司马穰苴也超不过他。"因此魏文侯任吴起为将,进攻秦国,拔取秦的五座城池。

吴起担任将领,与士兵最下层吃饭穿衣同一标准。睡觉不铺卧席,走路不乘车子,亲自捆扎和担负粮食,与士兵分担劳苦。

魏文侯因吴起善于用兵,廉洁公平,能取得士兵的拥戴,所以任他为西河郡守,命他防御秦、韩两国的进攻。

魏文侯死后,吴起又臣事他的儿子武侯。武侯乘船顺西河而下,行至水流当中,回头对吴起说:"山河险固多么壮丽,这真是魏国最宝贵的东西呀!"吴起回答说:"重要的是道德而不是险固。从前三苗氏左有洞庭,右有彭蠡,因为不讲求道德礼义,禹灭亡了他。夏桀的国土,左有黄河济水,右有泰山、华山,伊阙在他的南面,羊肠在他的北面,不行仁政,汤放逐了他。殷纣的国土,左有孟门山,右有太行山,恒山在他的北面,大河流经他的南面,不行德政,武王杀了他。从这些看来,重要的是道德而不是险固。如果您不讲求道德,今天船上的人将来都会变成敌国的人。"武侯说:"讲得好。"

吴起任西河郡守,很有名气。魏国选任相邦,以田文为相。吴起不高兴,对田文说:"请让我与您比比功劳,行不行?"田文说:"可以。"吴起说:"率领三军,使士兵乐于效死拼命,敌国不敢打我国的主意,您比得上我吗?"田文说:"不如您。"吴起说:"治理百官,亲和万民,充实府库,您比得上我吗?"田文说:"不如您。"吴起说:"守西河,令秦兵不敢东向,韩、赵归顺,您比得上我吗?"田文说:"不如您。"吴起说:"这三点,您都在我之下,而职位反而在我之上,是何道理?"田文说:"国君年幼,国人疑虑,大臣尚未亲附,百姓尚未信任,当此之时,是把国政交给您呢? 还是交给我呢?"吴起沉默了半天,说:"应该交给您。"田文说:"这就是为什么我的地位会在您之上。"吴起这才知道自己不如田文。

田文死后,公叔任丞相,娶魏国公主,而陷害吴起。公叔的仆人说:"吴起很容易除掉。"公叔说:"如何下手?"他的仆人说:"吴起为人廉洁自爱。您可以先对武侯去讲:'吴起是个贤人,而您的国土太小,又与强秦国为邻,臣下担心吴起不会有久留之心。'武侯会说:'那么怎么办呢?'您就对武侯说:'可把公主嫁给他作为试探,吴起愿意留下就会接受,不愿留下就会拒绝,用这种办法考验他。'您再召吴起一起回家。然后让您那位公主对您发脾气表示看不起您。吴起见您那位公主看不起您,便一定会拒绝娶公主。"后来吴起看到这位公主看不起魏国的相邦,果然拒绝了魏武侯。武侯也起了疑心,不再信任他。吴起害怕因此而获罪,只好离开到楚国去。

楚悼王一向听说吴起贤能,一到楚国就让他当上楚国的相邦。吴起申明法令,裁撤多余的官吏,废除楚公族中的疏远子孙,把节省下的经费用于养兵。目的在于使军队强大,打击用纵横之说游说的人。因此南平百越;北并陈、蔡,迫使三晋退却;西伐秦。诸侯都忧虑楚国的强大。原来楚国的贵族都想害死吴起。等到悼王死后,宗室大臣作乱,讨伐吴起,吴起跑到悼王停尸的地方,趴在悼王身上。讨伐吴起的人由于射、刺吴起,也击中悼王的尸体。悼王被埋葬之后,太子即位,命令尹把射、刺吴起而连带击中悼王的尸体的人全部处死。因射、刺吴起而被灭族的人有七十多家。

伍子胥列传

【原文】

伍子胥者,楚人也,名员。员父曰伍奢。员兄曰伍尚。其先曰伍举,以直谏事楚庄王,有显,故其后世有名于楚。

楚平王有太子名曰建,使伍奢为太傅,费无忌为少傅。无忌不忠于太子建。平王使无忌为太子取妇于秦,秦女好,无忌驰归报平王曰:"秦女绝美,王可自取,而更为太子取妇。"平王遂自取秦女而绝爱幸之,生子轸。更为太子取妇。

无忌既以秦女自媚于平王,因去太子而事平王。恐一旦平王卒而太子立,杀己,乃因谗太子建。

顷之,无忌又日夜言太子短于王曰:"太子以秦女之故,不能无怨望,愿王少自备也。自太子居城父,将兵,外交诸侯,且欲入为乱矣。"平王乃召其太傅伍奢考问之。伍奢知无忌谗太子于平王,因曰:"王独奈何以谗贼小臣疏骨肉之亲乎?"无忌曰:"王今不制,其事成矣。王且见禽。"于是平王怒,因伍

奢,而使城父司马奋扬往杀太子。行未至,奋扬使人先告太子:"太子急去,不然将诛。"太子建亡奔宋。

无忌言于平王曰:"伍奢有二子,皆贤,不诛且为楚忧。可以其父质而召之,不然且为楚患。"王使使谓伍奢曰:"能致汝二子则生,不能则死。"伍奢曰:"尚为人仁,呼必来。员为人刚戾忍𧗵,能成大事,彼见来之并禽,其势必不来。"王不听,使人召二子曰:"来,吾生汝父;不来,今杀奢也。"伍尚欲往,员曰:"楚之召我兄弟,非欲以生我父也,恐有脱者后生患,故以父为质,诈召二子。二子到,则父子俱死。何益父之死?往而令仇不得报耳。不如奔他国,借力以雪父之耻,俱灭,无为也。"伍尚曰:"我知往终不能全父命。然恨父召我以求生而不往,后不能雪耻,终为天下笑耳。"谓员:"可去矣!汝能报杀父之仇,我将归死。"尚既就执,使者捕伍胥。伍胥贯弓执矢向使者,使者不敢进,伍胥遂亡。闻太子建之在宋,往从之。奢闻子胥之亡也,曰:"楚国君臣且苦兵矣。"伍尚至楚,楚并杀奢与尚也。

伍胥既至宋,宋有华氏之乱,乃与太子建俱奔于郑。郑人甚善之。太子建又适晋,晋顷公曰:"太子既善郑,郑信太子。太子能为我内应,而我攻其外,灭郑必矣。灭郑而封太子。"太子乃还郑。事未会,会自私欲杀其从者,从者知其谋,乃告之于郑。郑定公与子产诛杀太子建。建有子名胜。伍胥惧,乃与胜俱奔吴。到昭关,昭关欲执之。伍胥遂与胜独身步走,几不得脱。追者在后。至江,江上有一渔父乘船,知伍胥之急,乃渡伍胥。伍胥既渡,解其剑曰:"此剑直百金,以与父。"父曰:"楚国之法,得伍胥者赐粟五万石,爵执珪,岂徒百金剑邪!"不受。伍胥未至吴而疾,止中道,乞食。至于吴,吴王僚方用事,公子光为将。伍胥乃因公子光以求见吴王。

久之,楚平王以其边邑钟离与吴边邑卑梁氏俱蚕,两女子争桑相攻,乃大怒,至于两国举兵相伐。吴使公子光伐楚,拔其钟离、居巢而归。伍子胥说吴王僚曰:"楚可破也。愿复遣公子光。"公子光谓吴王曰:"彼伍胥父兄为戮于楚,而劝王伐楚者,欲以自报其仇耳。伐楚未可破也。"伍胥知公子光有内志,欲杀王而自立,未可说以外事,乃进专诸于公子光,退而与太子建之子胜耕于野。

五年而楚平王卒。初,平王所夺太子建秦女生子轸,及平王卒,轸竟立为后,是为昭王。吴王僚因楚丧,使二公子将兵往袭楚。楚发兵绝吴兵之后,不得归。吴国内空,而公子光乃令专诸袭刺吴王僚而自立,是为吴王阖庐。阖庐既立,得志,乃召伍员以为行人,而与谋国事。

楚诛其大臣郤宛、伯州犁,伯州犁之孙伯嚭亡奔吴,吴亦以嚭为大夫。前王僚所遣二公子将兵伐楚者,道绝不得归。后闻阖庐弑王僚自立,遂以其兵降楚,楚封之于舒。阖庐立三年,乃兴师与伍胥、伯嚭伐楚,拔舒,遂禽故吴反二将军。

因欲至郢，将军孙武曰："民劳，未可，且待之。"乃归。

九年，吴王阖庐谓子胥、孙武曰："始子言郢未可入，今果何如？"二子对曰："楚将囊瓦贪，而唐、蔡皆怨之。王必欲大伐之，必先得唐、蔡乃可。"阖庐听之，悉兴师与唐、蔡伐楚，与楚夹汉水而陈。吴王之弟夫概将兵请从，王不听，遂以其属五千人击楚将子常。子常败走，奔郑。于是吴乘胜而前，五战，遂至郢。己卯，楚昭王出奔。庚辰，吴王入郢。

昭王出亡，入云梦；盗击王，王走郧。郧公弟怀曰："平王杀我父，我杀其子，不亦可乎！"郧公恐其弟杀王，与王奔随。吴兵围随，谓随人曰："周之子孙在汉川者，楚尽灭之。"随人欲杀王，王子綦匿王，己自为王以当之。随人卜与王于吴，不吉，乃谢吴不与王。

始伍员与申包胥为交，员之亡也，谓包胥曰："我必覆楚。"包胥曰："我必存之。"及吴兵入郢，伍子胥求昭王。既不得，乃掘楚平王墓，出其尸，鞭之三百，然后已。申包胥亡于山中，使人谓子胥曰："子之报仇，其以甚乎！吾闻之，人众者胜天，天定亦能破人。今子故平王之臣，亲北面而事之，今至于僇死人，此岂其无天道之极乎！"伍子胥曰："为我谢申包胥曰，吾日莫途远，吾故倒行而逆施之。"于是申包胥走秦告急，求救于秦。秦不许。包胥立于秦廷，昼夜哭，七日七夜不绝其声。秦哀公怜之，曰："楚虽无道，有臣若是，可无存乎！"乃遣车五百乘救楚击吴。六月，败吴兵于稷。会吴王久留楚求昭王，而阖庐弟夫概乃亡归，自立为王。阖庐闻之，乃释楚而归，击其弟夫概。夫概败走，遂奔楚。楚昭王见吴有内乱，乃复入郢。封夫概于堂，为堂谿氏。楚复与吴战，败吴，吴王乃归。

后二岁，阖庐使太子夫差将兵伐楚，取番。楚惧吴复大来，乃去郢，徙于鄀。当是时，吴以伍子胥、孙武之谋，西破强楚，北威齐晋，南服越人。

其后四年，孔子相鲁。

后五年，伐越。越王勾践迎击，败吴于姑苏，伤阖庐指，军却。阖庐病创将死，谓太子夫差曰："尔忘勾践杀尔父乎？"夫差对曰："不敢忘。"是夕，阖庐死。夫差既立为王，以伯嚭为太宰，习战射。二年后伐越，败越于夫湫。越王勾践乃以余兵五千人栖于会稽之上，使大夫种厚币遗吴太宰嚭以请和，求委国为臣妾。吴王将许之。伍子胥谏曰："越王为人能辛苦。今王不灭，后必悔之。"吴王不听，用太宰嚭计，与越平。

其后五年，而吴王闻齐景公死而大臣争宠，新君弱，乃兴师北伐齐。伍子胥谏曰："勾践食不重味，吊死问疾，且欲有所用之也。此人不死，必为吴患。今吴之有越，犹人之有腹心疾也。而王不先越而乃务齐，不亦谬乎！"吴王不听，伐齐，大败齐师于艾陵，遂威邹鲁之君以归。益疏子胥之谋。

其后四年，吴王将北伐齐，越王勾践用子贡之谋，乃率其众以助吴，而重宝以献遗太宰嚭。太宰嚭既数受越赂，其爱信越殊甚，日夜为言于吴王。吴王信用嚭之计。伍子胥谏曰："夫越，腹心之病，今信其浮辞诈伪而贪齐。破齐，譬犹石田，无所用之。愿王释齐而先越；若不然，后将悔之无及。"而吴王不听，使子胥于齐。子胥临行，谓其子曰："吾数谏王，王不用，吾今见吴之亡矣。汝与吴俱亡，无益也。"乃属其子于齐鲍牧，而还报吴。

吴太宰嚭既与子胥有隙，因谗曰："子胥为人刚暴，少恩，猜贼，其怨望恐为深祸也。前日王欲伐齐，子胥以为不可，王卒伐之而有大功。子胥耻其计谋不用，乃反怨望。而今王又复伐齐，子胥专愎强谏，沮毁用事，徒幸吴之败以自胜其计谋耳。今王自行，悉国中武力以伐齐，而子胥谏不用，因辍谢，详病不行。王不可不备，此起祸不难。且嚭使人微伺之，其使于齐也，乃属其子于齐之鲍氏。夫为人臣，内不得意，外倚诸侯，自以为先王之谋臣，今不见用，常鞅鞅怨望。愿王早图之。"吴王曰："微子之言，吾亦疑之。"乃使使赐伍子胥属镂之剑，曰："子以此死。"伍子胥仰天叹曰："嗟乎！谗臣嚭为乱矣，王乃反诛我。我令若父霸。自若未立时，诸公子争立，我以死争之于先王，几不得立。若既得立，欲分吴国予我，我顾不敢望也。然今若听谀臣言以杀长者。"乃自刭死。吴王闻之大怒，乃取子胥尸盛以鸱夷革，浮之江中。吴人怜之，为立祠于江上，因命曰胥山。

伍子胥初所与俱亡故楚太子建之子胜者，在于吴。吴王夫差之时，楚惠王欲召胜归楚。叶公谏曰："胜好勇而阴求死士，殆有私乎！"惠王不听。遂召胜，使居楚之边邑鄢，号为白公。白公归楚三年而吴诛子胥。

白公胜既归楚，怨郑之杀其父，乃阴养死士求报郑。归楚五年，请伐郑，楚令尹子西许之。兵未发而晋伐郑，郑请救于楚。楚使子西往救，与盟而还。白公胜怒曰："非郑之仇，乃子西也。"胜自砺剑，人问曰："何以为？"胜曰："欲以杀子西。"子西闻之，笑曰："胜如卵耳，何能为也。"

其后四岁，白公胜与石乞袭杀楚令尹子西、司马子綦于朝。石乞曰："不杀王，不可。"乃劫王如高府。石乞从者屈固负楚惠王亡走昭夫人之宫。叶公闻白公为乱，率其国人攻白公。白公之徒败，亡走山中，自杀。而虏石乞，而问白公尸处，不言将亨。石乞曰："事成为卿，不成而亨，固其职也。"终不肯告其尸处。遂亨石乞，而求惠王复立之。

太史公曰：怨毒之于人甚矣哉！王者尚不能行之于臣下，况同列乎！向令伍子胥从奢俱死，何异蝼蚁。弃小义，雪大耻，名垂于后世，悲夫！方子胥窘于江上，道乞食，志岂尝须臾忘郢邪？故隐忍就功名，非烈丈夫孰能致此哉？白公如不自立为君者，其功谋亦不可胜道者哉！

【译文】

伍子胥是楚国人,名叫员。他的父亲叫伍奢,他的哥哥叫伍尚。他们的祖上有个叫伍举的,是楚庄王的大臣,以敢于直言劝谏,声望显赫,所以他的后代在楚国也就很有名气。

楚平王的太子名叫建,平王派伍奢做他的太傅,费无忌做他的少傅。然而费无忌却不忠于太子建。平王让费无忌到秦国去为太子建娶亲,那位秦国的女子长得很漂亮,费无忌跑回来报告平王说:"那位秦国的女子实在是绝顶的美貌,大王可以自己娶过来,另外再替太子娶个妻子。"平王便自己娶了那位秦国的女子,对她极为宠爱,后来生了一个儿子,名叫轸。平王又另外给太子娶了一个妻子。

费无忌既然用那位秦国的女子向平王献媚讨好,因此就离开了太子而去侍奉平王。他担心有朝一日平王死了而太子继位为王,会杀掉自己,所以就极力诋毁太子建。

不久,费无忌又一天到晚地在平王面前讲太子的坏话。他说:"太子建因为那秦国女子的缘故,不能没有怨恨,希望大王多少要自己防备着一点。自从太子到了城父,统领着军队,对外又与诸侯各国结交往来,他是准备着将要回都城来作乱呢!"平王就召来太子太傅伍奢审问。伍奢知道是费无忌在平王面前说了太子的坏话,因此便说:"大王为什么竟要相信那心黑口毒、拨弄是非的小臣,疏远了至亲的骨肉之情呢?"费无忌说:"大王如果现在不制裁他们,他们的阴谋就要成功了。大王将很快被他们捉起来的。"于是,平王大为恼怒,把伍奢关进了监牢,又派城父司马奋扬去杀太子。奋扬在还没有到城父之前,就派人先去告诉太子,说:"太子赶快走,不然将被杀。"太子建便逃到宋国去了。

费无忌对平王说:"伍奢有两个儿子,都很有本事,如果不把他们杀掉,将是楚国的祸害。可以拿他们的父亲作人质,把他们召来,不然的话将是楚国的后患。"平王派人对伍奢说:"你要是能把你的两个儿子叫来,就饶你一命;要是不能的话,就把你处死。"伍奢说:"我的长子伍尚为人仁慈善良,叫了他,他一定会来的。我的次子伍员为人坚韧不拔,忍辱负重,能干大事,他知道来了会一道给抓起来,势必是不会来的。"楚王不听这些,派人去召伍尚、伍员,说:"你们来了,我就饶你们的父亲活命;你们不来,我现在就杀了你们的父亲。"伍尚准备要去,伍员说:"楚王之所以要召我们兄弟去,并不是真的让我们的父亲活命,只不过是怕我们逃脱了,以后留下祸患,因此用父亲作人质,把我们两个骗去。我们两个一到,就父子一块儿处死。这对于父亲又有什么益处呢?应召而去,只能使得我们无法报仇。不如去投奔别的国家,借他们的力量为父亲报仇雪恨。现在一起去死掉,就什么也干不成了。"伍尚说:"我也知道,我们即使去了也终究不能保全父亲的性命。然而现在父亲为了保全性命而召我前去,我却不去;以后又不能报仇雪恨,结果被天下人耻笑,这将使我非常痛苦。"伍尚对伍员说:"你就逃走吧! 你能够报杀父之仇,我就去死了吧!"伍尚已被捕,使者又要捕捉伍子胥。伍子胥拉开了弓,搭上了箭对准使者,使者不敢上前,伍子胥便逃走了。他听说太子建在宋国,就到了宋国,和太子建在一起。伍奢听说子胥逃走了,就说道:"楚国的君臣从此以后将要为战争而吃苦头了。"伍尚到了国都,平王便把伍奢和伍尚一齐给杀掉了。

伍子胥到宋国之后,正遇上宋国发生内乱,宋元公与执政大臣华氏等相互攻打。伍子胥就和太子建一道跑到郑国。郑国对他们很好。太子建又到晋国去,晋顷公说:"太子既然与郑国相友善,郑国也很信任太子,如果太子能为我作内应,我从外面来进攻,那我们一定能够把郑国灭掉。灭掉郑国,就封给太子。"太子便回到了郑国,事情还没有准备就绪,适逢太子因为一件私事要杀掉他的一个随从。这个随从知道他们的密谋,就把这件事报告了郑国。郑定公和子产杀了太子建。太子建有个儿子名叫胜。事发后,伍子胥害怕了,便与胜一起逃往吴国。到了昭关,昭关的守吏想捉住他们。伍胥只好与胜独身步行,几乎不能逃脱。追捕他们的人紧跟在后,伍子胥逃到江边上,江上恰有一位渔翁划船而来,知道伍子胥情势紧急,就将子胥摆渡过江。伍子胥过江以后,解下佩剑说:"这柄剑价值百金,就送给您老吧!"渔翁说:"楚国的法令规定,捉到伍子胥的人赐给粟米五万石,封予执珪之爵,那又何止一把值百金的宝剑呢!"不肯接受伍子胥的剑。伍子胥还没有走到吴国都城就生起病来,只好半道上停下来,讨饭度日。到了吴国都城,正是吴王僚在掌权,公子光做将军。伍子胥便通过公子光的关系求见了吴王僚。

过了较长的时候,楚、吴边境发生了冲突。楚国边境地方的钟离与吴国边境地方的卑梁氏,都以养蚕为业,两个女子采桑时相互争抢打了起来,楚平王对此大为气愤,以至于闹到两国动用军队厮杀起来。吴派公子光进攻楚国,攻克了钟离、居巢两地,收兵回国。伍子胥对吴王僚说:"现在正可以一举攻破楚国,希望再派公子光率军伐楚。"公子光却对吴王僚说:"那伍子胥因为父兄都被楚王杀了,所以劝说大王攻打楚国,他只不过是想替自己报仇而已。进攻楚国并不能一举攻破。"伍子胥知道公子光在国内有自己的谋划,想杀掉吴王僚而自己立为王,在这种情形下不便向他讲对外采取行动的事,便推荐了一位名叫专诸的勇士给公子光,自己与太子建之子胜隐退到乡下种田去了。

过了五年,楚平王死了。当初,平王从太子建那里夺走的秦国女子生下的儿子叫轸,等到平王死了,轸便即位为王,这就是昭王。吴王僚趁着楚国有丧事,派遣两位公子率军去偷袭楚国。楚国派军队堵住了吴军的后路,使吴军无法退回。吴国国内空虚,公子光就让专诸突然袭击刺杀了吴王僚。公子光自立为王,这就是吴王阖庐。阖庐做了吴王，志满意得，就召回伍员任命他为"行人"之官，参与国家大政的谋划。

楚国杀掉了它的大臣郤宛和伯州犁。伯州犁的孙子伯嚭逃出了楚国，投奔了吴国。吴王也任命伯嚭做大夫。前吴王僚派遣两位公子率领军队进攻楚国，被切断了后路而不能撤回。后来，他们听说阖庐杀了吴王僚自立为王，就带着军队投降了楚国，楚国将他们封在舒。阖庐为王三年，出动军队与伍子胥、伯嚭进攻楚国，攻克了舒地，活捉了以前叛吴降楚的两个将军。本来准备乘胜进军郢都，将军孙武说："人民已经很疲劳了，不能再继续作战了，暂且等一等吧！"于是吴军便返回国中。

阖庐九年（公元前506），吴王阖庐对伍子胥、孙武说："先前你们说过不能去攻打郢都，现在能行了吗？"两人答道："楚国的将军囊瓦很贪婪，（由于向唐侯和蔡侯勒索财物）唐国和蔡国都很恨他。大王一定要大举进攻楚国，必须先取得唐国和蔡国的支持。"阖庐听了他们的话，动员了全部军队，联合了唐、蔡两国，进攻楚国。吴军与楚军在汉水两岸沿江对阵。吴王的弟弟夫概带兵要求参加战斗，吴王不同意，夫概便率领他手下的五千兵士向楚将子常发动进攻。子常战败而逃，跑到郑国去了。于是，吴国的大军乘胜前进，一连打了五仗，兵临郢都。己卯这一天，楚昭王逃离郢都。第二天庚辰，吴王进入郢都。

昭王逃离郢都后，来到云梦，不料受到强盗的袭击，昭王又逃到郧。郧公的弟弟怀说道："是楚平王杀了我们的父亲，我们把他的儿子杀了，这不也是理所当然的吗！"郧公担心他的弟弟杀昭王，就与昭王一道逃到随。吴国的军队包围了随，对随人说："周朝的子孙封国在汉水流域的，全都被楚国灭掉了（楚国也是你们的敌人）。"随人准备杀掉昭王，王子綦把昭王藏匿起来，自己冒充昭王来承当灾难。但随人占卜的结果却说把昭王交给吴国不吉利，便借故推托，而没有把昭王交给吴国。

当初，伍员与申包胥是好朋友，伍员从楚国出逃的时候对申包胥说："我一定要颠覆楚国。"申包胥说："我必定能使楚国存在下去。"等到吴国大军入郢，伍子胥到处搜寻昭王，没有找到，他就掘开楚平王的墓，拖出尸骨，抽打了三百鞭，方才住手。申包胥这时也逃出郢都，躲在山中，派人对伍子胥说："你这样报仇，未免也太过分了吧！我听说，虽然人多势众，一时或许能胜过天理，但天理最终还是要获胜的。你从前是平王的臣子，曾经面朝北亲自侍奉过他，现在竟然鞭打死人，这岂不是不讲天理到极点了吗！"伍子胥对来人说："替我向申包胥致歉吧，就说我因为年事已高，而报仇心切，就像眼看要日落西山，却仍路途遥遥，所以才做出这种倒行逆施的事情来。"于是，申包胥就跑到秦国去告急，请求秦国发兵救楚。秦国不肯出兵。申包胥站在秦国的宫廷中日夜不停地痛哭，哭了七

天七夜,哭声始终没有中断。秦哀公很受感动,说:"楚王虽然无道,但是有这样的臣子,怎么能不保全楚国呢!"他就派遣了五百辆兵车援救楚国,抗击吴国。六月,在稷打败了吴军。这时,由于吴王阖庐到处搜寻楚昭王,在楚国停留已经很久,阖庐的弟弟夫概乘机偷偷回到吴国,自立为王。阖庐听到这个消息,便丢下楚国赶回国内,攻打他的弟弟夫概。夫概兵败逃走,就投奔了楚国。楚昭王看到吴国发生内乱,又重返郢都。他将夫概封在堂谿,夫概就叫做堂谿氏。楚国继续与吴国作战,打败了吴军,吴王便撤军回到国内。

两年以后,吴王阖庐派太子夫差率军进攻楚国,占领了番。楚国害怕吴军又要大举入侵,就迁离了郢都,迁都到鄀。这时期,吴国由于有伍子胥、孙武出谋划策,西面打败了强大的楚国,北面威震齐、晋等国,南面降伏了越人,最为强盛。

此后四年,孔子担任了鲁国的宰相。

五年以后,吴国进攻越国。越王勾践迎战吴军,在姑苏打败了吴军,阖庐的脚趾负了伤,吴军只得退却。阖庐的创伤恶化,病情严重,临死之前对太子夫差说:"你会忘记是勾践杀了你的父亲吗?"夫差回答说:"不敢忘记。"当晚,阖庐就去世了。夫差即位为王,便任用伯嚭为太宰,加紧操练兵士。两年后,吴国进攻越国,在夫湫打败越军。越王勾践带领余部五千人退往会稽山屯驻,派大夫文种带着厚礼送给吴国的太宰伯嚭,请求讲和,愿意交出国家大权,和妻子一起给吴王去当奴仆。吴王准备答应越国的请求,伍子胥劝谏道:"越王勾践为人吃苦耐劳,现在大王不消灭他,以后一定要后悔的。"吴王不听伍子胥的话,而采纳了太宰伯嚭的意见,宽恕了越国,与它讲了和。

此后五年,吴王听说齐景公死了,大臣们争权夺位,新立的国君地位虚弱,便出动军队,北伐齐国。伍子胥劝谏说:"勾践现在吃饭只吃一个菜,生活朴素,关心百姓,吊唁死者,慰问病人,这正是想着将要用到老百姓的缘故呀!此人不死,必定成为吴国的隐患。现在对于吴国来说,越国的存在就好像人的腹心的疾病一样。而大王不先消灭越国,反倒去致力攻打齐国,不是全搞错啦!"吴王不听伍子胥的劝告,进攻齐国,在艾陵大败齐军,威名大震,使得邹、鲁等国的国君大为慑服,然后班师回国。从此以后吴王就更加不听伍子胥出谋划策了。

此后四年,吴王准备北伐齐国,越王勾践采用了子贡的计谋,率领他的军队协助吴国作战，又给太宰伯嚭进献了贵重的宝物。太宰伯嚭既然屡次接受越国的贿赂，便越来越信任和喜欢越国，一天到晚在吴王面前替越国说好话。吴王十分信任伯嚭，采纳他的计谋。伍子胥劝谏道："越国是吴国的心腹之患，现在却偏偏相信他们的虚伪的谎言和骗人的行为，又贪图伐齐的功利。然而，吴国即使能够攻占齐国，也好像得到了一块石田（既不能耕，又不能种），毫无用处，毫无意义。希望大王能放下齐国而先攻打越国；如果不这样去做，以后将会悔恨的，那就来不及了。"但吴王仍然不听，派伍子胥出使齐国。伍子胥临行之前，对他的儿子说："我屡次劝谏我们的大王，但大王不肯听从我的意见，我们很快就要看到吴国的灭亡了。你和吴国一起灭亡，那是没有什么意义的。"于是，便把他的儿子托付给齐国的鲍牧，自己回到吴国交差。

吴太宰伯嚭早就与伍子胥有嫌隙，因而毁谤子胥说："伍子胥为人生硬凶暴，没有感情，好猜疑，爱嫉恨，他对大王的怨恨不满恐怕早晚要成为大祸害的。前次大王准备伐齐的时候，伍子胥就认为不能伐，但大王终于出兵向齐国发动了进攻，结果大获成功。伍子胥对自己的计谋未被采纳感到羞辱，反而因此怨恨大王。现在大王准备再次伐齐，伍子胥刚愎自用，强词夺理地进行拦阻，不惜诋毁和诽谤大王，一意孤行，他只不过是在幸灾乐祸地希望以吴国的失败来证实自己的计谋的高明。如今大王亲自率领大军，出动国内全部军队去伐齐，而伍子胥由于谏议未被采用，便不再来上朝，他假装生病而不跟大王一道北上，大王不可不防备呀！这个时候他要惹祸闹事可太容易了。况且我派人暗中注意着伍子胥，他出使齐国的时候，已经把他的儿子托付给了齐国的鲍氏了。伍子胥身为臣子，在国内不得意，便到国外去投靠诸侯，他自以为是先王的谋臣，如今不被重用，就常常心怀不满地怨恨大王。希望大王及早采取措施。"吴王说："你不说这些话，我也早就在怀疑他了。"于是，吴王派人给伍子胥送去一把"属镂"宝剑，说："你拿它去死！"伍子胥仰天长叹道："啊！奸臣伯嚭在作乱了，大王却反而要杀掉我。是我曾经使你的父亲成为称雄诸侯的霸主；当你还没有被立为太子的时候，各公子争抢着要当太子，又是我用生命在先王面前为你争取，差一点就不能把你立为太子。你做了国王之后，要把吴国分一部分给我，我倒也并不指望着那样。然而，你今天竟然听信奸臣的恶语中伤要杀害你的长辈。"说罢便自刭而死。吴王听说了伍子胥的话后，大为愤怒，将伍子胥的尸体装在用皮革做的袋子里，让它在长江中漂浮。吴国的百姓敬重伍子胥，为他在长江边上建立了祠堂，这个地方因此就叫做胥山。

当初与伍子胥一起逃亡的楚太子建的儿子胜，居住在吴国。吴王夫差的时候，楚惠王想把胜召回楚国。叶公劝谏道："胜为人勇武，暗中搜罗亡命之徒，他恐怕是有自己的打算呢！"惠王不听叶公的话，还是召回了胜，安置他住在楚国的边境城邑鄢，号称白公。白公回到楚国三年，吴王夫差杀了伍子胥。

　　白公胜既已回到楚国，怨恨郑国杀害了他的父亲，便暗地里收罗那些愿意为他舍身的勇士，准备伺机报复郑国。白公回到楚国五年后，请求讨伐郑国，楚国的执政大臣令尹子西同意了。军队还没有出动，晋国出兵攻打郑国，郑国请求楚国救援。楚国派了子西去救助，与郑国订立了盟约后回到国内。白公胜气愤地说：“我的仇人不是郑国，而是子西！”白公胜自己磨着宝剑，有人问道：“你磨剑干什么呀？”胜说：“准备用来杀子西。”子西听到这话，笑笑说：“胜就像那鸟卵一样（全靠我的羽翼才得以生存），哪里会那样干呢？”

　　此后四年，白公胜与石乞在朝廷发动突然袭击，杀了令尹子西和司马子綦。石乞说：“不杀掉国王不行。”于是将惠王劫持到高府中。石乞的随从屈固背着惠王逃到昭夫人的宫里躲了起来。叶公听到白公作乱的消息，率领他的部属来打白公。白公的人被打败，逃到山里，白公胜自杀身死。石乞被俘虏了，追问他白公的尸体藏在哪里，如果不讲出来就把他扔进汤镬处以烹刑。石乞说：“大功告成我作卿相，不能成功我进汤镬，本来就应当如此。”终于不肯讲出白公胜的尸体到底在哪里。结果就将石乞处以烹刑。叶公又找回了惠王，重新立为国王。

　　太史公说：仇恨对于人的影响实在是太大了。即使是做国王的人都不能让仇恨之心在臣子身上萌生，何况是地位相同的人之间呢！假如当初伍子胥跟着伍奢一道死了的话，那与蝼蚁之死又有什么区别呢？但他能够放弃小意气，洗雪大耻辱，使名声流传后世。可悲啊！当子胥在长江边困顿窘迫之时，在道路上乞讨糊口之时，心中难道会在一瞬之间忘掉对郢都、对楚王的仇恨吗？不会的。所以说克制忍耐成就功名，不是抱负远大的壮士又有谁能做得到呢？白公如果不是自己去当国君的话，那么他的功业也是很可称道的呢！

张仪列传

【原文】

　　张仪者，魏人也。始尝与苏秦俱事鬼谷先生，学术，苏秦自以不及张仪。

　　张仪已学而游说诸侯。尝从楚相饮，已而楚相亡璧，门下意张仪，曰：“仪贫无行，必此盗相君之璧。”共执张仪，掠笞数百，不服，醳之。其妻曰：“嘻！子毋读书游说，安得此辱乎？”张仪谓其妻曰：“视吾舌尚在不？”其妻笑曰：“舌在也。”仪曰：“足矣。”

　　苏秦已说赵王而得相约从亲，然恐秦之攻诸侯，败约后负，念莫可使用于秦者,乃使人微感张仪曰:"子始与苏秦善,今秦已当路,子何不往游,以求通子之愿?"张仪于是之赵,上谒求见苏秦。苏秦乃诫门下人不为通,又使不得去者数日。已而见之,坐之堂下,赐仆妾之食。因而数让之曰:"以子之材能,乃自令困辱至此。吾宁不能言而富贵子,子不足收也。"谢去之。张仪之来也,自以为故人,求益,反见辱,怒,念诸侯莫可事,独秦能苦赵,乃遂入秦。

苏秦已而告其舍人曰:"张仪,天下贤士,吾殆弗如也。今吾幸先用,而能用秦柄者,独张仪可耳。然贫,无因以进。吾恐其乐小利而不遂,故召辱之,以激其意。子为我阴奉之。"乃言赵王,发金币车马,使人微随张仪,与同宿舍,稍稍近就之,奉以车马金钱,所欲用,为取给,而弗告。张仪遂得以见秦惠王。惠王以为客卿,与谋伐诸侯。

苴蜀相攻击,各来告急于秦。秦惠王欲发兵以伐蜀,以为道险狭难至,而韩又来侵秦,秦惠王欲先伐韩,后伐蜀,恐不利,欲先伐蜀,恐韩袭秦之敝,犹豫未能决。司马错与张仪争论于惠王之前,司马错欲伐蜀,张仪曰:"不如伐韩。"王曰:"请闻其说。"

仪曰:"亲魏善楚,下兵三川,塞什谷之口,当屯留之道,魏绝南阳,楚临南郑,秦攻新城、宜阳,以临二周之郊,诛周王之罪,侵楚、魏之地。周自知不能救,九鼎宝器必出。据九鼎,案图籍,挟天子以令于天下,天下莫敢不听,此王业也。今夫蜀,西僻之国而戎翟之伦也,敝兵劳众不足以成名,得其地不足以为利。臣闻争名者于朝,争利者于市。今三川、周室,天下之朝市也,而王不争焉,顾争于戎翟,去王业远矣。"

司马错曰:"不然。臣闻之,欲富国者务广其地,欲强兵者务富其民,欲王者务博其德,三资者备而王随之矣。今王地小民贫,故臣愿先从事于易。夫蜀,西僻之国也,而戎翟之长也,有桀纣之乱。以秦攻之,譬如使豺狼逐群羊。得其地足以广国,取其财足以富民缮兵,不伤众而彼已服焉。拔一国而天下不以为暴,利尽西海而天下不以为贪,是我一举而名实附也,而又有禁暴止乱之名。今攻韩,劫天子,恶名也,而未必利也,又有不义之名,而攻天下所不欲,危矣。臣请谒其故:周,天下之宗室也;齐,韩之与国也。周自知失九鼎,韩自知亡三川,将二国并力合谋,以因乎齐、赵而求解乎楚、魏,以鼎与楚,以地与魏,王弗能止也。此臣之所谓危也。不如伐蜀完。"

惠王曰:"善,寡人请听子。"卒起兵伐蜀,十月,取之,遂定蜀,贬蜀王更号为侯,而使陈庄相蜀。蜀既属秦,秦以益强,富厚,轻诸侯。

秦惠王十年,使公子华与张仪围蒲阳,降之。仪因言秦复与魏,而使公子繇质于魏。仪因说魏王曰:"秦王之遇魏甚厚,魏不可以无礼。"魏因入上郡、少梁,谢秦惠王。惠王乃以张仪为相,更名少梁曰夏阳。

仪相秦四岁,立惠王为王。居一岁,为秦将,取陕。筑上郡塞。

其后二年,使与齐、楚之相会啮桑。东还而免相,相魏以为秦,欲令魏先事秦而诸侯效之。魏王不肯听仪。秦王怒,伐取魏之曲沃、平周,复阴厚张仪益甚。张仪惭,无以归报。留魏四岁而魏襄王卒,哀王立。张仪复说哀王,哀王不听。于是张仪阴令秦伐魏。魏与秦战,败。

明年,齐又来败魏于观津。秦复欲攻魏,先败韩申差军,斩首八万,诸侯震恐。而张仪复说魏王曰:"魏地方不至千里,卒不过三十万。地四平,诸侯四通辐凑,无名山大川之限。从郑至梁二百余里,车驰人走,不待力而至。梁南与楚境,西与韩境,北与赵境,东与齐境,卒戍四方,守亭鄣者不下十万。梁之地势,固战场也。梁南与楚而不与齐,则齐攻其东;东与齐而不与赵,则赵攻其北;不合於韩,则韩攻其西;不亲于楚,则楚攻其南:此所谓四分五裂之道也。

"大王不事秦,秦下兵攻河外,据卷、衍、燕、酸枣,劫卫取阳晋,则赵不南,赵不南而梁不北,梁不北则从道绝,从道绝则大王之国欲毋危不可得也。秦折韩而攻梁,韩怯于秦,秦、韩为一,梁之亡可立而须也。此臣之所为大王患也。

"为大王计,莫如事秦。事秦则楚、韩必不敢动;无楚、韩之患,则大王高枕而卧,国必无忧矣。

"且夫从人多奋辞而少可信,说一诸侯而成封侯,是故天下之游谈士莫不日夜搤腕瞋目切齿以言从之便,以说人主。人主贤其辩而牵其说,岂得无眩哉。

"臣闻之,积羽沉舟,群轻折轴,众口铄金,积毁销骨,故愿大王审定计议,且赐骸骨辟魏。"

哀王于是乃倍从约而因仪请成于秦。张仪归,复相秦。三岁而魏复背秦为从。秦攻魏,取曲沃。明年,魏复事秦。

秦欲伐齐,齐、楚从亲,于是张仪往相楚。楚怀王闻张仪来,虚上舍而自馆之。曰:"此僻陋之国,子何以教之?"仪说楚王曰:"大王诚能听臣,闭关绝约于齐,臣请献商於之地六百里,使秦女得为大王箕帚之妾,秦楚娶妇嫁女,长为兄弟之国。此北弱齐而西益秦也,计无便此者。"楚王大说而许之。群臣皆贺,陈轸独吊之。楚王怒曰:"寡人不兴师发兵得六百里地,群臣皆贺,子独吊,何也?"陈轸对曰:"不然,以臣观之,商於之地不可得而齐秦合,齐秦合则患必至矣。"楚王曰:"有说乎?"陈轸对

曰:"夫秦之所以重楚者,以其有齐也。今闭关绝约于齐,则楚孤。秦奚贪夫孤国,而与之商於之地六百里?张仪至秦,必负王,是北绝齐交,西生患于秦也,而两国之兵必俱至。善为王计者,不若阴合而阳绝于齐,使人随张仪。苟与吾地,绝齐未晚也;不与吾地,阴合谋计也。"楚王曰:"愿陈子闭口毋复言,以待寡人得地。"乃以相印授张仪,厚赂之。于是遂闭关绝约于齐,使一将军随张仪。

张仪至秦,详失绥堕车,不朝三月。楚王闻之,曰:"仪以寡人绝齐未甚邪?"乃使勇士至宋,借宋之符,北骂齐王。齐王大怒,折节而下秦。秦齐之交合,张仪乃朝,谓楚使者曰:"臣有奉邑六里,愿以献大王左右。"楚使者曰:"臣受令于王,以商於之地六百里,不闻六里。"还报楚王,楚王大怒,发兵而攻秦。陈轸曰:"轸可发口言乎?攻之不如割地反以赂秦,与之并兵而攻齐,是我出地于秦,取偿于齐也,王国尚可存。"楚王不听,卒发兵而使将军屈匄击秦。秦齐共攻楚,斩首八万,杀屈匄,遂取丹阳、汉中之地。楚又复益发兵而袭秦,至蓝田,大战,楚大败,于是楚割两城以与秦平。

秦要楚欲得黔中地,欲以武关外易之。楚王曰:"不愿易地,愿得张仪而献黔中地。"秦王欲遣之,口弗忍言。张仪乃请行。惠王曰:"彼楚王怒子之负以商於之地,是且甘心于子。"张仪曰:"秦强楚弱,臣善靳尚,尚得事楚夫人郑袖,袖所言皆从。且臣奉王之节使楚,楚何敢加诛。假令诛臣而为秦得黔中之地,臣之上愿。"遂使楚。楚怀王至则囚张仪,将杀之。靳尚谓郑袖曰:"子亦知子之贱于王乎?"郑袖曰:"何也?"靳尚曰:"秦王甚爱张仪而不欲出之,今将以上庸之地六县赂楚,以美人聘楚,以宫中善歌讴者为媵。楚王重地尊秦,秦女必贵而夫人斥矣。不若为言而出之。"于是郑袖日夜言怀王曰:"人臣各为其主用。今地未入秦,秦使张仪来,至重王。王未有礼而杀张仪,秦必大怒攻楚。妾请子母俱迁江南,毋为秦所鱼肉也。"怀王后悔,赦张仪,厚礼之如故。

张仪既出,未去,闻苏秦死,乃说楚王曰:"秦地半天下,兵敌四国,被险带河,四塞以为固。虎贲之士百余万,车千乘,骑万匹,积粟如丘山。法令既明,士卒安难乐死,主明以严,将智以武,虽无出甲,席卷常山之险,必折天下之脊,天下有后服者先亡。且夫为从者,无以异于驱群羊而攻猛虎,虎之与羊不格明矣。今王不与猛虎而与群羊,臣窃以为大王之计过也。

"凡天下强国,非秦而楚,非楚而秦,两国交争,其势不两立。大王不与秦,秦下甲据宜阳,韩之上地不通。下河东,取成皋,韩必入臣,梁则从风而动。秦攻楚之西,韩、梁攻其北,社稷安得毋危?

"且夫从者聚群弱而攻至强,不料敌而轻战,国贫而数举兵,危亡之术也。臣闻之,兵不如者勿与挑战,粟不如者勿与持久。夫从人饰辩虚辞,高主之节,言其利不言其害,卒有秦祸,无及为已。是故愿大王之孰计之。

"秦下甲攻卫阳晋,必大关天下之匈。大王悉起兵以攻宋,不至数月而宋可举,举宋而东指,则泗上十二诸侯尽王之有也。

"凡天下而以信约从亲相坚者苏秦,封武安君,相燕,即阴与燕王谋伐破齐而分其地;乃详有罪出走入齐,齐王因受而相之;居二年而觉,齐王大怒,东裂苏秦于市。夫以一诈伪之苏秦,而欲经营天下,混一诸侯,其不可成亦明矣。

"今秦与楚接境壤界,固形亲之国也。大王诚能听臣,臣请使秦太子入质于楚,楚太子入质于秦,请以秦女为大王箕帚之妾,效万室之都以为汤沐之邑,长为昆弟之国,终身无相攻伐。臣以为计无便于此者。"

于是楚王已得张仪而重出黔中地与秦,欲许之。屈原曰:"前大王见欺于张仪,张仪至,臣以为大王烹之;今纵弗忍杀之,又听其邪说,不可。"怀王曰:"许仪而得黔中,美利也。后而倍之,不可。"故卒许张仪,与秦亲。

张仪去楚,因遂之韩,说韩王曰:"韩地险恶山居,五谷所生,非菽而麦,民之食大抵菽饭藿羹。一岁不收,民不餍糟糠。地不过九百里,无二岁之食。料大王之卒,悉之不过三十万,而厮徒负养在其中矣。除守徼亭鄣塞,见卒不过二十万而已矣。秦带甲百余万,车千乘,骑万匹,虎贲之士跿跔科头贯颐奋戟者,至不可胜计。秦马之良,戎兵之众,探前趹后蹄间三寻腾者,不可胜数。山东之士被甲蒙胄以会战,秦人捐甲徒裼以趋敌,左挈人头,右挟生虏。夫秦卒与山东之卒,犹孟贲之与怯夫;以重力相压,犹乌获之与婴儿。夫战孟贲、乌获之士以攻不服之弱国,无异垂千钧之重于鸟卵之上,必无幸矣。

"大王不事秦,秦下甲据宜阳,断韩之上地,东取成皋、荥阳,则鸿台之宫、桑林之苑非王之有也。夫塞成皋,绝上地,则王之国分矣。先事秦则安,不事秦则危。夫造祸而求其福报,计浅而怨深,逆秦而顺楚,虽欲毋亡,不可得也。

"故为大王计,莫如为秦。秦之所欲莫如弱楚,而能弱楚者莫如韩。非以韩能强于楚也。其地势然也。今王西面而事秦以攻楚,秦王必喜。夫攻楚以利其地,转祸而说秦,计无便于此者。"

韩王听仪计。张仪归报,秦惠王封仪五邑,号曰武信君。使张仪东说齐湣王曰:"天下强国无过齐者,大臣父兄殷众富乐。然而为大王计者,皆为一时之说,不顾百世之利。从人说大王者,必曰'齐西有强赵,南有韩与梁。齐,负海之国也,地广民众,兵强士勇,虽有百秦,将无奈齐何'。大王贤其说而不计其实。夫从人朋党比周,莫不以从为可。臣闻之,齐与鲁三战而鲁三胜,国以危亡随其后,虽有战胜之名,而有亡国之实。是何也?齐大而鲁小也。今秦之与齐也,犹齐之与鲁也。秦赵战于河漳之上,再战而赵再胜秦;战于番吾之下,再战又胜秦。四战之后,赵之亡卒数十万,邯郸仅存,虽有战胜之名而国已破矣。是何也?秦强而赵弱。

"今秦楚嫁女娶妇，为昆弟之国。韩献宜阳；梁效河外；赵入朝渑池，割河间以事秦。大王不事秦，秦驱韩梁攻齐之南地，悉赵兵渡清河，指博关，临菑、即墨非王之有也。国一日见攻，虽欲事秦，不可得也。是故愿大王孰计之也。"

齐王曰："齐僻陋，隐居东海之上，未尝闻社稷之长利也。"乃许张仪。

张仪去，西说赵王曰："敝邑秦王使使臣效愚计于大王。大王收率天下以宾秦，秦兵不敢出函谷关十五年。大王之威行于山东，敝邑恐惧慑伏，缮甲厉兵，饰车骑，习驰射，力田积粟，守四封之内，愁居慑处，不敢动摇，唯大王有意督过之也。

"凡大王之所信为从者恃苏秦。苏秦荧惑诸侯，以是为非，以非为是，欲反齐国，而自令车裂于市。夫天下之不可一亦明矣。今楚与秦为昆弟之国，而韩梁称为东藩之臣，齐献鱼盐之地，此断赵之右臂也。夫断右臂而与人斗，失其党而孤居，求欲毋危，岂可得乎！

"今秦发三将军：其一军塞午道，告齐使兴师渡清河，军于邯郸之东；一军军成皋，驱韩梁军于河外；一军军于渑池。约四国为一以攻赵，赵破，必四分其地。是故不敢匿意隐情，先以闻于左右。臣窃为大王计，莫如与秦王遇于渑池，面相见而口相结，请案兵无攻。愿大王之定计。"

赵王曰："先王之时，奉阳君专权擅势，蔽欺先王，独擅绾事，寡人居属师傅，不与国谋计。先王弃群臣，寡人年幼，奉祀之日新，心固窃疑焉，以为一从不事秦，非国之长利也。乃且愿变心易虑，割地谢前过以事秦。方将约车趋行，适闻使者之明诏。"赵王许张仪，张仪乃去。

北之燕，说燕昭王曰："大王之所亲莫如赵。昔赵襄子尝以其姊为代王妻，欲并代，约与代王遇于句注之塞。乃令工人作为金斗，长其尾，令可以击人。与代王饮，阴告厨人曰：'即酒酣乐，进热啜，反斗以击之。'于是酒酣乐，进热啜，厨人进斟，因反斗以击代王，杀之，王脑涂地。其姊闻之，因摩笄以自刺，故至今有摩笄之山。代王之亡，天下莫不闻。

"夫赵王之很戾无亲，大王之所明见，且以赵王为可亲乎？赵兴兵攻燕，再围燕都而劫大王，大王割十城以谢。今赵王已入朝渑池，效河间以事秦。今大王不事秦，秦下甲云中、九原，驱赵而攻燕，则易水、长城非大王之有也。

"且今时赵之于秦犹郡县也，不敢妄举师以攻伐。今王事秦，秦王必喜，赵不敢妄动，是西有强秦之援，而南无齐赵之患，是故愿大王孰计之。"

燕王曰："寡人蛮夷僻处，虽大男子裁如婴儿，言不足以采正计。今上客幸教之，请西面而事秦，献恒山之尾五城。"燕王听仪。仪归报，未至咸阳而秦惠王卒，武王立。武王自为太子时不说张仪，及即位，群臣多谗张仪曰："无信，左右卖国以取容。秦必复用之，恐为天下笑。"诸侯闻张仪有郤武王，皆畔衡，复合从。

秦武王元年，群臣日夜恶张仪未已，而齐让又至。张仪惧诛，乃因谓秦武王曰："仪有愚计，愿效之。"王曰："奈何？"对曰："为秦社稷计者，东方有大变，然后王可以多割得地也。今闻齐王甚憎仪，仪之所在，必兴师伐之。故仪愿乞其不肖之身之梁，齐必兴师而伐梁。梁齐之兵连于城下而不能相去，王以其间伐韩，入三川，出兵函谷而毋伐，以临周，祭器必出。挟天子，按图籍，此王业也。"秦王以为然，乃具革车三十乘，入仪之梁。齐果兴师伐之。梁哀王恐。张仪曰："王勿患也，请令罢齐兵。"乃使其舍人冯喜之楚，借使之齐，谓齐王曰："王甚憎张仪；虽然，亦厚矣王之托仪于秦也！"齐王曰："寡人憎仪，仪之所在，必兴师伐之，何以托仪？"对曰："是乃王之托仪也。夫仪之出也，固与秦王约曰：'为王计者，东方有大变，然后王可以多割得地。今齐王甚憎仪，仪之所在，必兴师伐之。故仪愿乞其不肖之身之梁，齐必兴师伐之。齐梁之兵连于城下而不能相去，王以其间伐韩，入三川，出兵函谷而无伐，以临周，祭器必出。挟天子，案图籍，此王业也。'秦王以为然，故具革车三十乘而入之梁也。今仪入梁，王果伐之，是王内罢国而外伐与国，广邻敌以内自临，而信仪于秦王也。此臣之所谓'托仪'也。"齐王曰："善。"乃使解兵。

张仪相魏一岁，卒于魏也。

陈轸者，游说之士。与张仪俱事秦惠王，皆贵重，争宠。张仪恶陈轸于秦王曰："轸重币轻使秦楚之间，将为国交也。今楚不加善于秦而善轸者，轸自为厚而为王薄也。且轸欲去秦而之楚，王胡不听乎？"王谓陈轸曰："吾闻子欲去秦之楚，有之乎？"轸曰："然。"王曰："仪之言果信矣。"轸曰："非独仪知之也，行道之士尽知之矣。昔子胥忠于其君而天下争以为臣，曾参孝于其亲而天下愿以为子。故卖仆妾不出闾巷而售者，良仆妾也；出妇嫁于乡曲者，良妇也。今轸不忠其君，楚亦何以轸为忠乎？忠且见弃，轸不之楚何归乎？"王以其言为然，遂善待之。

居秦期年，秦惠王终相张仪，而陈轸奔楚。楚未之重也，而使陈轸使于秦。过梁，欲见犀首。犀首谢弗见。轸曰："吾为事来，公不见轸，轸将行，不得待异日。"犀首见之。陈轸曰："公何好饮也？"犀首曰："无事也。"曰："吾请令公厌事可乎？"曰："奈何？"曰："田需约诸侯从亲，楚王疑之，未信也。公谓于王曰：'臣与燕、赵之王有故，数使人来，曰"无事何不相见"，愿谒行于王。'王虽许公，公请毋多车，以车三十乘，可陈之于庭，明言之燕、赵。"燕、赵客闻之，驰车告其王，使人迎犀首。楚王闻之大怒，曰："田需与寡人约，而犀首之燕、赵，是欺我也。"怒而不听其事。齐闻犀首之北，使人以事委焉。犀首遂行，三国相事皆断于犀首。轸遂至秦。

韩魏相攻，期年不解。秦惠王欲救之，问于左右。左右或曰救之便，或曰勿救便，惠王未能为之决。陈轸适至秦，惠王曰："子去寡人之楚，亦思寡人不？"陈轸对曰:"王闻夫越人庄舄乎?"王曰:"不闻。"曰:"越人庄舄仕楚执珪,有顷而病。楚王曰:'舄故越之鄙细人也,今仕楚执珪,贵富矣,亦思越不?'中谢对曰:'凡人之思故,在其病也。彼思越则越声,不思越则楚声。'使人往听之,犹尚越声也。今臣虽弃逐之楚,岂能无秦声哉!"惠王曰:"善。今韩魏相攻,期年不解,或谓寡人救之便,或曰勿救便,寡人不能决,愿子为子主计之余,为寡人计之。"陈轸对曰:"亦尝有以夫卞庄子刺虎闻于王者乎?庄子欲刺虎,馆竖子止之,曰:'两虎方且食牛,食甘必争,争则必斗,斗则大者伤,小者死,从伤而刺之,一举必有双虎之名。'卞庄子以为然,立须之。有顷,两虎果斗,大者伤,小者死。庄子从伤者而刺之,一举果有双虎之功。今韩魏相攻,期年不解,是必大国伤,小国亡,从伤而伐之,一举必有两实。此犹庄子刺虎之类也。臣主与王何异也。"惠王曰:"善。"卒弗救。大国果伤,小国亡,秦兴兵而伐,大剋之。此陈轸之计也。

犀首者,魏之阴晋人也,名衍,姓公孙氏。与张仪不善。

张仪为秦之魏,魏王相张仪。犀首弗利,故令人谓韩公叔曰:"张仪已合秦魏矣,其言曰'魏攻南阳,秦攻三川'。魏王所以贵张子者,欲得韩地也。且韩之南阳已举矣,子何不少委焉以为衍功,则秦魏之交可错矣。然则魏必图秦而弃仪,收韩而相衍。"公叔以为便,因委之犀首以为功。果相魏。张仪去。

义渠君朝于魏。犀首闻张仪复相秦,害之。犀首乃谓义渠君曰:"道远不得复过,请谒事情。"曰:"中国无事,秦得烧掇焚杅君之国;有事,秦将轻使重币事君之国。"其后五国伐秦。会陈轸谓秦王曰:"义渠君者,蛮夷之贤君也,不如赂之以抚其志。"秦王曰:"善。"乃以文绣千纯,妇女百人遗义渠君。义渠君致群臣而谋曰:"此公孙衍所谓邪?"乃起兵袭秦,大败秦人李伯之下。

张仪已卒之后,犀首入相秦。尝佩五国之相印,为约长。

太史公曰:三晋多权变之士,夫言从衡强秦者大抵皆三晋之人也。夫张仪之行事甚于苏秦,然世恶苏秦者,以其先死,而仪振暴其短以扶其说,成其衡道。要之,此两人真倾危之士哉!

【译文】

张仪是魏国人,最初曾与苏秦一道跟从鬼谷先生学游说之术,苏秦自认为所学比不上张仪。

张仪在学业完成以后,便去游说诸侯。一次,他在楚相那里赴宴饮酒,席散后,楚相发现自己身上佩戴的玉璧不见了,相府的幕客们都认为是张仪所为,说:"张仪这人,既贫穷又没有品德,偷相国玉璧的,一定是他!"于是众人捉住张仪,打了他几百竹板。张仪还是不承认,大家只好把他释放还家,妻子叹气说:"唉,你如果不去读书游说,又怎会遭到这般侮辱呢?"张仪对妻子说:"你看看我的舌头还在吗?"妻子禁不住笑着回答:"舌头当然还在呢。"张仪说:"这就够了。"

当时,苏秦已经说服赵王答应加入合纵盟约,与同盟各国结好相亲,但他又担心各国诸侯在秦的进攻下背弃盟约,从而招致盟约的破坏。他考虑再三,找不到一个能派往秦国为他工作的合适人选,于是他派人去悄悄劝说张仪:"你以前就与苏秦相好,现在他已经当权,你何不到他那里去,以谋求展现你的志愿?"张仪于是前往赵国,递上名帖请求拜见苏秦。苏秦却先已告诫手下人不替张仪禀报,又设法稳住他好几天,然后才接见他,叫他坐在堂下,赏给他的是仆人、侍女所吃的饭食,并一再奚落张仪说:"像你那么有才能的人,竟自己弄得穷愁潦倒到这种地步。我哪是不能够荐举你而使你富贵呢,只是因为你不值得收留啊!"苏秦就此推辞了张仪。张仪这次来见苏秦,本以为是旧交,可以得到好处,谁知反而受到侮辱,气愤之下,想到各国诸侯都没有可以事奉的,唯有秦国才能威胁赵国,于是便到了秦国。

苏秦在张仪离去后,告诉自己的门客说:"张仪是天下贤士,我恐怕是比不上他的。现在我侥幸而先受到重用,但要说能够掌握秦国大权的人,那只有张仪才行了。而他目下贫穷,没有进用的机会。我怕他满足于小利而不再求进取,所以叫他来当面侮辱他,以此来激发他的意志。请你为我暗中帮助他吧。"苏秦将自己的打算禀告赵王以后,拨出钱财车马,派人一路上暗暗跟随张仪,与张仪宿于同一个旅舍,逐渐接近他,供给他车马钱财,凡张仪有所需用,都取出来供给他,但并不告诉他实情。张仪因此而得以见到秦惠王。秦惠王用张仪为客卿,与他共商攻打各国诸侯的大计。

苴国和蜀国相互攻打,两国都向秦国告急救援。秦惠王打算派兵攻蜀,又考虑到蜀道险要、狭窄,难以通行,韩国会借机入侵;想先打韩,后攻蜀吧,又担心不能取胜;想先打蜀吧,又担心韩国乘机偷袭。惠王犹豫不决,拿不定主意。司马错与张仪在秦惠王面前展开了争论,司马错主张攻蜀,张仪说不如攻韩。秦惠王说:"请让我听一听你们各自的理由。"

张仪说:"亲近魏国,结好楚国,派兵前往三川,阻断什谷的入口,扼守屯留的路径,让魏兵卡断去韩国南阳的道路,让楚兵直逼南郑,我们则攻打新城、宜阳,从而兵临二周的郊外,声讨周君的罪过,侵占楚、魏的地盘。周君自知局势无法挽救,必然会献出九鼎宝器。据有了九鼎宝器,掌握着天下的地图和户籍,劫持着天子向天下发号施令,天下诸侯谁敢不听? 这正是称王天下的事业啊! 而目下的蜀国,不过是西部偏远的国家,戎狄的同类,损军劳民,达不到名显天下的目的;取得了他们的地盘,收不到甚么实际利益。我听说过这样一句话:争名的要到朝廷,争利的应去市集。现今的三川、周室就正是天下的朝廷和市集啊,大王您不去争夺,反倒去争夺戎狄那样的落后地区,这距离称王的事业太遥远了!"

　　司马错说:"不是这样。我听说过:想要使国家富强的人,必须扩充他的国土,想要军队强大的人,必须使百姓富裕;想要称王,必须推行他的德政。这三个条件具备,王业也就随着来了。目前大王您的国土狭小,百姓贫穷,所以我希望先从容易的地方做起。蜀,是西方偏远的国家,也是戎狄的领袖,国君昏暗,局势混乱。以秦国的军队去攻蜀,就好比用豺狼去驱赶着群羊一样。夺得蜀的土地,可以扩展疆土,取得蜀的财富,可使百姓富裕和军备充足,不用损伤多少人而蜀国就已经臣服了。我们灭掉了一个蜀国,但天下的人并不认为我们暴虐;占有西方的资源,天下的人并不认为我们贪婪。这样不仅一举名利双收,而且还可获得禁暴止乱的美名。现在若是攻打韩国,劫持周天子,名誉不好,而且不一定能得到实利,还会落个不义的名声,攻打天下人都不愿意攻打的国家,这是危险的。请大王允许我陈述原因:周是天下的宗室,齐是韩的盟国。周王室料到将要失去九鼎,韩国料到将要失去三川,两国势必要协力齐心,依赖齐、赵两国,并求得楚、魏的谅解,周把鼎给与楚国,韩将土地割与魏国,对此大王您是不可能禁止的。这就是我所说的危险所在啊。还不如攻打蜀国更为稳妥。"

　　秦惠王对司马错说:"好,我就听你的意见吧。"终于起兵攻蜀。这年十月,拿下蜀国。平定蜀国后,把蜀王的王位谪贬,改称为"侯",并派陈庄担任蜀的相国。蜀归秦以后,秦因此更加强大富裕,对各国诸侯也看不起了。

　　秦惠王十年,惠王派公子华与张仪率兵围困魏国的蒲阳,守军投降。张仪提出秦把蒲阳交还魏国,并派公子繇到魏国作人质。张仪劝告魏王说:"秦王对待魏国非常仁厚,魏国总不能够没有表示。"魏国于是把上郡、少梁给了秦国作为对惠王的答谢。惠王便任张仪为相国,并将少梁改为夏阳。

　　张仪做秦的相国四年后,拥戴惠王称王。又过了一年,张仪为将,领兵攻取了陕县,同时在上郡筑塞。

　　这之后两年,张仪被派到啮桑与齐、楚的相国盟会。从东边回国后,张仪被免掉秦相职位,为了秦国的利益去魏国当了相国,想让魏国先归附秦国,然后让其他各国仿效魏国的做法;但魏王不听张仪的意见。秦王愤怒之下,派兵攻取了魏国的曲沃、平周两城,同时暗中给张仪比过去更为丰厚的待遇。张仪感到惭愧,觉得没有甚么作为回报。张仪在魏居留了四年后,魏襄王去世,魏哀王即位。张仪又劝哀王归秦,哀王还是不听。于是张仪暗中指使秦国攻魏。魏起兵与秦作战,被秦打败。

　　第二年,齐兵又至,在观津战败了魏兵。秦军又准备攻打魏国,首先战败了韩申差率领的军队,斩首八万,使各国诸侯为之震惊害怕。张仪于是又游说魏王道:"魏国的土地纵横不满一千里,士兵不到三十万。地势四面平坦,与各国四通八达,没有高山大河的阻隔。从新郑到大梁不过二百多里路,不论战车或者步兵,都不用花多大力气就能到达。魏国南与楚国交界,西与韩国接连,北与赵国靠近,东与齐国连界,军队戍守四方,守卫边境的兵士当在十万以上。魏国的地势,自来就是战场。如果南边与楚交好而不东与齐国交好,那齐国就会从东面进攻;和东方齐国友好而不和赵国亲善,那赵兵就会从北面进攻;与韩国不和,那韩兵就会攻魏的西面;与楚国不亲,那楚兵就会侵犯魏的南面。这正是人们所说的四分五裂的道路啊。

"大王您要是不依附秦,秦就会出兵攻打河外,占据卷、衍、燕、酸枣等地,胁迫卫国,夺取卫国的阳晋,于是赵国不能南下援魏;赵国不能南下,那魏也就不能向北和赵呼应;魏不能连赵,那么合纵各国的交通就会断绝;合纵各国的交通一断绝,那么大王您的国家要想没有危险是不可能的了。秦国挟持韩国转而攻梁,韩国因为害怕秦国,与秦联为一体,于是梁的灭亡就近在眼前了。这就是我为大王担心的事情啊。

"现在为大王着想,还是不如依附秦国。依附了秦国就必定会使楚国、韩国不敢妄动;没有了韩、楚侵扰的祸患,大王就可以高枕而卧,国家肯定没有甚么可以忧虑的事情了。

"再说那些主张合纵的策士吧,他们大多话讲得激昂,而很少有靠得住的,只要说动了一国国君,就能够被赐封为侯,所以天下从事游说的人无不随时随地都在慷慨陈词,宣扬合纵的好处,以图打动一国的君主。君主觉得他们说得很好而受到影响,又怎么可能不被迷惑呢!

"我听说过这样的话:羽毛堆积多了能把船压沉,轻东西聚载多了能把车轴压断,众人的嘴巴可以使铁熔化,众多的坏话能把骨销毁。故此我请求大王慎重地决定国家大计,并请您让我辞职离开魏国。"

魏哀王于是背弃合纵盟约,通过张仪,请求与秦结好。张仪回秦后,仍然做了秦国的相国。三年后,魏又背叛秦国而重新加入合纵。秦因此出兵攻魏,夺取了魏的曲沃城。次年,魏重又归附秦国。

秦国准备攻打齐国,而齐与楚都参加合纵,两国关系密切,秦王于是派遣张仪前往楚国担任相职。楚怀王听说张仪来楚,安排他住在上等馆舍,并亲自接待张仪。怀王问张仪说:"您到我们这偏远鄙陋的楚国来,不知有甚么见教?"张仪对怀王说:"大王如果真的能够听取我的意见,关闭边关与齐断绝来往,我愿献上商於地区六百里的地方与楚,使秦王的女儿成为大王的妻子,秦、楚两国娶妇嫁女,永远成为亲如兄弟的国家。这将北面削弱齐国,西面有利于秦国,找不到比它更好的策略了。"怀王非常高兴地采纳了张仪的意见。群臣都为此向怀王贺喜,唯有陈轸向怀王表示哀悼。怀王发怒道:"我不用派兵便得到六百里土地,大臣们都来庆贺,唯有你表示哀悼,这是甚么缘故?"陈轸答道:"事情没有这么简单。依我的看法，商於之地大王既不可能得到，齐、秦两国还会由此联合，齐、秦一联合，那楚国的灾难就肯定会降临了。"怀王问道："有什么根据吗？"陈轸回答说："秦国之所以看重楚国，是因为楚国背后有齐国。现在楚国关闭边界与齐国绝交，那么楚国就会孤立无援。秦国怎会重视一个孤立的国家，而奉送它六百里商於之地呢？张仪回到秦国后，必定会背叛大王。这样，楚国北与齐绝交，西面从秦国引来灾患，那它们两国之兵必定都会犯境了。妥当地为大王考虑，不如暗中与齐修好，表面上与齐绝交，派人随同张仪到秦。如果秦给了我们土地，再与齐绝交也不晚；不给我们土地，我们与齐暗中联合再作主张。"怀王说："希望你闭上嘴巴不要再说了，等着看我得到秦的土地吧。"于是怀王将楚国的相印授与张仪，还送了许多礼物，一面关闭边界，与齐断交，并派一员将军随同张仪前往。

张仪到达秦国后，假装上车时没有拉稳绳子而从车上坠地，为此，养伤而三个月没有上朝。楚怀王听说此事后，说："张仪是因为我与齐国绝交，做得还不够坚决吧？"便派勇士前往宋国，借宋国的符节进入齐境，大骂齐王。齐王大怒，折断符节而投靠秦国。秦与齐恢复邦交后，张仪才上朝，对楚国的使臣说："我有六里封地，愿意献给你们大王。"使臣说道："我受楚王之命，来接受商於之地六百里，没有听说是六里。"使臣回国报告楚怀王，怀王大怒，发兵攻秦。陈轸说："我可以开口讲话了吗？攻打秦国，不如反过来割地贿赂秦国，再与秦国联合攻齐，这样我们向秦国割出的土地，可从齐国取得补偿，大王的国土还可以保存。"怀王不听，终于发兵派将军屈匄率领攻打秦国。秦国与齐国共同攻打楚国，杀掉楚兵八万，杀了屈匄，接着攻取了楚国的丹阳、汉中等地。楚国重又增兵袭击秦国，在蓝田与秦军大战，楚军大败，楚国于是割让两城和秦国议和，才使战事平息。

秦国和楚国进行联系，想用武关以外的土地换取楚国的黔中。楚王说："我不希望换地，希望在得到张仪之后，奉献黔中地与秦王。"秦王想派张仪赴楚，但不忍说出口来。张仪自己请求到楚国去。秦惠王说："楚王恨你背弃了给商於之地的诺言，会对你甘心吗？"张仪说："秦强楚弱，我与楚国的靳尚相好，靳尚受楚王的夫人郑袖信任。郑袖说的话楚王都要听从。况且我是拿着大王您的符节出使，楚国怎敢杀害我呢？即便杀了我，而为秦得到黔中之地，也正是我最好的愿望啊。"张仪于是出使楚国。楚怀王待张仪一到，就把他囚禁起来准备杀掉。靳尚对郑袖说："你知道你也会被楚王抛弃吗？"郑袖问道："为什么呢？"靳尚说："秦王很喜爱张仪，一定要救他出来。打算用上庸所属的六县送给楚国，把美女嫁到楚国，用秦宫中善于唱歌的女子作为陪嫁。楚王看重土地，尊敬秦国，秦国的美女肯定会得宠，而夫人您就会受到冷落了。还不如说情释放张仪。"郑袖于是日夜向怀王进言说:"做臣子的各自为他的君主效劳。现在我们的土地还没有交给秦国,秦国就派遣张仪前来,这可是非常尊重大王。大王不以礼相待,反而要杀掉张仪,秦必然会在大怒之下进攻楚国。请让妾母子二人都迁居到江南去,以免被秦兵所残害。"怀王后悔了,赦免了张仪,仍像过去那样隆重地接待他。

张仪获释后,还没有离开楚国,听说苏秦已死,便向楚王进说道:"秦国的土地占天下一半,兵力足以抵挡周围的国家,据有险要,有黄河围绕,四面都有要塞作为坚固的设防据点。拥有雄兵一百多万,战车千辆,战马万匹,储粮堆积如山。法令严明,士卒又甘愿临难赴死,国君明智威严,将帅有谋有勇,不出兵则已,一出兵就会占据险峻的常山,折断天下的脊梁。天下凡是归顺在后的国家必然先遭灭亡。再说主张合纵的人,与驱赶群羊进攻猛虎没有什么不同,虎与羊之间力量悬殊是再明白不过的了。现在大王不结交猛虎却结交群羊,臣私下认为大王的考虑错了。

"总计天下的强国,不是秦就是楚,不是楚就是秦,两国你争我夺,这种形势不可能使两国并立。大王不结交秦,秦发兵占据宜阳,韩国上郡的地方就不能通行。秦再攻下河东,夺取成皋,韩国必定投降称臣,魏国也就会趁此时机行动。秦攻楚国的西面,韩、魏攻楚国的北面,国家哪能不危险呢?

"再说合纵盟约是聚集一群弱国攻打最强的国家,不估量对方便轻率作战,国家贫穷却要频繁发起战事,这是危亡的道路啊!我听说过,兵力不如对方强,就不要向对方挑起战端;粮食不比对方多,就不要同对方长期打仗。那些谈合纵的人讲的都是好听的和不切实际的言辞,拔高主上不事秦的行为,只说合纵的好处不说它的坏处,突然招来秦兵的战祸,那时挽救就来不及了!所以请大王对这事多多地考虑吧。

"秦发兵攻取卫的阳晋以后,必定会使天下的交通要道断绝。大王调集全部兵力进攻宋国,不到数月就可攻下,攻占宋国再挥师东向,那么泗水之侧的十二个诸侯国就会全部属于大王所有了啊。

"约集东方六国合纵相互坚守盟约的人是苏秦,他被封为武安君,担任燕国的相国以后,就暗中与燕王策划攻破齐国后瓜分齐国的土地;苏秦便装做有罪逃离燕国到达齐国,齐王收留他,让他做了相国;经过两年后事情被发觉,齐王大怒,把苏秦车裂于刑场。像这样用一个狡诈虚伪的苏秦,却要想控制天下,把各国诸侯连成一气,这不可能成功是很明白的。

"现在秦国与楚国国土相接,形势上,本来就是亲密的国家。大王真能听我的话,我可以请秦王派太子到楚国来作人质,大王也派太子到秦国去作人质。我并请把秦王的女儿作为大王您的妻子,再奉上拥有万户人家的大城,收取赋税作为大王的沐浴费用,秦与楚长期成为兄弟国家,永世不互相攻打。我认为没有比这更好的策略了。"

楚怀王在得到张仪以后，又难于割弃黔中给秦国，想要同意张仪的意见。屈原对楚王说："前次大王受了张仪的欺骗，这次张仪来楚，臣认为大王会烹杀他；现在放了他，不忍心杀他，却还要听信他的胡言乱语，不能这样做啊！"楚怀王说："答应了张仪可以保得黔中，这是很有利的事啊。已经答应了，过后又背弃他，不好。"怀王终究应允张仪，与秦结好。

张仪离开楚国，便前往韩国，对韩王说："韩国地势险恶，生活在山陵之中，生长的五谷，不是豆类就是麦子，老百姓大都吃的是豆子，喝的是豆叶汤。一年没有收成，人们连糟糠都吃不饱。韩国纵横不到九百里，没有储存两年的粮食。估计大王手下的军队，全部不足三十万，而且其中还要包括杂役人员都在内呢。除去守卫边界亭堡的兵士外，现成的可供调动的最多不过二十万罢了。秦国的军队有一百多万，战车千辆，战马万匹，勇猛的兵士不戴头盔踊跃奔杀，弯弓射敌，持戟冲锋的，多得数不清。秦军战马的精良，士兵的众多，马的前蹄飞腾，后蹄猛蹬，速度快到前后蹄之间一跃可以跨过三寻的，同样不可胜数。山东六国的军队盔甲齐整地与秦军会战，秦军脱掉盔甲袒臂赤足来迎敌，个个左手提人头，右手挟俘虏。秦兵与山东六国的兵相比，好比勇士孟贲与懦夫；以重兵相接触，好比力士乌获和婴孩。用孟贲、乌获那样的军队作战，攻打不肯降服的弱国，与把千钧重力直接压在鸟卵上面没有什么不同，肯定没有能够幸免的了。

"大王不归附秦国，秦就会发兵占据宜阳，截断韩国的上党地区，再东取成皋、荥阳，那么鸿台之宫、桑林之苑就不再属于大王所有了。要是阻塞了成皋，截绝了上党地区，那大王的国土就要被分割了。早归附秦国就安全，不归附秦国就危险。如果制造的是祸端却要想得到福报，计虑粗浅，结怨很深，违背秦国而顺从楚国，要想国家不亡，那是不可能的啊。

"所以为大王着想，还不如替秦国效劳。秦最大的希望是削弱楚国，而最能削弱楚国的就是韩国。不是因为韩国比楚国强大，而是由韩的地势所决定的。现在大王向西臣事秦国，进攻楚国，秦王必然高兴。攻打楚国有利于韩国扩大领土，转移了祸患，取悦了秦国，没有比这更好的主意了。"

韩王听从了张仪的主意。张仪回秦作了汇报，秦惠王赐给张仪五座城邑，并封他为武信君。惠王

又派遣张仪向东出使,对齐湣王说:"天下的强国没有能比得上齐国的,齐国的大臣百姓尽都富裕安乐。但是为大王出谋划策的人,全都是行的一时之计,不顾及百世的利益。主张合纵的人向大王作宣传的,必定会说'齐国西面有强盛的赵国,南面有韩国与魏国。齐国是个滨海的国家,地广人多,军强兵勇,即使有一百个秦国,也将拿齐国无可奈何'。大王认为这种说法正确,但没有考虑它不合于实际。主张合纵的人拉帮结派,没有人不吹嘘合纵的好处。我听说,齐国与鲁国三次交战,鲁国三次获胜,但随着这胜利后面而来的是国家的危亡,虽然有战胜的名声,但带来的是亡国的现实。这是什么原因呢?齐国强大而鲁国弱小啊。现在的秦国对于齐国,就好比齐国对于鲁国。秦、赵两国在漳水之滨交战,赵军两战两胜;在番吾城下交战,赵军又两次胜过秦军。这四战之后,赵国阵亡的兵士有好几十万,只剩下首都邯郸还得幸存,虽然赵国有战胜的名声,然而国家已残破了。这是什么原因呢?秦国强而赵国弱啊。

"现在秦、楚两国之间嫁女娶妇,成了兄弟国家。韩国献出宜阳,魏国献出河外,赵王到渑池朝见秦王,割让河间来臣事秦国。大王如不归附秦国,秦驱使韩、魏两国进攻齐国南部地带,全部赵国军队渡过清河直奔博关,临菑、即墨两城就不会属于大王所有了。齐国一旦被攻,那时即使想要附秦,已经不可能的了。因此望大王好好考虑这件事吧。"

齐王说:"齐国地方偏僻,处在与世隔绝的东海边上,从来没有听到过对国家的长远打算啊。"于是答应了张仪的建议。

张仪离齐,西入赵国见赵王说:"我们敝国的国君派我为使臣,向大王进献一条策略。大王为首收罗、率领天下诸侯来对付秦国,使秦兵不敢出函谷关达十五年之久。大王的声威遍播于山东,我们秦国恐惧屈服,整治武器和兵车战马,练习骑射,勤力耕作,积蓄粮食,闭守国内不出,战战兢兢,不敢有轻举妄动,只因为大王您有意和我们过不去。

"总的说来,大王之所以相信缔结合纵盟约的原因是因为仗恃有苏秦。苏秦用漂亮话迷惑诸侯,颠倒是非,企图倾覆齐国,结果使自己在刑场上被车裂。这样,天下的不可能联合为一也就很明显了。如今楚国与秦国结成了兄弟国家,韩国与魏国自称为秦国东边的藩属,齐国向秦献出盛产鱼盐的领土,这就断了赵国的右臂。一个断掉了右臂的人与别人相争,失去了朋友的人孤居独处,想要没有危险,怎么可能呢?

"现在秦王派出三个将军:其中一支军队截断午道,通知齐国派兵渡过清河,驻扎在邯郸的东面;一支军队驻扎在成皋,驱使韩国和魏国的军队驻扎在河外;一支军队驻扎在渑池。这四国结为一体来进攻赵国,赵国被攻破后,它的国土必定会被四国分占。因此我不敢隐瞒这种意图,先给大王通个口信。我替大王着想,你不如与秦王在渑池相会,面对面亲口约定,请他按兵不要进攻。希望大王拿定主意。"

赵王说:"先王在时,奉阳君专权擅势,蒙蔽欺骗先王,独断一切政务,我的生活归师傅安排,没有参与国家的大计。先王去世时,我年龄幼小,作主治国的时间才刚刚开始,内心本来就暗自怀疑,认为一意投入合纵盟约而不依附秦国,不是赵国的长远利益。所以我准备改变主意,割让国土弥补以前的过错,归附秦国。正待安排车马启程时,恰好听到了您的英明指示。"赵王答应了张仪以后,张仪便离开了赵国。

张仪北行到燕国,对燕昭王说:"大王所亲近的莫过于赵国吧。过去赵襄子曾经让他姐姐嫁给代王作妻。后来他想要并吞代国,邀约代王在句注山的要塞相会。他先令工人制作了金斗,把金斗的尾部做得很长,使它可以用来袭击别人。赵襄子在与代王饮酒时,悄悄吩咐厨子说:'趁着酒饮得酣畅高兴的时候,你送去热汤,然后掉转金斗袭击代王。'于是在酒饮到酣畅高兴之时,上热汤了,厨子送上汤勺,随即将金斗倒转过来打死了代王,代王的脑浆流了一地。赵襄子的姐姐听到这个消息,便磨快头上的金簪自刺而死,所以到现在就有了摩笄山这个名称。代王的死因,天下人没有谁不听说的。

"赵王如此狠毒,连亲戚都不放过,大王您看得很清楚,又怎能把赵王当做是可以亲近的人呢?赵国起兵进攻燕国,两次围困了燕的都城要挟大王,迫使大王割让了十座城来谢罪。现在赵王已经到渑池朝见秦王,献上河间一带来事奉秦国。现在大王如不归附秦国,秦就会发兵到云中、九原,驱使赵国进攻燕国,这样一来,易水、长城就不再属于大王所有了。

"再说现在的赵国对于秦国而言,好比秦的一个郡县而已,不敢妄自兴兵打仗。目前大王如依附秦国,秦王必定高兴,赵又不敢轻举妄动,这样燕国西面有强大的秦国为援,同时南面没有齐国、赵国的侵犯,所以希望大王慎重地考虑这件事情吧。"

燕王说:"我像蛮夷一样处在偏僻的地区,虽然是个大男子,实在好像一个婴儿,说的话值不得作为正确的意见看待。今天幸承贵宾指教,我愿意西向依附秦国,并献上恒山末端的五座城池。"燕王听从了张仪的意见。张仪返回秦国报告,还没有走到咸阳,秦惠王便已去世。秦武王即位。武王还在当太子的时候就不喜欢张仪,即位以后,群臣中许多人说张仪的坏话:"他没有信用,行为反复,出卖国家利益来取得君主的欢心。我们秦国如果再要重用他,恐怕会遭天下人的耻笑。"各国诸侯听说张仪与秦武王有隔阂,都背叛了连横,又恢复了合纵。

秦武王元年,大臣们日日夜夜诽谤张仪的事还没有平息,齐国又派使臣责备秦国任用张仪。张仪害怕被杀,便趁机对秦武王说:"我有一条计策,愿意献给大王。"武王问道:"什么样的计划?"张仪回答说:"为秦的利益着想,要东方有了大变,然后大王才可以多割得地方。现在听说齐王非常恨我,我所在的地方,齐王必定会发兵攻打它。因此我希望让我这不才的人前往梁国,齐就一定会兴师伐梁。梁和齐的军队纠缠在大梁城下不能脱身,大王便利用这个时候攻打韩国,进入三川,出兵函谷关但并不进攻,用来威胁周室,这样周室的祭器必定会向大王献出。挟持周天子,掌握天下的地图和户籍,这是称王的大业啊。"秦武王认为张仪说得对,就准备了三十乘兵车,载上张仪前往梁国。齐国果然兴师攻打梁国。梁哀王害怕了,张仪说:"大王不要忧虑,请让我退掉齐兵。"张仪派门客冯喜前往楚国,借用楚国的使者前往齐国,对齐王说:"大王很恨张仪,虽然如此,大王却使秦国更加信赖张仪。"齐王说:"我非常痛恨张仪,只要张仪走到哪里,我就要兴兵讨伐到哪里,怎么说使他更受信任呢?"使者回答说:"这正是使张仪更受信任的作法啊。张仪离开秦国时,本来就与秦王谈好,说:'为秦王着想,要东方有了大变,然后才可以割得更多的地方。现在齐王非常恨我,凡我所在之处,齐王必定兴兵讨伐。因此我希望让我这不才的人前往梁国,齐王必定会兴兵伐梁。齐、梁两军纠缠在城下不能脱身,大王利用这个机会攻打韩国,进军三川,出兵函谷关却并不进攻,以此来威胁周室,周室必定会献出祭器。挟持周天子,掌握天下的地图和户籍,这是称王的大业啊。'秦王认为说得对,所以准备了三十乘兵车载他入梁。现在张仪到了梁国,大王果然出兵攻梁,对内消耗国力,对外攻打盟邦,多树敌人,面临危难,这不是使张仪更加受到秦王信任吗!"齐王说:"你说得对。"就下令撤军。

张仪在魏做了一年相国,死于魏国。

陈轸是个游说之士。他与张仪同为秦惠王做事,都受到重用,二人常常争宠。张仪向秦惠王讲陈轸的坏话说:"陈轸携带大量钱财随时出使于秦、楚两国之间,本应搞好两国的邦交。现在楚国并没有对秦国更亲善,却对陈轸很好,这是因为陈轸替自己打算多而替大王想得少的缘故啊。而且陈轸想要离开秦国投奔楚国,大王为何不让他离开呢?"惠王问陈轸道:"我听说你想要离秦投楚,有这回事吗?"陈轸答道:"有。"惠王说:"张仪的话果然被证实了。"陈轸说:"这件事不单是张仪知道,连路上的行人也尽都知道。过去伍子胥对他的国君忠心,因而各国诸侯争相拉他到本国为臣;曾参对他的双亲孝敬,因而各家父母都希望让他作为自己的儿子。所以被卖的仆妾不用走出家门街巷便被买去的,就是好仆妾;被丈夫抛弃的妇女能再嫁在本乡本里的,那是好妇人。现在如果我对我的国君不忠心,楚王又怎么会拿我做忠臣看待呢?忠心尚且被抛弃,我不往楚国又投奔何处呢?"秦惠王感到陈轸的话说得对,于是便很好地对待他。

陈轸在秦国住了一年,秦惠王终究任用张仪为相国,于是陈轸投奔楚国。楚国并没有重用他,却派他出使秦国。陈轸路过魏国时,想要看望犀首。犀首推辞不见。陈轸说:"我是为要事而来,你不见我,我就要离开这里了,不能等到其它日子。"犀首便会见了陈轸。陈轸问:"你怎么喜欢饮起酒来了呢?"犀首答说:"没有事啊。"陈轸说:"请让我使你的事情多起来,行吗?"犀首问道:"怎么办呢?"陈轸说:"魏相田需邀约各国诸侯合纵联盟结好,楚王持怀疑态度而不相信他。你去对魏王说:'我与燕、赵两国的国君有旧交,他们多次派人来对我说"你闲着没事怎么不来见见面",我希望到他们那里去拜见一下。'魏王即使同意你,你也不必多要车辆,只需把三十辆车子摆在庭院内,公开说要到燕、赵两国去。"燕、赵两国的在魏国作客的人听到这个消息,忙飞车禀告各自的国君,两国都派人到魏迎接犀首。楚王闻知此事大怒,说:"魏相田需来与我结约,而他们的犀首却前往燕、赵两国,这分明是欺骗我啊!"楚王愤怒之下,不理会田需的建议,齐王听说犀首去北方,也派人把国事托付给他。犀首于是启程,燕、赵、齐三国的相国事务都归犀首决定。陈轸于是到了秦国。

韩魏两国互相攻打,一年不解。秦惠王想援助一方,征求大臣们的意见。大臣们有的说援助好,有的说不援助好,秦惠王不能作出决定。恰逢陈轸到达秦国,秦惠王便问他说:"你离开我去了楚国,还想不想念我呢?"陈轸答道:"大王听说过越国的庄舄吗?"惠王说:"没有听说过。"陈轸说:"越国人庄舄在楚国担任了执珪,不久得了病。楚王问:'庄舄在越国是个地位低贱的人,如今在楚国做官,已经富贵了,还思不思念越国呢?'一位侍御答道:'大凡一个人怀念过去,是在他得病的时候。庄舄如果思念越国,呻吟就会是越国的口音;不思念越国,就会是楚国的口音。'楚王派人到庄舄那里偷听,他的呻吟声仍然还是越国的口音啊。现在我虽然被抛弃而去到楚国,怎么可能不发出秦国的口音呢!"秦惠王说:"你说得好。现在韩魏两国互相进攻,一年了还没有解决,有的说我解救为好,有的说不解救为好,我作不出决定,希望你能在替你的楚国君主考虑的余暇,也为我考虑这件事情。"陈轸对答说:"有人把那卞庄子刺虎的事讲给大王听过吗?庄子准备刺杀老虎,旅舍里的小伙子劝阻他说:'两只老虎正要吃牛,吃到味道好的地方必然会争夺,一争夺就必然会格斗,格斗就会使大虎受伤,小虎死亡,这时再刺杀受伤的老虎,一举就能获得杀死两只老虎的名声。'卞庄子认为说得对,站着等待时机。过了一会,两只老虎果然争斗起来,大的伤了,小的死了。庄子向受伤的老虎刺去,这一举果然有了杀死双虎的功劳。如今韩魏两国相攻,一年得不到解决,这就必然会使大国受损,小国残破,对受损的国家兴兵攻打,这一举必定会有击破两国的实效。这就和庄子刺虎是一类的事情啊。我为楚王和为大王您出主意有什么两样呢?"秦惠王说:"你说得好。"终究没有去解救两国。结果大国果然受了损伤,小国面临灭亡,秦王兴兵讨伐,取得大胜。这正是陈轸的计谋啊。

犀首是魏国阴晋人,名衍,姓公孙氏。他与张仪关系不好。

张仪为了秦国的事前往魏国,魏王拜张仪为相国。犀首认为对己不利,因此派人对韩国的公叔说:"张仪已经使秦、魏两国联合了,他提出'魏攻取韩国的南阳,秦攻取韩国的三川'。魏王之所以看重张仪,是想要得到韩国的土地。而且韩国的南阳已要被攻下了,你何不把南阳交给公孙衍作为他的功劳,那么秦、魏两国的交往就会停止了。这样一来,魏国必定会打秦国的主意从而抛弃张仪,拉拢韩国并拜公孙衍为相。"公叔认为这样很好,便把南阳交给犀首作为他的功劳。犀首果真做了魏国的相国,张仪只好离开魏国。

义渠君到魏国朝拜。犀首听说张仪重新当了秦相,心里忌恨。犀首于是对义渠君说:"路途遥远,你不可能再来这里相见了,请让我把秦国的情况告诉您。"犀首接着说:"中原各国如果没有事变,秦国将会烧杀侵略您的国家;如果有事变,秦国将会频繁地派出使臣用厚礼事奉您的国家。"这以后,楚、魏、齐、韩、赵五国共同进攻秦国。正好陈轸对秦王说:"义渠君是蛮夷中贤能的国君,不如送他厚礼以求稳住他的心。"秦王说:"好。"于是用了一千匹锦绣,一百名美女送给义渠君。义渠君召集群臣商量说:"这就是公孙衍给我说过的那回事吧?"于是发兵偷袭秦国,在李伯这个地方大败秦兵。

张仪已死之后,犀首入秦做了丞相。他曾经佩带五国的相印,当了五国盟约的约长。

太史公说:三晋这块地方有许多善于权变的人,倡导合纵连横,使秦国强大的,大多数都是三晋的人。张仪的行为比苏秦更坏,但世人讨厌苏秦的原因,是因为他先死,而且张仪夸张地揭露他的短处,以此来显示自己说法的正确,完成连横的策略。总之,他们两个真正称得上是倾邦覆国的人物啊!

白起王翦列传

【原文】

白起者，郿人也。善用兵，事秦昭王。昭王十三年，而白起为左庶长，将而击韩之新城。是岁，穰侯相秦，举任鄙以为汉中守。其明年，白起为左更，攻韩、魏于伊阙，斩首二十四万，又虏其将公孙喜，拔五城。起迁为国尉。涉河取韩安邑以东，到乾河。明年，白起为大良造，攻魏，拔之，取城大小六十一。明年，起与客卿错攻垣城，拔之。后五年，白起攻赵，拔光狼城。后七年，白起攻楚，拔鄢、邓五城。其明年，攻楚，拔郢，烧夷陵，遂东至竟陵。楚王亡去郢，东走徙陈。秦以郢为南郡。白起迁为武安君。武安君因取楚，定巫、黔中郡。昭王三十四年，白起攻魏，拔华阳，走芒卯，而虏三晋将，斩首十三万。与赵将贾偃战，沉其卒二万人于河中。昭王四十三年，白起攻韩陉城，拔五城，斩首五万。四十四年，白起攻南阳太行道，绝之。

四十七年，秦使左庶长王龁攻韩，取上党。上党民走赵。赵军长平，以按据上党民。四月，龁因攻赵。赵使廉颇将。赵军士卒犯秦斥兵，秦斥兵斩赵裨将茄。六月，陷赵军，取二鄣四尉。七月，赵军筑垒壁而守之。秦又攻其垒，取二尉，败其阵，夺西垒壁。廉颇坚壁以待秦。秦数挑战，赵兵不出。赵王数以为让。而秦相应侯又使人行千金于赵为反间，曰："秦之所恶，独畏马服子赵括将耳，廉颇易与，且降矣。"赵王既怒廉颇军多失亡，军数败，又反坚壁不敢战，而又闻秦反间之言，因使赵括代廉颇将以击秦。秦闻马服子将，乃阴使武安君白起为上将军，而王龁为尉裨将，令军中有敢泄武安君将者斩。赵括至，则出兵击秦军。秦军详败而走，张二奇兵以劫之。赵军逐胜，追造秦壁。壁坚拒不得入，而秦奇兵二万五千人绝赵军后，又一军五千骑绝赵壁间，赵军分而为二，粮道绝。而秦出轻兵击之。赵战不利，因筑壁坚守，以待救至。秦王闻赵食道绝，王自之河内，赐民爵各一级，发年十五以上悉诣长平，遮绝赵救及粮食。

至九月，赵卒不得食四十六日，皆内阴相杀食。来攻秦垒，欲出。为四队，四五复之，不能出。其将军赵括出锐卒自搏战，秦军射杀赵括。括军败，卒四十万人降武安君。武安君计曰："前秦已拔上党，上党民不乐为秦而归赵。赵卒反覆，非尽杀之，恐为乱。"乃挟诈而尽坑杀之，遗其小者二百四十人归赵。前后斩首虏四十五万人。赵人大震。

四十八年十月，秦复定上党郡。

其九月,秦复发兵,使五大夫王陵攻赵邯郸。是时武安君病,不任行。四十九年正月,陵攻邯郸,少利,秦益发兵佐陵,陵兵亡五校。武安君病愈,秦王欲使武安君代陵将。武安君言曰:"邯郸实未易攻也。且诸侯救日至,彼诸侯怨秦之日久矣。今秦虽破长平军,而秦卒死者过半,国内空。远绝河山而争人国都,赵应其内,诸侯攻其外,破秦军必矣。不可。"秦王自命,不行,乃使应侯请之,武安君终辞不肯行,遂称病。

秦王使王龁代陵将,八九月围邯郸,不能拔。楚使春申君及魏公子将兵数十万攻秦军,秦军多失亡。武安君言曰:"秦不听臣计,今如何矣!"秦王闻之,怒,强起武安君,武安君遂称病笃。应侯请之,不起。于是免武安君为士伍,迁之阴密。武安君病,未能行。居三月,诸侯攻秦军急,秦军数却,使者日至。秦王乃使人遣白起,不得留咸阳中。武安君既行,出咸阳西门十里,至杜邮。秦昭王与应侯群臣议曰:"白起之迁,其意尚怏怏不服,有余言。"秦王乃使使者赐之剑,自裁。武安君引剑将自刭,曰:"我何罪于天而至此哉?"良久曰:"我固当死。长平之战,赵卒降者数十万人,我诈而尽坑之,是足以死。"遂自杀。武安君之死也,以秦昭王五十年十一月。死而非其罪,秦人怜之,乡邑皆祭祀焉。

王翦者,频阳东乡人也。少而好兵,事秦始皇。始皇十一年,翦将攻赵阏与,破之,拔九城。十八年,翦将攻赵。岁余,遂拔赵,赵王降。尽定赵地为郡。明年,燕使荆轲为贼于秦,秦王使王翦攻燕,燕王喜走辽东,翦遂定燕蓟而还。秦使翦子王贲击荆,荆兵败。还击魏,魏王降,遂定魏地。

秦始皇既灭三晋,走燕王,而数破荆师。秦将李信者,年少壮勇,尝以兵数千逐燕太子丹至于衍水中,卒破得丹,始皇以为贤勇。于是始皇问李信:"吾欲攻取荆,于将军度用几何人而足?"李信曰:"不过用二十万人。"始皇问王翦,王翦曰:"非六十万人不可。"始皇曰:"王将军老矣,何怯也!李将军果势壮勇,其言是也。"遂使李信及蒙恬将二十万南伐荆。王翦言不用,因谢病,归老于频阳。李信攻平与,蒙恬攻寝,大破荆军。信又攻鄢、郢,破之,于是引兵而西,与蒙恬会城父。荆人因随之,三日三夜不顿舍,大破李信军,入两壁,杀七都尉,秦军走。

始皇闻之,大怒,自驰如频阳,见谢王翦曰:"寡人以不用将军计,李信果辱秦军。今闻荆兵日进而西,将军虽病,独忍弃寡人乎!"王翦谢曰:"老臣罢病悖乱,唯大王更择贤将。"始皇谢曰:"已矣,将军勿复言!"王翦曰:"大王必不得已用臣,非六十万人不可。"始皇曰:"为听将军计耳。"于是王翦将兵六十万人,始皇自送至灞上。王翦果代李信击荆。荆闻王翦益军而来,乃悉国中兵以拒秦。王翦至,坚壁而守之,不肯战。荆兵数出挑战,终不出。王翦日休士洗沐,而善饮食抚循之,亲与士卒同食。久之,王翦使人问:"军中戏乎?"对曰:"方投石超距。"于是王翦曰:"士卒可用矣。"荆数挑战而秦不出,乃引而来。翦因举兵追之，令壮士击，大破荆军。至蕲南，杀其将军项燕，荆兵遂败走。秦因乘胜略定荆地城邑。岁余，虏荆王负刍，竟平荆地为郡县。因南征百越之君。而王翦子王贲，与李信破定燕、齐地。

秦始皇二十六年，尽并天下，王氏、蒙氏功为多，名施于后世。

太史公曰：鄙语云："尺有所短，寸有所长。"白起料敌合变，出奇无穷，声震天下，然不能救患于应侯。王翦为秦将，夷六国，当是时，翦为宿将，始皇师之，然不能辅秦建德，固其根本，偷合取容，以至殒身。及孙王离为项羽所虏，不亦宜乎！彼各有所短也。

【译文】

白起，秦昭王的臣子，郿邑人，善于用兵。昭王十三年（公元前294），白起被任命为左庶长，率军进攻韩国新城。这年穰侯为秦相，提拔任鄙为汉中郡守。明年，白起升任左更，率军进攻韩、魏军于伊阙，斩获二十四万，俘魏将公孙喜，攻陷五座城池，白起升为国尉。他率军渡过黄河，攻取韩国安邑以东，到达乾河一带。第二年，白起任大良造，进兵攻魏，打败魏军，夺取大小城邑六十一座。明年，白起与客卿错攻陷垣城。五年之后，白起攻赵，攻克光狼城。七年后，白起攻楚，克鄢、邓五城。又二年，攻陷楚国郢都，烧毁夷陵，东进军竟陵。楚王逃离郢都，东迁国于陈邑。秦改郢城为南郡郡治，封白起为武安君。白起乘胜攻楚，平定巫郡、黔中。昭王三十四年，白起攻魏，陷华阳，魏将芒卯败逃，俘魏将三员，斩获十三万。白起与赵将贾偃战，溺毙赵兵两万于黄河。四十三年，白起进攻韩国陉城，攻克五座城池，斩获五万。四十四年，白起进攻南阳太行道，切断韩对外联系的通道。

四十七年，秦派左庶长王龁进攻韩国，攻占上党郡。上党的百姓逃往赵国。赵军进驻长平，以镇抚上党的百姓。四月，王龁据此为由以攻赵。赵国派廉颇为将。赵军与秦侦察兵遭遇，秦侦察兵斩杀赵副将茄。六月，秦进攻赵军阵地，攻占两个要塞，斩杀都尉四人。七月，赵军修建防御工事固守，秦再次进攻赵军营垒，俘获都尉二人，打败赵军，攻占赵军西营盘。廉颇加固营垒的防御工程以抵御秦军的进攻，秦兵多次挑战，赵兵固守不出。赵王不止一次责备廉颇不肯应战。秦相应侯派人携带千金到赵国施行反间计。扬言说："秦国谁也不怕，就怕马服君的儿子赵括带兵，廉颇好对付，快战败投降啦！"赵王早就为廉颇几次战败，部队伤亡很重而生气，加上他又坚守营垒不肯应战，这回又听到秦国反间散布的流言蜚语，于是派赵括代替廉颇为将以攻秦。秦国探听到马服君儿子果真代替廉颇为将的消息，暗地里委派武安君白起为上将军，王龁为副将，下令全军：有敢泄漏武安君为将的这一军中机密者斩。赵括来到军中，立即下令出击，秦军伪装战败逃跑,另派两部奇兵准备偷袭赵营。赵军乘胜追逐,直抵秦营。秦军防守坚固,难以攻破;而秦派出的奇兵二万五千人已经切断赵军的退路。另一路五千人的轻骑兵部队,又把赵军固守的阵地包围起来。赵军被切断为二,粮道断绝。秦轻骑部队袭击赵军。战局对赵军不利,只好构筑工事,固守待援。得知赵向前线运送给养的通道已被堵死,秦王立即来到河内,赏赐百姓各晋爵一级。征发年满十五岁的适龄壮丁全部开赴长平。赵军的粮草供应和救兵的来源全被切断。

到九月,赵兵断粮已四十六天,暗中互相残杀充饥。赵军袭击秦营,意欲突围。赵军分成四队,轮番冲锋者四五次,未能冲杀出去。赵军统帅赵括亲率精锐部队与秦军搏战,秦军射杀赵括,赵括军战败,所部四十万人全部投降武安君。武安君想:"秦军本已攻克上党,上党老百姓不乐意归顺秦国,反而投奔赵国。赵兵反复无常,不全部杀掉,必遗后患。"于是使用欺骗手段,将赵降卒全部活埋。剩下不够岁数的儿童兵二百四十人,遣返归赵。赵兵前后阵亡和被坑杀的计四十五万人。赵国上下闻讯十分震骇。

四十八年十月,秦再次平定了上党郡。这年九月,秦又发兵,派五大夫王陵进攻赵都邯郸。这时,武安君有病,行动不便。四十九年正月,王陵进攻邯郸,战果不显著,秦派增援部队以加强王陵的攻势。王陵部队在战争中被消灭五个营。武安君病好了,秦王想派武安君代替王陵统兵。武安君说:"邯郸实在不容易攻取。各国救兵正纷纷来到。诸侯们怨恨秦国由来已久。眼下秦虽然消灭了长平军,可是秦兵也死伤过半,国力空虚。长途跋涉而去夺取别人的国都,赵国固守接应,各路诸侯从外部进攻。秦军必败无疑。我不能代替王陵为将。"秦王亲自下命令,武安君也不肯奉命启程。又派应侯前往敦促,武安君依然辞谢,不肯启程,就托言生病。

秦王派王龁取代王陵为将,邯郸被围已有八九个月,未能攻下。楚派春申君及魏公子信陵君共数十万人进攻秦军,秦军多有伤亡。武安君扬言说:"秦王不听我话,现在怎么样!"秦王闻言大怒,强令武安君执行王命。武安君声称病情恶化。应侯去请他,也不肯应命。于是秦王免去武安君的官爵,贬与士卒同伍,流放到阴密。武安君病了,未能上路。过了三个月,诸侯军加紧进攻秦军,秦军节节败退,每天都有前方告急的使者来到。秦王派人驱逐白起,不得再在咸阳逗留。武安君离开咸阳,出咸阳西门十里,来至杜邮。秦昭王与应侯及群臣商量道:"流放白起,他的内心还很不服气,说了许多不该说的话。"秦王派人赐白起以剑,让他自杀。武安君拿起剑行将自刎时说:"我什么时候得罪老天的呀?闹到这步田地!"举剑良久,才说:"我本就该死。长平那一仗,赵卒投降的有几十万人,被我使用诈术,全都活埋。凭这一条就应该死。"于是自杀。武安君死于五十年十一月。白起死得冤枉,秦国百姓哀怜他,乡邑都为他设祭。

王翦,频阳东乡人,年轻时喜爱兵法,后为秦始皇臣。始皇十一年(公元前236),王翦带兵进攻赵国阏与,打败赵军,攻陷九个城邑。十八年,王翦又率军攻赵,一年有余,攻陷赵国,赵王投降,全部平定了赵地,改设为郡。第二年,燕派荆轲到秦行刺秦王,秦王派王翦攻燕,燕王喜逃到辽东,王翦平定燕蓟地区后班师。秦派王翦的儿子王贲进攻楚国,打败楚兵。挥师击魏,魏王投降,平定了魏地。

秦始皇灭掉韩、赵、魏三国之后,赶跑了燕王,又多次打败楚国的军队。秦国将军李信,年轻勇敢,曾率兵数千追击燕太子丹直到衍水地区,最后击破燕师,俘获太子丹,秦始皇欣赏李信的智勇。于是始皇问李信:"我想攻取楚国,在将军看来须用多少兵马才够?"李信说:"不超过二十万人。"始皇问王翦。王翦说:"至少六十万人。"始皇说:"王将军老啦!胆儿小啦!李将军果断壮勇,他的话是对的。"于是派遣李信和蒙恬率兵二十万南伐楚国。王翦的意见没有被采纳,便托病辞职,告老回到频阳。李信攻平与,蒙恬攻寝,大败楚军。李信又进攻鄢郢,打败楚军,随即挥师西进,和蒙恬会师于城父。楚军就势尾追其后,咬住不放,三天三夜没有宿营,大败李信军,攻占两座城堡,杀死都尉七人,秦军战败逃跑。

始皇听到前方战败的消息,大大生气,自驾轻车奔赴频阳,见到王翦道歉说:"寡人没有采纳将军的意见,李信果然战败,使秦军蒙羞受辱。现在楚军一天天向西挺进,将军虽然有病,难道忍心扔下寡人不管么?"王翦推辞说:"老臣体弱多病,脑子糊涂,请大王另选良将。"始皇又深情地说:"好啦!好啦!将军不必多说啦!"王翦说:"大王一定不得已而用我,非六十万人不可。"始皇说:"没有别的,听你的。"于是王翦率领六十万人马出征,始皇亲自来到灞上送行。

王翦挥师东进,取代李信攻打楚国。楚国听说王翦率增援部队来攻,于是动员全国兵力抗击秦军。王翦到达前线,构筑防御工事坚守阵地,不肯出战。楚军多次挑战,秦军始终不肯出壁应战。王翦每天让战士休息、洗澡,改善伙食安抚他们,与战士同吃住。过些时候,王翦派人了解部队情况,问道:"军中玩什么游戏?"回报说:"战士们奔、跑、跳、跃,玩得可欢哩!"这时王翦说:"好啦!士兵们可以用来打仗啦!"楚军几次挑战而秦兵不出壁应战,便向东方转移,王翦趁势挥军进逼,挑选

精壮突击队进击,大破楚军,直追到蕲县以南,杀楚将项燕,楚军战败溃逃。秦军乘胜追击,平定了楚国的一些城邑。一年以后,俘虏楚王负刍,全部削平楚地,设置郡县。接着南征百越地区君长,与此同时,王翦儿子王贲也和李信一道,攻取并平定燕、齐地方。

二十六年,秦兼并天下,王、蒙二家族建功最多,声名流传后世。

太史公说:俗话说:"尺有所短,寸有所长。"白起料敌如神,随机应变,奇计层出不穷,声威震动天下。但对付不了应侯的阴谋陷害。王翦身为秦将,削平六国,在那时,王翦是一位老谋深算的将领,始皇尊之为师,却未能以仁义道德辅助秦王,巩固立国的根基。他只是投机苟且,迎合求安,直到死去。王翦孙子王离为项羽所俘,不也是应该的吗?白起、王翦,各有各的短处。

孟尝君列传

【原文】

孟尝君名文,姓田氏。文之父曰靖郭君田婴。田婴者,齐威王少子而齐宣王庶弟也。田婴自威王时任职用事,与成侯邹忌及田忌将而救韩伐魏。成侯与田忌争宠,成侯卖田忌。田忌惧,袭齐之边邑,不胜,亡走。会威王卒,宣王立,知成侯卖田忌,乃复召田忌以为将。宣王二年,田忌与孙膑、田婴俱伐魏,败之马陵,虏魏太子申而杀魏将庞涓。宣王七年,田婴使于韩、魏,韩、魏服于齐。婴与韩昭侯、魏惠王会齐宣王东阿南,盟而去。明年,复与梁惠王会甄。是岁,梁惠王卒。宣王九年,田婴相齐。齐宣王与魏襄王会徐州而相王也。楚威王闻之,怒田婴。明年,楚伐败齐师于徐州,而使人逐田婴。田婴使张丑说楚威王,威王乃止。田婴相齐十一年,

宣王卒,湣王即位。即位三年,而封田婴于薛。

孟尝君在薛,招致诸侯宾客及亡人有罪者,皆归孟尝君。孟尝君舍业厚遇之,以故倾天下之士。食客数千人,无贵贱一与文等。孟尝君待客坐语,而屏风后常有侍史,主记君所与客语,问亲戚居处。客去,孟尝君已使使存问,献遗其亲戚。孟尝君曾待客夜食,有一人蔽火光。客怒,以饭不等,辍食辞去。孟尝君起,自持其饭比之。客惭,自刭。士以此多归孟尝君。孟尝君客无所择,皆善遇之。人人各自以为孟尝君亲己。

秦昭王闻其贤,乃先使泾阳君为质于齐,以求见孟尝君。孟尝君将入秦,宾客莫欲其行,谏,不听。苏代谓曰:“今旦代从外来,见木禺人与土禺人相与语。木禺人曰:‘天雨,子将败矣。’土禺人曰:‘我生于土,败则归土。今天雨,流子而行,未知所止息也。’今秦,虎狼之国也,而君欲往,如有不得还,君得无为土禺人所笑乎?”孟尝君乃止。

齐湣王二十五年,复卒使孟尝君入秦,昭王即以孟尝君为秦相。人或说秦昭王曰:“孟尝君贤,而又齐族也,今相秦,必先齐而后秦,秦其危矣。”于是秦昭王乃止。囚孟尝君,谋欲杀之。孟尝君使人抵昭王幸姬求解。幸姬曰:“妾愿得君狐白裘。”此时孟尝君有一狐白裘,直千金,天下无双,入秦献之昭王,更无他裘。孟尝君患之,徧问客,莫能对。最下坐有能为狗盗者,曰:“臣能得狐白裘。”乃夜为狗,以入秦宫臧中,取所献狐白裘至,以献秦王幸姬。幸姬为言昭王,昭王释孟尝君。孟尝君得出,即驰去,更封传,变名姓以出关。夜半至函谷关。秦昭王后悔出孟尝君,求之已去,即使人驰传逐之。孟尝君至关,关法鸡鸣而出客,孟尝君恐追至,客之居下坐者有能为鸡鸣,而鸡齐鸣,遂发传出。出如食顷,秦追果至关,已后孟尝君出,乃还。始孟尝君列此二人于宾客,宾客尽羞之,及孟尝君有秦难,卒此二人拔之。自是之后,客皆服。

孟尝君过赵,赵平原君客之。赵人闻孟尝君贤,出观之,皆笑曰:“始以薛公为魁然也,今视之,乃眇小丈夫耳。”孟尝君闻之,怒。客与俱者下,斫击杀数百人,遂灭一县以去。

齐湣王不自得,以其遣孟尝君。孟尝君至,则以为齐相,任政。

孟尝君相齐,其舍人魏子为孟尝君收邑入,三反而不致一入。孟尝君问之,对曰:“有贤者,窃假与之,以故不致入。”孟尝君怒而退魏子。居数年,人或毁孟尝君于齐湣王曰:“孟尝君将为乱。”及田甲劫湣王,湣王意疑孟尝君,孟尝君乃奔。魏子所与粟贤者闻之,乃上书言孟尝君不作乱,请以身为盟,遂自刭宫门以明孟尝君。湣王乃惊,而踪迹验问,孟尝君果无反谋,乃复召孟尝君。孟尝君因谢病,归老于薛。湣王许之。

后齐湣王灭宋,益骄,欲去孟尝君。孟尝君恐,乃如魏。魏昭王以为相,西合于秦、赵,与燕共伐破齐。齐湣王亡在莒,遂死焉。齐襄王立,而孟尝君中立于诸侯,无所属。齐襄王新立,畏孟尝君,与连和,复亲薛公。文卒,谥为孟尝君。诸子争立,而齐魏共灭薛。孟尝绝嗣无后也。

初,冯驩闻孟尝君好客,蹑蹻而见之。孟尝君曰:“先生远辱,何以教文也?”冯驩曰:“闻君好士,以贫身归于君。”孟尝君置传舍十日,孟尝君问传舍长曰:“客何所为?”答曰:“冯先生甚贫,犹有一剑耳,又蒯缑。弹其剑而歌曰‘长铗归来乎,食无鱼’。”孟尝君迁之幸舍,食有鱼矣。五日,又问传舍长。答曰:“客复弹剑而歌曰‘长铗归来乎,出无舆’。”孟尝君迁之代舍,出入乘舆车矣。五日,孟尝君复问传舍长。舍长答曰:“先生又尝弹剑而歌曰‘长铗归来乎,无以为家’。”孟尝君不悦。

居期年,冯驩无所言。孟尝君时相齐,封万户于薛。其食客三千人,邑入不足以奉客,使人出钱于薛。岁余不入,贷钱者多不能与其息,客奉将不给。孟尝君忧之,问左右:“何人可使收债于薛者?”传舍长曰:“代舍客冯公形容状貌甚辩,长者,无他伎能,宜可令收债。”孟尝君乃进冯驩而请之曰:“宾客不知文不肖,幸临文者三千余人,邑入不足以奉宾客,故出息钱于薛。薛岁不入,民颇不与其息。今客食恐不给,愿先生责之。”冯驩曰:“诺。”辞行,至薛,召取孟尝君钱者皆会,得息钱十万。乃多酿酒,买肥牛,召诸取钱者,能与息者皆来,不能与息者亦来,皆持取钱之券书合之。齐为会,日杀牛置酒。酒酣,乃持券如前合之,能与息者,与为期;贫不能与息者,取其券而烧之。曰:“孟尝君所以贷钱者,为民之无者以为本业也;所以求息者,为无以奉客也。今富给者以要期,贫穷者燔券书以捐之。诸君强饮食。有君如此,岂可负哉!”坐者皆起,再拜。

孟尝君闻冯驩烧券书,怒而使使召驩。驩至,孟尝君曰:“文食客三千人,故贷钱于薛。文奉邑少,而民尚多不以时与其息,客食恐不足,故请先生收责之。闻先生得钱,即以多具牛酒而烧券书,何?”冯驩曰:“然。不多具牛酒即不能毕会,无以知其有余不足。有余者,为要期。不足者,虽守而责之十年,息愈多,急,即以逃亡自捐之。若急,终无以偿,上则为君好利不爱士民,下则有离上抵负之名,非所以厉士民彰君声也。焚无用虚债之券,捐不可得之虚计,令薛民亲君而彰君之善声也,君有何疑焉!”孟尝君乃拊手而谢之。

太史公曰:吾尝过薛,其俗闾里率多暴桀子弟,与邹、鲁殊。问其故,曰:“孟尝君招致天下任侠,奸人入薛中盖六万余家矣。”世之传孟尝君好客自喜,名不虚矣。

【译文】

孟尝君名文,姓田。他的父亲为靖郭君田婴。田婴是齐威王的小儿子,齐宣王的庶弟。田婴从威王时就已任职当权,曾和成侯邹忌及田忌领兵救韩伐魏。成侯和田忌争着想得到威王的宠信,成侯诬陷田忌。田忌害怕了,袭击齐的边境城邑,打不赢,逃亡在外。恰逢威王去世,宣王即位,了解到成侯诬陷田忌,便又召回田忌为将。宣王二年(公元前318),田忌和孙膑、田婴一起伐魏,在马陵大败魏军,俘虏魏太子申,杀了魏将庞涓。宣王七年,田婴出使韩、魏,韩、魏都顺服于齐国。田婴与韩昭侯、魏惠王和齐宣王在东阿南面相会,结盟之后离去。第二年,又与梁惠王在甄相会。就在这一年,梁惠王去世了。宣王九年,田婴任齐相。齐宣王与魏襄王相会于徐州,相互推尊为王。楚威王听到这消息,对田婴很生气。第二年,楚在徐州击败齐军,派人让齐国驱逐田婴。田婴派张丑去游说楚威王,威王这才罢休。田婴任齐相十一年,宣王去世,湣王即位。即位的第三年,封田婴于薛。

　　孟尝君在薛,招揽诸侯的宾客和犯罪逃亡在外的人,这些人都归附到孟尝君门下。孟尝君给他们置家立业,优待他们,因此天下之士差不多统统被他罗致去了。他的食客有几千人,不分贵贱,待遇一律和他相等。孟尝君接待宾客,坐着谈话时,屏风后面常常有侍史,负责记录孟尝君和客人的谈话以及他所问的客人的亲属及其住处。客人一走,孟尝君便已派使者到他家慰问,还给他亲属送去财物。孟尝君曾经有一次在晚上招待客人吃饭,有人把火光遮住了,客人以为自己的饭食和孟尝君的不一样,大为生气,放下不吃,告辞要走。孟尝君站起身,亲自端着自己的饭食去和客人的相比(结果并无两样)。客人十分惭愧,自刭而死。正因为这样待客,士人才大量归附到孟尝君门下。孟尝君对宾客无所选择,全都很好地招待,宾客也人人自以为孟尝君对他特别亲。

　　秦昭王听说孟尝君贤能,便先派泾阳君到齐国作人质,以便能请孟尝君到秦国相见。孟尝君准备入秦,门下宾客没有一个愿他成行,纷纷劝阻,孟尝君不听。苏代对孟尝君说:"今天早晨我从外面来,看见木偶人和土偶人相互在谈话。木偶人说:'天一下雨,你就全

毁了。'土偶人说：'我从泥里生，毁了就回到泥里去。如果天下雨，冲着你四处漂流，还不知道流到哪里为止呢。'当今秦国，是个像虎狼般凶恶的国家，而您却想到那里去，万一不能回来，您岂不是要被土偶人所讥笑吗？"孟尝君这才打消了入秦的念头。

齐湣王二十五年(公元前299)，最终还是派孟尝君到了秦国，秦昭王立即拜孟尝君为秦相。有人劝说秦昭王道："孟尝君贤能，又是齐国王族，现在作秦相，必然先考虑齐国的利益而后才想到秦国，秦国恐怕要遭到危险了。"于是秦昭王便免除了孟尝君的相位。他把孟尝君囚禁起来，想要杀害他。孟尝君派人去进见昭王的宠姬求救，宠姬说："我想得到孟尝君的狐白裘。"其时孟尝君确有一件狐白裘，价值千金，天下无双，只是入秦时已经献给昭王，再没有第二件了。孟尝君十分为难，遍问宾客，无人能有对策。客座最下边有一位能像狗那样进行偷盗的宾客，他说："我能得到那件狐白裘。"于是在夜晚像狗那样潜入秦宫仓库里，把那件献给昭王的狐白裘取了回来，孟尝君拿去献给秦王宠姬。宠姬在昭王面前为孟尝君说情，昭王便释放了他。孟尝君获释后，立即快马离去，更换封传，改变姓名，以便出关。夜半时分，终于抵达函谷关。秦昭王后悔释放了孟尝君，派人找他，可他已经离开，便立即派人驰传去追。孟尝君到了函谷关，不料关法规定，要鸡鸣之后才放人出关。孟尝君十分担心追兵赶到，这时居于下座的宾客中有一位会学鸡叫，他一学叫，所有的鸡都叫了起来，孟尝君一行人便出示封传顺利出关。出关不到一顿饭工夫，秦国追兵果然赶到关前，但已落在孟尝君出关之后，只好返回。早先孟尝君把会狗盗、鸡鸣的这两个人列为宾客，其他宾客都觉得很不光彩。等到孟尝君经历入秦的患难，最后竟还是靠这两个人才脱离险境，从此之后，宾客们也都服气了。

孟尝君经过赵国，赵平原君以客礼相待。赵国人听说孟尝君贤能，都出来观看，不禁笑道："原先以为薛公身材魁伟，今天看到了，却不过是个矮小的汉子罢了。"孟尝君听到后，非常愤怒。和他一起到赵国的宾客便出来砍杀了数百人，灭掉了一县才离去。

齐湣王因为派遣孟尝君入秦而内疚不安。等孟尝君一回来，就任命他为齐相，让他处理国政。

孟尝君任齐相时，他的舍人魏子为他收取封邑的租税，往返三次而没有交来一笔收入。孟尝君问他，他回答说："碰到一位贤者，我把收到的粟米私自作主借给了他，所以没能把收入交给您。"孟尝君很生气，辞退了魏子。几年之后，有人在齐湣王面前诽谤孟尝君说："孟尝君将要作乱。"等到田甲威逼齐湣王，湣王怀疑是出于孟尝君的指使，孟尝君只得出走。这时魏子曾借粟给他的那位贤者听到这消息，便上书说明孟尝君不会作乱，请以自己的生命立誓，于是在官门之前自刎而死,以证明孟尝君的无辜。湣王大吃一惊,再根据线索查验了解,孟尝君果真没有反叛的阴谋,于是重新召回孟尝君。孟尝君就此机会托病请求解职回薛养老,湣王答应了。

后来齐湣王灭了宋国,更加骄傲,想除去孟尝君。孟尝君害怕起来,便到了魏国。魏昭王命他为相,西面联合秦、赵,和燕国一起击破齐国。齐湣王逃亡到莒,死在那里。齐襄王即位,这时孟尝君在诸侯中间保持中立,不依附于谁。齐襄王新即位,畏惧孟尝君,跟他连和,重新亲近这位薛公。田文死后,谥为孟尝君。他的几个儿子你争我夺,都想立为薛公,齐、魏联合起来把薛灭了。孟尝君绝了继承者,没有后代。

当初,冯驩听说孟尝君好客,穿着草鞋,长途跋涉来见他。孟尝君说:"先生远道光临,可有什么开导我的吗?"冯驩说:"听说您好士,我因家贫,特来投奔。"孟尝君把他安置在传舍,十天后,孟尝君问传舍长道:"这位客人干些什么?"回答说:"冯先生穷得很,随身只还剩一柄剑而已,可又是用草绳缠的剑把。他弹剑唱道:'长剑啊,归去吧,我在这里吃饭没有鱼。'"孟尝君让他迁入幸舍,吃饭有鱼。五天后,又问传舍长。传舍长回答说:"这位客人又弹剑唱道:'长剑啊,归去吧,我在这里出门没有车。'"孟尝君再把他迁到代舍,进出乘上车了。五天后,孟尝君又问传舍长。传舍长回答道:"冯先生又曾弹剑唱道:'长剑啊,归去吧,我在这里没有钱养家。'"孟尝君听了很不高兴。

住了一年,冯驩没有再说什么。孟尝君当时为齐相,封于薛,有万户人家。孟尝君有食客三千人,封邑的收入不足以招待这些客人,便派人到薛放债。一年多没有收入,借钱的人多数连利息也付不出,对客人的招待将难以为继。孟尝君很为忧虑,问身边的人:"哪一位客人可以派到薛去收债?"传舍长说:"代舍客人冯公,看他的相貌举止,似乎能言善辩,是个厚道人,没有别的本领,派他去收债倒是合适的。"孟尝君便请来冯驩,对他说道:"宾客不知我不贤,光临我这里的有三千多人,我封邑的收入不足以招待宾客,所以在薛放了些债。一年来薛地的债款一无所入,百姓很多连利息都不付。如今宾客的饭食恐怕要难以供应,所以想请先生去收回这些欠款。"冯驩答应道:"是。"告辞出发,来到薛邑,召集借了孟尝君债的人都来相会,收得债款十万。于是多多地备了美酒,买了肥牛,召集借过债的人,能付利息的都来,不能付利息的也来,都拿借据来对证核实。大家一起相会,天天杀牛备酒。酒喝到兴头上,冯驩拿出借据像上次那样对证核实,对能付利息的,和他约定付息的日期;穷得连利息都付不出的,拿过借据来当场烧毁。冯驩说:"孟尝君所以借钱给你们,是因为无钱的百姓可以借此来从事生产;所以要收取利息,是因为他没钱来招待宾客。现在对家境富裕些的,约期付息还债;对无力付息的穷人,烧掉借据,取消债务。诸位多喝多吃一些。有这样一位主人,怎么能辜负他的美意呢!"在座的人全都站了起来,再拜致谢。

孟尝君听说冯谖烧掉借据,十分生气,派使者召回冯谖。冯谖来到后,孟尝君说道:"我有食客三千人,所以在薛放债。我封邑收入少,而百姓还多不按时付息,我生怕宾客的供应不足,所以请先生去收债。听说先生收到钱后,就拿去多多地备下肥牛美酒,还烧掉了借据,这是为什么?"冯谖说:"正是如此。不多备牛、酒,就不能使债户都来,也就无法了解他们中谁有钱谁缺钱。有钱的,我替您约定了付息还债的日期。缺钱的,即使我守在那里讨债十年,也只能使他欠的利息越积越多,他穷急了,就只能用逃亡的办法来自己废弃债务了。如果人们穷急了,最终还是无力偿还,那时从在上位的人来看,则以为您好利而不爱士民,从在下面的百姓来说,则背了个叛离主人、抵赖债务的恶名,这可不是勉励士民、宣扬您名声的好办法啊。现在烧掉无用的虚有其名的债据,取消不可能收回的虚有其名的账目,使薛地的百姓亲近您,宣扬您的美名,您有什么可疑惑不解的呢!"孟尝君于是拍手称好,向冯谖道谢。

太史公说:我曾经路过薛邑,那里的风俗是在乡里中一般总有好多凶横粗暴的年轻人,和邹、鲁两地的情况不同。打听其原因,据说:"当年孟尝君招来天下仗义行侠之士,那些不安本分、喜好惹是生非的人搬来薛邑的差不多有六万多家了。"世上传说孟尝君好客自喜,可以说是名不虚传的了。

【国学精粹珍藏版】

李志敏⊙编著

◎尽览中国古典文化的博大精深 ◎读传世典籍，赢智慧人生——受益终生的传世经典

史记

卷四

民主与建设出版社
·北京·

廉颇蔺相如列传

【原文】

廉颇者，赵之良将也。赵惠文王十六年，廉颇为赵将伐齐，大破之，取阳晋，拜为上卿，以勇气闻于诸侯。蔺相如者，赵人也，为赵宦者令缪贤舍人。

赵惠文王时，得楚和氏璧。秦昭王闻之，使人遗赵王书，愿以十五城请易璧。赵王与大将军廉颇诸大臣谋：欲予秦，秦城恐不可得，徒见欺；欲勿予，即患秦兵之来。计未定，求人可使报秦者，未得。宦者令缪贤曰："臣舍人蔺相如可使。"王问："何以知之？"对曰："臣尝有罪，窃计欲亡走燕，臣舍人相如止臣，曰：'君何以知燕王？'臣语曰：'臣尝从大王与燕王会境上，燕王私握臣手，曰"愿结友"。以此知之，故欲往。'相如谓臣曰：'夫赵强而燕弱，而君幸于赵王，故燕王欲结于君。今君乃亡赵走燕，燕畏赵，其势必不敢留君，而束君归赵矣。君不如肉袒伏斧质请罪，则幸得脱矣。'臣从其计，大王亦幸赦臣。臣窃以为其人勇士，有智谋，宜可使。"于是王召见，问蔺相如曰："秦王以十五城请易寡人之璧，可予不？"相如曰："秦强而赵弱，不可不许。"王曰："取吾璧，不予我城，奈何？"相如曰："秦以城求璧而赵不许，曲在赵。赵予璧而秦不予赵城，曲在秦。均之二策，宁许以负秦曲。"王曰："谁可使者？"相如曰："王必无人，臣愿奉璧往使。城入赵而璧留秦；城不入，臣请完璧归赵。"赵王于是遂遣相如奉璧西入秦。

秦王坐章台见相如，相如奉璧奏秦王。秦王大喜，传以示美人及左右，左右皆呼万岁。相如视秦王无意偿赵城，乃前曰："璧有瑕，请指示王。"王授

璧，相如因持璧却立，倚柱，怒发上冲冠，谓秦王曰："大王欲得璧，使人发书至赵王，赵王悉召群臣议，皆曰'秦贪，负其强，以空言求璧，偿城恐不可得'。议不欲予秦璧。臣以为布衣之交尚不相欺，况大国乎！且以一璧之故逆强秦之欢，不可。于是赵王乃斋戒五日，使臣奉璧，拜送书于庭。何者？严大国之威以修敬也。今臣至，大王见臣列观，礼节甚倨；得璧，传之美人，以戏弄臣。臣观大王无意偿赵王城邑，故臣复取璧。大王必欲急臣，臣头今与璧俱碎于柱矣！"相如持其璧睨柱，欲以击柱。秦王恐其破璧，乃辞谢固请，召有司案图，指从此以往十五都予赵。相如度秦王特以诈详为予赵城，实不可得，乃谓秦王曰："和氏璧，天下所共传宝也，赵王恐，不敢不献。赵王送璧时，斋戒五日，今大王亦宜斋戒五日，设九宾于廷，臣乃敢上璧。"秦王度之，终不可强夺，遂许斋五日，舍相如广成传。相如度秦王虽斋，决负约不偿城，乃使其从者衣褐，怀其璧，从径道亡，归璧于赵。

秦王斋五日后，乃设九宾礼于廷，引赵使者蔺相如。相如至，谓秦王曰："秦自缪公以来二十余君，未尝有坚明约束者也。臣诚恐见欺于王而负赵，故令人持璧归，间至赵矣。且秦强而赵弱，大王遣一介之使至赵，赵立奉璧来。今以秦之强而先割十五都予赵，赵岂敢留璧而得罪于大王乎？臣知欺大王之罪当诛，臣请就汤镬，唯大王与群臣孰计议之。"秦王与群臣相视而嘻。左右或欲引相如去，秦王因曰："今杀相如，终不能得璧也，而绝秦赵之欢，不如因而厚遇之，使归赵，赵王岂以一璧之故欺秦邪！"卒廷见相如，毕礼而归之。

相如既归，赵王以为贤大夫使不辱于诸侯，拜相如为上大夫。秦亦不以城予赵，赵亦终不予秦璧。

其后秦伐赵，拔石城。明年，复攻赵，杀二万人。

秦王使使者告赵王，欲与王为好会于西河外渑池。赵王畏秦，欲毋行。廉颇、蔺相如计曰："王不行，示赵弱且怯也。"赵王遂行，相如从。廉颇送至境，与王诀曰："王行，度道里会遇之礼毕，还，不过三十日。三十日不还，则请立太子为王，以绝秦望。"王许之，遂与秦王会渑池。秦王饮酒酣，曰："寡人窃闻赵王好音，请奏瑟。"赵王鼓瑟。秦御史前书曰"某年月日，秦王与赵王会饮，令赵王鼓瑟"。蔺相如前曰："赵王窃闻秦王善为秦声，请奏盆缶秦王，以相娱乐。"秦王怒，不许。于是相如前进缶，因跪请秦王。秦王不肯击缶。相如曰："五步之内，相如请得以颈血溅大王矣！"左右欲刃相如，相如张目叱之，左右皆靡。于是秦王不怿，为一击缶。相如顾召赵御史书曰"某年月日，秦王为赵王击缶"。秦之群臣曰："请以赵十五城为秦王寿。"蔺相如亦曰："请以秦之咸阳为赵王寿。"秦王竟酒，终不能加胜于赵。赵亦盛设兵以待秦，秦不敢动。

既罢归国，以相如功大，拜为上卿，位在廉颇之右。廉颇曰："我为赵将，有攻城野战之大功，而蔺相如徒以口舌为劳，而位居我上，且相如素贱人，吾羞，不忍为之下。"宣言曰："我见相如，必辱之。"相如闻，不肯与会。相如每朝时，常称病，不欲与廉颇争列。已而相如出，望见廉颇，相如引车避匿。于是舍人相与谏曰："臣所以去亲戚而事君者，徒慕君之高义也。今君与廉颇同列，廉君宣恶言而君畏匿之，恐惧殊甚，且庸人尚羞之，况于将相乎！臣等不肖，请辞去。"蔺相如固止之，曰："公之视廉将军孰与秦王？"曰："不若也。"相如曰："夫以秦王之威，而相如廷叱之，辱其群臣，相如虽驽，独畏廉将军哉？顾吾念之，强秦之所以不敢加兵于赵者，徒以吾两人在也。今两虎共斗，其势不俱生。吾所以为此者，以先国家之急而后私雠也。"廉颇闻之，肉袒负荆，因宾客至蔺相如门谢罪。曰："鄙贱之人，不知将军宽之至此也。"卒相与欢，为刎颈之交。

是岁，廉颇东攻齐，破其一军。居二年，廉颇复伐齐几，拔之。后三年，廉颇攻魏之防陵、安阳，拔之。后四年，蔺相如将而攻齐，至平邑而罢。

太史公曰：知死必勇，非死者难也，处死者难。方蔺相如引璧睨柱，及叱秦王左右，势不过诛，然士或怯懦而不敢发。相如一奋其气，威信敌国，退而让颇，名重太山，其处智勇，可谓兼之矣！

【译文】

廉颇是赵国一位优秀的将领。赵惠文王十六年（公元前283），廉颇率领赵军攻打齐国，大败齐军，攻占阳晋，以军功官拜上卿。他也就以勇敢无畏而闻名于诸侯各国。蔺相如是赵国人，他是赵国宦者令缪贤的舍人。

赵惠文王的时候，赵国得到了著名的楚国和氏璧。秦昭王听到这件事，派人送信给赵王，表示愿意用十五座城邑与赵国交换和氏璧。赵王同大将军廉颇等诸大臣商议：假如把和氏璧给了秦国，恐怕未必能得到秦国的十五个城邑，白白地受他们的欺骗；假如不给的话，又怕由此招惹秦军来犯。谋议没有能作出决定；要物色一个回复秦王的使者，也未能找到。宦者令缪贤说："我的舍人蔺相如可以充任使者。"赵王问道："你怎么知道呢？"缪贤回答说："我曾经犯罪，私下盘算要逃到燕国去，我的舍人蔺相如劝阻我，说：'您怎么了解燕王呢？'我告诉他说：'我曾经跟随大王与燕王在边境上相会，燕王私下里握着我的手说过"非常希望和你交个朋友"。我是由此而了解燕王的，所以想到燕国去。'相如对我说：'赵国强大，燕国弱小，而您深受赵王的宠信，所以燕王才想同您交朋友。现在您要逃离赵国到燕国去，燕国害怕赵国，势必不敢收留您，反而会把您捆绑了还给赵国。您不如赤膊去见赵王，伏在铡刀旁请罪，那倒很可能侥幸获得赦免。'我听从了他的劝告，大王也幸好赦免了我。我个人认为，这个人真是位勇士，足智多谋，应该是可以充任使者的。"于是，赵王召见蔺相如，问道："秦王要用十五座城邑来换我的和氏璧，能不能换给他？"相如说："秦国强而赵国弱，不能不答应。"赵王说："如果他拿到了我的和氏璧，却不给我城，那怎么办？"相如说："秦国要求以城邑换取和氏璧，如果赵国不答应，赵国显得理屈；如果赵国把和氏璧给了秦国，而秦国不把城邑交给赵国，那么就是秦国理屈了。衡量这两种情况，宁肯让秦国去承担屈理的责任。"赵王问："谁能够充当使者呢？"相如说："大王如果实在没有合适的人，我愿意带着和氏璧出使秦国。秦国把十五个城邑交给赵国，就把和氏璧留给秦国；秦国不把十五个城邑交出来，我负责和氏璧完好地回到赵国。"于是，赵王就派蔺相如带着和氏璧，西去秦国。

秦王坐在章台接见蔺相如，相如双手捧着和氏璧献给秦王。秦王非常高兴，把和氏璧传给嫔妃和臣子们观赏，他们一齐欢呼起来，高喊"万岁"。蔺相如看出秦王并没有用城邑交换和氏璧的诚意，就走上前去说："这玉璧上有些疵点，请让我指给大王看。"秦王把璧交还给他，相如便捧着璧往后倒退，靠着一根柱子，站定了，怒发冲冠，对着秦王说道："大王想要得到和氏璧，派人送信给赵王，赵王把群臣召集到一起商议，大家都说'秦国贪得无厌，仗恃着自己的强大，只不过是想用空话骗取和氏璧，所谓用以交换和氏璧的城邑，恐怕是得不到的'。议定不能把和氏璧给秦国。而我认为，即使是平民百姓之间的交往，尚且不能相互欺骗，何况是大国之间的交往呢！再说，既然是强大的秦国所喜欢的东西，不能够为了这一块和氏璧而损伤了同秦国的感情。于是赵王就斋戒了五天，派我出使秦国，郑重地把和氏璧交给了我，在朝廷上恭恭敬敬的行拜礼送国书。为什么要这样呢？这是对大国的威望的尊重，表示敬意。今天我来到这里，大王却只在一般的台观接见我，礼节很是简慢；拿到了玉璧，又传给嫔妃们去观赏，这简直是在戏弄我。我看出大王您并无用城邑与赵国交换和氏璧的诚意，所以我又拿回了玉璧。大王要是逼迫我，把我逼急了，今天我的头就和玉璧一齐撞碎在这柱子上！"相如捧着那玉璧，两眼斜睨着柱子，像是就要撞到柱子上去似的。秦王惟恐他会撞碎了玉璧，就连连道歉，请他千万不要那样做，并召来负责的官吏，打开地图查看，指着地图说从这里起的十五座城邑划给赵国。相如思忖着秦王说把城邑给赵国只不过是做样子骗骗人，其实赵国是得不到的，于是就对秦王说："和氏璧是天下闻名的珍宝，赵王畏惧秦国，不敢不答应秦国的要求，把玉璧献给秦国。赵王要把和氏璧送来秦国之时，斋戒了五天，现在大王您也应当斋戒五天，在王宫正殿安排九宾迎接之典礼，我才好奉献上这玉璧。"秦王估计这情形，要强行夺取和氏璧不大可能，便同意斋戒五天，把蔺相如先安顿在广成宾馆住下。相如揣度，秦王虽然答应了斋戒，还是一定要背约的，决不会以城换璧，便派遣他的随从换上了粗布衣裳，打扮成平民百姓模样，把玉璧藏在怀中，抄小道逃走，将和氏璧送回了赵国。

秦王斋戒五天之后，果真在王宫安排了九宾迎接的隆重典礼，派人去请来赵国的使者蔺相如。相如来到王宫，对秦王说："秦国自缪公以来已有二十来位国君即位，可是还没有哪一位是毫不含糊地信守诺言的。我实在是怕受了您的欺骗而辜负了赵王的重托，所以已派人带着和氏璧回去了，他走小路现已回到了赵国。不过，秦国强大，赵国弱小，大王仅仅只派了一位使者到赵国，赵国立即就派我捧着玉璧给送来了。现在，以秦国的强大，如果真的先割让十五个城邑给赵国，赵国岂敢不交出和氏璧而得罪您大王呢？我知道，我犯有欺骗您的罪，应当杀头；我甘愿下汤锅受极刑，但这件事还请您大王与各位大臣仔细商议一下。"秦王与众大臣面面相觑，哭笑不得，发出惊怪之声。有的臣子气得要把相如捉下去，秦王便说道："如今即使杀了蔺相如，也还是得不到和氏璧了，反而破坏了秦、赵两国的友好关系，不如依然好好予以接待，送他回赵国，难道赵王会因为一块和氏璧而欺骗秦国吗！"终于按照礼节在正殿上接见了相如，典礼结束，将相如送回了赵国。

蔺相如回到赵国后，赵王认为由于相如的机智与才干，出使于外，在诸侯面前维护了赵国的尊严，就拜相如做了上大夫。最终秦国并没有割城给赵国，赵国也就没有把和氏璧送给秦国。

后来，秦国攻打赵国，攻占了石城。第二年，秦国再次进攻赵国，杀死了两万人。

秦王派使者告诉赵王，希望与赵国修好，邀请赵王在西河之外的渑池相会。赵王畏惧秦国，不想去。廉颇、蔺相如商议道："君王如果不去，显得赵国太虚弱与怯懦了。"赵王便前往赴会，相如随行。廉颇一直送到国境边，与赵王告别时说："君王此行，按照路程、会见的典礼和归程推算，不应超过三十天。如果到三十天大王还不回来，请允许立太子为王，以断绝秦国对您进行要挟讹诈的念头。"赵王同意了。于是，赵王来到渑池与秦王相会。秦王喝酒喝到半醉，说："我听说赵王喜好音乐，请给弹奏弹奏瑟吧！"赵王弹了瑟。秦国的御史走上前来，在史册上记载道："某年某月某日，秦王会见赵王，宴会上命令赵王弹瑟。"蔺相如上前说:"赵王曾听说秦王擅长秦地的歌曲,请允许我给大王您献上盆缶,用以演奏娱乐。"秦王很生气,不肯答应。于是,相如更走上前去,进献瓦缶,并跪下相请。秦王仍然不肯击缶。相如说:"我与大王相距不过五步(我这点请求您都不肯答应),我的颈血将要溅到大王您的身上啦!"秦王的侍从要拿刀剑来杀相如,相如瞪大了眼睛大声地呵斥他们,吓得他们都慌忙后退。于是,秦王只得很不乐意地敲了一下缶。相如回头召来赵国的御史,说道:"某年某月某日,秦王为赵王敲缶奏乐。"秦国的大臣们说:"请赵国拿出十五座城邑来,作为给秦王祝寿的献礼。"蔺相如也说:"请拿出秦国的咸阳城来,作为给赵王祝寿的献礼。"这样一直到宴会结束,秦王终于没有能从赵王那里占到便宜。赵国已经布置了重兵戒备着,秦国也不敢在军事上轻举妄动。

渑池之会结束回国,赵王认为此行蔺相如功劳很大,便拜蔺相如为上卿,位次排在廉颇之前。廉颇说:"我身为赵国的将军,攻城野战,立下大功,而蔺相如只不过动动口舌,竟然官位比我还要高了,况且蔺相如本来只是个出身卑贱的人,让我身居其下实在不能忍受,我感到羞耻。"他扬言说:"我见到蔺相如,一定要给他点难堪!"相如听说了,不肯与廉颇会面。每当朝会的时候,相如常常借口有病不去,避免为列次的先后与廉颇发生冲突。有一次,相如外出,远远地望见廉颇,相如即调转车头躲避。于是,相如门下的宾客们大家一齐进言道:"我们之所以离开亲属而服务于您的门下,只是为了仰慕您崇高的道义精神。现在,您与廉颇同居上卿之位,廉君散布了一些恶言恶语,而您就吓得东躲西藏,恐惧得不得了。这种事就连普通人也会觉得是羞辱,何况是身居将相高位的人呢?我们都是些缺乏修养的人,请允许我们告辞而去。"蔺相如坚决地挽留他们,说道:"诸位,你们看廉将军比秦王更强吗?"大家说:"当然比不上秦王了。"相如说:"尽管秦王是那样的威风凛凛,而我在秦国的宫廷上当众斥责他,羞辱他的大臣们,我虽然愚劣,难道单单就怕一个廉将军吗?我只不过是考虑到,强大的秦国之所以不敢对赵国发动战争,就是因为我们两个人在这里。现在如果两虎相争,势必不能同生共存。我之所以要忍辱回避,无非是把国家存亡大事放在前头,把个人的恩怨放在后头罢了!"廉颇听说了,脱衣露体,赤膊背着荆杖,由宾客介绍陪伴来到蔺相如府上请罪。他说:"我是个粗鄙浅陋的人,不料您宽容我、容让我到了这样的地步。"终于彼此和好,成为生死与共的朋友。

这一年,廉颇率军东进攻打齐国,歼灭了一支齐军。过了两年,廉颇再次攻打齐国,攻占了几邑。三年之后,廉颇攻打魏国,攻占了防陵、安阳。四年之后，蔺相如率军攻打齐国，攻到平邑而休战。

太史公说：既知自己将要死去而依然神色从容，必是大勇之人。并不是"死"本身有多难，真正要死得其所，死得有价值，才是一件难事。当蔺相如捧起和氏璧，斜视着柱子的时候，以及当他叱责秦王的左右侍从的时候，大不了也就是一死而已，然而有的人却由于怯懦而不敢这样去做。蔺相如（就这样做了），正气凛然，威震敌国；而对廉颇却能忍辱退让。他的英名重于泰山，他在关键时刻的表现，真可以说是大智大勇，智勇双全了！

鲁仲连邹阳列传

【原文】

鲁仲连者，齐人也。好奇伟俶傥之画策，而不肯仕宦任职，好持高节。游于赵。

赵孝成王时，而秦王使白起破赵长平之军前后四十余万，秦兵遂东围邯郸。赵王恐，诸侯之救兵莫敢击秦军。魏安釐王使将军晋鄙救赵，畏秦，止于荡阴不进。魏王使客将军新垣衍间入邯郸，因平原君谓赵王曰："秦所为急围赵者，前与齐湣王争强为帝，已而复归帝；今齐已益弱，方今唯秦雄天下，此非必贪邯郸，其意欲复求为帝。赵诚发使尊秦昭王为帝，秦必喜，罢兵去。"平原君犹预未有所决。

此时鲁仲连适游赵，会秦围赵，闻魏将欲令赵尊秦为帝，乃见平原君曰："事将奈何？"平原君曰："胜也何敢言事！前亡四十万之众于外，今又内围邯郸而不能去。魏王使客将军新垣衍令赵帝秦，今其人在是。胜也何敢言事！"鲁仲连曰："吾始以君为天下之贤公子也，吾乃今然后知君非天下之贤公子也。梁客新垣衍安在？吾请为君责而归之。"平原君曰："胜请为绍介而见之于先生。"平原君遂见新垣衍曰："东国有鲁仲连先生者，今其人在此，胜请为绍介，交之于将军。"新垣衍曰："吾闻鲁仲连先生，齐国之高士也。衍，人臣也，使事有职，吾不愿见鲁仲连先生。"平原君曰："胜即已泄之矣。"新垣衍许诺。

鲁连见新垣衍而无言。新垣衍曰："吾视居此围城之中者，皆有求于平原君者也；今吾观先生之玉貌，非有求于平原君者也，曷为久居此围城之中而不去？"鲁仲连曰："世以鲍焦为无从颂而死者，皆非也。众人不知，则为一身。

彼秦者，弃礼义而上首功之国也，权使其士，虏使其民。彼即肆然而为帝，过而为政于天下，则连有蹈东海而死耳，吾不忍为之民也。所为见将军者，欲以助赵也。"

新垣衍曰："先生助之将奈何？"鲁连曰："吾将使梁及燕助之，齐、楚则固助之矣。"新垣衍曰："燕则吾请以从矣；若乃梁者，则吾乃梁人也，先生恶能使梁助之？"鲁连曰："梁未睹秦称帝之害故耳。使梁睹秦称帝之害，则必助赵矣。"

新垣衍曰："秦称帝之害何如？"鲁连曰："昔者齐威王尝为仁义矣，率天下诸侯而朝周。周贫且微，诸侯莫朝，而齐独朝之。居岁余，周烈王崩，齐后往，周怒，赴于齐曰：'天崩地坼，天子下席。东藩之臣因齐后至，则斮。'齐威王勃然怒曰：'叱嗟，而母婢也！'卒为天下笑。故生则朝周，死则叱之，诚不忍其求也。彼天子固然，其无足怪。"

新垣衍曰："先生独不见夫仆乎？十人而从一人者，宁力不胜而智不若邪？畏之也。"鲁仲连曰："呜呼！梁之比于秦若仆邪？"新垣衍曰："然。"鲁仲连曰："吾将使秦王烹醢梁王。"新垣衍快然不悦，曰："噫嘻，亦太甚矣先生之言也！先生又恶能使秦王烹醢梁王？"鲁仲连曰："固也，吾将言之。昔者九侯、鄂侯、文王，纣之三公也。九侯有子而好，献之于纣，纣以为恶，醢九侯。鄂侯争之强，辩之疾，故脯鄂侯。文王闻之，喟然而叹，故拘之牖里之库百日，欲令之死。曷为与人俱称王，卒就脯醢之地？齐湣王之鲁，夷维子为执策而从，谓鲁人曰：'子将何以待吾君？'鲁人曰：'吾将以十太牢待子之君。'夷维子曰：'子安取礼而来待吾君？彼吾君者，天子也。天子巡狩，诸侯辟舍，纳筦籥，摄衽抱机，视膳于堂下，天子已食，乃退而听朝也。'鲁人投其籥，不果纳。不得入于鲁，将之薛，假途于邹。当是时，邹君死，湣王欲入吊，夷维子谓邹之孤曰：'天子吊，主人必将倍殡棺，设北面于南方，然后天子南面吊也。'邹之群臣曰：'必若此，吾将伏剑而死。'固不敢入于邹。邹、鲁之臣，生则不得事养，死则不得赙襚，然且欲行天子之礼于邹、鲁，邹、鲁之臣不果纳。今秦万乘之国也，梁亦万乘之国也。俱据万乘之国，各有称王之名，睹其一战而胜，欲从而帝之，是使三晋之大臣不如邹、鲁之仆妾也。且秦无已而帝，则且变易诸侯之大臣。彼将夺其所不肖而与其所贤，夺其所憎而与其所爱。彼又将使其子女谗妾为诸侯妃姬，处梁之宫。梁王安得晏然而已乎？而将军又何以得故宠乎？"

于是新垣衍起，再拜谢曰："始以先生为庸人，吾乃今日知先生为天下之士也。吾请出，不敢复言帝秦。"秦将闻之，为却军五十里。适会魏公子无忌夺晋鄙军以救赵，击秦军，秦军遂引而去。

于是平原君欲封鲁连，鲁连辞让者三，终不肯受。平原君乃置酒，酒酣起前，以千金为鲁连寿。鲁连笑曰："所贵于天下之士者，为人排患释难解纷乱而无取也。即有取者，是商贾之事也，而连不忍为也。"遂辞平原君而去，终身不复见。

其后二十余年，燕将攻下聊城，聊城人或谗之燕，燕将惧诛，因保守聊城，不敢归。齐田单攻聊城岁余，士卒多死而聊城不下。鲁连乃为书，约之矢以射城中，遗燕将。

燕将见鲁连书，泣三日，犹豫不能自决。欲归燕，已有隙，恐诛；欲降齐，所杀虏于齐甚众，恐已降而后见辱。喟然叹曰："与人刃我，宁自刃。"乃自杀。聊城乱，田单遂屠聊城。归而言鲁连，欲爵之。鲁连逃隐于海上，曰："吾与富贵而诎于人，宁贫贱而轻世肆志焉。"

邹阳者，齐人也。游于梁，与故吴人庄忌夫子、淮阴枚生之徒交。上书而介于羊胜、公孙诡之间。胜等嫉邹阳，恶之梁孝王。孝王怒，下之吏，将欲杀之。邹阳客游，以谗见禽，恐死而负累，乃从狱中上书曰：

臣闻忠无不报，信不见疑，臣常以为然，徒虚语耳。昔者荆轲慕燕丹之义，白虹贯日，太子畏之；卫先生为秦画长平之事，太白蚀昴，而昭王疑之。夫精变天地而信不喻两主，岂不哀哉！今臣尽忠竭诚，毕议愿知，左右不明，卒从吏讯，为世所疑，是使荆轲、卫先生复起，而燕、秦不悟也。愿大王孰察之。

臣闻明月之珠，夜光之璧，以暗投人于道路，人无不按剑相眄者。何则？无因而至前也。蟠木根柢，轮囷离诡，而为万乘器者。何则？以左右先为之容也。故无因至前，虽出随侯之珠，夜光之璧，犹结怨而不见德。故有人先谈，则以枯木朽株树功而不忘。今夫天下布衣穷居之士，身在贫贱，虽蒙尧、舜之术，挟伊、管之辩，怀龙逢、比干之意，欲尽忠当世之君，而素无根柢之容，虽竭精思，欲开忠信，辅人主之治，则人主必有按剑相眄之迹，是使布衣不得为枯木朽株之资也。

是以圣王制世御俗，独化于陶钧之上，而不牵于卑乱之语，不夺于众多之口。故秦皇帝任中庶子蒙嘉之言，以信荆轲之说，而匕首窃发；周文王猎泾、渭，载吕尚而归，以王天下。故秦信左右而杀，周用乌集而王。何则？以其能越牵拘之语，驰域外之议，独观于昭旷之道也。

今人主沉于谄谀之辞，牵于帷裳之制，使不羁之士与牛骥同皁，此鲍焦所以忿于世而不留富贵之乐也。

臣闻盛饰入朝者不以利污义，砥厉名号者不以欲伤行，故县名胜母而曾子不入，邑号朝歌而墨子回车。今欲使天下寥廓之士，摄于威重之权，主于位势之贵，故回面污行，以事谄谀之人而求亲近于左右，则士伏死堀穴岩薮之中耳，安肯有尽忠信而趋阙下者哉！

书奏梁孝王，孝王使人出之，卒为上客。

太史公曰：鲁连其指意虽不合大义，然余多其在布衣之位，荡然肆志，不诎于诸侯，谈说于当世，折卿相之权。邹阳辞虽不逊，然其比物连类，有足悲者，亦可谓抗直不桡矣，吾是以附之列传焉。

【译文】

鲁仲连，齐国人。善于作超群出众的谋划，而不肯居官任职，喜欢保持高尚的节操。游行到赵国。

赵孝成王时，秦王派白起领军，在长平先后共击败赵军四十余万，秦军于是东进包围了邯郸。赵王感到害怕，各诸侯国的援兵都不敢去进攻秦军。魏安釐王派将军晋鄙前往救赵，因畏惧秦军，停留在荡阴不敢前进。魏王派客将军新垣衍从小道偷偷进入邯郸，通过平原君对赵王说："秦国所以急围赵都的原因，是因为从前齐湣王与秦王争强称帝，不久又取消帝号；现在齐国已日益减弱，目前只有秦国称雄天下，这一次不一定是贪图邯郸，他的意图是再度求得帝号。若赵国真能派使者拥护秦昭王称帝，秦国一定会高兴，而且撤兵回去。"平原君犹豫，没有能作出决定。

这时鲁仲连正好游历赵国，遇上秦军围攻赵都，他听说魏国将打算让赵国拥护秦国称帝，于是去见平原君说："事情将怎么办？"平原君说："我赵胜怎敢谈论国事！从前在外损失四十万大军，现在秦军又包围邯郸而不能使他们离去。魏王派客将军新垣衍使赵国尊秦称帝，现在此人就在这里。我赵胜怎么敢谈论大事呢？"鲁仲连说："起初我以为您是天下的贤公子，

现在我才知道您并不是天下的贤公子。梁客新垣衍在哪里？我请为您去责问他，并使他回去。"平原君说："请允许我赵胜为您介绍而使他和先生相见。"平原君于是去见新垣衍说："东国有位鲁仲连先生，现在此人在这里，我赵胜请为您介绍，让他和将军相见。"新垣衍说："我听说鲁仲连先生是齐国的高士，我新垣衍为人臣，奉命出使，事有其职，我不愿见鲁仲连先生。"平原君说："我已经（把你在这里的消息）泄漏给他了。"新垣衍只好答应和他相见。

鲁仲连见到新垣衍后没有讲话。新垣衍说："我看到凡停留在这被包围的城中的人，都是有求于平原君的人；现在我看先生的玉貌，不像是有求于平原君的人，为什么一直停留在这围城之中而不离去呢？"鲁仲连说："世人认为鲍焦是不愿屈从浊世而死的，那都是错误的，好多人都不明白鲍焦之意，只知道为自己的利益。像秦国，是个抛弃礼义而崇尚战功的国家，用权诈的手段来役使他的士人，用对待俘虏的手段来役使他的百姓。他如肆无忌惮地称帝，甚至来统治整个天下，那么我鲁仲连就投东海而死，我不忍心做他的百姓。我所以来见将军的原因，是打算来帮助赵国。"

新垣衍说："先生将怎样帮助它呢？"鲁仲连说："我将让梁国和燕国来帮助它，齐国和楚国本来就是帮助它的。"新垣衍说："燕国来帮助它我是同意的，至于像梁国，我是梁国人，先生怎么能使梁国来帮助它呢？"鲁仲连说："梁国只是没有看到秦国称帝后的祸害的缘故罢了。假使梁国看到秦国称帝以后的祸害，那就一定会来帮助赵国的。"

新垣衍说："秦国称帝后的祸害会是怎样的呢？"鲁仲连说："从前齐威王曾讲仁义，率领天下的诸侯去朝拜周天子。当时周王朝国势贫弱，诸侯国没有来朝拜的，而只有齐国来朝拜它。过了一年多，周烈王死了，齐国去吊丧晚了，周天子很生气，讣告齐国说：'天子去世如天崩地裂，继位的天子也离开宫室前往守丧，东方的藩臣因齐最后来到，当处斩刑。'齐威王听了勃然大怒，骂道：'你的母亲是个贱婢。'结果被天下人讥笑。天子活着的时候就去朝拜他，死后就去骂他，确实是忍受不了他的苛求。他们做天子的本来就是这样，这没有什么可奇怪的。"

新垣衍说："先生难道没有见过做仆的人吗？十个仆人服从一个主人，难道是力量胜不过他和智力不如他吗？是畏惧他罢了。"鲁仲连说："唉！梁国和秦国相比就像主仆一样吗？"新垣衍说："是这样。"鲁仲连说："我将使秦王烹醢梁王。"新垣衍听了很不高兴地说："噫！先生的话也太过分了，先生又怎能使秦王烹醢梁王呢？"鲁仲连说："当然可以，我给你说。从前九侯、鄂侯、文王，是纣的三公。九侯有个女儿而且很漂亮，献给了纣，纣认为她不好，就醢杀了九侯。鄂侯极力为此事争辩，所以也脯杀了鄂侯。文王听到这件事后喟然而叹，因此就把他关在牖里的监狱里，关了一百天，想把他置于死地。为什么和别人同样称王而到了被脯杀的地步呢？齐湣王去鲁国，夷维子跟着他并为他驾车，夷维子对鲁国人说："你们用什么礼节来接待我的君主？"鲁国人说："我们将用十太牢之礼来接待你的君主。"夷维子说："你们怎么用这种礼节来接待我的君主？我的君主是天子。天子巡狩，诸侯应移居别处，交出钥匙，亲自撩衣摆几，在堂下侍候天子用膳，天子吃完饭，就退下去听理朝政。"鲁国人（听了之后就）落锁闭关，不接纳他们。齐湣王一行未能进入鲁国，将去薛国，向邹国借路通过。在这个时候，邹国国君刚死，齐湣王准备前去吊祭，夷维子对邹国国君的儿子说："天子来吊祭，主人一定要把殡棺换个方向，放在坐南向北的方向，然后天子才好面向南而吊祭。"邹国的群臣听了以后说："一定要像这样的话，我们将伏剑而死。"因此齐湣王又没敢进入邹国。邹国、鲁国的臣子们，在他们国君活着的时候没能奉养，死后没有送给货财衣服，然而齐湣王打算在邹国、鲁国行天子之礼，邹国、鲁国的臣子们是不会答应的。现在秦国是拥有万乘的大国，梁国也是拥有万乘的大国。都是拥有万乘的大国，又都各有称王的名号，看到他打了一次胜仗，就想归从他并尊他为帝，这样就使三晋的大臣都比不了邹、鲁的仆妾了。况且秦国如果无厌地称起帝来，他就将会变换诸侯的大臣。他将会撤掉他们认为是不好的人而换上他们认为是好的人，撤掉他们所憎恨的人而换上他们所喜爱的人。他还将会派他的子女和善于花言巧语的婢妾来作为诸侯的妃嫔姬妾，住在梁国的宫殿里。梁王怎么能安然无恙呢？而将军你又怎么能得到像过去那样的宠信呢？"

于是新垣衍站了起来，再拜谢道："起初我以为先生是个很平庸的人，我今天知道先生是天下的贤士。我请求离去，不敢再谈尊秦为帝了。"秦将听到这件事后，为此退兵五十里。这时正好遇上魏公子无忌夺取了晋鄙的军队来救赵国，攻打秦军，于是秦军就撤离回去了。

因此平原君打算分封鲁仲连，鲁仲连再三推辞，始终不肯接受。平原君于是置办了酒席，当酒饮到畅快的时候（平原君）起身，用千金重礼作为谢仪。鲁仲连笑着说："高士们之所以可贵于天下，是因为他们为人排除患难，解除纷乱，而又不索取什么报酬。如果有所索取，这是做买卖人的行为，而我鲁仲连不忍这样做。"于是告别了平原君就走了，终身没有能再见。

其后二十余年，燕国的将领攻下了聊城，有些聊城人去燕国说燕将的坏话，燕将害怕被杀，因此保守聊城，不敢回去。齐国的田单攻打了一年多聊城，士卒死亡很多而聊城还是没攻下来。鲁仲连于是写了封信，系在箭上射进城中给了燕将。

　　燕将看了鲁仲连的信后，哭了三天，犹犹豫豫自己拿不定主意。想回燕国，但已有了隔阂，害怕被杀掉；想投降齐国，但因杀害和俘虏的齐国人太多，害怕投降后而遭到侮辱。他长叹说："与其让人来杀我，还不如自杀。"于是就自杀了。（燕将死后）聊城大乱，田单于是乘机血洗聊城。回来后向鲁仲连说，打算封他爵位。鲁仲连（听后就）逃到海边隐居起来，说："与其我富贵而屈服于人，还不如宁愿贫贱而自由自在地活着。"

　　邹阳，齐国人。来到梁国后，与原来的吴国人庄忌夫子、淮阴枚生这类人交往。（他）上书（梁孝王），（与梁孝王的关系）介乎羊胜、公孙诡之间。羊胜等嫉恨邹阳，并在梁孝王面前说邹阳的坏话。梁孝王一怒之下，把他下交给狱吏，并想把他杀死。邹阳客游到梁国，因为谗言而被擒，他担心无罪身死而蒙受恶名，于是从狱中上书梁孝王说：

　　我听说忠心服侍君主的人没有不被君主以腹心相报的，以诚事奉君主的人是不会被君主猜疑的，我经常认为是这样的，（现在看来）只是一句空话而已。从前荆轲钦慕燕丹的情义，（曾为燕丹刺杀秦王。由于他精诚感天）以致白虹贯日，燕太子丹却害怕他。卫先生为秦国谋划攻打长平的事情，（其精诚上达于天）以致太白为之蚀昴，结果昭王对他起了疑心。（这两个人的）精诚，天地都为之感动而起了变化，两位君主却不明白他们的忠诚，难道这不是悲哀的吗？现在我尽忠竭诚，尽其计议，希望君主了解我，结果大王左右的人不明白，竟将我交给狱吏来审讯，被大家怀疑我，即使荆轲、卫先生死而复生，而燕丹、秦昭王也不会觉悟。希望大王能明白这个道理。

　　我听说像明月之珠、夜光之璧一般的珍宝，若在黑暗中投向路上的行人时，行人没有不按剑注视的。这是为什么呢？是因为无缘无故地扔到他的跟前的缘故。盘根错节的树根，纡回旋曲，而变为万乘君主的玩赏之物。这是为什么呢？是因为左右的人先为它加以修饰的缘故。因此无缘无故地扔到跟前，虽然扔出随侯之珠、夜光之璧，还是会结怨而得不到别人的感德的。所以有人先（把盘根错节的树根）美言一番，那么用枯木朽株也可以树功而使君主永世不忘。现在天下百姓和穷居之士，他们身处贫贱，虽蒙被尧、舜的道术，拥有伊尹、管仲的辩才，怀抱龙逢、比干的心意，想尽忠报效当世的君主，而平素没有人像树根一样在君主面前美言修饰，虽然竭忠尽思，想奉献忠信，来辅助君主治理国家，那君主一定也会表现出按剑注视的样子，所以布衣之士就得不到像枯木朽株那样的地位了。

　　所以圣王制御天下，应当比陶工运钧更高一筹，而不被卑乱的语言所牵制，不被众人的口舌所改变。因此秦皇帝信任中庶子蒙嘉的话，所以就相信了荆轲的游说，结果匕首突发（险遭不测）。周文王到泾、渭一带打猎，用车把吕尚拉了回来，因此而称王天下。所以秦王听信左右的话而几乎被杀，周王任用偶合之人而称王天下。这是为什么呢？因为他能超越左右牵系的诛言，摆脱世俗的议论，自己能高瞻远瞩于广阔的大道上。

现在的君主却沉溺于谄谀奉承之中，并受左右臣妾的牵制，使一些才识高远的贤士却像牛马束缚在同一槽枥上一样，这正是鲍焦之所以怨愤于世而不留恋富贵之乐的原因。

我听说盛装入朝者不会因为私利污损公义，久经磨练的名人不会随心所欲而去伤害操行，所以有个名叫"胜母"的县而讲孝道的曾子便不敢入宿，有个名"朝歌"的邑而重俭节的墨子便回车而去。现在想使天下器度宽洪的贤士慑服于威重的权柄之下，服从于尊贵的势位之下，使他们改头换面而污损操行，来事奉那些谄谀的小人而求得左右大臣的亲近，那他们就会老死在深山穷泽之中，怎么会有肯尽忠竭信的人而趋往阙下呢？

这封奏书被梁孝王看到以后，孝王便派人把他放出来，终于尊他为上客。

太史公说：鲁仲连的指意虽不合大义，然而我却欣赏他身处布衣之位而荡然肆志，不折服于诸侯，高谈阔论于当世，把手握大权的卿相都给折服。邹阳的言辞虽然不逊，然而他（却把古往今来的许多事情）比物连类，虽有令人悲痛的，但也可谓是一位刚直不挠的人物，因此我把他附在列传里。

屈原贾生列传

【原文】

屈原者，名平，楚之同姓也。为楚怀王左徒。博闻强志，明于治乱，娴于辞令。入则与王图议国事，以出号令；出则接遇宾客，应对诸侯。王甚任之。

上官大夫与之同列，争宠而心害其能。怀王使屈原造为宪令，屈平属草稿未定。上官大夫见而欲夺之，屈平不与，因谗之曰："王使屈平为令，众莫不知，每一令出，平伐其功，以为'非我莫能为'也。"王怒而疏屈平。

屈平疾王听之不聪也，谗谄之蔽明也，邪曲之害公也，方正之不容也，故忧愁幽思而作《离骚》。屈平既绌，其后秦欲伐齐，齐与楚从亲，惠王患之，乃令张仪详去秦，厚币委质事楚，曰："秦甚憎齐，齐与楚从亲，楚诚能绝齐，秦愿献商、於之地六百里。"楚怀王贪而信张仪，遂绝齐，使使如秦受地。张仪诈之曰："仪与王约六里，不闻六百里。"楚使怒去，归告怀王。怀王怒，大兴师伐秦。秦发兵击之，大破楚师于丹、淅，斩首八万，虏楚将屈匄，遂取楚之汉中地。怀王乃悉发国中兵以深入击秦，战于蓝田。魏闻之，袭楚至邓。楚兵惧，自秦归。而齐竟怒不救楚，楚大困。

明年，秦割汉中地与楚以和。楚王曰："不愿得地，愿得张仪而甘心焉。"张仪闻，乃曰："以一仪而当汉中地，臣请往如楚。"如楚，又因厚币用事者臣靳尚，而设诡辩于怀王之宠姬郑袖。怀王竟听郑袖，复释去张仪。是时屈平既疏，不复在位，使于齐，顾反，谏怀王曰："何不杀张仪？"怀王悔，追张仪不及。

其后诸侯共击楚，大破之，杀其将唐眛。

时秦昭王与楚婚，欲与怀王会。怀王欲行，屈平曰："秦虎狼之国，不可信，不如毋行。"怀王稚子子兰劝王行："奈何绝秦欢！"怀王卒行。入武关，秦伏兵绝其后，因留怀王，以求割地。怀王怒，不听。亡走赵，赵不内。复之秦，竟死于秦而归葬。

长子顷襄王立，以其弟子兰为令尹。楚人既咎子兰以劝怀王入秦而不反也。

屈平既嫉之，虽放流，眷顾楚国，系心怀王，不忘欲反，冀幸君之一悟，俗之一改也。其存君兴国而欲反覆之，一篇之中三致志焉。然终无可奈何，故不可以反，卒以此见怀王之终不悟也。人君无愚智贤不肖，莫不欲求忠以自为，举贤以自佐，然亡国破家相随属，而圣君治国累世而不见者，其所谓忠者不忠，而所谓贤者不贤也。怀王以不知忠臣之分，故内惑于郑袖，外欺于张仪，疏屈平而信上官大夫、令尹子兰。兵挫地削，亡其六郡，身客死于秦，为天下笑。此不知人之祸也。

《易》曰："井泄不食，为我心恻，可以汲。王明，并受其福。"王之不明，岂足福哉！

令尹子兰闻之大怒，卒使上官大夫短屈原于顷襄王，顷襄王怒而迁之。

屈原至于江滨，被发行吟泽畔。颜色憔悴，形容枯槁。渔父见而问之曰："子非三闾大夫欤？何故而至此？"屈原曰："举世混浊而我独清，众人皆醉而我独醒，是以见放。"渔父曰："夫圣人者，不凝滞于物而能与世推移。举世混浊，何不随其流而扬其波？众人皆醉，何不餔其糟而啜其醨？何故怀瑾握瑜而自令见放为？"屈原曰："吾闻之，新沐者必弹冠，新浴者必振衣，人又谁能以身之察察，受物之汶汶者乎！宁赴常流而葬乎江鱼腹中耳，又安能以皓皓之白而蒙世俗之温蠖乎！"

于是怀石遂自沉汨罗以死。

屈原既死之后，楚有宋玉、唐勒、景差之徒者，皆好辞而以赋见称；然皆祖屈原之从容辞令，终莫敢直谏。其后楚日以削，数十年竟为秦所灭。

自屈原沉汨罗后百有余年，汉有贾生，为长沙王太傅，过湘水，投书吊屈原。

贾生名谊，雒阳人也。年十八，以能诵诗属书闻于郡中。吴廷尉为河南守，闻其秀才，召置门下，甚幸爱。孝文皇帝初立，闻河南守吴公治平为天下第一，故与李斯同邑而常学事焉，乃征为廷尉。廷尉乃言贾生年少，颇通诸子百家之书。文帝召以为博士。

是时贾生年二十余，最为少。每诏令议下，诸老先生不能言，贾生尽为之对，人人各如其意所欲出。诸生于是乃以为能不及也。孝文帝说之，超迁，一岁中至太中大夫。

贾生以为汉兴至孝文二十余年，天下和洽，而固当改正朔，易服色，法制度，定官名，兴礼乐，乃悉草具其事仪法，色尚黄，数用五，为官名，悉更秦之法。孝文帝初即位，谦让未遑也。诸律令所更定，及列侯悉就国，其说皆自贾生发之。于是天子议以为贾生任公卿之位。绛、灌、东阳侯、冯敬之属尽害之，乃短贾生曰："雒阳之人，年少初学，专欲擅权，纷乱诸事。"于是天子后亦疏之，不用其议，乃以贾生为长沙王太傅。

贾生为长沙王太傅三年，有鸮飞入贾生舍，止于坐隅。楚人命鸮曰"服"。贾生既以适居长沙，长沙卑湿，自以为寿不得长，伤悼之，乃为赋以自广。

后岁余，贾生征见。孝文帝方受釐，坐宣室。上因感鬼神事，而问鬼神之本。贾生因具道所以然之状。至夜半，文帝前席。既罢，曰："吾久不见贾生，自以为过之，今不及也。"居顷之，拜贾生为梁怀王太傅。梁怀王，文帝之少子，爱，而好书，故令贾生傅之。

文帝复封淮南厉王子四人皆为列侯。贾生谏，以为患之兴自此起矣。贾生数上疏，言诸侯或连数郡，非古之制，可稍削之。文帝不听。

居数年，怀王骑，堕马而死，无后。贾生自伤为傅无状，哭泣岁余，亦死。贾生之死时年三十三矣。及孝文崩，孝武皇帝立，举贾生之孙二人至郡守，而贾嘉最好学，世其家，与余通书。至孝昭时，列为九卿。

太史公曰：余读《离骚》《天问》《招魂》《哀郢》，悲其志。适长沙，观屈原所自沉渊，未尝不垂涕，想见其为人。及见贾生弔之，又怪屈原以彼其材，游诸侯，何国不容，而自令若是。读《服鸟赋》，同死生，轻去就，又爽然自失矣。

【译文】

屈原，名平，是楚国王族，在楚怀王手下担任左徒。博闻强记，通晓国家治乱的道理，擅长辞令。入朝便与楚怀王一同商议国家大事，拟订政令，出朝便接待宾客，应酬诸侯。楚怀王特别倚重他。

上官大夫与屈原同在朝廷上共事，想要争得楚怀王的宠信，却在内心里嫉妒屈原的才干。楚怀王让屈原拟订国家法令，屈原拟出草稿，尚未最后改定。上官大夫见到后，就要抢过去看，屈原不给他。他就向楚怀王进谗言谮毁屈原说："大王您让屈原拟订法令，朝廷内外没有谁不知道这件事。可是每当公布一道法令，屈原便炫耀他的功劳，自认为拟订法令除了我没有谁能干得了。"楚怀王听了之后很生气，开始对屈原疏远了。

屈原痛心于楚怀王耳朵听不到正确的意见，眼睛也被谗言谄媚所遮蔽，邪恶之人侵害公道，正直之人不为小人所容，所以忧心忡忡，写下《离骚》这样一首诗。

在屈原被罢黜免职之后，秦国打算攻打齐国，可是齐国与楚国建立着合纵的联盟，秦惠王对此有顾虑，于是就派张仪假意离开秦国，带着丰厚的礼物到楚国为臣。他说："秦国特别仇恨齐国，齐国却与楚国结盟，楚国如果真能与齐国绝交，秦国愿意献给楚国商、於一带六百里土地。"楚怀王贪心，相信了张仪的话，便与齐国断交，派使者去秦国接受献地。张仪狡赖说："我与楚王约定的是六里，没听说六百里这件事。"楚国使者一怒之下离开秦国，回去把这件事报告了楚怀王。楚怀王发怒，大举兴师，讨伐秦国。秦国出兵迎战，在丹水、淅水之间把楚军打得大败，杀掉楚兵八万人，俘虏了楚军将领屈匄，就这样夺取了楚国汉中一带的土地。楚怀王于是动用了全国的兵力，深入秦国进行反击，两国军队在蓝田交战。魏国听说秦楚交战，乘虚偷袭楚国，一直打到邓这个地方。楚国军队害怕后方空虚，从秦国撤回。而齐国一直痛恨楚国毁约，不发兵救楚，楚国的处境很狼狈。

第二年，秦国表示要把汉中郡割让给楚国来求和。楚王说："不想要土地，只有得到张仪才算满意。"张仪听说后，便说："以张仪一个人而能顶替汉中之地，请让我去楚国。"张仪到楚国后，又用丰厚的币帛贿赂当权的大臣靳尚，进而向楚怀王的宠妃郑袖编造诡诈的巧言。楚怀王竟听信了郑袖的话，再次放走了张仪。这时屈原已被楚怀王疏远，不再居任重要的职位，出使去了齐国。回国后，向楚怀王进谏说："为什么不杀了张仪？"楚怀王悔悟，派人追赶张仪，没有追上。

后来，各诸侯国联合攻打楚国，把楚军打得大败，杀了楚将唐眛。

当时秦昭王与楚国通婚，希望与楚怀王会面。楚怀王准备去秦国，屈原说："秦国是虎狼成性的国家，不能听信他们的话，不如不去。"楚怀王的小儿子子兰劝楚怀王去，说："为什么要断绝同秦国的友好关系？"楚怀王终于还是去了秦国。一进入武关，秦国的伏兵就断绝了后路，因此扣留了楚怀王，胁迫他割让国土。楚怀王大怒，不肯回答。楚怀王逃往赵国，赵国不接纳。他只好又折回秦国，最后竟死在秦国，后来归葬楚国。

楚怀王的长子顷襄王即位，让他的弟弟子兰作了令尹。楚国人因为子兰劝楚怀王去秦国而没有活着回来这件事很怨恨子兰。

屈原也因这件事对子兰很痛恨，他虽然被放逐，仍眷恋关心着楚国，心中惦记着怀王，他没有忘怀祖国，希望再回到朝中任职。心存一念，希望君王能幡然觉悟，世俗顿然改变。在一篇作品中再三表示出他那怀念君王、振兴国家、一反衰弱国势的愿望。但最终也无法实现，所以再也没能返回朝中。从这种情况可见楚怀王到底也未能理解屈原的忠诚。君主无论资质愚与智，无论品德好与坏，没有谁不想得到忠臣与贤士来辅佐自己治理国家的，但国破家亡之事一个接一个，而圣明的君主与致治的国家多少世代也没有出现过，其原因就是那些国君所认为的忠臣实际上并不是忠臣，所认为的贤者实际上并不是贤者。楚怀王由于不明白什么样的人才是忠臣，所以在宫中受到郑袖的迷惑，在外面受到张仪的欺骗，疏远屈原却宠信上官大夫、令尹子兰，军队挫败，领土被分割，失去了六郡之地，自身也死于异乡秦国，被天下人所耻笑。这就是不知人善任所带来的祸患。《周易》说："井淘干净了，却无人饮用，我心里难过，这是可以汲取饮用的。君主如果贤明，大家都能得到幸福。"君主如果不贤明，哪里还谈得上幸福呢！

令尹子兰听说屈原怨恨他之后大怒，便让上官大夫在楚顷襄王前谮毁屈原。楚顷襄王发怒，便将屈原流放到更远的地方。

屈原来到江畔，在水边披散着头发且行且歌。脸色憔悴，容貌消瘦。一位渔翁见到问他："您不是三闾大夫吗？怎么到了这个地方？"屈原说："整个世界都污浊，唯独我是清净的；所有的人都沉醉着，只有我是清醒的，因此才被流放。"渔翁说："圣人对事物的认识不迁拘固执，而能够顺应世俗的变化，举世混浊，为什么不随波逐流？众人皆醉，为什么不沉醉其中？何必洁身如玉，而自找被放逐的命运？"屈原说："我听说，刚洗过头发的人一定要弹一弹帽子再戴，刚洗过澡的人，一定要抖一抖衣服再穿，又有谁愿意让自己清洁的身体受到污垢玷辱呢？宁可奔赴蹈腾的大江，而葬身于大江鱼腹之中，怎能让高洁的品质蒙受世俗的污染呢？"

于是，屈原就抱着石头，跳入汨罗江自杀了。

屈原死后，楚国有宋玉、唐勒、景差等人，都喜好文辞而以长于赋体称著于世。但他们都只是继承了屈原擅长文辞的一面，一直没有谁敢于像屈原一样直言进谏。后来楚国的疆域一天比一天缩小，几十年后终于被秦国灭掉了。

从屈原自沉汨罗江之后，又过了一百余年，在西汉时期有贾生作了长沙王的太傅，途经湘水的时候，写下诗赋来缅怀屈原。

贾生的名叫谊，是洛阳人。十八岁的时候，便以能赋诗作文而闻名全郡。吴廷尉当时是河南郡郡守，听说贾谊是个了不起的人才，就把他罗致到自己门下，对他很赏识。孝文皇帝即位不久，了解到河南郡的吴郡守治理政事、安抚百姓在全国最有成绩，过去又因与李斯是同乡而常向李斯学习，就把他征召到朝廷担任廷尉。吴廷尉便向皇帝推荐贾谊，说他很年轻，颇为通晓诸子百家的学说。于是，文帝便把贾谊召到朝廷任命为博士。

当时贾谊才二十岁出头，在朝臣中是最年轻的。每当皇帝诏令臣下商议政事，各位老先生往往无言答对，而贾谊却总是答得很完满，人人都感到贾谊所讲的，正是自己所要说的。于是，大家都认为自己的才能赶不上贾谊。文帝也很喜欢他，一年之内，就把他从博士破格提拔为太中大夫。

贾谊认为，从汉兴到文帝经过二十多年，天下已经安定，朝野和睦，应当更定历法，改变所崇尚的颜色，订正法令制度，统一官名，大兴礼乐，便详细草拟了各项仪礼和办法，建议崇尚黄色，遵用五行之说，重新确定官名，全部变更秦朝的法度。文帝刚刚即位，谦恭谨慎，一时还顾不上这些事。但一些律令的更定，以及在京城的诸侯回到封国，都是贾谊出的主意。因此，皇帝和大臣商议，打算把贾谊提拔到公卿大臣的位置。绛侯周勃、颍阴侯灌婴、东阳侯张相如、御史大夫冯敬等人都嫉妒贾谊，便在皇帝面前谗毁贾谊说："这个洛阳人，年轻没有经验，专想揽权，把许多事情都搞乱了。"因此，皇帝从此也疏远了贾谊，不再采纳他的建议，并派他去作了长沙王吴差的太傅。

贾谊任长沙王太傅的第三年，一天有只猫头鹰飞入贾谊的屋内，落在他的座位旁边。楚地的人把猫头鹰叫"服鸟"。贾谊是被贬谪居住在长沙的，长沙地洼潮湿，他自认为寿命不会长久，悲哀伤感，就作了一首赋，来宽慰自己。

又过了一年多，贾谊被征召到京城晋见皇帝。正赶上文帝坐在宣室接受神的赐福。文帝有感于鬼神之事，便询问鬼神的本源。贾谊就详细地讲这方面的道理。一直谈到夜半，文帝不知不觉地在座席上向贾谊面前移动。谈完之后，文帝说："我好久不见贾生了，自以为超过了他，今天看来还是不如他。"时间不长，就任贾谊为梁怀王刘揖的太傅。梁怀王是文帝喜爱的小儿子，好读书，所以文帝让贾谊做他的老师。

文帝封淮南厉王的四个儿子都为列侯。贾谊谏阻，认为这样做祸患就会由此产生。贾谊屡次上书，指出诸侯势力过大，有的封地连接数郡，不符合古代的制度，建议稍加削减。文帝不听。

几年以后，梁怀王骑马时，从马上跌下摔死了，没有后代。贾谊认为自己这个老师没有当好，很伤心，哭泣了一年多，也就死去了。贾谊死时只有三十三岁。文帝去世后，到孝武皇帝即位，把贾谊的两个孙子提拔到郡守的位置。其中贾嘉最好学，继承了贾谊的家风，和我通过信。孝昭皇帝时，贾嘉位列九卿。

太史公说：我读屈原的《离骚》《天问》《招魂》《哀郢》，对他的志节深感悲壮。到了长沙，在汨罗江畔看到屈原自沉的地方，想见他的为人，常常哀痛流泪。后来看到贾谊的《吊屈原赋》，又奇怪屈原，以他那样的才能，游说诸侯，哪个国家不能容纳呢？但却让自己走上自杀这条路。可是读了《服鸟赋》，把死与生等同看待，把去和留看得很淡漠，又茫然不知适从了。

吕不韦列传

【原文】

吕不韦者，阳翟大贾人也。往来贩贱卖贵，家累千金。

　　秦昭王四十年，太子死。其四十二年，以其次子安国君为太子。安国君有子二十余人。安国君有所甚爱姬，立以为正夫人，号曰华阳夫人。华阳夫人无子。安国君中男名子楚，子楚母曰夏姬，毋爱。子楚为秦质子于赵。秦数攻赵，赵不甚礼子楚。

　　子楚，秦诸庶孽孙，质于诸侯，车乘进用不饶，居处困，不得意。吕不韦贾邯郸，见而怜之，曰"此奇货可居"。乃往见子楚，说曰："吾能大子之门。"子楚笑曰："且自大君之门，而乃大吾门！"吕不韦曰："子不知也，吾门待子门而大。"子楚心知所谓，乃引与坐，深语。吕不韦曰："秦王老矣，安国君得为太子。窃闻安国君爱幸华阳夫人，华阳夫人无子，能立適嗣者独华阳夫人耳。今子兄弟二十余人，子又居中，不甚见幸，久质诸侯。即大王薨，安国君立为王，则子毋几得与长子及诸子旦暮在前者争为太子矣。"子楚曰："然。为之奈何？"吕不韦曰："子贫，客于此，非有以奉献于亲及结宾客也。不韦虽贫，请以千金为子西游，事安国君及华阳夫人，立子为適嗣。"子楚乃顿首曰："必如君策，请得分秦国与君共之。"

　　吕不韦乃以五百金与子楚，为进用，结宾客；而复以五百金买奇物玩好，自奉而西游秦，求见华阳夫人姊，而皆以其物献华阳夫人。因言子楚贤智，结诸侯宾客遍天下，常曰"楚也以夫人为天"，日夜泣思太子及夫人。夫人大喜。不韦因使其姊说夫人曰："吾闻之，以色事人者，色衰而爱弛。今夫人事太子，甚爱而无子，不以此时蚤自结于诸子中贤孝者，举立以为適而子之。夫在则重尊，夫百岁之后，所子者为王，终不失势。此所谓一言而万世之利也。不以繁华时树本，即色衰爱弛后，虽欲开一语，尚可得乎？今子楚贤，而自知中男也，次不得为適，其母又不得幸，自附夫人。夫人诚以此时拔以为適，夫人则竟世有宠于秦矣。"华阳夫人以为然，承太子间，从容言子楚质于赵者绝贤，来往者皆称誉之。乃因涕泣曰："妾幸得充后宫，不幸无子，愿得子楚立以为適嗣，以托妾身。"安国君许之，乃与夫人刻玉符，约以为適嗣。安国君及夫人因厚馈遗子楚，而请吕不韦傅之，子楚以此名誉益盛于诸侯。

　　秦昭王五十年，使王齮围邯郸，急，赵欲杀子楚。子楚与吕不韦谋，行金六百斤予守者吏，得脱，亡赴秦军，遂以得归。赵欲杀子楚妻子，子楚夫人赵豪家女也，得匿，以故母子竟得活。秦昭王五十六年，薨，太子安国君立为王，华阳夫人为王后，子楚为太子。赵亦奉子楚夫人及子政归秦。

　　秦王立一年，薨，谥为孝文王。太子子楚代立，是为庄襄王。庄襄王所母华阳后为华阳太后，真母夏姬尊以为夏太后。庄襄王元年，以吕不韦为丞相，封为文信侯，食河南、雒阳十万户。

庄襄王即位三年，薨，太子政立为王，尊吕不韦为相国，号称"仲父"。秦王年少，太后时时窃私通吕不韦。不韦家僮万人。

当是时，魏有信陵君，楚有春申君，赵有平原君，齐有孟尝君，皆下士喜宾客以相倾。吕不韦以秦之强，羞不如，亦招致士，厚遇之，至食客三千人。是时诸侯多辩士，如荀卿之徒，著书布天下。吕不韦乃使其客人人著所闻，集论以为八览、六论、十二纪，二十余万言。以为备天地万物古今之事，号曰《吕氏春秋》。布咸阳市门，悬千金其上，延诸侯游士宾客有能增损一字者予千金。

始皇帝益壮，太后淫不止。始皇九年，有告嫪毐实非宦者，常与太后私乱，生子二人，皆匿之。与太后谋曰"王即薨，以子为后"。于是秦王下吏治，具得情实，事连相国吕不韦。九月，夷嫪毐三族，杀太后所生两子，而遂迁太后于雍。诸嫪毐舍人皆没其家而迁之蜀。王欲诛相国，为其奉先王功大，及宾客辩士为游说者众，王不忍致法。

秦王十年十月，免相国吕不韦。及齐人茅焦说秦王，秦王乃迎太后于雍，归复咸阳，而出文信侯就国河南。

岁余，诸侯宾客使者相望于道，请文信侯。秦王恐其为变，乃赐文信侯书曰："君何功于秦？秦封君河南，食十万户。君何亲于秦？号称仲父。其与家属徙处蜀！"吕不韦自度稍侵，恐诛，乃饮鸩而死。秦王所加怒吕不韦、嫪毐皆已死，乃皆复归嫪毐舍人迁蜀者。

始皇十九年，太后薨，谥为帝太后，与庄襄王会葬厣阳。

太史公曰：不韦及嫪毐贵，封号文信侯。人之告嫪毐，毐闻之。秦王验左右，未发。上之雍郊，毐恐祸起，乃与党谋，矫太后玺发卒以反蕲年宫。发吏攻毐，毐败亡走，追斩之好畤，遂灭其宗。而吕不韦由此绌矣。孔子之所谓"闻"者，其吕子乎？

【译文】

吕不韦是阳翟的大商人。往来各地低价收货高价出手，家产积累达到千金。

秦昭王四十年，太子死去。四十二年，秦昭王将他的次子安国君立为太子。安国君有儿子二十多个。安国君有位非常宠爱的姬妾，便立她为正夫人，号称华阳夫人。华阳夫人没有儿子。安国君中间的一个儿子名叫子楚，子楚的母亲叫夏姬，不受安国君宠爱。子楚作为秦国的人质到赵国。秦军多次进攻赵国，所以赵国对子楚不很礼貌。

子楚是秦国公室庶出别支的孙子，作为人质在诸侯国家，所以车辆马匹、费用开销都不富裕，居所处境相当窘困，很不得志。吕不韦到邯郸做生意，看见子楚而怜惜他，说"这真是稀罕的宝货，可以存积着卖大价钱"。于是前往会见子楚，说道："我能够光大您的门庭。"子楚笑着说："暂且先光大您的门庭，而后再来光大我的门庭。"吕不韦说："您不知道啊，我的门庭要等待您的门庭光大才能光大。"子楚心中领会吕不韦所说的意思，于是请进去一起坐下，推心置腹深入交谈。吕不韦说："秦王已经老了，安国君得机会立为太子。鄙人听说安国君宠幸喜爱华阳夫人，华阳夫人没有儿子，但能够决定选立谁为嫡子继承人的只有华阳夫人。如今您兄弟二十多人，您又排行居中，不太受宠爱，所以长时间当人质住在诸侯国家。一旦大王去世，安国君继立为王，您就没有机会能够跟长子及其余儿子早晚在父王面前争夺当太子了。"子楚说："是这样。对这怎么办？"吕不韦说："您资财贫乏，客居在此，没有什么可以拿来奉献给双亲和结交宾客。我吕不韦虽然也资财贫乏，但请让我用千金作资本为您西游秦国，孝敬安国君和华阳夫人，促成他们立您为嫡子继承人。"子楚立即叩头而拜说："您的计策果真如愿，就请让我与您共同分享秦国。"

吕不韦于是拿出五百金给子楚，作为开销费用，去结交宾客；同时又拿出五百金购置珍奇宝物、玩赏佳品，自己带着西进游说秦国，请求谒见华阳夫人的姐姐，把他带来的物品全部进献给华阳夫人。借机称说子楚贤能聪明，结交诸侯宾客遍布天下，还常常念叨"我子楚把华阳夫人当作自己的天"，日夜悲泣思念着太子安国君和夫人。华阳夫人极为高兴。吕不韦就让她的姐姐劝说华阳夫人道："我听说这样的话，凭色相事奉人的，容颜衰老便会宠爱减退。如今夫人事奉太子，深受宠爱但没有儿子，何不趁这时机早早从诸子中物色一位贤能孝顺的，推举立他为嫡正而认作自己的儿子。（那样的话）夫君健在就权重位尊；夫君倘若过世，所认的儿子登立为王，终身不会丧失权势。这就是人们所说的一句话而千秋万代受益啊。不趁着现在风华正茂的时候树立根基，如果待到容颜衰老宠爱减退之后，即使想只开口说上一句话，还有可能吗？如今子楚贤能，明知自己是排行居中的儿子，按次序不能做嫡子，他的母亲又不受宠幸，所以自愿依附夫

人。夫人果真能乘此时机选拔他为嫡子，夫人就一辈子在秦国享有荣华富贵了。"华阳夫人认为确实如此，趁着太子空闲的时候，装着随意的样子说子楚当作人质在赵国极有才能，来来往往的人全都交口称赞他。于是就流着眼泪说："贱妾有幸充列后宫，不幸没有儿子，希望将子楚扶立为嫡子继承人，来寄托贱妾的后半生。"安国君答应此事，便和华阳夫人刻玉石符节为信物，相约以子楚作嫡子继承人。安国君和华阳夫人就备了厚礼送给子楚，同时请吕不韦辅助他。子楚的名望声誉因此在诸侯中越来越大。

五十年，秦派遣王齮领兵围攻邯郸，情况紧急，赵国准备杀死子楚。子楚与吕不韦商量，送黄金六百斤给看守的官吏，得以脱身，逃亡投奔秦国军队，于是得到机会返回祖国。赵国又准备杀死子楚的妻儿，子楚夫人是赵国豪门大家的女儿，得到藏匿，因此母子最后保全了性命。秦昭王五十六年，昭王去世，太子安国君即位为王，华阳夫人立为王后，子楚立为太子。赵国也就送子楚的夫人和儿子政回归秦国。

秦王在位一年去世，谥号为孝文王。太子子楚继代即位，这就是庄襄王。庄襄王所认养母华阳后为华阳太后，生母夏姬尊奉为夏太后。庄襄王元年，任命吕不韦为丞相，封为文信侯，食邑河南、雒阳十万户。

庄襄王即位三年去世，太子政继立为王，尊奉吕不韦为相国，号称"仲父"。秦王年纪还小，太后常常暗中与吕不韦私通。吕不韦家中僮仆有万人。

在这时期，魏国有信陵君，楚国有春申君，赵国有平原君，齐国有孟尝君，都礼贤下士喜好招募宾客来互相夸耀倾轧。吕不韦因为秦国强大，却在这方面不如他们而感到羞耻，所以也招徕士人，给予优厚待遇，门下食客达到三千来人。这时诸侯各国有许多工辞善辩的文人学士，如荀卿一类人，著书立说传布天下。吕不韦便让他的门客各人著录所见所闻，辑集纂论编为八览、六论、十二纪，有二十多万字。吕不韦认为其中详尽论述了天上地下世间万物从古至今的事情，称之为《吕氏春秋》。公布在咸阳市朝的大门，并悬挂千金在上面，聘请诸侯各国的游士宾客，如有能够增添减少一个字的就赏给千金。

秦始皇渐渐长大成人，而太后却淫乱没有止息。秦始皇九年，有人告发嫪毐其实并不是受过腐刑的宦官，经常与太后私下淫乱，生下儿子两个，都隐藏着。嫪毐还与太后密谋说"秦王倘若去世，就以这孩子为继承人"。于是秦王交付有关官吏办理此案，取得全部真情实据，事情牵连相国吕不韦。九月，诛灭嫪毐三族，杀死太后所生的两个儿子，同时就将太后迁居到雍。所有嫪毐的门下舍人都抄没全家迁徙到蜀郡。秦王本想诛杀相国，但因为吕不韦事奉先王功劳很大，以及宾客辩士为之说情的人很多，秦王便不忍心对他执法。

秦王十年十月，罢免相国吕不韦的职务。直到齐国人茅焦劝说秦王，秦王才从雍接回太后，返归咸阳，而下令文信侯吕不韦迁出国都到他的封地河南。

（吕不韦在河南）一年多的时间里，诸侯各国的宾客使者在道路上前后相望络绎不绝，请求谒见文信侯。秦王担心其中会发生意外事变，就给文信侯书信说："你对秦国有什么功劳？但秦国封给你河南，食邑十万户。你同秦君有什么姻亲？竟号称仲父。你还是和家眷一起迁居到蜀郡去！"吕不韦自我思量地位日益受到侵削，害怕被杀，就喝毒酒而死。秦王所恼怒的吕不韦、嫪毐都已死去，便又全部遣返迁徙到蜀郡的嫪毐门下舍人。

秦始皇十九年，太后去世，谥号为帝太后，与庄襄王合葬在厉阳。

太史公说：吕不韦以及嫪毐显赫一时，封号为文信侯。有人告发嫪毐，嫪毐得知此事。秦王让左右的人进行核实，不马上发作。秦王到雍城郊外，嫪毐害怕灾祸发生，就与同党密谋，假托太后玺印调动军队在蕲年宫举行反叛。秦王派官吏领兵攻击嫪毐，嫪毐兵败逃奔，在好時被追上斩首，于是诛灭他的宗族。而吕不韦也由此被贬黜了。孔子所说的那种"闻"者，难道不是指吕不韦吗？

李斯列传

【原文】

李斯者，楚上蔡人也。年少时，为郡小吏，见吏舍厕中鼠食不絜，近人犬，数惊恐之。斯入仓，观仓中鼠，食积粟，居大庑之下，不见人犬之忧。于是李斯乃叹曰："人之贤不肖譬如鼠矣，在所自处耳！"

乃从荀卿学帝王之术。学已成，度楚王不足事，而六国皆弱，无可为建功者，欲西入秦。

至秦，会庄襄王卒，李斯乃求为秦相文信侯吕不韦舍人；不韦贤之，任以为郎。李斯因以得说，说秦王曰："胥人者，去其几也。成大功者，在因瑕衅而遂忍之。昔者秦穆公之霸，终不东并六国者，何也？诸侯尚众，周德未衰，故五伯迭兴，更尊周室。自秦孝公以来，周室卑微，诸侯相兼，关东为六国，秦之乘胜役诸侯，盖六世矣。今诸侯服秦，譬若郡县。夫以秦之彊，大王之贤，由灶上骚除，足以灭诸侯，成帝业，为天下一统，此万世之一时也。今怠而不急就，诸侯复强，相聚约从，虽有黄帝之贤，不能并也。"秦王乃拜斯为长史，听其计，阴遣谋士赍持金玉以游说诸侯。诸侯名士可下以财者，厚遗结之；不肯者，利剑刺之。离其君臣之计，秦王乃使其良将随其后。秦王拜斯为客卿。

始皇三十四年，始皇可其议，收去《诗》《书》、百家之语以愚百姓，使天下无以古非今。明法度，定律令，皆以始皇起。同文书。治离宫别馆，周遍天下。明年，又巡狩，外攘四夷。斯皆有力焉。

斯长男由为三川守，诸男皆尚秦公主，女悉嫁秦诸公子。三川守李由告归咸阳，李斯置酒于家，百官长皆前为寿，门廷车骑以千数。李斯喟然而叹曰："嗟乎！吾闻之荀卿曰'物禁大盛'。夫斯乃上蔡布衣，闾巷之黔首，上不知其驽下，遂擢至此。当今人臣之位无居臣上者，可谓富贵极矣。物极则衰，吾未知所税驾也！"

二世二年七月，具斯五刑，论腰斩咸阳市。斯出狱，与其中子俱执，顾谓其中子曰："吾欲与若复牵黄犬俱出上蔡东门逐狡兔，岂可得乎？"遂父子相哭，而夷三族。

李斯已死，二世拜赵高为中丞相，事无大小辄决于高。高自知权重，乃献鹿，谓之马。二世问左右："此乃鹿也?"左右皆曰"马也"。二世惊，自以为惑，乃召太卜，令卦之。太卜曰："陛下春秋郊祀，奉宗庙鬼神，斋戒不明，故至于此。可依盛德而明斋戒。"于是乃入上林斋戒。日游弋猎，有行人入上林中，二世自射杀之。赵高教其女婿咸阳令阎乐劾不知何人贼杀人移上林。高乃谏二世曰："天子无故贼杀不辜人，此上帝之禁也，鬼神不享，天且降殃，当远避宫以禳之。"二世乃出居望夷之宫。

留三日，赵高诈诏卫士，令士皆素服持兵内乡，入告二世曰："山东群盗兵大至！"二世上观而见之，恐惧，高即因劫令自杀。引玺而佩之，左右百官莫从；上殿，殿欲坏者三。高自知天弗与，群臣弗许，乃召始皇弟，授之玺。

子婴即位，患之，乃称疾不听事，与宦者韩谈及其子谋杀高。高上谒，请病，因召入，令韩谈刺杀之，夷其三族。

子婴立三月，沛公兵从武关入，至咸阳，群臣百官皆畔，不适。子婴与妻子自系其颈以组，降轵道旁。沛公因以属吏。项王至而斩之。遂以亡天下。

太史公曰：李斯以闾阎历诸侯，入事秦，因以瑕衅，以辅始皇，卒成帝业，斯为三公，可谓尊用矣。斯知六艺之归，不务明政以补主上之缺，持爵禄之重，阿顺苟合，严威酷刑，听高邪说，废适立庶。诸侯已畔，斯乃欲谏争，不亦末乎！人皆以斯极忠而被五刑死，察其本，乃与俗议之异。不然，斯之功且与周、召列矣。

【译文】

李斯是楚国上蔡人。年轻时，做过郡的小官吏，看到官吏宿舍厕所中的老鼠吃粪便，一见人或狗接近，总是惊恐万状。李斯进入粮仓，观察仓库中的老鼠，吃着囤积的粮食，住在周围宽大的廊檐底下，不见有人或狗接近的骚扰。对此李斯不禁感叹道："人的有出息没出息，犹如老鼠啊，只在于自己所处的环境罢了。"

李斯于是跟从荀卿学习帝王之道。学业已经完成，他忖度楚王不值得事奉，而且东方六国都很衰弱，没有可以为之建功立业的君主，便准备西行进入秦国。

李斯到达秦国，遇上秦庄襄王去世。李斯于是请求做秦国相国文信侯吕不韦的舍人，吕不韦赏识他，保举他进宫为郎。李斯因此得到接近秦王进说的机会，劝说秦王道："一味等待的人，会坐失良机。要建立伟大功业，就在于利用机会而敢于下手。从前秦穆公建立霸业，但最后没有东进吞并如今的六国之地，什么缘故呢？因为当时诸侯还很多，周王室的声望没有丧失，所以五霸轮番兴起，相继尊奉周王室。自从秦孝公以来，周王室日益卑贱衰微，诸侯相互兼并，关东形成六国，秦国凭借优势役使六国，已有六代了。现在诸侯服从秦国，好像郡县隶属于中央一样。凭着秦国的强盛，大王的贤明，犹如灶上扫除灰尘那样，足以消灭诸侯，成就帝业，实现天下的统一，这是千载难逢的好时机啊。现在如果懈怠而不抓紧时机成就大事，诸侯就会再度强盛，相互联合缔结合纵的盟约，（到那时）即使有黄帝的才干，也不能吞并六国了。"秦王于是任命李斯为长史，听从他的计谋，暗中派遣谋士携带金子宝玉去游说诸侯。诸侯各国当政的名士可以用财宝收买的，就馈赠厚礼结交他；不肯听命的，就用利剑暗杀他。离间诸侯君臣的计划（一旦奏效），秦王随后就派他的良将率领军队前去攻伐。秦王任命李斯为客卿。

秦始皇三十四年（公元前213），始皇批准李斯的建议，没收废弃《诗》《书》、诸子百家的书籍来愚弄百姓，使天下没有人能用古代来否定当今。彰明法度，制定律令，全部从秦始皇重新开始。统一原来各国文字。建造离官别馆遍布全国各地。第二年，秦始皇又出去巡视，抵御外部的四方夷狄。（上述种种）李斯都出了力。

李斯的长子李由任三川郡郡守，其余儿子都娶秦皇室公主为妻，女儿全嫁给秦皇室各位公子。三川郡郡守李由休假返回咸阳，李斯在家摆设酒宴，百官之长都前来祝贺，门庭过往的车马数以千计。李斯叹息道："唉！我听荀卿说过'事物禁忌过分盛大'。我李斯原是上蔡的平民，乡里的百姓，皇上不知我才能低下，竟把我提拔到这样的高位。当今群臣官位没有居于我之上的，可以说是富贵达到了极点。事物发展到极点就会衰落，我不知道自己的归宿在哪里啊！"

秦二世二年（公元前208）七月，定李斯灭三族之罪，判决在咸阳街市腰斩。李斯走出牢房，和他的次子一起被押解赴刑，回头对他的次子说："我想与你再牵着黄狗，一起出上蔡城东门去逐猎野兔，难道还可能吗？"于是父子相对而哭，随后诛灭了李斯的三族。

李斯死后，秦二世任命赵高为中丞相，朝政事无巨细均由赵高决断。赵高自知权势太重（有点不放心），于是献上一头鹿，说它是马（来作试探）。秦二世问左右群臣道："这是鹿吧？"左右群臣都说"是马"。秦二世很惊讶，自以为神志昏乱，就召来太卜，命令起卦卜问此事。太卜说："陛下一年四季祭祀天地，供奉宗庙鬼神，斋戒不够虔诚，所以到了这个地步。可以仿效前代圣贤之君虔诚地举行斋戒。"于是秦二世就进入上林苑作斋戒。每日仍游玩射猎，有个行人步入上林苑中，秦二世亲自射杀了他。赵高唆使他的女婿咸阳令阎乐奏劾不知何人谋害杀人将尸体移入上林苑。赵高于是劝谏秦二世说："天子平白无故地杀害无辜的人，这皇天上帝禁止的事，鬼神也会不享用您的祭祀，上天将会降下灾殃，应当远远地避开皇宫来祈祷消灾免祸。"秦二世就迁出皇宫住在望夷宫。

秦二世在望夷宫停留三日后，赵高假造诏令集合卫士，命令卫士全部穿上白色服装手持武器面向宫内，赵高先入宫告诉秦二世说："山东群盗叛军大批到达了！"秦二世登上楼台见到这情景，惊恐万状，赵高就趁机胁迫秦二世，让他自杀。赵高拿过皇帝的玺印佩带在身上，左右侍卫、群臣百官没有人相随，赵高一登宫殿，宫殿就像要倒塌下来，这样一连三次，赵高自知天意不从，群臣不许，就召来秦始皇弟弟，将玺印交给他。

子婴即皇帝位后，害怕赵高，就假托有病不上朝听政，与宦官韩谈及其儿子密谋杀死赵高。赵高前来谒见皇上，请求探病，子婴趁机召见入宫，命令韩谈刺杀赵高，并诛灭赵高的三族。

子婴在位三个月，沛公的军队从武关攻入，到达咸阳，秦廷群臣全部叛变，不再上朝。子婴和妻子儿女自己用丝带拴住脖子，站在轵道亭旁投降。沛公就把子婴交给下面官吏。项王到达咸阳杀死子婴。秦朝就这样丧失了天下。

太史公说：李斯作为一个普通平民选择各国诸侯，后来入关事奉秦国，乘着机会，辅佐秦始皇，终于成就帝王大业，李斯身为三公，可以说是受到重用了。李斯知晓六艺的宗旨，却不致力修明政治来弥补君主的缺陷，身负高爵厚禄的重权，阿谀奉承苟且迎合，实行严刑酷法，听从赵高的邪说奸计，废除嫡子扶苏，拥立庶子胡亥。等到诸侯已纷纷背叛，李斯才进谏争辩，不也太晚了吗！常人都以为李斯竭尽忠诚而遭受五刑死去，考察事实真相，却与世俗的议论大相径庭。不然的话，李斯的功绩可以同周公、召公并列媲美了。

蒙恬列传

【原文】

蒙恬者，其先齐人也。恬大父蒙骜，自齐事秦昭王，官至上卿。秦庄襄王元年，蒙骜为秦将，伐韩，取成皋、荥阳，作置三川郡。二年，蒙骜攻赵，取三十七城。始皇三年，蒙骜攻韩，取十三城。五年，蒙骜攻魏，取二十城，作置东郡。始皇七年，蒙骜卒。骜子曰武，武子曰恬。恬尝书狱典文学。始皇二十三年，蒙武为秦裨将军，与王翦攻楚，大破之，杀项燕。二十四年，蒙武攻楚，虏楚王。蒙恬弟毅。

始皇二十六年，蒙恬因家世得为秦将，攻齐，大破之，拜为内史。秦已并天下，乃使蒙恬将三十万众北逐戎狄，收河南。筑长城，因地形，用制险塞，起临洮，至辽东，延袤万余里。于是渡河，据阳山，逶蛇而北。暴师于外十余年，居上郡。是时蒙恬威振匈奴。始皇甚尊宠蒙氏，信任贤之。而亲近蒙毅，位至上卿，出则参乘，入则御前。恬任外事而毅常为内谋，名为忠信，故虽诸将相莫敢与之争焉。

始皇三十七年冬，行出游会稽，并海上，北走琅邪。道病，使蒙毅还祷山川，未反。

始皇至沙丘崩，秘之，群臣莫知。是时丞相李斯、公子胡亥、中车府令赵高常从。高雅得幸于胡亥，欲立之，又怨蒙毅法治之而不为己也，因有贼心，乃与丞相李斯、公子胡亥阴谋，立胡亥为太子。太子已立，遣使者以罪赐公子扶苏、蒙恬死。扶苏已死，蒙恬疑而复请之。使者以蒙恬属吏，更置。

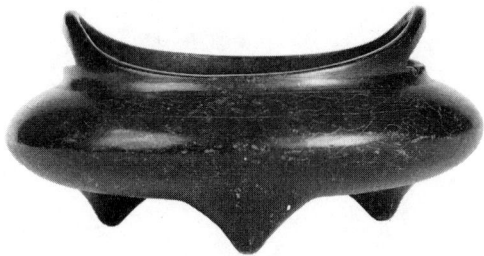

胡亥以李斯舍人为护军。使者还报，胡亥已闻扶苏死，即欲释蒙恬。赵高恐蒙氏复贵而用事，怨之。

毅还至，赵高因为胡亥忠计，欲以灭蒙氏，乃言曰："臣闻先帝欲举贤立太子久矣，而毅谏曰'不可'。若知贤而俞弗立，则是不忠而惑主也。以臣愚意，不若诛之。"胡亥听而系蒙毅于代。前已囚蒙恬于阳周。丧至咸阳，已葬，太子立为二世皇帝，而赵高亲近，日夜毁恶蒙氏，求其罪过，举劾之。

二世又遣使者之阳周，令蒙恬曰："君之过多矣，而卿弟毅有大罪，法及内史。"恬曰："自吾先人，及至子孙，积功信于秦三世矣。今臣将兵三十余万，身虽囚系，其势足以倍畔，然自知必死而守义者，不敢辱先人之教，以不忘先主也。昔周成王初立，未离襁褓，周公旦负王以朝，卒定天下。及成王有病甚殆，公旦自揃其爪以沈于河，曰：'王未有识，是旦执事。有罪殃，旦受其不祥。'乃书而藏之记府，可谓信矣。及王能治国，有贼臣言：'周公旦欲为乱久矣，王若不备，必有大事。'王乃大怒，周公旦走而奔于楚。成王观于记府，得周公旦沈书，乃流涕曰：'孰谓周公旦欲为乱乎！'杀言之者而反周公旦。故《周书》曰'必参而伍之'。今恬之宗，世无二心，而事卒如此，是必孽臣逆乱，内陵之道也。夫成王失而复振则卒昌；桀杀关龙逢，纣杀王子比干而不悔，身死则国亡。臣故曰过可振而谏可觉也。察于参伍，上圣之法也。凡臣之言，非以求免于咎也，将以谏而死，愿陛下为万民思从道也。"使者曰："臣受诏行法于将军，不敢以将军言闻于上也。"蒙恬喟然太息曰："我何罪于天，无过而死乎？"良久，徐曰："恬罪固当死矣。起临洮属之辽东，城□万余里，此其中不能无绝地脉哉？此乃恬之罪也。"乃吞药自杀。

太史公曰：吾适北边，自直道归，行观蒙恬所为秦筑长城亭障，堑山堙谷，通直道，固轻百姓力矣。夫秦之初灭诸侯，天下之心未定，痍伤者未瘳，而恬为名将，不以此时强谏，振百姓之急，养老存孤，务修众庶之和，而阿意兴功，此其兄弟遇诛，不亦宜乎！何乃罪地脉哉？

【译文】

蒙恬，他的祖先是齐国人。蒙恬的祖父蒙骜，从齐国来到秦国服侍秦昭王，官位达到上卿。秦庄襄王元年（公元前249），蒙骜担任秦国的将领，攻打韩国，夺取成皋、荥阳，设置了三川郡。二年，蒙骜进攻赵国，夺取了三十七城。秦始皇三年（公元前244），蒙骜进攻韩国，夺取了十三城。秦始皇五年，蒙骜进攻魏国，夺取了二十城，设置了东郡。秦始皇七年，蒙骜去世。蒙骜的儿子叫蒙武，蒙武的儿子叫蒙恬。蒙恬曾学习刑法，掌管刑狱文书。秦始皇二十三年，蒙武担任秦国的副将军，与王翦一起进攻楚国，大败楚军，杀死了项燕。秦始皇二十四年，蒙武进攻楚国，俘虏了楚王。蒙恬的弟弟是蒙毅。

二十六年，蒙恬由于出身将门，得以担任秦国的将领，进攻齐国，大败齐军，被任命为内史。秦已兼并了天下，便派蒙恬率领三十万大军向北驱逐戎狄，收复了河南地区。修筑长城，依据地形，用来控制险要阻塞之地，起自临洮，直到辽东，绵延一万多里。于是渡过黄河，占据阳山，逶迤向北。军队冒着雨雪风霜在外十多年，驻守上郡。当时蒙恬的声威震撼了匈奴。秦始皇很尊重宠爱蒙氏，信任他们，认为他们贤能。因而亲近蒙毅，让他的官位达到上卿，外出则陪皇帝同乘一辆车，入内则侍奉在皇帝身边。蒙恬负责外面的事务而蒙毅常在朝内出谋划策，他们号称忠信，所以即使是诸将相也不敢和他们相争。

三十七年冬天，出行巡游会稽，沿海而上，向北前往琅邪。秦始皇途中患病，派蒙毅折还，祷告山川。蒙毅没有返回。

秦始皇到达沙丘时去世了，消息保密，群臣都不知道。当时丞相李斯、公子胡亥、中车府令赵高日常随从秦始皇。赵高一向得到胡亥的宠幸，想要拥立胡亥，又怨恨蒙毅曾依法惩治他而不为他开脱，因而有了害人之心，就与丞相李斯、公子胡亥暗中谋划，拥立胡亥为太子。立了太子以后，派使者用罪名命令公子扶苏和蒙恬自杀。扶苏自杀以后，蒙恬感到疑惑而再次请求申诉。使者将蒙恬交付给执法官吏，换人顶替蒙恬的职位。胡亥用李斯的家臣担任护军。使者回来报告，胡亥听到了扶苏死讯，就想释放蒙恬。赵高怕蒙氏再度贵宠而掌权，心中怨恨他们。

蒙毅返回，赵高借着为胡亥尽忠谋划的名义，想就此灭掉蒙氏，便进言说："我听说先帝想提拔贤能的人立为太子很久了，而蒙毅劝谏说'不可以'。他明知您贤能而拖延着不让立，那就是不忠而迷惑君主。以我的愚见，不如杀了他。"胡亥听从了，因而将蒙毅囚禁在代地。此前已将蒙恬囚禁在阳周。秦始皇的丧车到了咸阳，下葬以后，太子即位为二世皇帝。而赵高亲近秦二世，他日夜毁谤蒙氏，搜求他们的罪过，检举弹劾他们。

秦二世又派使者前往阳周，命令蒙恬说："您的过错够多了，而且您的弟弟蒙毅犯有大罪，依法牵连到您。"蒙恬说："从我的祖父，到他的子孙，积累功劳和信义在秦已经三代了。如今我统兵三十多万，虽然身被囚禁，但我的势力足可以反叛。然而我自知必死而遵守大义的原因，是由于我不敢辱没先人的教诲，是为了不忘先主。从前周成王刚即位时，还没离开幼儿的襁褓，周公旦背着成王上朝，终于平定天下。到成王患病十分危险的时候，周公旦自己剪下指甲沉入黄河，说：'君王还不懂事，是我在管理国事。如果有罪过祸殃，我来承受灾难。'于是把这祷语记录下来，收藏在文书府里，这可以说是尽忠了。到成王能治理国家时，有奸臣说：'周公旦想要作乱很久了，大王如果不防备，必定出大事。'成王于是大怒，周公旦便逃跑到楚国。成王在文书府查看档案，见到周公旦沉入黄河的祷语记录，这才流着泪说：'谁说周公旦想要作乱呢！'便杀了讲谗言的人而让周公旦返回。因此《周书》说'一定要多方反复地咨询审察'。如今我的宗族，世代没有二心，而事情最终如此，这一定是有奸臣捣乱、在内欺罔主上的缘故。成王有了过失而能重新挽救，于是周朝最终昌盛；夏桀杀死关龙逢、商纣杀死王子比干而不改悔，他们身死而国亡。因此我说有过失可以挽救，听从劝谏可以觉醒。多方反复地考察，是圣明君主的法则。凡我所说的话，并不是为了求得免于惩处，我准备以忠言进谏而死，愿陛下为万民考虑遵循正道。"使者说："我接受诏令对将军执行刑法，不敢把将军的话传报给皇上。"蒙恬深深地叹息道："我怎么得罪了上天，要无过而死呢？"过了许久，他慢慢地说："我的罪过本来是该死的。起自临洮，连接到辽东，我筑城墙挖壕沟一万多里，这其间不会不切断地脉吧？这就是我的罪过。"于是吞下毒药自杀。

太史公说：我到北方边地，从直道返回，沿路看到蒙恬为秦所修的长城堡垒，挖山填谷，开通直道，确实太轻贱百姓的人力物力了。秦刚刚灭掉诸侯，天下人心没有安定，受伤者没有痊愈，而蒙恬身为名将，不在此时极力劝谏，救百姓的急难，供养老人，抚育孤儿，致力于建设百姓的和平生活，却迎合秦始皇的心意大兴功作，这样看来，他们兄弟遭到诛杀，不是应当的吗！为什么竟归罪于切断地脉呢？

黥布列传

【原文】

黥布者，六人也，姓英氏。秦时为布衣。

陈胜之起也，布乃见番君，与其众叛秦，聚兵数千人。番君以其女妻之。章邯之灭陈胜，破吕臣军，布乃引兵北击秦左右校，破之清波，引兵而东。闻项梁定江东会稽，涉江而西。陈婴以项氏世为楚将，乃以兵属项梁，渡淮南，英布、蒲将军亦以兵属项梁。

项梁涉淮而西，击景驹、秦嘉等，布常冠军。项梁至薛，闻陈王定死，乃立楚怀王。项梁号为武信君，英布为当阳君。项梁败死定陶，怀王徙都彭城，诸将英布亦皆保聚彭城。当是时，秦急围赵，赵数使人请救。怀王使宋义为上将，范曾为末将，项籍为次将，英布、蒲将军皆为将军，悉属宋义，北救赵。及项籍杀宋义于河上，怀王因立籍为上将军，诸将皆属项籍。项籍使布先渡河击秦，布数有利，籍乃悉引兵涉河从之，遂破秦军，降章邯等。楚兵常胜，功冠诸侯。诸侯兵皆以服唆楚者，以布数以少败众也。

项籍之引兵西至新安，又使布等夜击坑章邯秦卒二十余万人。至关，不得入，又使布等先从间道破关下军，遂得入，至咸阳。布常为军锋。项王封诸将，立布为九江王，都六。

汉元年四月，诸侯皆罢戏下，各就国。项氏立怀王为义帝，徙都长沙，乃阴令九江王布等行击之。其八月，布使将击义帝，追杀之郴县。

汉二年，齐王田荣畔楚，项王往击齐，征兵九江，九江王布称病不往，遣将将数千人行。汉之败楚彭城，布又称病不佐楚。项王由此怨布，数使使者诮让召布，布愈恐，不敢往。项王方北忧齐、赵，西患汉，所与者独九江王，又多布材，欲亲用之，以故未击。

夏，汉诛梁王彭越，醢之，盛其醢徧赐诸侯。至淮南，淮南王方猎，见醢，因大恐，阴令人部聚兵，候伺旁郡警急。

布所幸姬疾，请就医，医家与中大夫贲赫对门，姬数如医家，贲赫自以为侍中，乃厚馈遗，从姬饮医家。姬侍王，从容语次，誉赫长者也。王怒曰："汝安从知之？"具说状。王疑其与乱。赫恐，称病。王愈怒，欲捕赫。赫言变事，乘传诣长安。布使人追，不及。赫至，上变，言布谋反有端，可先未发诛也。上读其书，语萧相国。相国曰："布不宜有此，恐仇怨妄诬之。请系赫，使人微验淮南王。"淮南王布见赫以罪亡，上变，固已疑其言国阴事；汉使又来，颇有所验，遂族赫家，发兵反。反书闻，上乃赦贲赫，以为将军。

上召诸将问曰："布反，为之奈何？"皆曰："发兵击之，坑竖子耳，何能为乎！"汝阴侯滕公召故楚令尹问之。令尹曰："是故当反。"滕公曰："上裂地而王之，疏爵而贵之，南面而立万乘之主，其反何也？"令尹曰："往年杀彭越，前年杀韩信，此三人者，同功一体之人也。自疑祸及身，故反耳。"滕公言之上曰："臣客故楚令尹薛公者，其人有筹□之计，可问。"上乃召见问薛公。薛公对曰："布反不足怪也。使布出于上计，山东非汉之有也；出于中计，胜败之数未可知也；出于下计，陛下安枕而卧矣。"上曰："何谓上计？"令尹对曰："东取吴，西取楚，并齐取鲁，传檄燕、赵，固守其所，山东非汉之有也。""何谓中计?""东取吴,西取楚,并韩取魏,据敖庾之粟,塞成皋之口,胜败之数未可知也。""何谓下计?""东取吴,西取下蔡,归重于越,身归长沙,陛下安枕而卧,汉无事矣。"上曰:"是计将安出?"令尹对曰:"出下计。"上曰:"何谓废上中计而出下计?"令尹曰:"布故丽山之徒也,自致万乘之主,此皆为身,不顾后为百姓万世虑者也,故曰出下计。"上曰:"善。"封薛公千户。乃立皇子长为淮南王。上遂发兵自将东击布。

布之初反,谓其将曰:"上老矣,厌兵,必不能来。使诸将,诸将独患淮阴、彭越,今皆已死,余不足畏也。"故遂反。果如薛公筹之,东击荆,荆王刘贾走死富陵。尽劫其兵,渡淮击楚。楚发兵与战徐、僮间,为三军,欲以相救为奇。或说楚将曰:"布善用兵,民素畏之。且兵法,诸侯战其地为散地。今别为三,彼败吾一军,余皆走,安能相救!"不听。布果破其一军,其二军散走。

遂西,与上兵遇蕲西会甀。布兵精甚,上乃壁庸城,望布军置陈如项籍军,上恶之。与布相望见,遥谓布曰:"何苦而反?"布曰:"欲为帝耳。"上怒骂之,遂大战。布军败走,渡淮,数止战,不利,与百余人走江南。布故与番君婚,以故长沙哀王使人绐布,伪与亡,诱走越,故信而随之番阳。番阳人杀布兹乡民田舍,遂灭黥布。

立皇子长为淮南王,封贲赫为期思侯,诸将率多以功封者。

太史公曰:英布者,其先岂《春秋》所见楚灭英、六,皋陶之后哉?身被刑法,何其拔兴之暴也!项氏之所坑杀人以千万数,而布常为首虐。功冠诸侯,用此得王,亦不免于身为世大僇。祸之兴自爱姬殖,妒媚生患,竟以灭国!

【译文】

黥布是六安县人,姓英。在秦朝时期,他还是个平民百姓。

陈胜起义的时候,英布去见番君吴芮,和吴芮的部众一起反秦,聚集兵众好几千人。吴芮把女儿嫁给英布。秦将章邯消灭了陈胜,打败了吕臣的军队之后,英布便率军北上,进攻秦军的左右校尉,在清波大败秦军,继而率兵东进。他听说项梁平定了江东会稽郡,便渡过长江,向西进发。陈婴因为项氏家族世代都任楚国的将领,便率军归属项梁,渡淮而南,英布和蒲将军也率军归属项梁。

项梁渡淮西进,在与景驹、秦嘉等人的战斗中,英布的功劳常在诸将之上。项梁来到薛地,听到陈胜确死的消息,便拥立原楚怀王之孙为楚怀王,项梁被封为武信君，英布被封为当阳君。后来项梁在定陶战败被杀，楚怀王便迁都于彭城，英布等各位将领也都聚集在彭城周围，保卫国都。在这个时候，秦军以迅雷不及掩耳之势包围了赵国，赵国数次派人来，请求楚国救援。楚怀王便任命宋义为上将，范曾为末将，项羽为次将，英布、蒲将军为将军，都归宋义指挥，北上救赵。大军进至黄河边上，项羽杀死宋义，楚怀王只好任命项羽为上将军，众将领都归项羽指挥。项羽派英布先行渡河，攻击秦军。英布渡河以后，连连告捷，项羽才率领全军渡河追击秦军。于是大破秦军，章邯等人投降。楚军屡传捷报，功劳在各国援军之上，而各国的援军之所以听从楚军的号令，是因为英布常常以少胜多的缘故。

项羽率军西进，行至新安，又派英布等人连夜袭击原来章邯所率的秦军，活埋了二十多万秦军士卒。楚军进至函谷关，受阻不能前进。项羽又派英布等人先从小路穿插到关下，消灭了关下的守军，这样大军才得以进入函谷关，从而进军咸阳。（在一路的征战中，）英布所率的军队常常作为尖刀部队。在项羽分封诸将时，英布被立为九江王，以六安城为王都。

汉元年（公元前206）四月，诸侯都离开项羽的帅旗，到各自的封国里去，项羽改称楚怀王为义帝，迁都长沙。秘密派九江王英布等人相机杀掉义帝。这年八月，英布派手下将领袭击义帝，追至郴县，把义帝杀死。

二年，齐王田荣背叛楚国，项羽率兵击齐，征调九江王的兵马。英布推说生病，自己不肯出征，只派部将率领数千人前往。汉军在彭城打败楚军，英布仍然托病不肯亲自援助楚军。项羽从此怨恨英布，屡次派人去谴责他，并召他前去。英布愈发害怕，更不敢前往。但这时项羽正担心北方齐、赵的进犯，西面担忧汉军的攻击，同盟军只有九江王英布；同时项羽很欣赏英布的才能，打算用作亲信，所以没有攻击他。

这年夏天，朝廷又杀掉梁王彭越，并把他的尸体剁成肉酱，遍送各诸侯。朝廷把肉酱送到淮南时，英布正在狩猎，见到人肉酱，非常恐惧，便暗自派人部署兵力，密切注视着邻郡的非常事态。

英布所宠爱的官人生了病，请求去医家就医。医家和中大夫贲赫住对门，官人多次到医家去看病。贲赫因为在宫中任官，便送给官人丰厚的礼物，并且陪同官人在医家饮酒。官人在陪伴淮南王时，闲谈中官人称赞贲赫是位忠厚的长者。淮南王听了，妒火中烧，追问道："你是怎么知道的？"官人说了以上全部情况，淮南王怀疑官人和贲赫淫乱。贲赫知道以后，很害怕，便假装生病。淮南王愈发恼怒，打算逮捕贲赫。贲赫放风说淮南国有叛乱阴谋，便乘坐传车去长安告发。英布派人追赶，没有追上。贲赫来到长安，向朝廷上书告发叛乱，说英布谋反，已有端绪，应当在他未反之前干掉他。皇帝看了告密文书，告诉萧相国，萧何说："英布不应有此举动，恐怕是仇家诬告他。请先把贲赫拘留起来，再派人暗中查验淮南王的行动。"英布见贲赫畏罪逃走，去告发他，本来就怀疑贲赫向朝廷揭露了他的秘密部署，现在朝廷派使者来查验，而且抓到一些把柄，英布便决然杀掉贲赫的亲属，发兵造反。消息传到朝廷，皇帝便释放了贲赫，并任命他为将军。

皇帝把诸位将领召来，问道："英布反了，怎么办呢？"将领们都说："派兵征伐，活埋了这小子，怎么能干出这种事呢！"汝阴侯滕公找来原楚国令尹，问他对此事有何看法。令尹说："英布本来应该造反。"滕公说："皇帝割出土地封他为王，授给他爵位使他尊贵，立他为大国之主，他为什么造反？"令尹说："朝廷往年杀掉彭越，去年又杀掉韩信，这三个人是同等功劳、同一类型的人，他怕杀身之祸轮到他头上，所以才造反。"滕公便向皇帝报告了这些情况，说道："我的门客中有一个原楚国令尹薛公，这个人很有韬略，可向他询问。"皇帝便召见薛公，向他询问对策。薛公回答说："英布造反，并不足怪。如果他采取上策，那么，崤山以东的地面，就不属朝廷所有了；他若采取中策，胜败的结局还不可知；他若采取下策，陛下就可以高枕无忧了。"皇帝问道："什么是上策？"令尹回答说："英布若向东攻占吴，向西攻占楚，兼并齐地和鲁地，再传令燕、赵，让他们固守本土，这样，崤山以东的地面就不属朝廷所有了。""什么是中策呢？""他向东攻占吴，向西攻占楚，兼并韩地，攻占魏地，占据敖山上的谷仓，封锁成皋关口，那么，胜败的结局还不可知。""下策又是什么呢？""他向东攻占吴，向西攻占下蔡，然后把辎重转移到越地，而他本人却前去长沙，这样，陛下您就可高枕而卧，朝廷就安然无虑了。"皇帝问道："英布会采取哪种策略呢？"尹令回答说："他只能采取下策。"皇帝又问："为什么他不采取上策、中策，而出此下策呢？"令尹说："英布原来只不过是骊山的刑徒，自己奋斗，成为大国的君主，他的全部作为，都只是为了自身，不管身后如何，更不考虑百姓的长远利益，所以我断定他只能出此下策。"皇帝说："你分析得很好。"便封给薛公一千户作为食邑。皇帝立自己的儿子刘长为淮南王。于是皇帝发兵，亲自率领，东进讨伐英布。

英布在造反之初，曾对他的将领们说："皇帝年岁大了，已厌倦戎马生涯，他必然不会亲自率兵前来。若派遣手下将领，其中我只怕韩信和彭越，可是这两人已被杀死，其余的人都不可怕。"所以决定造反。（英布所采取策略）果然如薛公预料的那样，他向东攻击荆国，荆王刘贾败逃，在富陵被杀。英布劫收了刘贾的军队，渡过淮河，进击楚国。楚国派兵和英布交战于徐县、僮县

之间。楚军将领把军队一分为三，企图使三军之间，互相救援，成掎角之势，有人告诫楚将说："英布善于用兵，老百姓一向很怕他。况且兵法上说，诸侯在本土上作战，士卒由于留恋家园，容易逃散。现在分为三军，对方打败我们一军，其余二军就会不战而逃，哪能互相救援呢?"楚将不听劝告。英布果然打败其中一军，其余二军都散逃了。

于是英布率兵西进，与皇帝统率的军队在蕲县西边的会甀相遇。英布所率之军，精锐非常。皇帝便下令在庸城修筑营垒。皇帝看到英布摆列的军阵，与项羽的军阵如出一辙，心中十分厌恶。皇帝和英布在壁垒上遥遥相见，便对英布说："你何苦造反呢?"英布说："我想当皇帝。"皇帝怒骂英布，两军便投入激烈的战斗。英布战败逃走，渡过淮河。他屡次停下来再战，都遭失败，最后和百十人逃往江南。英布原来和番君有婚姻关系，因此，长沙王吴臣派人去诱骗英布，诡称要和他一起逃亡，引诱他逃向越地。英布信实了吴臣的话，便随来人一起去番阳。番阳人在兹乡百姓的田舍里把英布杀死。于是宣告英布灭亡。

皇帝正式封他的儿子刘长为淮南王，封贲赫为期思侯，各将帅很多因功而受封。

太史公说：英布这个人，他的祖先莫非就是《春秋》所载被楚国灭亡的英国和六国——皋陶的后代吗？他因犯罪而受黥刑，而兴起得是多么迅速呀！被项羽活埋的士卒以千万计，而英布常常带头肆虐。他的功劳超过其他将领，因此被封为王，但最终不免被天下人所诛杀。祸害起自他宠爱的官人，由嫉妒招致杀身之祸，竟因此而亡国！

韩信卢绾列传

【原文】

韩王信者，故韩襄王孽孙也，长八尺五寸。及项梁之立楚后怀王也，燕、齐、赵、魏皆已前王，唯韩无有后，故立韩诸公子横阳君成为韩王，欲以抚定韩故地。项梁败死定陶，成奔怀王。沛公引兵击阳城，使张良以韩司徒降下韩故地，得信，以为韩将，将其兵从沛公入武关。

沛公立为汉王，韩信从入汉中，乃说汉王曰："项王王诸将近地，而王独远居此，此左迁也。士卒皆山东人，跂而望归，及其锋东乡，可以争天下。"汉王还定三秦，乃许信为韩王，先拜信为韩太尉，将兵略韩地。

项籍之封诸王皆就国，韩王成以不从无功，不遣就国，更以为列侯。及闻汉遣韩信略韩地，乃令故项籍游吴时吴令郑昌为韩王以距汉。汉二年，韩信略定韩十余城。汉王至河南，韩信急击韩王昌阳城。昌降，汉王乃立韩信为韩王，常将韩兵从。三年，汉王出荥阳，韩王信、周苛等守荥阳。及楚败荥阳，信降楚，已而得亡，复归汉，汉复立以为韩王，竟从击破项籍，天下定。五年春，遂与剖符为韩王，王颍川。

七年冬，上自往击，破信军铜鞮，斩其将王喜。信亡走匈奴。其将白土人曼丘臣、王黄等立赵苗裔赵利为王，复收信败散兵，而与信及冒顿谋攻汉。匈奴使左右贤王将万余骑与王黄等屯广武以南，至晋阳，与汉兵战，汉大破之，追至于离石，复破之。匈奴复聚兵楼烦西北，汉令车骑击破匈奴。匈奴常败走，汉乘胜追北，闻冒顿居代谷，高皇帝居晋阳，使人视冒顿，还报曰"可击"。上遂至平城。上出白登，匈奴骑围上，上乃使人厚遗阏氏。阏氏乃说冒顿曰："今得汉地，犹不能居；且两主不相厄。"居七日，胡骑稍引去。时天大雾，汉使人往来，胡不觉。护军中尉陈平言上曰："胡者全兵，请令强弩傅两矢外向，徐行出围。"入平城，汉救兵亦到，胡骑遂解去。汉亦罢兵归。韩信为匈奴将兵往来击边。

汉十年，信令王黄等说误陈豨。十一年春，故韩王信复与胡骑入居参合，距汉。汉使柴将军击之，遗信书曰："陛下宽仁，诸侯虽有畔亡，而复归，辄复故位号，不诛也。大王所知。今王以败亡走胡，非有大罪，急自归！"韩王信报曰："陛下擢仆起闾巷，南面称孤，此仆之幸也。荥阳之事，仆不能死，因于项籍，此一罪也。及寇攻马邑，仆不能坚守，以城降之，此二罪也。今反为寇将兵，与将军争一旦之命，此三罪也。夫种、蠡无一罪，身死亡；今仆有三罪于陛下，而欲求活于世，此伍子胥所以偾于吴也。今仆亡匿山谷间，且暮乞贷蛮夷，仆之思归，如痿人不忘起，盲者不忘视也，势不可耳。"遂战。柴将军屠参合，斩韩王信。

卢绾者，丰人也，与高祖同里。卢绾亲与高祖太上皇相爱，及生男，高祖、卢绾同日生，里中持羊酒贺两家。及高祖、卢绾壮，俱学书，又相爱也。里中嘉两家亲相爱，生子同日，壮又相爱，复贺两家羊酒。高祖为布衣时，有吏事辟匿，卢绾常随出入上下。及高祖初起沛，卢绾以客从，入汉中为将军，常侍中。从东击项籍，以太尉常从，出入卧内，衣被饮食赏赐，群臣莫敢望，虽萧曹等，特以事见礼，至其亲幸，莫及卢绾。绾封为长安侯。长安，故咸阳也。

汉五年冬，以破项籍，乃使卢绾别将，与刘贾击临江王共尉，破之。七月还，从击燕王臧荼，臧荼降。高祖已定天下，诸侯非刘氏而王者七人。欲王卢绾，为群臣觖望。及虏臧荼，乃下诏诸将相列侯，择群臣有功者以为燕王。群臣知上欲王卢绾，皆言曰："太尉长安侯卢绾常从平定天下，功最多，可王燕。"诏许之。汉五年八月，乃立卢绾为燕王。诸侯王得幸莫如燕王。

汉十一年秋，陈豨反代地，高祖如邯郸击豨兵，燕王绾亦击其东北。当是时，陈豨使王黄求救匈奴。燕王绾亦使其臣张胜于匈奴，言豨等军破。张胜至胡，故燕王臧荼子衍出亡在胡，见张胜曰："公所以重于燕者，以习胡事也。燕所以久存者，以诸侯数反，兵连不决也。今公为燕欲急灭豨等，豨等已尽，次亦至燕，公等亦且为虏矣。公何不令燕且缓陈豨而与胡和？事宽，得长王燕；即有汉急，可以安国。"张胜以为然，乃私令匈奴助豨等击燕。燕王绾疑张胜与胡反，上书请族张胜。胜还，具道所以为者。燕王寤，乃诈论它人，脱胜家属，使得为匈奴间，而阴使范齐之陈豨所，欲令久亡，连兵勿决。

汉十二年，东击黥布，豨常将兵居代，汉使樊哙击斩豨。其裨将降，言燕王绾使范齐通计谋于豨所。高祖使使召卢绾，绾称病。上又使辟阳侯审食其、御史大夫赵尧往迎燕王，因验问左右。绾愈恐，闭匿，谓其幸臣曰："非刘氏而王，独我与长沙耳。往年春，汉族淮阴，夏，诛彭越，皆吕后计。今上病，属任吕后。吕后妇人，专欲以事诛异姓王者及大功臣。"乃遂称病不行。其左右皆亡匿。语颇泄，辟阳侯闻之，归具报上，上益怒。又得匈奴降者，降者言张胜亡在匈奴，为燕使。于是上曰："卢绾果反矣！"使樊哙击燕。燕王绾悉将其宫人家属骑数千居长城下，候伺，幸上病愈，自入谢。四月，高祖崩，卢绾遂将其众亡入匈奴，匈奴以为东胡卢王。绾为蛮夷所侵夺，常思复归。居岁余，死胡中。

高后时，卢绾妻子亡降汉，会高后病，不能见，舍燕邸，为欲置酒见之。高后竟崩，不得见。卢绾妻亦病死。

孝景中六年，卢绾孙他之，以东胡王降，封为亚谷侯。

太史公曰：韩信、卢绾非素积德累善之世，徼一时权变，以诈力成功，遭汉初定，故得列地，南面称孤。内见疑强大，外倚蛮貊以为援，是以日疏自危，事穷智困，卒赴匈奴，岂不哀哉！陈豨，梁人，其少时数称慕魏公子；及将军守边，招致宾客而下士，名声过实。周昌疑之，疵瑕颇起，惧祸及身，邪人进说，遂陷无道。於戏悲夫！夫计之生孰成败于人也深矣！

【译文】

韩王信是战国时韩襄王的庶孙，身高八尺五寸。当项梁立楚国的后裔为楚怀王时，燕、齐、赵、魏都在此之前立了国王，只有韩国没立后嗣为王。因此，项梁便立原韩王的族子横阳君韩成为韩王，想以此来安抚韩国的人心，平定韩国故土。后来项梁在定陶战死，韩王成便投奔楚怀王。沛公率军进攻阳城，派张良以韩国司徒的身份平定了韩国故土，得到韩王信，便委任他为韩国的将军，让他率领韩国的部队跟随沛公西进武关。

沛公被项羽立为汉王。韩王信跟随汉王进入汉中。他劝汉王说："项羽把他的将领都分封在近地为王，而独把您封在这偏远的地方，这无异是贬降啊！您的士卒都是东方人，他们整天踮起脚尖遥望老家，趁他们锐气东向，可以借此力量来争夺天下。"于是汉王便回兵平定三秦，并许诺将来立韩王信为韩王，现在暂任命他为韩国的太尉，率兵去攻取韩地。

项羽所封的各王都到他们的封国去即位，韩王成因为没有跟随项羽入关，不但不派他回国即位，反而把他贬为列侯。当项羽得知汉王派韩王信攻取韩地的消息，便立郑昌——项羽在吴地时结交的县令——为韩王，和汉军对抗。汉二年（公元前205），韩王信平定了韩地十余座城池。汉王来到河南，韩王信便猛攻占据阳城的郑昌，郑昌投降。汉王实现诺言，立韩王信为韩王。他常常率领韩国的军队跟随汉王征战。汉三年，汉王从荥阳撤出，留下韩王信和周苛守卫荥阳。楚军在荥阳打败汉军，韩王信投降楚国，不久又逃出来，再度归服汉王，汉王仍立他为韩王。终于跟随汉王消灭了项羽，平定了天下。汉五年春，授给他封王符节，正式封他为韩王，封地为颍川郡。

七年冬，皇帝亲自率兵征讨韩王信，在铜鞮击败了他的部队，杀死他的部将王喜，韩王信逃往匈奴。这时，他的部将白土县人曼丘臣和王黄等人立赵国后裔赵利为王，收编了韩王信的败散之卒，并勾结韩王信和冒顿单于谋划攻汉。匈奴派左右贤王率领一万多骑兵和王黄等人的军队，屯驻在广武以南。进兵晋阳，与汉军接战，结果被汉军打得大败。汉军追击到离石县，再次把匈奴等军队击败。继而匈奴又在楼烦西北集结兵力，汉军则出动大队的战车和骑兵击败匈奴的军队。匈奴军节节败退，汉军乘胜追击。汉军得知冒顿单于驻军于代谷。这时皇帝驻兵晋阳，便派人去侦察冒顿单于的军情虚实。侦察兵回来报告说："可以对匈奴发动攻击。"于是皇帝率军开进平城。在皇帝出城行至白登山时，被匈奴的骑兵包围。皇帝便派人携带丰厚的礼物送给冒顿单于的阏氏，阏氏劝冒顿单于说："即使得到汉地，也不能长期占据，况且两国君主也不应互相危困啊！"匈奴骑兵包围了七天，才稍稍后撤。这时正好大雾弥天，汉军派人进出，匈奴军队一点也没有察觉。护军中尉陈平对皇帝说："匈奴骑兵全用短兵器，请命令我们的士兵全用强弩，每张弩搭两支箭，箭头向外，慢慢退出重围。"高祖等人突围后，进入平城。这时汉朝的援军也前来解救，匈奴骑兵便解围而去，高祖也班师回朝。此后，韩王信替匈奴带领军队，不断袭击汉朝的边界地区。

十年，韩王信派王黄等人诱劝陈豨谋反。汉十一年春天，韩王信又与匈奴骑兵进驻参合县，抗拒汉军。汉朝派遣柴将军前来征讨。柴将军送给韩王信一封书信，信上说："皇帝陛下宽和仁爱，诸侯虽有叛逃的，只要能再度归顺，就恢复他原来的地位和名号，不加杀害。这一点，大王您是很清楚的。如今您是因战败才逃到匈奴的，没有什么大罪，请赶快回来！"韩王信回信说："皇帝陛下把我从民间提拔起来，以至南面称王，这是我的荣幸。但是，在荥阳战役中，我没能奋战而死，却作了项羽的阶下囚，这是我的第一罪。在敌寇进攻马邑城时，我没有坚守，反而献城投降，这是我的第二罪。现在我反而替敌寇率兵，和将军您争生死于一旦，这是我的第三罪。前代的文种和范蠡，他们没有任何罪过，尚且落得一死一逃的下场，如今我在皇帝面前有三大罪，若还想在皇帝手下求生，这正是重蹈当年伍子胥受谗被疏不知离去，最终不免身死吴国的覆辙。如今我逃避在荒山野岭之中，天天靠向蛮夷乞讨过活，我想回归汉朝，就像瘫痪人不忘站起，盲人不忘重见光明那样，但形势不允许啊！"于是两军交战。柴将军杀尽参合的敌兵，并杀死韩王信。

卢绾是沛县丰乡人，和高祖是同里街坊。卢绾的父亲和高祖的父亲很要好，两家有了儿子，高祖和卢绾同一天出生。邻里街坊便牵羊抬酒向两家祝贺。等高祖和卢绾长大以后，一起读书学习，也成为好朋友，邻里街坊称赞两家父亲很要好，同一天得子，儿子大了又是好朋友，便又拿羊酒向两家祝贺。

在高祖还是平民百姓时，曾因为逃避官司而隐藏起来，卢绾就常常跟随高祖进进出出，上下奔跑。高祖起初在沛县起义，卢绾以宾客的身分相随。高祖进入汉中以后，卢绾被任命为将军，常在左右侍奉。后又跟随高祖东击项羽，以太尉的身份侍从。他可以自由出入高祖的卧室，至于得到衣被饮食等赏赐，群臣连想都不敢想。即使像萧何、曹参这样的重臣，只不过因职务的关系受到礼遇，至于说到亲密程度，那是赶不上卢绾的。卢绾被封为长安侯。长安，在秦时属于咸阳。

五年冬天，因已经消灭了项羽，高祖便派卢绾别领一军，与刘贾一起，消灭了临江王共尉。七月班师，又跟随高祖去征讨燕王臧荼，结果臧荼被俘投降。高祖已平定了天下，这时诸将非刘姓被封王的有七人，高祖打算封卢绾为王，又担心群臣有意见。在俘虏了臧荼之后，高祖便向诸将相列侯下令，让他们在群臣中推举有功劳的将领封为燕王。群臣都知道皇帝打算封卢绾为王，都说："太尉长安侯卢绾，长年跟随皇帝平定天下，功劳最大，可立为燕王。"高祖即下诏准许。汉五年八月，便立卢绾为燕王。诸侯王中，凡是得到高祖亲幸的，都比不上卢绾。

十一年秋天，陈豨在代地反叛，高祖到邯郸征讨陈豨的反叛部队，燕王卢绾也率兵从东北方向进攻陈豨。在这个时候，陈豨派王黄去匈奴求救。燕王卢绾也派遣他的臣子张胜去匈奴，通告匈奴说，陈豨等人的军队已被击溃。张胜到了匈奴，这时原燕王臧荼的儿子臧衍已逃在匈奴，见到张胜，便对他说："您之所以被燕国重用，只不过因您熟悉匈奴的情况罢了。燕国之所以能长久存在，是因为诸侯王屡屡造反、战事连绵不断的结果。现在您替燕国卖力，想尽快消灭陈豨等人，若陈豨等人被消灭尽，那么被灭

亡的命运该轮到燕国头上了，你们这些人，也将成为汉朝的阶下囚！您何不想法让燕王暂缓进攻陈豨，并且与匈奴联盟？这样做，形势可以得到缓解，燕王也就可以长久称王了。即使汉朝发难，也可以保全国家。"张胜觉得他的话很有道理，便自作主张请匈奴帮助陈豨进攻燕国。燕王卢绾怀疑张胜和匈奴勾结进行反叛，便上奏朝廷，请求族灭张胜的家属。张胜从匈奴回来，详细回报了他这样做的原因，燕王卢绾这才霍然省悟，便欺骗朝廷，找了一家替死鬼代死，释放了张胜的家属，让张胜安心作联络匈奴的密使。同时又秘密派范齐到陈豨那里，想让他长久地反叛骚扰，使战事连年不断。

十二年，高祖率军东进，征讨反叛的黥布。这时陈豨率军常在代地驻扎，汉朝派樊哙去征讨，陈豨兵败被杀。陈豨的部将投降，供出卢绾曾派范齐到陈豨处策划阴谋。于是高祖派遣使臣召卢绾进京，卢绾推说有病，不肯前往。高祖又派辟阳侯审食其、御史大夫赵尧去迎接燕王，并乘机向燕王左右的人调查燕王的阴谋。卢绾愈发恐慌，便躲藏起来，对他的宠信的臣子说："现在不是刘家人而在王位的，只剩下我和长沙王吴臣了。去年春天，族灭了淮阴侯韩信，夏天又杀掉彭越，这都是吕后的主意。现在皇帝病重，让吕后处理国事。吕后出于妇人之见，一心想找借口杀掉异姓王和建立大功的臣子。"于是仍旧装病，不赴京师。这时，他左右的臣子都逃的逃，藏的藏，卢绾上面的谈话也稍稍泄露出来，并传到审食其的耳朵里。审食其回朝，把调查的情况报告给高祖，高祖听了，非常恼火。这时正巧押送来匈奴的降人，降人供出张胜潜在匈奴，是燕国派去的密使。于是高祖说："卢绾果然反了！"便派樊哙去征讨燕国。燕王卢绾把他的官人和家眷以及数千骑兵暂时安顿在长城脚下，并随时刺探朝廷的动静，希望高祖病好之后，亲自进京请罪。就在这年四月，高祖逝世，卢绾便率领部下，逃入匈奴，匈奴封他为东胡卢王。由于卢绾在东胡不断受蛮夷的侵袭掠夺，常常想再归汉朝。但过了一年多时间，就死在那里。

吕后当政时，卢绾的妻子儿子逃回，向汉朝投降。这时吕后正在病中，不能接见，便把他们先安置在燕国驻京的馆舍里，还打算设酒宴招待他们。但吕后却在这时病逝，他们没有得到接见。卢绾的妻子后来也病死了。

景帝中元六年（公元前144），卢绾的孙子卢他之以东胡王的身分来降，景帝封他为亚谷侯。

太史公说：韩王信和卢绾，他们并非出身于行善积德的世家，只是侥幸靠一时的随机应变、用欺诈和暴力获得成功。当时汉朝刚刚平定天下，所以他们才能够分封领土南面称王。但因他们力量强大，受到朝廷的猜疑，于是便外依蛮夷作为援助，因此日益被朝廷疏远，自己感到处境岌岌可危，穷途末路，无计可施，终于逃奔匈奴。这种下场不是很可悲吗？陈豨本是梁地人，他年轻时就羡慕魏公子无忌的为人。当他受命领兵守边之时，便广收宾客，屈尊待士，名声大于他的实力和地位。因而引起周昌的怀疑，对他的指责也接踵而来。他因害怕灾祸临头，加上奸邪之徒的游说怂恿，于是陷入叛逆的深渊。啊啊，可悲呀！谋虑的成熟与否，决定着事业的成败，这对人一生的影响实在是太深远了。

张丞相列传

【原文】

张丞相苍者，阳武人也。好书律历。秦时为御史，主柱下方书。有罪，亡归。及沛公略地过阳武，苍以客从攻南阳。苍坐法当斩，解衣伏质，身长大，肥白如瓠，时王陵见而怪其美士，乃言沛公，赦勿斩。遂从西入武关，至咸阳。沛公立为汉王，入汉中，还定三秦。陈余击走常山王张耳，耳归汉，汉乃以张苍为常山守。从淮阴侯击赵，苍得陈余。赵地已平，汉王以苍为代相，备边寇。已而徙为赵相，相赵王耳。耳卒，相赵王敖。复徙相代王。燕王臧荼反，高祖往击之，苍以代相从攻臧荼有功，以六年中封为北平侯，食邑千二百户。

苍与绛侯等尊立代王为孝文皇帝。四年，丞相灌婴卒，张苍为丞相。

自汉兴至孝文二十余年，会天下初定，将相公卿皆军吏。张苍为计相时，绪正律历。以高祖十月始至霸上，因故秦时本以十月为岁首，弗革。推五德之运，以为汉当水德之时，尚黑如故。吹律调乐，入之音声，及以比定律令。若百工，天下作程品。至于为丞相，卒就之，故汉家言律历者，本之张苍。苍本好书，无所不观，无所不通，而尤善律历。

张苍德王陵。王陵者，安国侯也。及苍贵，常父事王陵。陵死后，苍为丞相，洗沐，常先朝陵夫人上食，然后敢归家。

苍为丞相十余年，鲁人公孙臣上书言汉土德时，其符有黄龙当见。诏下其议张苍，张苍以为非是，罢之。其后黄龙见成纪，于是文帝召公孙臣以为博士，草土德之历制度，更元年。张丞相由此自绌，谢病称老。苍任人为中候，大为奸利，上以让苍，苍遂病免。苍为丞相十五岁而免。孝景前五年，苍卒，谥为文侯。子康侯代，八年卒。子类代为侯，八年，坐临诸侯丧后就位不敬，国除。

初，张苍父长不满五尺，及生苍，苍长八尺余，为侯、丞相。苍子复长。及孙类，长六尺余，坐法失侯。苍之免相后，老，口中无齿，食乳，女子为乳母。妻妾以百数，尝孕者不复幸。苍年百有余岁而卒。

太史公曰：张苍文学律历，为汉名相，而绌贾生、公孙臣等言正朔服色事而不遵，明用秦之《颛顼历》，何哉？周昌，木彊人也。任敖以旧德用。申屠嘉可谓刚毅守节矣，然无术学，殆与萧、曹、陈平异矣。

孝武时丞相多甚，不记，莫录其行起居状略，且纪征和以来。

有车丞相，长陵人也。卒而有韦丞相代。韦丞相贤者，鲁人也。以读书术为吏，至大鸿胪。有相工相之，当至丞相。有男四人，使相工相之，至第二子，其名玄成。相工曰："此子贵，当封。"韦丞相言曰："我即为丞相，有长子，是安从得之？"后竟为丞相，病死，而长子有罪论，不得嗣，而立玄成。玄成时佯狂，不肯立，竟立之，有让国之名。后坐骑至庙，不敬，有诏夺爵一级，为关内侯，失列侯，得食其故国邑。韦丞相卒，有魏丞相代。

魏丞相相者，济阴人也。以文吏至丞相。其人好武，皆令诸吏带剑，带剑前奏事。或有不带剑者，当入奏事，至乃借剑而敢入奏事。其时京兆尹赵君，丞相奏以免罪，使人执魏丞相，欲求脱罪而不听。复使人胁恐魏丞相，以夫人贼杀侍婢事而私独奏请验之，发吏卒至丞相舍，捕奴婢笞击问之，实不以兵刃杀也。而丞相司直繁君奏京兆尹赵君迫胁丞相，诬以夫人贼杀婢，发吏卒围捕丞相舍，不道；又得擅屏骑士事，赵京兆坐要斩。又有使掾陈平等劾中尚书，疑以独擅劫事而坐之，大不敬，长史以下皆坐死，或下蚕室。而魏丞相竟以丞相病死。子嗣。后坐骑至庙，不敬，有诏夺爵一级，为关内侯，失列侯，得食其故国邑。魏丞相卒，以御史大夫邴吉代。

邴丞相吉者，鲁国人也。以读书好法令至御史大夫。孝宣帝时，以有旧故，封为列侯，而因为丞相。明于事，有大智，后世称之。以丞相病死。子显嗣。后坐骑至庙，不敬，有诏夺爵一级，失列侯，得食故国邑。显为吏至太仆，坐官耗乱，身及子男有奸赃，免为庶人。

邴丞相卒，黄丞相代。长安中有善相工田文者，与韦丞相、魏丞相、邴丞相微贱时会于客家，田文言曰："今此三君者，皆丞相也。"其后三人竟更相代为丞相，何见之明也。

黄丞相霸者，淮阳人也。以读书为吏，至颍川太守。治颍川，以礼义条教喻告化之。犯法者，风晓令自杀。化大行，名声闻。孝宣帝下制曰："颍川太守霸，以宣布诏令治民，道不拾遗，男女异路，狱中无重囚。赐爵关内侯，黄金百斤。"征为京兆尹而至丞相，复以礼义为治。以丞相病死。子嗣，后为列侯。黄丞相卒，以御史大夫于定国代。于丞相已有廷尉传，在《张廷尉》语中。于丞相去，御史大夫韦玄成代。

韦丞相玄成者，即前韦丞相子也。代父，后失列侯。其人少时好读书，明于《诗》《论语》。为吏至卫尉，徙为太子太傅。御史大夫薛君免，为御史大夫。于丞相乞骸骨免，而为丞相，因封故邑为扶阳侯。数年，病死。孝元帝亲临丧，赐赏甚厚。子嗣后。其治容容随世俗浮沈，而见谓谄巧。而相工本谓之当为侯代父，而后失之；复自游宦而起，至丞相。父子俱为丞相，世间美之，岂不命哉！相工其先知之。韦丞相卒，御史大夫匡衡代。

丞相匡衡者，东海人也。好读书，从博士受《诗》。家贫，衡佣作以给食饮。才下，数射策不中，至九，乃中丙科。其经以不中科故明习。补平原文学卒史。数年，郡不尊敬。御史征之，以补百石属荐为郎，而补博士，拜为太子少傅，而事孝元帝。孝元好《诗》，而迁为光禄勋，居殿中为师，授教左右，而县官坐其旁听，甚善之，日以尊贵。御史大夫郑弘坐事免，而匡君为御史大夫。岁余，韦丞相死，匡君代为丞相，封乐安侯。以十年之间，不出长安城门而至丞相，岂非遇时而命也哉！

太史公曰：深惟士之游宦所以至封侯者，微甚。然多至御史大夫即去者。诸为大夫而丞相次也，其心冀幸丞相物故也。或乃阴私相毁害，欲代之。然守之日久不得，或为之日少而得之，至于封侯，真命也夫！御史大夫郑君守之数年不得，匡君居之未满岁，而韦丞相死，即代之矣，岂可以智巧得哉！多有贤圣之才，困厄不得者众甚也。

【译文】

丞相张苍是阳武县人。好读书，喜欢研究音律历法。他在秦朝时曾做过御史，主管各地上呈的文书。因犯了罪，逃回家乡。在沛公攻城夺地经过阳武时，张苍便以宾客的身份相从，跟随沛公去攻打南阳郡。后张苍犯了法，罪应斩首，他便脱去衣服，趴在刑砧上准备受刑。张苍长得身材高大，而且像葫芦那样又白又胖。

当时在场的王陵看到他人才出众，很惊奇，便向沛公说情，赦免了他。以后张苍跟随沛公西进武关，一直打到秦都咸阳。沛公被项羽封为汉王，他随从汉王进入汉中，又回师平定了三秦之地。这时赵将陈余把常山王张耳赶走，张耳投奔汉王，汉王便任命张苍为常山郡郡守。后来张苍跟随韩信进攻赵国，张苍俘获了陈余。平定了赵地，汉王任命张苍为代国丞相，以防御边寇的侵袭。不久，又调任他为赵国丞相，辅佐赵王张耳，张耳逝世，又辅佐赵王张敖。又改为辅佐代王，燕王臧荼反叛，高祖前往攻打他，张苍以代国相国身份跟随攻打臧荼有功，在汉高祖六年（公元前201）八月封为北平侯，领有食邑一千二百户。

张苍与绛侯周勃等人共同尊立代王刘恒为孝文皇帝。四年以后，丞相灌婴逝世，张苍继任为丞相。

自汉朝建立至孝文帝继位，其间二十余年，正值天下刚刚平定，当时的将相公卿都是行伍出身，未能留心文事。张苍担任计相时，便着手整理订正音律历法，因高祖在十月份军至霸上，所以仍沿用秦历以十月为岁首，不加改革。又用五德终始之说，推演出汉代正值水德时期，和秦时一样，仍以黑色为上。又用律管来确定音值的高低，以谱写乐章。并用此道理来制定律令条文。同时还确定各行各业所用的度量衡单位，天下都以此为标准。到张苍做丞相时，终于完成了音律历法的改订工作。所以汉代研究音律历法的人，都以张苍的学说为基础。张苍本来很好读书，无所不读，因而也无所不通，尤其以擅长音律历法著称。

张苍非常感激王陵的救命之恩。王陵即是被封为安国侯的那个人。即使在张苍取得尊贵的地位时，仍像侍奉父亲那样侍奉王陵。王陵死后，张苍做了丞相。在他休假时，常常先去拜见王陵夫人，在王陵的神主前摆上祭品，祭奠以后，才敢回家。

张苍任丞相十几年以后，有一个鲁国人叫公孙臣的向朝廷上书，论述汉朝应属土德时期，断定当有黄龙出现的征兆。皇帝把公孙臣的议论交张苍审议。张苍以为公孙臣的议论不对，罢斥不用。此后黄龙居然在成纪地方出现。于是汉文帝便把公孙臣召来，任命他为博士，让他草创与土德相应的历法和典章制度，并为此改元志庆。张丞相由此便以老病为词，自行贬退。张苍曾保举一个人做中候官，那人却大肆非法谋取私利，文帝责备张苍，于是张苍被因病免职。张苍做了十五年丞相才被罢免。孝景帝前元五年，张苍逝世，给他加谥号为文侯。他的儿子康侯继嗣为侯，继位八年去世。康侯的儿子张类继嗣为侯，继位八年，因吊诸侯之丧迟到，最后才就位，犯了不敬朝廷之罪，侯国被废除。

张苍的父亲身高不满五尺，生下张苍，身高八尺有余，并封侯拜相。张苍的儿子也长得很高大。到他的孙子张类，身高只有六尺多，因犯法失去侯爵。张苍被免去丞相职务以后，因年老，口中的牙齿全掉光了。只能喝人奶，找了好多女人做他的奶妈。他的妻妾数以百计，凡曾经怀孕的，就不再交接。张苍活到一百多岁才去世。

太史公说：张苍有文才，擅长音律历法，是汉代的著名宰相。但他罢斥贾谊、公孙臣等关于正朔服色的建议而不用，却沿用秦朝所行的《颛顼历》，这是为什么呢？周昌是个直率倔强的人。任敖因过去对高后有恩情而被重用。申屠嘉可算得上刚正有节操了，但他不学无术，和萧何、曹参、陈平相比，就不能同日而语了。

武帝时丞相很多，这里不再记述，没人记述有关于他们日常行事的简历资料，这里只记征和年间以来的丞相。

丞相车千秋是长陵人。他死之后，由韦丞相代替他的职务。丞相韦贤是鲁国人，由读书起家，先做小吏，后官至大鸿胪。当时有个相面先生给他看相，预言他将来能做丞相。韦贤有四个儿子，也请相面先生给他们看相。当给二儿子玄成看相时，相面先生说："这孩子福大命大，将来要受封的。"韦贤说："即使我做了丞相，封了侯，继嗣爵位的有我的长子，他哪里能得到呢？"以后韦贤果然做了丞相，后来病死，他的长子有罪被判刑，不得继嗣爵位，于是就轮着韦玄成继爵。韦玄成假装疯癫，不肯继爵。但最终还是继嗣了爵位，而且博得辞让封国的好名声。后来因骑马进皇帝的宗庙，犯了不敬朝廷之罪，皇帝下令，削夺爵位一级，降为关内侯，失去列侯的爵位，但仍保持原来的封邑。韦贤死后，魏丞相代替他的职务。

丞相魏相是济阴郡人。他从办事文官一直升为丞相。他虽是文官，却富有尚武精神，他命令手下的官员都佩带宝剑，必须带剑向他请示回报。有的官员没带剑，而要找他请示回报，借来别人的佩剑才敢进府。当时任京兆尹的是赵广汉，丞相魏相检举他有罪应免职。赵广汉派人胁迫魏相，想让魏相替他开脱罪责，魏相偏不买账。于是赵广汉又派人威吓魏相，扬言魏相的夫人杀了女仆。便私自上奏，请求进丞相府查验。他率官兵闯入丞相府，逮捕奴仆，拷打追问。其实女仆并不是被杀而死。丞相司直繁延寿劾奏京兆尹赵广汉威胁丞相，诬告丞相夫人杀害女仆，并擅自派兵包围丞相府，进府逮捕人，犯了不道之罪；朝廷又查出赵广汉擅自遣散骑士的罪状。京兆尹赵广汉被判处腰斩。又有使掾陈平等人劾奏中尚书，以擅自劫持的罪名从轻拟罪，犯了大不敬之罪。

因此长史以下的官员或被处死，或被处以宫刑。以后魏相病死在丞相的职位上。他的儿子继嗣为侯，因骑马进皇帝的宗庙，犯了不敬朝廷之罪，皇帝下令，削夺爵位一级，降为关内侯，失去列侯的爵位，但仍保持原来的封邑。魏丞相死后，用御史大夫邴吉代替他的丞相职务。

丞相邴吉是鲁国人。他由读书熟悉法令起家，官至御史大夫。孝宣帝在位时，因他过去对宣帝有救命之恩，因此被封为列侯。并任命他为丞相。邴吉的为人，明察事理，智慧超群，后世人都称颂他。他病死在丞相的职位上。他的儿子邴显继嗣爵位，因骑马进皇帝的宗庙，犯了不敬朝廷之罪，皇帝下令，削夺爵位一级，失掉列侯的爵位，但仍保持原来的食邑。后来邴显官至太仆。因他在太仆任上乱耗钱财，他本人和他的儿子都曾用非法手段谋取私利，被剥夺爵位，罢黜为百姓。

邴丞相死后，黄丞相代替他的职务。长安城中有个善于相面的人叫田文，他曾和还未发迹的韦贤、魏相、邴吉三人一起在人家作客，田文预言：“这三位先生，将来都要做丞相的。”以后这三人果然相继为丞相。这位相面先生怎么预料得这么准确呢？

丞相黄霸是淮阳郡人。由读书起家，由小吏官至颍川太守。他治理颍川，以先王礼义和律令条文教化百姓。对于犯了法的人，他劝谕犯人去自杀。他的教化政策收到很好的治理效果，朝廷也听到他善于治理的名声。孝宣帝下令说：“颍川太守黄霸，用宣布朝廷的法令治理人民，做到道不拾遗，男女不同路，监狱里没有重罪犯人。赐给他关内侯的爵位，并赐黄金一百斤。”后征调他为京兆尹，又升为丞相。他仍然以礼义教化治理国家。他死在丞相的职位上。他的儿子继嗣关内侯爵，后升为列侯。黄丞相死后，用御史大夫于定国代替他的职务。于定国已有关于廷尉的记载，在张廷尉的传记中。于丞相去位以后，御史大夫韦玄成代替他的职务。

韦玄成即前丞相韦贤的儿子。他继嗣父爵为侯，后来失去列侯的爵位。他年轻时好读书，熟悉《诗经》《论语》。从小吏一直官至卫尉，又升为太子太傅。御史大夫薛广德被免职，他升为御史大夫。丞相于定国退休辞去丞相职务，他升任为丞相，因他原来的封邑在扶阳，就封他为扶阳侯。几年以后，生病而死。孝元帝亲自到灵前祭奠，并给他家很多赏赐。他的儿子继嗣侯爵。韦玄成奉行追随世俗的政策，当时人批评他巧于逢迎，一味讨好。相面先生本来就说他要继嗣父亲的侯爵，后来因犯罪失去爵位；他又通过在外做官起家，一直升为丞相。他和他的父亲都做了丞相，受到世人的赞美。这不是命中注定的吗？相面先生则预先就知道了。韦玄成死后，御史大夫匡衡代替他的职务。

丞相匡衡是东海郡人。他很喜欢读书，拜博士为师，攻读《诗经》。因家庭贫困，他受人雇佣来供给衣食。因他才能低下，多次应试，都没有考取，一连考了九次，才考中了丙等。正因他屡考不中，才发奋熟悉了经术。考中丙等后，被委任为平原郡的教官。教了几年书，郡里也并不尊敬他。由于御史大夫的征调，他以百石秩的小官被推荐为郎官，继而被委任为博士，又升为太子少傅，辅导孝元帝。孝元帝爱好《诗经》，即位以后就把他提升为光禄勋，在宫中做师傅，教授皇帝左右的人，天子也坐在旁边听讲。皇帝很欣赏他，因此地位日益尊贵。御史大夫郑弘因事获罪被免官，匡衡便升为御史大夫。过了一年多，丞相韦玄成去世，匡衡即代替他的职务，并被封为乐安侯。前后不过十年之间，匡衡没有出长安城一步，便升任为丞相。这不是遇上好机会而且是命中注定的吗？

太史公说：我曾深入考察，读书人通过正常仕途能够拜相封侯的，非常少见，很多人在做到御史大夫就去职了。做了御史大夫的人，因身居丞相的候补职位，他们都希望丞相死去，有的甚至暗地里陷害丞相，以便自己代替他的职位。但是有不少人在御史大夫的职位上等待了很久，也得不到丞相的职位；有的人没有等待多久，就得到了，并且被封为侯。这真是命中注定的啊！御史大夫郑弘等待了好多年，也没有升任为丞相；而匡衡在御史大夫职位上未满一年，丞相韦玄成死去，他即代替韦玄成的丞相职位。这哪能用智谋巧力得到呢！世间不乏具有圣贤才质的人，但困顿一生，得不到这个职位的太多了。

袁盎晁错列传

【原文】

袁盎者，楚人也，字丝。父故为群盗，徙处安陵。高后时，盎尝为吕禄舍人。及孝文帝即位，盎兄哙任盎为中郎。

淮南厉王朝，杀辟阳侯，居处骄甚。袁盎谏曰："诸侯大骄必生患，可适削地。"上弗用。淮南王益横。及棘蒲侯柴武太子谋反事觉，治，连淮南王，淮南王征，上因迁之蜀，辎车传送。袁盎时为中郎将，乃谏曰："陛下素骄淮南王，弗稍禁，以至此，今又暴摧折之。淮南王为人刚，如有遇雾露行道死，陛下竟为以天下之大弗能容，有杀弟之名，奈何？"上弗听，遂行之。

淮南王至雍，病死，闻，上辍食，哭甚哀。盎入，顿首请罪。上曰："以不用公言至此。"盎曰:"上自宽,此往事,岂可悔哉!且陛下有高世之行者三,此不足以毁名。"上曰:"吾高世行三者何事?"盎曰:"陛下居代时,太后尝病,三年,陛下不交睫,不解衣,汤药非陛下口所尝弗进。夫曾参以布衣犹难之,今陛下亲以王者修之,过曾参孝远矣。夫诸吕用事,大臣专制,然陛下从代乘六乘传驰不测之渊,虽贲育之勇不及陛下。陛下至代邸,西向让天子位者再,南面让天子位者三。夫许由一让,而陛下五以天下让,过许由四矣。且陛下迁淮南王,欲以苦其志,使改过,有司卫不谨,故病死。"于是上乃解,曰:"将奈何?"盎曰:"淮南王有三子,唯在陛下耳。"于是文帝立其三子皆为王。盎由此名重朝廷。

袁盎常引大体忼慨。宦者赵同以数幸,常害袁盎,袁盎患之。盎兄子种为常侍骑,持节夹乘,说盎曰:"君与斗,廷辱之,使其毁不用。"孝文帝出,赵同参乘,袁盎伏车前曰:"臣闻天子所与共六尺舆者,皆天下豪英。今汉虽乏人,陛下独奈何与刀锯余人载!"于是上笑,下赵同。赵同泣下车。

然袁盎亦以数直谏,不得久居中,调为陇西都尉。仁爱士卒,士卒皆争为死。迁为齐相。徙为吴相,辞行,种谓盎曰:"吴王骄日久,国多奸。今苟欲劾治,彼不上书告君,即利剑刺君矣。南方卑湿,君能日饮,毋何,时说王曰毋反而已。如此幸得脱。"盎用种之计,吴王厚遇盎。

盎告归,道逢丞相申屠嘉,下车拜谒,丞相从车上谢袁盎。袁盎还,愧其吏,乃之丞相舍上谒,求见丞相。丞相良久而见之。盎因跪曰:"愿请间。"丞相曰:"使君所言公事,之曹与长史掾议,吾且奏之;即私邪,吾不受私语。"袁盎即跪说曰:"君为丞相,自度孰与陈平、绛侯?"丞相曰:"吾不如。"袁盎曰:"善,君即自谓不如。夫陈平、绛侯辅翼高帝,定天下,为将相,而诛诸吕,存刘氏;君乃为材官蹶张,迁为队率,积功至淮阳守,非有奇计攻城野战之功。且陛下从代来,每朝,郎官上书疏,未尝不

止辇受其言，言不可用置之，言可受采之，未尝不称善。何也？则欲以致天下贤士大夫。上日闻所不闻，明所不知，日益圣智；君今自闭钳天下之口而日益愚。夫以圣主责愚相，君受祸不久矣。"丞相乃再拜曰："嘉鄙野人，乃不知，将军幸教。"引入与坐，为上客。

盎素不好晁错，晁错所居坐，盎去；盎坐，错亦去：两人未尝同堂语。及孝文帝崩，孝景帝即位，晁错为御史大夫，使吏案袁盎受吴王财物，抵罪，诏赦以为庶人。

晁错者，颍川人也。学申商刑名于轵张恢先所，与雒阳宋孟及刘礼同师。以文学为太常掌故。

错为人峭直刻深。孝文帝时，天下无治《尚书》者，独闻济南伏生故秦博士，治《尚书》，年九十余，老不可征，乃诏太常使人往受之。太常遣错受《尚书》伏生所。还，因上便宜事，以《书》称说。诏以为太子舍人、门大夫、家令。以其辩得幸太子，太子家号曰"智囊"。数上书孝文时，言削诸侯事，及法令可更定者。书数十上，孝文不听，然奇其材，迁为中大夫。当是时，太子善错计策，袁盎诸大功臣多不好错。

景帝即位，以错为内史。错常数请间言事，辄听，宠幸倾九卿，法令多所更定。

迁为御史大夫，请诸侯之罪过，削其地，收其枝郡。奏上，上令公卿列侯宗室集议，莫敢难，独窦婴争之，由此与错有郤。错所更令三十章，诸侯皆喧哗疾晁错。错父闻之，从颍川来，谓错曰："上初即位，公为政用事，侵削诸侯，别疏人骨肉，人口议多怨公者，何也？"晁错曰："固也。不如此，天子不尊，宗庙不安。"错父曰："刘氏安矣，而晁氏危矣，吾去公归矣！"遂饮药死，曰："吾不忍见祸及吾身。"死十余日，吴楚七国果反，以诛错为名。及窦婴、袁盎进说，上令晁错衣朝衣斩东市。

晁错已死，谒者仆射邓公为校尉，击吴楚军为将。还，上书言军事，谒见上。上问曰："道军所来，闻晁错死，吴楚罢不？"邓公曰："吴王为反数十年矣，发怒削地，以诛错为名，其意非在错也。且臣恐天下之士噤口，不敢复言也！"上曰："何哉？"邓公曰："夫晁错患诸侯强大不可制，故请削地以尊京师，万世之利也。计画始行，卒受大戮，内杜忠臣之口，外为诸侯报仇，臣窃为陛下不取也。"于是景帝默然良久，曰："公言善，吾亦恨之。"乃拜邓公为城阳中尉。

邓公，成固人也，多奇计。建元中，上招贤良，公卿言邓公，时邓公免，起家为九卿。一年，复谢病免归。其子章以修黄老言显于诸公间。

太史公曰：袁盎虽不好学，亦善傅会，仁心为质，引义忼慨。遭孝文初立，资适逢世。时以变易，及吴楚一说，说虽行哉，然复不遂。好声矜贤，竟以名败。晁错为家令时，数言事不用；后擅权，多所变更。诸侯发难，不急匡救，欲报私仇，反以亡躯。语曰"变古乱常，不死则亡"，岂错等谓邪！

【译文】

袁盎，楚人，字丝。父亲原是强盗，迁居在安陵。高后在位的时候，袁盎曾做过吕禄的舍人。到了孝文帝登了皇位，袁盎的哥哥哙就保任盎当了中郎。

淮南厉王朝觐的时候，杀了辟阳侯，起居处世非常骄横。袁盎劝皇帝说："诸侯过于骄横必生祸患，最好是适当地削减藩地。"皇帝没有采纳。淮南王更加蛮横。等到棘蒲侯柴武太子谋反的事被发觉，惩治，牵连到淮南王，淮南王被惩治，皇帝因此放逐他去蜀地，用囚车传送。袁盎当时做中郎将，就劝皇帝说："陛下向来骄纵惯了淮南王，不稍加管束，所以到了这个地步，现在又猛烈地摧折他。淮南王个性刚强，如果遇到雾露死在路上，陛下就会被认为以天下之大却不能容得他，有杀弟的名声，那怎么办？"皇帝不采纳，终于放逐了淮南王。

淮南王到了雍县，病死。消息传来，皇帝停止饮食，哭得很悲伤。袁盎进来，叩头请罪。皇帝说："由于不采纳你的意见，结果才这样。"袁盎说："皇上自己宽心，这是过去了的事情，难道可以反悔吗？况且陛下超迈往世的行为有三样，这件事不足以毁了名声。"皇帝问："我超迈往世的行为是哪三样事情？"袁盎答："陛下在代国的时候，太后曾经生病，三年之间，陛下不合眼、不脱衣，汤药不是陛下亲口所尝不奉进。曾参以平民的身份尚难做到，现在陛下以君主的身份亲自履行，超过曾参的孝好多了。诸吕当权，大臣独断，而陛下从代乘六辆驿车驰向难测吉凶的京师，即使孟贲、夏育的英勇也不如陛下。陛下到了京师的代王馆舍，向西一再让天子位，向南三次让天子位。许由只是一让天下，而陛下五次以天下相让，多过许由四次了。况且陛下贬谪淮南王，是要他劳苦心志，使他改过自新，由于官吏卫护不够谨慎，所以他才病死。"于是皇帝才宽心，又问："以后怎么办？"袁盎答："淮南王有三个儿子，只有仰赖陛下了。"于是文帝封淮南王三个儿子为王。袁盎因此声名重于朝廷。

袁盎常常称引大义，意气激昂。宦官赵同因为屡次得到皇帝宠幸，常常害苦袁盎，袁盎为此忧虑。袁盎哥哥的儿子种做常侍骑，持符节，陪乘舆，向袁盎献计说："你同他斗，在朝廷上侮辱他，使他诽谤不被采纳。"孝文帝出巡，赵同陪乘，袁盎伏在车前说："臣下听说天子所与共乘六尺车舆的，都是天下的豪杰英雄。现在汉朝虽然缺乏人才，陛下为什么单单和受过宫刑的人共乘?"于是皇帝笑了起来，让赵同下车去。赵同流泪下了车。

但袁盎也因为屡次坦率地谏说，不能长久居留在宫中，被外调做陇西都尉。他对士兵仁慈爱护，士兵都争相为他效命。调迁为齐王国的丞相。又调转为吴王国的丞相，辞行的时候，袁种对盎说："吴王骄横已经很久，吴国有许多作奸犯科的人。现在如果想要揭发他们的罪行，予以惩治，他们不是上书控告你，就是用利剑刺杀你。南方低洼潮湿，你只能天天喝点酒，不管什么事，时常劝说吴王不要造反罢了。这样，可以侥幸脱险。"袁盎采用了袁种的计谋，吴王厚待袁盎。

袁盎告假回乡，路上遇到丞相申屠嘉，下车拜谒，丞相从车上辞谢袁盎。袁盎回去，对申屠嘉的官风感到惭愧，就到丞相府送上名帖，要求进见丞相。丞相好久才接见他。袁盎就跪下说："希望个别谈话。"丞相说："你所要说的是公事，到官署同长史掾商谈，我就奏陈上去；如果是私事，我不接受私下谈话。"袁盎便跪着说道："您做丞相，自己估计比陈平、绛侯怎样?"丞相答："我不如他们。"袁盎说："好! 您就自己承认不如他们。陈平、绛侯辅佐高帝，平定天下，做了将相，又诛除诸吕，保全刘氏江山；您只是使用强弩的材官，提升为队长，积累功劳做到了淮阳郡守，没有出奇制胜、攻城野战的大功。况且陛下从代来，每天郎官呈上书疏，没有不停辇听取他们之言的，所进之言不可用就搁置起来，所进之言可以接受就采纳下来，没有不加以称道的。这是什么缘故呢? 就是想借此招致天下贤明的士大夫。皇帝天天听到从来没听到过的，明白从来不明白的，一天比一天圣贤明智；您现在自己封闭钳制天下人的口，而一天比一天愚昧。以圣明的君主督责愚昧的丞相，您不久将受祸了。"丞相才再三拜谢说："我申屠嘉是个鄙陋粗野的人，不明白这些，承蒙将军教诲。"引进让他坐下，待为上客。

袁盎向来不喜欢晁错，晁错所居留的地方，袁盎离去；袁盎居留的地方，晁错也离去：两人从来没有同堂谈话。等到孝文帝去世，孝景帝即位，晁错做了御史大夫，指使官吏审问袁盎接受吴王贿赂的罪行，要他抵偿应负的罪责。诏令赦免袁盎为平民。

晁错，颍川郡人。在轵县张恢先生处学习申不害、商鞅的刑名学说，和雒阳宋孟和刘礼同一个老师。因通晓文学而做了太常掌故。

晁错为人严峻刚直，酷烈苛刻。孝文帝的时候，天下没有研究《尚书》的人，只听说济南郡的伏胜原是秦朝的博士，研究过《尚书》，年龄已九十多岁，因为年老不能征召，就诏令派人去向他学习。太常派遣晁错到伏胜那里学习《尚书》。学了回来，就上书陈述有利于国家的事，以《尚书》论证。皇帝下诏先后任命他做太子舍人、门大夫、家令。因他善于论辩，得到太子宠幸，太子家号称他是"智囊"。在孝文帝时多次上书，论述削弱诸侯的事情，以及法令可以改定的地方。上了几十次书，孝文帝虽然没有听取他的建议，但称赞他的才能，提升他做中大夫。当时，太子称许晁错的计策，而袁盎等各个大功臣多不喜欢晁错。

景帝登位，任命晁错为内史，晁错经常请求皇帝个别听取他的进言，皇帝总是听取，宠幸晁错胜过九卿，法令多所改定。

晁错升任为御史大夫，请求根据诸侯王的罪过，削弱他们的封地，收回他们的枝郡。奏上之后，皇帝命公卿、列侯、宗室集合议论，谁也不敢反对，只有窦婴争议，因此同晁错有了矛盾。晁错所改定的法令有三十章，诸侯都喧哗疾恨晁错。晁错的父亲听到了消息，从颍川赶来，对晁错说："皇帝刚刚即位，你当政办事，侵削诸侯势力，疏远人家骨肉，人们纷纷议论而多埋怨你，为什么呢？"晁错说："本当这样。不这样，皇帝不被尊贵，国家不得安宁。"晁错的父亲说："这个样子，刘家的天下安定了，而晁家就危险了，我离开你回去了！"随即饮药自杀，临死时说："我不忍看着大祸临头。"死了十多天，吴楚七国果然以诛晁错为名举兵反叛。等到窦婴和袁盎进宫，皇帝就命令将晁错穿着朝服斩于东市。

晁错已死，谒者仆射邓公做了校尉，讨伐吴楚军时任将军。回朝来，上书报告军事情况，进见皇帝。皇帝问："你从军事前线回来，听到晁错已死的消息，吴楚罢兵了没有？"邓公说："吴王谋反已几十年了，因被削封地而恼怒，以诛晁错为名，他的本意并不在晁错。况且我担心天下的人都将闭口不言，不敢再进言了！"皇帝问："为什么呢？"邓公答："晁错担忧诸侯强大不能控制，所以建议削弱诸侯的封地，以尊崇京师，这是万世的利益。计划刚刚实行，竟然遭受斩杀，对内杜塞了忠臣之口，对外替诸侯报了仇，我以为陛下不该这样。"景帝默然了好久，说："你说得对，我也为这事悔恨。"就任命邓公做城阳中尉。

邓公，成固人，有许多奇计妙策。建元年间，皇帝招纳贤良之士，公卿推许邓公，当时邓公免了官，从家中起用他为九卿。过了一年，又托病免官回家。他的儿子章因为研究黄老之学在诸公之间很有名望。

太史公说：袁盎虽然不好学，但却善于附会，内心仁慈，引义慷慨，遇到孝文帝开始即位，恰好有了施展才能的时机。时局变化不常，等到吴楚叛乱时提出诛杀晁错一说，建议虽然实行，然而他自己后来也不被任用。好声名，矜贤能，竟以声名而败亡。晁错做太子家令的时候，屡次进言奏事不被采用；后来掌握大权，进行不少变革。诸侯发动叛乱的时候，不赶紧挽救国家的危局，却企图报个人的私仇，反而送了性命。俗话说："改变古法，扰乱常理，不是断命也要垮台。"也许是指晁错这种人说的吧！

张释之冯唐列传

【原文】

张廷尉释之者，堵阳人也，字季。有兄仲同居。以訾为骑郎，事孝文帝，十岁不得调，无所知名。释之曰："久宦减仲之产，不遂。"欲自免归。中郎将袁盎知其贤，惜其去，乃请徙释之补谒者。释之既朝毕，因前言便宜事。文帝曰："卑之，毋甚高论，令今可施行也。"于是释之言秦汉之间事，秦所以失而汉所以兴者久之。文帝称善，乃拜释之为谒者仆射。

释之从行，登虎圈。上问上林尉诸禽兽簿，十余问，尉左右视，尽不能对。虎圈啬夫从旁代尉对上所问禽兽簿甚悉，欲以观其能口对响应无穷者。文帝曰："吏不当若是邪？尉无赖！"乃诏释之拜啬夫为上林令。释之久之前曰："陛下以绛侯周勃何如人也？"上曰："长者也。"又复问："东阳侯张相如何如人也？"上复曰："长者。"释之曰："夫绛侯、东阳侯称为长者，此两人言事曾不能出口，岂敩此啬夫谍谍利口捷给哉！且秦以任刀笔之吏，吏争以亟疾苛察相高，然其敝徒文具耳，无恻隐之实。以故不闻其过，陵迟而至于二世，天下土崩。今陛下以啬夫口辩而超迁之，臣恐天下随风靡靡，争为口辩而无其实。且下之化上疾于景响，举错不可不审也。"文帝曰："善。"乃止不拜啬夫。

上就车，召释之参乘，徐行，问释之秦之敝。具以质言。至宫，上拜释之为公车令。

顷之，至中郎将。从行至霸陵，居北临厕。是时慎夫人从，上指示慎夫人新丰道，曰："此走邯郸道也。"使慎夫人鼓瑟，上自倚瑟而歌，意惨凄悲怀，顾谓群臣曰："嗟乎！以北山石为椁，用纻絮斫陈，蕠漆其间，岂可动哉！"左右皆曰："善。"释之前进曰："使其中有可欲者，虽锢南山犹有郄；使其中无可欲者，虽无石椁，又何戚焉！"文帝称善。其后拜释之为廷尉。

顷之，上行出中渭桥，有一人从桥下走出，乘舆马惊。于是使骑捕，属之廷尉。释之治问。曰:"县人来,闻跸,匿桥下。久之,以为行已过,即出,见乘舆车骑,即走耳。"廷尉奏当,一人犯跸,当罚金。文帝怒曰:"此人亲惊吾马,吾马赖柔和,令他马,固不败伤我乎?而廷尉乃当之罚金!"释之曰:"法者天子所与天下公共也。今法如此而更重之,是法不信于民也。且方其时,上使立诛之则已。今既下廷尉,廷尉,天下之平也,一倾而天下用法皆为轻重,民安所措其手足?唯陛下察之。"良久,上曰:"廷尉当是也。"

冯唐者,其大父赵人。父徙代。汉兴徙安陵。唐以孝著,为中郎署长,事文帝。文帝辇过,问唐曰:"父老何自为郎?家安在?"唐具以实对。文帝曰:"吾居代时,吾尚食监高祛数为我言赵将李齐之贤,战于钜鹿下。今吾每饭,意未尝不在钜鹿也。父知之乎?"唐对曰:"尚不如廉颇、李牧之为将也。"上曰:"何以?"唐曰:"臣大父在赵时,为官率将,善李牧。臣父故为代相,善赵将李齐,知其为人也。"上既闻廉颇、李牧为人,良说,而搏髀曰:"嗟乎!吾独不得廉颇、李牧时为吾将,吾岂忧匈奴哉!"唐曰:"主臣!陛下虽得廉颇、李牧,弗能用也。"上怒,起入禁中。良久,召唐让曰:"公奈何众辱我,独无间处乎?"唐谢曰:"鄙人不知忌讳。"

当是之时,匈奴新大入朝那,杀北地都尉卬。上以胡寇为意,乃卒复问唐曰:"公何以知吾不能用廉颇、李牧也?"唐对曰:"臣闻上古王者之遣将也,跪而推毂,曰阃以内者,寡人制之;阃以外者,将军制之。军功爵赏皆决于外,归而奏之。此非虚言也。臣大父言,李牧为赵将居边,军市之租皆自用

飧士，赏赐决于外，不从中扰也。委任而责成功，故李牧乃得尽其智能，臣愚，以为陛下法太明，赏太轻，罚太重。且云中守魏尚坐上功首虏差六级，陛下下之吏，削其爵，罚作之。由此言之，陛下虽得廉颇、李牧，弗能用也。臣诚愚，触忌讳，死罪死罪！"文帝说。是日令冯唐持节赦魏尚，复以为云中守，而拜唐为车骑都尉，主中尉及郡国车士。

七年，景帝立，以唐为楚相，免。武帝立，求贤良，举冯唐。唐时年九十余，不能复为官，乃以唐子冯遂为郎。遂字王孙，亦奇士，与余善。

太史公曰：张季之言长者，守法不阿意；冯公之论将率，有味哉！有味哉！语曰："不知其人，视其友。"二君之所称诵，可著廊庙。《书》曰："不偏不党，王道荡荡；不党不偏，王道便便。"张季、冯公近之矣。

【译文】

廷尉张释之是堵阳县人，字季。他有个哥哥名字叫仲，兄弟没有分居。因他家境殷实，被选为骑郎，在孝文帝身边任事。当了十几年骑郎，没有被提拔，也没有出名。张释之便对他的上司说："做了这么多年骑郎，损耗了哥哥的家产，也没有做到显官。"于是他打算辞职回家。他的上司中郎将袁盎知道他有才干，舍不得让他离去，便请求上司，调他为谒者。张释之一次朝见皇帝，礼毕，上前陈说有关国家兴利除弊的事项。文帝对他说："你讲些眼下切近的事，别空发那些高古的议论，使现在即可付诸施行。"于是张释之便列举了秦汉之间的史事，分析了秦何以失掉天下、汉如何能得到天下的原因，讲了很长时间。文帝称赞他讲得好，就提拔他做谒者仆射。

有一次张释之随从文帝到上林苑，登上虎圈，文帝问上林尉苑中登记在册的禽兽种类和数目，一连问了十几个问题，尉都左顾右盼，答不上来。这时，管理虎圈的啬夫乘机代替上林尉回答皇帝所问的问题，回答得十分详尽，他想借此机会在皇帝面前显示他对答如流、百问不殆的才能。文帝说："做为小吏，不应当像他那样吗？那些上林尉没有本事！"于是文帝便命令张释之把那个啬夫提升为上林令。过了好大一会儿，张释之上前问道："陛下您以为绛侯周勃是什么样的人？"文帝回答说："是忠厚的长者。"张释之又问："东阳侯张相如是什么样的人呢？"文帝回答说："也是忠厚的长者。"张释之说："周勃、张相如被陛下称为忠厚的长者，但这两人在奏事时甚至讲不出话来，哪里像这啬夫喋喋不休能说会道呢？秦朝信任舞文弄法的文吏，那么文吏便互相以办事迅疾、稽察苛刻来争胜，它的流弊是徒然具备空洞的文辞，毫无体恤民情的实际措施。所以朝廷听不到它的行政过失。这样一天天败坏下去，到了秦二世，天下便土崩瓦解了。现在陛下您因这个啬夫能说会道而越级提拔他，我担心天下人都会随风而倒，争着效法伶口利齿而不务实。再说，下面的风气受朝廷的影响像回声那样快，所以陛下的举动不可不谨慎啊！"文帝听了后，说道："你讲得好。"就不再提拔那个啬夫。

这时文帝上车回宫，招呼张释之和他同车而行。车子慢慢地行驶，文帝向张释之询问秦朝的弊政，张释之便原原本本地把实际情况告诉文帝。文帝回到宫中，便下令提拔张释之为公车司马令。

过了不久，张释之又升为中郎将。他随从文帝巡行，来到霸陵，登上陵墓的北侧。这时慎夫人也在文帝身边，文帝指着去新丰的大道，对慎夫人说："那是通往邯郸的大道。"文帝让慎夫人弹瑟，自己按着瑟弹的调子歌唱，词意凄凄惨惨，歌声唱出满怀悲戚。文帝回头对群臣说："好啊！用北山的石头做成外椁，再用苎麻丝絮填塞石椁的缝隙，然后用漆浇灌，哪能凿得开呢！"左右群臣都逢迎说："那确是坚固极了。"张释之却上前说道："如果棺椁里面有引起人们欲望的贵重器物，即使是熔铸在南山之下，仍然有缝可钻；如果里面没有这些东西，即使没有石椁，也不必担忧。"文帝很欣赏张释之这番话。以后又提升张释之为廷尉。

又过了不久，文帝出行，经过中渭桥，有一人突然从桥下跑出来，文帝所坐的车马受到惊吓。于是文帝派随行骑士把那人逮捕，交给廷尉处治。张释之经过审问，回奏说："他是下县里来的人，到了中渭桥，听到行人回避的姚骇嚓喝声，便躲避在桥下。过了好大一会儿，以为皇帝已经过去，就从桥下出来，看到皇帝的车马，所以才惊跑。"廷尉的判决是，此人违犯了警戒令，应该罚款。文帝听了，十分愤怒，说道："这个人亲身惊吓了我的马，幸亏我这马性情温和，若换上别的马，那不就伤害了我吗？可廷尉的判决，仅仅是罚几个钱了事！"张释之说："法律之所以称为法律，要求天子和老百姓共同遵守。此案按照法律应该这样判决，若加重处罚，法律在老百姓心目中就失去信用了。如果皇上当时立即把他杀掉，也就算了。现在既然已交廷尉审理，而廷尉是天下执法的标准，一有偏向，天下执法官吏就会随之任意轻重，老百姓的手脚还往哪里放呢？希望陛下慎重考虑。"过了好大一会儿，文帝才说："廷尉的判决是对的。"

冯唐的祖父是赵国人，他的父亲迁居到代郡。汉朝建立，又迁居安陵县。冯唐以孝行著称，被选拔为中郎署长，侍奉汉文帝。有一次，文帝乘车经过中郎署，问冯唐："老先生是通过什么途径做了郎官的？家住哪里？"冯唐都如实回答了。文帝又问冯唐说："我做代王的时候，我的尚食监高祛多次向我讲赵将李齐如何有才干，特别是大战钜鹿的事迹。现在我每当吃饭的时候，总会想到钜鹿大战的情形。老先生知道这个人吗？"冯唐回答说："作为军事将领，他尚且不如廉颇、李牧。"文帝问："何以见得？"冯唐回答说："我的祖父在赵国时，曾经做过官帅将，和李牧很要好。我的父亲曾做过代国丞相，和赵将李齐很有交情，所以我了解他们的为人。"文帝听了冯唐所讲关于廉颇、李牧的为人行事，非常高兴，拍着大腿说："可惜我得不到廉颇、李牧这样的人做我的将领，若有这样的人，我哪里还会担忧匈奴的入侵呢！"冯唐说："恕我死罪。陛下您纵然得到廉颇、李牧这样的人才，也不会任用他们。"文帝听了，很恼火，便起身进宫去了。过了好大工夫，文帝把冯唐召到跟前，责备他说："你怎么能当众给我难堪？难道就没有僻静的地方吗？"冯唐说："我是个粗鄙的人，说话不分场合。"

在此期间，匈奴初次大举入侵朝那县，杀死北地都尉孙卬。因文帝为匈奴入侵而忧虑，还是耐着性子问冯唐："你根据什么断定我不能任用廉颇、李牧这样的人才？"冯唐回答说："我听说古代帝王在派将出征的时候，亲自俯下身体为他推动车轮，并说道：'与战争有关的事情，在朝廷由我来决定，在外面由将军来决定。军功封赏都在外决定，回来上奏给朝廷就行了。'这可不是浮言虚词。听我祖父讲，李牧领兵守卫赵国的边塞，军市租税收入，都用来犒劳士卒，赏赐都由统兵在外的将军来决定，赵王不从中央去干扰。中央只是交给任务，要求成功，因此李牧能够发挥他的全部智慧和才能。我很愚钝，认为陛下用法太苛刻，赏赐太轻，处罚太重。比如云中郡守魏尚，因实际斩首数比上报数仅少了六级，陛下您就把他交给法官治罪，结果削夺了他的封爵，判了一年徒刑。由此也可以证明，陛下纵然得到廉颇、李牧这样的人才，也不会任用他们。我确实很愚钝，讲了些不该讲的话，罪该万死，罪该万死！"文帝听了很高兴，就在这一天，派冯唐携带符节去赦免魏尚，仍让他做云中郡守，并提升冯唐为车骑都尉，主管中尉和各郡国的车战士卒。

过了七年，景帝继位为皇帝，调任冯唐为楚国丞相，后来被免官。武帝继位，下诏求贤良，冯唐被推荐。这时他已经九十多岁，不能再当官，便任用他的儿子冯遂为郎官。冯遂字王孙，也是个杰出人物，和我交情很深。

太史公说：张释之关于长者的议论，能恪守法律，不曲意迎合；冯唐关于将军的议论，真是耐人寻味、耐人寻味啊！古语说："不了解他的为人，考察一下他所结交的朋友也就可以了解此人的大概了。"张释之、冯唐所称颂的人，应把他们的事迹图写在朝廷上，供人学习效法。《尚书》里说："不偏倚，不结党，先王之道宽而广；不结党，不偏徇，先王之道畅而顺。"张释之、冯唐二人的立身行事，可说是近于这种境界了。

南越列传

【原文】

南越王尉佗者，真定人也，姓赵氏。秦时已并天下，略定杨越，置桂林、南海、象郡，以谪徙民，与越杂处十三岁。佗，秦时用为南海龙川令。至二世时，南海尉任嚣病且死，召龙川令赵佗语曰："闻陈胜等作乱，秦为无道，天下苦之，项羽、刘季、陈胜、吴广等州郡各共兴军聚众，虎争天下，中国扰乱，未知所安，豪杰畔秦相立。南海僻远，吾恐盗兵侵地至此，吾欲兴兵绝新道，自备，待诸侯变，会病甚。且番禺负山险，阻南海，东西数千里，颇有中国人相辅，此亦一州之主也，可以立国。郡中长吏无足与言者，故召公告之。"即被佗书，行南海尉事。嚣死，佗即移檄告横浦、阳山、湟溪关曰："盗兵且至，急绝道聚兵自守！"因稍以法诛秦所置长吏，以其党为假守。秦已破灭，佗即击并桂林、象郡，自立为南越武王。

高帝已定天下，为中国劳苦，故释佗弗诛。汉十一年，遣陆贾因立佗为南越王，与剖符通使，和集百越，毋为南边患害，与长沙接境。

高后时，有司请禁南越关市铁器。佗曰："高帝立我，通使物，今高后听谗臣，别异蛮夷，隔绝器物，此必长沙王计也，欲倚中国，击灭南越而并王之，自为功也。"于是佗乃自尊号为南越武帝，发兵攻长沙边邑，败数县而去焉。高后遣将军隆虑侯灶往击之。会暑湿，士卒大疫，兵不能逾岭。岁余，高后崩，即罢兵。佗因此以兵威边，财物赂遗闽越、西瓯、骆，役属焉，东西万余里。乃乘黄屋左纛，称制，与中国侔。

至建元四年卒。

佗孙胡为南越王。此时闽越王郢兴兵击南越边邑，胡使人上书曰："两越俱为藩臣，毋得擅兴兵相攻击。今闽越兴兵侵臣，臣不敢兴兵，唯天子诏之。"于是天子多南越义，守职约，为兴师，遣两将军往讨闽越。兵未逾岭，闽越王弟余善杀郢以降，于是罢兵。

天子使庄助往谕意南越王，胡顿首曰："天子乃为臣兴兵讨闽越，死无以报德！"遣太子婴齐入宿卫。谓助曰："国新被寇，使者行矣。胡方日夜装入见天子。"助去后，其大臣谏胡曰："汉兴兵诛郢，亦行以惊动南越。且先王昔言，事天子期无失礼，要之不可以说好语入见。入见则不得复归，亡国之势也。"于是胡称病，竟不入见。后十余岁，胡实病甚，太子婴齐请归。胡薨，谥为文王。

婴齐代立，即藏其先武帝玺。婴齐其入宿卫在长安时，取邯郸樛氏女，生子兴。及即位，上书请立樛氏女为后，兴为嗣。汉数使使者风谕婴齐，婴齐尚乐擅杀生自恣，惧入见要用汉法，比内诸侯，固称病，遂不入见。遣子次公入宿卫。婴齐薨，谥为明王。

太子兴代立，其母为太后。太后自未为婴齐姬时，尝与霸陵人安国少季通。及婴齐薨后，元鼎四年，汉使安国少季往谕王、王太后以入朝，比内诸侯；令辩士谏大夫终军等宣其辞，勇士魏臣等辅其缺，卫尉路博德将兵屯桂阳，待使者。王年少，太后中国人也，尝与安国少季通，其使，复私焉。国人颇知之，多不附太后。太后恐乱起，亦欲倚汉威，数劝王及群臣求内属。即因使者上书，请比内诸侯，三岁一朝，除边关。于是天子许之，赐其丞相吕嘉银印，及内史、中尉、大傅印，余得自置。除其故黥劓刑，用汉法，比内诸侯。使者皆留填抚之。王、王太后饬治行装重赍，为入朝具。

其相吕嘉年长矣，相三王，宗族官仕为长吏者七十余人，男尽尚王女，女尽嫁王子兄弟宗室，及苍梧秦王有连。其居国中甚重，越人信之，多为耳目者，得众心愈于王。阴与大臣作乱。

天子闻嘉不听王，王、王太后弱孤不能制，使者怯无决。又以为王、王太后已附汉，独吕嘉为乱，不足以兴兵，欲使庄参以二千人往使。参曰："以好往，数人足矣；以武往，二千人无足以为也。"辞不可，天子罢参也。郏壮士故济北相韩千秋奋曰："以区区之越，又有王、太后应，独相吕嘉为害，愿得勇士二百人，必斩嘉以报。"于是天子遣千秋与王太后弟樛乐将二千人往。入越境，吕嘉等乃遂反，下令国中曰："王年少。太后，中国人也，又与使者乱，专欲内属，尽持先王宝器入献天子以自媚，多从人，行至长安，虏卖以为僮仆。取自脱一时之利，无顾赵氏社稷，为万世虑计之意。"乃与其弟将卒攻杀王、太后及汉使者。

遣人告苍梧秦王及其诸郡县，立明王长男越妻子术阳侯建德为王。而韩千秋兵入，破数小邑。其后越直开道给食，未至番禺四十里，越以兵击千秋等，遂灭之。使人函封汉使者节置塞上，好为谩辞谢罪，发兵于要害处。于是天子曰："韩千秋虽无成功，亦军锋之冠。封其子延年为成安侯。樛乐，其姊为王太后，首愿属汉，封其子广德为龙亢侯。"乃下赦曰："天子微，诸侯力政，讥臣不讨贼。今吕嘉、建德等反，自立晏如，令罪人及江淮以南楼船十万师往讨之。"

元鼎六年冬，楼船将军将精卒先陷寻陕，破石门，得越船粟，因推而前，挫越锋，以数万人待伏波。伏波将军将罪人，道远，会期后，与楼船会乃有千余人，遂俱进。楼船居前，至番禺。建德、嘉皆城守。楼船自择便处，居东南面，伏波居西北面。会暮，楼船攻败越人，纵火烧城。越素闻伏波名，日暮，不知其兵多少。伏波乃为营，遣使者招降者，赐印，复纵令相招。楼船力攻烧敌，反驱而入伏波营中。犁旦，城中皆降伏波。吕嘉、建德已夜与其属数百人亡入海，以船西去。伏波又因问所得降者贵人，以知吕嘉所之，遣人追之。以其故校尉司马苏弘得建德，封为海常侯；越郎都稽得嘉，封为临蔡侯。

自尉佗初王后，五世九十三岁而国亡焉。

太史公曰：尉佗之王，本由任嚣。遭汉初定，列为诸侯。隆虑离湿疫，佗得以益骄。瓯骆相攻，南越动摇。汉兵临境，婴齐入朝。其后亡国，征自樛女；吕嘉小忠，令佗无后。楼船从欲，怠傲失惑；伏波困穷，智虑愈殖，因祸为福。成败之转，譬若纠墨。

【译文】

南越王尉佗是真定县人，姓赵。秦吞并六国，统一天下后，攻取并平定了杨、越地区，设置了桂林、南海和象郡，将犯罪而被判处迁徙的百姓安置到这一地区，与原在这里的越人共同居住了十三年。尉佗在秦朝时被任命为南海郡龙川县令。到秦二世统治时，南海尉任嚣患病将要死去，他将龙川令赵佗召来，对赵佗说："听说陈胜等发动叛乱，秦朝施行暴虐无道的统治政策，天下百姓都十分怨恨，项羽、刘邦、陈胜、吴广等在各地分别聚集民众，组成军队，像猛虎一样争夺天下，中原地区扰攘动乱，不知何时才能安定下来。各地豪杰纷纷背叛秦朝，割据自立。南海郡偏僻遥远，我恐怕那些强盗军队攻占地盘，会一直打到这里来。我想要起兵切断新修的道路，自己作好防守的准备，以等待诸侯的变化，但正赶上自己病势加重。况且番禺背靠险要的山岭，又有南海作为屏障，东西数千里，有不少中原地区来的人辅佐，这也能成为一州之主，可以建立国家。郡中的主要官吏都不配与我谈论这些事，因此我召你前来，把自己的想法告诉你。"任嚣当即将任命文书颁给赵佗，让他代行南海尉的职务。任嚣死后，赵佗就向横浦、阳山、湟溪关等处传送檄文，说："强盗军队就要攻来，赶快切断道路，集合军队，进行自卫。"于是赵佗借机用刑法逐渐杀死秦朝所任命的官吏，任用自己的亲信为代理官员。秦朝灭亡后，赵佗就起兵攻占了桂林郡和象郡，自立为南越武王。

汉高帝刘邦平定天下后，由于中原地区的百姓劳累困苦，所以放过赵佗，未派军讨伐。汉高帝十一年（公元前196），刘邦派遣陆贾到南越，就势立赵佗为南越王，并与他剖符定约，互通使者，让他协调越人各分支间的关系，使其安定和睦，不要成为汉朝南部边界的祸害。南越的疆域邻接汉朝属下的长沙国。

高后当政时，有关部门请求禁止南越在边境市场上购买铁器。赵佗说："高帝立我为南越王，双方互通使者与货物。如今高后听信谗臣的主意，视蛮夷为异类，断绝器物的交换，这一定是长沙王的奸计，他想要倚仗汉朝的势力，吞并南越，扩大他的领地，并以此向汉朝报功。"于是赵佗就自加尊号为南越武帝，发兵进攻长沙国的边境城镇，抢掠数县后退兵。高后派遣将军、隆虑侯周灶率军前去讨伐，正赶上天气暑热，气候潮湿，军中瘟疫流行，士兵多数病倒，大军无法越过阳山岭。过了一年多，高后去世，汉朝就停止军事行动。赵佗趁此机会以军队在边境耀武扬威，以财物赂赠闽越、西瓯和骆越，使其归属南越，听从役使，赵佗所控制的区域东西有一万余里。赵佗遂乘坐黄屋左纛车，以皇帝的身分发号施令，与汉朝天子没有区别。

赵佗活到汉武帝建元四年（公元前137）去世。

赵佗的孙子赵胡继位成为南越王。当时闽越王郢发兵进犯南越边境城镇，赵胡派使者入朝上书，说："两越都是汉朝的藩国属臣，不得擅自发兵相互攻击。如今闽越发兵进犯臣的边境，臣不敢擅自发兵，请天子下诏裁决。"于是天子很赞许南越王的忠义行为，认为他恪尽职守，尊重盟约，就下令出兵，派遣王恢与韩安国两位将军前去讨伐闽越。汉朝大军还未越过山岭，闽越王郢的弟弟余善杀死郢，向汉朝投降，于是汉朝停止讨伐。

天子派庄助前去向南越王讲清朝廷的用意，赵胡叩头说："天子竟然为臣发兵讨伐闽越，臣虽死也无法报答天子的恩德！"他派遣太子赵婴齐入朝充当天子的侍卫，并对庄助说："国家新近遭到敌寇侵犯，请使者先回朝返命。我正在日夜加紧整理行装，准备进京朝见天子。"庄助走后，南越国的大臣劝阻赵胡说："汉朝发兵讨伐闽越，也是以此来警告南越。而且先王从前讲过，事奉天子务必不要失礼，但不能听信使者的好话就入朝拜见天子。一入朝就不能再回来，这会导致亡国的。"于是赵胡自称有病，终究没有入朝拜见天子。过了十余年，赵胡确实病重，太子赵婴齐请求归国。赵胡去世后，被谥为文王。

赵婴齐继位成为南越王之后，就将他祖先武帝的玺印收藏起来。赵婴齐在长安担任侍卫时，娶邯郸樛姓女子为妾，生下儿子赵兴。到他即位后，上书朝廷，请求立樛氏为王后，赵兴为太子。汉朝数次派遣使者示意赵婴齐入朝拜见天子，而赵婴齐仍喜好独揽生杀大权，为所欲为，恐怕入朝拜见天子就会被强迫执行汉朝的法律，与内地的诸侯待遇相同。因此赵婴齐坚持讲自己身体有病，一直不肯入朝拜见天子。赵婴齐派儿子赵次公入朝充任天子的侍卫。赵婴齐去世后，被谥为明王。

赵兴继位成为南越王，其母樛氏成为王太后。太后在未成为赵婴齐的姬妾时，就曾与霸陵人安国少季私通。到赵婴齐去世后，汉武帝元鼎四年（公元前113年），汉朝派安国少季前往南越，劝说南越王与王太后入朝拜见天子，与内地诸侯一样；同时命令能言善辩的谏大夫终军等宣达朝廷旨意，勇士魏臣等加以辅佐，再派卫尉路博德率军驻扎在桂阳，以等待使者的消息。南越王赵兴年幼，太后是中原人，曾与安国少季私通，这次安国少季前来出使，他们再次私通。南越国人得知此事后，多不依附太后。太后恐怕会发生变乱，也想倚仗汉朝的威势，多次劝说南越王及群臣请求归属汉朝。他们就通过使者上书朝廷，请求依照内地诸侯的惯例，三年朝见天子一次，撤除边境上的关塞。于是天子允许他们的请求，赐给南越国丞相吕嘉银印，以及内史、中尉、太傅的官印，其余官职允许南越国自己设置。废除南越国原有的黥刑、劓刑，使用汉朝的法律，与内地诸侯一样。汉朝使者都留下来安抚稳定南越国的局势。南越王与王太后整理行装和贵重资财，为入朝作准备。

南越国丞相吕嘉年龄已很大，他辅佐过三代国王，他宗族中担任较高官职的就有七十余人，男的都娶王女为妻，女的也都嫁给王的兄弟侄及宗室，同时还与苍梧秦王赵光有联姻关系。吕嘉在南越国中权势甚重，越人信任他，很多人都是他的亲信，为他充当耳目，在得人心方面超过南越王。暗中与大臣们谋划叛乱。

天子听说吕嘉不服从南越王，王和王太后势孤力弱，不能控制局势，汉朝使者怯懦而不能决断。又认为南越王、太后已归附汉朝，只有吕嘉阴谋叛乱，不值得兴师动众，打算派庄参率领二千人出使南越。庄参说："作为友好使者，几个人就足够了；如果作为武力威胁，二千人不足以办成大事。"庄参推辞不肯去，天子就免去他的官职。郏地的壮士，前任济北相韩千秋挺身而出，说："以一个小小的南越，又有王、太后作为内应，只有丞相吕嘉从中破坏，我愿率领勇士二百人前往，一定杀死吕嘉，还报朝廷。"于是天子派遣韩千秋与王太后的弟弟樛乐率领二千人出使南越。他们一进南越国境，吕嘉等就发动叛乱，下令国中说："国王年幼。太后是中原人，又与汉朝使者通奸，只想归附汉朝，把先王珍宝重器都献给天子，以此来谄媚天子。她要带走许多随从，走到长安后，就将他们都卖给汉人作奴仆。太后只求自己脱身的一时之利，而不顾赵氏的社稷，也没有为后世子孙长久之计着想的意思。"吕嘉就与自己弟弟率兵进攻并杀死南越王、太后及汉朝使者。

吕嘉派人告诉苍梧秦王赵光及各郡、县，立明王赵婴齐的长子，即他与元配南越籍妻子所生的术阳侯赵建德为南越王。而韩千秋率军进入南越境内，攻破几个小城镇。以后，南越人索性让开道路，供给饮食，使汉军深入，在距番禺四十里的地方，南越派军进攻韩千秋等，将汉军全部消灭。吕嘉派人将汉朝使者的符节封装在匣内，送到边塞之上，并大讲一通欺骗人的话表示歉意，同时发兵防守各要害之地。于是天子说："韩千秋虽然没有成功，但也为前锋将士树立一个榜样，封他儿子韩延年为成安侯。樛乐的姐姐身为王太后，首先表示愿归属汉朝，封樛乐的儿子樛广德为龙亢侯。"接着天子又发布赦令说："天子衰微，诸侯干预政事，互相攻伐，《春秋》就讥刺大臣不知讨伐叛贼。如今吕嘉、赵建德等造反，安然无事地自立为王，我命令犯罪之人及江、淮以南的水军十万人前去进行讨伐。"

元鼎六年冬季，楼船将军杨仆统率精兵首先攻下寻陕，攻破石门，俘获南越的船只与粮食，乘机向前推进，挫败越军前锋，率领数万大军等待伏波将军。伏波将军路博德率领被赦的罪人，路途遥远，碰巧耽误了会师的期限，与楼船将军会师时，伏波将军部下只有千余人，于是他们一同前进。楼船将军率军在前，直达番禺。赵建德、吕嘉等都据城防守。楼船将军自己选择有利地势，占据番禺城的东南面，伏波将军就驻军城的西北面。正当天黑时，楼船将军击败越人，放火烧城。南越人一向知道伏波将军的威名，天色已晚，不知他有多少兵马。伏波将军就建起营寨，派使者去招纳投降的越人，赐给这些降人印信后，又让他们出去招纳其余的越人。楼船将军奋力进攻，烧毁敌城，反而将越军都赶入伏波将军营中。黎明时，城中的人都向伏波将军投降。吕嘉、赵建德已在夜里率部属数百人逃到海上，乘船西去。伏波将军又借机询问已投降的南越贵人，从而得知吕嘉逃走的方向，派兵前去追赶。现任伏波将军司马的原校尉苏弘捉获赵建德，被封为海常侯；南越国郎官都稽捉到吕嘉，被封为临蔡侯。

从尉佗开始称南越王以后，传国五世，共九十三年，南越国就灭亡了。

太史公说：尉佗称王，本来出于任嚣的提拔。正赶上汉朝刚平定天下，他被封为诸侯。隆虑侯周灶的大军遇到湿热气候，流行瘟疫，尉佗因此而更加骄傲。西瓯、骆越前来进攻，使得南越王的统治动摇。汉朝大军临境，太子赵婴齐因此入朝充任侍卫。以后南越亡国，其预兆就在于赵婴齐娶了樛氏的女儿。吕嘉只重小忠，不识大体，使得尉佗创建的国家被灭亡。楼船将军纵欲不节，怠慢骄傲，昏惑失职；伏波将军遭遇坎坷，智谋愈益丰富，因而转祸为福。可见祸福成败的转换，就如同缠绕着的绳索一样，难以预料。

东越列传

【原文】

闽越王无诸及越东海王摇者，其先皆越王勾践之后也，姓驺氏。秦已并天下，皆废为君长，以其地为闽中郡。及诸侯畔秦，无诸、摇率越归鄱阳令吴芮，所谓鄱君者也，从诸侯灭秦。当是之时，项籍主命，弗王，以故不附楚。汉击项籍，无诸、摇率越人佐汉。汉五年，复立无诸为闽越王，王闽中故地，都东冶。孝惠三年，举高帝时越功，曰闽君摇功多，其民便附，乃立摇为东海王，都东瓯，世俗号为东瓯王。

后数世，至孝景三年，吴王濞反，欲从闽越，闽越未肯行，独东瓯从吴。及吴破，东瓯受汉购，杀吴王丹徒，以故皆得不诛，归国。

至建元六年，闽越击南越。南越守天子约，不敢擅发兵击而以闻。上遣大行王恢出豫章，大农韩安国出会稽，皆为将军。兵未逾岭，闽越王郢发兵距险。其弟余善乃与相、宗族谋曰："王以擅发兵击南越，不请，故天子兵来诛。今汉兵众强，今即幸胜之，后来益多，终灭国而止。今杀王以谢天子，天子听，罢兵，固一国完；不听，乃力战，不胜，即亡入海。"皆曰"善"。即鏦杀王，使使奉其头致大行。大行曰："所为来者诛王。今王头至，谢罪，不战而耘，利莫大焉。"乃以便宜案兵告大农军，而使使奉王头驰报天子。诏罢两将兵，曰："郢等首恶，独无诸孙繇君丑不与谋焉。"乃使郎中将立丑为越繇王，奉闽越先祭祀。

余善已杀郢，威行于国，国民多属，窃自立为王。繇王不能矫其众持正。天子闻之，为余善不足复兴师，曰："余善数与郢谋乱，而后首诛郢，师得不劳。"因立余善为东越王，与繇王并处。

至元鼎五年，南越反，东越王余善上书，请以卒八千人从楼船将军击吕嘉等。

元鼎六年秋，余善闻楼船请诛之，汉兵临境，且往，乃遂反，发兵距汉道。号将军驺力等为"吞汉将军"，入白沙、武林、梅岭，杀汉三校尉。是时汉使大农张成、故山州侯齿将屯，弗敢击，却就便处，皆坐畏懦诛。

余善刻"武帝"玺自立，诈其民，为妄言。天子遣横海将军韩说出句章，浮海从东方往；楼船将军杨仆出武林；中尉王温舒出梅岭；越侯为戈船、下濑将军，出若邪、白沙。元封元年冬，咸入东越。东越素发兵距险，使徇北将军守武林，败楼船将军数校尉，杀长吏。楼船将军率钱唐辕终古斩徇北将军，为御兒侯。自兵未往。

故越衍侯吴阳前在汉，汉使归谕余善，余善弗听，及横海将军先至，越衍侯吴阳以其邑七百人反，攻越军于汉阳。从建成侯敖，与其率，从繇王居股谋曰："余善首恶，劫守吾属。今汉兵至，众强，计杀余善，自归诸将，傥幸得脱。"乃遂俱杀余善，以其众降横海将军，故封繇王居股为东成侯，万户；封建成侯敖为开陵侯；封越衍侯吴阳为北石侯；封横海将军说为案道侯；封横海校尉福为缭嫈侯。福者，成阳共王子，故为海常侯，坐法失侯。旧从军无功，以宗室故侯。诸将皆无成功，莫封。东越将多军，汉兵至，弃其军降，封为无锡侯。

于是天子曰东越狭多阻，闽越悍，数反覆。诏军吏皆将其民徙处江、淮间。东越地遂虚。

太史公曰：越虽蛮夷，其先岂尝有大功德于民哉，何其久也！历数代常为君王，勾践一称伯。然余善至大逆，灭国迁众，其先苗裔繇王居股等犹尚封为万户侯，由此知越世世为公侯矣。盖禹之余烈也。

【译文】

闽越王无诸和越东海王摇，他们的祖先都是越王勾践的后代，姓驺。秦统一天下后，他们都被废黜为部族首领，在这一地区设置闽中郡。到诸侯反叛秦朝时，无诸、摇率领越人归附被称为鄱君的鄱阳令吴芮，跟随诸侯灭亡了秦国。当时，项羽掌握着号令诸侯的权力，没有立无诸和摇为王，所以他们没有归附项羽的楚政权。汉王刘邦起兵进攻项羽，无诸、摇率领越人辅佐汉王。汉王五年（公元前202），重新立无诸为闽越王，统治原秦朝设置的闽中郡，建都于东冶。汉惠帝三年（公元前192），列举高帝时越人的辅佐之功，朝廷认为闽君摇的功劳多，治下的百姓乐于归附，于是立摇为东海王，建都于东瓯，因此民间称摇为东瓯王。

过了几代之后，到汉景帝三年（公元前145），吴王刘濞造反，想让闽越随他一同反叛汉朝，闽越不肯出兵，只有东瓯跟随吴王造反。到吴军战败时，东瓯接受汉朝的重金收买，在丹徒杀死吴王刘濞。因此东瓯、闽越都没有受到处罚，各自归回自己国中。

到建元六年，闽越攻打南越。南越遵守天子的约束，不敢擅自发兵还击，而是将此事向朝廷报告。皇上派遣大行令王恢率军从豫章郡出发，大农令韩安国率军从会稽郡出发，两人都担任将军。汉军尚未越过山岭，闽越王郢已发兵扼守险要的地方。他的弟弟余善就与闽越国相及宗族商议说："我们国王擅自发兵攻打南越，未向天子请示，因此天子的军队前来讨伐。如今汉军人多势强，即使现在侥幸取胜，后面还会有更多的军队前来，直至灭亡我国为止。如今我们杀死国王，以向天子谢罪，如果天子接受，停止进兵，固然可以保全我们的国家；如果天子不理睬，我们就奋力死战，不能取胜，就逃入海中。"大家都说："好！"于是就用矛刺死王，派使者将他的头颅送到大行令王恢军中。王恢说："我们来的目的是诛杀闽越王，如今王的头颅已经送来，闽越人也表示谢罪，不战而除去祸害，确实是最好的事情了。"于是王恢自己作主先停止军队前进，并通知大农令韩安国的军队，又派使者携带闽越王的头颅飞报天子。天子下诏停止两位将军的军事行动，说："闽越王郢等首先作恶，只有无诸的孙子繇君丑没有参与阴谋。"就派郎中将去立丑为越繇王，奉事对闽越祖先的祭祀。

余善杀死郢之后，在国中权势甚大，国中百姓多归附于他，他就暗中自立为王。繇王也不能矫正自己部众的过失，使其遵循正道。天子得知后，认为不值得为余善的事再次兴师动众，说："余善屡次与郢策划叛乱，而后来又首先倡议杀死郢，使汉军得以免除劳苦。"于是立余善为东越王，与繇王同时并存。

到元鼎五年（公元前112），南越造反，东越王余善上书朝廷，请求率领八千名兵士跟随楼船将军杨仆进攻吕嘉等。

元鼎六年秋季，余善听说楼船将军请求讨伐他，而且汉军已逼近国境，将要攻过来，于是他就起来造反，发兵扼守汉军将要经由的道路。余善加给将军驺力等人"吞汉将军"的封号，派军攻入白沙、武林、梅岭，杀死汉军的三个校尉。当时汉朝派遣大农令张成和原山州侯刘齿率军驻守，他们没有敢去进攻东越军队，而退却到有利的地势，结果都因犯下怯懦畏敌之罪而被处死。

余善刻好有"武帝"字样的印玺，自立为皇帝，欺骗国中百姓，散布一些诽谤天子与朝廷的虚妄不实的言论。天子派遣横海将军韩说自句章出发，渡海从东方进攻；楼船将军杨仆从武林出发；中尉王温舒从梅岭出发；以被封侯的南越人郑严、田甲为戈船、下濑将军，从若邪、白沙出发。元封元年（公元前 110）冬季，各路大军都进入东越。东越原已发兵扼守险要地形，派徇北将军守卫武林，击败楼船将军属下的几个校尉，杀死地位较高的官吏。楼船将军的部将钱唐人辕终古杀死徇北将军，被封为御兒侯。楼船将军杨仆未亲自率军前往。

原东越衍侯吴阳在此之前留在汉朝，朝廷派他回去劝说余善，余善不听。到横海将军韩说的军队先攻入东越境内，越衍侯吴阳就率领自己封邑内的七百人起来反戈一击，在汉阳进攻东越军队。他与建成侯敖及属下渠率，同郡王居股商议说："余善首先作恶，胁迫我们跟他一起造反。如今汉军已到，人多势强，不如我们设计杀死余善，自动归顺汉朝诸将，或许能侥幸免去一死。"于是他们一起杀死余善，率领属下部众投降横海将军。因此，朝廷封繇王居股为东成侯，食邑万户；封建成侯敖为开陵侯；封越衍侯吴阳为北石侯；封横海将军韩说为案道侯；封横海校尉刘福为缭莹侯。刘福是成阳共王刘喜的儿子，原先被封为海常侯，因犯法而失去侯爵的封号。他过去从军也未立下战功，因为是宗室的缘故而被封侯。其余诸将都未立战功，无人受到册封。东越将领多军，当汉军一到，就放弃所率军队，向汉军投降，因此被封为无锡侯。

于是天子说东越之地狭窄而多险阻，闽越人强悍难制，反复无常。下诏命令将领们将东越人迁徙江淮一带居住。东越地区遂空无人烟。

太史公说：越人虽然是蛮夷，他们的祖先难道曾对百姓有过很大的功德，否则怎么会传袭得如此久远！经历数代，常为君王，勾践还曾一度称霸天下。然而余善竟作出大逆不道的事情，导致国家灭亡，百姓被迁徙。但越人祖先的后代子孙繇王居股等还是被封为万户侯，由此可知，越人世代都有人出任公侯。这大概就是因大禹遗留下来的功业吧！

朝鲜列传

【原文】

朝鲜王满者，故燕人也。自始全燕时尝略属真番、朝鲜，为置吏，筑鄣塞。秦灭燕，属辽东外徼。汉兴，为其远难守，复修辽东故塞，至浿水为界，属燕。燕王卢绾反，入匈奴，满亡命，聚党千余人，魋结蛮夷服而东走出塞，渡浿水，居秦故空地上下鄣，稍役属真番、朝鲜蛮夷及故燕、齐亡命者王之，都王险。

会孝惠、高后时天下初定，辽东太守即约满为外臣，保塞外蛮夷，无使盗边；诸蛮夷君长欲入见天子，勿得禁止。以闻，上许之，以故满得兵威财物侵降其旁小邑，真番、临屯皆来服属，方数千里。

传子至孙右渠，所诱汉亡人滋多，元封二年，汉使涉何谯谕右渠，终不肯奉诏。何去至界上，临浿水，使御刺杀送何者朝鲜裨王长，即渡，驰入塞，遂归报天子曰"杀朝鲜将"。上为其名美，即不诘，拜何为辽东东部都尉。朝鲜怨何，发兵袭攻杀何。

天子募罪人击朝鲜。其秋，遣楼船将军杨仆从齐浮渤海；兵五万人，左将军荀彘出辽东，讨右渠。右渠发兵距险。左将军卒正多率辽东兵先纵，败散，多还走，坐法斩。楼船将军将齐兵七千人先至王险。右渠城守，窥知楼船军少，即出城击楼船，楼船军败散走。将军杨仆失其众，遁山中十余日，稍求收散卒，复聚。左将军击朝鲜浿水西军，未能破自前。

天子为两将未有利，乃使卫山因兵威往谕右渠。遣太子入谢，献马五千匹，及馈军粮。人众万余，持兵，方渡浿水，使者及左将军疑其为变，谓太子已服降，宜命人毋持兵。太子亦疑使者左将军诈杀之，遂不渡浿水，复引归。山还报天子，天子诛山。

左将军破浿水上军，乃前，至城下，围其西北。楼船亦往会，居城南。右渠遂坚守城，数月未能下。

左将军已并两军，即急击朝鲜。朝鲜相路人、相韩阴、尼谿相参、将军王唊相与谋曰："始欲降楼船，楼船今执，独左将军并将，战益急，恐不能与，王又不肯降。"阴、唊、路人皆亡降汉。路人道死。元封三年夏，尼谿相参乃使人杀朝鲜王右渠来降。王险城未下，故右渠之大臣成巳又反，复攻吏。左将军使右渠子长降、相路人之子最告谕其民，诛成巳，以故遂定朝鲜，为四郡。封参为澅清侯，阴为荻苴侯，王唊为平州侯，长降为几侯。最以父死颇有功，为温阳侯。

左将军征至，坐争功相嫉，乖计，弃市。楼船将军亦坐兵至洌口，当待左将军，擅先纵，失亡多，当诛，赎为庶人。

太史公曰：右渠负固，国以绝祀。涉何诬功，为兵发首。楼船将狭，及难离咎。悔失番禺，乃反见疑。荀彘争劳，与遂皆诛。两军俱辱，将率莫侯矣。

【译文】

朝鲜王卫满，原是燕国人。当燕国全盛的时候，曾经占领真番、朝鲜为属地，设置官吏，修筑要塞。秦国灭了燕国以后，朝鲜属于辽东郡以外的边远地区的国家。汉朝建立以后，由于它距离太远，难以防守，又重修辽东郡过去的要塞，一直到浿水为界，把该地划归燕国。燕王卢绾造反，逃到匈奴去，朝鲜王满便聚集了他的党徒一千多人，梳着椎髻发，穿着蛮夷的衣服，向东逃出了边塞。他们渡过浿水，居住在原来秦国的空地，在上下障的地方往来活动。他逐渐地役使真番、朝鲜这些蛮夷人，以及从前燕国、齐国逃亡到这里来的人，自己称王，建都在王险。

正值孝惠帝和高祖后时，天下刚刚安定，辽东太守就约定卫满做汉朝的外臣，以抵御塞外的蛮夷人，不让他们前来骚扰边界。至于这些蛮夷人的君王头目，如果要进入汉朝的边界想晋见天子，则不加禁止。这个报告呈上以后，得到皇帝的允许。因此，满能够利用他的兵威和财力、物力，去侵略和降服他周围的小城邑，真番、临屯都来臣服于他，方圆达到数千里。

传到他的孙子右渠时，他引诱了更多汉朝的逃亡人民。元封二年（公元前109），汉的使臣涉何来责备了右渠，而他却始终不肯接受汉朝的诏谕。涉何回去的时候，来到边界上，在浿水边，命令驾驶车马的人刺杀了来送行的朝鲜裨王长，然后，立即渡河，驶入了关塞。于是回来报告天子说："我杀了朝鲜的将领。"皇帝因为涉何名声很好，也不再追问，任命涉何为辽东郡的东部都尉。朝鲜则怨恨涉何，派兵来进攻，杀了涉何。

汉天子招募罪人去打朝鲜。当年秋天，派遣楼船将军杨仆率领军队从齐国渡过渤海，共有士兵五万人；左将军荀彘从辽东郡出兵，一齐去讨伐右渠。右渠派兵占据了险要地带进行抵抗。左将军的队长名叫多的，率领辽东兵，先去攻打。军队被打败冲散，多跑了回来，因为触犯军法被斩。楼船将军率领齐国兵七千人先到王险。右渠在城上防守，探知楼船将军的兵力很少，就出城攻打楼船将军。楼船将军的军队战败，四散逃走。楼船将军杨仆失去了他的军队，逃入山中十几天，逐渐寻找到散失的兵卒，士兵们又聚集起来。左将军攻打朝鲜浿水西边的军队，没有能攻破敌军，把军队推向前进。

汉天子因为上述两位将领作战不利，于是派遣卫山利用兵威去晓谕右渠。于是，他派遣太子到汉朝去谢罪，献上五千匹马，馈赠一些军粮。他派了一共一万多士兵，都拿着兵器护送太子。当他们正要渡过浿水时，汉朝的使者和左将军怀疑他们会叛变，就说太子既然已经归降，应当命令随行的人不要携带兵器。太子也怀疑使者和左将军设计要杀害他，于是不渡浿水，又率领他的兵众回去。卫山回去把经过情况报告天子，天子诛杀了卫山。

左将军打败了浿水上的敌军，于是向前推进，到了王险城下，围住城的西北方面。楼船将军也前去会师，驻扎在城的南方。右渠坚守城池，好几个月都攻不下来。

左将军兼并了两军以后，就全力进攻朝鲜。朝鲜相路人、相韩阴、尼谿相参、将军王唊共同计议说："起初我们要向楼船将军投降，楼船将军如今被捕，只有左将军在统率两路的兵马，战争越来越紧急，我们恐怕对付不了，而我们的王又不肯投降。"韩阴、王唊、路人都跑去投降了汉朝。路人死在中途路上。三年夏天，尼谿相参就派人杀了朝鲜王右渠，投降汉朝。但由于王险城还没有攻下，所以右渠的大臣成巳又反叛，再度攻杀官吏。左将军派右渠的儿子长降、相路人的儿子最告谕百姓，杀死了成巳，因而终于平定了朝鲜，把它划分为四个郡。封参为澅清侯，阴为荻苴侯，唊为平州侯，长降为几侯，最因为父亲死了，很有功劳，被封为温阳侯。

左将军被征召到京城，因为犯了作战时争功，互相嫉妒，计谋失当之罪，被杀，弃尸市井。楼船将军也因为犯了士兵开到洌口时，应该等待左将军兵到再行动，却擅自纵兵进攻，伤亡严重之罪，被判斩首，赎为平民。

太史公说：右渠凭借地势的险固，使得国家被消灭。涉何骗取功劳，引发了汉朝与朝鲜的战端。楼船将军由于心胸狭窄，以致遇到危难而获罪。因为后悔自己在番禺的失策，反而被人怀疑要造反。左将军荀彘争功，和公孙遂一起被杀。杨、荀两军都遭受到耻辱，将帅们没有人被封侯的。

儒林列传

【原文】

太史公曰：余读功令，至于广厉学官之路，未尝不废书而叹也。曰：嗟乎！夫周室衰而《关雎》作，幽厉微而礼乐坏，诸侯恣行，政由强国。故孔子闵王路废而邪道兴，于是论次《诗》《书》，修起礼乐。适齐闻《韶》，三月不知肉味。自卫返鲁，然后乐正，《雅》《颂》各得其所。世以混浊莫能用，是以仲尼干七十余君无所遇，曰"苟有用我者，期月而已矣"。西狩获麟，曰

"吾道穷矣"。故因史记作《春秋》，以当王法，以辞微而指博，后世学者多录焉。

自孔子卒后，七十子之徒散游诸侯，大者为师傅卿相，小者友教士大夫，或隐而不见。

及至秦之季世，焚《诗》《书》，阬术士，《六艺》从此缺焉。陈涉之王也，而鲁诸儒持孔氏之礼器往归陈王。于是孔甲为陈涉博士，卒与涉俱死。

及高皇帝诛项籍，举兵围鲁，鲁中诸儒尚讲诵习礼乐，弦歌之音不绝，岂非圣人之遗化，好礼乐之国哉？故孔子在陈，曰"归与归与！吾党之小子狂简，斐然成章，不知所以裁之"。夫齐鲁之间于文学，自古以来，其天性也。故汉兴，然后诸儒始得修其经艺，讲习大射乡饮之礼。叔孙通作汉礼仪，因为太常，诸生弟子共定者，咸为选首，于是喟然叹，兴于学。然尚有干戈，平定四海，亦未暇遑庠序之事也。孝惠、吕后时，公卿皆武力有功之臣。孝文时颇征用，然孝文帝本好刑名之言。及至孝景，不任儒者，而窦太后又好黄老之术，故诸博士具官待问，未有进者。

及今上即位，赵绾、王臧之属明儒学，而上亦乡之，于是招方正贤良文学之士。自是之后，言《诗》于鲁则申培公，于齐则辕固生，于燕则韩太傅。言《尚书》自济南伏生。言《礼》自鲁高堂生。言《易》自菑川田生。言《春秋》于齐鲁自胡毋生，于赵自董仲舒。及窦太后崩，武安侯田蚡为丞相，绌黄老、刑名百家之言，延文学儒者数百人，而公孙弘以《春秋》白衣为天子三公，封以平津侯。天下之学士靡然乡风矣。

申公者，鲁人也。高祖过鲁，申公以弟子从师入见高祖于鲁南宫。吕太后时，申公游学长安，与刘郢同师。已而郢为楚王，令申公傅其太子戊。戊不好学，疾申公。及王郢卒，戊立为楚王，胥靡申公。申公耻之，归鲁，退居家教，终身不出门，复谢绝宾客，独王命召之乃往。弟子自远方至受业者百余人。申公独以《诗经》为训以教，无传，疑者则阙不传。

兰陵王臧既受《诗》，以事孝景帝为太子少傅，免去。今上初即位，臧乃上书宿卫上，累迁，一岁中为郎中令。及代赵绾亦尝受《诗》申公，绾为御史大夫。

教，终身不出门，复谢绝宾客，独王命召之乃往。弟子自远方至受业者百余人。申公独以《诗经》为训以教，无传，疑者则阙不传。

兰陵王臧既受《诗》，以事孝景帝为太子少傅，免去。今上初即位，臧乃上书宿卫上，累迁，一岁中为郎中令。及代赵绾亦尝受《诗》申公，绾为御史大夫。

绾、臧请天子，欲立明堂以朝诸侯，不能就其事，乃言师申公。于是天子使使束帛加璧安车驷马迎申公，弟子二人乘轺传从。至，见天子。天子问治乱之事，申公时已八十余，老，对曰：“为治者不在多言，顾力行何如耳。”是时天子方好文词，见申公对，默然。然已招致，则以为太中大夫，舍鲁邸，议明堂事。太皇窦太后好老子言，不说儒术，得赵绾、王臧之过以让上，上因废明堂事，尽下赵绾、王臧吏，后皆自杀。申公亦疾免以归，数年卒。

清河王太傅辕固生者，齐人也。以治《诗》，孝景时为博士。与黄生争论景帝前。黄生曰：“汤武非受命，乃弑也。”辕固生曰：“不然。夫桀纣虐乱，天下之心皆归汤武，汤武与天下之心而诛桀纣，桀纣之民不为之使而归汤武，汤武不得已而立，非受命为何？”黄生曰：“冠虽敝，必加于首；履虽新，必关于足。何者，上下之分也。今桀纣虽失道，然君上也；汤武虽圣，臣下也。夫主有失行，臣下不能正言匡过以尊天子，反因过而诛之，代立践南面，非弑而何也？”辕固生曰：“必若所云，是高帝代秦即天子之位，非邪？”于是景帝曰：“食肉不食马肝，不为不知味；言学者无言汤武受命，不为愚。”遂罢。是后学者莫敢明受命放杀者。

今上初即位，复以贤良征固。诸谀儒多疾毁固，曰“固老”，罢归之。时固已九十余矣。固之征也，薛人公孙弘亦征，侧目而视固。固曰：“公孙子，务正学以言，无曲学以阿世！”自是之后，齐言《诗》皆本辕固生也。诸齐人以《诗》显贵，皆固之弟子也。

韩生者，燕人也。孝文帝时为博士，景帝时为常山王太傅。韩生推《诗》之意而为《内外传》数万言，其语颇与齐鲁间殊，然其归一也。淮南贲生受之。自是之后，而燕赵间言《诗》者由韩生。韩生孙商为今上博士。

董仲舒，广川人也。以治《春秋》，孝景时为博士。下帷讲诵，弟子传以久次相受业，或莫见其面，盖三年董仲舒不观于舍园，其精如此。进退容止，非礼不行，学士皆师尊之。今上即位，为江都相。以《春秋》灾异之变推阴阳所以错行，故求雨闭诸阳，纵诸阴，其止雨反是。行之一国，未尝不得所欲。中废为中大夫，居舍，著《灾异之记》。是时辽东高庙灾，主父偃疾之，取其书奏之天子。天子召诸生示其书，有刺讥。董仲舒弟子吕步舒不知其师书，以为下愚。于是下董仲舒吏，当死，诏赦之。于是董仲舒竟不敢复言灾异。

董仲舒为人廉直。是时方外攘四夷，公孙弘治《春秋》不如董仲舒，而弘希世用事，位至公卿。董仲舒以弘为从谀。弘疾之，乃言上曰：“独董仲舒可使相胶西王。”胶西王素闻董仲舒有行，亦善待之。董仲舒恐久获罪，疾免居家。至卒，终不治产业，以修学著书为事。故汉兴至于五世之间，唯董仲舒名为明于《春秋》，其传公羊氏也。

胡毋生，齐人也。孝景时为博士，以老归教授。齐之言《春秋》者多受胡毋生，公孙弘亦颇受焉。

瑕丘江生为谷梁《春秋》。自公孙弘得用，尝集比其义，卒用董仲舒。

仲舒弟子遂者：兰陵褚大，广川殷忠，温吕步舒。褚大至梁相。步舒至长史，持节使决淮南狱，于诸侯擅专断，不报，以《春秋》之义正之，天子皆以为是。弟子通者，至于命大夫；为郎、谒者、掌故者以百数。而董仲舒子及孙皆以学至大官。

【译文】

太史公说：我读国家关于考选学官、兴办教育事业的法令，读到广泛地开辟学官的进身之路以鼓励士子的规定时，总是放下书册而感叹。唉！周朝一开始走下坡路，诗人就创作了《关雎》这首诗，到幽王、厉王时王室衰微，礼乐制度也就崩坏了。以后诸侯横行无忌（天子形同虚设），天下大政都由强国作主。孔子哀伤王道废弃邪道盛行，于是就删定编次《诗》《书》，修订振兴礼乐，他去齐国听见演奏《韶》乐，（被那高雅典丽的意境所陶醉，）三个月之中，食肉不辨肉味。他从卫国返回鲁国后，就使鲁国的音乐回到了正确的方向，《雅》和《颂》各自得到了适当的位置。而当时的世道混乱不堪，没有谁肯任用孔子，所以孔子以他的理想游说了七十多个国君，未能遇上一个能赏识他的。他说："如果有肯任用我的，只要一年的时间我就能把兴礼作乐的事办得差不多了。"后来鲁人在西郊狩猎，捕捉到一头麒麟，孔子说道："我的路走到尽头了。"所以他依据历史记载而作了一部《春秋》，（用它来褒贬善恶）以担当代替古代圣王之法。这部书语辞精微，意旨博大，后世的学者多有传抄。

孔子去世以后，他的那些被后人称为"七十子"的学生们就分散各地，游说诸侯，成就大的当上了诸侯的师傅卿相，成就小的也能做士大夫的老师、朋友。也有人隐居起来，不显露自己。

等到秦朝末年，焚烧《诗》《书》，活埋儒生术士，儒家的六部经典从此就残缺了。陈涉称王，鲁地的儒生们带着孔氏的礼器前往投奔归顺陈王。那时孔甲担任了陈涉的博士，最终和陈涉一起死难。

到高皇帝消灭了项羽，发兵围困鲁地，鲁地的儒生们尚且还在讲习讽诵儒家经典，演习礼乐，音乐歌唱的声音不绝于耳，这难道不是圣人遗留的教化，爱好礼乐之邦吗？所以当初孔子在陈国，曾说："回去吧！回去吧！我们那里年轻的学生们志向远大，眼界很高而疏略于具体事务，一个个才气纵横，斐然可观，我不知道怎样去成就他们。"齐鲁一带的士人对于古代典章文献之学的爱好，自古以来就存在了，这是那里人们的天性。汉朝兴起得了天下，然后儒生们才能研究他们的经典，请求演习大射、乡饮等礼仪。叔孙通制定了汉朝的各种礼仪制度，从而被任命为太常，跟随他的儒生弟子参与此事的也都在选官时被优先任用。于是人们都出声称叹，振奋起来立志向学。但当时还有征战之事，需要用武力去平定天下，所以也来不及顾及兴办学校的事。孝惠帝和吕太后时期，朝廷的公卿都是武将出身的功臣。孝文帝时，征召任用了相当多的文学之士，但孝文帝原本所欣赏的还是法家刑名之学。到了孝景帝，就不再任用儒者，而那时窦太后又喜爱道家黄老的那一套学术，所以那些博士官只是摆在那个位置上等待皇上顾问，没有能进身受重用的。

到当今皇上即位后，赵绾、王臧这些人深明儒学，而皇上对儒学也很向往，于是就招纳任用方正、贤良、文学之士。从此以后，讲说《诗经》的，在鲁地有申培公，在齐地有辕固生，在燕地有韩太傅。讲说《尚书》的，都源自济南的伏生。讲说《礼经》的，都源自鲁地的高堂生。讲说《易经》的都源自菑川的田生。讲说《春秋》的在齐鲁一带都源自胡毋生，在赵地则源自董仲舒。等到窦太后崩逝以后，武安侯田蚡任丞相，废斥道家黄老法家刑名等各种学派的学说，请来了通晓文献经典的儒生几百人，而公孙弘以《春秋》一经起家，从平民做到天子的三公，被封为平津侯。天下的学子也就随风一边倒，全都归向儒家了。

申公是鲁人。高祖经过鲁地，申公曾作为弟子跟随他的老师进入鲁南宫去谒见高祖。吕太后当政时期，申公到长安游学，与楚元王的儿子刘郢同出一个老师门下。后来刘郢继位当上了楚王，就让申公做他的太子刘戊的师傅。刘戊不好学，恼恨申公。等到刘郢去世，刘戊被立为楚王，他就强迫申公拖着绳索刑具服劳役，申公感到耻辱，就退归鲁地，隐居起来在家教授学生，终身不出家门，又谢绝宾客往来，只有鲁王有命召见才去。从远方来从学受业的弟子有一百多人。申公只是解释《诗经》的文义作口头传授，而不撰写传注，遇到疑难问题一时难以解答的，就搁置一边，不妄加解释。

兰陵人王臧从申公那里得到了《诗》学的传授，凭借这方面的学识事奉孝景帝，当上了太子少傅，后来因故免官离开长安。当今皇上刚刚即位，王臧就上书请求担任宿卫之事，（皇上起用他）他多次升迁官职，一年之中就做到郎中令。又有代人赵绾也曾经跟申公学习《诗经》，当时官任御史大夫。赵绾、王臧向天子建议，要设立明堂朝见诸侯，而他们（对明堂的制度不很清楚）不能完成这件事，就进言推荐他们的老师申公。于是天子派遣使者用束帛加璧、安车驷马隆重地迎请申公，申公的两个弟子也得以乘坐使者用的轺车一路传送，跟随申公。申公到长安见了天子，天子问他天下或治或乱的道理，申公当时八十多岁了，年事已老，回答说："治理好天下不在于多说些什么，而是要看努力实行的情况怎样。"当时天子正喜欢用文词张扬治绩，听了申公的回答（心中不高兴），默然不语。然而既然已经把申公请来了（总得有个安排），就任命他为太中大夫，住在鲁王在京师的府邸中，商议设立明堂的事情。窦太皇太后爱好老子的学说，不喜欢儒家的那一套，她寻求到赵绾、王臧的过错责备皇上，皇上因而取消了议立明堂之事，把赵绾、王臧都送交法司定罪，二人后来都自杀了。申公也因病免官回家，几年以后去世。

清河王太傅辕固生是齐人。因为对《诗经》素有研究，孝景帝时当了博士。他曾同黄生在景帝前争论。黄生说："商汤和周武王不是承受天命取得天下，而是弑君篡位。"辕固生说："不对。夏桀和商纣残暴昏乱，那时天下的人心都归向商汤和周武王。商汤和周武王顺应天下的人心诛讨夏桀和商纣，夏桀、商纣的百姓不肯为自己的王出力而倒向商汤和周武王，商汤和周武王不得已而代立称王，这不是承受天命又是什么？"黄生说："帽子虽然破旧，一定用来戴在头上；鞋子虽然崭新，一定用来穿在脚下。为什么是这样呢？因为有

上下之分。夏桀商纣虽然无道，但他们毕竟是君上；商汤、周武王虽然是圣人，但他们毕竟是臣下。主上的行为有所缺失，当臣下的不能用正直的言论进谏补救，以使天子继续保持尊位，反而利用主上的过失而杀了他，即位代立，南面称王，这不是弑君篡位又是什么？"辕固生说："一定依照你的理论，那么高祖皇帝代替秦朝即位为天子，难道也错了？"于是景帝说："吃肉不吃马肝，不能说不懂得享受美味；探讨学问不谈商汤、周武王承受天命的事情，不能说是愚昧无知。"这才结束了这场争辩。这以后的学者没

有人再敢去说明商汤、周武王承受天命放逐夏桀、诛杀商纣的事。

当今皇上即位不久，又以贤良的名义征召辕固生。那些谄媚求宠的儒生大多嫉恨他，在皇上面前诋毁他，说"辕固生已太老了"，于是皇上不再召用辕固生，让他回家。当时辕固生已经九十多岁了。当辕固生被征召入京时，薛人公孙弘同时也被征召，他斜着眼睛注视辕固生。辕固生对他说："公孙先生，你进言时要致力于阐明儒学正统，不要歪曲自己的所学去逢迎世俗!"从此以后，齐地讲说《诗经》的都以辕固生的说法为依据。那些因为通晓《诗经》而显贵起来的齐人，都是辕固生的弟子。

韩生是燕人，孝文帝时担任博士，景帝时当上了常山王太傅。韩生推广《诗经》的意旨而为《诗经》作《内传》《外传》共几万字，其中的说法与齐鲁地方对《诗经》的解释很不一样，但总的归向是一致的。淮南的贲生从韩生那里接受了《诗》学的传授。从此以后，燕赵地方讲说《诗经》的都源自韩生。韩生的孙子韩商是当今皇上的博士。

董仲舒是广川人。因为对《春秋》素有研究，孝景帝时当上了博士。他放下室内悬挂的帷幕讲读经典，弟子们依照入学时间的先后长短，递相传授，后来的弟子有的竟从未见过他的面。有三年时间董仲舒没有去观赏屋旁庭园中的景色，专心致志研究学问到了这种程度。他的举止行动，容色态度，不符合礼的决不去做，学士们都把他当作老师那样敬重。当今皇上即位后，董仲舒被任命为江都相。他凭借《春秋》记载的灾异天变来推验阴阳错乱造成灾祸的道理，所以主张久旱求雨要幽闭属于阳性的种种事物，而放纵属于阴性的种种事物；久雨求晴，则与此相反。这套理论和办法在一个诸侯王国范围内推行，没有不应验的。他在仕宦中途因故被贬为中大夫，在家闲居，撰写了《灾异之记》这部书。当时辽东地方的高庙发生了火灾，主父偃嫉恨董仲舒，就把他撰写的书上奏给天子。天子召来儒生们，给他们看这部书，书中有讥刺朝廷的话。董仲舒的弟子吕步舒不知道这是他老师写的，认为是下愚之作。于是董仲舒被送到狱吏那里拘禁起来，论罪被判死刑，天子下诏赦免了他。从此董仲舒再也不敢议论灾异之事了。

董仲舒为人廉洁正直。当时正用兵外出征伐四夷，公孙弘研究《春秋》，其成就不如董仲舒，但他迎合世俗，受到重用，当上了公卿。董仲舒认为公孙弘是阿谀奉承之徒。公孙弘忌恨他，就对皇上说："只有董仲舒可以去当胶西王的相。"（于是董仲舒被任命为胶西相）胶西王一向听说董仲舒有高尚的操行，也就待他很好。董仲舒恐怕在胶西待久了终究会获罪，就告病辞官，归家闲居。直到去世，他始终不经营私家的产业，只是从事于研究学问，进行撰述。因此，从汉朝兴起到现在，五世之中唯独董仲舒以精通《春秋》而著名，他所传授的是公羊氏的《春秋》学。

胡毋生是齐人。孝景帝时担任博士，因为年老而归家教授弟子。齐地讲说《春秋》的人大多是出自胡毋生的传授，公孙弘也从胡毋生那里学到不少有关《春秋》的知识。

瑕丘江生研究谷梁氏的《春秋》学。公孙弘被重用以后，曾经把谷梁氏和公羊氏两家对《春秋》的解释放在一起比较其优劣，最后采用了董仲舒的公羊学。

董仲舒的弟子中得志成名的，有兰陵人褚大、广川人殷忠、温人吕步舒等。褚大官做到梁相。吕步舒官做到长史，曾奉命手持符节出使去审决淮南王谋反的案件，对诸侯王敢于自行判罪断案，事先不向皇上请示报告，就用《春秋》大义作为依据来定案，天子认为他所做的都很正确。董仲舒弟子中致身通达，官做到命大夫或者担任郎官、谒者、掌故的，数以百计。而董仲舒自己的儿子以及孙子，也都因为深通儒学而做到大官。

酷吏列传

【原文】

孔子曰："导之以政，齐之以刑，民免而无耻。导之以德，齐之以礼，有耻且格。"老氏称："上德不德，是以有德；下德不失德，是以无德。法令滋章，盗贼多有。"太史公曰：信哉是言也！法令者治之具，而非制治清浊之源也。昔天下之网尝密矣，然奸伪萌起，其极也，上下相遁，至于不振。当是之时，吏治若救火扬沸，非武健严酷，恶能胜其任而愉快乎！言道德者，溺其职矣。故曰"听讼，吾犹人也，必也使无讼乎"。"下士闻道大笑之"。非虚言也。汉兴，破觚而为圜，斫雕而为朴，网漏于吞舟之鱼，而吏治烝烝，不至于奸，黎民艾安。由是观之，在彼不在此。

高后时，酷吏独有侯封，刻轹宗室，侵辱功臣。吕氏已败，遂夷侯封之家。孝景时，晁错以刻深颇用术辅其资，而七国之乱，发怒于错，错卒以被戮。其后有郅都、宁成之属。

郅都者，杨人也。以郎事孝文帝。孝景时，都为中郎将，敢直谏，面折大臣于朝。尝从入上林，贾姬如厕，野彘卒入厕。上目都，都不行。上欲自持兵救贾姬，都伏上前曰："亡一姬复一姬进，天下所少宁贾姬等乎？陛下纵自轻，奈宗庙太后何！"上还，彘亦去。太后闻之，赐都金百斤。由此重郅都。

济南瞷氏宗人三百余家，豪猾，二千石莫能制，于是景帝乃拜都为济南太守。至则族灭瞷氏首恶，余皆股栗。居岁余，郡中不拾遗。旁十余郡守畏都如大府。

都为人勇，有气力，公廉，不发私书，问遗无所受，请寄无所听。常自称曰："已倍亲而仕，身固当奉职死节官下，终不顾妻子矣。"

郅都迁为中尉。丞相条侯至贵倨也，而都揖丞相。是时民朴，畏罪自重，而都独先严酷，致行法不避贵戚，列侯宗室见都侧目而视，号曰"苍鹰"。

宁成者，穰人也。以郎谒者事景帝。好气，为人小吏，必陵其长吏；为人上，操下如束湿薪。滑贼任威。稍迁至济南都尉，而郅都为守。始前数都尉皆步入府，因吏谒守如县令，其畏郅都如此。及成往，直陵都出其上。都素闻其声，于是善遇，与结欢。久之，郅都死，后长安左右宗室多暴犯法，于是上召宁成为中尉。其治效郅都，其廉弗如，然宗室豪桀皆人人惴恐。

武帝即位，徙为内史。外戚多毁成之短，抵罪髡钳。是时九卿罪死即死，少被刑，而成极刑，自以为不复收，于是解脱，诈刻传出关归家。称曰："仕不至二千石，贾不至千万，安可比人乎！"乃贳贷买陂田千余顷，假贫民，役使数千家。数年，会赦。致产数千金，为任侠，持吏长短，出从数十骑，其使民威重于郡守。

赵禹者，斄人。以佐史补中都官，用廉为令史，事太尉亚夫。亚夫为丞相，禹为丞相史，府中皆称其廉平。然亚夫弗任，曰："极知禹无害，然文深，不可以居大府。"今上时，禹以刀笔吏积劳，稍迁为御史。上以为能，至太中大夫。与张汤论定诸律令，作见知，吏传得相监司。用法益刻，盖自此始。

张汤者，杜人也。其父为长安丞，出，汤为儿守舍。还而鼠盗肉，其父怒，笞汤。汤掘窟得盗鼠及余肉，劾鼠掠治，传爰书，讯鞫论报，并取鼠与肉，具狱磔堂下。其父见之，视其文辞如老狱吏，大惊，遂使书狱。父死后，汤为长安吏，久之。

周阳侯始为诸卿时，尝系长安，汤倾身为之。及出为侯，大与汤交，遍见汤贵人。汤给事内史，为宁成掾，以汤为无害，言大府，调为茂陵尉，治方中。

武安侯为丞相，征汤为史，时荐言之天子，补御史，使案事。治陈皇后蛊狱，深竟党与。于是上以为能，稍迁至太中大夫。与赵禹共定诸律令，务在深文，拘守职之吏。已而赵禹迁为中尉，徙为少府，而张汤为廷尉，两人交欢，而兄事禹。禹为人廉倨。为吏以来，舍毋食客。公卿相造请禹，禹终不报谢，务在绝知友宾客之请，孤立行一意而已。见文法辄取，亦不覆案，求官属阴罪。汤为人多诈，舞智以御人。始为小吏，干没，与长安富贾田甲、鱼翁叔之属交私。及列九卿，收接天下名士大夫，己心内虽不合，然阳浮慕之。

是时上方乡文学，汤决大狱，欲傅古义，乃请博士弟子治《尚书》《春秋》补廷尉史，亭疑法。奏谳疑事，必豫先为上分别其原，上所是，受而著谳决法廷尉絜令，扬主之明。奏事即谴，汤应谢，乡上意所便，必引正、监、掾史贤者，曰："固为臣议，如上责臣，臣弗用，愚抵于此。"罪常释。间即奏事，上善之，曰："臣非知为此奏，乃正、监、掾史某为之。"其欲荐吏，扬人之善蔽人之过如此。所治即上意所欲罪，予监史深祸者；即上意所欲释，与监史轻平者。所治即豪，必舞文巧诋；即下户羸弱，时口言，虽文致法，上财察。于是往往释汤所言。汤至于大吏，内行脩也。通宾客饮食。于故人子弟为吏及贫昆弟，调护之尤厚。其造请诸公，不避寒暑。是以汤虽文深意忌不专平，然得此声誉。而刻深吏多为爪牙用者，依于文学之士。丞相弘数称其美。及治淮南、衡山、江都反狱，皆穷根本。严助及伍被，上欲释之。汤争曰："伍被本画反谋，而助亲幸出入禁闼爪牙臣，乃交私诸侯如此，弗诛，后不可治。"于是上可论之。其治狱所排大臣自为功，多此类。于是汤益尊任，迁为御史大夫。

会浑邪等降，汉大兴兵伐匈奴，山东水旱，贫民流徙，皆仰给县官，县官空虚。于是丞上指，请造白金及五铢钱，笼天下盐铁，排富商大贾，出告缗令，锄豪强并兼之家，舞文巧诋以辅法。汤每朝奏事，语国家用，日晏，天子忘食。丞相取充位，天下事皆决于汤。百姓不安其生，骚动，县官所兴，未获其利，奸吏并侵渔，于是痛绳以罪。则自公卿以下，至于庶人，咸指汤。汤尝病，天子至自视病，其隆贵如此。

匈奴来请和亲，群臣议上前。博士狄山曰："和亲便。"上问其便，山曰："兵者凶器，未易数动。高帝欲伐匈奴，大困平城，乃遂结和亲。孝惠、高后时。于是汤益尊任，迁为御史大夫。天下安乐。及孝文帝欲事匈奴，北边萧然苦兵矣。孝景时，吴楚七国反，景帝往来两宫间，寒心者数月。吴楚已破，竟景帝不言兵，天下富实。今自陛下举兵击匈奴，中国以空虚，边民大困贫。由此观之，不如和亲。"上问汤，汤曰："此愚儒，无知。"狄山曰："臣固愚忠，若御史大夫汤乃诈忠。若汤之治淮南、江都，以深文痛诋诸侯，别疏骨肉，使蕃臣不自安。臣固知汤之为诈忠。"于是上作色曰："吾使生居一郡，能无使虏入盗乎?"曰:"不能。"曰:"居一县?"对曰:"不能。"复曰:"居一障间?"山自度辩穷且下吏,曰:"能。"于是上遣山乘鄣。至月余,匈奴斩山头而去。自是以后,群臣震慴。

汤之客田甲,虽贾人,有贤操。始汤为小吏时,与钱通,及汤为大吏,甲所以责汤行义过失,亦有烈士风。

汤为御史大夫七岁,败。

河东人李文尝与汤有郤,已而为御史中丞,恚,数从中文书事有可以伤汤者,不能为地。汤有所爱史鲁谒居,知汤不平,使人上蜚变告文奸事,事下汤,汤治论杀文,而汤心知谒居为之。上问曰:"言变事纵迹安起?"汤详惊曰:"此殆文故人怨之。"谒居病卧闾里主人,汤自往视疾,为谒居摩足。赵国以冶铸为业,王数讼铁官事,汤常排赵王。赵王求汤阴事。谒居尝案赵王,赵王怨之,并上书告:"汤,大臣也,史谒居有病,汤至为摩足,疑与为大奸。"事下廷尉。谒居病死,事连其弟,弟系导官。汤亦治他囚导官,见谒居弟,欲阴为之,而详不省。谒居弟弗知,怨汤,使人上书告汤与谒居谋,共变告李文。事下减宣。宣尝与汤有郤,及得此事,穷竟其事,未奏也。会人有盗

发孝文园瘗钱,丞相青翟朝,与汤约俱谢,至前,汤念独丞相以四时行园,当谢,汤无与也,不谢。丞相谢,上使御史案其事。汤欲致其文丞相见知,丞相患之。三长史皆害汤,欲陷之。

始长史朱买臣,会稽人也。读《春秋》。庄助使人言买臣,买臣以《楚辞》与助俱幸,侍中,为太中大夫,用事;而汤乃为小吏,跪伏使买臣等前。已而汤为廷尉,治淮南狱,排挤庄助,买臣固心望。及汤为御史大夫,买臣以会稽守为主爵都尉,列于九卿。数年,坐法废,守长史,见汤,汤坐床上,丞史遇买臣弗为礼。买臣楚士,深怨,常欲死之。王朝,齐人也。以术至右内

史。边通，学长短，刚暴强人也，官再至济南相。故皆居汤右，已而失官，守长史，诎体于汤。汤数行丞相事，知此三长史素贵，常凌折之。以故三长史合谋曰："始汤约与君谢，已而卖君；今欲劾君以宗庙事，此欲代君耳。吾知汤阴事。"使吏捕案汤左田信等，曰汤且欲奏请，信辄先知之，居物致富，与汤分之，及他奸事。事辞颇闻。上问汤曰："吾所为，贾人辄先知之，益居其物，是类有以吾谋告之者。"汤不谢。汤又详惊曰："固宜有。"减宣亦奏谒居等事。天子果以汤怀诈面欺，使使八辈簿责汤。汤具自道无此，不服。于是上使赵禹责汤。禹至，让汤曰："君何不知分也。君所治夷灭者几何人矣？今人言君皆有状，天子重致君狱，欲令君自为计，何多以对簿为？"汤乃为书谢曰："汤无尺寸功，起刀笔吏，陛下幸致为三公，无以塞责，然谋陷汤罪者，三长史也。"遂自杀。

汤死，家产直不过五百金，皆所得奉赐，无他业。昆弟诸子欲厚葬汤，汤母曰："汤为天子大臣，被污恶言而死，何厚葬乎！"载以牛车，有棺无椁。天子闻之，曰："非此母不能生此子。"乃尽案诛三长史。丞相青翟自杀。出田信。上惜汤，稍迁其子安世。

杜周者，南阳杜衍人。义纵为南阳守，以为爪牙，举为廷尉史。事张汤，汤数言其无害，至御史。使案边失亡，所论杀甚众。奏事中上意，任用，与减宣相编，更为中丞十余岁。

其治与宣相放，然重迟，外宽，内深次骨。宣为左内史，周为廷尉，其治大放张汤而善候伺。上所欲挤者，因而陷之；上所欲释者，久系待问而微见其冤状。客有让周曰："君为天子决平，不循三尺法，专以人主意指为狱。狱者固如是乎？"周曰："三尺安出哉？前主所是著为律，后主所是疏为令，当时为是，何古之法乎！"

至周为廷尉，诏狱亦益多矣。二千石系者新故相因，不减百余人。郡吏大府举之廷尉，一岁至千余章。章大者连逮证案数百，小者数十人；远者数千，近者数百里。会狱，吏因责如章告劾，不服，以笞掠定之。于是闻有逮皆亡匿。狱久者至更数赦十有余岁而相告言，大抵尽诋以不道以上。廷尉及中都官诏狱逮至六七万人，吏所增加十万余人。

周中废，后为执金吾，逐盗，捕治桑弘羊、卫皇后昆弟子刻深，天子以为尽力无私，迁为御史大夫。家两子，夹河为守。其治暴酷皆甚于王温舒等矣。杜周初征为廷史，有一马，且不全；及身久任事，至三公列，子孙尊官，家訾累数巨万矣。

太史公曰：自郅都、杜周十人者，此皆以酷烈为声。然郅都伉直，引是非，争天下大体。张汤以知阴阳人主，与俱上下，时数辩当否，国家赖其便。赵禹时据法守正。杜周从谀，以少言为重。自张汤死后，网密，多诋严，官事浸以耗废。九卿碌碌奉其官，救过不赡，何暇论绳墨之外乎！然此十人中，其廉者足以为仪表，其污者足以为戒，方略教导，禁奸止邪，一切亦皆彬彬质有其文武焉。虽惨酷，斯称其位矣。至若蜀守冯当暴挫，广汉李贞擅磔人，东郡弥仆锯项，天水骆璧推咸，河东褚广妄杀，京兆无忌、冯翊殷周蝮鸷，水衡阎奉朴击卖请，何足数哉！何足数哉！

【译文】

孔子说："用政令来引导他们，用刑法来整顿他们的行为，老百姓只求侥幸地免于犯罪而没有羞耻之心。用道德来引导他们，用礼制来整顿他们的行为，老百姓就有羞耻之心而且能自动地走上正道。"老子声称："上德之人，根本不考虑什么是德，所以他实为有德；下德之人总想着不能失去了德，所以他实为无德。国家的法律越是森严，盗贼也就越来越多。"太史公说：这些话讲得真对啊！法律是治理国家的一种工具，但不是决定国家政治是清明还是浊乱的本源。从前秦朝的法网是很严密的，然而奸恶欺诈的事情还是不断发生，发展到极点，从上到下都互相欺蒙，以至于国势衰弱不可救药。在这种时候，官吏行使职权进行治理就像救火和播扬开水使之停止沸腾一样紧急，如果不是勇武刚健、严峻冷酷的人，怎么能胜任愉快呢！主张道德教育的人，就会失职。所以孔子说："审理诉讼之事，我同别人差不多，一定要使诉讼这种事不要发生才好。"（老子）说："下士听人说'道'，哈哈大笑。"讲的都不是骗人的空话。汉朝兴起，就像除去方觚的棱角把它改为圆形，砍掉浮华的雕刻使之归于质朴一样（废除秦朝法律繁琐严酷的条款，使法令趋向简易），法网宽大，从中可以逃漏一口能吞下一条船的大鱼，然而官吏行使职权进行治理却淳厚忠实，不至于有奸恶欺诈的行为，老百姓的生活也太平无事。从这一点看来，治国之道还是在于提倡道德，而不在于推行严酷的法律。

高后执政时，酷吏只有侯封。侯封压制践踏宗室，侵害欺凌功臣。吕氏败灭以后，侯封也就被抄家灭族了。孝景帝在位时，晁错生性刻薄严苛，又很会使用一些手段来加强自己的才具，而吴楚七国发动叛乱，也正以痛恨晁错作为借口，晁错最终也因此被杀。他以后的酷吏有郅都、宁成这一类人。

郅都是杨县人，曾经以郎的身份侍奉孝文帝。孝景帝时，他担任中郎将，敢于直言不讳地劝谏皇帝，在朝廷上当面斥责大臣的过失。他曾随从景帝到上林苑，景帝宠爱的贾姬上厕所，一头野猪突然也闯进了厕所。景帝用眼色示意郅都去救贾姬，郅都不动。景帝想亲自拿了武器去救，郅都跪伏在景帝面前说："失去一个美人，又会有另一个美人进奉，天下难道会缺少贾姬这样的美人吗？陛下纵使不爱惜自己的生命，怎么能不为宗庙和太后着想啊！"景帝听了就往回走，而野猪也离开了厕所。太后听说了这件事，赐给郅都一百斤金子。景帝从此看重郅都。

　　济南地方的瞷氏，宗族有三百多家，强横狡猾，没有一任郡守能够制止这一宗族的不法行为，于是景帝就任命郅都为济南太守。郅都到任后就诛灭了瞷氏的首恶，其余的人全都害怕得两腿发抖。过了一年多，济南郡中没人敢拾取路上别人丢失的东西。附近十几个郡的郡守畏惧郅都，就像他是高级长官一样。

　　郅都为人勇敢，很有力气，公正廉明，不拆看讲私事的信件，从不接受礼物，从不听从请托。他曾经自称："自己既然已经背离父母出来做官，本来就应该忠诚尽职，不惜以身为殉，终究顾不得妻子儿女了。"

　　郅都升任中尉。丞相条侯自以为身份尊贵极其傲慢，而郅都见了丞相只是一揖而已。当时民风淳朴，百姓们都害怕刑罚，能够自爱（不触犯法律），而郅都偏偏把采用严酷的手段当作第一措施，他执法不回避贵族外戚，那些列侯宗室见了郅都都不敢用正眼去瞧他，给他起了个外号，称之为"苍鹰"。

　　宁成是穰县人。以郎官、谒者的身份事奉景帝。他喜欢使气逞强，在别人手下当小吏，一定要欺压他的长官；当别人的上级，对付下属如同紧捆湿柴一般（严加管束，毫不放松）。为人奸猾凶险，任意行使威权。宁成官职逐渐上升，当上了济南都尉，当时正是郅都担任太守。这以前的几任都尉都步行进入太守的府署，通过府吏传达才进去谒见太守，就像县令晋见一样，他们畏惧郅都就到这种地步。等到宁成当济南都尉，他去见太守，简直就要凌驾郅都之上。郅都一向听说他的名声，就很好地对待他，与他结交，相处很愉快。过了很久，郅都死了，这以后长安城中宗室特强犯法的事情很多，于是景帝就把宁成召来，任命他为中尉。宁成的政绩可以同郅都相比，在廉洁方面则不如郅都，那些宗室豪强都惴惴不安，人人自危。

　　武帝即位后，宁成调任内史。外戚们抓住宁成的短处，经常在武帝面前诋毁他，终于使他抵了罪，受了剃光头发、用铁圈束颈的刑罚。当时九卿大官如果有罪，往往就自杀，很少有受刑的，而宁成承受了重刑，自以为不会再被起用，于是就私自解脱了束颈的铁圈，伪刻了出关的符信，逃出函谷关回到家乡。他自称说："当官当不到二千石，做生意赚不到一千万，怎么能同别人相比啊！"就赊欠借贷，买下靠近池塘便于灌溉的良田一千多顷，出租给贫民，被他奴役使唤的有好几千家。过了几年，遇上大赦（不用担心会被追捕了）。他弄到手的财产有数千金之多。（在家乡）他行侠仗义，利用所掌握的隐私挟制官吏，每次外出，后面都有几十人骑马随从。他役使百姓，威权比郡守还重。

赵禹是斄县人，由地方上的小吏补任京都官府中的吏员，因为廉洁，又被任命为处理文书事务的令史，在太尉周亚夫手下办事。周亚夫当丞相后，赵禹担任丞相史，丞相府中的办事人员都称赞他廉洁公正。然而周亚夫却不肯重用他，说道："我完全知道赵禹的能干没人比得上，但他用法苛刻深险，不能让他久居丞相府。"当今皇上即位后，赵禹由于多年作吏，办理文书案牍，用力辛勤，积有劳绩，逐渐升任御史。皇上认为他能力很强，一直提拔他做到太中大夫。赵禹与张汤一起讨论制定各种法令，创立知情不举一体同罪的条款，官吏们得以互相监督，伺察过失。朝廷上下用法越来越苛刻，就是从此而始的。

张汤是杜县人。他的父亲担任长安丞，一次外出，张汤其时还是个儿童，留下看家。老鼠偷走了家中的肉，父亲回来（以为是张汤偷吃的），发怒鞭打了他。张汤挖掘老鼠的洞穴，抓住老鼠并找到了老鼠吃剩的肉，就起诉拷问老鼠，把问得的"口供"记录为文书传送给有关"官署"，再审讯得实，依法判决。把老鼠和作为罪证的肉放在一起，罪案具备，在堂下杀了老鼠。他父亲看到了，发现他写的起诉状、审讯记录、判决书等文辞老练，好像是出自一个老法官之手，大吃一惊，就让他学习法律。父亲死后，张汤有很长的一段时期，一直在长安作吏。

周阳侯起初当诸卿的时候，曾经因事被拘捕，张汤尽力照应他，为他奔走。等到周阳侯出狱被封为列侯，就与张汤订下深交，把张汤广泛地介绍给贵人。张汤在内史宁成手下做事，当他的属吏，宁成认为张汤的才能在吏员中没人比得上，就禀告高级官府，调张汤担任茂陵县尉，主管修筑皇陵。

武安侯当了丞相，征召张汤作丞相史。经常在天子面前推荐张汤，天子就委任张汤为御史，让他审查追究一些事件。张汤负责审理陈皇后巫蛊诅咒一案，深究同党，无一漏网。于是皇上认为他很能干，他的官职也逐渐上升到太中大夫。张汤与赵禹共同制定各种法令，一意苛刻严酷，约束钳制那些奉公守法的官吏。不久以后，赵禹升任中尉，又调任少府，而张汤也被任命为廷尉。二人交好，张汤把赵禹当作自己兄长那样看待。赵禹为人廉洁傲慢，当官以来，家中没有食客。公卿丞相登门拜访，赵禹始终不去回访答谢，务必使自己能够完全杜绝好友和宾客的请托，独立地凭自己的意志执法行事。他见到属官中有用法严苛的人，就收用提拔，也不去搜求查究属官暗地里的犯法之事。张汤则为人狡猾虚伪，往往运用智巧来控制属官。一开始当小吏的时候，就想侥幸得利，与长安富商田甲、鱼翁叔这一类人私下结交。等到官居九卿之列，又收容接待天下有名的士大夫，自己心中虽然同人意见不合，但在表面上总是装出倾慕的样子。

当时皇上正爱好向往经典文献之学。张汤判决重大案件，想附会经义，从中寻得根据，就请求委派研究《尚书》《春秋》的博士弟子担任廷尉史，让他们去评议执法时遇到的疑难问题。每次奏报审罪定案的情况，张汤总是预先为皇上分别讲清有关事件的原委，皇上认为处理得正确，他领受旨意后就用廷尉的法令正式定案，并把皇上的意见写进定罪的判词，颂扬主上的圣明。如果奏事时受到皇上的谴责，张汤马上应声谢罪，顺着皇上的意向，举出廷尉正、监、掾史等属官中贤者的姓名，说："某某本来就向我表示过异议，就像皇上您所指责我的那样，我没有采用他的意见，正因为我的愚昧，才把事情办糟了，弄到这种地步。"这样他的过错往往被皇上原谅。如果平时奏事，皇上认为他的意见很好，他就说："不是我自己知道应该这样奏对，这是我的属官某某教我的。"他要推荐属官，就这样表扬别人的长处，掩盖别人的过失。他处理案件，如果案犯是皇上意欲严办的，就交给属官中用法苛刻严酷的人去办，如果案犯是皇上想要开释的，就交给属官中用法轻平宽大的人去办。所审处的人如果是有势力的豪强，一定要玩弄法律条文巧妙地进行诋毁（务必把他法办）；如果是无依无靠的贫民，虽然根据法律条文应予判罪，也总是口头向皇上报告，请皇上审察裁定。于是皇上往往就根据张汤的口头报告予以宽释。张汤当上了大官，而他的私德很好。结交宾客，饮食不分彼此，对待在他手下当小吏的老相识的子弟和贫穷的同宗兄弟，照料保护尤其周到。他拜访问候公卿贵族，不因严寒酷暑而疏忽怠慢。所以张汤虽然用法严刻，多忌恨之心，不很公平，但也能得到良好的声誉。而那些被他当作爪牙使用的执法苛刻严酷的官吏，又都依附于通熟经典文献的儒士。丞相公孙弘曾屡次赞扬张汤。后来张汤负责审理淮南王、衡山王、江都王谋反的案件，都追根究底，不使一人漏网。庄助和伍被二人，皇上想宽释他们，张汤争辩说："伍被原本就替淮南王策划谋反，而庄助原是出入宫中被皇上您所亲信的人，却私下勾结诸侯王作这种事情，这两个人不杀，今后就无法治理国家了。"于是皇上同意了他的看法，把伍、庄二人论罪处决。他审理案件时排斥别的大臣的意见，为自己图功，有很多这一类的事情。这以后张汤更被皇上所宠任，升为御史大夫。

后来碰上匈奴的浑邪王等率众归降，汉朝大规模地征发军队出击匈奴之事，而山东地区遭受水旱灾荒，贫民流离失所，都依靠官府的救济维持生命，

（由于大量财物用于兵费和救灾，）官府仓库的储存都用光了。于是张汤承奉皇上的意旨，建议铸造白金币和五铢钱，由官府垄断盐铁两业的经营，排挤打击富有的大商人，颁布告缗令，剪除那些仗势侵吞他人田地财产的豪强之家，玩弄法律条文，巧妙地进行诋毁，用这种手段来配合有关法令（务必把那些人罗织入罪）。张汤每次朝见奏事，讲国家的财政问题，讲到太阳偏西，皇上听着都忘掉了吃饭。当时的丞相不过居位充数而已，天下大事都由张汤决策。百姓们不能安居乐业，纷纷骚动，朝廷新采取的一些增加些财政收入的办法，国家没有从中得到好处，而贪官污吏却乘机从旁侵吞渔利，于是张汤就对他们狠狠地加以惩罚。这样一来，从公卿以下，直到平民百姓，都指责并痛恨张汤。张汤曾经得病，天子甚至亲自到他家去探视病情，他的尊荣显贵到达了这种地步。

匈奴派使者来请求与汉朝和亲，百官群臣在皇上面前商议此事。博士狄山说："同意和亲对国家有好处。"皇上问他和亲有什么好处，狄山说："军事行动是不吉利的东西，不能屡屡动用。当年高帝要讨伐匈奴，结果在平城被围，大受困窘，于是就同匈奴和亲。孝惠、高后时天下不动刀兵，百姓安居乐业。后来孝文帝想对匈奴采取行动，北方边境又骚乱起来，受用兵之苦。孝景时，吴楚七国谋反，景帝往来于未央宫和长乐宫之间，与太后商议对策，好几个月心中惊恐不安。吴楚被击破以后，景帝终生不再提用兵的事，天下富裕充实。现今从陛下发兵攻击匈奴以来，国中财力物力消耗一空，边境人民深受其害，贫困不堪。从这一点看来，不如与匈奴和亲为好。"皇上询问张汤的意见，张汤说："这是个迂腐的儒生，十分无知。"狄山说："我本来就是愚忠，像御史大夫张汤，却是假装出来的忠心。张汤审理淮南王、江都王案件，用苛刻严酷的手段玩弄法律条文对诸侯大加诬蔑，离间皇上的骨肉之亲，使作为皇室藩篱之臣的诸侯人人自危。我本来就知道张汤的忠心是假装的。"于是皇上变了脸色，对狄山说："我让你担任边地一郡的郡守，你能做到不让敌寇入境劫掠吗？"狄山回答："不能。"皇上再问："担任一个县的长官怎么样？"狄山又回答："不能。"皇上又问："让你守一个堡寨怎么样？"狄山自己思忖再说"不能"，要被追问哑口无言，将会被交给法司治罪，就说："能。"于是皇上就派遣狄山到边境去守堡寨。狄山到边境一个多月，匈奴就攻进堡寨砍下了狄山的头，然后退走。从此以后群臣都心惊胆战（不敢再同张汤作对）。

张汤的门客田甲，虽然是个商人，却有很好的操守。当初张汤做小吏的时候，田甲同他因钱财之事而交往，等到张汤当上了大官，田甲总是督促要求张汤多做好事，并指责他的过失，有义烈之士的作风。

张汤担任御史大夫七年之后，（终于在政治斗争的战场上）败灭了。

河东人李文曾经与张汤有嫌怨，不久以后担任了御史中丞，他憎恨张汤，屡次（利用职权）翻检殿中兰台收藏的文书档案，从中寻找可以中伤张汤的材料，不肯为张汤掩饰过失、留有余地。张汤有个喜爱的属吏鲁谒居，知道张汤对李文的作为气愤不平，就派人以紧急事变上告，揭发李文所干的一些违法的事。这一案件交给张汤审理，张汤判处李文死罪，把他杀了，而张汤心里明白是鲁谒居派人上告的。皇上问他："说李文谋变，这事的踪迹从何而起？"张汤假装吃惊，说："这大概是李文的老相识怨恨他（才来告发的吧）！"鲁谒居有病躺在闾里中他所寄居的一户人家家里，张汤亲自前往探视病情，为鲁谒居按摩足部。当时赵国把冶铁并铸造铁器当作重要的生业，赵王（与朝廷派去的铁官有矛盾），屡次控告铁官所作的事，而张汤处理时经常排斥压抑赵王。赵王就寻求张汤的隐私。鲁谒居曾经追究审查过赵王，赵王也很怨恨他。赵王于是就上书一并告发二人："张汤，是国家的大臣，属下的小吏鲁谒居有病，张汤竟至于亲自为他按摩足部，我怀疑二人勾结在一起有大阴谋。"这件事被交给廷尉处理。鲁谒居此时已病死，事情牵连到他的弟弟，他的弟弟被拘禁在导官衙署里。张汤到导官衙署去审理其他囚犯，看到了鲁谒居的弟弟，打算暗中设法解救他，而表面上装作不予理睬。鲁谒居的弟弟不知道张汤的用意，怨恨张汤，就派人上书告发张汤同鲁谒居合谋，一起设计诬告李文谋变。这件事情交由减宣审处。减宣曾经同张汤有嫌怨，等到抓住了这么一件事，就追根究底，把事情彻底查清，但还没有来得及把案情上奏给皇上。这时有人偷掘了埋在孝文帝陵园中的用以送葬的钱，丞相庄青翟上朝，同张汤约好两人一起向皇上谢罪，到了皇上跟前，张汤心里想只有丞相一年四季每一季度都按规定的时间巡视陵园，（现在陵园中送葬的钱被盗），应当引咎谢罪，这与我张汤没有什么相干，就不谢罪。丞相谢罪后，皇上派遣御史追查此事。张汤想把知情不报故意放走罪犯的法律条款套用到丞相头上，丞相很是担忧。丞相手下的三个长史都认为张汤是个祸患，想陷害他。

长史朱买臣本是会稽人，学《春秋》。庄助让人向皇上推荐朱买臣，朱买臣因为通熟《楚辞》，

而与庄助一起被皇上所宠信，在官中侍从左右，担任太中大夫，当政掌权；而这时张汤只是个小吏，在朱买臣等面前跪伏受命，听从使唤。后来张汤当上了廷尉，查处淮南王谋反一案，倾陷打击庄助，朱买臣为此本已怨恨张汤。等张汤担任了御史大夫，朱买臣由会稽太守改任主爵都尉，官居九卿之列。几年后因犯法而罢官，暂任丞相的长史，一次去见张汤，张汤（傲慢地）坐在床上，他的下属对待朱买臣又都不讲礼貌。朱买臣是楚地的士人（不能忍受屈辱），对张汤怀有深恨，常想报复，如能陷害张汤，不惜一死。王朝是齐人，凭借玩弄权术，官职做到右内史。边通学习纵横家那一套说长论短的本领，是个刚强暴烈的人，做官两次做到济南相。二人过去的地位都居张汤之上，后来失去了官职，暂任丞相府的长史，见到张汤都得拜跪行礼。张汤有好几次代理丞相的职务，知道丞相府中这三个长史过去一向身份高贵，就经常故意欺凌折辱他们。因此三长史合谋后对丞相说："起初张汤约好同您一起向皇上谢罪，不一会儿却把您给出卖了。现今他想用牵涉到宗庙的事情来弹劾您，这是意图取代您的位置。我们知道张汤的阴私（不如先下手为强）。"于是就派人逮捕审查张汤亲信的属吏田信等，说是张汤每次将要向皇上奏请采取新的理财措施，田信总能事先知道内容，就储存囤积有关物品，以此致富，同张汤分享得到的赢利。另外还涉及其他违法行为。事情和有关的一些说法都传到了皇上的耳中。皇上问张汤："我所采取的措施，商人总能事先知道，从而变本加厉地囤积货物，这很像是有人把我的计谋告诉了他们。"张汤听了，并不引咎谢罪，又假装吃惊，说："的确像是有人泄密了。"减宣也向皇上奏报有关鲁谒居等人的案情。皇上果然认为张汤内心奸诈当面欺骗，派遣使者八人拿着记录所控罪状的簿书，一一诘责张汤。张汤自辩，全部予以否认，不服罪。于是皇上派赵禹去审问张汤。赵禹到后，责备张汤说："你怎么这样不知本分？你办案毁灭了多少人家？现在别人控告你都有清楚的事实，天子不轻易地把你绳之以法，是想让你自己作个打算（了结此事），你又何必多次受审为自己辩护呢？"张汤于是写信向皇上谢罪说："我一点功劳也没有，从一个从事案牍工作的小吏起家，很荣幸地被陛下提拔到三公的位置，未能很好地尽职，报答皇上的期望。然而阴谋陷害我，置我于死地的，是丞相府的三个长史。"接着就自杀了。

张汤死后，遗留的家产不过只值五百金，都是生前所得的官俸和皇上的赏赐，没有其他产业。兄弟子侄想厚葬张汤，张汤的母亲说："张汤是天子的大臣，蒙受恶言的污蔑而死，为什么要厚葬他！"就用牛车出丧，棺材不用外椁。天子听说这件事，说："不是这样的母亲，不能生出这样的儿子。"于是把三个长史都治罪处死。丞相庄青翟自杀。又释放了田信。皇上怜惜张汤，就逐渐提拔他的儿子张安世的官职。

　　杜周是南阳杜衍人。义纵任南阳郡守时，用杜周为自己的爪牙，推荐他当上了廷尉史。杜周在张汤手下办事，张汤多次称赞他的才能在同事中没人比得上，提拔他直到担任御史。他奉命巡视边境核实由于匈奴入侵造成的各种损失并确定罪责，被他定罪处死的人很多。他上奏时论事符合皇上的心思，受到任用，与减宣互相替代，轮流担任御史中丞达十几年。

　　他的施政手段与减宣相仿，然而为人持重，外表宽缓，内心阴险，害人之意深入骨髓。减宣任内史时，杜周任廷尉，他的施政方针在很大程度上是仿效张汤而比张汤更善于察颜辨色，揣摩皇上的意图。对皇上所要排斥打击的囚犯，他就顺着皇上的意愿加以陷害，对皇上心想开释的囚犯，他长时间地拘禁不立即审讯而找机会在皇上面前隐隐约约地透露一些该人含屈蒙冤的情况。宾客中有人责备杜周说："您为天子公平地执法，不遵循法律条令，却专门以主上的意旨作为处理案件的根据。执法审案难道真的应该这样吗？"杜周回答说："法律条文是从哪里来的？从前的君主认为正确的，公布出来就是法律，后世的君主认为正确的，一经解释就成为补充法律的条令。所谓法令，都是当时的君主认为正确的，哪里有什么不变的古法！"

　　到杜周当廷尉时，由皇上诏令交办的案件比以前更多了。二千石级的官吏被拘禁关押的，新旧相加，不下一百多人。郡国的官吏以及朝廷高级官府的官员都把重要案件移送廷尉审理，一年之中多达一千多起。案件大的，牵连逮捕的证人有几百人，小的案件也要牵连几十人。这些被连累的人到京候审，远的要走几千里，近的也要走几百里。到会集受审的时候，官吏往往逼迫案犯按文书所告发的罪状认罪，如果不服，就靠鞭打用刑来定案。于是与案件有牵连的人听到要被逮捕的风声，就都躲藏起来。久未结案的，经过几次大赦，到十多年后仍然受到控告，大抵都被诬加"不道"以上的罪名。当时廷尉以及京都其他官署奉皇上诏令逮捕关押的案犯，多达六七万人，在此之外，下面官吏罗织成罪的，又增加十多万人。

　　杜周在任职中途被罢官，后来重新出仕，担任执金吾，他追捕盗贼，拘禁并法办桑弘羊及卫皇后的侄子，用法严酷苛刻，天子认为他尽力奉职，没有私心，就升任他为御史大夫。他家两个儿子，分别在大河两岸担任郡守，施政的暴虐都比王温舒等人还要厉害。杜周初被征用担任廷尉史，只有一匹马，而且还带着残疾，等他为官日久，进入了三公的行列，子孙也都有了尊贵的官职，他家累积的财产就有好几万了。

　　太史公说：自郅都到杜周这十个人，都是以施政严酷猛烈著称的。然而郅都为人刚直，能引据大是大非的道理，来争国家的大礼。张汤因为懂得迎合皇上的意向，一切顺应皇上，得到皇上的信任，所以在适当时候能再三地辩论政事的妥当与否，国家也靠他得到了好处。赵禹也能时常依据法律，遵守正道。杜周一味对主上阿谀奉承，把沉默寡言当作持重。自从张汤死后，法网更加严密，办案的官吏多用诋毁之词，陷人入罪，行施严刑峻法，而国家的政事也就渐渐荒废败坏了。朝廷中的九卿只知道庸庸碌碌地奉职行事，连补救自己的过失都来不及，哪里有空去讨论常规以外的事情呢？不过在这上述的十个人之中，廉洁的足可成后世官吏的榜样，卑污的也可以作为鉴戒，他们用以教育并引导百姓的方法，禁止打击为非作歹之徒的手段，这一切也可以说都是配合得很出色的了。虽然施政残酷猛烈，这也同他们的官职相称。至于像蜀郡太守冯当凶暴地折断犯人的肢体，广汉太守李贞擅自把人车裂，东郡太守弥仆锯断犯人的头颈，天水太守骆璧用椎击人，逼供定案，河东太守褚广安杀无辜，京兆尹无忌、左冯翊殷周狠如毒蛇，凶比猛禽，水衡都尉阎奉鞭打胁迫，然后收取贿赂卖法徇私，这些人哪里值得一提啊！这些人哪里值得一提啊！

佞幸列传

【原文】

谚曰"力田不如逢年，善仕不如遇合"，固无虚言。非独女以色媚，而士宦亦有之。

昔以色幸者多矣。至汉兴，高祖至暴抗也，然籍孺以佞幸；孝惠时有闳孺。此两人非有材能，徒以婉佞贵幸，与上卧起，公卿皆因关说。故孝惠时郎侍中皆冠鵔鸃，贝带，傅脂粉，化闳、籍之属也。两人徙家安陵。

孝文时中宠臣，士人则邓通，宦者则赵同、北宫伯子。北宫伯子以爱人长者；而赵同以星气幸，常为文帝参乘；邓通无伎能。邓通，蜀郡南安人也，以濯船为黄头郎。孝文帝梦欲上天，不能，有一黄头郎从后推之上天，顾见其衣裻带后穿。觉而之渐台，以梦中阴目求推者郎，即见邓通，其衣后穿，梦中所见也。召问其名姓，姓邓氏，名通，文帝说焉，尊幸之日异。通亦愿谨，不好外交，虽赐洗沐，不欲出。于是文帝赏赐通巨万以十数，官至上大夫。文帝时时如邓通家游戏。然邓通无他能，不能有所荐士，独自谨其身以媚上而已。上使善相者相通，曰"当贫饿死"。文帝曰："能富通者在我也。何谓贫乎？"于是赐邓通蜀严道铜山，得自铸钱，"邓氏钱"布天下。其富如此。

文帝尝病痈，邓通常为帝唶吮之。文帝不乐，从容问通曰："天下谁最爱我者乎？"通曰："宜莫如太子。"太子入问病，文帝使唶痈，唶痈而色难之。已而闻邓通常为帝唶吮之，心惭，由此怨通矣。及文帝崩，景帝立，邓通免，家居。居无何，人有告邓通盗出徼外铸钱。下吏验问，颇有之，遂竟案，尽没入邓通家，尚负责数巨万。长公主赐邓通，吏辄随没入之，一簪不得著身。于是长公主乃令假衣食。竟不得名一钱，寄死人家。

孝景帝时，中无宠臣，然独郎中令周文仁，仁宠最过庸，乃不甚笃。

今天子中宠臣，士人则韩王孙嫣，宦者则李延年。嫣者，弓高侯孽孙也。今上为胶东王时，嫣与上学书相爱。及上为太子，愈益亲嫣。嫣善骑射，善佞。上即位，欲事伐匈奴，而嫣先习胡兵，以故益尊贵，官至上大夫，赏赐拟于邓通。时嫣常与上卧起。江都王入朝，有诏得从入猎上林中。天子车驾跸道未行，而先使嫣乘副车，从数十百骑，骛驰视兽。江都王望见，以为天子，辟从者，伏谒道傍。嫣驱不见。既过，江都王怒，为皇太后泣曰："请得归国入宿卫，比韩嫣。"太后由此嗛嫣。嫣侍上，出入永巷不禁，以奸闻皇太后。皇太后怒，使使赐嫣死。上为谢，终不能得，嫣遂死。而案道侯韩说，其弟也，亦佞幸。

李延年，中山人也。父母及身兄弟及女，皆故倡也。延年坐法腐，给事狗中。而平阳公主言延年女弟善舞，上见，心说之，及入永巷，而召贵延年。延年善歌，为变新声，而上方兴天地祠，欲造乐诗歌弦之。延年善承意，弦次初诗。其女弟亦幸，有子男。延年佩二千石印，号协声律。与上卧起，甚贵幸，埒如韩嫣也。久之，浸与中人乱，出入骄恣。及其女弟李夫人卒后，爱弛，则禽诛延年昆弟也。

自是之后，内宠嬖臣大底外戚之家，然不足数也。卫青、霍去病亦以外戚贵幸，然颇用材能自进。

太史公曰：甚哉爱憎之时！弥子瑕之行，足以观后人佞幸矣。虽百世可知也。

【译文】

俗话说"努力耕田不如遇上

好年景，善于做官不如遇上性情相投的君主"，确实不是空话。不只是女人可
以用美色能得到宠幸，而且士宦之中也有这种人。

从前靠美色得到宠幸的人很多。到汉朝建立，高祖虽然暴猛伉直，然而籍
孺靠献媚得到宠幸，孝惠帝时闳孺也是如此。这两个人并没有什么才能，只是
靠柔顺谄媚而得到显贵和宠幸，与皇帝同起居，公卿们有事都要通过他们去禀
告。所以，孝惠帝时郎侍中等官员都戴着用锦鸡羽毛装饰的帽子，系着用贝壳
装饰的腰带，脸上涂脂抹粉，效仿闳孺、籍孺之流。后来，闳孺、籍孺二人把
家迁到安陵。

孝文帝时宫中受宠幸的臣子，士人中有邓通，宦者中有赵同和北宫伯子。
北宫伯子靠爱护别人、恭谨厚道得宠。而赵同是靠观星望气的方术得宠，经常
陪同文帝乘车出行。邓通没有什么才能。邓通是蜀郡安南人，因为会划船成为
黄头郎。孝文帝梦见自己想上天却上不去，有一个黄头郎从后面推他上了天，
回头看见那个人衣服缝带后有个洞。文帝醒来后就到了渐台，按照梦中所见暗
暗地寻找推他上天的那个人，就见了邓通，他的衣服后面有个洞，正是梦中所
见到的那个人。于是把他召来询问其姓名，姓邓名通，文帝很喜欢他，并尊宠
他，对他一天比一天好。邓通也忠厚谨慎，不喜欢与外人交往，虽然皇帝赐给
他假期，他也不想出去。于是文帝赏赐给邓通亿万钱竟达十几次，官位提升到
上大夫。文帝经常到邓通家游玩。然而邓通没有其它能耐，也未能推荐士人，
只是自身谨小慎微来讨好皇帝而已。皇帝派了一个懂相术的人给邓通看相，
说："他当会因贫穷而饿死。"文帝说："能使邓通富贵的就在于我，怎么说他
会贫穷呢？"于是又赏赐给邓通蜀郡严道的铜山，并允许他自铸钱币，因此
"邓氏钱"遍布全国。他的富足竟然如此。

文帝曾得过痈疽病，邓通经常为文帝吮吸脓水。文帝不乐，从容地问邓通
说："天下谁最爱我呢？"邓通说："应当没有如太子的。"太子进来看望文帝
的病情，文帝让他吮吸脓水，太子虽然吮吸了脓水，但他面有难色。后来太子
听说邓通经常为文帝吮吸脓水，内心感到惭愧，但也因此而怨恨邓通。到了文
帝逝世，景帝即位后，邓通被免官，闲居家中，过了不久，有人告发邓通偷偷
到界外铸钱。于是皇帝把他交给法官查问，确实有很多这样的事，因此结案，
把邓通家的财产全部没收入官，还欠债数百万。长公主赏赐给邓通财物，官吏
随后就没收入官，一只簪子也不得着身。于是长公主又派人借给他衣食。竟没
有一个钱是"邓氏钱"，最后死在别人家里。

孝景帝时，宫中没有宠臣，只有郎中令周仁，周仁受宠超过一般人，但仍
然不很深厚。

如今，天子宫中的宠臣，士人有韩嫣，宦官有李延年。韩嫣是弓高侯韩颓

当的庶孙。当今皇帝做胶东王时，韩嫣与皇帝一起学习书法，非常相爱。到了皇帝做太子时，更加亲近韩嫣。韩嫣善于骑马射箭，也善于献媚取宠。皇帝即位以后，打算进攻匈奴，而韩嫣率先熟习匈奴的兵器和战略战术，因此更加尊贵，被提升为上大夫官，皇帝赏赐时也比照着邓通。当时韩嫣经常和皇帝一起起居。江都王刘非进京朝见皇帝，皇帝下诏让他随从到上林苑中打猎。天子车驾清道警戒的人还未出行，就先派韩嫣乘坐副车，带着数十百骑士，急驰去观察野兽。江都王望见后以为是天子出行，于是避开随从，伏在路旁拜见。韩嫣驱车前进没有给他打招呼。韩嫣过去以后，江都王非常生气，对皇太后哭诉："请求归还封国，回宫宿卫，和韩嫣一样。"太后因此也怨恨韩嫣。韩嫣侍奉皇上，出入永巷都不受限制，因为奸情被皇太后听到。皇太后很生气，于是派遣使者令他自杀。皇帝为他谢罪，最终也没有得免，韩嫣就自杀了。而案道侯韩说是韩嫣的弟弟，也因谄媚而得到宠幸。

李延年是中山国人。父母以及他自身、兄弟、姐妹，都是原来的歌舞艺人。李延年因犯法受到了宫刑，在宫中养狗。而平阳公主说李延年的妹妹善于歌舞，皇上见到后，心中很喜欢她，等到她进入后宫后，皇帝就召见了延年，并使他显贵起来。李延年善于唱歌，会创作新的乐曲，而皇上正在建造天地祠，准备创作些乐诗来歌颂这件事。李延年很善于逢迎皇上的心意，在器乐伴奏下演唱了新歌词。他的妹妹也很受宠幸，并生了一个儿子。李延年身佩二千石官吏的印信，并任协律都尉。和皇帝同起居，非常宠幸显贵，就像韩嫣一样。过了好久，渐渐和宫女淫乱起来，出入皇宫时也很骄横。等到她的妹妹李夫人死后，皇帝对他的宠爱也渐渐减弱，并捕捉杀死了李延年的兄弟们。

从此以后，宫内的宠臣大多是外戚家的人，然而不足称道。卫青、霍去病也因是外戚而显贵受宠，但是他们主要是靠自己的才能受到提拔的。

太史公说：受到宠爱和憎恨的时候都是很可怕的，从弥子瑕的情况就足可以看到以后靠谄媚得到宠幸的人的结果，即使是百世以后也是可以预知的。

滑稽列传

【原文】

孔子曰："《六艺》于治一也。《礼》以节人，《乐》以发和，《书》以道事，《诗》以达意，《易》以神化，《春秋》以义。"太史公曰：天道恢恢，岂不大哉！谈言微中，亦可以解纷。

　　淳于髡者，齐之赘婿也。长不满七尺，滑稽多辩，数使诸侯，未尝屈辱。齐威王之时喜隐，好为淫乐长夜之饮，沉湎不治，委政卿大夫。百官荒乱，诸侯并侵，国且危亡，在于旦暮。左右莫敢谏。淳于髡说之以隐曰："国中有大鸟，止王之庭，三年不蜚又不鸣，王知此鸟何也？"王曰："此鸟不飞则已，一飞冲天；不鸣则已，一鸣惊人。"于是乃朝诸县令长七十二人，赏一人，诛一人，奋兵而出。诸侯振惊，皆还齐侵地。威行三十六年。语在《田完世家》中。

　　威王八年，楚大发兵加齐。齐王使淳于髡之赵请救兵，赍金百斤，车马十驷。淳于髡仰天大笑，冠缨索绝。王曰："先生少之乎？"髡曰："何敢！"王曰："笑岂有说乎？"髡曰："今者臣从东方来，见道傍有禳田者，操一豚蹄，酒一盂，祝曰：'瓯窭满篝，污邪满车，五谷蕃熟，穰穰满家。'臣见其所持者狭而所欲者奢，故笑之。"于是齐威王乃益赍黄金千溢，白璧十双，车马百驷。髡辞而行，至赵。赵王与之精兵十万，革车千乘。楚闻之，夜引兵而去。

　　威王大说，置酒后宫，召髡赐之酒，问曰："先生能饮几何而醉？"对曰："臣饮一斗亦醉，一石亦醉。"威王曰："先生饮一斗而醉，恶能饮一石哉！其说可得闻乎？"髡曰："赐酒大王之前，执法在傍，御史在后，髡恐惧俯伏而饮，不过一斗径醉矣。若亲有严客，髡帣韝鞠䞍，侍酒于前，时赐余沥，奉觞上寿，数起，饮不过二斗径醉矣。若朋友交游，久不相见，卒然相睹，欢然道故，私情相语，饮可五六斗径醉矣。若乃州闾之会，男女杂坐，行酒稽留，六博投壶，相引为曹，握手无罚，目眙不禁，前有堕珥，后有遗簪，髡窃乐此，饮可八斗而醉二参。日暮酒阑，合尊促坐，男女同席，履舄交错，杯盘狼藉，堂上烛灭，主人留髡而送客，罗襦襟解，微闻芗泽，当此之时，髡心最欢，能饮一石。故曰酒极则乱，乐极则悲；万事尽然，言不可极，极之而衰。"以讽谏焉。齐王曰："善。"乃罢长夜之饮，以髡为诸侯主客。宗室置酒，髡尝在侧。

　　太史公曰：淳于髡仰天大笑，齐威王横行。优孟摇头而歌，负薪者以封。优旃临槛疾呼，陛楯得以半更。岂不亦伟哉！

　　褚先生曰：臣幸得以经术为郎，而好读外家传语。窃不逊让，复作故事滑稽之语六章，编之于左。可以览观扬意，以示后世好事者读之，以游心骇耳，以附益上方太史公之三章。

　　东方生名朔，以好古传书，爱经术，多所博观外家之语。朔初入长安，至公车上书，凡用三千奏牍。公车令两人共持举其书，仅然能胜之。人主从上方读之，止，辄乙其处，读之二月乃尽。诏拜以为郎，常在侧侍中。数召至前谈语，人主未尝不说也。时诏赐之食于前。饭已，尽怀其余肉持去，衣尽污。数赐缣帛，檐揭而去。徒用所赐钱帛，取少妇于长安中好女。率取妇一岁所者即弃去，更取妇。所赐钱财尽索之于女子。人主左右诸郎半呼之"狂人"。人主闻之，曰："令朔在事无为是行者，若等安能及之哉！"朔任其子为郎，又为侍谒者，常持节出使。朔行殿中，郎谓之曰："人皆以先生为狂。"朔曰："如朔等，所谓避世于朝廷间者也。古之人，乃避世于深山中。"时坐席中，酒酣，据地歌曰："陆沉于俗，避世金马门。宫殿中可以避世全身，何必深山之中，蒿庐之下。"金马门者，宦者署门也，门傍有铜马，故谓之曰"金马门"。

时会聚宫下博士诸先生与论议，共难之曰："苏秦、张仪一当万乘之主，而都卿相之位，泽及后世。今子大夫修先王之术，慕圣人之义，讽诵《诗》《书》百家之言，不可胜数。著于竹帛，自以为海内无双，即可谓博闻辩智矣。然悉力尽忠以事圣帝，旷日持久，积数十年，官不过侍郎，位不过执戟，意者尚有遗行邪？其故何也？"东方生曰："是固非子所能备也。彼一时也，此一时也，岂可同哉！夫张仪、苏秦之时，周室大坏，诸侯不朝，力政争权，相禽以兵，并为十二国，未有雌雄，得士者强，失士者亡。故说听行通，身处尊位，泽及后世，子孙长荣。今非然也。圣帝在上，德流天下，诸侯宾服，威振四夷，连四海之外以为席，安于覆盂，天下平均，合为一家，动发举事，犹如运之掌中。贤与不肖，何以异哉？方今以天下之大，士民之众，竭精驰说，并进辐凑者，不可胜数。悉力慕义，困于衣食，或失门户。使张仪、苏秦与仆并生于今之世，曾不能得掌故，安敢望常侍侍郎乎！传曰：'天下无害灾，虽有圣人，无所施其才；上下和同，虽有贤者，无所立功。'故曰'时异则事异'。虽然，安可以不务修身乎？《诗》曰：'鼓钟于宫，声闻于外。''鹤鸣九皋，声闻于天。'苟能修身，何患不荣！太公躬行仁义七十二年，逢文王，得行其说，封于齐，七百岁而不绝。此士之所以日夜孜孜，修学行道，不敢止也。今世之处士，时虽不用，崛然独立，块然独处，上观许由，下察接舆，策同范蠡，忠合子胥，天下和平，与义相扶，寡偶少徒，固其常也。子何疑于余哉！"于是诸先生默然无以应也。

建章宫后阁重栎中有物出焉，其状似麋。以闻，武帝往临视之。问左右群臣习事通经术者，莫能知。诏东方朔视之。朔曰："臣知之，愿赐美酒粱饭大飨臣，臣乃言。"诏曰："可。"已，又曰："某所有公田鱼池蒲苇数顷，陛下以赐臣，臣朔乃言。"诏曰："可。"于是朔乃肯言，曰："所谓驺牙者也。远方当来归义，而驺牙先见。其齿前后若一，齐等无牙，故谓之驺牙。"其后一岁所，匈奴混邪王果将十万众来降汉。乃复赐东方生钱财甚多。

至老，朔且死时，谏曰："《诗》云：'营营青蝇，止于蕃。恺悌君子，无信谗言。谗言罔极，交乱四国。'愿陛下远巧佞，退谗言。"帝曰："今顾东方朔多善言?"怪之。居无几何,朔果病死。传曰:"鸟之将死,其鸣也哀;人之将死,其言也善。"此之谓也。

武帝时,大将军卫青者,卫后兄也,封为长平侯。从军击匈奴,至余吾水上而还,斩首捕虏,有功来归,诏赐金千斤。将军出宫门,齐人东郭先生以方士待诏公车,当道遮卫将军车,拜谒曰:"愿白事。"将军止车,前东郭先生。旁车言曰:"王夫人新得幸于上,家贫。今将军得金千斤,诚以其半赐王夫人之亲,人主闻之必喜。此所谓奇策便计也。"卫将军谢之曰:"先生幸告之以便计,请奉教。"于是卫将军乃以五百金为王夫人之亲寿。王夫人以闻武帝。帝曰:"大将军不知为此。"问之安所受计策,对曰:"受之待诏者东郭先生。"诏召东郭先生,拜以为郡都尉。东郭先生久待诏公车,贫困饥寒,衣敝,履不完。行雪中,履有上无下,足尽践地。道中人笑之,东郭先生应之曰:"谁能履行雪中,令人视之,其上履也,其履下处乃似人足者乎?"及其拜为二千石,佩青緺出宫门,行谢主人。故所以同官待诏者,等比祖道于都门外。荣华道路,立名当世。此所谓衣褐怀宝者也。当其贫困时,人莫省视;至其贵也,乃争附之。谚曰:"相马失之瘦,相士失之贫。"其此之谓邪?

王夫人病甚,人主至自往问之曰:"子当为王,欲安所置之?"对曰:"愿居洛阳。"人主曰:"不可。洛阳有武库、敖仓,当关口,天下咽喉。自先帝以来,传不为置王。然关东国莫大于齐,可以为齐王。"王夫人以手击头,呼"幸甚"。王夫人死,号曰"齐王太后薨"。

昔者,齐王使淳于髡献鹄于楚。出邑门,道飞其鹄,徒揭空笼,造诈成辞,往见楚王曰:"齐王使臣来献鹄,过于水上,不忍鹄之渴,出而饮之,去我飞亡。吾欲刺腹绞颈而死,恐人之议吾王以鸟兽之故令士自伤杀也。鹄,毛物,多相类者,吾欲买而代之,是不信而欺吾王也。欲赴佗国奔亡,痛吾两主使不通。故来服过,叩头受罪大王。"楚王曰:"善,齐王有信士若此哉!"厚赐之,财倍鹄在也。

武帝时,征北海太守诣行在所。有文学卒史王先生者,自请与太守俱:"吾有益于君。"君许之。诸府掾功曹白云:"王先生嗜酒,多言少实,恐不可与俱。"太守曰:"先生意欲行,不可逆。"遂与俱。行至宫下,待诏宫府门。王先生徒怀钱沽酒,与卫卒仆射饮,日醉,不视其太守。太守入跪拜。王先生谓户郎曰:"幸为我呼吾君至门内遥语。"户郎为呼太守。太守来,望见王先生。王先生曰:"天子即问君何以治北海,令无盗贼,君对曰何哉?"对曰:"选择贤才,各任之以其能,赏异等,罚不肖。"王先生曰:"对如是,是自誉自伐功,不可也。愿君对言:'非臣之力,尽陛下神灵威武所变化也。'"太守曰:"诺。"召入,至于殿下,有诏问之曰:"何于治北海,令盗贼不起?"叩头对言："非臣之力，尽陛下神灵威武之所变化也。"武帝大笑，曰："於呼！安得长者之语而称之！安所受之？"对曰："受之文学卒史。"帝曰："今安在？"对曰："在宫府门外。"有诏召拜王先生为水衡丞，以北海太守为水衡都尉。传曰："美言可以市，尊行可以加人。君子相送以言，小人相送以财。"

【译文】

孔子说："六经对于治国安邦来说，作用是相同的。《礼经》用来节制人的言行使生活规范，《乐经》用来发扬和气促使人们的生活融洽，《尚书》用来记叙往古的事迹与典章制度，供人们仿效、借鉴，《诗经》用来传扬前代圣贤的心意，引起共鸣，《易经》用来使治理方法神秘化，《春秋》用正义来衡量是非曲直。"太史公说：宇宙的范围无比广阔，难道不宏大么！在谈笑中含蓄微妙地切中事理，也可以排难解纷。

淳于髡是齐国的一个倒插门女婿。身高不足七尺，为人滑稽，能言擅辩，多次出使各诸侯国，没有受过屈辱。齐威王在位时，喜爱说谜语，又好荒淫作乐，彻夜宴饮，陶醉在饮酒之中，不问政事，把国家大事托付给卿大夫们。文武百官放浪淫乱，各国都来侵犯，国家危险，早晚将要灭亡。身边近臣不敢规劝。淳于髡用隐语去劝他说："国内有一只大鸟，落在大王的庭院里，三年不飞又不叫，大王知道这只鸟是怎么一回事吗？"齐威王说："这只鸟不飞就罢了，一飞就会直冲云霄；不叫就罢了，一叫就会使人惊异。"于是他马上接见七十二个县令长，奖励一人，杀死一人；又整顿军队，打击来犯的敌人。各诸侯国吃惊不小，皆把侵占的土地归还齐国。齐国的声威一直持续三十六年。这些话在《田完世家》里有记载。

齐威王八年（公元前371），楚国大规模出兵攻打齐国。齐威王派淳于髡出使赵国请求救兵，让他携带礼物黄金一百斤，驷马车十辆。淳于髡仰天大笑，把帽带子都全部迸断了。威王说："先生嫌礼物不多么？"淳于髡说："哪里敢！"威王说："那你笑难道有什么道理？"淳于髡说："现在我从东方来，看见路旁有个向田神祈祷求丰收的人，拿着一个猪蹄，一杯酒，祈祷说：'高地上谷物盛满筐笼，低田里的庄稼装满车辆；稻、黍、稷、麦、豆丰登，满屋满仓。'我见他拿着一点点祭品，却有那么高的祈求，所以笑他。"于是齐威王就把礼物增加到黄金一千镒，白璧十双，驷马车一百辆。淳于髡告辞起行，到了赵国。赵王给了他十万精兵，一千辆裹有皮革的战车。楚国听到这个消息，连夜退兵离开。

齐威王十分高兴，在后宫摆设酒肴，召见淳于髡，赏赐给他酒，问道："先生能喝多少酒才醉呢？"淳于髡回答说："我喝一斗也会醉，一石也会醉。"

齐威王说："先生喝一斗就醉了，怎么能喝一石呢！这个道理能说给我听听吗？"淳于髡说："在大王面前承蒙赏酒，执法官在旁边，御史在背后，我畏怯心惊，低头俯地地喝，不超过一斗就醉了。倘若双亲有尊敬的贵客，我挽起袖子曲躬小跪，在前面侍候饮酒，时常赏我残酒，举杯祝酒，敬祝长寿，屡次起身应酬，喝不过两斗就醉了。假如朋友交游，好久没有会面，突然相见，高兴地讲述往事，倾吐衷肠，大约喝五六斗就醉了。至于乡井的聚会，男女在一块坐，慢慢地依次饮酒，对弈玩棋，比赛投壶，呼朋唤友，相邀成伙伴，握手言欢也不受处罚，瞪着眼瞧也没有禁忌，前面地上有掉下的耳环，后面地上有失落的发簪，我内心里喜欢如此，喝上八斗却只有两三分醉意。天黑了，酒也快完了，把剩下来的酒倒在一起，大家促膝而坐，男女同席，鞋子木屐乱放，杯盘弄得乱糟糟，堂上的火烛已经熄灭，主人留下我而去送客，那穿绫罗短袄的衣襟已经解开，令人略微闻到阵阵香味，在这时候，我最高兴，能喝一石酒。所以说酒喝得过多就容易出乱子，快乐到了极点就会发生悲哀的事。一切事情都是如此。这说的是什么事情都不要走上极端，如果到了极端，就必然走向反面转为衰亡。"淳于髡用这样的话婉转劝告齐威王。齐威王说："好。"就停止了通宵的宴饮，任命淳于髡做接待各诸侯国宾客的交际官。齐王宗室举行宴会，淳于髡常常在场作陪。

太史公说：淳于髡仰天大笑，齐威王因而得志于诸侯，优孟摇头歌唱，靠背柴卖为生的人因而受到封赏。优旃靠近栏杆大叫一声，阶下侍卫士减半值班，轮番接替。这些人所起的作用，难道不也伟大而可颂扬的吗！

褚少孙先生说：我有幸能因武帝时，齐人有通晓经学而做了郎官，而且喜欢读史传杂说一类的著作。不自量力，又写了六章滑稽故事，把它们编在太史公原著的后面。看了可以扩大些见闻，把它们留给后世喜欢多事的人读了，以舒畅心胸，警醒听闻，特把它增附在以上太史公的三则滑稽故事的后面。

汉武帝时，齐地有个东方先生名朔，因爱好古代流传的书籍和儒家经学，广泛地看了许多诸子百家的书。他初到长安，到公车府上报告给皇帝，共用了木片三千枚。公车府两个人抬，刚好抬得起。皇上到尚方署读那些报告，看到哪里要停止了，划个休止记号，读了两个月才读完。下诏令任命东方朔作郎官，经常在皇上身边侍奉。多次叫到跟前谈话，皇上没有不欣喜的。时常下诏令赐东方朔御前吃饭。饭罢，东方朔把吃剩的肉全部揣在怀里拿回去，衣服都是油污。皇上多次赐给他绸绢，他肩挑扛抬着就走。专用所得赏赐的钱财绸绢，娶长安城中年轻美貌的女子为妻。大多娶过来一年光景就抛弃了，重娶一个。所得赏赐的钱财都完全花在女子身上。皇上身边的侍从官有半数喊东方朔做"疯狂的人"。皇上听到这个称呼，说道："假使东方朔当官行事没有这种行为的话，你们哪能赶得上他呢！"东方朔保举自己的儿子做郎官，又升为侍中的谒者，常常奉命持节出使。有一次，东方朔在殿中经过，郎官对他说："人们都把先生当疯狂的人。"东方朔说："像我这类人，就是所谓在朝廷里隐居的人。古代的人，却隐居在深山里。"他时常坐在酒席上，酒喝得畅快时，趴在地上唱道："沦落尘俗中，避世金马门。宫殿中可以隐居起来，保全身躯，何必隐居到深山中间，草屋里面！"金马门是宦官衙署的大门，大门旁边立有铜马，所以称它做"金马门"。

当时恰逢朝廷召集学官里的博士先生们参与讨论国事，大家共同诘难东方朔说："苏秦、张仪偶然遇到大国的君主，就能居卿相的地位，恩泽留传到了后代。现在您先生研究先王治国驭臣的方术，仰慕圣人立身处世的道理，诵读《诗经》《尚书》和百家的言论，不能一一列举。又有文章著作，自己认为天下无双，那么可以说见闻广博，聪明才辩了。然而您全力尽忠侍奉圣明的皇帝，旷日持久，累积长达几十年，官衔不过是个侍郎，职位不过是个卫士，看来您还有不检点的行为吧？这是什么缘故呢？"东方先生说："这本来不是你们所能完全理解的。时间不同，情况也不一样了，怎么可以相提并论呢！张仪、苏秦所处的时代，周朝非常衰败，诸侯们不去朝见周天子，以武力相征伐争权夺利，相互俘捕以兵戎相见，天下兼并为十二个诸侯国家，没有决出胜负，此时得到士人的就强盛，失去士人的就败亡，所以言听计从，身居尊位，恩泽传到了后代，子孙长享荣华富贵。现在不是这样了。圣明的皇帝在朝廷掌政，恩德遍及天下，诸侯朝贡服从，声威震慑四方少数民族，将四海之外的疆土连接成像坐席那样的一片乐土，比倒置的盘盂还要安稳。天下统一，融为一体，凡有所行动行事，都容易得好像在手掌中转动一样。贤与不贤，凭什么来辨别他们的差别呢？现在因天下辽阔广大，士民很多，竭尽精力，奔走游说，同时向朝廷进献计谋，像辐条凑集到车毂轴上一样的人，多得数不清。尽管竭力仰慕道义，仍然往往被衣食所困，有的竟连进身的门路也找不到。假使张仪、苏秦与我同生在现代，他们恐怕连一个掌管历史上的制度、文化沿革等的小吏也不能得到，怎么敢奢望当常侍侍郎呢！古书上说：'天下没有灾害，即使有圣人，也没有地方施展他的才华；君臣上下和睦同心，即使有贤人，也没有地方建立他的功业。'所以说时代变了，那么事情也随之而有所变化。尽管如此，怎么可以不努力自身的修养呢？《诗经》上说：'鼓呀钟呀屋里敲，声音外传闹嘈嘈。''鹤儿鸣在弯湾里，声音飘扬到天际。'假如能够修养自身，还担忧什么不能获得荣誉！齐太公亲行仁义七十二年，遇上周文王，才得以实行他的主张，封在齐国。传国七百年没有断绝。这就是士人所以要日日夜夜，勤奋不倦，研究学问，推行自己的主张，不敢停止的原因。当今世上的隐士，一时虽不被任用，但他能超然独立，孑然独处，远观许由，近看接舆，智谋犹如范蠡，忠诚可比伍子胥，天下和平，修身自持，寡朋少侣，本来是很平常的事情。你们对我有什么疑虑呢！"于是那些先生们一声不响，无话答复了。

建章宫后阁的双重栏杆中，有一只动物跑出来，它的形状像麋鹿。消息传到宫中，武帝亲自到那里观看，问身边群臣中熟悉各种事物并通晓经学的人，没有一个人能知道它是什么动物。下诏叫东方朔来看它。东方朔说："我知道这个东西，希望皇上赏赐美酒好米饭，丰盛地宴请我，我才说。"武帝下诏说："可以。"吃过酒饭，东方朔又说："某处有几顷公田、鱼池和蒲苇塘，陛下把它赐给我，我东方朔才说。"武帝下诏说："可以。"于是东方朔才肯讲，说道："这是叫驺牙的动物。远方会有前来投诚的事，驺牙便先出现。它的牙齿前后一样是门牙，没有白齿，所以叫它做驺牙。"这以后过了一年左右，匈奴浑邪王果然带着十万人来归降汉朝。武帝又再赏赐东方朔许多钱财。

到年纪老了，东方朔将死时，进谏武帝说："《诗经》上说：'苍蝇飞，嗡嗡响，歇在篱笆上。和易的人儿，莫上谣言当。造谣的不止，惑乱到四方。'希望陛下远离奸诈谄媚的小人，屏退他们的谗言。"武帝说："现在东方朔反而多说好话了么？"对此感到奇怪。过了不多久，东方朔果然病死了。古书上说："鸟将要死的时候，它的叫声悲哀；人将要死的时候，他讲的话善良。"说的就是这种情况呢。

汉武帝时，大将军卫青是卫皇后的兄长，被封为长平侯。他带领军队出击匈奴，追到余吾水边才返回。斩杀大量敌兵，捕获许多俘虏，立了功勋回来，武帝下诏赏赐黄金千斤。卫将军从宫门出来，齐地人东郭先生以江湖术士的身份，在公车府候差，拦路挡住卫将军的车马，谒见说："希望禀告一件事。"卫将军停下车，叫东郭先生走上前来，他靠在车边说道："王夫人新近受到皇上的宠爱，家里贫困。当今将军得到黄金千斤，如果拿出其中的一半赐给王夫人的双亲，皇上知道了这件事必定喜欢。这就是平时所说的巧妙而便捷的计策。"卫将军感谢他说："幸亏先生把这便捷的计策告诉我，一定遵照指教。"于是卫将军就拿出五百斤黄金，作为给王夫人的双亲的赠礼。王夫人把这事告诉了武帝。武帝说："大将军不会知道这样作。"问卫青哪里得到的计策，回答说："从候差的东郭先生那里得到的。"武帝就下诏召见东郭先生，任命他任某郡的都尉。东郭先生久在公车府候差，贫穷困苦，饥寒交迫，衣服破旧，鞋子不完好。行走在雪中，鞋子有面无底，脚全部踏在地上。过路人讥笑他，东郭先生回答他们说："谁能穿着鞋子在雪中行走，叫人看去，脚上面是鞋子，鞋子下面竟然好像是人脚的么？"等到他受任为俸禄二千石的官，佩着青绶带印从官门出来，去向房东告辞，旧时所有同他一起候差的人，一批批在都门外为他饯行。一路光荣显耀，在当代扬名。这就是平常所说的身穿粗布短衣，怀里揣着珍宝的人吧。当他穷困的时候，大家都不理睬他，到他尊贵了，就争着依附他。谚语说："观察马因外表消瘦而漏掉良马，观察士因外貌朴陋而漏掉人才。"大概就是说的这种情况吧？

王夫人病入膏肓，皇上亲自探望，问她道："你的儿子应当封王，你打算安置他到哪里？"回答说："希望在洛阳。"皇上说："不行。洛阳有武库，敖仓，又位于交通关口，是天下的咽喉要道。自从先帝以来，相沿不在这个地方封王。然而关东地区的封国，没有比齐国更大的，可以封他为齐王。"王夫人用手拍头，口呼"太幸运了"。王夫人死后，就称为"齐王太后逝世"。

从前，齐王派淳于髡到楚国进献天鹅。出了都门，半路上那只天鹅飞走了，只好提着空笼子，编造了一篇假话，前去拜见楚王说："齐王派我来送天鹅，在水上经过，不忍心天鹅的干渴，放出让它喝水，不料离开我飞走了。我想要刺腹或勒脖子而死，担心人家议论大王因为鸟兽的缘故，让士人自己杀伤。天鹅是长羽毛的东西，多有相像的，我打算要买一只顶替它，这是不诚实而且欺骗大王。想要逃奔到别国去，又痛心我们两国君主间的这次通使半途而废了。所以前来认罪，向大王叩头，领受惩罚。"楚王说："好。齐王竟有这样诚实的贤士啊！"优厚地赏赐了淳于髡，赏赐的钱财比进献天鹅还加一倍。

汉武帝时，征召北海郡太守到皇帝行宫。有个掌管文书的府吏叫王先生的，自己请求跟随太守同行："我会对您有益处。"太守答应了他。太守府中的许多属吏功曹禀告说："王先生爱好喝酒，闲话多，务实少，恐怕不宜跟他同去。"太守说："王先生心里打算去，不好违背他的意思。"终于跟他同行。他们来到官门外，在官府门等待皇上的诏命。王先生只顾揣着钱买酒，同卫队长官叙饮，整天醉醺醺的，不去看望他的太守。太守进宫跪拜皇上。王先生对守门郎官说："请替我呼唤我们太守到官门内，跟他远远地讲几句话。"守门郎官替他去呼唤太守。太守出来，看见了王先生。王先生说："天子如果问您凭什么治理北海郡，使得那里没有盗贼，您对答些什么呢？"太守回答说："选择有才能的，并按他们的能力分别任用，奖赏才能超群的，惩罚不图上进的。"王先生说："如此回答，是自己称赞自己，自己夸耀自己的功劳，不可以啊。希望您回答说："不是我的力量，全是陛下神明威武所造成的变化呢。'"太守说："好吧。"太守被召入宫中，走到殿堂下面，武帝下诏问太守道："你用什么方法治理北海郡，使盗贼不出现？"太守叩头回答说："不是我的力量，全是陛下神明威武发生的作用。"武帝大笑，说道："呀！哪里学得忠厚老实人的话而称颂起来！你是从哪里听来的？"太守回答说："是从掌管文书的小吏那里听来的。"武帝说："现在他在哪里？"太守回答说："在官府门外。"武帝下诏召见，任命王先生做水衡丞，北海太守做水衡都尉。解释经义的古书上说："美好的言辞可以出卖，高尚的品行可以高出众人之上。君子用美言相送，小人用钱财相送。"

货殖列传

【原文】

《老子》曰："至治之极，邻国相望，鸡狗之声相闻，民各甘其食，美其服，安其俗，乐其业，至老死不相往来。"必用此为务，輓近世塗民耳目，则几无行矣。

太史公曰：夫神农以前，吾不知已。至若《诗》《书》所述虞夏以来，耳目欲极声色之好，口欲穷刍豢之味，身安逸乐，而心夸矜势能之荣。使俗之渐民久矣，虽户说以眇论，终不能化。故善者因之，其次利道之，其次教诲之，其次整齐之，最下者与之争。

夫山西饶材、竹、谷、纑、旄、玉石；山东多鱼、盐、漆、丝、声色；江南出柟、梓、姜、桂、金、锡、连、丹沙、犀、玳瑁、珠玑、齿革；龙门、碣石北多马、牛、羊、旃裘、筋角；铜、铁则千里往往山出棊置：此其大较也。皆中国人民所喜好，谣俗被服饮食奉生送死之具也。故待农而食之，虞而出之，工而成之，商而通之。此宁有政教发征期会哉？人各任其能，竭其力，以得所欲。故物贱之征贵，贵之征贱，各劝其业，乐其事，若水之趋下，日夜无休时，不召而自来，不求而民出之。岂非道之所符，而自然之验邪？

《周书》曰："农不出则乏其食，工不出则乏其事，商不出三宝绝，虞不出则财匮少。"财匮少而山泽不辟矣。此四者，民所衣食之原也。原大则饶，原小则鲜。上则富国，下则富家。

贫富之道，莫之夺予，而巧者有余，拙者不足。故太公望封于营丘，地潟卤，人民寡，于是太公劝其女功，极技巧，通鱼盐，则人物归之，繦至而辐凑。故齐冠带衣履天下，海岱之间敛袂而往朝焉。其后齐中衰，管子修之，设轻重九府，则桓公以霸，九合诸侯，一匡天下；而管氏亦有三归，位在陪臣，富于列国之君。是以齐富强至于威、宣也。

故曰："仓廪实而知礼节，衣食足而知荣辱。"礼生于有而废于无。故君子富，好行其德；小人富，以适其力。渊深而鱼生之，山深而兽往之，人富而仁义附焉。富者得势益彰，失势则客无所之，以而不乐。夷狄益甚。谚曰："千金之子，不死于市。"此非空言也。故曰："天下熙熙，皆为利来；天下攘攘，皆为利往。"夫千乘之王，万家之侯，百室之君，尚犹患贫，而况匹夫编户之民乎！

范蠡既雪会稽之耻，乃喟然而叹曰："计然之策七，越用其五而得意。既已施于国，吾欲用之家。"乃乘扁舟浮于江湖，变名易姓，适齐为鸱夷子皮，之陶为朱公。朱公以为陶天下之中，诸侯四通，货物所交易也。乃治产积居，与时逐而不责于人。故善治生者，能择人而任时。十九年之中三致千金，再分散与贫交疏昆弟。此所谓富好行其德者也。后年衰老而听子孙，子孙脩业而息之，遂至巨万。故言富者皆称陶朱公。

子赣既学于仲尼，退而仕于卫，废著鬻财于曹、鲁之间，七十子之徒，赐最为饶益。原宪不厌糟糠，匿于穷巷。子贡结驷连骑，束帛之币以聘享诸侯，所至，国君无不分庭与之抗礼。夫使孔子名布扬于天下者，子贡先后之也。此所谓得势而益彰者乎？

猗顿用盬盐起。而邯郸郭纵以铁冶成业，与王者埒富。

乌氏倮畜牧，及众，斥卖，求奇缯物，间献遗戎王。戎王什倍其偿，与之畜，畜至用谷量马牛。秦始皇帝令倮比封君，以时与列臣朝请。而巴寡妇清，其先得丹穴，而擅其利数世，家亦不訾。清，寡妇也，能守其业，用财自卫，不见侵犯。秦皇帝以为贞妇而客之，为筑女怀清台。夫倮鄙人牧长，清穷乡寡妇，礼抗万乘，名显天下，岂非以富邪？

汉兴，海内为一，开关梁，弛山泽之禁，是以富商大贾周流天下，交易之物莫不通，得其所欲，而徙豪杰诸侯强族于京师。

关中自汧、雍以东至河、华，膏壤沃野千里，自虞夏之贡以为上田，而公刘适邠，大王、王季在岐，文王作丰，武王治镐，故其民犹有先王之遗风，好稼穑，殖五谷，地重，重为邪。及秦文、德、缪居雍，隙陇蜀之货物而多贾。献公徙栎邑，栎邑北却戎翟，东通三晋，亦多大贾。孝、昭治咸阳，因以汉都，长安诸陵，四方辐凑并至而会，地小人众，故其民益玩巧而事末也。南则巴蜀。巴蜀亦沃野，地饶卮、姜、丹沙、石、铜、铁、竹、木之器。南御滇棘，棘僮。西近邛笮，笮马、旄牛。然四塞，栈道千里，无所不通，唯褒斜绾毂其口，以所多易所鲜。天水、陇西、北地、上郡与关中同俗，然西有羌中之利，北有戎翟之畜，畜牧为天下饶。然地亦穷险，唯京师要其道。故关中之地，于天下三分之一，而人众不过什三；然量其富，什居其六。

然邯郸亦漳、河之间一都会也。北通燕、涿，南有郑、卫。郑、卫俗与赵相类，然近梁、鲁，微重而矜节。濮上之邑徙野王，野王好气任侠，卫之风也。

夫燕亦勃、碣之间一都会也。南通齐、赵，东北边胡。上谷至辽东，地踔远，人民希，数被寇，大与赵、代俗相类，而民雕捍少虑，有鱼盐枣栗之饶。北邻乌桓、夫余，东绾秽貉、朝鲜、真番之利。

洛阳东贾齐、鲁，南贾梁、楚。故泰山之阳则鲁，其阴则齐。

齐带山海，膏壤千里，宜桑麻，人民多文彩布帛鱼盐。临菑亦海岱之间一都会也。其俗宽缓阔达，而足智，好议论，地重，难动摇，怯于众斗，勇于持刺，故多劫人者，大国之风也。其中具五民。

而邹、鲁滨洙、泗，犹有周公遗风，俗好儒，备于礼，故其民龊龊。颇有桑麻之业，无林泽之饶。地小人众，俭啬，畏罪远邪。及其衰，好贾趋利，甚于周人。

夫自鸿沟以东，芒、砀以北，属巨野，此梁、宋也。陶、睢阳亦一都会也。昔尧作于成阳，舜渔于雷泽，汤止于亳。其俗犹有先王遗风，重厚多君子，好稼穑，虽无山川之饶，能恶衣食，致其蓄藏。

越、楚则有三俗。夫自淮北，沛、陈、汝南、南郡，此西楚也。其俗剽轻，易发怒，地薄，寡于积聚。江陵故郢都，西通巫、巴，东有云梦之饶。陈在楚夏之交，通鱼盐之货，其民多贾。徐、僮、取虑，则清刻，矜己诺。

颍川、南阳，夏人之居也。夏人政尚忠朴，犹有先王之遗风。颍川敦愿。秦末世，迁不轨之民于南阳。南阳西通武关、郧关，东南受汉、江、淮。宛亦一都会也。俗杂好事，业多贾。其任侠，交通颍川，故至今谓之"夏人"。

夫天下物所鲜所多，人民谣俗，山东食海盐，山西食盐卤，领南、沙北固往往出盐，大体如此矣。

总之，楚越之地，地广人希，饭稻羹鱼，或火耕而水耨，果隋蠃蛤，不待贾而足，地势饶食，无饥馑之患，以故呰窳偷生，无积聚而多贫。是故江淮以南，无冻饿之人，亦无千金之家。沂、泗水以北，宜五谷桑麻六畜，地小人众，数被水旱之害，民好畜藏，故秦、夏、梁、鲁好农而重民。三河、宛、陈亦然，加以商贾。齐、赵设智巧，仰机利。燕、代田畜而事蚕。

由此观之，贤人深谋于廊庙，论议朝廷，守信死节隐居岩穴之士设为名高者安归乎？归于富厚也。是以廉吏久，久更富，廉贾归富。富者，人之情性，所不学而俱欲者也。故壮士在军，攻城先登，陷阵却敌，斩将搴旗，前蒙矢石，不避汤火之难者，为重赏使也。其在闾巷少年，攻剽椎埋，劫人作奸，掘冢铸币，任侠并兼，借交报仇，篡逐幽隐，不避法禁，走死地如骛者，其实皆为财用耳。今夫赵女郑姬，设形容，揳鸣琴，揄长袂，蹑利屣，目挑心招，出不远千里，不择老少者，奔富厚也。游闲公子，饰冠剑，连车骑，亦为富贵容也。弋射渔猎，犯晨夜，冒霜雪，驰坑谷，不避猛兽之害，为得味也。博戏驰逐，斗鸡走狗，作色相矜，必争胜者，重失负也。医方诸食技术之人，焦神极能，为重糈也。吏士舞文弄法，刻章伪书，不避刀锯之诛者，没于赂遗也。农工商贾畜长，固求富益货也。此有知尽能索耳，终不余力而让财矣。

谚曰："百里不贩樵，千里不贩籴。"居之一岁，种之以谷；十岁，树之以木；百岁，来之以德。德者，人物之谓也。今有无秩禄之奉，爵邑之入，而乐与之比者，命曰"素封"。封者食租税，岁率户二百。千户之君则二十万，朝觐聘享出其中。庶民农工商贾，率亦岁万息二千，百万之家则二十万，而更徭租赋出其中。衣食之欲，恣所好美矣。故曰陆地牧马二百蹄，牛蹄角千，千足羊，泽中千足彘，水居千石鱼陂，山居千章之材。安邑千树枣；燕、秦千树栗；蜀、汉、江陵千树橘；淮北常山已南，河济之间千树萩；陈、夏千亩漆；齐、鲁千亩桑麻；渭川千亩竹；及名国万家之城带郭千亩亩钟之田，若千亩卮茜，千畦姜韭：此其人皆与千户侯等。然是富给之资也，不窥市井，不行异邑，坐而待收，身有处士之义而取给焉。若至家贫亲老，妻子软弱，岁时无以祭祀进醵，饮食被服不足以自通，如此不惭耻，则无所比矣。是以无财作力，少有斗智，既饶争时，此其大经也。今治生不待危身取给，则贤人勉焉。是故本富为上，末富次之，奸富最下。无岩处奇士之行，而长贫贱，好语仁义，亦足羞也。

凡编户之民，富相什则卑下之，伯则畏惮之，千则役，万则仆，物之理也。夫用贫求富，农不如工，工不如商，刺绣文不如倚市门，此言末业贫者之资也。通邑大都，酤一岁千酿，醯酱千瓨，浆千甔，屠牛羊彘千皮，贩谷粜千钟，薪稿千车，船长千丈，木千章，竹竿万个，其轺车百乘，牛车千两，木器漆者千枚，铜器千钧，素木铁器若卮茜千石，马蹄躈千，牛千足，羊彘千双，僮手指千，筋角丹沙千斤，其帛絮细布千钧，文采千匹，榻布皮革千石，漆千斗，蘖曲盐豉千荅，鲐鲎千斤，鲰千石，鲍千钧，枣栗千石者三之，狐貂裘千皮，羔羊裘千石，旃席千具，佗果菜千钟，子贷金钱千贯，节驵会，贪贾三之，廉贾五之，此亦比千乘之家，其大率也。佗杂业不中什二，则非吾财也。

请略道当世千里之中，贤人所以富者，令后世得以观择焉。

蜀卓氏之先,赵人也,用铁冶富。秦破赵,迁卓氏。卓氏见虏略,独夫妻推辇,行诣迁处。诸迁虏少有余财,争与吏,求近处,处葭萌。唯卓氏曰:"此地狭薄。吾闻汶山之下,沃野,下有蹲鸱,至死不饥。民工于市,易贾。"乃求远迁。致之临邛,大喜,即铁山鼓铸,运筹策,倾滇蜀之民,富至僮千人。田池射猎之乐,拟于人君。

周人既纤,而师史尤甚,转毂以百数,贾郡国,无所不至。洛阳街居在齐秦楚赵之中,贫人学事富家,相矜以久贾,数过邑不入门,设任此等,故师史能致七千万。

宣曲任氏之先,为督道仓吏。秦之败也,豪杰皆争取金玉,而任氏独窖仓粟。楚汉相距荥阳也,民不得耕种,米石至万,而豪杰金玉尽归任氏,任氏以此起富。富人争奢侈,而任氏折节为俭,力田畜。田畜人争取贱贾,任氏独取贵善。富者数世。然任公家约,非田畜所出弗衣食,公事不毕则身不得饮酒食肉。以此为闾里率,故富而主上重之。

塞之斥也,唯桥姚已致马千匹,牛倍之,羊万头,粟以万钟计。吴楚七国兵起时,长安中列侯封君行从军旅,赍贷子钱,子钱家以为侯邑国在关东,关东成败未决,莫肯与。唯无盐氏出捐千金贷,其息什之。三月,吴楚平。一岁之中,则无盐氏之息什倍,用此富埒关中。

关中富商大贾,大抵尽诸田,田啬、田兰。韦家栗氏,安陵、杜杜氏,亦巨万。

此其章章尤异者也。皆非有爵邑奉禄弄法犯奸而富,尽椎埋去就,与时俯仰,获其赢利,以末致财,用本守之,以武一切,用文持之,变化有概,故足术也。若至力农畜,工虞商贾,为权利以成富,大者倾郡,中者倾县,下者倾乡里者,不可胜数。

夫纤啬筋力,治生之正道也,而富者必用奇胜。田农,掘业,而秦扬以盖一州。掘冢,奸事也,而田叔以起。博戏,恶业也,而桓发用富。行贾,丈夫贱行也,而雍乐成以饶。贩脂,辱处也,而雍伯千金。卖浆,小业也,而张氏千万。洒削,薄技也,而郅氏鼎食。胃脯,简微耳,浊氏连骑。马医,浅方,张里击钟。此皆诚壹之所致。

由是观之,富无经业,则货无常主,能者辐凑,不肖者瓦解。千金之家比一都之君,巨万者乃与王者同乐。岂所谓"素封"者邪?非也?

【译文】

《老子》中有段话说:"大治之世的最高标准(是国小民少),邻国的百姓能相互望见,鸡鸣狗叫的声音也相互传闻,人们各自认为所吃的食物是美味,所穿的衣服极美观，本地的风俗最适宜，自己的工作很快乐，直至老死，互不来往。"一定照这种说法去做，在近代除非先去堵塞了人们的耳目，否则简直就是无法办到的。

太史公说：神农氏以前的历史，我是不了解的。至于像《诗》《书》中提到的虞夏以来的情况，（统治者们的）耳目要极尽音乐女色的享受，口要尝尽各种肉食的美味，身体安于闲逸享乐，而心意用在夸耀权势地位的尊荣。这种（追求物质享受的）风气影响百姓，积久成习，即使用精妙的理论去挨户劝说，也不能感化改变了。所以最好的办法是顺应这种趋势，其次是掌握好时机加以引导，再其次是教诲他们，再其次是进行整顿，统一步调，最不好的办法是与民争利。

山西地方出产很多的木材、竹子、縠树、麻类、旄牛、玉石等；山东地方则多鱼、盐、漆、丝和乐工美女；江南地方出产楠木、梓木、姜、桂、金、锡、铅矿石、朱砂、犀牛、玳瑁、各种珍珠以及象牙兽革等；龙门和碣石以北的地方多产马、牛、羊、毡毛制成的衣服以及各种动物的筋角等；铜和铁则是不出千里就有矿山出产，如同在棋盘上放置棋子一样。以上所说的，是物产的大概情形。这些东西都是中国人民所喜爱的，俗话所说的用于穿着饮食，奉养生者，葬送死者的物品。所以人们都有待于农人种出粮食然后得食，有待于管理山泽的虞人把各种原料开发出来，有待于工匠把各种原料制为成品，有待于商人把各种物品贸易流通。这难道需要依靠下政令、行教化等手段来征发收集，限期会聚吗？人人各尽其能，各尽其力，用以满足自己的欲望。所以某一地方物价低贱，就有人寻求物价高昂的地方把东西转运过去；某一地方的物价高昂，就有人寻求物价低廉的地方把东西转运过来，大家各自致力于自己的生业，乐于从事自己的工作，就像水往低处流，日日夜夜不会停息，物品会不招自来，不去搜求而百姓们自会拿出来贸易。这难道不是遵循事物发展的规律，任其自然的效验吗？

《周书》中说："农人不拿出自己的产品，人们就会缺乏食粮；工人不拿出自己的产品，人们就会缺乏用具；商人不进行贸易，那么粮食、用具、财货这三种最可宝贵的东西就会断绝来源；（管理山泽的）虞人不拿出所产的物品，人们就会财货空乏。"财货空乏，山泽就不能开发了。这四方面，是人们衣食的本源。本源广大，物用就充裕；本源狭小，物用就缺少。（懂得这一道理），上可以富国，下可以富家。贫富的法则（天然存在），不是谁能夺走或给予的，而智巧的人财物总是有余，笨拙的人财物总是不足。太公望被封于营丘，建立齐国，那里都是盐碱地，人民稀少，于是太公就勉励封地内的妇女从事纺织、缝纫、编结、刺绣等工作，这些女红制品技术高超，极其精巧，太公又利用当地出产的鱼、盐进行贸易，结果别处的人民都背负着婴儿归附齐国，货物也往那里集中，就像车辐归聚于车轴一样。所以天下人都使用齐国出产的衣服鞋帽，东海到泰山之间的人们都恭恭敬敬地整理好衣袖前去朝见（表示归服）。后来齐国一度衰落，管仲重新整顿治理，设置掌管财物货币的九种官员，齐桓公因此得以称霸，多次纠合诸侯，主持盟会，把天下纳入正道。而管仲本人也能收取占货值十分之三的市场税归为己有，虽然居于陪臣的地位，却比各国的诸侯还富。齐国也因而保持富强直至后世威王、宣王的时代。

所以说："粮食充实了，人们就会懂得行为要符合礼节；生活用品丰富，吃穿不愁了，人们就会懂得什么是光荣，什么是耻辱。"礼是随着财富充裕而产生的，一旦财富消失，也就不再有什么礼了。所以说君子富了，爱凭借财产广施恩德；小人富了，就能过安逸舒适的生活，不必再辛辛苦苦地劳作。水深自然产鱼，山深自然会有野兽前往繁殖生息，人富了，所谓的仁义自然就会归属于他。富人得了势，名声地位就更加显赫，一旦失势，再没有宾客上门，就会闷闷不乐。这类情况，在夷狄之区表现得尤其明显。俗话说："只要家产有千金，儿子不会判死刑。"这并非空话。所以说："天下人吵闹喧嚷，都是来求财；天下人奔走纷乱，都是去谋利。"那些拥有兵车千辆的国君，食邑万户的列侯，受封百家的封君，尚且都为钱财不够使用而担忧，何况编入户籍，要负担租税徭役的平民百姓呢！

范蠡洗雪了在会稽向吴军屈膝求和的国耻之后，长叹道："计然的计策有十条，越国只用了其中五条就能消灭吴国，扬眉吐气。那些计策施用于国家已经成功，我要用来经营自己的家业了。"于是就乘坐小船飘游江湖，改名换姓，到了齐国，就自称"鸱夷子皮"，到了陶，就自称"朱公"。朱公认为陶这个地方位居天下之中，与各诸侯国四通八达，是进行货物交易的重要场所。于是就在那里经营产业，囤积货物，投机谋利。他善于掌握天时追逐利润而并不苛求所任用的人。所以说擅长经营的人，必定能选择信用靠得住的人并能得心应手地把握好时机。他在十九年之中曾三次得到千金之财，又先后两次把财产分散给贫穷的朋友和远房的同族兄弟。这就是所谓喜好凭借财产广施恩德的君子啊！后来他年老力衰，就听凭子孙去经营。他的子孙继承了产业，又不断增殖生息，以至他们的家产竟达到万万之多。因而后世人们谈到富人，都要提起陶朱公。

　　子赣既已从孔子那里完成了学业，就回到卫国做官，他又囤积货物，在曹、鲁一带转运倒卖，孔门弟子学业优秀的有七十人，其中数他最富有了。原宪穷得连酒糟谷皮都不能填饱肚子，藏身于陋巷之中。子赣则车马成群，以束帛为进见的礼物，出使各诸侯国通问修好，所到之处，各国的国君都与他分宾主，行平等的礼节。使孔子的名声能够传遍天下，就是靠子赣作出安排，起着支配作用。这不就是所谓富人得了势，名声地位就更加显赫吗？

　　猗顿靠掘池晒盐发家，邯郸郭氏靠开矿冶铁致富，他们的财富都可与一国之君相比。

　　乌氏的倮经营畜牧业，牲畜繁殖多了就变卖成钱，然后求购华美珍奇的彩绣等物，偷偷地献赠戎王，戎王则用十倍于原价的牲畜回赠给他，作为补偿。致使他拥有的牛马等牲畜多得要用山谷作单位来计量。秦始皇下令让倮比照封君的待遇，春秋二季可以按时同贵族们一起进宫谒见皇帝。巴郡有个名清的寡妇，她的祖先找到了出产朱砂的矿穴，一连几代独得其利，财富多得无法计算。清，不过是一个寡妇，能够守住祖先留下的产业，靠财产来保护自己，使自己不受人欺侮侵犯。秦始皇认为她是个有节操的贞妇而尊敬她，待她如同宾客，并为她修筑了一座女怀清台。那倮是边远地区牧民的首领，清是穷乡僻壤的寡妇，却能受到天子的礼遇，名扬天下，不就都是依靠自己的财富吗？

　　大汉兴起，四海之内归于统一，不再在城门桥头设卡，开放了各个地区之间的封锁，解除了开发山泽的禁令，因此财力雄厚的商人们得以走遍天下，用来交易的货物到处流通，供需双方都能满足，（朝廷又决策）把地方上的领袖人物、战国时六国王族子孙和豪强大族迁徙到京师一带来。

　　关中地区从汧县、雍县以东直到黄河、华山，平川千里，一片沃壤，自虞、夏以来，就把那里的土地列为九州之内最好的，而征收第一等的贡赋。（当初）公刘率领周人来到邠地，太王、王季又迁徙到岐山之下，文王修建了丰邑，武王又营治镐京，所以那里的人民至今还保存着先王遗留下来的风尚，乐于经营农业、种植五谷，秉性稳重厚道，不肯轻易地去做违法的事。到后来秦文公、秦德公、秦缪公定都居雍，那地方正当陇、蜀货物交流的必经之路，因而产生了许多商人。秦献公迁都栎邑，栎邑（作为国家重心所在），挡回了北方戎狄的侵扰，向东与三晋之地相通，也集中了许多大商人。秦孝公、秦昭公都于咸阳，加上后来的汉都长安也在那一带，附近又有（汉代开国以来）历代帝后的陵墓，关中地区成了天下四方人员物资的会聚之处，地方狭小而人口众多，因此那里的人民更加习惯于玩弄智巧，去从事工商业。关中的南面是巴蜀。巴蜀地方也是肥沃的原野，出产很多的卮草、姜、朱砂，以及用石、铜、铁、竹、木等制成的器具，南面控制着滇、僰两个国族，僰地出产奴隶；西面靠近邛都夷和笮都夷，笮都夷居地出产马和牦牛。但其地四面都被群山包围阻塞，幸而筑有千里栈道，可以四通八达，只有汉中的褒斜控扼着巴蜀通往关中的各条通路的道口，（通过褒斜输出或输入货物）就能用本地多余的产品换来所缺乏的东西。天水、陇西、北地和上郡与关中风俗相同，但西有羌中的利源，北有戎狄的牲畜，畜牧业的繁荣可数天下第一。不过地方偏远险阻，外出的通路被京师长安所控扼。所以关中地方面积只占天下的三分之一，人口不到十分之三，但衡量那里的财富，却占十分之六之多。

赵都邯郸也正是漳水、黄河之间的一个大都市，北通燕、涿，南有郑、卫。郑、卫二地的风俗与赵地相仿，但因为靠近梁、鲁，人民稍为庄重而崇尚气节。（战国末）卫国的都城从濮水之滨的濮阳迁到野王，野王民间（至今）喜好逞意气、行侠义，这是卫国的遗风。

那燕都蓟也正是渤海、碣石之间的一个大都市，南通齐、赵，东西和北面则与胡人的地域邻接。从上谷到辽东，地方偏远，人民稀少，经常受到（胡人的）侵扰劫掠，情况同赵、代非常相似，而那里的人民像猛禽一样敏捷强悍，但头脑比较简单，不善于思考问题。论出产，则鱼、盐、枣、栗等都很丰富。这一地区北面与乌桓、夫余相邻，东面又可收聚控制秽貉、朝鲜、真番的利源。

洛阳向东可与齐、鲁通商，向南可与梁、楚贸易。泰山的南面是鲁，泰山的北面就是齐。

齐地以泰山和东海为边境，沃土千里，适合种植桑麻，人民拥有许多彩色的丝绸以及布帛鱼盐等物品。临菑也正是东海、泰山之间的一个大都市，那里的民俗开阔舒展，豁达而不拘小节，人民富于智慧，喜好议论，秉性稳重，意志坚定，难以动摇，成群结队地对阵时显得胆怯，却勇于独自拿着兵器去行刺，所以有不少靠抢劫谋生的人，这也正是大国的气派。临菑城中各色人等统统具备。

邹、鲁两地正在洙水和泗水之滨，还保存着周公遗留下来的风尚，习俗爱好儒学，礼仪制度完备，所以那里的人民比较拘谨。种桑植麻耕织之业相当发达，但没有山林湖泽的丰富出产。地方小，人口多，民风俭朴吝啬，害怕犯罪，远避邪恶。到后世衰败以后，则热衷经商，追求财利，比周人更厉害。

从鸿沟以东，芒山和砀山以北，属于巨野泽水系的范围，这就是梁、宋之地。定陶、睢阳也正是这一地区的大都市。当年帝尧在成阳兴起，大舜即位前在雷泽打鱼，商汤定都于亳（都在这一区域）。那里的民俗还保留着先王遗留下来的风尚，稳重忠厚，有许多君子。人们喜好农业，虽然没有山川提供的财富，但能忍受粗劣的物质生活，依靠节衣缩食来使自己有储蓄收藏。

越、楚地方三个区域有三种风俗。自淮水以北，沛郡、陈、汝南、南郡，这是西楚。那里的风俗勇悍轻率，人们容易发怒，秉性刻薄，很少积聚财富。江陵本是楚国郢都，西南可通巫县、巴郡，东面又有富饶的云梦。陈在楚、夏交会之处，可以转运鱼盐之类的货物，居民中有很多人从事商业。徐、僮、取虑等县的人民，则清廉刻薄，但都以实现自己的诺言为荣。

颖川、南阳，是夏人聚居的地方。夏人的政治崇尚忠诚朴实，仍保留着先王遗留下来的风尚。颖川一带的人民也都忠厚淳朴，心地善良。秦朝末期，把不肯安分守己的百姓迁徙到南阳。南阳西面与武关、郧关相通，东南面又有汉水、江水、淮水流经，宛也正是那里的一个大都市。民俗喜欢做各种杂事，经营商业的人很多，又好作侠义之事，与颖川声气相通，所以直到现在还被叫做"夏人"。

天下各地的物产有它缺少的，也有它多余的，人们的习俗也因而有所不同，山东地方吃海盐，山西地方吃池盐，五岭以南，沙漠以北，原本也往往有地方出产盐，情况大体就是这样。

总而言之，楚、越地方地广人稀，人们把稻谷和鱼类当作食物，放火烧草，然后耕种，灌水耨地，除去杂草，各种瓜果螺蚌到处都有出产，不必通过与外地贸易就能自给自足，地理条件决定那里有丰富的食物，不必忧虑会发生饥荒，正因为如此，人们也就得过且过，偷懒混日子，没有积蓄贮藏，大多贫穷。所以江水、淮水以南，既没有挨冻受饿的人家，也没有家资千金的富户。沂水、泗水以北，土地适宜于五谷桑麻六畜的生长，地少人多，经常遭受水灾、旱灾的祸害，人民习惯于贮藏东西，所以秦、夏、梁、鲁等地的习俗爱好经营农业，尊重农民。三河、陈、宛也是这样，但同时还经营商业。齐、赵一带的人民会布置巧妙的计谋，依靠聪明机智来经商谋利。燕、代地区的人民则耕田畜牧又养蚕。

由此看来，贤人们在朝廷用尽心思地出谋画策，立论建议；那些恪守信义，不惜为维护节操而献身的隐居山中的高士们自命清高，他们到底把什么当作目的归宿呢？都是为了财富啊！所以廉洁的官吏当官时间长，当官时间一长就更富了。不贪婪的商人（得到顾客的信任），最终也能富起来。追求财富是人的本性，不用学习就都有这种欲望。因此壮士在军中，攻城时冒险先登，野战时冲入敌阵，迫使敌军退却，斩杀敌人的将领，夺取敌人的军旗，冒着飞箭飞石，赴汤蹈火，不避危难，为的是得到重赏。乡里市井的不法少年，杀人灭尸，抢劫财富，盗掘坟墓，私铸钱币，以行侠为名恃强凌弱，兼并他人的土地财产，代朋友杀人报仇，然后逃到偏远的地方躲藏起来，这样地不顾法律禁令，像快马奔驰一样迅速地走向死亡的深渊，其实也都是为了财利。现在赵、郑等地的女郎，精心打扮自己，弹着琴，扬起长长的舞袖，拖着尖头的舞鞋，眉目传情，心存挑逗之意，外出献艺，不远千里，伺候客人不问老少，她们都是奔着钱财而去的啊！那些游手好闲的公子哥儿，戴的帽，佩的剑，都装饰得漂漂亮亮，出门时车马成群结队，也都是为了炫耀富贵而讲究排场。打鱼射猎的人，不管清晨黑夜，冒着霜雪，奔驰在深坑边、山谷中，顾不得被野兽伤害的危险，为的是得到可以用来换钱的野味。在赌博场上竞争取乐，斗鸡赛狗，变色争吵，互相夸耀，一定要夺取胜利，就是怕输钱啊！医生、方士等各种靠技艺为生的人，之所以用尽心思，竭力发挥自己的技能，是为了得到丰厚的报酬。官府中的吏士玩弄法律条文，私刻公章，伪造文书，不怕遭受严刑的惩罚，这是因为接受了贿赂，财迷心窍。而从事农、工、商、畜牧等业的人，本来就以追求财富，增加货物为目的，这些人只有在才尽力竭的情况下才会无可奈何地退出竞争，始终不会留有余力而把发财的机会让给别人。

俗话说："百里之外不贩柴，千里之外不贩粮。"在某地要住上一年，就种植谷物，住上十年，就要种植树木，住上一百年，就要积德行善，招徕远方之人。所谓德，就是能吸引招致别处的人和物来到身边。现在那些没有官职俸禄的供奉，没有爵位封邑的收入，而生活上的享乐可以同大官贵族相比的富人，可以称之为"素封"。有封邑的人享用百姓缴纳的租税，每年每户二百钱。食邑一千户的封君每年就有二十万钱，朝见天子，进献土产，派遣使者与诸侯通问修好，所需的费用都出自其中。而平民经营农、工、商等业，每年一万钱能得利息二千钱，有百万之产的人家每年可收入二十万，而缴纳租税和雇人代服兵役徭役的费用都出自其中。除此之外，在衣食等方面尽量享受美好生活的欲望，都能得到满足。所以说在陆地牧马十五匹，或养牛一百六十七头，养羊二百五十头，在水边养猪二百五十头，居住在靠水的地方，拥有能养一千石鱼的池塘，居住在山中，拥有一千棵成材的大树；在安邑有一千棵枣树；在燕、秦有一千棵栗树；在蜀、汉、江陵有一千棵橘树；在淮北、常山以南，河水、济水之间有一千棵楸树；在陈、夏有一千亩漆树，在齐、鲁有一千亩桑或麻；在渭川有一千亩竹园；以及在居民万户以上的名都大城的近郊有一千亩亩产一钟粮食的良田，或者有一千亩卮草、茜草，一千畦姜、韭；这种人的收入都与千户侯相同。而这些都是富足生活所凭借的资本，用不着亲自去市场交易，也用不着远出去外地的城镇经营，坐在家中，就可收取赢利，虽然没有官爵，挂着"处士"的名义，却可获得丰富的享受。至于家境贫困，父母年老，妻儿弱小，逢年过节无力置办祭祀用品，也凑不出乡里会餐的份子钱，吃的喝的穿的盖的都难以维持生活的需要，到了这种地步还不惭愧、不羞耻，那就没有什么可比拟的了。所以没有财产的要靠劳力为生，有财产但是不多，就靠智力去争胜夺利，如财力雄厚则可抢先掌握不同的时机赚取大量的利润，这是谋财求利的通常情况。现在经营产业不用危害自身的安全，就能获得财富用于生活享受，那么即便是贤人也会为之努力。因此依靠经营农业致富是最上一等，依靠经营工商业致富是次一等，依靠不正当的手段致富是最下等。一个人如果没有隐居深山的奇士的清高的品行，始终贫穷卑贱，偏偏喜欢高谈阔论，讲什么仁义道德，也真是可羞可耻。

凡是编入户籍的普通百姓人家，对财产比自己多十倍的富户，就会对他卑躬屈膝，对财产比自己多一百倍的，就会对他心存畏惧，对财产比自己多一千倍的，就会被他使役，对财产比自己多一万倍的，就会当他的奴仆，这也是事物的常理。在贫穷的基础上追求财富，从事农业不如从事工业，从事工业不如从事商业，就像女子在丝织品上刺绣出美丽的花纹图案，以此为生，收入不如在市场上倚门卖笑的娼妓。这是说从事工商业，是穷人由贫变富的凭借。在四通八达的大都市中，一年之内酿酒一千瓮或醋一千缸，淡酒一千瓶，屠宰牛、羊、猪一千头，贩卖谷物一千钟或柴草一千车，有船只总长一千丈，有成材的大树一千株或竹竿一万棵，有小型马车一百辆或牛车一千辆，有上漆的木器一千件或铜器总重一千钧，未上漆的木器以及铁器卮草茜草等总重一千石，有马七十七匹或牛二百五十头、猪羊二千头，有奴仆一百人，有筋角朱砂一千斤，有丝帛棉絮及各种绸布总重一千钧或带图案花纹的彩色丝织品一千匹，有粗布皮革总重一千石，有漆一千斗，有酒曲豆豉一千罐，有鲐鱼刀鱼一千斤，有小杂鱼一千石，有腌鱼一千钧，有枣子、栗子三千石，有狐皮貂皮一千张，有羔羊皮总重一千石，有毡或席一千具，有其他杂果干菜总重一千钧，有放债取息的本钱一千贯，在市场上居间当捎客，贪婪的商人得利三分之一，规矩的商人得利五分之一。符合上述条件的人家，富裕程度都能同中等的诸侯相比，这是大致的情况。从事其他各种杂业，如果得不到十分之二的利润，其中就谈不上有什么值得去经营追求的财富了。

下面且简单地说一说现今世上千里见方的范围内，那些聪明有才干的人用以致富的办法，使后世求富的人可以观摩并有所选择。

蜀郡卓氏的祖先本是赵国人，靠冶铁成为富豪。秦军攻破赵国，强迫卓氏离开故土，流迁他乡。卓氏被掳掠，只有夫妻二人推着车步行，前往被流放的地方。那些同时被流迁的沦为俘虏的人稍微剩下一点钱财，就争着用来贿赂带队的秦国官吏，请求安排在较近的地点，都在葭萌定居。单单卓氏说："这里土地狭小瘠薄。我听说汶山之下有大片肥沃的田野，地里出产大芋头，能充粮食，不管发生什么情况，到死都不会挨饿。那里的居民有很多在市镇上做工，便于经商。”于是就要求迁往远处。结果被安排在临邛，卓氏心中大喜，就前往出铁的山上开采矿石，开炉鼓风，冶铸铁器钱币，巧妙地运用人力财力，苦心经营，滇蜀二地的百姓都被他所用，富裕的程度达到家有奴仆千人，在自家的田园池林中射猎游戏，这种享乐可以同国君比拟。

周人琐碎吝啬，师史更是如此。他拥有运货车数百辆，去天下各郡国贸易，没有不曾去过的地方。洛阳市街通向齐、秦、楚、赵，正在天下的中央，那里的穷人效法富家，互相把长久地在外经商当作夸耀的资本，许多人屡次经过家乡里邑，也不入门，师史分派职务，任用这样的人，所以能积聚财产达七千万。

宣曲任氏的祖先，本是督道地方管粮仓的小吏。秦朝败亡的时候，乘机起事的豪杰们都去抢夺金玉珍宝，只有任氏把仓库中的粮食藏在地窖里。楚汉双方的军队在荥阳相持对抗，附近的百姓无法耕种，米的价钱长到一万钱一石，那些豪杰所得的金玉珍宝（都用来购买粮食），最终归任氏所有，任氏靠此发财致富。富人都争相过奢侈的生活，任氏却降低身份，放下架子，崇尚节俭，亲自致力于农田和畜牧之事。土地牲畜，一般人都抢购价格低廉的，唯独任氏只求质地优良，不惜高价收买。他们家接连几代都是大富。但任氏的那位祖先任公订下家规：不是自己种田或畜牧所得的东西，不吃不穿，公家的税赋徭役等事没有办完，不得饮酒吃肉。他家以此作为乡里的表率，所以身为富民而又得到皇上的器重。

边塞向外开拓以后，桥姚已经拥有马一千匹，牛二千头，羊一万头，粟米多得要用万钟来计算。吴、楚七国起兵作乱的时候，长安城中的列侯封君都要从军出征，（为了准备好兵器行装和路上的开销），纷纷借贷，放债的人认为这些列侯封君的封邑封国都在关东，而关东二军未分胜败（结果难以预料），都不肯把钱借给他们。只有无盐氏拿出一千金放贷，利息比平常高出十倍。三个月以后，吴楚七国之乱平定了。一年之中，无盐氏所得的利息比本金多十倍，因此他的财富同关中出名的富豪相等。

关中富有的大商人，大致都是田家的，如田啬、田兰等。此外韦家地方的栗氏，安陵及杜县的杜氏，家财也值万万。

上面所举是最明显突出的例子，这些人都不是有爵位封邑俸禄收入的人，也不靠非法的手段致富，都是能推测货物流通的规律，正确估量形势，决定投资的方向，以顺应时世的需要，得到赢利。他们凭借经营工商业得到财富，又靠经营农业守住财富，把果敢强横的作法当作起家敛财的权宜之计，又把遵循并依靠法令当作保护家业的措施，手段的变化有章可循，能适应不同的情况，所以值得效法。至于那些努力从事农耕畜牧、开发山林、经营工商等业，仗财弄权从而成为富豪的人，财富大的可以倾覆一郡，中等的可以倾覆一县，下等的可以倾覆一乡一里，那就难以数计了。

生活尽量节俭，劳动不怕艰苦，这是兴家立业的正道，但富人必然用与众不同的手段出奇制胜。耕田务农，是最笨拙的经营方法了，而秦扬靠此成了一州的首富。盗掘坟墓，是犯法的事情，而田叔靠此起家。赌博是恶劣的行业，而桓发靠此发财。外出叫卖货物，是为男子汉不屑的低贱职业，而雍乐成靠此富裕起来。贩卖动物的油脂，是使人感到耻辱的事情，而雍伯靠此得到千金赢利。贩卖薄酒不过是一种小生意，而张氏靠此却有家财千万。磨治刀剑，是一种普通的技艺，而郅氏靠此能像大贵族一样过列鼎而食的生活。卖熟羊肚，既简单又不起眼，而独氏靠此出门能带上一个马队。当马医，只要有浅薄的医术，而张里靠此却有钟鸣而食的大排场。这些人都是因为精神专一，才获得了各自事业上的成功。

由此看来，致富并不是只有从事某些一定的行业才能办到，财富本来没有固定不变的主人，能干的人能使财富归向自己，无能的人则会使财富顷刻散失。家有千金，就可同一城的封君相比，家产万万，就可同王者一样享乐。这不就是所谓"素封"吗？事情难道不正是这样？

太史公自序

【原文】

昔在颛顼，命南正重以司天，北正黎以司地。唐虞之际，绍重黎之后，使复典之，至于夏商，故重黎氏世序天地。其在周，程伯休甫其后也。当周宣王时，失其守而为司马氏。司马氏世典周史。惠襄之间，司马氏去周适晋。晋中军随会奔秦，而司马氏入少梁。

自司马氏去周适晋，分散，或在卫，或在赵，或在秦。其在卫者，相中山。在赵者，以传剑论显，蒯聩其后也。在秦者名错，与张仪争论，于是惠王使错将伐蜀，遂拔，因而守之。错孙靳，事武安君白起。而少梁更名曰夏阳。靳与武安君坑赵长平军，还而与之俱赐死杜邮，葬于华池。靳孙昌，昌为秦主铁官，当始皇之时。蒯聩玄孙卬为武信君将而徇朝歌。诸侯之相王，王卬于殷。汉之伐楚，卬归汉，以其地为河内郡。昌生无泽，无泽为汉市长。无泽生喜，喜为五大夫，卒，皆葬高门。喜生谈，谈为太史公。

太史公学天官于唐都，受《易》于杨何，习道论于黄子。太史公仕于建元元封之间，愍学者之不达其意而师悖，乃论六家之要指曰：

《易·大传》："天下一致而百虑，同归而殊涂。"夫阴阳、儒、墨、名、法、道德，此务为治者也，直所从言之异路，有省不省耳。尝窃观阴阳之术，大祥而众忌讳，使人拘而多所畏；然其序四时之大顺，不可失也。儒者博而寡要，劳而少功，是以其事难尽从；然其序君臣父子之礼，列夫妇长幼之别，不可易也。墨者俭而难遵，是以其事不可遍循；然其彊本节用，不可废也。法家严而少恩；然其正君臣上下之分，不可改矣。名家使人俭而善失真；然其正名实，不可不察也。道家使人精神专一，动合无形，赡足万物。其为术也，因阴阳之大顺，采儒墨之善，撮名法之要，与时迁移，应物变化，立俗施事，无所不宜，指约而易操，事少而功多。儒者则不然。以为人主天下之仪表也，主倡而臣和，主先而臣随。如此则主劳而臣逸。至于大道之要，去健羡，绌聪明，释此而任术。夫神大用则竭，形大劳则敝。形神骚动，欲与天地长久，非所闻也。

夫阴阳四时、八位、十二度、二十四节各有教令，顺之者昌，逆之者不死则亡。未必然也，故曰"使人拘而多畏。"夫春生夏长，秋收冬藏，此天道之大经也，弗顺则无以为天下纲纪，故曰"四时之大顺，不可失也"。

夫儒者以《六艺》为法。《六艺》经传以千万数，累世不能通其学，当年不能究其礼，故曰"博而寡要，劳而少功"。若夫列君臣父子之礼，序夫妇长幼之别，虽百家弗能易也。

墨者亦尚尧舜道，言其德行曰："堂高三尺，土阶三等，茅茨不剪，采椽不刮。食土簋，啜土刑，粝粱之食，藜藿之羹。夏日葛衣，冬日鹿裘。"其送死，桐棺三寸，举音不尽其哀。教丧礼，必以此为万民之率。使天下法若此，则尊卑无别也。夫世异时移，事业不必同，故曰"俭而难遵"。要曰彊本节用，则人给家足之道也。此墨子之所长，虽百家弗能废也。

法家不别亲疏，不殊贵贱，一断于法，则亲亲尊尊之恩绝矣。可以行一时之计，而不可长用也，故曰"严而少恩"。若尊主卑臣，明分职不得相踰越，虽百家弗能改也。

名家苛察缴绕，使人不得反其意，专决于名而失人情，故曰"使人俭而善失真"。若夫控名责实，参伍不失，此不可不察也。

道家无为，又曰无不为，其实易行，其辞难知。其术以虚无为本，以因循为用。无成势，无常形，故能究万物之情。不为物先，不为物后，故能为万物主。有法无法，因时为业；有度无度，因物与合。故曰"圣人不朽，时变是守。虚者道之常也，因者君之纲"也。群臣并至，使各自明也。其实中其声者谓之端，实不中其声者谓之窾。窾言不听，奸乃不生，贤不肖自分，白黑乃形。在所欲用耳，何事不成。乃合大道，混混冥冥。光耀天下，复反无名。凡人所生者神也，所托者形也。神大用则竭，形大劳则敝，形神离则死。死者不可复生，离者不可复反，故圣人重之。由是观之，神者生之本也，形者生之具也。不先定其神〔形〕，而曰"我有以治天下"，何由哉？

太史公既掌天官，不治民。有子曰迁。

迁生龙门，耕牧河山之阳。年十岁则诵古文。二十而南游江、淮，上会稽，探禹穴，窥九疑，浮于沅、湘；北涉汶、泗，讲业齐、鲁之都，观孔子之遗风，乡射邹峄；厄困鄱、薛、彭城，过梁、楚以归。于是迁仕为郎中，奉使西征巴、蜀以南，南略邛、筰、昆明，还报命。

是岁天子始建汉家之封，而太史公留滞周南，不得与从事，故发愤且卒。而子迁适使反，见父于河洛之间。太史公执迁手而泣曰："余先周室之太史也。自上世尝显功名于虞夏，典天官事。后世中衰，绝于予乎？汝复为太史，则续吾祖矣。今天子接千岁之统，封泰山，而余不得从行，是命也夫，命也夫！余死，汝必为太史；为太史，无忘吾所欲论著矣。且夫孝始于事亲，中于事君，终于立身。扬名于后世，以显父母，此孝之大者。夫天下称诵周公，言其能论歌文武之德，宣周邵之风，达太王王季之思虑，爰及公刘，以尊后稷也。幽厉之后，王道缺，礼乐衰，孔子脩旧起废，论《诗》《书》，作《春秋》，则学者至今则之。自获麟以来四百有余岁，而诸侯相兼，史记放绝。今汉兴，海内一统，明主贤君忠臣死义之士，余为太史而弗论载，废天下之史文，余甚惧焉，汝其念哉！"迁俯首流涕曰："小子不敏，请悉论先人所次旧闻，弗敢阙。"

卒三岁而迁为太史令，䌷史记石室金匮之书。

五年而当太初元年，十一月甲子朔旦冬至，天历始改，建于明堂，诸神受纪。

太史公曰："先人有言：'自周公卒五百岁而有孔子。孔子卒后至于今五百岁，有能绍明世，正《易传》，继《春秋》，本《诗》《书》《礼》《乐》之际？'意在斯乎！意在斯乎！小子何敢让焉。"

上大夫壶遂曰："昔孔子何为而作《春秋》哉？"太史公曰："余闻董生曰：'周道衰废，孔子为鲁司寇，诸侯害之，大夫壅之。孔子知言之不用，道之不行也，是非二百四十二年之中，以为天下仪表，贬天子，退诸侯，讨大夫，以达王事而已矣。'子曰：'我欲载之空言，不如见之于行事之深切著明也。'夫《春秋》，上明三王之道，下辨人事之纪，别嫌疑，明是非，定犹豫，善善恶恶，贤贤贱不肖，存亡国，继绝世，补敝起废，王道之大者也。《易》著天地阴阳四时五行，故长于变；《礼》经纪人伦，故长于行；《书》记先王之事，故长于政；《诗》记山川溪谷禽兽草木牝牡雌雄，故长于风；《乐》乐所以立，故长于和；《春秋》辩是非，故长于治人。是故《礼》以节人，《乐》以发和，《书》以道事，《诗》以达意，《易》以道化，《春秋》以道义。拨乱世反之正，莫近于《春秋》。《春秋》文成数万，其指数千。万物之散聚皆在《春秋》。《春秋》之中，弑君三十六，亡国五十二，诸侯奔走不得保其社稷者不可胜数。察其所以，皆失其本已。故《易》曰'失之豪厘，差以千里'。故曰'臣弑君，子弑父，非一旦一夕之故也，其渐久矣'。故有国者不可以不知《春秋》，前有谗而弗见，后有贼而不知。为人臣者不可以不知《春秋》，守经事而不知其宜，遭变事而不知其权。为人君父而不通于《春秋》之义者，必蒙首恶之名。为人臣子而不通于《春秋》之义者，必陷篡弑之诛，死罪之名。其实皆以为善，为之不知其义，被之空言而不敢辞。夫不通礼义之旨，至于君不君，臣不臣，父不父，子不子。夫君不君则犯，臣不臣则诛，父不父则无道，子不子则不孝。此四行者，天下之大过也。以天下之大过予之，则受而弗敢辞。故《春秋》者，礼义之大宗也。夫礼禁未然之前，法施已然之后；法之所为用者易见，而礼之所为禁者难知。"

壶遂曰："孔子之时，上无明君，下不得任用，故作《春秋》，垂空文以断礼义，当一王之法。今夫子上遇明天子，下得守职，万事既具，咸各序其宜，夫子所论，欲以何明?"

太史公曰："唯唯，否否，不然。余闻之先人曰：'伏羲至纯厚，作《易》八卦。尧舜之盛，《尚书》载之，礼乐作焉。汤武之隆，诗人歌之。《春秋》采善贬恶，推三代之德，褒周室，非独刺讥而已也。'汉兴以来，至明天子，获符瑞，封禅，改正朔，易服色，受命于穆清，泽流罔极，海外殊俗，重译款塞，请来献见者，不可胜道。臣下百官力诵圣德，犹不能宣尽其意。且士贤能而不用，有国者之耻；主上明圣而德不布闻，有司之过也。且余尝掌其官，废明圣盛德不载，灭功臣世家贤大夫之业不述，堕先人所言，罪莫大焉。余所谓述故事，整齐其世传，非所谓作也，而君比之于《春秋》，谬矣。"

于是论次其文。七年而太史公遭李陵之祸，幽于缧绁。乃喟然而叹曰："是余之罪也夫! 是余之罪也夫! 身毁不用矣。"退而深惟曰："夫《诗》《书》隐约者，欲遂其志之思也。昔西伯拘羑里，演《周易》；孔子厄陈蔡，作《春秋》；屈原放逐，著《离骚》；左丘失明，厥有《国语》；孙子膑脚，而论兵法；不韦迁蜀，世传《吕览》；韩非囚秦，《说难》《孤愤》；《诗》三百篇，大抵贤圣发愤之所为作也。此人皆意有所郁结，不得通其道也，故述往事，思来者。"于是卒述陶唐以来，至于麟止，自黄帝始。

太史公曰：余述历黄帝以来至太初而讫，百三十篇。

【译文】

往昔颛顼帝命南正重掌管天事，北正黎掌管民事。唐虞时代，重黎的后嗣仍然担任这种职务，直到夏商二代，所以重黎氏世代主管天地。在周代，程伯休甫是重黎氏的后裔。当周宣王时，重黎的后裔失去主管天地的职守，而为司马氏。司马氏世代职掌周史。周惠王、襄王的时候，司马氏离开周朝到了晋国。晋中军隋会逃奔秦国，而司马氏转入少梁。

自从司马氏一族离开周朝到了晋国，就分散了，有的在卫国，有的在赵国，有的在秦国。在卫国的一支，做过中山国的相。在赵国的一支，因传剑术理论而显名，蒯聩是这支的后嗣。在秦国的名叫司马错，同张仪争论，于是秦惠王命他为将伐蜀，攻下之后，就做了蜀郡守。司马错的孙子司马靳，随事武安君白起。少梁这时已改名为夏阳。司马靳和武安君坑杀赵国在长平的士兵，回国来和武安君都被赐死在杜邮，葬在华池。司马靳的孙子名叫昌，做过秦的铁官，正当秦始皇的时候，蒯聩的玄孙司马卬，做过武信君的部将而巡察朝歌。诸侯分封为王的时候，司马卬被封为殷王。汉伐楚的时候，司马卬归顺于汉，将他的封地改置为河内郡。司马昌生无泽，无泽为汉长安市长。无泽生喜，喜为五大夫，死后，都葬在高门。喜生谈，谈为太史公。

太史公从唐都学天文学，从杨何受《易》学，从黄子研究道家学说。太史公在建元至元封年间做官，担心学者不了解学术宗旨而固执谬论，于是论六家的要旨说：

《易·系辞》："天下一致而百虑，同归而殊涂。"阴阳、儒、墨、名、法、道德等六家，都是为了治世，只不过各家说法不同，有明白和不明白的地方罢了。我曾观察阴阳家的方术，夸大灾祥而忌讳众多，使人拘束而多畏惧；但他们论述四时变化的大顺，是不可差错的。儒家的学说广博而缺纲要，烦劳而少功效，因此他们说的难以全部信从；但他们制定君臣父子关系的礼节，明确夫妇长幼之间的等差，是不可改的。墨家俭啬而难遵循，因此他们所说的不能完全照办；但他们务实节用的办法，是不可废弃的。法家严酷而少恩情，但他们确定的君臣上下的秩序，是不可改变的。名家使人拘束而丧失真实；但他们确定名实关系，是不可不考查的。道家使人精神专一，行动符合客观规律，使万事万物得到满足。他们的学术，本着阴阳家的大顺，采集儒家、墨家的长处，摄取名家、法家的要点，随着时代转移，顺应事物变化，处世办事，无所不宜，宗旨简要而容易把握，事情虽少而功效甚多。儒家就不同。他们以为君主是天下的表率，君主倡导而臣下附和，君主在先而臣下随后。这样就君主劳苦而臣下安逸。再说大道的要点是，去掉刚强和贪欲，不要花招和滑头，舍弃这些而任用道术。过于劳神就会疲倦，过于劳力就会病倒。身心过于劳累，却要想和天地共存，这是不可能的。

阴阳家以为四时、八位、十二度、二十四节各有条规禁忌，顺着它就吉利，违反它不死就亡。未必是这样，所以说"使人拘束而多畏惧"。可是阴阳家论述的春天萌生，夏天成长，秋天收获，冬天储藏，这是自然界的重要法则，不遵循就没有什么做天下的纲纪。所以说"四时变化的大顺，是不可差错的"。

儒家以《六艺》为准则。《六艺》的经传以千万计，学者世世代代不能通晓其学术，毕生精力不能究明其礼制，所以说"广博而缺纲要，烦劳而少功效"。可是明确君臣父子关系的礼节，制定夫妇长幼之间的等差，哪一家都不能更改。

墨家也崇尚尧舜之道，说尧舜的德行是："堂只高三尺，土阶只有三级，用茅草苫屋而不修葺，采树木做椽而不刮削。用土簋盛饭吃，用陶器盛汤喝，粗粮做的饭，野菜做的汤。夏天穿葛衣，冬天穿鹿裘。"他们送葬死者，桐木棺材只厚三寸，哭丧不过于哀恸。丧礼的要求，必定是这样为众人的表率。使天下的人都这么办，就尊卑没有差别了。时代转变了，事业自然不会一样，所以说"俭啬而难遵循"。总的说来，务实节用，确是人给家足的办法。这是墨家的长处，哪一家都不能废弃。

法家不分亲疏，不别贵贱，一概取决于法令，这就将亲爱亲属、尊敬长上的伦理道德断送了。只可以临时应付一下，而不可永远施行，所以说"严酷而少恩情"。像尊崇君长，鄙薄臣下，分清职责而不得相互超越，哪一家都不能更改。

名家苛细考察，不识大体，使人不得反省真实内容，一切取决于名而违背人情，所以说"使人拘束而丧失真实"。至于由名以求实，错综比较，以验证结论，这是不可不考查的。

道家主张无为，又说无不为，做起来容易实行，说的话难以明白。他们的道术以虚无为根本，以因循为手段，没有一成不变之势，没有固定不变之形，所以能探究万物之情。不抢在事物之先，也不落在事物之后，所以能成为万物的主宰。用法不用法，随时而定；限度不限度，随物而合。所以说"圣人无机巧之心，牢牢守着顺时变化的原则。虚无是道的伦常，因循是君的总纲"。群臣就位，各尽其才，实和名相符叫做端，实和名不相称叫做窾。空话不听，奸邪就不发生，贤和不肖自然区分，白和黑就会露形。全在于应用了，什么事都可办成。这就符合大道，混混沌沌，光耀天下，而又无名。人的生存是精神，精神寄托于形体。精神过度使用就会竭尽，身体过于劳累就会病倒，形体和精神脱离必然死亡。人死不能复生，离去了不能再来，所以圣人对此非常重视。由此看来，精神是生命的根本，形体是生命的物质。如果不先安定精神，而说"我有办法治理天下"，怎能办到呢？

太史公掌管天官的职务，不理民政。有个儿子名迁。

迁生在龙门，在河的北面、山的南面一个耕牧之家生活，十岁就诵读古籍。二十岁往南方游历长江、淮河一带，上会稽山，寻访禹穴，视察九疑山，渡过沅水、湘水；再往北方渡过汶水、泗水，在齐国、鲁国的都城讲学，参观孔子的故迹，在邹县峄山参加乡射；在鄱县、薛县、彭城遇到困难，经过梁国、楚国返回。返回后，迁做了郎中，奉汉朝使命往西征讨巴、蜀以南地区，向南经略邛、筰、昆明等地，才回京汇报。

这一年皇帝开始搞汉朝的封禅大典，而太史公停留在洛阳，不能参加这件事，所以发愤将死。他的儿子迁恰好完成使命返回，在河、洛地区拜见了父亲。太史公握着迁手低声哭道："我们的祖先是周朝的太史。追溯远古在虞夏之世曾功名显赫，掌管天官的事。后世中途衰微，完结在我身上吗？你如果能做太史，就可以继承祖业了。现在皇帝承千年以来的大统，到泰山封禅，而我不能随行，是命运吧，命中注定吧！我死了，你必定做太史；做了太史，不要忘记我所打算的著作啊。况且所谓孝道，从侍奉双亲开始，其次是臣事君主，最终是树立声名。扬名于后世，使父母分享光荣，这是孝道中最重要的方面。天下人都颂扬周公，说他能发扬文王、武王的道德，宣扬周公、邵公的风教，表现太王、王季的思想，再上承公刘，这样尊崇始祖后稷。幽王、厉王之后，王道丧失了，礼乐衰微了，而孔子修复旧业，整理《诗》《书》，著作《春秋》，使学者到现在还视为榜样。从鲁哀公十四年获麟以来四百多年，诸侯互相兼并，战事不休，历史记载无人过问。现在汉朝兴起，天下统一，明主贤君忠臣死义之士辈出，我做太史而不予以记载，断绝了天下的历史文献，我很惶恐不安，你多加考虑吧！"迁低头流泪，说："小儿虽然不才，情愿全力编撰先人所记的历史材料，不敢缺略。"

太史公（谈）死了三年，司马迁就做了太史令，开始研究国家的藏书和档案。过了五年就是太初元年，十一月初一日冬至，汉朝修改了历法，在明堂宣布，诸侯遵照新的太初历。

太史公（迁）说："先父说过：'从周公去世五百年后而有孔子。孔子去世后到现在又是五百年了，有人能继承往昔圣世的事业，整理《易传》，上接《春秋》，吸取《诗》《书》《礼》《乐》的精华吗？'用意在此吧！用意在此吧！我怎敢推让这个历史重任呢。"

上大夫壶遂问："以前孔子为什么作《春秋》的呀？"太史公答："我听董仲舒先生说过：'周朝统治衰落以后，孔子做鲁国的司寇，被诸侯所忌恨，被大夫所排挤。孔子知道自己的言论不被采用，道术无法实行，就在《春秋》中评论历史是非，为天下定出标准，批评帝王，指斥诸侯，诛讨大夫，目的在达成王道而已。'孔子说：'我如果只是作义理的说教，还不如通过讲述历史事实更能深刻地表达观点。'《春秋》一书，从思想高度来说，表明了三王之道，就一般内容而言，分辨了人事的纪纲，分别嫌疑，明确是非，排除犹豫，奖善惩恶，尊贤退不才，保存已经灭亡的国家，继续已经绝世的后嗣，补救偏弊，振作废业，这些都是王道最重要的内容。《易》著天地阴阳四时五行，所以长于变化的道理；《礼》整顿人伦，所以长于行为的规范；《书》记载先王事实，所以长于政治的宣传；《诗》记述山川溪谷禽兽草木雌雄，所以长于讽喻的内容；《乐》在于自立其乐，所以长于和乐的主题；《春秋》明辨是非，所以长于处理人事的原则。因此可以说，《礼》用来节制人的行为，《乐》用来启发人的和乐，《书》用来记述政事，《诗》用来表达情意，《易》用来阐明变化，《春秋》用来发挥道义。拨乱世归于大治，只有依赖《春秋》最合适。《春秋》文字只几万，要旨有几千。一切事物都综合于《春秋》。《春秋》之中，被弑的君主三十六人，被灭亡的国家有五十二个，诸侯流亡不能保有其国家的很多很多。分析他们成败的原因，都在于抛弃了根本。所以《易》说'有一点过失，就会产生巨大的差错'。所以说'臣弑君，子弑父，不是一朝一夕的事，是长久地酝酿发展起来的'。所以国家的君主不可以不知《春秋》，如果不知，站在前面的谗邪小人就不能看清，跟在后面的乱臣贼子就不能察觉。做臣下的不可以不知《春秋》，如果不知，就会遇到常事不能适当处理，遇到事变不能随机应变。做君主的做父亲的如果不通晓《春秋》大义，一定蒙受罪魁的恶名。做臣下的做儿子的如果不通晓大义，一定落入篡弑的法网，蒙受死罪的声名。实际上都以为做得很对，做了又不知是不是符合大义，受到舆论谴责便咎无可辞。不通晓礼义的要旨，就会产生君不像君、臣不像臣、父不像父、子不像子的情况。君不像君就会有人犯上，臣不像臣就会身遭诛杀，父不像父就没有恩情，子不像子就忤逆不孝。这四种行为，是天下最大的过错。拿天下最大的过错戴在头上，只能承受而没法推辞。所以《春秋》这部经典，确是礼义的大宗。礼可以预先禁止事故发生，法是施行于事情发生之后；以法制裁的事情容易看到，以礼禁止的事故不易察觉。"

壶遂再问："孔子的时代，在上没有圣明的君主，他自己又不被任用，所以作《春秋》，流传史文以判断礼义，当作王者的法典。现在先生上面有了明君，您自己又在朝廷供职，国家万事俱备，上下各得其所，先生所论述的，打算说明什么？"

太史公回答："很对，但我也有自己的想法。我听先人说过：'伏羲最纯正厚重，作《易》八卦。尧舜的盛德，《尚书》予以记载，后世制礼作乐予以表扬。汤王、武王的丰功，诗人予以歌颂。《春秋》褒善贬恶，推考三代的美德，赞扬周代，不仅专事讽刺讥弹而已。'汉朝建国以来，到了当今圣明的皇帝，获得祥瑞的征兆，进行封禅大典，修改历法，更换服饰的颜色，承受天命，恩德无边无际，海外不同风俗的国家经过几重翻译叩关前来朝贡的，多得无法说清楚。臣下百官尽力颂扬皇帝的大德，总是不能完全表达出来。况且贤能之士而不被任用，这是掌国家权力者的耻辱；主上英明圣智而大德没有广泛宣传，这是主管官吏的过错。何况我是个太史令，抛开明圣盛德不进行记载，埋没功臣世家贤大夫的功业不进行传述，忘却先人的遗嘱，罪责再大不过了。我只是所谓叙述故事，整理世代的传授，并不是所谓创作，而您拿来比做《春秋》，就错了。"

于是开始撰写史文。过了七年，太史公遭到李陵之祸，被关进了监牢。叹息着说："是我的罪孽啊！是我的罪孽啊！身体毁坏而不可用了。"又冷静地深思，说："《诗》《书》言简义深，是想表达它们一定的思想。从前西伯被囚在羑里，推衍《周易》；孔子厄困于陈蔡，作了《春秋》；屈原被放逐于外，著了《离骚》；左丘眼睛失明，编了《国语》；孙子受了膑刑，写了兵书；吕不韦流放蜀地，传下了《吕氏春秋》；韩非囚禁于秦国，写有《说难》《孤愤》；《诗》三百篇，大抵是先圣先贤发愤创作的结晶。这些人都是内心积愤无处发泄，所以才叙述往事，启示未来的人。"于是就叙述唐尧以来，直到麟止；实际上从黄帝写起。

太史公说：我撰述自黄帝以来，到太初讫止，一百三十篇。